Natürlich – übernatürlich: Charismen entdecken und weiterentwickeln

D1728446

Europäische Hochschulschriften

Publications Universitaires Européennes
European University Studies

Reihe XXIII
Theologie

Série XXIII   Series XXIII
Théologie
Theology

Bd./Vol. 921

PETER LANG

Frankfurt am Main · Berlin · Bern · Bruxelles · New York · Oxford · Wien

Manfred Baumert

Natürlich – übernatürlich: Charismen entdecken und weiterentwickeln

Ein praktisch-theologischer Beitrag aus systematisch-theologischer Perspektive mit empirischer Konkretion

PETER LANG
Internationaler Verlag der Wissenschaften

Bibliografische Information der Deutschen Nationalbibliothek
Die Deutsche Nationalbibliothek verzeichnet diese Publikation in
der Deutschen Nationalbibliografie; detaillierte bibliografische Daten
sind im Internet über http://dnb.d-nb.de abrufbar.

Gedruckt auf alterungsbeständigem,
säurefreiem Papier.

ISSN 0721-3409
ISBN 978-3-631-61388-7

© Peter Lang GmbH
Internationaler Verlag der Wissenschaften
Frankfurt am Main 2011
Alle Rechte vorbehalten.

www.peterlang.de

Für Irmgard -

sie gibt nicht nur ihre Charismen,
sondern auch ihr Herz.

Vorwort

Die vorliegende Untersuchung ist eine überarbeitete Fassung meiner im Oktober 2009 von der Praktisch-Theologischen Fakultät der University of South Africa in Pretoria angenommenen Dissertation unter dem damaligen Titel: „Charismen entdecken. Eine praktisch-theologische Untersuchung in der Evangelischen Landeskirche in Baden". In akademischer Hinsicht danke ich meinem Doktorvater Prof. Dr. Jacques Theron, University of South Africa (Pretoria), der mich über die räumliche Distanz an den Wendepunkten der Arbeit betreute. Mein Forscherdrang wurde von meinem Co-Supervisor Prof. Dr. Christoph Stenschke in die richtigen Bahnen gelenkt. Prof. Dr. Dr. Michael N. Ebertz danke ich für sein sorgfältiges Gutachten.

Freundlicherweise eröffnete Oberkirchenrat Prof. Dr. Michael Nüchtern den offiziellen Weg zur Bekanntgabe des Forschungsprojekts in der Evangelischen Landeskirche in Baden (EKiBa). In diesem Zusammenhang ist dem Webadministrator Oliver Weidermann, zusammen mit Frau Dr. Heike Gundacker, für die wohlwollende Unterstützung und Bereitstellung der Onlineplattform der EKiBa zu danken. Gedankt sei allen Pfarrern und Pfarrerinnen für ihr Vertrauen und ihre Teilnahme an der empirischen Erhebung, ebenso wie allen anderen Interviewpartnern. IMB München stellte mir dankenswerterweise ihr Statistikprogramm SPSS kostenlos für die quantitativen Forschungen zur Verfügung. Stefan Grözinger danke ich für seine wesentliche Einführung in das Programm.

Dr. Christian Gossweiler, Dr. Werner Neuer und Dr. Wolfgang Schnabel weckten durch anregende Hinweise zu weiterführenden Forschungsanstößen. Br. Dr. Oskar Föller prägt die These, dass „eine Promotion den Charakter umbaut." Dieser Satz und andere theologische Gespräche mit ihm waren inspirierend.

Die Fertigstellung der Arbeit geht maßgeblich auf meine liebe Frau Irmgard zurück, die mir Freiräume zum Studieren ermöglichte. Herzlichen Dank!

Dem Leitungsteam des Theologischen Seminars Adelshofen danke ich für die beruflichen Teilfreistellungen und den Kollegen und Kolleginnen, dass sie in dieser Zeit meine Aufgaben mit übernommen haben. In der Endphase der Arbeit setzte sich Dr. Siegfried Bäuerle ein, indem er den statistischen Teil korrigierte. Birgit Currlin und Andreas Waidler danke ich für die Durchsicht anderer Manuskriptteile. Dem Peter Lang Verlag danke ich für die kompetente Begleitung.

So schließe ich mit dem Wunsch, dass die Leser dieser Untersuchung ihre Charismen entdecken und dazu beitragen, dass Menschen ihre Charismen identitätsstiftend erleben und einsetzen und darüber hinaus das entscheidende Charisma - Christus - kennen lernen.

Inhaltverzeichnis

Kapitel I: Historische Nachfrage

Kapitel II: Gegenwärtiger Forschungsstand

Teil 1: Charismenbegriff und Entdeckungstheorien

Teil 2: Systematisch-theologische Präzision

Teil 3: Praktisch-theologische Gabentests

Kapitel III: Empirisch-theologische Konkretion
Teil 1: Grundfragen, Klärungen, Forschungsdesign

Kapitel IV: Trianguläre Datenanalyse und empirische Ergebnisse

Teil 1: Analyse und Befund: Pfarrerbefragung

Kapitel V: Empirische Befunde im Dialog mit den praktisch-theologischen Kategorien und Konsequenzen

Abbildungen

Tabellen

Abkürzungsverzeichnisse

Die Abkürzungen richten sich grundsätzlich nach dem Abkürzungsverzeichnis des RGG[4] (2007), nach dem „Internationalen Abkürzungsverzeichnis für Theologie und Grenzgebiete" (Schwertner 1992) und ergänzend für die internationale Literatur nach P. H. Alexander u.a. (Hg.). [1999] [7]2009. The SBL Handbook of Style for Ancient Near Eastern, Biblical and Early Christian Studies. Peabody: Hendrickson. Alle Abkürzungen, die in dieser Literatur nicht vermerkt sind, werden hier erklärt. (MB = Manfred Baumert)

Sonderzeichen der Statistik

$\bar{x}$	Arithmetischer Mittelwert
Md	Median
N	Gültige Datensätze
n	Tatsächliche Teilnehmer
s	Standardabweichung

Institutionen, Vereinigungen, Verlage

ADM	Arbeitskreis Deutscher Markt- und Sozialforschungsinstitute e.V.
AGOF	Arbeitsgemeinschaft Online-Forschung e.V.
AMD	Arbeitskreis für Missionarische Dienste
ASI	Arbeitsgemeinschaft Sozialwissenschaftlicher Institute e.V.
BFP	Bund Freikirchlicher Pfingstgemeinden
BMBF	Bundesministerium für Bildung und Forschung
BMFSFJ	Bundesministerium für Familie, Senioren, Frauen und Jugend
BVM	Berufsverband Deutscher Markt- und Sozialforscher e.V.
Digitale Bibliothek	5. Auflage. Tübingen: J. C. B. Mohr (Paul Siebeck), 1988 (1. Auflage 1921) (UTB für Wissenschaft, Uni-Taschenbücher; 1491). 1984 (1. Auflage 1926). © J. C. B. Mohr (Paul Siebeck), Tübingen 1984. Berlin: Directmedia 2001.
D.G.O.F.	Deutsche Gesellschaft für Online-Forschung e.V.
DGD	Deutscher Diakonie Gemeinschaftsverband
DGPuK	Deutsche Gesellschaft für Publizistik- und Kommunikationswissenschaft
EKD	Evangelische Kirche in Deutschland
EKHN	Evangelische Kirche Hessen und Nassau
EKiBa	Evangelische Kirche in Baden
EKU	Evangelische Kirche der Union
ESOMAR	European Society for Opinion and Marketing Research
EVA	Evangelische Verlagsanstalt Leipzig
EZW	Evangelische Zentralstelle für Weltanschauungsfragen
FHG	Frauenhofer Gesellschaft für Angewandte Forschung
GGE	Geistliche Gemeinde-Erneuerung in der Evangelischen Kirche
GloPent	European Research Network on Global Pentecostalism, Universität Heidelberg
GMD	Gesellschaft für Mathematik und Datenverarbeitung
HKFZ	Historisch-Kulturwissenschaftliches Forschungszentrum
MD	Materialdienst (Konfessionskundliches Institut Bensheim)

TVZ	Theologischer Verlag Zürich
VELKD	Vereinigte Evangelisch-Lutherische Kirche Deutschland
VEP	Verlag Empirische Pädagogik
VS	Verlag für Sozialwissenschaften
VTR	Verlag für Theologie und Religionswissenschaft
WBG	Wissenschaftliche Buchgesellschaft

Literaturabkürzungen

APuZ	Aus Politik und Zeitgeschichte
BEG	Beiträge zu Evangelisation und Gemeindeentwicklung
BEG-Praxis	Beiträge zu Evangelisation und Gemeindeentwicklung Praxis
BVB	Beiträge zum Verstehen der Bibel
BWM	Bibelwissenschaftliche Monographie
DPCM	New International Dictionary of Pentecostal and Charismatic Movements
EETh	Einführung in die Evangelische Theologie
em	Evangelikale Mission
ETM	Evangelikale Theologie Mitteilungen
EuKP	Empirie und Kirchliche Praxis
FreiDok	Freiburger Dokumentenserver der Theologischen Fakultät der Albert-Ludwig-Universität
GTB	Gütersloher Taschenbücher
GThF	Greifswalder theologische Forschungen
HS-IPS	Hochschulschriften aus dem Institut für Psychologie und Seelsorge der Theologischen Hochschule Friedensau
HSPTh	Heidelberger Studien zur Praktischen Theologie
HTA	Historisch-Theologische Auslegung
IBSA	Institut für Biostruktur-Analysen
IDPCM	International Dictionary of Pentecostal and Charismatic Movements
IPS	Institut für Praktische Psychologie
JBV	Journal of Beliefs and Values
JLT	Journal of Literary Theory
KGM	Kirchengeschichtliche Monographien
KKR	Kirche, Konfession, Religion
KmV	Edition: Kirche mit Vision
KT	Kaisers Taschenbücher
LLG	Leiten. Lenken. Gestalten - Theologie und Ökumene
LPhTh	Lexikon philosophischer Grundbegriffe der Theologie
LPTB	Linzer Philosophisch-Theologische Beiträge
MELB	Mitteilungen der Evangelischen Landeskirche Baden
NThDH	Neukirchener theologische Dissertationen und Habilitationen
PH	Psychologie heute
PiNW	Praxisimpulse Notwendiger Wandel
PR	The Pneuma Review
PThGG	Praktische Theologie in Geschichte und Gegenwart
RP	Religionspsychologie
RPTh	Religion in Philosophy and Theology
STM	Systematisch-theologische Monographien
STS	Salzburger Theologische Studien
TRev	Theologisches Revue (Münster)

TuP	Theologie und Praxis
TZ	Theologische Zeitfragen
VL-A	Veröffentlichungen der Luther-Akademie e.V. Ratzeburg
WB Päd	Wörterbuch Pädagogik
WB Psych	Wörterbuch Psychologie
WC	Wörterbuch des Christentums
Weber	Max Weber: Gesammelte politische Schriften. Winckelmann, J. (Hg.)
ZPT	Zeitschrift für Pädagogik und Theologie

Germanistik, Research, Soziologie

CCM	Schriften des Center for Controlling & Management
DWDS	Digitales Wörterbuch der deutschen Sprache des 20. Jahrhunderts
FQS	Forum Qualitative Sozialforschung / Forum: Qualitative Social Research
FSM	Forschung, Statistik & Methoden
Gesprächs-forschung	Gesprächsforschung. Online-Zeitschrift zur verbalen Interaktion. Verlag für Gesprächsforschung Mannheim
GOR	General Online Research
HSK	Handbücher zur Sprach- und Kommunikationswissenschaft. Handbooks of Linguistics and Communication Science
IJIS	International Journal of Internet Science
ILMES	Internet-Lexikon der Methoden der empirischen Sozialforschung W. Ludwig-Mayerhofer (2006), Soziologie an der Universität Siegen
IWS	Institut für Wirtschafts- und Sozialethik
JCMC	Journal of Computer-Mediated Communication
KZfSS	Kölner Zeitschrift für Soziologie und Sozialpsychologie
MittAB	Mitteilungen aus der Arbeitsmarkt- und Berufsforschung
MPR	Methods of Psychological Research Online
NEON	Network Online Research
OBST	Osnabrücker Beiträge zur Sprachtheorie
RDLW	Reallexikon der deutschen Literaturwissenschaft
RSSSR	Research in the Social Scientific Study of Religion
sic.	Trotz Fehler exakt aus der Vorlage übernommen
SISS	Schriftenreihe des Instituts für Sozialwissenschaften
SPSS	Statistical Package for the Social Sciences, © IBM, 81829 München
WZB	Wissenschaftszentrum Berlin für Sozialforschung
ZA	Zentralarchiv für Empirische Sozialforschung, Universität zu Köln
ZBBS	Zeitschrift für Qualitative Bildungs-, Beratungs- und Sozialforschung
ZDM	Zentralblatt für Didaktik der Mathematik - The International Journal on Mathematics Education
ZFS	Zeitschrift für Semiotik, Deutsche Gesellschaft für Semiotik e.V.
ZUMA	Zentrum für Umfragen, Methoden und Analysen in Mannheim

Bibelausgaben

BW	BibleWorks™ Copyright © 1992-2003 BibleWorks, LLC. BibleWorks was programmed by Michael S. Bushell & Michael D. Tan.
Elb	Elberfelder Bibel revidierte Fassung 1993. Wuppertal: Brockhaus, 1994.

1 Einführung

1.1 Vorklärungen

1.1.1 Zitierungs- und Schreibweise

Die Arbeit lehnt sich an das Harvard-Zitierungssystem an, das im laufenden Text die nötigen Quellenverweise (Autor, Erscheinungsjahr, Seitenzahl) in Klammern nachweist und die Anmerkungen für weiterführende Literatur oder Diskussionen nutzt. Hat ein Autor in einem Jahr mehr als eine Arbeit publiziert, werden das Erscheinungsjahr mit Kleinbuchstaben gekennzeichnet (a,b,c,...). Um der Langatmigkeit einer Schreibweise von „Fachkollegen und -kolleginnen" und „Mitarbeitern und Mitarbeiterinnen" oder „Pfarrern und Pfarrerinnen" zu entgehen, sei ausdrücklich betont, dass das generische Maskulinum für die weibliche und männliche Form verwendet wird. Selbstverständlich sind damit beide Geschlechter angesprochen. Ein differenzierter Stil ist dort angezeigt, wo der Inhalt es erfordert. Zur Unterscheidung von Autoren, die denselben Nachnamen tragen, werden die jeweiligen abgekürzten Vornamen stets erwähnt. Auch Luthers Zitate aus seinem Gesamtwerk der Weimarer Ausgabe weichen von der sonst üblichen Zitierungsweise ab. Für den Namen des Autors oder des Herausgebers steht die Abkürzung WA (Weimarer Ausgabe), gefolgt von der Band– und Teilangabe, dem Erscheinungsjahr und der Seitenzahl. Alle wörtlichen Zitate übernehmen die vorgefundene Rechtschreibung (sic). Wenn nicht anders angegeben, geht kursives Zitieren auf den Autor des Zitats selbst zurück. Schließlich ist noch zu bemerken, dass der Plural des Untersuchungsgegenstandes „Charismata", um der besseren Lesbarkeit willen, in der eingedeutschten Form unter dem gängigen Begriff „Charismen" aufgeführt wird.

1.1.1.1 Sprachregelung

Solange sich die Untersuchung im praktisch-theologischen Theorieteil bewegt, werden Ausdrücke aus der Sozialwissenschaft entsprechend als solche gekennzeichnet. Umgekehrt gilt dasselbe für den empirisch theoretischen Teil mit theologisch ausgewiesener Terminologie. Um Irritationen und Missverständnisse im jeweiligen Bezugsrahmen zu vermeiden, sind sprachliche Grenzen bedeutsam. Sobald aber die Daten der empirischen Erhebung ausgewertet werden, ist eine strikte Trennung nicht mehr möglich. Denn entsprechend dem Forschungsgegenstand umfassen die empirischen Daten eine originäre theologische Insidersprache, die teilweise zu den Befragten bzw. zum religiösen Milieu der Kirchen gehört. Hermeneutische Prozesse in inter- oder intradisziplinären Ansätzen lassen eine sprachliche Verbindung zu.

1.1.1.2 Aufbau der Arbeit

Nach diesen Vorklärungen grundsätzlicher Fragestellungen, der aktuellen Relevanz und Rahmenbedingungen, erfolgt nun die Beschreibung des Aufbaus. Die vorliegende Arbeit umfasst vier Kapitel, die, mit Ausnahme der Interviews, gleichzeitig die chronologischen Forschungsphasen abbilden. Die besondere Aktualität der Thematik liegt in der Tatsache begründet, dass die Evangelische Kirche Deutschland (EKD) verstärkt ehrenamtliche Mitarbeiter mit ihren Begabungen einsetzen will und darum nach der Charismenwahrnehmung der Gemeindeglieder fragen muss.

Das **erste Kapitel** präsentiert im systematisch-historischen Theorieteil fundamentaltheologische, soziologische und pragmatische Typologien in der Frage nach dem Gabenbegriff und dem Erkennen der Gaben. Gerade weil das erste Kapitel prinzipielle Grundwahrheiten herausarbeitet, die Kriterien für die empirische Erhebung liefern, wird der empirische Befund nicht nur temporaler Art sein, sondern Grundkriterien des Gabenerkennens verifizieren oder falsifizieren. Hinter den Ausführungen der Grundtypologien stehen nachfolgende Theologen: Thomas von Aquin, Martin Luther, Friedrich Schleiermacher und Karl Rahner. Hinzu kommen zwei pragmatische Typologien, die eine Brücke zu gegenwärtigen Fragestellungen im Gemeindeaufbau schlagen. Diese gehen auf Nikolaus Ludwig Graf von Zinzendorf und Johann Christoph Blumhardt (den Jüngeren) zurück. Die soziologische Deutung charismatischer Beziehungen, wie sie von Max Weber vorliegt, eignet sich als weitere Typologie, weil sie Theologie und Soziologie verbindet.

Das **zweite Kapitel** untersucht die These, dass derzeit kein wissenschaftlich konsensfähiger Charismenbegriff in der Praktischen Theologie vorliegt. Ausgehend von dieser Erkenntnis wird im *ersten Teil* dieses Kapitels der gegenwärtige Forschungsstand in den Hauptfeldern der Theologie auf diese Problemstellung hin untersucht, denn die Praktische Theologie betreibt keine eigenständige Grundlagenforschung, sondern greift teilweise auf die Systematische und Exegetische Theologie zurück. Primär steht das Problem der Definition des Charismenbegriffs, insbesondere in Bezug auf das Verhältnis von natürlichen Fähigkeiten und übernatürlichen Begabungen, zur Diskussion. Die Ausarbeitung hat gezeigt, dass die Hauptfelder der Theologie in ihren Ansätzen in Bezug auf das Gabenverständnis nuancieren. Aus diesem Grund werden die Entwürfe inhaltlich klassifiziert, um deren Gemeinsamkeiten und Unterschiede zu verdeutlichen. In den Hauptdimensionen der aktuellen Gabenansätze und ihrer Handlungsanweisungen zeichnen sich die Grundtypologien ab. Zur exegetischen Präzisierung und systematisch-theologischen Elementarisierung schließt sich ein eigener Entwurf zu einer trinitarischen Dimension der Charismen im Fragehorizont des Entdeckens an.

Generell stellt sich die Frage, warum die Menschen des 21. Jh. verstärkt nach ihren Gaben suchen und welche Mittel sie dazu einsetzen. Der *zweite Teil* nimmt diese Beobachtung auf und entfaltet überleitend die historischen Entwicklungslinien zur Charismensuche. Dies geschieht in zweifacher Hinsicht: Aus dem Blickwinkel der Gemeindeglieder wird gefragt, warum sie ihre Gaben suchen. Zudem stellt sich die pragmatische Frage, auf wen die empirischen Gabentools zurückgehen. Anschließend werden die gegenwärtig weltweit verbreitetsten empirischen Gabentests in ihren besonderen Profilen dargestellt und kritisch gewürdigt. Dazu gehören die Modelle von B. Hybels, C. A. Schwarz, der Entwurf der sog. „Manifestations- und Motivationsgaben" und seine deutsche Version „Explore – Entdecke Deine Berufung" sowie der sog. „fünffältige Dienst" und schließlich Gabentests der Evangelischen Kirche in Baden (EKiBa).

Das **dritte Kapitel** ist bereits Teil der eigenen empirischen Konkretion, die als Forschungsfeld die für die Thematik aufgeschlossene EKiBa auswählte. Zunächst werden Grundfragen zur Wirklichkeitsauffassung im Verhältnis von Empirie und Theologie erörtert und schließlich eine theoretisch-methodische Weiterentwicklung versucht. Im Weiteren *ersten Teil* werden neuere, praktisch-theologische Ansätze diskutiert und von dort aus das eigene Selbstverständnis der Praktischen Theologie vorgestellt.

Im *zweiten Teil* folgt die trianguläre Datenerhebung auf zweierlei Weise: Einerseits richtet sich die empirische Hauptuntersuchung an Pfarrerinnen und Pfarrer, deren Äußerungen zur primären Forschungsfrage, wie Charismen zu erkennen sind, qualitativ und quantitativ durch eine passwortgeschützte Online-Erhebung gewonnen wurden. Andererseits zieht die Untersuchung auch einzelfallbezogene Interviews mit Gemeindegliedern ein. Das anschließende Forschungsdesign entfaltet die Methodologie mit Voruntersuchung, Evaluationsverfahren und Auswahlkriterien der beteiligten Pfarrer sowie theoretischen Vorfragen nach dem Fremdverstehen im landeskirchlichen Frömmigkeitsmilieu. Ziel ist es, ein kontextualisiertes Erhebungsinstrument (Fragebogen) zu entwickeln. Jeder Fragestellung des Onlinefragebogens liegen nicht nur die oben erwähnten Typologien, sondern Kriterien aus der aktuellen Gemeindeliteratur der Praktischen Theologie und kirchliche Umfrageergebnisse zugrunde. Interessante Kriterien und Deutungsmuster ergeben sich methodisch durch explorative Fragestellungen, welche die Befragten ausgiebig zu schriftlichen Äußerungen nutzten. Der *dritte Teil* beschreibt, bedingt durch den triangulären Ansatz quantitativer und qualitativer Daten, wechselseitig die Analyseverfahren und präsentiert die Ergebnisse. Die erhobenen quantitativen Daten werden mit dem statistischen Auswertungsprogramm SPSS aufbereitet. Die qualitativen Äußerungen basieren inhaltsanalytisch auf der Methodik von Philipp Mayring, entwickeln aber zusätzlich zur Analyse eigenständige Kodiersysteme, die den unterschiedlichen Erkenntnisinteressen entsprechen. Beide Verfahrensweisen (quantitative und qualitative), die das Design des Fragebogens bestimmen, ermöglichen außerdem einzelfallbezogene Einsichten, die tiefere Erkenntnisse aufdecken.

Als Pendant zur landeskirchlichen Befragung wird im *vierten Teil* eine charismatisch-pentekostale Freikirche im Einzugsbereich der EKiBa gewählt, um festzustellen, ob Gemeindeglieder, die sich ausdrücklich als Charismatiker ausweisen, im Vergleich zu den Befragungen unter Gemeindegliedern im landeskirchlichen Referenzrahmen ihre Begabungen ähnlich oder auf eine andere Weise entdecken. Während sich der *zweite Teil* mit der umfangreichen Analyse befasst, wendet sich der *dritte Teil* der online erhobenen Ergebnisdarstellung zu. Der *vierte Teil* analysiert die einzelnen Interviews der Gemeindeglieder und vergleicht die im charismatischen und landeskirchlichen Deutungsrahmen erhobenen Ergebnisse miteinander. Weitere aufschlussreiche Einblicke bietet auch ein Vergleich zwischen der Fremdwahrnehmung der Pfarrer und der Selbstwahrnehmung der Gemeindeglieder. Dabei wird gegenübergestellt, wie Pfarrer einschätzen, dass Gemeindeglieder ihre Begabungen erkennen und wie die Gemeindeglieder selbst ihre Gaben zu erkennen glauben.

Schließlich folgt im **vierten Kapitel** die Auswertung und Interpretation in einer Zusammenschau der praktisch-theologischen Gabenzugänge und Kriterien mit den empirischen Ergebnissen dieser Untersuchung. Der Ausblick skizziert einen Gesamtentwurf einer trinitarischen Dimension der Charismen und ihrem Erkennen für eine missionale Gemeindeentwicklung.

1.1.2 Fragestellungen, Eingrenzungen, Vorgehen

1.1.2.1 Charisma: göttlich oder genetisch

Der Begriff „Charisma" wirkt anziehend und trägt populärwissenschaftlich einen mystischen Charakter. Im Geschäftsleben wird unter Charisma, die auf Menschen anziehend wirkende Ausstrahlungskraft einer Person verstanden. Auch in der Politik sind es die Außergewöhnlichen, die sich von anderen durch einen Flair der Einmaligkeit abheben.[1] Darum kommt dem Charisma in der Öffentlichkeit eine hohe Attraktivität zu. Es gehört deshalb zu den viel beschriebenen Phänomenen. Auch in der wissenschaftlichen Diskussion erhält der Terminus Charisma hohe Aufmerksamkeit. Er beinhaltet historische und philosophische, soziologische und theologische Aspekte und neuerdings auch islamwissenschaftliche Perspektiven.[2] Darüber hinaus stehen für die Synonymbegriffe zu Charisma, wie etwa Talent, Begabung und Genie, zahlreiche Erklärungsmuster bereit, die in ihrem Spektrum von der göttlichen über kulturspezifischen bis zur genetischen Herkunft reichen (Kölsch 2001:13-25). In dieser Untersuchung geht es vor allem um die theologische Dimension der Charismen, die auch eine Schnittstelle soziologischer Ausformungen im Referenzrahmen der Praktischen Theologie einschließt. Die Frage nach Kriterien, wie Charismen

---

1   Vgl. Möller (2004), Soffner (1993:201-220.201).
2   Siehe den interkulturellen Sammelband (Rychterová, Seit & Veit 2008).

festzustellen sind, scheint sowohl bei der Entdeckung eigener Gaben als auch bei der Gabenfindung anderer komplex zu sein.

1.1.2.2 Zukunftsfähige Kirche

„Eine Kirche der Zukunft wird damit ernst machen, dass Menschen in der Gemeinde [...] ihre Gaben zum Nutzen der Gemeinde einbringen wollen".[3] Diese Aufforderung rückt, angesichts der vielfältigen Herausforderungen, in säkularen Bereichen ebenso ins Blickfeld wie in der Landeskirche. Fähige Mitarbeiter zu finden, ist in jeder Kirche eine bleibende Aufgabe für die immer komplexer werdende Gemeindearbeit. Seit einigen Jahrzehnten wird in kirchlichen Verlautbarungen und in der Praktischen Theologie verstärkt das Konzept einer gabenorientierten Mitarbeit betont. Volker Roschke, Pfarrer und Referent für missionarische Gemeindeentwicklung bei der Arbeitsgemeinschaft Missionarischer Dienste der Evangelischen Kirche in Deutschland (EKD), zieht aus dem oben formulierten die Konsequenz:

> „Eine Kirche der Zukunft [...] wird deshalb systematisch die Gaben der Gemeindeglieder zu entdecken suchen, sie zu entwickeln und zu fördern, ihnen etwas zutrauen und zumuten" (Roschke 2005:138).

Da es um die Zukunft der Kirche geht, steht hinter der primären Forschungsfrage eine gewisse Dringlichkeit. Die vorliegende Arbeit greift in diese aktuelle Diskussion ein und ist darum ein Anlass, den eingegrenzten Themenkreis grundsätzlich zu bearbeiten. Ein anderer Beweggrund wurzelt in der Praxiserfahrung unterschiedlicher Gemeindeveranstaltungen zur Thematik. Solche Seminartage auf Gemeindeebene zeigen, dass die Menschen an ihren Begabungen interessiert sind, aber dass der theologische Unterbau zu den Charismen weithin defizitär ausfällt. Die Begabung von Gemeindegliedern wird im Allgemeinen nicht in Frage gestellt. Wie Gaben aber systematisch entdeckt werden können, ist im Feld der wissenschaftlich Praktischen Theologie ungeklärt und darum auch an der Gemeindebasis ein Problem. Außerdem kam innerhalb des landeskirchlichen Frömmigkeitsmilieus die Frage auf, was für die Mitarbeitersuche und ehrenamtliche Arbeit gewonnen wird, wenn sie mit der Gabenthematik (Charismen) verbunden wird, und was verloren geht, wenn diese unterbleibt.

1.1.2.3 Vorläufige Charismendefinition

Da die theologische Definition von „Charisma" in der vorliegenden Untersuchung erst nach der Darstellung der historischen Nachfrage und dem Forschungsstand erfolgt, soll zunächst die vorläufige Erklärung gelten, dass unter

---

3   Kursiv MB, Roschke (2005:138). Der Begriff „Gemeinde" steht in dieser Untersuchung für die Kirchengemeinde.

Charismen (Gnadengaben) die göttliche Berufung und Begabung zum Engagement in Kirche und Gesellschaft (Mission) verstanden werden. Neben dieser praktisch-theologischen Bedeutung ist aus exegetischer Perspektive unter dem ntl. Begriff χάρισμα kein *terminus technicus* zu verstehen, sondern er hat auch im NT je nach kontextueller Einbindung eine differenzierte Bedeutung.

1.1.3 Forschungsinteresse

Wer sich auf die Thematik der Gaben einlässt, dem begegnet ein unüberschaubares Spektrum an Literatur zur Geisttheologie allgemein. Zugleich stellt er ein reges Interesse an charismatischen Einzelstudien fest, die eine Vielfalt an Gabenbegriffen vorlegen. Auch wenn seit 2009 vier Dissertationen im Horizont der Charismen verfasst wurden,[4] fehlt bisher eine Monographie zur speziellen Frage nach dem Entdecken von Charismen in der Praktischen Theologie im deutschsprachigen Raum. Mit dem theologisch-empirischen Ansatz dieser Untersuchung liegt deshalb ein Novum vor.

Methodisch werden diese Fragestellungen nicht nur deduktiv anhand der Literatur untersucht, sondern zugleich fällt an dieser Stelle auch die methodische Entscheidung für einen induktiv empirischen Ansatz, um die vielseitigen Problemstellungen am Status quo der Evangelischen Landeskirche in Baden (EKiBa) zu erheben. Dazu gehören etwa praktische Überlegungen des Gemeindealltags, wie Pfarrer prinzipiell Mitarbeiter zu gewinnen suchen und durch welche Veranstaltungen oder Modalitäten Charismen in der Gemeinde bereits entdeckt wurden. Hinzu kommt die grundsätzliche Problemstellung: Welche Kriterien legen Pfarrer an Aktivitäten der Gemeindeglieder an, um sagen zu können, dass es sich um Charismen handelt, und welche Erfahrungen im Entfalten der Begabungen bestehen in den Gemeinden? Diese Einschätzung erfolgt aus Sicht der Pfarrer und stellt ihre Fremdwahrnehmung dar.

Damit die oben genannte Problemstellung, wie Charismen der *Gemeindeglieder* erkannt und entwickelt werden, umfassend bedacht werden kann, bedarf es parallel zur Pfarrerbefragung der ergänzenden Perspektive der Gemeindeglieder, um ihre Selbstwahrnehmung empirisch zu erfassen. Aus der Tatsache, dass insbesondere das Erleben der außergewöhnlichen Charismen eine gewisse Sogkraft ausübt und Gemeindeglieder der EKiBa in der Folge auch *charismatischpentekostale Freikirchen* besuchen, richtet sich ein Seitenblick der empirischen

---

4 Kellner (2011) legt „Charisma als Grundbegriff der Praktischen Theologie" vor. Seine Untersuchung konnte vor der Drucklegung dieser Arbeit nicht mehr aufgenommen werden. Muther (2010) fragt nach dem Effizienzbegriff innerhalb von 1Kor 12. Obenauer (2009) erarbeitet eine „Theorie gabenorientierter Mitarbeit in der evangelischen Kirche" (:34). Vgl. die Rezension, M. Baumert (2010:381-384). Der kath. Theologe Viehhauser entfaltet eine „Theologie der Charismen" (2009), konzentriert sich aber vornehmlich auf Heilungen.

Erhebung auf eine solche Freikirche, um die Anfrage zu untersuchen, ob charismatisch geprägte Gemeindeglieder ihre Begabungen anders erkennen.

1.1.4 Methodische Konsequenzen

Die Notwendigkeit dieser Diskussion liegt in der Tatsache begründet, dass aus Erkenntnis leitenden Theorien methodische Zugänge und ihre Datenanalyse ebenso wie deren Interpretation entwickelt werden. Es ist noch darauf hinzuweisen, dass die empirischen Zugänge eine für die Praktische Theologie ungewohnte, aber für die soziologisch-empirischen Arbeiten geforderte hohe Transparenz in ihrer Methodologie zu erreichen suchen. Denn methodologisch sollen nicht nur soziologische Systeme übernommen werden, vielmehr geht es um den Versuch, empirische Hilfsmittel in die Praktische Theologie bzw. die konkret gestellte Forschungsaufgabe zu integrieren. Dieser empirische Mittelteil der Arbeit unternimmt den Versuch einer Neuakzentuierung im wissenschaftstheoretischen Verhältnis von Theologie und Empirie. Zum theoretischen Rahmen gehören fundamentaltheologische Grundtypologien, die gegenwärtigen theologischen Positionen zu den Charismen und eine eigene exegetische Präzisierung mit einer systematisch-theologischen Elementarisierung. In diesen Rahmen gehören ebenso die pragmatisch ausgerichteten Gabentools, die insbesondere den Verstehenshorizont der Gemeindeglieder in ihrem Denken und Handeln prägen, wie die darauf folgenden Diskussionen und Interpretationen der empirischen Ergebnisse.

Praktisch-theologisch interessiert zunächst das programmatische Gabenverständnis. Dazu gehören die Überlegungen, zu welchen Gegebenheiten und ob Charismen habituell oder aktualisierend den Menschen zugeteilt werden. Solche und andere Fragen gehören zum systematisch-theologischen Theorieteil der Arbeit und werden anschließend empirisch überprüft. Die Ergebnisse aus den Feldern, der Theologie und der empirischen Realität, wollen gleichermaßen einen Beitrag zur wissenschaftlichen Praktischen Theologie wie auch für die Praxis von Pfarrern und Gemeindegliedern leisten.

Während die zuletzt genannte Beziehung wissenschaftstheoretische Grundfragen berührt, weil sie nach dem Verhältnis von Praktischer Theologie und Empirie, Sozialwissenschaft und Theologie fragt und daher, nach Mouton (2004),[5] auf der oberen Diskussionsebene angesiedelt ist, liegen die pragmatischen Fragestellungen auf den beiden unteren Ebenen (:137-142). Hierbei geht es *zum einen* wesentlich um die Bedeutungsdimensionen der Gaben. Wovon ist die Rede, wenn Gaben thematisiert werden? Handelt es sich um Talente, angelernte Fähigkeiten und Kompetenzen, geht es um die paulinischen Gnadengaben (Charismen) oder liegt die Akzentuierung auf den enthusiastisch-charismatischen Geistesgaben, wie sie aus der Charismatischen Bewegung und pentekostalen Szene bekannt sind? Sind Gaben mit den Aufgaben identisch? Von welcher Be-

---

5   Mouton bietet ein dreistufiges Modell für interdisziplinäre Forschungsarbeiten an.

grifflichkeit ist also überhaupt auszugehen? Gibt es eine Komplementarität in der Weise, dass erlernte Befähigungen und Sozialisation sich mit geistgewirkten Gaben vermischen? Oder sind beide Gabenarten strikt voneinander zu trennen? Da in kirchlichen Kreisen unter den Gemeindegliedern sog. *Gabentests* kursieren, ist *zum anderen* eine Einschätzung der Leistungsfähigkeit von Gabentests erforderlich. Die Gabentests mit ihren verschiedenen Ansätzen geben vor, Charismen empirisch durch Fragebögen und Kommunikation zu erfassen. Es ist daher bedeutsam, ihre Entwürfe nach Kriterien zum Erkennen der Gaben zu prüfen. Einige dieser Gabentests integrieren Persönlichkeitstests und werfen damit weitere Fragen auf, die für eine verantwortete, praktisch-theologische Gemeindearbeit von Bedeutung sind, um das Verhältnis der Anthropologie zur Pneumatologie zu klären. Eine intensive Erarbeitung des Personenbegriffs in Unterscheidung zur Persönlichkeit, die hier notwendig wäre, kann im Rahmen dieser Arbeit nicht geleistet werden.

Aus *religionssoziologischer Sicht* interessiert, welche Rolle der weitverbreitete, soziologisch bestimmte Begriff „Charisma" spielt, der Unterschiedliches repräsentieren kann: den charismatischen Leiter, Schauspieler und Politiker, die charismatische Gründerpersönlichkeit, bspw. auch christlicher Werke, oder allgemein die Persönlichkeit mit Ausstrahlungskraft. Auch das Charisma-Konzept von Max Weber (2001), das bekanntlich den Aspekt der Außeralltäglichkeit als „geltende Qualität einer Persönlichkeit" (:140) beschreibt, gehört in diese Überlegungen mit hinein. Der Theologe Tanner (2005) drückt Charisma als „Macht des Unverfügbaren" aus, wenn er die Bindekraft des Urchristentums zwischen Institution und Individuum zu beschreiben versucht (:25-44).

1.1.4.1 Eingrenzungen

Auch wenn der religionssoziologische Charismenbegriff eine große Bedeutungsbreite aufweist und Charisma eine „ambivalente Faszination in der Moderne" darstellt (Rehberg 2005:3), begrenzt sich die vorliegende Forschungsfrage zweifach: Erstens bleibt ihre Reichweite vornehmlich innerhalb der christlichen Praktischen Theologie. Zweitens richtet sich das Erkenntnisinteresse, trotz der bekannten phänomenologischen Beobachtungen in der Religionswissenschaft mit ihren interreligiösen charismatischen Wirkungen und - um es theologisch zu sagen - möglicherweise okkulten Quellen, nicht auf das negative Problem der Geisterunterscheidung, sondern fragt positiv nach den notwendigen Indikatoren, um hilfreiche Charismen für die Mitarbeit von Gemeindegliedern zu entdecken.

Angesichts des systematisch-theologischen und empirischen Zugangs verzichtet diese praktisch-theologische Untersuchung auf einen ausführlichen exegetischen Nachweis zum Phänomen des Wahrnehmens und Erkennens von Charismen. Eine solche Analyse würde eine eigene exegetische Monographie erfordern. Außerdem wird die vorliegende Untersuchung[6] hier keine umfassenden Nachweise der Datenanalyse bieten.

1.1.5 Theologische Anfragen an die Praktische Theologie

In seinem Buch „Der Begriff Charisma und seine Bedeutung für die Praktische Theologie" fordert Lauterburg bereits 1898 Charismen für den Pfarrer als den „bestellten Diener der Kirche". Außerdem plädiert er dafür, Charismen für die „theologisch-wissenschaftliche Fundierung nicht nur der Amtsthätigkeit, sondern der von der praktischen Theologie heutzutage etwa behandelten Thätigkeiten überhaupt" anzuwenden (:95).[7] Diese Forderung greift Bohren in den 70er Jahren durch sein Postulat auf, die Praktische Theologie solle charismatisch werden (1975:148). Erstaunlicherweise liegt, wie erwähnt, bis heute kein wissenschaftlich praktisch-theologischer Entwurf einer Theorie charismatisch-praktischer Theologie im deutschsprachigen Raum vor.[8] Es ist zu fragen, ob das, was Landau (1981) für die damalige Zeit diagnostizierte, gegenwärtig in veränderter Form zutrifft: Praktische Theologie,

> „die weithin das wohltemperierte Christentum mitteleuropäischer Provenienz widerspiegelte, konnte in der Tat kaum aus sich selber heraus die Relevanz der Charismen entdecken, sondern musste durch an sie herangetragene Fragen und Erfahrungen aufmerksam gemacht werden" (:694).

Eine dieser theologischen Anfragen stellt auch der Heidelberger Systematische Theologe M. Welker (2000), indem er für eine ekklesiologische Konzeption der Landeskirche plädiert, die *„in unseren Gemeinden die massiv gedämpften Charismen – besonders der eher am Rande der Gemeinde stehenden Christinnen und Christen – entdeckt und zur Entfaltung"* bringt (2000:71, kursiv MB). Weitere Fragestellungen, die im Folgenden skizziert werden, sind gesellschaftlicher und kirchlicher Art.

---

6   Siehe dazu die eingereichte Universitätsversion: M. Baumert (2009): Charismen entdecken. Eine praktisch-theologische Untersuchung in der Evangelischen Landeskirche in Baden, Pretoria: University of South Africa.

7   Landau (1981) deutet in seinem TRE-Artikel Lauterburg theologisch um. Die kritische Einschätzung über Lauterburg, er würde die charismatische Verwirklichung ethisch statt pneumatisch begründen (:694), ist nicht ganz nachvollziehbar. Denn Lauterburg (1898) beruft sich dezidiert auf die vorausgesetzte pneumatische Kraft und Erlösung, um einer bloß kirchlichen Frömmigkeit und Wissenschaft zu wehren (:97.101.103. bes. 108: Charisma ist „Kardinalvoraussetzung" und „geistliches Zentrum" aller Tätigkeiten). Dass Lauterburg Heiligung und Charismengebrauch allerdings miteinander verbindet, ist nach dem Beleg von 1Kor 13,1-3 berechtigt (:104).

8   Ansatzweise in anglikanischer Forschung, aber mit einseitig pfingstlerisch-charismatischen Fokussierungen u. a. Kay & Dyer (2004), Cartledge (2003, 2008:1-23), Francis, Lankshear & Jones (2000:121-130), Parker (1996).

1.1.5.1 Charismatisch-pentekostale Anfragen

Das angesprochene Desiderat ist angesichts des globalen Wachstums charisma-tisch-pentekostal ausgerichteter Konzepte in Kirchen und Bewegungen umso erstaunlicher (Suarsana 2010).[9] Verzeichnet zwar die deutsche charismatisch-pfingstliche Bewegung kaum ein Wachstum, breiten sich charismatisch-pentekostale Migrationsgemeinden in Deutschland[10] und weltweit[11] in Verbin-dung mit der Globalisierung netzwerkartig aus.[12] Zudem ist die erwähnte Tatsa-che einer gewissen Ignoranz[13] der Praktischen Theologie gegenüber charismati-schen Forschungen verwunderlich. Seit den 80er Jahren profitieren deutsche Kirchen im Allgemeinen und speziell das Institut zur Erforschung von Evangeli-sation und Gemeindeentwicklung der Universität Greifswald (Herbst 2010)[14] ebenso von nordamerikanischen Gemeindemodellen (Eggers 2005) wie vom Transfer aus der anglikanischen Kirche, deren Praktische Theologie charisma-tische Elemente aufweist.[15]

1.1.5.2 Gesellschaftliche Umbrüche

1.1.5.2.1 Identitätsstiftende Orientierung

Auf die postmodernen Situationsanalysen ist an dieser Stelle noch nicht einzu-gehen. Es reicht, die soziologischen Umbrüche zu benennen, die die primäre Forschungsfrage nach den Gaben berühren.

Einen ersten soziologischen Umbruch markiert die Transformation der her-kömmlichen Identitätsbildung. Galt in der Vormoderne die Adoleszenz noch als Übergangsphase vom Jugend- zum Erwachsenenalter, in der die Identitätsfin-dung erfolgte, so ist heute die Identitätsbildung zu einem lebenslangen Prozess

---

9   Auch Anderson, Bergunder, Droogers & van der Laan (2010).

10   So Bergunder (2006:155).

11   Diese These der Wachstumszusammenhänge zwischen der charismatisch-pentekostalen Bewegung an sich und der Globalisierung wird von Cox relativiert (2006:11-22).

12   Zu universitären Forschungen der pfingstlich-charismatischen Migrationsgemeinden vgl. Suarsana (2007:46-49), Bergunder (2006:155-169), Währisch-Oblau (2009, 2006: 10-39), Gerloff (2004:4f).

13   Nach Spornhauer, der noch 2005 kaum eine universitäre Wahrnehmung charismatisch-pentekostaler Forschungen berichtet (:144), zeichnet sich bedingt durch die "European Research Network on Global Pentecostalism" an der Universität Heidelberg unter Prof. Dr. M. Bergunder, Religions- und Missionswissenschaftler, im Einzugsbereich der EKiBa zusehends ein Interesse ab. Auch die „rationale Entmythologisierung" in der Exegese bremste „die charismatische" Frage aus (Lehnert 2007:244).

14   Vgl. Potter (2006), Herbst (2007, 2006:52-67, 2006a:3-6), die Emmaus-Kursreihe (Clausen, Harder & Herbst 2007, Herbst 2006, 2005, 2004, 2003a, 2003b).

15   Rother (2005:67-111). Zum Alpha-Kurs: Sautter (2007:170-209), Häuser (2004a:123-150).

ausgedehnt.[16] Ein Hauptgrund beruht auf dem Wegfall früherer Bezugssysteme, wie etwa dem geschlossenen Weltbild und Transzendenzbezug, welche die nötige Anerkennung und kollektive Identität schenkten, die derzeit in der pluralistischen Gesellschaft nicht mehr gegeben sind.[17] Damit ist die „identitätsstiftende Orientierung" verloren, was eine „tiefgreifende Verunsicherung" auch für den Gläubigen zur Folge hat.[18] Dass Religiosität bzw. Glaube und Identität korrelieren, ist in der Literatur hinreichend diskutiert und erst kürzlich in einer großangelegten Erhebung empirisch belegt worden (Maiello 2007:77.168f). Mit M. Josuttis (1997) ist darüber hinaus anzunehmen, dass die Identitätsfrage unmittelbar mit der Charismenfrage zusammenhängt, denn kirchlich engagierte Menschen sind auf die wechselseitige Bestätigung durch Selbst– und Fremdwahrnehmung angewiesen, weil sie ihren Selbstwert durch das definieren, was sie leisten und tun können. Auch der Freiburger Religionssoziologe M. Ebertz (2004a) bezeichnet das „Ehrenamt als Moment der Selbstentfaltung", die gerade junge und intelligente Menschen suchen (:169). Die dazu nötigen sozialen Handlungs- und Entfaltungsräume sieht Josuttis (1997) im Raum der Kirche gegeben, in dem sich das Entdecken der Charismen nicht nur in einem „kognitiven Diskurs" ereignet, sondern „leibbezogen, bewußtseinstranszendent" und „identitätsverändernd" wirkt (:70). „In der individuellen Geisterfahrung wird die Zugehörigkeit zum Leib Christi bis in den innersten Kern der Person hinein manifest" (:70). Zu diesem thematischen Bereich gehört auch der bekannte Zusammenhang zwischen einem positiven Selbstkonzept und wahrnehmbaren Begabungen.[19] Diese Korrelation wird begünstigt, wenn religiöse Werte hinzukommen (Scholz 2007:172).

Dieser erste soziologische Umbruch zu einer Suche nach Selbstbestätigung und Sinn wurde durch die empirische Studie der Enquête-Kommission, einer überfraktionellen Arbeitsgruppe des Deutschen Bundestages, zur "Zukunft des bürgerschaftlichen Engagements" (2002) und den sogenannten Freiwilligensurveys bestätigt. Die Ergebnisse zeigen deutlich, dass der Begriff des "bürgerschaftlichen Engagements" eine neue Dimension erhalten hat. Die Veränderung des klassisch bezeichneten "Ehrenamtes" besteht nicht mehr so ausgeprägt darin, andere selbstlos zu unterstützen. Die neue Motivlage zur Mitarbeit in der Zivilgesellschaft eröffnet vielmehr eine Mischung, die in den weiteren Teilstudien in ihren hauptsächlichen Motiven übereinstimmen: Spaß und soziales Gemeinschaftsgefühl erleben, etwas Wichtiges und Sinnvolles leisten.[20]

---

16 Vgl. Steffel (2002:32f), Schütz (2000).
17 Vgl. Bergem (2005:17). Die individuellen Leiden an der Identität sind nach Josuttis (2004) deutlicher Indikator für den „Zwang zur Selbstreflexion" (:196), weil die spirituellen Rituale durch Therapien der Gesellschaft ersetzt wurden (:190-203).
18 Vgl. Leuninger, Eckart & Eckart (2001:72).
19 Vgl. Hemming (2002), der speziell musische Begabungen untersucht (:192).
20 Vgl. dazu die „Freiwilligensurveys" (2006, 2004) mit 15.000 Interviews zur bürgerschaftlich ehrenamtlichen Mitarbeit (Hoch, Klie & Wegner 2006:249).

Dass diese Motivlagen auch für kirchliche Mitarbeiter in ihrer Suche nach Gaben gelten, ist offensichtlich und eröffnet Chancen.

1.1.5.2.2 Bildungsfragen im globalen Wettbewerb

Der ehemalige Bundespräsident Roman Herzog stellt in seiner vieldiskutierten Rede am 5.11.1997 fest: „Bildung muss das Megathema unserer Gesellschaft werden. Wir brauchen einen neuen Aufbruch in der Bildungspolitik, um in der kommenden Wissensgesellschaft bestehen zu können" (zit. in: Wingens 2002:9). Dieser Aufruf zum Aufbruch begann bereits mit dem *zweiten soziologischen Umbruch,* den die empirische Wende[21] in den 60er Jahren auslöste. Seither wird zusehends nach „Schlüsselqualifikationen" in Beruf und Ausbildung gefragt (Mertens 1974:40). Sie bestimmen gegenwärtig die Bildungsdiskussion. Das Konzept der Schlüsselqualifikationen zielt auf eine ergebnisorientierte Ausbildung ab. Es geht mit Berücksichtigung des späteren Berufsbildes um den Erwerb von Kompetenzen und Fähigkeiten, in denen es gilt, interdisziplinär zu denken und angeeignetes Fachwissen flexibel und selbstständig in der Praxis weiter zu entwickeln (Lepp 2005). Auf dem Hintergrund der Industrialisierung und im Kontext der Globalisierungsprozesse soll es zu einem messbaren Vergleich der Einzelqualifikationen (intellektuelle und kreative Begabungen) kommen. Gerade weil Deutschland einen Bevölkerungsrückgang erlebt, suchen und bnötigen Staat und Wirtschaft im globalen Wettbewerb qualifizierte Arbeitskräfte und besonders Begabte, die bereit sind, Verantwortung in Staat und Gesellschaft zu übernehmen. Die Erforschung von Begabungen ist daher marktwirtschaftlich und gesellschaftspolitisch äußerst dringlich. Aus dieser notwendigen Dringlichkeit heraus entwickelte sich seit den 70er Jahren ein eigener Forschungszweig der Kompetenzmessung[22] und Begabtenforschung (Kölsch 2001:7). Unter dem Motto "Individuelle Förderung: Begabungen entfalten – Persönlichkeit entwickeln" fand 2006 ein Kongress an der Universität Münster statt, dessen große Resonanz weiterführende Publikationen hervorbrachte.[23]

Das Entdecken begabter Menschen für die Gesellschaft ist daher europa- und weltweit ein wichtiges Aufgabenfeld,[24] was die Aktualität der Forscherfrage in gesellschaftspolitischer Hinsicht unterstreicht. Wenn bezüglich religiöser

---

21 Laut Gräb (1998) begann diese Wende bereits mit Schleiermacher, indem Theologie nicht mehr von biblisch-dogmatischen Vorgaben abgeleitet wurde, sondern von der „religiösen Selbstdeutung" des Menschen abhängt (:216).

22 Vgl. Erpenbeck & von Rosenstiel (2007).

23 Vgl. etwa Fischer, C., Mönks, F. J. & Westphal, U. (2008).

24 Universitäten bieten „Gifted Education" als Studienabschluss an, etwa die kooperierenden Universitäten Münster und Nijmegen. Vgl. Literatur http://www.bildungundbegabung.de/verein/links/literatur.pdf [14. Febr 2009] oder die Initiative des Ministeriums für Arbeit, Gesundheit und Soziales Nordrhein-Westfalen mit ihrem „TalentKompass", vgl. Mayer & Völzke (2006).

Bildung nun neuerdings auch auf dem biblisch-theologischen Hintergrund der Gottesebenbildlichkeit von Begabtenförderung und ihrer Diagnostik gesprochen wird, dann kommt der Arbeit im Kontext der Erziehungswissenschaften oder der Religionspädagogik neue Bedeutung zu.[25] In diesem Feld sind bezüglich der Charismen weiterführende Anregungen zu erwarten.

1.1.5.3 Kirchlicher Rahmen: Krisensituation und Reformprozesse

1.1.5.3.1 Krisensituation der EKD

Die Praktische Theologie als integraler Bestandteil dieser beschriebenen Gesellschaft reflektiert ihre grundlegenden Muster, indem sie zunächst die geforderten Schlüsselqualifikationen mit interdisziplinären Zugängen anwendet. Feige & Lukatis (2004) beobachten richtig: Die „Empirie hat Hochkonjunktur" (:12-39), weil zahlreiche Forschungen die Theorien der Praktischen Theologie mit den Niederungen der Alltagsfragen verbinden. Erst als die EKD ihre groß angelegte Repräsentativumfrage unter ihren Mitgliedern in Auftrag gab, traten die dramatischen Entwicklungen im kirchlichen und gesellschaftlichen Horizont vollends zu Tage (Hermeling 2006:16). Teilbereiche der komplexen Befunde führen zum Erkenntnisinteresse dieser Untersuchung. Der erwähnte demographische Wandel verschärft drei Hauptkrisen der Kirche, die einander bedingen (:16-23, Hauschildt 2004:15-16). Erstens: Die kirchliche Finanzkrise, zweitens der Mangel an Mitgliedern durch andauernde Kirchenaustritte, drittens, dass die Kirche nicht mehr im Zentrum der Gesellschaft steht, sondern durch einen zunehmenden Säkularismus ebenso an den Rand gedrängt ist wie durch den sich ausbreitenden Islam. Viertens gibt es schließlich innerkirchliche „Verständigungsprobleme", weil die Kirche den Menschen ihre Daseinsberechtigung nicht mehr vermitteln kann (:16). Dahinter steckt die zuvor erwähnte „Identitätskrise" (:16).

In der Konsequenz baut die Kirchenleitung Pfarrstellen ab und legt Gemeinden unter marktwirtschaftlichen Gesichtspunkten zusammen. Aufs Ganze gesehen entsteht der Eindruck, als würden weder theologische Vorgaben[26] einer Ekklesiologie, etwa nach 1Kor 12, noch die Empirie[27] vom Wegschmelzen der Mitglieder, die Kirchenleitung der EKD zu grundlegenden Reformen bewegen. Zugespitzt gesagt: Was wirklich in Bewegung setzt, sind die fehlenden finan-

---

25 Vgl. Guttenberger & Husmann (2007), Wohlmuth (2006:6-9).
26 Nach Beckmann (2007) sind die kirchlichen Verlautbarungen durchaus nicht „theologielos", aber „von einer verdeckten [...] Theologie durchzogen" (:67), die wiederum den Reformprozess entscheidend mitbestimmen.
27 In einer Kirche, die sich von der Empirie abkoppelt, greifen keine Reformprozesse (Nethöfel & Grunwald 2005:13).

ziellen Ressourcen.[28] So leitet die Kirchenleitung nicht nur schmerzliche Sparmaßnahmen[29] ein, sondern stellt sich inzwischen den komplexen Herausforderungen, indem sie strukturelle Veränderungen zu entwickeln versucht und darum an einer Umgestaltung des Gemeindebildes arbeitet, was zugleich zu einem neuen Verständnis von Ehrenamt und Pfarramt führt.[30] Ausdrücklich soll im Reformprozess nun nicht der finanzielle und demographische Wandel „der entscheidende Bezugspunkt" sein, sondern es geht der EKD auch „um ihre großartige Aufgabe: die Botschaft von Gottes Liebe zu den Menschen zu bringen, ihnen Jesus Christus vor Augen zu stellen" (Huber 2007:2).[31]

Das Folgende führt Aufbrüche der EKD pointiert und thesenartig als elementare Rahmenbedingungen der vorliegenden Forschungsfrage an. Gelingt der kirchliche Umbau nicht, geht die Kirche in ihrer jetzigen Form, nach Meinung weniger Praktischer Theologen, unter.[32] Andere betrachten die Gesamtlage differenzierter. Höher & Höher (1999) sehen die Krise als Chance zum „Neu- und Querdenken anderer Lösungsideen", wenn sich die Kirche als „lernende Organisation" versteht (:13-16). Wenn die fundamentale Veränderung gelingt, kommt es nach dem vieldiskutierten Impulspapier „Kirche der Freiheit" des Rates der EKD (2006) zu einem Paradigmenwechsel der etablierten Landeskirche (:7.24).

1.1.5.3.2 Rahmenbedingungen in der EKiBa

Die Verlautbarungen der EKiBa, allen voran ihre Leitsätze zum Selbstverständnis und kirchlichen Handeln, erwuchsen aus der Gemeindebasis und brachten

---

28   Bisher begnügte sich die EKD weithin mit der passiven Mitgliedschaftsform und prägte die Wendung von den „treuen Kirchenfernen" als zahlende Mitglieder (Piroth 2004:49).

29   Winkler (1998) bemerkt, dass das „finanzielle Mangelmotiv" nicht genügt, um Gaben bei den Menschen zu erwecken (:68). So auch Josuttis (1997), der für eine theologische Begründung des Leibes Christi einsteht (:122). Gleiches gilt für die kath. Kirche in Deutschland, so titelt Zulehner: „Kirche umbauen – nicht totsparen" (2005).

30   Vgl. das Referat, EKD-Synode (2009:1-6). Die fehlende theol. Reflexion wird als vernachlässigte Aufgabe eingestanden (:1).

31   Vgl. Huber, ehemaliger Ratsvorsitzender der EKD (2007:2), auf dem „Zukunftskongress" in Wittenberg 27.1.2007. „Kirchenreform ist ein geistlicher Vorgang", wie Maurer (1976) im Kontext charismatischer Partnerschaft zwischen Amt, geistlicher Leitung und Gemeinde zum Ausdruck bringt (:99). Der 2. Leitsatz der EKiBa unter der Kategorie was Kirche will, formiert es ähnlich: Die Kirche will „eine geistliche Heimat bieten und noch mehr Menschen für Jesus gewinnen" (2000:2).

32   Für Herbst (2007) stellt sich die Krise der Kirche in Westeuropa und Deutschland zum einen im „Weltmaßstab" als ein „religiöses Katastrophengebiet" dar (:111), zum anderen im Anschluss an Luther als Anfechtung und Infragestellung des Evangeliums und damit unseres Glaubens (2001:105). Hauschildt weist auf den Bankrott der Kirche hin (2004:16). Josuttis (1997) schätzt die Lage theologisch ein, wenn er gegen alle „Panikmache" an die „Kirche als Leib Christi" erinnert, die „nicht zugrunde gehen" kann (:130).

über 3000 Leitbildeinsendungen auf einen Nenner (Nüchtern 2003:6). Im Vorwort legt Landesbischofs Dr. Ulrich Fischer die Leitsätze weder als Katechetik noch als Glaubensbekenntnis fest, sondern stellt sie als gegenwärtiges Profil der Kirche dar. Auffällig ist, dass die grundlegende Version aus dem Jahr 2000 keine direkten Begrifflichkeiten und Umschreibungen der Charismen enthält, obwohl These acht „die vielen verantwortlich handelnden ehrenamtlichen Mitarbeiterinnen und Mitarbeiter" hervorhebt. Repräsentiert das Leitbild die kirchliche Basis, scheinen Charismen bei den Gemeindegliedern und angeblich auch bei den Pfarrern in den Ortsgemeinden kaum eine wesentliche Rolle zu spielen.

Seit aber EKD-Vertreter und Ulrich Fischer in seiner Amtsfunktion als Bischof zusammen mit Mitgliedern des Oberkirchenrats Baden im Jahr 2001 die Willow Creek Community Church in Chicago (WCCC) besucht haben, legen Fischer und das Amt für missionarische Dienste (AMD) großen Wert auf eine gabenorientierte Gemeindearbeit.[33] Daraus erwuchsen mehrere Initiativen, wie zum Beispiel der Versuch, ein kontextualisiertes Gabenseminar der WCCC anzubieten (Obenauer 2006). Unabhängig davon sind charismatische Dienstgemeinschaften, die sich bemühen, die urchristlichen Charismen zu praktizieren, schon seit den 1980er Jahren innerhalb der EKiBa akzeptiert.[34]

Zusammenfassend lässt sich sagen, dass die Sache der Charismen in der Frage, wie gabenorientiertes Mitarbeiten aussieht, bei den Funktionsträgern der EKiBa bekannt und für die kirchliche Arbeit vor Ort erwünscht ist. Was bis dato fehlt, ist zweierlei: erstens eine offizielle Definition der Charismen, zweitens eine mangelnde Kenntnisnahme – von Ausnahmen abgesehen[35] - einer gabenorientierten Mitarbeit an der Gemeindebasis. Der empirische Befund wird diese These mit Fakten untermauern.

1.1.5.3.3 Reformprozesse: Ehrenamtlich Begabte beteiligen

Vier Optionen sind bereits in der praktisch-theologischen Diskussion und in der Umsetzung des kirchlichen Umbaus:

---

33 In offiziellen Verlautbarungen der VELKD wird vorgeschlagen, dass in der Suche nach den Charismen der Mitarbeiter ein Konzept innerhalb der Personalentwicklung der Kirche zu entwickeln sei (2001:5).

34 So zitiert Rother in seiner Forschungsarbeit eine Verlautbarung aus dem Dekanat (1988) zur HOSANNA-Dienstgemeinschaft in der Wicherngemeinde Heidelberg, wo es heißt, dass „es der Kirche schon gut (tut), die Charismen, die das Leben der frühen Kirche bereichert haben, wieder neu zu entdecken" (zit. 2005:206). Ausführlich Rother (2005: 195-273).

35 Vgl. Obenauer (2010, 2009, 2006, 2006a) und andere gabenorientierte Arbeiten: Teenagergottesdienst in Mannheim, vgl. Brucksch & Brucksch (2004:17), die Gemeindepflanzungsprojekte in Freiburg und Bretten-Gölshausen, vgl. Roschke (2003: 137f.144-146), Kindergottesdienst Neuenbürg vgl. Gantert & Gantert (2002:146).

1. War die Landeskirche bisher eine „Betreuungskirche", so ist es jetzt ihr erklärtes Ziel, zu einer „Beteiligungskirche" zu werden (Beckmann 2007: 110).[36] Während in nahezu allen Landeskirchen zum ehrenamtlichen Mitarbeiten Leitsätze formuliert wurden, hebt sich die badische Landeskirche dadurch hervor, dass sie den Veränderungsprozess für das kirchliche Ehrenamt in ihren offiziellen Statements stetig weiterentwickelt (:117). Die Leit- und Richtlinien der EKiBa (2000) zum ehrenamtlichen Engagement bestätigen die Innovationen, wenn darin bekundet wird, dass jeder Christ durch die Taufe zum „Dienst in der Gemeinde und in der Welt bevollmächtigt und verpflichtet" ist und jeder durch „besondere Gaben und Kräfte" zur Erfüllung des Auftrages beiträgt (:1). Außerdem bietet die EKiBa (2010) neuerdings einen umfangreichen Fortbildungskompass an, der neben biblisch-theologischen Fächern und Gemeindeaufbaufragen auch einen Grundkurs zum gabenorientierten Mitarbeiten einschließt (:48).

2. War die EKD bislang vornehmlich eine „pfarrerzentrierte" Kirche, in der Ehrenamtliche kaum nötig waren (Böhlemann 2000:35, Winkler 1996: 368), so will sie jetzt aufs Ganze gesehen eine „gabenorientierte" Kirche werden, das heißt, die Kirche will Mitarbeiter gewinnen, ihre Gaben und Fähigkeiten entdecken sowie diese fördern und entfalten (Hering 2002).

3. Offiziell kirchliche Verlautbarungen existieren zur Genüge, methodische Hilfen, wie Gaben der Gemeindeglieder erkennbar werden, fehlen aber weithin oder werden nach eigenen Angaben nur partiell umgesetzt (Grethlein 1999:1). Vielleicht liegt dahinter das Desiderat theologisch reflektierter Motivationsquellen, deren Mangel das Werkstattbuch zur EKD-Studie zur Kirchenmitgliedschaft in einem seiner Beiträge beklagt (Brummer & Freund 2007:372). Was nicht vorliegt, ist eine wissenschaftlich praktisch-theologische Arbeit zur speziellen Fragestellung, wie Charismen der Gemeindeglieder zu entwickeln und einzusetzen sind.

4. Die Konsequenz einer gabenorientierten Beteiligungskirche erfordert zudem ein neues Pfarrerbild, das die Bischofskonferenz der VELKD der EKD bereits 2004 empfehlend vorlegt.[37] Das herkömmliche Pfarrerverständnis[38] ist zwar nicht unbedingt negativ besetzt, denn es entspricht dem

---

36 So auch Pohl-Patalong (2003:68.125). Schon 1975 wies der Systematiker Moltmann anknüpfend an die lateinamerikanischen Basisgemeinden auf das Modell der Gemeinschaftskirchen im Sinne der Beteiligungskirche hin (1989:13).
37 Die Bischofskonferenz weist darauf hin, dass es zu den „originären pfarramtlichen Aufgaben [...] (gehört), nach Begabungen Ausschau zu halten, Menschen zum Einsatz ihrer Fähigkeiten in Gemeinde und Kirche zu ermutigen und sie in ihrer Tätigkeit zu begleiten, soweit dies sinnvoll und erforderlich ist" (2004:21).
38 Eine Umfrage der Hannoverschen Landeskirche zeigt, dass Pfarrer sich selbst gegenwärtig noch als Seelsorger und Verkündiger sehen (Weyel 2007:641). Während die

Bild des üblichen Kirchgängers (Preul 1997:31f). Doch genau von diesem Ansatz gilt es teilweise Abschied zu nehmen, und zwar dann, wenn es dem Verständnis eines Pfarrers als des entscheidenden Amts– und Gabenträgers entspricht, bei dem alle wesentlichen Fäden in der lokalen Kirche zusammenlaufen und bei dem sich nahezu alle Gaben kulminieren (Böhlemann 2000:35). Angesichts dieses Pfarrerbildes und vor dem Hintergrund der unübersichtlichen Milieus des postmodernen Menschen fordert die Kirchenleitung von ihren Pfarrern neue anspruchsvolle Kompetenzen (Klessmann 2001). Da nach dem neuen Gemeindeverständnis auch den Gemeindegliedern Handlungskompetenzen zugestanden werden, besteht der Unterschied zum Pfarrer nur noch im Grad der Professionalität.[39] Für Lindner sind freiwillig engagierte Gemeindeglieder von „unschätzbarem Wert" (2000:142).

Nähere Ausführungen dazu sind jetzt nicht erforderlich, nur so viel sei zusammenfassend gesagt, dass Pfarrer, laut Klessmann (2001), neben ihren klassischen Aufgaben und neuen fachlichen Qualifikationen besonders die „soft skills" der Sozialkompetenz beherrschen sollten (:76), wie etwa professionelle Beziehungspflege, Konfliktmanagement, „Teamworker" und „Gemeindeleiter",[40] „Regisseur" und „Moderator", „Akteur" und „Künstler" in der „religiösen Kommunikation" (Erne 2005:5). Die wirkliche Liste ist bedeutend länger. Dass Pfarrer auch „Anleiter" und „Trainer" für Charismen sein sollten, findet sich verstärkt in konservativen Kreisen der Kirche (Douglass 2001:113).

1.1.5.4 Erste Annäherung subjektiver Einzelstimmen

Eine wirklichkeitsnahe Einschätzung zu den kirchlichen Hintergründen und lokalen Gegebenheiten bilden Stimmen von Pfarrern aus den Ortsgemeinden, die im Vorfeld der Untersuchung in Motivationsgesprächen abgegeben wurden. Wenn hier auch nur wenige anonymisierte Befragte zu Wort kommen,[41] tragen die Informationen elementar zu den Rahmenbedingungen bei und weisen zugleich auf die komplexe Fragestellung.[42]

Seelsorger im Blick bleiben, werden noch vor den Verkündigern die Zukunftskompetenzen der „Teamworker" und „Gemeindeleiter" hervorgehoben (IWS 2005:39).

39 Vgl. Erne (2005:3). Zur Professionalität der Pfarrer vgl. u.a. Lindner (2000:143-152), Steck (1991:306-322), Josuttis (1987). Karle (2008, 2003:629-634, 2000:508-523).

40 So das Ergebnis der Umfrage, in denen Pfarrer nach den zukünftigen Kompetenzen gefragt werden (IWS 2005:39).

41 Es wurden über 300 Pfarrer angerufen.

42 Diese Stimmen der Befragten werden in der empirischen Sozialforschung als Memos bezeichnet. Nach Mayring (2003) handelt es sich um kontextuelle Zusatzinformationen, die sich inhaltsanalytisch in die Gesamterhebung als „Explikationen" einfügen (:59).

1.1.5.4.1 „Wir wollen gabenorientiert arbeiten, haben aber keine Zeit" (Kirchliche Strukturproblematik)

Kaum war die Thematik einer gabenorientierten Mitarbeit am Telefon gefallen, berichteten Pfarrer massiert von ihrer permanenten Arbeitsüberlastung, was andere Forschungen bestätigen.[43] Dabei verharrt die vorliegende Untersuchung nicht beim Ist-Zustand, sondern analysiert tiefer liegende Zusammenhänge. Hauptsächlich kristallisierten sich zwei Begründungsmuster heraus:

Als Erstes interpretieren die Pfarrer einen wesentlichen Zusammenhang zwischen der restriktiven Struktur der Kirchenleitung und ihrer mangelnden Suche nach Gaben. Stellvertretend genügen einige Statements, zunächst das von Pfarrerin Galaiss:[44]

> Eine Pfarrerin ist nicht die „Chefaussucherin in Sachen Gaben" in der Gemeinde. Hier wären vor allen Dingen auch die Ältesten in der Kirchengemeinde gefragt. ... Das Kirchengesetz lässt aber nur sechs Leute zu, wobei viel mehr gebraucht würden" (Memo 2:1-2.8f).

Ähnlich kausale Relationen beobachtet Pfarrer Thielens. Er beklagt einerseits das Dilemma zwischen dem, was Pfarrer hinsichtlich der Gabensuche der Mitarbeiter tun sollten und andererseits, was landeskirchliche Strukturen überhaupt zulassen. Thielens spricht von möglichen „Systemfehlern"[45] innerhalb der Kirchenleitung.

> „Das erste Problem bei der Suche der Gaben besteht darin, dass Pfarrer mit ihrem täglichen Geschäft kaum durchkommen und dadurch die Mitarbeiterfindung vernachlässigen müssen (Memo 3:1). .... Das zweite Problem ist auch der Pfarrer selbst. Sein Berufsbild verlangt ein Höchstmaß an Managementfähigkeiten. Dazu ist er aber nicht ausgebildet, es fehlt ihm die Kompetenz (3:6f).

> Man will Mitarbeiter, gibt aber dem Pfarrer keine Entlastung in seinen Verwaltungsaufgaben (3:21f). ... Kontinuierliche Begleitung ist dringend erforderlich, um Ehrenamtliche entsprechend auszubilden. Hier liegt ein Schlüssel zur Gabenfindung, weil es die oberste Aufgabe des Pfarrers sein sollte (3:25-27). .... Die Pfarrer erhalten mehr Arbeit und sollen damit insgesamt eine größere Last tragen, und auf der anderen Seite werden die hauptamtlichen Mitarbeiter in verantwortlichen Positionen reduziert" (Memo 3:45f).

Abschließend sind noch zwei Statements anzuführen. Während das eine von Pfarrerin Franz generalisiert: „Wir Pfarrerinnen wollen gabenorientiert

---

43 Vgl. die empirischen Untersuchungen Tetzlaff (2005:137), Heyl (2003:145-269).

44 Wie erwähnt sind alle Namen anonymisiert.

45 Pfarrer Thielens: „Es liegt offensichtlich ein Systemfehler innerhalb der Kirche vor, weil der Pfarrer mit vielen ihm fremden Arbeiten belegt ist .... Überall ist jetzt zu lesen, dass die Ehrenamtlichkeit gefördert werden soll, keiner sagt dem Pfarrer aber, wie das gehen soll. Denn die Förderung der Ehrenamtlichkeit erfordert einen großen Einsatz und entsprechendes Engagement. Auch hier liegt ein Systemfehler innerhalb der Kirchenleitung vor" (Memo 3:14-21).

arbeiten, haben aber keine Zeit" (Memo 18:1f), entspringt das Statement von Pfarrer Berndt einer akuten Stresssituation:

> „Ich will darüber nicht sprechen und mich nicht an der Umfrage beteiligen, denn ich habe keinerlei Unterstützung und bin für zwei Gemeinden zuständig" (Memo 29:1-2).

Die beständigen Engpässe der Pfarrer verzeichnen im dörflichen Umfeld noch eine weitere Auswirkung, und zwar dort, wo am gleichen Ort zugleich Freikirchen als Konkurrenten um Mitarbeiter auftreten. Gute Mitarbeiter, so bringen es Pfarrer zum Ausdruck, wanderten ab oder ließen sich erst gar nicht gewinnen, weil in Freikirchen Mitarbeiter besser betreut würden.[46] Neben dem kirchlichen Strukturwandel, heben Pfarrer gleichzeitig die gesellschaftlichen Veränderungen als zweites Begründungsmuster hervor.

1.1.5.4.2 *„Die Leute sind durch ihre Arbeit überlastet"* (Gesellschaftliche Umbrüche)

Wie andere[47] stellt Pfarrerin Schoeneckers die landeskirchliche Situation in den Rahmen der Gesellschaft. Dabei deckt sich ihre Beobachtung, dass *„die Leute ... durch ihre Arbeit derart überlastet* sind*, dass sie nicht noch zusätzlich am Abend in der Kirche mitarbeiten können"* (Memo 4:2f), mit den Ergebnissen der lebensstilspezifischen Situation Junger Erwachsener, wie sie die vierte EKD-Erhebung vorstellt (Schulz 2006:267f). Aus ihrem Beobachten folgert Pfarrerin Schoeneckers, dass sich *„in Zukunft ... die Kirche darauf einstellen* muss*, dass sie ihre Veranstaltungen entsprechend der gesellschaftlichen Veränderungen anpasst."* Hinsichtlich der Mitarbeitergewinnung mit ihren Gaben diagnostiziert sie für ihre Parochie:

> „In den Stadtsituationen ist die Thematik der Gaben bereits mit dem gesellschaftlichen Wandel verbunden" (Memo 4:1f). Letztlich bleibt ein Ergebnis: „Der Strukturwechsel in der Kirche hat einfach keine Richtung und passt auch nicht zu den gesellschaftlichen Gegebenheiten" (Memo 4:18f).

Aus den Äußerungen ergeht ein unüberhörbarer Ruf an die Adresse der Kirchenleitung: Die grundsätzliche Bereitschaft der Pfarrerschaft, Gaben bei Gemeindegliedern zu entdecken und Mitarbeiter zu fördern, existiert. Was zu fehlen scheint, sind hinreichend kirchliche Rahmenbedingungen und die entsprechenden Kompetenzen in der Ausbildung der Pfarrer.

---

46 Dazu Memo 9:1-5 ebenso Memo 9:14:-10.
47 Vgl.: Pfarrer Schmelter spielt auf den Werteverfall an, den er insbesondere auch im dörflichen Milieu beobachtet (Memo 3).

1.1.5.4.3 *„ Gaben sind Hobbys", „ein Gummifeld", „in der Volkskirche kein Thema"* (Ambivalente Gabenverständnisse)

Pfarrer Kohl bemerkt grundsätzlich: „Wir liberalen Pfarrer haben große Mühe mit dem pietistischen Vokabular. Gaben sind <u>doch</u> viel <u>weiter</u> gefasst. Dazu gehören <u>doch</u> <u>auch</u> die <u>Hobbys</u>" (Memo 12:1-2).[48] Zwei weitere Äußerungen anderer Pfarrer thematisieren die Doppeldeutigkeit der Charismen.

> „Wie man Gaben entdeckt - dazu kann ich mich nicht äußern. Das ist ein ‚<u>Gummifeld</u>' - sehr komplex. Bisher habe ich theologisch nicht darüber nachgedacht. Das Thema hängt von so vielen Faktoren ab: Menschen, Milieu, soziales Klima" (Memo 17:1-4).

> „Allein schon die Begrifflichkeit ‚Gaben' ist <u>ambivalent</u>. Sie kennen doch Pfarrer [...], für ihn sind es eindeutig Geistesgaben. Für mich ist es eben ambivalent. Sie müssen bedenken, dass wir hier in der <u>Volkskirche</u> sind, da ist das <u>kein Thema</u>" (Memo 20:1-3).

Für den einen sind Gaben scheinbar *„eindeutig"* als *„Geistesgaben"* identifiziert, für andere ist generell schon der Begriff „Gaben" ambivalent. Im normierenden Hinweis auf die „Volkskirche" leuchtet jedenfalls zur Gabenthematik eine gesamthaft eher reservierte Einstellung auf.

> „Gaben sind aber <u>keine Hobbythek</u>. Zu den Gaben sind verschiedene Ansätze zu diskutieren und zu reflektieren. Sachkritik ist gefragt bei aller Bejahung. Ansatz: Arbeit und Ansatz: Gaben. Oft sind große Aufgaben da, aber kleine Gaben. Wir müssen mit dem arbeiten, was da ist. Gaben entfalten sich im Tun" (Memo 21:1-4).

Dieses kurze Meinungsbild als erste Annäherung zur Thematik eröffnet theologische Gegenläufigkeiten im Verständnis der Charismen zwischen Freizeitbeschäftigungen und Gaben einerseits, Gaben und Arbeit andererseits. Zudem werden bereits Spannungen aus dem Gemeindealltag sichtbar, wenn „große Aufgaben" vorhanden sind, aber nur „kleine Gaben vorliegen." Konstruktive Anzeichen zum Entdecken der Gaben weisen durch die Stichworte „Menschen, Milieu" und „soziales Klima" auf die Komplexität des Problems hin.

1.1.6 Relevanz der Forschungsfrage

An die bisher gezeigte Relevanz der Thematik schließen sich drei weitere Umstände an. Zu beobachten ist als ein *erster Umstand*, dass die Ev. Landeskirche in Abgrenzung zur Freikirche bisher in Parochien strukturiert war, was aber angesichts postmoderner Vielfalt und sozial unterschiedlicher Milieus zu einer Aufweichung ihrer vertrauten Organisationsform und einer innerkirchlich leb-

---

48   Entgegen diesem Eindruck dieses liberalen Pfarrers ist zu sagen, dass der Fragebogen keine Gabendefinition festlegt und durch offene Items (Item 2a-c) Freiraum zu eigenen Ansichten einräumt (u.a. Item 2d.4a-c.5).

haften Diskussion führt (Pohl-Patalong 2006).[49] Die territorial-rechtlichen Grenzen personaler Kirchenbindung befinden sich in den Großstädten bereits im Fluss. Wie sich die Auflösung der personalen Beziehungen auf das Entdecken der Charismen auswirkt, ist noch eine offene Frage. Ein *zweiter Umstand,* warum bisher kein gesteigertes Engagement zur Suche von Begabungen unter den Gemeindegliedern der Ev. Landeskirche bestand, wurzelt zweifach in der theologischen Verfassung der protestantischen Kirchen. Einerseits war diese Suche angesichts des Amtsverständnisses nicht nötig, nach dem Pfarrer durch die Ordination ihre Charismen empfangen (Friedrich 2000: 8f). Nach der kirchlichen Lehre von der Kindertaufe ist es andererseits fast ebenso überflüssig, den Gemeindegliedern Charismen nahe zu bringen, denn jeder Getaufte erhält in der Taufe den Heiligen Geist und folgerichtig auch seine Gaben (Kerl 2003:214).[50] Selbst wenn nun Reformprozesse in Gang gekommen sind, muss sich noch zeigen, ob dieser traditionelle Ausgangspunkt des Ordinations- und Taufverständnisses ein neuralgisch protestantisches Dogma bleibt oder ein theologischer Umdenkungsprozess möglich wird. Schließlich ist noch ein *dritter Umstand* im Zuge des Reformprozesses in der EKD zu erwähnen: In der neueren Literatur der Praktischen Theologie,[51] welche das gabenorientierte Pfarrer- und Gemeindebild beschreibt, fällt eine terminologische Unschärfe[52] der Charismen auf, wodurch die theologischen Begrifflichkeiten der Gnadengaben und Geistesgaben gegenüber dem Konzept der Kompetenzen zurückgedrängt werden und damit in ihrer Sprachwahl inhaltlich den bildungs- und wirtschaftspolitischen Schlüsselqualifikationen gleichen. Exemplarisch ist auf das Deutsche Pfarrerblatt (2009) zu verweisen[53] und die vielschichtig bedeutsame kirchensoziologische Berufszufriedenheitsstudie heranzuziehen, welche u.a. eine empirische Vollerhebung unter Pfarrern der Ev. Landeskirche Hessen und Nassau (PfaZi) durchführte (Becker & Dautermann 2005). Becker spricht darin von Charismen zunächst als „diskursiver Kompetenz" (:202) und bezeichnet sie dann als „Persönlichkeitsmerkmale" (:203). Später greift Becker (2008) die Befunde der PfaZi-Studie in

---

49 Vgl. zudem Pohl-Patalong (2004), Lehmann (2002).

50 Lindner (2000:143), Winkler (1997:20-22).

51 So im neuen gemeindepädagogischen Kompendium, vgl. Breit-Keßler & Vorländer (2008:128), sowie stellvertretend für die Evangelische Erziehungswissenschaft des Comenius-Instituts, vgl. Scheilke (2003:57).

52 Synonyme für Charismen etwa: Frömmigkeitsformen, Begeisterung, spürbares Engagement, Potenziale, Persönlichkeitsmerkmale, Ausstrahlungskraft, natürliche Fähigkeiten, Talente, Kompetenzen, spektakuläre Geistesgaben.

53 Rein (2009), Studienleiter des Theologischen Studienseminars VELKD, sieht in der Kirche die Vielfalt und den Überschuss an konkreten Charismen bei den Gemeindegliedern vorhanden, beklagt aber „die zielorientierte Effizienz" (:2). Dabei werden im Duktus seines Aufsatzes, Ressourcen, Kompetenzen, Fähigkeiten auf der einen Seite und Charismen auf der anderen Seite theologisch auf einer Linie präsentiert. Vgl. auch den kirchlichen Kompetenzbegriff zum Ehrenamt in der Bildungsforschung (2010:80-94).

seiner Dissertation erneut auf, akzentuiert sie aber anders und fügt eine geschichtswissenschaftliche Analyse hinzu.[54] Gleich bleibt die theoretische Prämisse der Charismen, welche die Datenerhebung wie den Befund beeinflusst. Charisma wird als Einzelkompetenz neben allen anderen Kompetenzen und Fähigkeiten, etwa die der Seelsorgekompetenz, die ein Pfarrer benötigt, begründet (:226f).[55] In der korrelativen Abfrage, inwieweit Pfarrer das Thema der Charismen als Weiterbildungsinhalt wünschen, belegt der Befund für das Charisma dezidiert den höchsten negativen Wert (-.18). Laut Becker wollen Pfarrer kein kirchliches Fortbildungsangebot besuchen, in denen über Charisma als Einzelkompetenz gesprochen wird (:229).[56] Evident ist, dass Becker einen zweifachen Charismenbegriff vertritt, nämlich einerseits als Einzelkompetenz, andererseits als soziologisches Persönlichkeitsmerkmal (:330.236). Obwohl er in seinen Konsequenzen für die Person des Pfarrers eine *„gabenorientierte Spezialisierung"* vorschlägt (:261), taucht das Charisma in seiner neuen zur Diskussion gestellten Kompetenzliste nicht mehr auf. Nach eigenen Angaben können, laut Becker, Pfarrer ihre Begabungen unabhängig von ihren Aufgaben auch außerhalb der Gemeinde wahrnehmen (:316). In der praktisch-theologischen Literatur ist zudem häufig von den sogenannten „Gabenträgern" die Rede (Zimmerling 2009:77.).[57] Dieser spezielle Ausdruck suggeriert einen habituellen Gabenbesitz. Ob er allerdings theologisch korrekt verwendet wird, bleibt zu prüfen. Angesichts der zurückliegenden Beobachtungen zum Charismenbegriff entstehen sowohl zur Begriffserklärung der Charismen als auch zum Kompetenzkonzept theologisch relevante Rückfragen. Das Gesagte provoziert die zu überprüfende These, ob die Praktische Theologie keinen einheitlich theologischen Charismenbegriff kennt. Außerdem dürfte deutlich geworden sein, dass die Frage nach dem Erkennen der Gaben als Teilgebiet der Praktischen Theologie zur *Oikodome* gehört.

---

54 Zur Thematik der Visitation zu Beginn der Reformation (2008:89-134).

55 Dieses Nebeneinander zahlreicher Kompetenzen findet sich auch in der Studie über professionelle Jugendarbeiter (Hess, Ilg & Weingardt 2004). Charisma wird hier anscheinend mehr im soziologischen Sinne als „Begeisterung" und spürbares Engagement verstanden (:66). Ähnlich die quantitativ kath. Frauenstudie zu den Charismen (Bucher 2008:47-49). Differenzierter agiert die kath. Theologin Klein mit ihrer qualitativen Frauenerhebung (2008:72f).

56 Vgl. Becker (2008:.232.236.244). Weitere Korrelationen: „profunde Bibelkenntnis" (-.16), „theologisch-wissenschaftliches Interesse" (-.15) und „Freude am Diskurs" (-.03).

57 So Zimmerling (2009:102.121f; 2002:127), auch Herbst (2001:75). Liebelt (2000) lehnt den Begriff ab, weil er substanzielle Missverständnisse in sich trage (2000:225). Morgner (2000), ehemaliger Präses der Deutschen Gemeinschaftsbewegung, sieht in dieser Begrifflichkeit eine Glorifizierung und ein Elitedenken (:254). Röhser (1996: 257), Giesriegl (1989) sprechen von „Charismenträger" (:135). Ebenso vgl. die populärwissenschaftliche Literatur: Aschoff & Toaspern (2005:75), Reimer (2004:158), Toaspern (2002:65), Wendel (2000:42), Mauerhofer (1998:144), Schwarz (2001a:206), Stadelmann (1993:161).

Kapitel I: Historische Nachfrage

2 Typologien zur Charismenfrage

2.1 Christologische und ethische Gabendimension (Alte Kirche)

Nun richtet sich der Blick auf die Zeit der Alten Kirche. Erste Ansätze, wie sich Charismen entdecken lassen, finden sich in den frühchristlichen Schriften. Neben den drei Kirchenordnungen aus den ersten drei Jh. nimmt vor allem die Didache (Did.) eine Brückenfunktion ein. Sie steht sowohl zwischen den ntl. Schriften und Kirchenvätern (2.-4. Jh.) als auch in der Umbruchsituation zwischen den wandernden Charismatikern und den zusehends institutionalisierten Gemeinden (Hausammann 2001:33). Von einem Entdecken der Charismen im heutigen Sinn ist aber nicht auszugehen. Erst Falschpropheten fordern die Gemeindeleiter heraus, Kriterien zum Erkennen falscher und echter Charismen aufzustellen. Auffällig ist, dass die Did. (11/8a) die Propheten nicht an ihrer geistlichen Rede (ἐν πνεύματι) misst, sondern im Rekurs auf die Lebensform des Herrn (τρόποι κυρίου), insbesondere an der Lebensweise (Tiwald 2002: 231).[58]

Freie Charismen als Einzelbefähigungen werden mitsamt dem Montanismus, der wegen seiner prophetisch-ekstatischen, endzeitlich ausgerichteten Geistwirkungen die etablierte Bischofskirche hinterfragt, zurückgedrängt (Wünsche 1997:217f). Als Unterströmung bleiben sie aber über die Jahrhunderte vorhanden. In einer gewissen Nähe zum Montanismus steht Irenäus von Lyon, weil er selbst das „prophetische Charisma" als Sammelbegriff betont (:229). Indem Irenäus (um 140-200) aber die sieben Gaben aus Jes 11,2 mit der Taufe Jesu, dem Parakleten und dem Missionsbefehl verbindet und sie theologisch in eine Linie bis Pfingsten weiter verlängert, gelingt ihm nach Wünsche (1997) etwas Eindrucksvolles: Irenäus „universalisiert den parakletischen, prophetischen Geist", entreißt ihn „den partikularistischen Interessen einer Gruppe, die ihn exklusiv für sich beansprucht" (:240) und schließt den individuell Gläubigen in die Gesamtkirche ein.[59] Auch Frauen als prophetische Charismatikerinnen verschwinden, weil es kein prophetisch institutionalisiertes Amt gibt (Bernath

---

58   So auch Claußen (2001:30), Wünsche (1997:34f).
59   Falschpropheten werden auch bei Irenäus nach ethischem Fehlverhalten erkannt. Umgekehrt ist daraus zu folgern: Erkennen echter Gaben ist eine Einheit von Lehre und entsprechender Lebensgestaltung (Wünsche 1997:239).

2005:94).[60] Aufs Ganze gesehen lässt sich für die ersten rund fünfhundert Jahre ein uneinheitliches Charismenverständnis beobachten.[61] Innerhalb dieser Entwicklung kristallisieren sich *drei Hauptstränge* heraus. Ein *erster Strang* ergibt sich durch die Stellung des Christentums als privilegierter Religion innerhalb des Römischen Reiches. Aus ihr resultierte das Amtscharisma, durch das Priester die Gaben vermitteln. Dabei ist nicht von Gaben als vollmächtigen Kräften zum Dienst auszugehen, sondern, wie bei Chrysostomus (ca. 345-407), von den unsichtbaren Heilsgaben Christi, wie etwa der Gnade, der Heiligung und der Sündenvergebung, die in der Taufe zuteil werden (Ritter 1972:26f).[62] Zu den sichtbaren Charismen zählen die guten Werke, sofern sie in der Liebe dem andern dienen (:63, De Wett 2007:246). Auf diesem Hintergrundverständnis bleiben ein soteriologisch eingeschmolzenes Charismaverständnis, das also an den Glauben gebunden ist, und ein ethisch-empirisch ausgeprägter Gabenbegriff in der Kirche bestehen. Hinzu kommt ein Priesterbild, das die Person des Priesters als Vermittler der Gaben in eine einzigartige Position zu Gott, zugleich aber in eine Distanz zu den Gläubigen stellt.

Während die unsichtbaren Heilsgaben bei den Vertretern der frühen Kirche dominieren, sondert sich in einem *zweiten Strang* die Ausübung der freien Charismen von der Amtskirche ab und tritt in den privaten Bereich zurück. Insbesondere Chrysostomus ist in diesem Zusammenhang zu erwähnen, denn bei ihm bleibt das dynamische Element der Charismen mit einer missionarischen Zielsetzung im familiär-beruflichen Umfeld erhalten. Ausdrücklich verweist er auf die Wirkungen des Wortes, welche Charismen hervorbringen (Ritter 1972: 123).[63]

---

60 Zur nachpaulinischen Entwicklung charismatischer Dienste der Frauen vgl. Benrath (2005:53-67.69-109).

61 So N. Baumert (2001:223f), Ebertz (1999c:114), Ritter (1972:197).

62 Vgl. Kehl (1992), der von einer Herauslösung der Christologie aus dem trinitätstheologischen Rahmen spricht (:65), ebenso Congar (1982:304f). Zur katholischen Diskussion zwischen Amt und Charisma vgl. Krokoch (2004:91-95).

63 So berichtet Ritter (1972), dass es Chrysostomus außerordentlich wichtig gewesen sei, die Hörer seiner Predigten zum intensiven Bibelstudium und zu regelmäßiger Schriftlesung bei Einzelnen und in der Familie anzuleiten. Denn er war überzeugt, dass eine solche Art von Verkündigung nicht in ein Vakuum fällt, „sondern das ‚Wort' auf fruchtbaren, wohlbereiteten Boden falle, je und je auch die Charismen aufbrechen" (:123f) mit dem Ziel, diejenigen zu ergänzen und kontrollierend zu wirken, die ein Amt innehaben.

Ein *dritter Hauptstrang* zeigt sich bei den Mönchen in der Alten Kirche,[64] die ein individuelles Suchen und Ringen um Charismen praktizieren. Sie sehen in den Charismen Qualifikationen, die ihnen zur Steigerung ihres religiösen Selbstwertgefühls und ihrer spirituell-mystischen Gottes- und Charismenerfahrungen, bis hin zu gnostischer Vollkommenheit, dienen (:54, Grau 1946:121). Auch wenn ihre Motive Charismen zu erleben, je nach theologischer Position, integer bis zweifelhaft sind, werden ihre Erwartungen dennoch teilweise von Gott erfüllt. In der weiteren Entwicklung ab dem 8. Jh. wird das griechische Wort „Charisma" laut N. Baumert (2001) durch das lat. *donum* ersetzt (:224). Bis zur Früh- und Vorscholastik bleibt das Wesen der Charismen in seiner Deutung aber uneinheitlich.[65] Eine zweite Perspektive soll nun ins Blickfeld genommen werden. Dabei geht es um die fundamentaltheologischen Grundtypen. Sie werden unter zwei Fragestellungen betrachtet: zum einen unter der Frage nach der Gabendefinition, zum andern unter der Frage nach dem Verhältnis zwischen natürlichen Fähigkeiten und Charismen sowie deren Erkenntnismöglichkeit. Die *Ausführung* beginnt mit dem bis heute bedeutendsten römisch-katholischen Kirchenlehrer, Thomas von Aquin.

2.2 Transformations-Typus (Th. von Aquin)

Zur Thematik der Gaben ist auf das systematische Hauptwerk *Summa theologica* des Thomas von Aquin (1224-1274) zurückzugreifen, dessen Gesamtcharakter die damalige Form wissenschaftlicher Disputationen widerspiegelt (Speer 2005: 22-25). Der Aufbau der *Summa theologica* zeigt die theologische Einordnung der Gabenlehre. So verbindet Thomas von Aquin in seinem ersten Buch die Gotteslehre mit der Schöpfungslehre, während er im zweiten Buch die Gaben zusammen mit den Tugenden behandelt und im dritten Christologie, Sakramentslehre und Eschatologie darstellt (:12). Der theologische Verstehensschlüssel zur Gabenlehre klingt auch in seiner Schöpfungslehre an. In ihr be-

---

64 Im Prolog seiner Mönchtumsgeschichte, die Ritter für glaubwürdig hält, führt Theodoret von Kyrrhos (um 460) den „beharrlichen Eifer" im Gebet und das „asketische ‚Mühen'" der Mönche und Nonnen an, die nach ethischer Vollkommenheit streben und eine mystische Gottesvereinigung suchen. Dies würde zu apostolischen Charismen führen (Ritter 1972:154). Von Benedikt von Nursia (um 480) ist belegt, dass in den Klöstern Charismen zu finden waren. Neben der Ehelosigkeit sollte jeder sein je eigenes Charisma entdecken. Alle Charismen sind auf das Ur-Charisma der Liebe bezogen (Puzicha 2004:503f).

65 Vgl. Horst (2001:23). Bei Photius von Konstantinopel (ca. 820-896) erscheinen unterschiedliche Definitionen. Während auf der einen Seite „das 'Ereignishafte' im Begriff des Wunderhaften mitschwingt", begegnet im Gegensatz dazu das dauerhafte „Naturtalent" (N. Baumert 2001:224). Zur Diskussion bis Mitte des 13. Jh. vgl. Viehhäuser (2009:82-119), Horst (2001:24-40).

schreibt Thomas von Aquin den Menschen als Bild Gottes (*imago Dei*) mit „Intelligenzbesitz, Entscheidungsfreiheit und Selbstmächtigkeit" (:18), der sich in der Bewegung zurück zu Gott befindet. Nur dem vernunftbegabten Menschen ist es also laut Thomas von Aquin möglich, zu Gott zu gelangen. Grundlegend für die Frage nach den Gaben, ist Aquins Verständnis des Menschen, der durch die Schöpfung bereits begabt ist.

Mit scholastischer Scharfsinnigkeit behandelt Thomas von Aquin die Lehre der Geistesgaben. In seinen Ausführungen zu 1Kor 12 über Prophetie und ähnlichen Geisteswirkungen kommt das Fremdwort Charisma nicht vor (N. Baumert 1998:16). Da Thomas von Aquin aber auf eine exakte Begrifflichkeit Wert legt, ist die lateinische Wendung „*gratia gratis data*" bestimmend,[66] die er „als eine von Gott – frei gewährte (nicht für das eigene Heil notwendige) – je individuell zugeteilte – Befähigung – zum Dienst am Heil anderer" versteht (:16). Die so verstandenen Charismen setzen die heilschaffende Gnade voraus (Scheuer 2001:27).[67] Eine Gabe aber, nämlich die Gabe der Weisheit, schafft erst die Gotteserkenntnis.[68] Sie steht apodiktisch *vor* der Heilsgabe (:211ff, Horst 2001:80). Darüber hinaus zählt Thomas von Aquin etwa die „Kraft des menschlichen Geistes, wie die theologischen Tugenden des Glaubens, der Hoffnung und der Liebe oder auch der Tugend der Keuschheit" (Scheuer 2001:265), besonders die „Prophetie, die Entrückung (raptus), die Sprachengabe, die Gnade der Rede und Wunder" zu den Gnadengaben (:279).[69] Indem die Tugenden zu den Gnadengaben zählen, erhalten Charismen ethische Züge. Außerdem kennt Thomas von Aquin im Duktus seiner Schriftkommentare beides: Natürliche Fähigkeiten und außerordentliche Phänomene (Scheuer 2001:281).

---

66 Der Terminus besagt, dass Gnade „über die Fähigkeit der Natur hinaus und über das Verdienst einer Person hinaus dem Menschen gewährt wird. Und da sie nicht zur Rechtfertigung des Menschen selbst, sondern eher zur Mithilfe in der Rechtfertigung eines anderen gegeben wird, wird sie nicht ‚heilbringend machende', sondern ‚frei gewährte' Gnade genannt" (N. Baumert 2001:198). Diese frei gewährte Gnade versteht Thomas von Aquin als Charisma.

67 Die Gnadenlehre der kath. Kirche teilt die Gnade mehrfach auf. Hier nur die Hauptkategorien, die die Thematik tangieren: 1. ungeschaffene Gnade (gratia increata), 2. geschaffene Gnade (gratia creata), 3. Gnade, aus der heraus Gott die Welt geschaffen hat (gratia Dei creatoris), das „Natürliche", 4. die Erlösungsgnade (gratia christi redemptoris), „sie ist mehr als die Schöpfungsgnade, die ist die eigentlich übernatürliche Gnade". 5. Die Gnade Christi teilt sich auf (5.1) „in die heilig machende Gnade" (gratia habitualis). Gemeint sind die Rechtfertigung in der Taufe und „die aktuellen Tatgnaden", gratia actualis (5.2). Zur gratia gratis data (Gnadengaben) gehört noch die Gnade der sakramentalen Weihe (Wallner 2002:10-11).

68 Die Weisheit ist eine Tugend, wenn sie aus dem „Urteil der Vernunft hervorgeht". Sie ist Charisma, wenn sie „durch einen göttlichen Antrieb gewirkt ist" (Dreyer 2008:265).

69 Die Gabe der Engelssprache aus 1Kor 13,1 versteht Thomas von Aquin spekulativ exklusiv als Kommunikation zwischen den Engeln (Mottoni 1987:140-155).

Diese dialektische Charakteristik ist bei Thomas von Aquin auffällig: Er unterscheidet strikt zwischen dem „*modus humanus* und *modus supra humanus*" (Horst 2001:57). Auf der anderen Seite verbindet er Natur und Gnade, wie im folgenden Abschnitt über die Begabungen deutlich werden wird. Es bleibt vorerst festzuhalten: Obwohl Thomas von Aquin traditionell die sieben Gaben (Jes 11,2)[70] für eine geoffenbarte Zahl hält (:109), reichen bei ihm die Gnadengaben über sie hinaus. Sie umfassen den ganzen Menschen und wollen ihn bestimmen, wenn er es zulässt.

Was sagt nun aber Thomas von Aquin zu der Fragestellung nach dem Erkennen der Gaben? Horst (2001) plädiert in seiner Aquininterpretation für eine wechselseitige Wirkung zwischen der Gabe der Einsicht und dem Wirken des Heiligen Geistes. Einerseits setzt die Gabe der Einsicht den Verstand so in Bewegung, dass der Mensch das Heil ergreifen kann, während andererseits der Heilige Geist den Verstand auf die heilig machende Gnade als Ziel ausrichtet (:117f). Nach Horst erhält die Erleuchtung des Verstandes demnach dann die Bedeutung einer Geistesgabe, wenn jemand in der heil machenden Gnade lebt (118). Die intellektuellen Gaben sind als Fähigkeit zur Gottesschau zu werten.[71] Ein Erkennen kommt damit erst in ihrer Beziehung zur Gnade zum Tragen. Thomas von Aquin stellt nicht primär spezifische Gaben fest, sondern setzt sich vielmehr mit der Vervollkommnung der menschlichen Tugend durch die Gaben auseinander. Hier allerdings finden sich grundlegende Hinweise zum Erkennen der Gaben.

2.2.1 Charismenprinzip im modus excellens

Auch wenn Thomas von Aquin kein in sich geschlossenes Traktat über das grundlegende Prinzip von „Natur und Gnade" verfasst hat, greift er, vor diesem Hintergrund, auf die zweistufige Gottesebenbildlichkeit zurück (Berger 2003: 12).[72] Geht es also um das Verhältnis zwischen natürlichen Fähigkeiten und übernatürlichen Gaben, so zeigt sein berühmter Satz „*Gratia non tollit naturam sed perficit*" („Gnade hebt die Natur nicht auf, sondern vollendet sie"), dass von

---

70 Zur historischen Entwicklung der sieben Gaben, vgl. Friesen (1999:38-41) und Zimmermann (2005:288-290).

71 Gehörte die Einsicht und Wissenschaft im Frühwerk des Aquinaten noch zum Spekulativen, so korrigiert er später seine Ansicht und nimmt sie zusammen mit den Gaben des Verstandes und Rates zum praktischen Erkennen hinzu (Horst 2001:118). Indes entspricht die Gabe der Wissenschaft nicht dem heutigen Wissenschaftsbegriff von Diskursen, sondern meint hauptsächlich ein Schauen Gottes, ähnlich wie die Gabe der Einsicht (:123.127).

72 Nach Irenäus von Lyon (200 n. Chr.) und der altkirchlichen Anthropologie verlor der Mensch nach dem Sündenfall seine Ähnlichkeit mit Gott, wobei aber seine Ebenbildlichkeit erhalten blieb. Dahinter steht die antik-philosophische Voraussetzung, dass die Seele vor dem Leib den höheren Wert besitzt, vgl. Gäckle (1992:1323).

Thomas v. Aquin die Antwort auf die oben genannte Frage in der zweistufigen Gottesebenbildlichkeit findet (Saarinen 2003:103).[73] Die Korrelation beider Ordnungen scheint in der zeitgenössischen ev. Theologie in Verbindung zu den Charismen weithin noch ungeklärt zu sein.[74]

Was aber versteht Thomas von Aquin unter Natur? Unter aristotelischem Einfluss[75] fasst er darunter das Wesen des Menschen auf. Horst (2001) spricht von einem komplizierten Tugendsystem mit drei Komponenten: Die intellektuelle Potenz, die moralische Tugend (virtus) und das menschliche Handeln. Die beiden letzteren weisen über den Menschen hinaus, weil sie bereits Göttliches in sich tragen (:46). Zu diesen beiden Komponenten steht die Gnade in Beziehung. Auch sie hat die Funktion, den Menschen in seinem ethischen Bestreben hinsichtlich seiner Mitwirkung zur eigenen Errettung zu unterstützen.[76] Daraus ergibt sich eine Wechselseitigkeit, die, nach Lehmkühler (2004), vom Geschöpf eine gewisse Willigkeit erwartet, damit der Schöpfer ihn über seine Natur erheben kann (:71).[77] Den Grundgedanken von „Natur und Gnade" überträgt Thomas von Aquin auf die Verbindung zwischen natürlichen Fähigkeiten und Gnadengaben. Laut Übersetzung von Scheuer (2001) schreibt Thomas von Aquin: Die „Gabe empfangen wir entsprechend unserer Natur. Die Gaben

---

73 Vgl. Lehmkühler (2004:134), Berger (2003:14), Horst (2001:20), Scheuer (2001:191, Anm. 798).

74 Häufig wird die Formel von Natur und Gnade der römisch-katholischen Religion exklusiv zugeschrieben, demgegenüber wird sie auch in der protestantischen Theologie vertreten. Fast wörtlich so bei Schlatter: „Gnade ist nicht der Knecht der Natur, aber auch nicht ihr Feind, sondern ihr Vollender" (zit. in: Walldorf 1999:48, Anm. 114). Auch Flückiger (1997:87-90.88) und Neuer (1986:49-55.bes.123-163), ebenso bei Neander (1862:117-191). Evers (2004) gibt zu bedenken, dass dieser vervollkommnende Ansatz Thomas von Aquins ursprünglich aus der ptolomäisch-aristotelischen Kosmologie stammt (:46).

75 Dazu Pannenberg (2004): Die „Rückkehr der Geschöpfe zu Gott" ist „nicht mehr primär durch von außen kommende Erleuchtung, sondern durch den aristotelischen Gedanken einer den Dingen eigenen Zielstrebigkeit motiviert." Darum bilden die ethischen Analysen des 2. Teils der „Summa theologica" das Rückgrat seines Systems. „Die aristotelische Ethik wird bei Th. zur Beschreibung des menschlichen Verhaltens als Ausdruck des Strebens nach der seligen Gottesnähe. Nur für die übernatürlichen Hilfen zu dieser Bewegung (Tugend, 2d. 3) bleibt die Erleuchtungsvorstellung in Kraft" (:895). Im Hintergrund stehen also die philosophischen Ansätze von Platon und Aristoteles (Krämer 1994). Für Thomas v. Aquin ist die Vernunft schon erleuchtet. Sie befähigt den Menschen, „aus sich selber heraus Gottes Wesen zu denken und zu begreifen" (:1566). „Unverkennbar beginnt hier ansatzweise der Rationalismus. Die katholischen Kirche hält bis heute an ihrer „aristotelisch-thomistischen Lehrgrundlage" fest (:1567).

76 Vgl. Pannenberg (2004:895).

77 Ausführlich dazu, insbesondere in Bezug auf die Einwohnung Gottes vgl. Lehmkühler (2004:69-115).

(*dona*) kommen zur Natur hinzu in der Weise, dass sie die Natur nicht aufheben, sondern sie vervollkommnen" (:192).[78]

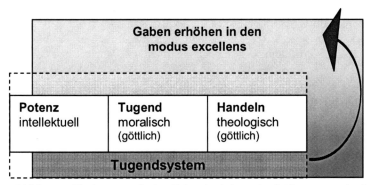

Abbildung 1: Charismentypologie - Gabenüberhöhung (nach Thomas von Aquin) ©MB

Wie muss man sich diese Vervollkommnung durch die Gaben vorstellen? Die Gnadengaben helfen zur

> „Vervollkommnung des Trägers und schließen sittliche Voraussetzungen, natürliche Begabungen und Anstrengungen mit ein, auch wenn letztere nicht Grund für die Erwählung und Begnadigung durch Gott sein können" (:193).

Die Gnadengaben knüpfen an das Vorhandene an und sind konstitutiv für die Identität dessen, der sie empfängt (:317). Sie erhöhen das Humane (Potenz) und, unter Berücksichtigung der Theorie eines aristotelischen Einflusses auf Aquin,[79] zudem das teilweise göttliche Leben (Tugend und Handeln),[80] wie aus Abbildung 1 deutlich wird, in den „modus excellens" (Horst 2001:49.106). Es gehört also zur Besonderheit der Gaben, die Handlungen in einen höheren Modus zu erheben. Auf diese Weise wird jeder Tugend eine entsprechende Gabe zugeordnet, „die in dem jeweiligen Bereich einen *modus excellens* hervorbringt" (:49). Laut Thomas von Aquin trägt der Habitus das Wesen des Dauerhaften in sich, was auf seine Notwendigkeit für jeden Christen hinweist (:84f). Das für den Menschen bestimmte übernatürliche Ziel ist diese Erhöhung in den Status excellens, den allein Gott durch einen Gnadenakt bewirken kann.[81]

Oft spricht Thomas von Aquin über den Nutzen der Gnadengaben, die zur Ehre Gottes, zum Heil anderer und zum Aufbau der Kirche dienen. Sie werden

---

78 In der Tradition der Ostkirche dagegen gibt es keine Unterscheidung zwischen Natur und Gnade, „denn die wahre Natur des Menschen ist seine gnadenhafte Göttlichkeit" (Krokoch 2004:80).

79 Vgl. Dreyer (2008:262).

80 Vgl. ebd. Diesen göttliche Habitus verursacht Gott durch Eingießen (infusio divina).

81 Vgl. ebd. (:263).

aber primär nicht additiv aneinandergereiht, sondern im „Zusammenhang zwischen Christus als Haupt und der Kirche, seinem Leib" verstanden. In dieser christologischen Zuordnung liegt ihr höchster Wert (Horst 2001:197f). Nach Scheuer kann Thomas von Aquin die Gemeindearbeit aber auch so auffassen, dass das kommunikative Beziehungsgeschehen der Charismen eine nicht zu unterschätzende Rolle spielt (:318). Was bleibt nach diesem kurzen Einblick in Thomas von Aquins Verständnis der Gabenthematik nun als Fazit festzuhalten?

2.2.2 Ergebnis und Würdigung

Der Charismentypus des Aquinaten enthält einen dreifachen Beitrag. Ungeachtet des aristotelischen Ansatzes der Theologie bei Thomas von Aquin beinhalten natürliche Fähigkeiten einen eigenen Willen und Einsatz, intellektuelle Potenz und ethisches Handeln. Damit drückt Thomas von Aquin aus, was im gegenwärtigen Sprachgebrauch unter Anlage und Sozialisation verstanden wird.[82] Von da aus enthält sein Charismenverständnis auch ein ethisches Moment.

Sein zweiter Beitrag besteht darin, dass er in den übernatürlichen Begabungen des Einzelnen nicht separate, durch die anthropologisch-geschöpfliche Verfasstheit auftretende Gaben sieht, sondern solche, die sich unmittelbar an die natürlichen Fähigkeiten anschließen. Folglich wird die Individualität des Menschen nicht exklusiv durch die Charismen als Einzelbefähigungen gegeben. Vielmehr knüpfen göttliche Begabungen an das geschöpflich Vorhandene – etwa die sich entwickelnde Persönlichkeit oder die erlernten Fähigkeiten – an.

Die Bestimmung der Identität des Menschen ist insofern als *dritter Beitrag* zu verstehen. Der Empfang der Charismen vervollkommnet erst die Identität eines Menschen und verleiht ihm, im Anschluss an seine Geschöpflichkeit, sozusagen eine pneumatische Identität. Dies bedeutet wiederum, dass das Erkennen der Charismen einen kontinuierlichen Entwicklungsprozess darstellt, der das Wahrnehmen des biographischen Gewordenseins einschließt. Theologisch ist die Verbindung von Natur und Gnade, die den natürlichen Fähigkeiten und übernatürlichen Charismen in einem trinitarischen Ansatz Rechnung trägt, berechtigt, weil derselbe Gott in Schöpfung und Erlösung wirkt. Zugleich birgt diese Übertragung ihre Gefährdung darin, dass die Geistesgaben ihre göttlich geschenkte Souveränität und Unverfügbarkeit einbüßen. Insgesamt trägt speziell Thomas von Aquins Charismenlehre, ähnlich wie seine übrige Theologie, spekulativ wissenschaftliche Züge.

---

82 Sozialisation umfasst nach der neuesten Sozialisationsforschung einen Prozess, „durch den die wechselseitige Abhängigkeit zwischen der biopsychischen Grundstruktur individueller Akteure und ihrer sozialen und physischen Umwelt relativ dauerhafte Wahrnehmungs-, Bewertungs- und Handlungsdispositionen auf persönlicher und kollektiver Ebene entstehen lässt" (Hurrelmann, Grundmann & Walper 2008:25).

2.3 Personal-relationale Typologie (M. Luther)

Wie einleitend erwähnt, fällt die Darstellung zu Luther angesichts seines komplexen Gabenverständnisses umfangreicher aus. Auch seine zentrale Stellung in der Entwicklung der europäischen Geistesgeschichte und sein theologischer Einfluss auf die EKD bis heute rechtfertigen die Länge dieses Untersuchungsteils. Zunächst wird der vielschichtige Gabenbegriff unter dogmatischem Gesichtspunkt aus den situativen Gegebenheiten erfasst, weil daraus eine Lösung auf das gestellte Problem hervorgeht.[83]

2.3.1 Zugang zum Gabenbegriff

Findet sich das griechische Wort „Charisma" nur in wenigen Belegstellen,[84] sind hingegen die Worte „Gaben" und *dona* über 1000 Mal belegt. Wichtiger als die Begrifflichkeit ist aber die Sache. Darum muss neben dem Wort- auch das Sachfeld beachtet werden. Auch wenn Luther keine systematische Gabenlehre entwickelt, setzt er „das Charisma wieder in seine göttliche freie Stellung (und) in sein von kirchlichen Satzungen unabhängiges Recht ein" (Lauterburg 2010:77). Während in Luthers Bekenntnisschriften zwar Aussagen zu den Gaben auftauchen,[85] finden sich keine Ausführungen zum Entdecken von Gaben. Dazu bieten aber Luthers Predigten und Vorlesungen reichhaltiges Material. Allerdings liegt ein vielschichtiger Gabenbegriff vor, weil, wie auch sonst bei Luther, die Komplexität aus dem situativen Charakter seiner Schriften und Predigten resultiert. D.h., er reagiert stets mit Gottes Wort auf die damals aktuelle Problemlage, wie etwa auf die Schwärmer, die Wiedertäufer oder die Papstkirche.[86] Hinzu kommt, dass sich Luther von der zeitgenössischen spätscholastischen Theologie absetzt. Aus diesen Gegenläufigkeiten entwickelte der Reformator seine pneumatische Hermeneutik.[87] Nach Durchsicht zahlreicher Lutherbelege ergeben sich *neun Hauptaspekte* seines Gabenverständnisses, die nicht alle eine eigenständige Überschrift erhalten, sondern an geeigneter Stelle mitbehandelt werden.[88]

---

83 Die Zitation trägt den Unisa-Formalien Rechnung. Reihenfolge: WA, Bandangabe, Erscheinungsjahr, Seitenangabe, und wenn vorhanden, die Zeilennummern.

84 Vgl. WA 40/II (1532:421,28), WA 59 (1519:614,29).

85 Im dritten Artikel des Großen Katechismus bedeuten die dem Hl. Geist zugeordneten Gnadengaben stets: Rechtfertigung, Vergebung, ewiges Leben (Mostert 1990:33f). Wer Christus hat, ist durch den Hl. Geist erleuchtet und begnadet, was gleichbedeutend ist mit der Wiedergeburt (Slenczka 1990:101).

86 Von da aus entwickelte Luther, wie Asendorf (2004) entgegen der früheren Forschung feststellt, zwar keine Gabentheologie, aber eine voll ausformulierte Geisttheologie (:29).

87 Vgl. Asendorf (2004:30.463.498).

88 Teilweise lassen sich Überschneidungen nicht vermeiden.

2.3.1.1 Soteriologische Gabendimension

Abgesehen von den „Gaben" im Verständnis von geistlichen Gaben und Gnadengaben (WA 21 1544:419,1-4), erscheint „die Gabe", wie bei den Kirchenvätern (2.-4. Jh.), vor allem personifiziert in Christus als rettende Heilsgnade[89] in ihrem ersten Hauptaspekt neben dem Glauben. Überhaupt ist Luthers gesamte Theologie allein vom „rechtfertigenden Glauben an Christus als dem Herrn, als welchen ihn der Heilige Geist offenbart hat", bestimmt (Asendorf 2004:675).[90] Bei Luther ist darum die Rechtfertigung ein Schlüssel für die unauflösbare Verbindung von Christologie und Anthropologie in der Gabenthematik. Entsprechend bezeichnet Luther in seiner Schrift „Kurzes Bekenntnis vom heiligen Sakrament" die Heilsmittel Abendmahl und Taufe als Gabe (WA 54 1544:163,2-5). Zugleich nimmt die Vergebung der Sünden als Gabe unter der soteriologischen Dimension eine zentrale Stellung ein (WA 21 1544:340,12-22).

2.3.1.2 Ethische Gabendimension

Neben dem Hauptaspekt der Gaben als Heilsgaben, ist als zweites ein ethischer Gabenbegriff zu nennen. Diesen beschreibt der Reformator so, dass der Geist durch die Gaben die Nachfolge, Heiligung und alle Lebensbereiche fördert[91] und ferner hilft, sündiges Verhalten zu vermeiden.[92] Ferner zählt er zu den Gaben, die er inhaltlich positiv füllt, auch Geldgaben und Opfer ebenso wie Geduld und Trost.[93] Selbst die natürliche Milch der Mutter für die Ernährung des Kindes kann Luther als Geistesgabe bezeichnen.[94] Andererseits steht die negative Bedeutung des Gabenbegriffes für den Bereich außerhalb der Christenheit mit dem Teufel in Verbindung, wenn es um die Unterscheidung der Geister geht.

Bei Durchsicht einiger Predigten fällt, wie schon bei Chrysostomus, der parallele Gebrauch von „Gaben" und „Werken" auf.[95] Diese Parallelität von

---

89 „Christus als eyn gabe nehret deynen glauben und macht dich tzum Christen" (WA 10 I/1 1522:12,12f) und WA 22 (1544:224,27-33).

90 In der Untersuchung „Grace and Gift" (2008) unterstreicht Skottene, norwegischer Lutherforscher, den rechtfertigenden und gnadenhaften Aspekt beider Begriffe, ebenso wie der dänische Lutherkenner Holms in seiner Dissertation „Gaben und Geben bei Luther" (2006:3). Zum Bedeutungsfeld von donum vgl. Holm (:132-167). Explizit werden die Charismen in beiden Arbeiten nicht behandelt.

91 Vgl. WA 10/II (1522:497).

92 Indem Luther die sieben Gaben aus Jes. 9,5f unter die ethischen Werke ordnet, deutet er sie in ethische Gaben um. Damit folgt Luther der altkirchlichen Tradition seit Irenäus und dem katholischen Verständnis, das bis heute vertreten wird.

93 Vgl. WA 10/I/2 (1522:76,22-29).

94 Vgl. Asendorf (1998:197f).

95 In Luthers Gebetsanleitung (WA 38 1535:365ff) werden Lebensmittel (WA 1544:129, 18f) oder der Besitz allgemein (WA 38 1535:368,16-18) und, im synonymen Sprachge-

„Gaben" und „Werken" überrascht, denn sonst ist bei Luther die Bedeutung der „Werke" eher negativ besetzt (siehe Werkgerechtigkeit).[96] Zu fragen wäre darum, weshalb Luther „Gaben" an einigen Stellen mit den „Werken" gleichsetzt und was er inhaltlich damit ausdrücken will. Für Chrysostomus jedenfalls sind die Werke positiv belegt, weil durch sie die Taten der Liebe ausgedrückt werden (Ritter 1972:63). Vielleicht darf daraus gefolgert werden, dass sich Luther nahtlos an die Kirchenväter (2.-4. Jh.) – besonders an Chrysostomus – anschließt, bei denen die Grenzen zwischen den Gaben und der Frucht des Geistes verschmelzen.[97] Auch Luther verwendet „Gaben" analog zur Liebe untereinander und zu Gott (Kongruenz: Geistesgaben und Glaube / Liebe).[98]

2.3.1.3 Pneumatische Gabendimension

An den Stellen, an denen Luthers Aussagen über die Gaben nicht auf eine soteriologische oder ethische Bedeutung hinauslaufen, will er Gaben im Sinne von 1Kor 12 verstanden sehen. So spricht er als Drittes differenziert über die Art und Weise, wie Gaben einzusetzen seien. Dabei beklagt Luther bei den Gläubigen teilweise ihren mangelnden Einsatz der Gaben in Gottes Kraft (WA 10/I/2 1526: 423,7-11). In seiner Sommerpostille 1544 vertieft der Reformator denselben Ansatz, wenn er auf die Gnade verweist:

1	„Darumb zeigt der Apostel, wie Gott seine Gaben mancherley austeilet,
2	[1. Kor. 12, 4] und sagt, es seien Mancherley Gaben, wie S. Paulus j. Corinth. xij.
3	auch thut, da einem jeden ein sonders zugeteilet und gegeben ist, Und dazu ein
4	sonder Ampt, dazu er solche Gaben brauchen sol und dabey bleiben, bis er zu einem
5	andern beruffen wird, Wie abermal S. Paulus Rom. xij. [Röm. 12, 7] sagt:
6	'Hat jemand Weissagung, der warte der Weissagung. Hat jemand ein Ampt,
7	der warte des Ampts' etc. Denn es ist nicht gnug, viel sondern Gaben haben, sondern
8	es gehoeret auch die Gnade dazu (wie er hie sagt: 'Mancherley Gnade Gottes'),
9	das es Gott wol gefalle, segen und) glueck dazu gebe, das der Mensch mit solchen
10	Gaben wol und nuetzlich der Kirchen diene und etwas guts stiffte, Solche Gnade
11	wird nicht gegeben denen, die nicht im Glauben und nach Gottes Wort oder befelh
12	jres beruffs warten, Darumb gibt nu S. Petrus zum Exempel, wie man solcher
13	unterscheid der mancherley Gaben recht brauchen solle, ein schoene Regel und
14	spricht: (WA 21 1544:419,26-39). [1. Petr 4,11]: Wer da redet, das er es rede
15	als Gottes Wort. Wer ein Ampt hat, das ers thu als aus dem vermoegen, das Gott
16	darreicht" (WA 21 1544:420,1-3).

Lutherzitat 1: Predigtauszug zu 1Kor 12 und 1Petr 4

---

brauch, die Wohltaten und guten Werke als Gaben bezeichnet (Mikoteit (2004:266). Unverkennbar tragen diese Gebete lehrhaften Charakter.

96 In der Schrift „Von den guten Werken" sind die Werke gut, die im Glauben geschehen (WA 6 1520:206,9-18).
97 Vgl. auch WA 2 (1519:197,22-23).
98 Vgl. WA 17/I (1525:438,14-19), WA 26 (1528:39,45).

Nach Luther bekommt jeder Einzelne spezielle Gaben zu einem besonderen Amt. Diese Gaben soll er einsetzen, bis er zu einem anderen Amt berufen wird. Exemplarisch greift Luther auch die Weissagung heraus. Wer diese Gabe besitzt, soll sie „warten" (Lutherzitat 1, Zeile 6 u. 7.12). Es stellt sich die Frage, ob Luther damit ein zeitliches Warten ausdrücken will. Im Duktus des Kontextes ist dazu kein Hinweis. Vielmehr denkt Luther, wie auch sonst, an die synonyme Bedeutung des Wortes „warten" im Sinne von „pflegen" oder „einsetzen."

Wie aber sind nach Luther die Gaben dann einzusetzen? Mit seiner Antwort rekurriert er auf die Gnade, denn erst sie veranlasst ihren wirkungsvollen Einsatz für die Kirche, und zwar so, dass der Einzelne seine Gaben im Glauben an Gottes Wort und seine Kraft (Lutherzitat 1, Zeile 15, „vermoegen") einsetzen kann. Als Grundregel bezieht sich Luther auf Röm 12,7 und 1Petr 4,11.

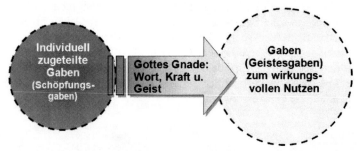

Abbildung 2: Relationale Umwandlung – Von den Schöpfungs- zu den Geistesgaben (Luther)
© MB

Der Übergang von den anvertrauten Schöpfungsgaben zu ihrem erkennbar wirkungsvollen Nutzen als Geistesgaben, wie in Abbildung 2 visuell interpretiert, geschieht einerseits durch die individuelle Inanspruchnahme der Gnade (Gottes Wort und Kraft), andererseits erfolgt sie über die Berufung durch die Gemeinde (Lutherzitat 1, Zeile 4f: „bis er zu einem andern beruffen wird"). Bei Luther fallen also Gabe und Berufung zusammen. In diesem Zusammenhang ist zu fragen, wer bei Luther die Gemeinde ist, die diese Berufung ausspricht: Ist es eine demokratische Versammlung aller Gemeindeglieder oder die kirchliche Hierarchie von Bischof, Pfarrer oder Konsistorium? Im Laufe des Lebens verschiebt sich bei Luther die Ekklesiologie von einer kongregationalistischen zu einer eher hierarchischen bzw. episkopalen Ekklesiologie.[99] Neben dieser großen Verschiebung geben die Gottesdienstkonzepte, die Luther in seiner

---

99 Krarup (2007) zeigt, dass die Verschiebung zur episkopalen Ekklesiologie (Landesherren wurden bischöfliche Kirchenhoheit übertragen) zu Problemen im Verhältnis von Berufung und Ordination führte (:211-230).

Schrift zur *deutschen Messe* darlegt,[100] zumindest Hinweise, in welchem Rahmen Berufungen Begabter zum Amt vollzogen wurden. Explizit lässt sich aber über die gottesdienstlichen Gestaltungsformen, die Luther für Wittenberg vorlegt (1526), im Blick auf das Einsetzen der Gaben nichts sagen. Nach diesem kurzen Seitenblick gilt es zum *ersten Lutherzitat* zurückzukehren. Charakteristisch dabei ist vor allem die glaubende Inanspruchnahme der Kraft und Gnade Gottes. Kraft Gottes versteht Luther indes als Kraft des Geistes, also pneumatisch, wie etwa im Kleinen Katechismus deutlich wird.[101] Entscheidend ist der Übergang von den Schöpfungsgaben oder Gaben zu den Gnadengaben bzw. Geistesgaben durch die personal-relationale Beziehung zu Gott und der gemeindlichen Berufung. Wie im obigen Lutherzitat 1: Predigtauszug zu 1Kor 12 und 1Petr 4 deutlich wird, ist dabei der Dienstcharakter das entscheidende Kriterium. Im weiteren Verlauf der Sommerpostille fällt erneut der gleichbedeutende Gebrauch von Gaben und Werken auf (WA 21 1544:504, 18f).[102] In diesem Kontext ist der Begriff „Werke" im Sinne charismatischer Gaben zu verstehen.

Zur Fragestellung, wie Gaben zu erkennen sind, reicht diese Antwort aber noch nicht aus. Denn ausschlaggebend ist doch, ob die Gemeinde auf die Berufung oder auf Gaben achten soll, und woran die Gemeinde erkennen kann, ob das eine oder andere zutrifft. Anders gefragt: An welchen Kriterien erkennt die Gemeinde, wer zu welchem Amt berufen ist? Selbst wenn diese Problemstellung noch offen ist, bleibt als *erster Erkenntnisfortschritt* festzuhalten: Für Luther verwandeln sich die empfangenen Gaben beim Einzelnen durch den Glauben und die Inanspruchnahme der Gnade, in der Kraft des Wortes Gottes und des Geistes. Die Zäsur liegt also nicht zwischen Schöpfungsgaben und Geistesgaben, sondern in der Anwendung der Gaben: Einem Rechnen durch den Glauben mit der Gnade und Kraft Gottes. Luther legt also einen besonderen Schwerpunkt auf die aktualisiert-relationale Verbindung zu Gottes Kraft und Gnade, wenn es darum geht, Gaben einzusetzen. Diese Grundaussage besitzt für die gegenwärtigen theologischen Hauptfelder typologische Bedeutung.[103]

2.3.1.4 Schöpfungstheologische Gabendimension

Als Viertes qualifiziert Luther die Gaben in ihrer anthropologischen Dimension, weil Menschen bzw. Heiden sie besitzen:

---

100 Vgl. WA 19 (1526:72,32-75,30).
101 2. Hauptstück, 3. Artikel: „Ich glaube, [...] der Heilige Geist hat mich durch das Evangelium berufen, mit seinen Gaben erleuchtet..." (WA 10/I 1522:302,12f), übersetzt in Bayer (2007:116.220).
102 „Also sind auch im Reich Christi mancherley gaben, werck, leiden etc. einem jglichen nach seiner masse und beruff zugeteilet."
103 Ähnlich die Exegeten: N. Baumert (2001:227) u. Dunn (1997:254). Praktische Theologie: Herbst (2010:28f).

36

„Das ist aber auch der Christen eigene kunst und das furnemest, so sie und die Heiden scheidet, das sie wissen und erkennen, das solche gaben, empter und kreffte Gottes und des HErrn Christi und heiligen Geistes sind, Denn solches erkennet und sihet die Welt nicht, ob sie gleich auch Gottes gaben hat" (WA 22 1544:184,35-40, kursiv MB).

Die Frage ist, welche Gabendefinition hier speziell vorliegt. Meint Luther „Geistesgaben", die sogar die Heiden[104] besitzen, wie in der These von O. Föller vertreten (1997:178)? Dieser Interpretation zufolge hätten auch Heiden den Heiligen Geist. Oder denkt Luther an Schöpfungsgaben? Sollte die zweite Deutung maßgebend sein, käme Luther wohl von der Schöpfungstheologie her. Diese theologische Problemstellung spielt jedenfalls in das Thema des Entdeckens der Gaben hinein. Stimmt die erste Auffassung, besitzen alle Menschen Charismen und sind vom Geist Gottes durchdrungen. Das aber widerspricht Luthers reformatorischem Ansatz der Rechtfertigung radikal. Die zweite Interpretation stößt an ihre Grenzen, sofern an die heutige Kategorie der natürlichen Fähigkeiten im Sinne von Kompetenzen gedacht wird. Zu bedenken ist aber, dass, nach dem was unter Punkt 2.3 erarbeitet und in Abbildung 2 dargestellt wurde, Schöpfungsgaben und Geistesgaben bei Luther kaum zu unterscheiden sind. Denn Schöpfungsgaben werden zu Geistesgaben, wenn sie durch die Inanspruchnahme der Kraft des Heiligen Geistes und der Gnade Gottes in den Dienst der Gemeinde gestellt werden und dem Nächsten dienen. Denn bei Luther wird, wie die deutsche Lutherforschung zeigen kann, die Verwirklichung des Menschseins dem Menschen völlig entzogen und „allein dank der reputatio Gottes und dem sola fide" durch die Rechtfertigung gegeben (Ebeling 1990:59).[105] Nach Mostert (1990) führt „der Heilige Geist den Menschen über Christus zum Vater und zum Schöpfer zurück" (:32). So ist Christus der Brennpunkt, der die natürlichen Fähigkeiten in Rückführung auf den Schöpfer allen Menschen schenkt. In der Sprachgestalt des Kleinen Katechismus bilden sich die umfassenden Lebensfähigkeiten und Gaben des Menschen ab, indem Gott, der Schöpfer, der „kategorisch Gebende" ist (Bayer 2007:155).[106] Alles Geschöpfliche wirkt Gott, da-

---

104 Selbst die Verwendung des Heidenbegriffs kann mehrdeutig sein. Nach Körnlein (2005) kann Luther die leitenden Gemeindeglieder als Heiden bezeichnen, weil er sie nach dem damaligen humanistischen Bildungsstand beurteilte (:62, Anm. 162).

105 Angesichts des biblischen Schöpfungsglaubens befreit sich Luther vom Kausalitäts- und Analogiedenken, weil er die Schöpfung als Ergebnis der Rechtfertigung begründet. Mensch und Welt werden also durch Christus „im Horizont der Schöpfung neu aneinander gewiesen" (Gloege 2004:1598).

106 „Ich glaube, dass mich Gott geschaffen hat samt allen Kreaturen, mir Leib und Seele, Augen, Ohren und alle Glieder, Vernunft und alle Sinne gegeben hat und noch erhält... ohn all mein Verdienst und Würdigkeit, dass alles ich ihm zu danken und zu loben und dafür zu dienen und gehorsam zu sein schuldig bin" (WA 30/1:364,2-365,4), übersetzt in Bayer (2007:148). Alles Geschöpfliche wirkt Gott, was (1.) vom Wahrnehmen über das Loben zum (2.) Reden, Dienen und Weitergeben der Begabungen führen muss (:162).

rum führt das Wahrnehmen der Begabungen über das Danken und Loben zum Dienen. Ausgehend von dieser doxologischen Dimension der Charismen, lehnt Luther das eigenmächtige Handhaben der Gaben stets ab (WA 22 1544:217,10-12). Dies kommt in seinen Predigten und Schriften fast durchgängig zum Ausdruck. Luther rechnet also mit der hamartiologischen Dimension der Charismen,[107] die ambivalente Deutungen einschließt. Im Hintergrund steht die theologische Dialektik beides zu sein, Sünder und Gerechter.

Nach dieser Annäherung ist jedoch die Ausgangsfrage nach dem Empfang der Geistesgaben an Heiden noch offen. Um dem Versuch einer Lösung näher zu kommen, ist Luthers Regimentenlehre[108] anhand zweier Predigtbeispiele aus seinen späten Jahren dort aufzunehmen, wo er sie im Zusammenhang mit den Gaben entfaltet. Im *einen Beispiel* handelt es sich um seine Sommerpostille:

1	„Gleich wie er auch andere zeitliche gueter unter die Heiden und Gottlosen allezeit
2	gegeben und erhalten hat, das die Heiden und Gottlosen auch haben solten jre
3	Propheten, Aposteln und Theologos oder Prediger zum weltlichen regiment, wie
4	auch S. Paulus der Cretenser Poeten, Epimeniden, jren Propheten nennet. Und
5	Mattheus die Heiligen drey Koenige Magos, nennet, darumb das sie der Araber
6	Priester, Propheten oder Lerer waren. Also sind bey jnen Homerus, Plato,
7	Aristoteles, Cicero, Ulpianus &c. gewest, wie bey Gottes volck Moses, Elias, Esaias
8	& c. Und jre Keiser, Koenige, Fuersten, als Alexander, Augustus &c. sind jre
9.	Davides u. Salomones gewest." (WA 51 1534/36 234:1-9)

Lutherzitat 2: Neutestamentliche Gabenbezeichnungen für Heiden

Weil Luther auf Plato und Aristoteles, Alexander und Augustus Bezug nimmt (Lutherzitat 2, Zeile 6-8), geht es nicht um Geistesgaben im neutestamentlichen Sinne,[109] stattdessen ist, meiner Einschätzung nach, eher an immanente Gaben zu denken. Denn obwohl Luther die theologische Terminologie „Propheten, Aposteln und Theologos" auf die Welt anwendet, hat diese vergleichenden Charakter. Überdies zeigt die Präposition „zum" im vorliegenden Zitat (Lutherzitat 2, Zeile 3), dass Luther diese „Gaben" nicht mit denen im geistlichen Regiment gleichsetzen will, sondern sie für das weltliche Reich reklamiert. Dass Gott jedem Reich entsprechende Gaben gegeben hat, dem einen zum ewigen Reich und dem anderen mit dem Ziel, das weltliche Reich zu

---

107 Selbst wenn Luther inhaltliche Redundanzen zulässt, sollen sie hier vermieden werden. Aus diesem Grund wird die hamartiologische Dimension der Charismen nicht unter einem eigenständigen Punkt erarbeitet.

108 Die fundamentaltheologische Erörterung zur Regimentenlehre vgl. Anselm (2004:776-784).

109 Anders akzentuiert bei Föller (1997:178).

erhalten,[110] zeigt die weiterführende Logik seiner Auslegung,[111] wie es auch Peters (1991) bestätigt (:43). Folgerichtig ordnet Luther die Selbsterschließung des dreieinigen Gottes so, dass sein Schöpferwirken dem weltlichen Reich und das Erlösungshandeln dem geistlichen Regiment zugehört (:43) und der Geist, als *spiritus creator*, beides umgreift (:46).[112]

Als *anderes Beispiel* dient Luthers Predigt über Joh 16. In ihr vergleicht er die Worte des Papstes – die Luther mit denen der Heiden gleichstellt – mit den Worten Christi. Luther folgert, dass beide, Papst und Heiden, der Vernunft unterworfen seien und daher weder den Heiligen Geist kennen noch besitzen.[113] Einige Passagen weiter differenziert Luther seine Darlegung, indem er zwei Genres der Weissagung erwähnt. Das *erste* Genre ordnet er der politischen Prophetie des Alten Testaments zu. Es gehört vor allem in den Rahmen des weltlichen Regiments. Diese Art der Prophetie soll Gott auch „zu weilen den Boesen so wol als den Fromen"[114] zuteil werden lassen (WA 46 1537:60,37-38). Dagegen ordnet er das *zweite* Genre der Prophetie, welches die Entwicklung des Glaubens und eschatologische Themen der Kirche beinhaltet, ausschließlich dem Reich Christi zu. Es wird, nach Luthers Ansicht, den Christen von niemand anderem als durch den Geist offenbart (:61,13-14). Während hier entsprechend den Regimenten ein zweiteiliger Gabenbegriff vorliegt, muss zur Kenntnis genommen werden, dass Luther demgegenüber die Gaben des Geistes beiden Regimenten homogen zuordnen kann. Die Trennlinie zieht Luther aber qualitativ. Das heißt, die Gaben in ihrer ganzen Bedeutungsbreite (u.a. soteriologisch und

---

110 Calvin teilt dieses Gabenverständnis Luthers, wenn er von „gratia generalis" spricht und damit die jedem Menschen verliehenen Gaben meint, die ihm zur Wissenschaft, Kunst und sozialen Arbeit gegeben wurden (Dabney 1997:95).

111 Vgl. WA 51 (1534/1535): „Denn gleich wie die geistlichen und Heiligen Propheten und Koenige haben die leute geleret und regirt zum ewigen Gottes Reich zu komen und da bey zu bleiben, So haben diese weltliche, Heidnissche, Gottlosen Propheten und Koenige die leute geleret und regirt, das weltliche Reich zu erhalten. Denn weil Gott den Heiden oder der vernunfft hat wollen die zeitliche herrschafft geben, hat er ja auch muessen leute dazu geben, die es mit weisheit und mut, dazu geneigt und geschickt weren und erhielten, gleich wie er allezeit seinem volck hat muessen geben rechte, reine, trewe Lerer, die seine Christliche Kirchen haben koennen regirn und wider den Teufel streiten" (:243,10-18).

112 In diesem Zusammenhang ist an den Satz von Augustin zu denken: „opera trinitatis ad externa sunt indivisa" (die Werke der Trinität sind nach außen hin unteilbar) (vgl. Markschies 1999:70), d. h. auch wenn z. B. der Heilige Geist in besonderer Weise an den Gläubigen wirkt, so ist er doch auch am Wirken des Schöpfers und des Erlösers mit beteiligt.

113 WA 46 1537: „Welches alles der Vernunfft unterworffen ist, als leiblich und vergenglich wesen, so zum Reich Gottes nichts fordert, Und die Heiden eben so gut machen koennen, so vom Heiligen Geist nichts uberall wissen noch haben" (:52,33-36).

114 Teilweise kämen diese Gaben auch bei Christen vor. Sie wären zwar zum geistlichen Leben nicht nötig, wer diese Art der Weissagung aber erhalten hat, soll sie wie die anderen Gaben einsetzen (WA 46 1537:61).

pneumatologisch) sind grundsätzlich in beiden Regimenten vorhanden. Während sie im weltlichen Reich nicht erkannt werden, erschließen sie sich aber im Reich Christi, wie zur Verdeutlichung der entsprechende Predigtauszug in einem Textschaubild zeigen kann (WA 22 1544:184,36-40).[115] Mit dem Indikativ „sind" werden die Gaben, wie unten im Lutherzitat 3 zu sehen, bleibend trinitarisch[116] bestimmt (Zeile 4).

Christen	Heiden
1. Das ist aber auch der Christen eigene kunst und das furnemest	
2. so sie und	die Heiden scheidet
3. das sie wissen und erkennen	
4. das solche gaben, empter und kreffte Gottes und des Herrn Christi und heiligen Geistes sind.	
5.	Denn solches erkennet und sihet die Welt nicht
6.	ob sie gleich auch Gottes gaben hat.

Lutherzitat 3: Charismen erkennen bei Christen und Heiden © MB

Drei komplementäre Lösungsansätze bieten sich an:
1. Die Heiden besitzen alle Gaben des Geistes – auch wenn sie den Urheber nicht kennen.
2. Luther verwendet die gleiche theologische Terminologie für Christen wie Heiden: Die Gaben werden trinitarisch bestimmt. Zwischen den Gaben des Geistes, den Gaben des Herrn Christus und Gottes- bzw. Schöpfungsgaben besteht kein Unterschied.
3. Die trinitarischen Gaben des Geistes stehen allen Menschen zur Verfügung. Weil die Heiden jedoch den Urheber nicht kennen, erkennen sie weder die Gaben Gottes noch können sie seine Kraft anwenden.

2.3.1.4.1 *Vernunftbegabte Sprach- und Auslegungskompetenz*

Die Kompetenz zur Schriftauslegung dient als abschließendes Beispiel, an dem die Unterscheidung wie auch das Zusammenspiel von allgemeinen Gaben

---

115 In der Psalmenauslegung 101 sagt Luther: „Denn es haben offt die Gottlosen von Gott viel schoener, hoher gaben und geschicklighkeit zu weltlichen sachen…" WA 51 (1534: 226,27f), aber die erkennen es nicht wie Luther in anderen Predigten bemerkt, etwa in WA 21 (1544:418:28-34).

116 So werden auch die drei Personen Gottes als Gaben bezeichnet (WA 54 1545:64,17).

(Schöpfungsgaben) und Geistesgaben vorzustellen ist. Zur anthropologischen Gabendimension gehört die vernunftbegabte Sprachkompetenz.[117] So plädiert Luther in seiner Schrift „an die Ratsherren aller Städte deutschen Landes" (1524), dass sie christliche Schulen und Ausbildungsstätten einrichten sollten. Hier ragt die schöpfungstheologische Dimension der Charismen in die hermeneutisch-kommunikative und pneumatische Dimension hinein, weil das „Evangelium, das durch den Heiligen Geist gekommen ist und täglich kommt [...], durch die Vermittlung der Sprachen [...] gewachsen und [...] dadurch auch erhalten werden" muss (WA 15 1524:37,4-6).[118] An anderer Stelle definiert der Reformator die Auslegungskompetenz explizit als Gabe des Hl. Geistes.[119] Bei Luther kommen zwei charismatische Komponenten zusammen: Erstens beansprucht die Bewahrung des Evangeliums sprachliche Fähigkeiten (Hebräisch, Griechisch und Latein), die durch eine entsprechende Bildung anzueignen sind.[120] Zweitens bedarf es, pneumatologisch gesehen, das Wahrnehmen des Hl. Geistes als Hermeneuten. Bildung und Hl. Geist verbinden sich.

2.3.1.5 Ekklesiologische Gabendimension

Als *fünften Hauptaspekt* behandelt Luther in derselben Predigt zu 1Kor 12 spektakuläre Einzelgaben. Der Grundtenor innerhalb der ekklesiologischen Gabendimension ist mit seiner Einleitung gelegt: Einsatz der Gaben zur Einigkeit und Auferbauung der Kirche,[121] vornehmlich im Predigtamt (WA 22 1544:170, 24f). Die Charismen insgesamt bestimmt Luther trinitarisch (:181:20-28) und ordnet sie - wie noch zu zeigen ist - in das Leib-Glied-Denken ein. Im Gegensatz zu den falschen Christen (Mt 7,22), die ihre Gaben ohne Beziehung zu Christus einsetzen, hebt Luther den selbstlosen Einsatz der Gaben hervor (WA 22 1544:183,1-10), welchen er christologisch begründet.[122] Insofern markiert er ein wesentliches Kriterium für ihre erkennbare Echtheit. Dahinter steht Luthers theologischer Ansatz einer Trennung zwischen (christlichen) Personen einerseits und christlichen Amtsträgern innerhalb der Kirche andererseits.[123]

---

117 Ähnlich Dieter (2009) im Begründungszusammenhang von „Heiliger Geist und Vernunft bei Luther" (:173-196).

118 Nach der Übersetzung von Dieter (2009:188).

119 Vgl. Die „gabe des heiligen Geystes, die da heyst Außlegung der Schrifft, ist ein ewiger schatz, dadurch wir lernen Gott erkennen" (WA 52 1544:4).

120 Zur Hochschätzung der drei Grundsprachen vgl. WA 15 (1524:37,18-24, :38,1-6).

121 Luther spricht davon, dass die „Kirche erbawet" (erbaut) werden soll (WA 21 1544:198,1f. :418,37).

122 Weil Christus gedient hat, „darumb sind die Gaben uns nicht gegeben zu unserm kuetzel, hoffart, trotz oder stoltz, Sondern dem Nehesten zu nutz und huelffe, wo wir nur koennen" WA 51 (1546:170,30-32).

123 Föller (1997) betont den Gegensatz zwischen Personen und Amtsträgern. Vollmacht zur Ausübung von Gaben ist nicht Personen gegeben, sondern den Amtsträgern (:178).

„Denn solches (außergewöhnliche Gaben) nicht ist der personen, sondern des Ampts oder wirckung des Geists, so der Kirchen gegeben wird, Das sie in dem Ampt und von wegen der Kirchen viel und grosses thun, das nicht jnen, sondern andern nuetzet" (WA 22 1544:183,7-11).

Die Vollmacht, außergewöhnliche oder auch geringe Gaben wirkungsvoll einzusetzen, ist demzufolge nicht einzelnen Personen gegeben, sondern, wie Luther weiter erklärt, vorrangig Amtsträgern. Er bestimmt diese Vollmacht als Wirkungen des Geistes. Auch wenn Luther dem Amt einen Vorrang einräumt, werden die Gaben insgesamt der Kirche gegeben.[124] Diese bisher kaum untersuchte ekklesiologische Auffassung lässt auch Goertz (1997) in seinem ausgewiesenen Exkurs zum Charismenverständnis bei Luther erkennen (:241-252).

Als *zweiter Erkenntnisfortschritt* bleiben zwei Befunde festzuhalten: Dass Gaben in ihrer soteriologischen Bedeutung Loben und Danken auslösen, wurde an anderer Stelle untersucht.[125] Hier ist als erster Befund deutlich, dass charismatische Gaben zur Dankbarkeit führen, weil nach Luther der Begabte dem Schöpfer und seinem erlösenden Handeln in Christus alles verdankt.[126] Grundsätzlicher erscheint als zweiter Befund Luthers vielgestaltiger Sprachgebrauch hinsichtlich seines Gabenbegriffs, der hier herausgearbeitet werden konnte. Er fordert eine hermeneutisch theologische Differenzierung, um nicht zu vorschnellen Bedeutungszuweisungen zu kommen. Die Begabungen sind zweifach von Gott beiden Herrschaftsbereichen (Regimenten) zugeteilt, um ihrem jeweiligen Auftrag zu dienen. In der Zusammenschau von Luthers Ausführungen ist sein Gabenverständnis trinitarisch definiert und bezieht sich auf beide Bereiche. Darum kann Luther ohne weiteres auch von den Gaben des Geistes im weltlichen Bereich sprechen. Aus Abbildung 3 ist zusammenfassend eine neunfache Gabendimension bei Luther zu entnehmen.[127] Das Schaubild versucht die unterschiedlichen Dimensionen der Charismen im Verhältnis zu den beiden Regimenten bildhaft darzustellen. Während die ersten sechs Dimensionen beide Regimente durchdringen (durchlaufende Linien), markieren die Dimensionen 6-9 eine qualitative Zäsur, indem die soteriologische, christologische, ekklesiologische und eschatologische Dimension der Charismen das geistliche Regiment bestimmen und in Christus nutzbringend wirken.

---

124 Weitere Belege: WA 21 (1544:418,28f) und WA 22 (1544:183,5.8.30.36.184,8-10. 186,30). In der gleichen Predigt definiert Luther, was er unter Gaben, Kräften, Werken und Ämter versteht. Ämter sind berufene und geordnete Gaben (Apostel, Evangelisten...) in der Gemeinde (:183,22-32). Kräfte und Werke sind ebenso synonym verwendet (:183,16) wie Gaben und Kräfte (:183,34-37).

125 Vgl. Mikoteit (2004:134ff).

126 Vgl. u.a. die Sommerpostille zu 1Kor 12, WA 22 (1544:306-310). Zur Dankbarkeit: Mostert (1990:16).

127 Die eschatologische Dimension kann hier nicht mehr näher ausgeführt werden, verdient aber genannt zu werden (vgl. etwa WA 36 1532:587b, 36-40).

Neunfache Gabendimension:				
	1. anthropologisch			
	2. hamartiologisch			
	3. pneumatologisch			
	4. doxologisch			
	5. ethisch			
		6. soteriologisch		
		7. christologisch		
		8. ekklesiologisch		
		9. eschatologisch		
	t r i n i t a r i s c h			
	für das weltliche und geistliche Regiment			
weltliches Regiment			geistliches Regiment	
Gaben, Kräfte und Geistesgaben im Einsatz zur Erhaltung des weltlichen Regiments	Heilsgabe für die Menschen, Gerechtigkeit vor Gott		Gaben, Kräfte, Geistesgaben im selbstlosen Einsatz zum Nutzen anderer, zum ewigen Reich	Gaben für die Nachfolge und Heiligung
Synonyme: Gaben, Wohltaten und gute Werke (Besitz, Kleider, Essen...) Werke und Geistesgaben, Liebe (Frucht) und Gaben				

Abbildung 3: Charismen in der Zuordnung der Zwei-Reiche-Lehre (nach Luther) © MB

2.3.2 Kriterien des Gabenerkennens

Von Luthers neunfachem Gabenbegriff ausgehend, ist oft nicht eindeutig bestimmbar, ob tatsächlich ein ekklesiologisches Gabenverständnis existiert. Was Luther jedoch in seiner Postille 1522 (Lutherzitat 1) unter Bezugnahme auf 1Petr 4 fordert, scheint Hinweise auf eine ekklesiologische Richtung zu beinhalten. Wie das untenstehende Zitat zeigt, enthält es einen umschriebenen Kirchenbegriff, der ein gliedhaftes Verständnis des Leibes Christi kennt (1Kor 12, Röm 12). Daher scheint es naheliegend, dass Luther an dieser Stelle zu einem gliedhaft-charismatischen Verständnis der Kirche anleitet, was im Blick auf seine gesamten Schriften aber zurückhaltend einzuschätzen ist (Knauber 2006: 175).[128] Dies gilt allein schon deshalb, weil die Gottesdienstreform noch bevor-

---

128 Knauber (2006) ist der Ansicht, dass „in der Stoßrichtung des Reformators die pneumatologisch-ekklesiologische Komponente von 1Kor 12-14 und Eph 4 zu kurz" kommt (:325). Zimmerling (2002) postuliert die „radikale Ablehnung jedes Geistwirkens außerhalb von Wort und Sakrament" (:100) bei Luther, während Föller (1997) zur Einschätzung gelangt, dass Luther weder zur Entdeckung der Gaben aufgerufen noch „die Wir-

stand (Heckel 1984:78).[129] Um nicht überzuinterpretieren ist vor allem zu bedenken, dass Luther kein Kirchen- und Gottesdienstverständnis im heutigen Sinne kennt und sich seine Fragestellung nicht primär um das Entdecken der Gaben bemühte. Dennoch ist diese Stelle für die hier zu verhandelnde Fragestellung beachtenswert und daher im Kontext zu zitieren.

1	„1. Pet. 3: Ihr solt seyn wie die trewen, gutten schaffner odder amptleutt der
2	mancherley gnaden, das eyn iglicher dem andern diene und fodderlich sey,
3	das er entpfangen hatt. Sihe, da sagt S. Peter, das die gnaden und gaben
4	gotis nit eynerley, sondern mancherley sey. Und eyn iglicher soll der seynen
5	warnhemen, dieselbigen uben und damit den andern nutz seyn. Wie gar eyn
6	feyn weßen were es, wo es alßo tzugieng, das eyn iglicher des seynen warttet
7	und doch dem andern damit dienete unnd alßo hewfflich auff der rechten straß
8	mitteynander gen hymell furen. Alßo schreybt auch sanct Paulus. Ro. 12. und
9	1. Cor. 12: Das der corper viell gelidt hatt, aber nicht alle gelid eynerley werck,
10	alßo wyr auch viell gelid eyner Christlichen gemeyn, aber nitt alle eynerley
11	werck haben, soll niemand des andern werck, ßondern eyn iglicher es seynen
12	warnhemen, und alle ynn eynem eynfeltigen gehorsam, ynn vielerley befelh
13	und manchfeltigen wercken eyntrechtlich wandeln" (WA 10/I/1 1522:311,3-13).

Lutherzitat 4: Kirchenpostille am St. Johannestag 1522

Was ist zur Textanalyse zu sagen? Auffällig ist zunächst die sprachliche Verschiebung von den Gaben Gottes zu den Werken (Lutherzitat 4, Zeile von 3 zu 9-11). Beide Begriffe werden, wie schon wiederholt festgestellt, synonym verwendet. Luther stellt den Begriff „Werke" hier in einen ekklesiologischen Kontext, synonym zum Gabenbegriff.

2.3.2.1 Individuelle Gabenförderung

Weiter ist dieses Lutherzitat von Bedeutung, weil die Belegstelle vom Erkennen der Gaben spricht. Luther entfaltet sie im Rahmen des ekklesialen Handelns. Er spricht über die Grenzen der individuellen Begabungen, um das egoistische Verhalten derjenigen abzuwehren, die meinen, alles zu können. Es ist wesentlich, dass nicht die Gaben des anderen zu entdecken sind, sondern jeder[130] seine ei-

Gemeinschaft der Kirche" entfaltet hat (:201). Während Lauterburg (2010:81ff) in seiner Arbeit über den Charismabegriff schon die passive Gemeinde bei Luther anmahnt, führt Schlatter (1905), der die Grundanliegen der Reformation bejaht, über sie hinaus, indem er in der empfangenen Gnade den Dienst verpflichtend begründet sieht (:100).

129 Luther spricht im folgenden Zitat im Konjunktiv („Wie gar eyn feyn weßen were es..."), was seinem Wunsch nach Veränderung entspricht, aber auch schlicht den appellativen Charakter seiner Predigt unterstreichen will.

130 Körnlein (2005) weist darauf hin, dass er in Abgrenzung zur dinglich-sakramentalen Austeilung des Heils, bedingt durch die Botschaft von der Rechtfertigung, um „das Ver-

genen Gaben durch den Glauben einüben soll. Außerdem sollen alle in einfälti-
gem Gehorsam (Lutherzitat 4 , Zeile 12) einander innerhalb der Gemeinde, die
Luther als Leib mit seinen Gliedern (Lutherzitat 4, Zeile 9) versteht, dienen.
Nach Asendorf (2004) darf im Ausdruck der Selbstwahrnehmung der Gaben
(Lutherzitat 4, Zeile 4 u. 5: „seynen warnhemen") jedoch nicht die moderne
Terminologie mit ihren psychologischen Aspekten anachronistisch hinein-
interpretiert werden, sondern er ist wesenseins mit dem Glauben zu verstehen
(:41).[131] Damit soll jeder Einzelne seine Gaben im Glauben einüben (Lutherzitat
4, Zeile 5: „dieselbigen uben"). Angesichts der Schöpfungstheologie Luthers
wäre es durchaus legitim, ein gewisses Wahrheitsmoment im psychologischen
Wahrnehmen (sinnlich wahrnehmen, entdecken) der Gaben und Werke anzunehmen.[132] Auch das Grimm´sche Wörterbuch (2010) unterstützt die Wortbedeutung des psychologischen „Warnhemens" und Entdeckens der Charismen,
wenn die Grundbedeutungen „sich umschauen, ins Auge fassen, betrachten, acht
haben, seine Aufmerksamkeit [...] auf etwas richten"[133] die Bedeutungsbreite
bestimmen. In der älteren Sprache soll der Begriff des „Achtgebens" vor-
herrschen. Das Bedeutungsmoment tendiert zur „Rücksichtnahme auf etwas"
oder „der Sorge für etwas" (:27,941-946). Richtig zu entscheiden, was Luther
meint, ist aber von da aus schwierig. Angemessener scheint es daher, Luther in
seinem eigenen Sprachgebrauch zu konsultieren. In der Tat stehen Belege in der
unrevidierten Bibel von 1545. Dort findet sich „wahrnehmen" in Hebr. 2,1
sowie 10,24, was in der revidierten Lutherbibel von 1984 mit „auf (jemanden
/etwas) acht(geb)en" übersetzt wird.[134] In beiden Stellen geht es nicht um ein
erstmaliges „zur Kenntnis nehmen", sondern ein vertiefendes Wahrnehmen, das
sowohl Erkenntnisvorgänge, praktisches Einüben und Anwenden einschließt. In
Römer 1,20 erscheint „wahrnehmen" allerdings schon bei Luther 1545 im Sinne
von „erkennen" und wird deshalb in der revidierten Lutherbibel (1984) beibehalten.[135]

---

trauen des einzelnen" wirbt. Damit fördere die Reformation die Subjektivität und
Individualität des einzelnen Menschen (:63).

131 Es ist eine offene Frage, ob hinter Asendorfs (2004) Auffassung die nachreformato-
rische Theologie mit ihrer puritanischen Verengung in der Geisttheologie zum
Ausdruck kommt.

132 Vgl. Besch (2003), der insbesondere die sprachliche Bedeutung Martin Luthers hervorhebt (2252-2296).

133 Diese Bedeutung findet sich in Luthers Fastenpostille 1525. Hier fordert er zum Glau-
benskampf auf, indem die Aufmerksamkeit nicht auf hinderliche Dinge gerichtet sein
soll (WA 17. II. 128,17-18).

134 Vgl. Hebr. 2,1: „Darum sollen wir desto mehr achten auf das Wort, das wir hören, damit
wir nicht am Ziel vorbeitreiben" und Hebr. 10,24: „...und lasst uns aufeinander Acht
haben ...".

135 Vgl. Röm 1,20: „Denn Gottes unsichtbares Wesen, das ist seine ewige Kraft und Gott-
heit, wird seit der Schöpfung der Welt ersehen aus seinen Werken, wenn man sie wahrnimmt." Ein weiterer Beleg für das „Wahrnehmen" im Sinne des empirischen Erken-

Das Ergebnis dieser Wortstudien zeigt: Die Selbstpflege der Gaben im Glauben hat ihr Recht, sofern sie auf das Dienen im Miteinander der Gemeinde ausgerichtet ist. Charismen qualifiziert Luther in ihrer individuellen Vielfalt in Bezug auf die anderen, weil sie in dieser Zuordnung zum Leib Christi ihre Wirkung entfalten.[136]

2.3.2.2 Einheit im Leib Christi

Die weitere Recherche nach der Wendung „Leib Christi" bzw. dem gliedhaften Denken in Relation zu den Gaben in Luthers Schriften, scheint vordergründig singulär zu sein. Mit anderen Wortkombinationen aber lässt sich der gleiche Sachverhalt mehrfach erheben. Da ist einmal Luthers allegorische Josephdeutung, in der er den bunten Rock mit den vielfarbigen Gaben der Kirche vergleicht (WA 14 1523/1524:21-22).[137] Eine weitere Belegstelle findet sich in der Sacharjaauslegung mit der „Messschnur"[138] und den „sieben Leuchtern", die auf die paulinischen Gaben hinweisen (WA 13 1524/1526:588). In jedem dieser Belege spricht Luther vorzugsweise das ekklesiologische Leib-Glied-Denken an, das der Geist vermittelt.[139] Auch in seiner Predigt zu 1Kor 12 knüpft Luther daran an, wenn er das einheitliche Handeln in der Kirche als Indikator zur Erkennung der Gaben zählt (WA 22 1544:184). Das Gesagte macht deutlich, dass Luther ein Kirchenverständnis im Sinne des Leib-Glied-Denkens kennt. Nach diesem Verständnis hat jeder seine Gaben durch den Glauben für den anderen einzusetzen, um sich so einander gegenseitig zu dienen.

Schließlich hebt Luther in der Auseinandersetzung mit Papst und Wiedertäufer, die Streit und Zerrissenheit auslösen, in seinem Predigtauszug zu 1 Kor 12,4-11 die Einheit bewirkende Kraft und das Wesen der Charismen als Erkennungskriterium hervor. Auch wenn er die Gabe der Dämonenaustreibung nicht besitzt, akzeptiert Luther diese Disposition, weil er vom Ergänzungsprinzip ausgeht, dass jeder mit anderen Charismen beschenkt ist.[140] Dagegen würden Münzer und Karlstadt nach Gaben greifen, die sie nicht haben. Luther führt ihr Ver-

---

nens vgl. die Adventspostille WA 10. I. 2. (1522:67,8-10). Zum „Wahrnehmen" in der Bedeutung von „einsetzen" vgl. WA 10/1 (1522:306).

136 Interessant ist Luthers Bemerkung, dass geschöpfliche Gaben am negativen Gegensatz (eine gute Ehe durch eine schlechte Ehe) erkannt werden (WA 29 1529:471).

137 Vgl. auch Asendorf (2004:469f), Hiebsch (2002:189).

138 Die Messschnur ist Christus, während das in der Hand halten der Messschnur das Austeilen der Charismen bedeutet. Vgl. Asendorf (2004:320f).

139 Vgl. WA 6 (1519/1520:407), WA 21 (1544:504,5-19), besonders WA 22 1544: „Gleich wie die glieder in einem leibe mancherley unterschiedlich ampt und werck haben, und keines kan des andern werck fueren, Und doch alle sind in leiblicher einigkeit einerley lebens, Also auch die Christen, wie mancherley unterscheid der Personen, Sprachen, empter, gaben unter jnen sind, doch in der einigkeit und gleicheit des sinnes, als in einem leibe leben, zunemen und erhalten muessen werden" (:57f).

140 Vgl. WA 12 (1522:333,3).

halten auf ihre Arroganz zurück. Selbst Petrus und Paulus hätten nicht alle Gaben gehabt, obwohl sie Apostel gewesen wären (WA 41 1531:398-404).[141]

2.3.2.3 Zirkuläres Erkennen

Es folgen exemplarische Belege, in denen Luther versucht, das Erkennen der Gaben weiter zu umschreiben. Entscheidend ist, dass Luther entsprechend der theologisch unumkehrbaren Reihenfolge von Rechtfertigung und Heiligung Gaben in die Heiligung integriert, wie er es in der programmatischen Vorrede zum Römerbrief entfaltet. Während die Gnade Christi jeden vollkommen annimmt, unterstehen die Geistesgaben einem Wachstumsprozess und beziehen sich eschatologisch auf Christus. Luther stellt die Charismen an die Stelle der Werke des Fleisches. Damit weisen sie einen partikularen Charakter auf (Brecht 1995:149). Christus oder der Heilige Geist fungieren als Geber der Gaben, die individuell maßgerecht zu Amt oder Beruf (Stand) ausgeteilt werden. Zu den bedeutsamen Voraussetzungen für das Erkennen von Gaben gehört es, nach Luther, das Wort von Christus angenommen zu haben und seinen Geist zu besitzen: *Niemand kann „Gottes Gaben erkennen durch seine Vernunft, sondern der heilige Geist muss (es) unserm Herzen zeigen. Wir haben den Geist Gottes empfangen, das wir wissen können, was uns von Gott gegeben ist"*[142] (WA 31/1 1530:405,3-6) und *danken* ihm dafür. Luthers Gabenverständnis ist christozentrisch ausgerichtet – auch deshalb, weil Gaben manifestieren, *„das(s) Christus durch uns offenbaret ist"* (WA 36 1532:513b,34f).[143] In einer Predigt zu 2. Mose relativiert Luther die Gaben des Wundertuns für seine Person insofern,[144] als dass die Menschen letztlich doch sterben, auch wenn Gott sie vorher gesund machen würde. Seinen Zuhörern spricht er dennoch die Vollmacht Gottes zu: „Wenn ein Mensch mit Gottes wort gefasset ist und hat Gottes wort, so will er als ein Christen wol die Blinden sehend und die Lamen gehend machen, denn Gottes wort ist in ihm und er ist Gottes Son" (WA 16 1524/1527:109c, 13-19). Hier predigt Luther über die Voraussetzungen, wie vollmächtige Gaben zur Wirkung kommen: Durch Vertrauen auf Gottes Wort. Überall wo also Gottes Wort gepredigt und im Vertrauen angenommen wird, werden Gaben erfahren. In Kürze zusammengefasst: Charismen wahrzunehmen ist eine Gabe des dreieinigen Gottes.

---

141 Vgl. Übersetzung bei Ellwein (1968:149).

142 Modernisierte Übersetzung (kursiv MB). Original: „Nu kan niemand Gottes gaben erkennen durch seine vernunfft, sondern der heilige geist mus (1. Kor. 2,12) unserm hertzen zeigen, wie S. Paulus leret .j. Corin. ij.: 'Wir haben den geist Gottes empfangen, das wir wissen koennen, was uns von Gott gegeben ist.'"

143 Vgl. die Auslegung des Vaterunsers (WA 38 1535 365,35):„Zum andern dancke ich der herrlichen gaben, das er mir seinen namen offenbart und gegeben hat."

144 Vgl. auch Föller (1997:181). Zu den Wundertaten bei Luther vgl. Föller (1997:185ff).

2.3.3 Gabenempfang und Berufung

Was bei der ganzen Gabenthematik Luthers beachtet werden muss, ist seine Akzentuierung auf die amtliche (ordentliche) Berufung, die sowohl für geistliche als auch weltliche Berufsgruppen gilt[145] und, wie erwähnt, beiden Gaben verleiht. Gerade durch die Selbstbeauftragung der Schwarmgeister sah sich Luther veranlasst,[146] die „äußere Berufung außerordentlich stark zu betonen" (Lauterburg 2010:81). Diese These ist nach der Recherche in Luthers Werken uneingeschränkt zu bestätigen.[147] So fehlt bei Luther die Unterscheidung zwischen der inneren (*vocatio interna*) und äußeren Berufung (*vocatio externa*) (:81). Normal ist die äußere und mittelbare Berufung (*vocatio mediata*) durch die Gemeinde, die durch eine ganze Reihe nüchterner empirischer Befragungen[148] – und ethische wie natürliche Begabungen[149] – ihre Objektivierbarkeit unter Beweis stellt (WA 30/III 1532:519,12-17). Trotzdem bleibt auch hier Gott selbst der Berufende.

In zahlreichen Predigten, wie jene über die Notwendigkeit schulischer Bildung, konkretisiert Luther diesen theologischen Ausgangspunkt insofern, als dass in jedem Stand umfassend alle Aufgaben, Gaben und Berufungen Gottes zusammenfallen, aber nur dann, wenn sie in irgendeiner Weise das Evangelium unterstützen und somit der Ehre Gottes dienen. Auch darum kennt Luther keinen Unterschied zwischen natürlichen Fähigkeiten und Geistesgaben im heutigen Sinn, was Goertz (1997) ausgehend vom Kriterium des dienenden Nutzens der Charismen bestätigt (:248). Ein weiteres grundlegendes Argument besteht bei Luther in seiner theologischen Überzeugung, dass sich Schöpfung und Erlösung wechselseitig aufeinander beziehen.

---

145 Als Reaktion auf das mittelalterliche Mönchsethos wertet Luther den bürgerlichen Beruf als Gottesdienst des Christen im Bezug auf den christlichen Weltauftrag in der Schöpfungsordnung auf (Gäckle 1992:237). Eine fromme Magd, die ihrem Amt (vocatio) gehorsam folgt und den Hof kehrt oder den Mist austrägt, kommt in den Himmel, während ein Mann, der in die Kirche geht, aber sein Amt und Werk liegen lässt, in die Hölle kommt (WA 30/1/I (1522:310,9-13).

146 Luther widmet den Schwärmern die Schrift „Von den Schleichern und Winckelpredigern" (WA 30/III 1532:518-527).

147 Vgl. u.a. WA 34/II. 1531:306a,11 (vocatio externa), WA 40/I. 1535 (vocatio mediata), WA 40/I. 1531:59b,16 (divina vocatio duplex, una mediata, altera immediata). In seiner Predigt über 2. Mose spricht Luther von der inneren Berufung (WA 16 1524:33a,4-6 - interna vocatio).

148 Z.B.: „Wo her kommst du? Wer hat dich gesandt? Wer hat dir befohlen mir zu predigen? Wo sind deine Wunderzeichen, das dich Gott gesandt hat? Warum trittst du nicht öffentlich auf?" Die Fragen wurden zur besseren Lesbarkeit leicht modifiziert (MB).

149 Vgl. unter Punkt 3.8.

2.3.4 Anstifter für Wundertaten

Luther unterscheidet aber graduell zwischen den Befähigungen der Christen für allgemeine Aufgaben sowie ihrer Befähigung, dem Evangelium zu dienen und ihrer Berufung zum Predigtamt als einer besonderen Gabe.[150] Denn darin wirke Christus ganz und gar durch seinen Geist zum ewigen Heil, was im weltlichen Beruf nicht gegeben sei (WA 30/II 1530:562a). Aus diesem Grund wirbt Luther, in der angesprochenen Predigt über die Bildung, bei den Eltern um die Freigabe ihrer Kinder zum Predigtamt. Seine Motivation dazu verbindet er mit dem Versprechen, dass in diesem Amt Wunderwerke geschehen,[151] wenn „nicht leiblich", so „doch geistlich", weil letzterem nach Christus ein höherer Stellenwert zukommt (:534a). Wenn der zum Predigtamt Gerufene „nun solche großen Werke und Wunder geistlich" vollbringt, „so folgt daraus, dass er sie auch leiblich tut oder jedenfalls *Anstifter und Ursache dazu gibt"*[152] (Lange 1982:103, kursiv MB). So gibt Lange Luthers Verkündigung wieder. Wie sonst in seinen Predigten wird deutlich: Luther bejaht nicht nur wunderhafte Gaben, sondern spricht auch davon, dass Prediger andere zum Erkennen der Begabungen auffordern.

So kennt er göttliche Erscheinungen, Offenbarungen und Träume, die unmittelbar gegeben werden. Sie seien aber wie die prophetische Zukunftsschau erst nach ihrem Eintreten zu erkennen (Föller 1997:180f). Was Wunder und Zeichen des Heiligen Geistes betreffen, sind sie nicht nur Folge der Erstverkündigung (:191), sondern können, zusätzlich zur Lehre von Christus, das wahrhaft Christliche bestätigen. Gott selbst schenkt, vergewissert und bestätigt seine Wunder (WA 16 1524:104,9-17). Auch hier wird wieder das zirkuläre Erkennen bekundet: Gottes Gaben benötigen die göttliche Approbation.

2.3.4.1 Anleitung zum Heilungsgebet

Was das Glaubensgebet in Krankheiten angeht, spricht sich der junge Luther, geprägt von seiner Kreuzestheologie, für das „Drunterbleiben" aus.[153] Heilungs-

---

150 Vgl. Goertz (1997:238ff).

151 Luthers Aufzählung ist exemplarisch: „Als todten auff wecken, teuffel aus treiben, blinden sehend, tauben horend, aussetzigen rein, stümmen redend, lamen gehen machen" (WA 30/II 1530:534a).

152 Wörtlich: „Thut er nu solche grosse werck vnd wünder geistlich. So folget daraus, das er sie auch leiblich thut odder yhe ein anfenger vnd vrsach dazu ist" (WA 30/II 1530:534a).

153 Fritsche (1985:769f). In seiner Kreuzestheologie sieht Luther „das Leiden als ein unabtrennbares Element des Lebens an (...) und als notwendig zur Erkenntnis Gottes... Der Glaube richtet sich ja auch auf die zukünftigen Güter, und diese haben wir non in re, sed spe [nicht gegenständlich, sondern in der Hoffnung]. Auch der im Glauben neu gewordene Mensch erscheint in seinem Leben sub contraria specie [unter seinem Gegenteil], deshalb gehören auch zu ihm das Leiden, die Erniedrigung und das Tragen des

wunder, die aus Glauben geschehen, würden nur die Ungeduldigen und Schwachen im Glauben erfahren (Noll 2002:24). Erst nachdem Luthers Frau und sein reformatorischer Mitstreiter Melanchthon ernstlich erkrankten, praktizierte er am Ende seines Lebens das charismatische Gebet um Heilungen im privaten Bereich für sich, seine Frau Käthe und Philipp Melanchthon[154] wie auch in der Gemeinde, und erlebte Gottes Eingreifen (:24f). In einem Brief an Pfarrer Severin Schulze im Jahr 1545[155] legt Luther auf dem Hintergrund seines theologischen Denkens und bereits geübter Heilungserfahrungen in Wittenberg die Vorgehensweise des Glaubensgebets, das in der Kraft Christi geschehen solle, fest.

1. Ortspastor besucht den Kranken mit Hilfsprediger und „zwei oder drei guten Männern"
2. Haltung des Hauptpredigers: Definitive Gewissheit, durch das kirchliche Amt zum Handeln beauftragt zu sein
3. Handauflegung mit Friedensgebet
4. Gebet des Glaubensbekenntnisses und Vaterunsers mit vernehmlicher Stimme
5. Gebet unter Berufung auf zugesagte Verheißungen des Wortes Gottes[156]
6. Vor dem Abschied: Erneute Handauflegung mit Gebet von Mk 16,17
7. Dreimaliger Besuch mit gleichem Ablauf
8. Fürbitte in Glaubensvollmacht im Gottesdienst von der Kanzel, bis Gott erhört

Tabelle 1: Anleitung zum Heilungsgebet nach Jak 5 (nach Luther) © MB

Obwohl Luthers Anleitung zum Glaubensgebet das bereits Gesagte in dem Sinne bestätigt, dass er die charismatische Vollmacht an den Amtsträger bindet (Schritt 2), erhält das gemeinsame Beten im Team einen außerordentlichen Stellenwert (Schritt 1). Dabei geht es ihm nicht um das Beten und Handauflegen an sich, sondern um das Gebet unter Berufung auf die Zusagen Gottes und die Bekenntnisse sowie seiner Vollmacht, eingebunden in ein konkretes Gebetsteam und in die Gemeinde (Schritt 1 und 8). Was Luther hier erläutert, ist einerseits

---

Kreuzes als Zeichen der Verbundenheit mit Christus. Die Nichterhörung eines Gebets ist Zeichen dafür, dass das Reich Gottes - unter seinem Gegenteil - vorhanden ist" (:769f).

154 Vgl. WA.TR 5:129,31f.
155 Vgl. A.B 11:112,1-31.
156 Das Gebet enthält: Worte der Befreiung, Zerstörung Satans, Zielsetzung der Heilung: zur Verherrlichung des Herrn Jesus Christus und zum Wachstum der Heiligen.

als konkreter Mitvollzug pastoralen Handelns zu verstehen, andererseits Einbezug der Gemeinde in charismatisch-vollmächtiges Handeln.

Im Rückblick bleibt festzuhalten: Auch wenn sich Luther insgesamt, wie im frühen Mittelalter üblich, durch die ordentliche Berufung auf die Person des Amtsträgers konzentriert und zu einer „Veramtlichung des Charismas" neigt (Brecht 1995:154), kommt den Charismen höchste Relevanz zu, wenn die Gemeinde den Amtsträger stellvertretend zum Dienst beauftragt.[157] Die vorausgehende Untersuchung erweitert die Lutherinterpretation von Brecht und Goertz, denn Luther ist offen für die damals gegenwärtigen Charismen und ruft bei aller Abwehr gegen die Schwärmer seiner Zeit doch zur individuellen Inanspruchnahme der Gaben im Glauben auf, die in der Kirche wechselseitig und füreinander eingesetzt werden sollen. Luther kennt also ansatzweise ein gliedhaft-charismatisches Kirchenverständnis. Wichtig ist ihm aber hauptsächlich der personenbezogene relationale Aspekt, d.h. im Vertrauen auf Gottes Gnade und Kraft Gaben zu empfangen. Ebenso praktiziert der ältere Luther nicht nur das charismatische Glaubensgebet, sondern leitet auch dazu an.

Weil sich Luthers Taufverständnis im Zusammenhang mit den Gaben an die frühen Kirchenväter und den scholastischen Vordenker Thomas von Aquin „vom eingegossenen" (*virtutes infusae*) und stellvertretenden Glauben (*fides alinea*) anschließt (Ernst 2005:343-376)[158] und die lutherische Orthodoxie und bis heute die lutherischen Kirchen prägt,[159] ist auf diesen Aspekt einzugehen.

2.3.5 Taufe und Charismen

Luther sah in der Taufe[160] die unbestreitbare Gnadenmitteilung gegeben (Asendorf 2004:636f).[161] In ihr wird Sündenvergebung als individuelle Zuteilung wirksam zugesprochen. Insofern gehören Taufe und Rechtfertigung bei ihm „als Zurechnung der vor Gott geltenden Gerechtigkeit" zusammen

---

157 Vgl. Goertz (1997:246).
158 Vgl. U. Zimmermann (2006:166), Wallraff (2005). Seit Konstantin ist die Taufe „Voraussetzung, nicht mehr Abschluss der Christianisierung" (:62).
159 Glaube ist nicht eine Voraussetzung der Taufe, sondern ihre Wirkung. Sie wird als mystische Union des Täuflings mit Christus verstanden und konstituiert die Kirche. Weil sie heilsnotwendig und „ein eschatologisch-prozesshaftes Geschehen" ist und so das ganze Leben einschließt, spricht Luther daher vom „Zurückkriechen in die Taufe", vgl. Steiger (2005:73). Kirchenrechtlich gilt die Taufe in allen evangelischen Landeskirchen in seiner heilsvermittelnden Handlung als ein „unauslöschliches Merkmal" (Thiele 2005:86).
160 Dem Taufverständnis Luthers geht eine dreifache Reduktion voraus: 1) Der Wegfall des Katechumenats vor der Taufe, 2) Trennung von Firmung und 3) Eucharistie von der Taufe. Vgl. Grethlein (2003:208f).
161 Zum grundlegenden Verständnis von Taufe, Geist und Rechtfertigung bei Luther vgl. Asendorf (2004:636-674).

(Sommerlath 2004:646). Dies bringt ihren „passiven Empfangscharakter der in ihr geschehenden neuen Schöpfung zum Ausdruck" (:646).[162] Folglich ist die Taufe Eingliederung in die Kirche als Leib Christi (1Kor 12,13) und darum „selbstverständlich ... die causa efficiens des Heils", das sie als „causa instrumentalis" vermittelt (:647). Und weil der „Hl. Geist, ... mit der Einverleibung in Christus verliehen wird" (:647), ist Luthers Überzeugung schlüssig: „... so kinder getaufft sind", dass sie „grosse heilige gaben" empfangen (WA 26 1528:168,12f).[163]

Von da aus ist es für Luther klar, dass er im Akt der Ordination „weder eine Übertragung der Vollmacht noch der Befähigung zum Dienst an Wort und Sakrament verbindet" (Goertz 1997:318).[164] Alles ist schon in der Taufe gegeben. Dass Luthers Taufverständnis in Bezug auf die Kindertaufe sich im Laufe seiner Biographie geändert hat, wurde eingehend untersucht.[165] Einer der einflussreichsten Theologen der lutherischen Orthodoxie, Johann Gerhard, führt diese Grundgedanken weiter und schreibt in seinen Loci theologici, dass „durch die Taufe ... der Glaube und die übrigen Gaben des heiligen Geistes in uns entzündet (accenduntur)" werden.[166] Mitzuhören ist hier wieder die ganze Breite von Luthers Gabenbegriff.

2.3.5.1 Priesterverständnis und Gabenbegriff

Schließlich darf der Hinweis nicht fehlen, dass Luther insgesamt nicht die Begrifflichkeit der „Gaben" als Einzelbefähigungen betont, sondern – wie hinlänglich bekannt – die des „Priesters", die er im Sinne des allgemeinen Priestertums verwendet (Goertz 1997).[167] Zunächst denkt Luther aber nicht an die allgemeine Mitarbeit in der Gemeinde, wenn er vom allgemeinen Priestertum redet. Er stellt sich mit dieser Wendung vielmehr soteriologisch vehement gegen die Tradition

---

162 Vgl. die wichtige Ausführung von Goertz (1997:103ff).
163 Vgl. WA 36 (1532:261b,12-15). Die kommende Veröffentlichung (M. Baumert 2011) zeigt im empirischen Befund, inwieweit Pfarrer und Pfarrerinnen der Badischen Landeskirche die Beziehung zwischen Erstempfang der Charismen und Taufe auf der Grundlage ihres theologischen Gabenverständnisses interpretieren.
164 Laut der Lutherinterpretation von Goertz (1997) würde darum in der Berufung zum Amt unter Handauflegung keine Charismenverleihung stattfinden, sondern für die Gemeinde würden dadurch die vorhandenen Gaben bestätigt (:319). Die Stellen in 1. Tim 4,14 und 2. Tim 1,6 wären zurückhaltend als Erhörungsgewissheit zu verstehen, aber nicht so, als würde die Handauflegung Charismen vermitteln (:320ff). Für die urchristliche Zeit postuliert Luther jedoch eine Gabenverleihung durch Handauflegung, vgl. Krarup (2007:259f).
165 Zur Diskussion vgl. U. Zimmermann (2006), der die Kindertaufe unter dem Blickwinkel der Beschneidung untersucht. Zu Luthers Entwicklung seiner „Kindertauflehre" (:168f).
166 J. Gerhard übersetzt und zit. in: U. Zimmermann (2006:274).
167 Vgl. Peters (1991:218), Barth (1990:29ff).

der römischen Kirche mit ihrem Verständnis des Priesters als alleinigen sakra-mentalen Heilsvermittler. Priester zu sein bedeutet für Luther, den freien Zugang zu Gott zu haben und ist insofern eine Umschreibung für das Christsein (:316). Daraus folgt die Neuakzentuierung bei Luther: Priester- und Gabenbegriff fallen zusammen. In seiner Predigt zu Ps. 110 stellt Luther die rhetorische Frage: Was ist der Priesterschmuck, der alle Christen ziert? Antwort: *„Nichts anders denn die schoenen, Goettlichen, mancherley gaben des heiligen Geists"* (WA 1535/36 154b:24f). Denn wie in der Taufe alle das Priestersein erhalten,[168] so werden auch die Gaben zugeteilt. Jeder käme demnach für ein ordiniertes Amt in Frage. Nicht nur dem Priester, sondern allen Christen, stehe die „gleiche Würde vor Gott als auch die Vollmacht zum Dienst an Wort und Sakrament" zu (:316).[169] Daraus folgert Luther: Weil allen der Dienst zusteht, braucht es eine öffentliche Berufung. Die Gemeinde solle demnach diejenigen berufen, welche besondere Gaben besitzen.[170] Daraus ergibt sich die Reihenfolge: Alle Getauften sind Prie-ster und Begabte, während zu einem Amt nur einige berufen werden, welche da-zu besondere Gaben besitzen. Woran lassen sich aber diese besonderen Gaben erkennen?

Luthers Schriften geben Orientierung. Erste Hinweise finden sich in einer Predigt zum 5. Buch Mose (WA 28 1529:511b-541b). Zu den Ämtern sind Leute von der Gemeinde zu wählen, *die fromm, geschickt, erfahren, und ehrbar sind, zudem Eheleute, die ihre Kinder ehrlich aufziehen und friedliebend sind.* Bedeutsam ist zudem der äußere Lebensstil (:531b,30f. :532b,25). Geistliche Profilierungen fordert Luther nicht, denn für diese sorgt Gott durch Gedeihen und Segen selbst. Neben den ethischen Qualifikationen führt Luther negative Eignungskriterien an, die im Vorfeld für ein vollmächtiges Amt disqualifizieren. Dazu gehören ehrgeizige Leute, die sich einbilden viel Erfahrung zu besitzen, die andere verlästern und alles autark meistern wollen.[171] Auch das Streben nach Reichtum, Geld, Gut, Freundschaft, Gunst oder Gewalt zeigt ihre Inkompetenz (:29f). Weitere Kriterien, die zum Predigtamt qualifizieren, beinhaltet Luthers Schrift „Vom Missbrauch der Messen": Nach Luther zeichnet sich die Kompe-tenz zum Prediger des Wortes Gottes durch *Erfahrung* aus, die sowohl das *Lehren und Unterweisen* als auch eine *gute Stimme und Aussprache* integriert.

---

168 WA 6 1519/1520:407,13: „Dem nach szo werden wir allesampt durch die tauff zu priestern geweyhet, wie sanct Peter i. Pet. ij. sagt."
169 Bei schwierigen Schriftstellen ist Luther in der Schriftinterpretation offen für ver-schiedene Deutungen und gibt dem Verstand und den Geistesgaben des Einzelnen Raum (WA 38 13,25-30).
170 „Wenn er aber ein Priester durch die Tauffe geborn ist, so kompt darnach das Ampt und machet einen unterscheid zwischen jm und andern Christen, Denn da mussen aus dem gantzen hauffen der Christen etliche genomen werden, so da sollen andern fuerstehen, Welchen denn Gott sonderliche gaben und geschicklikeit da zu gibt, das sie zum Ampt tuegen." Luther verweist hier auf Eph 4,11 (WA 41 1535/1536:209,26-31).
171 Vgl. WA 28 (1529:530b,33-35).

Zur weiteren Eignung gehört ein *gutes Gedächtnis*. Diese Fähigkeiten charakterisiert Luther als natürliche Gaben, welche er sicher unter die Schöpfungsgaben einreihen würde (WA 8 1521:497,30-38).

Der Ernstfall des konkreten Erkennens von Charismen bzw. der Unterscheidung der Geister, wird durch das herausfordernde Verhalten der Zwickauer Propheten in Wittenberg und ihre wunderhaften Fähigkeiten provoziert. Auch hier fordert Luther den bereits beeindruckten Melanchthon auf, nach ihrer äußeren Berufung durch Repräsentanten der Gemeinde zu fragen. Die autoritative öffentliche prophetische Lehre wäre dann legitim, wenn es bei den Zwickauer Propheten analog zu den alttestamentlichen Propheten und Jesus vor ihrer Sendung, ohne menschliche Vermittlung, zur direkten Berufung durch die Stimme Gottes gekommen sei und entsprechende Zeichen ebenso folgen wie die Lehre, welche dem Wort Gottes zu entsprechen habe. Durch diesen Sonderfall in Wittenberg ergeben sich zwei neue Aspekte, um Charismen zu erkennen. Einerseits bedarf es zur göttlichen autoritativen Sendung mit Charismen einer vorausgehenden direkten Berufung durch Gott, andererseits muss die öffentliche Lehre mit Gottes Wort übereinstimmen (Krarup 2007:71). Während für die Schwärmer der Geist als Offenbarungsquelle ausreicht, zählt für Luther das Erkennungsprinzip von Wort und Geist. Als weiteres gibt Luther Melanchthon ein Kriterium an die Hand, um die prophetische Gabe zu prüfen. Bestimmend ist dabei nicht die *Theologie* des Kreuzes, sondern in erster Linie soll der *Theologe* nach seiner existenziellen Erfahrung des Schreckens[172] befragt werden. Gerade die „furchtlose Sicherheit" würde Luther genügen, um die Zwickauer Propheten zu disqualifizieren (Dietz 2009:276).

Schließlich kann festgestellt werden, dass der Reformator seiner Differenzierung zwischen denjenigen Christen, die das allgemeine Priestertum und Gaben empfangen haben, und jenen mit speziellem Amt (Predigtamt) und den damit verbundenen besonderen Gaben, durchgehend treu bleibt.[173]

2.3.6 Würdigung und Ertrag

Die Problematik in den Äußerungen Luthers zu den Gaben besteht in der Mehrdimensionalität seines Gabenbegriffs. Dieser wurde aber ebenso differenziert herausgearbeitet wie die Frage des Gabenerkennens unter Berücksichtigung des situativen Kontextes. In mehrfacher Hinsicht ist daher die bisherige Lutherfor-

---

172 Während die Furcht Gottes bei Luther als Ehrfurcht aufgefasst wird und eine Furcht zur Liebe darstellt, definiert Dietz (2009) den Schrecken als Folge, „dass etwas anderes als Gott geliebt werde" (:79).

173 Knapp zehn Jahre später wird Luther zur Einweihung der Schlosskirche Torgau wieder von der Taufe her begründen, dass er alle Christen „zu jeder Zeit an allen Orten" für befähigt ansieht, „Gottes Wort zu verkündigen" (Luther in: Meyer-Blank 2001:29). Zum Predigtamt sollen aber diejenigen berufen werden, welche die Gabe zum Verkündigen und zur Schriftauslegung besitzen (:29).

schung zum Gabenverständnis und Erkennen der Gaben zu erweitern, deren Ergebnisse hier thesenartig zusammengefasst werden (Tabelle 2).[174]

Gabenverständnis	Charakteristika im Erkennen
Luthers Gabenbegriff oszilliert und bedarf einer situativ hermeneutischen Trennschärfe	
1. Trinitarische Qualifizierung	• Gaben gilt es aktualisierend in der Beziehung zum dreieinigen Gott im Glauben anzuwenden
	• Luther differenziert nicht zwischen den sog. natürlichen Fähigkeiten und Geistesgaben
	• Natürliches wird daher als Erkennungskriterium zu einem geistlichen Dienst einbezogen (Ausweitung der sog. paulinischen Gaben)
2. Schöpfungsgaben	• Gaben sind anthropologisch-ontisch jedem Menschen gegeben
	• Gaben besitzen einen weltverpflichtenden Charakter (Welterhaltung)
	• Begabungen schließen paulinische Gaben (Prophetie...) ein, aber ohne heilsgewinnende Wirkung
3. Hamartiologische Dimension	• Das Rechnen mit der Macht der Sünde bedingt den prüfenden Erkennungsprozess
4. Ekklesiologische Bestimmung	• Luther kennt eine Ich-Du-Beziehung innerhalb seines Kirchenbegriffs im Sinne einer Wir-Gemeinschaft nach 1Kor 12 als Leib-Glied-Struktur
	• Gaben (auch Wunder- und Krafttaten) sind der Kirche gegeben, nicht exklusiv den Amtsträgern
	• Luther kennt eine individuelle Kultivierung der Gaben im Inanspruchnehmen der Kraft Gottes. Erkannte Gaben benötigen stetige Anwendung im Glauben in Bezug auf den andern im Leib Christi (fördern und weiterentwickeln)
	• Die vermittelnde Berufung durch die Gemeinde ist entscheidend und Ausdruck der Berufung Gottes
	• Aufgaben, Berufung und Begabungen fallen bei Luther zusammen

Tabelle 2: Thesen zu Luthers Gabenverständnis und Gaben erkennen © MB

---

174 Die in Abbildung 3 zusammenfassenden Charismendimensionen in der Zuordnung der Zwei-Reiche-Lehre werden nicht wiederholt, sondern differenziert auf das Erkennen der Gaben dargestellt.

Der Befund zeigt mehrfache Kriterien zum Erkennen der Gaben. In der Auseinandersetzung mit den Schwärmern seiner Zeit, die von einer grundlegend positiven Position gegenüber einem unmittelbaren Offenbarungsverständnis des Geistes ausgehen, sieht Luther in der Kreuzesgestalt ein entscheidendes Kriterium der Unterscheidung (Föller 1997:170ff). Dazu gehört der selbstlose Einsatz der Gaben, deren Kehrseite jeglichen Hochmut fragwürdig macht. Luther kennt jedoch auch eine bejahende Position des Gabenerkennens. Wie es sich aber gezeigt hat, darf die Lutherinterpretation in Bezug auf die Gaben nicht vorschnell von einer hermeneutisch gleichen Aussageebene ausgehen, weil oft die exakte Trennschärfe fehlt.[175] Abbildung 4 visualisiert die Gabenkonzeption innerhalb von Luthers trinitarischem Wirklichkeitsverständnis: Alles, was Menschen an Gaben besitzen, auch im anthropologischen Sinn, ist ihnen von Christus durch den Schöpfer in den jeweiligen beiden Regimenten gegeben. Dieser ontische Status[176] der wechselseitigen Beziehung umschließt den umfassenden Gabenbegriff. Aber erst durch Partizipation, also dem glaubenden Rechnen mit Gottes Kraft, seinem Wort und seiner Gnade durch das Heilswerk Christi, das in der Taufe seinen Anfang markiert, ist die Möglichkeit eröffnet, für Kirche und Beruf in beiden Bereichen für den Nächsten im Sinne des Evangeliums zu wirken und die Gaben in ihrer umfassenden Bedeutung zur Ehre Gottes einzusetzen. Von daher enthält der Gabenbegriff bei Luther anhaltend eine doxologische Dimension, denn überhaupt fällt auf, dass die dankbare Haltung für die umfassenden Gaben einen gewichtigen Rang einnimmt.

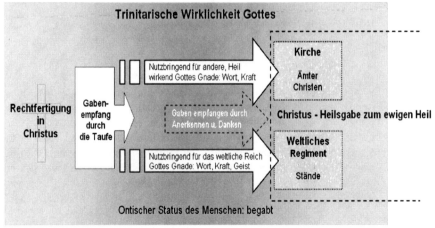

Abbildung 4: Wirklichkeitsverständnis und Gabenempfang (nach Luther) © MB

---

175 Ähnlich vgl. Ebeling (1990:40).
176 Lehmkühler (2004) vertritt in seiner Habilitation eine theologisch ontologische Lutherinterpretation, die ein relationales und substanzielles Verhältnis zwischen Gott und Menschen für vereinbar nachweist (:238-286).

Grundsätzlich unterscheidet Luther zwischen den gegebenen Gaben des Geistes auf der einen und ihrem Einsatz unter der Leitung und Inanspruchnahme der Kraft Gottes auf der anderen Seite. Theologisch ist daraus zu schließen, dass es Luther nicht auf die bloß gegebenen Gaben ankommt, die teilweise auch Heiden besitzen. Vielmehr liegt ihm an ihrer wirkungserschließenden Beziehung durch Gottes Gnade. Erst in ihrem Annehmen kommen die Gaben zur christus-gemäßen Geltung, was einer selbstlosen Modalität entspricht und eine grund-sätzlich dankbare Empfangsbereitschaft im Gebet voraussetzt. Luther kennt zudem die Fürbitte um Gaben, wenn es um auszusendende Diener Gottes geht.[177] Auch die Predigt des Evangeliums unter der Wirkung des Wortes im Geist setzt Gaben frei. Andererseits spricht Luther davon, dass die Einzelnen ihre Gaben individuell fördern, und zwar im Sinne einer aktualisierenden personalen Glaubensaneignung der Gaben, mit dem Ziel, dem anderen in der Gemeinde zu dienen. Zur Beschreibung der Gemeinde benutzt Luther das paulinische Leib-Glied-Denken. Gaben integriert Luther demnach in ihren ekklesialen Ort. Dort gilt es, miteinander den kindlich gehorsamen Gebrauch der Gaben einzuüben und diese im Inanspruchnehmen der Kraft Gottes zu fördern. Luther zeichnet im Kontext seiner Lehre von den zwei Regimenten (weltliches und göttliches) eine weitere qualitative Unterscheidung, indem er dem Dienen im Reich Gottes einen graduellen Mehrwert zurechnet, weil es um das ewige Reich, den Aufbau der Gemeinde geht.

2.3.7 Zusammenfassung und Ausblick

Damit lässt sich bei Luther ein *dreifacher Gabenempfang* ableiten: Unter dog-matischen Gesichtspunkten sind die Gaben schöpfungstheologisch schon bei der Geburt allen Menschen gegeben, (1.) weil Gaben über Christus dem Schöpfer zugeordnet sind. Davon getrennt werden (2.) die Geistesgaben bei der Taufe aufgrund der Erlösung in Christus zugeeignet, die aber (3.) erst in der relatio-nalen Dimension des Glaubens durch Gottes Gnade und Kraft zu ihrer Bestim-mung kommen, d. h. explizit nutzbringend für andere wirken. Schließlich sind noch die Aspekte zum Verhältnis von Berufung und Gaben zu nennen. Berufung und Gabenempfang fallen zusammen und die geschenkten Gaben entsprechen den Aufgaben. Berufung ist eine äußere Beauftragung der Gemeinde, die aber das rezeptive Reden Gottes zu den Einzelnen voraussetzt. Berufen wird derjenige, der entsprechende Begabungen zu einer Aufgabe mitbringt. Daher kann Luther auch konkrete Begabungen für das Predigtamt benennen.

Ausgehend vom Kernpunkt reformatorischer Rechtfertigungstheologie als Ganzer und dem bisher Gesagten, ist Luther, nach meiner Einschätzung, so zu verstehen, dass allen Menschen Gaben Gottes zur Verfügung stehen, die ohne Bezug zum dreieinigen Gott, entweder egoistisch oder vom Bösen beeinflusst,

---

177   In der Auslegung zu Mt 9,38 (WA 10/II (1522:497,17-19)).

benutzt werden können. Zu Charismen qualifizieren sich Schöpfungsgaben erst durch die objektiv geschenkte Rechtfertigung in der Taufe. Zur subjektiven Aneignung kommen Gaben aber dann durch die Beziehung zum trinitarischen Gott. Funktional ergeben sich zwei Möglichkeiten: Gaben dienen entweder dem Nächsten und zur Auferbauung der Kirche oder, außerhalb der Gemeinde (Beruf, Politik), der weltverpflichtenden Gestaltung.

Ungeachtet des speziellen Kontextes besteht der verallgemeinernde Typus[178] bei Luther, neben allen anderen Aspekten des Gabenerkennens, hauptsächlich in seinem *relational-christologischen Ansatz* und *geistgewirkten-zirkulären Erkennen, dass Gaben durch das Inanspruchnehmen der Kraft Gottes im Glauben ihre Wirkung erschließen.*[179]

2.4 Synergetische Typologie (F. Schleiermacher)

Nach Hong-Hsin (1998) beginnt mit Schleiermacher eine „methodologische Wende" in der reformatorischen Pneumatologie, weil er den von der reformatorischen Orthodoxie geprägten analytischen Weg durch einen induktiven ersetzt (:55). Darum ist sein Erkenntnisansatz die Erfahrung, noch präziser gesagt, das Gefühl. So deutet Schleiermacher den Glauben als „schlechthiniges Abhängigkeitsgefühl" (1861:21). Es wäre zu kurz gegriffen, dies einfach als „sentimentalen Glauben" zu interpretieren. Schleiermacher geht es in seiner Glaubenslehre vielmehr um das „fromme Selbstbewusstsein" (:32), das menschliches Denken und Wollen prägt und in eine Wechselwirkung zwischen Individuum und Gemeinschaft eingebunden ist. Wie auch sonst in Schleiermachers Theologie bzw. Religion verankert er in seiner Pneumatologie das Prinzip der Koexistenz.[180] Dabei wird die Lehre vom Geist mit der Philosophie und Psychologie verbunden (Schlenke 1999, Diederich 1999). Diederich arbeitet in seiner Dissertation das Geistverständnis von Schleiermacher heraus, referiert aber nicht explizit über dessen Gabenverständnis.[181] So stellt sich die Frage, ob dies als Indiz für Schleiermachers mangelndes Interesse an den Charismen zu werten sei. Auch

---

178 Schon früh wurde M. Luther in seiner Person charismatisch als „Heiliger, Prediger und Prophet" stilisiert (Pohlig 2007:100-107).

179 Die zirkulär-erkennende Struktur ist besonders bei Schleiermacher und dem Praktischen Theologen Möller ausgeprägt, die zusammen mit der personal-relationalen Charakteristik bisher kaum Beachtung fand, vgl. M. Baumert (2010:204-205.207-208).

180 Ähnlich wie schon Oetinger verbindet Schleiermacher divergierende Disziplinen, wie etwa die Ekklesiologie und Menschheit, Kultur und Christentum, Theologie und Philosophie (Nowak 2002:338f, Jüngel 1968:11-45).

181 Es fällt auf, dass Diederich (1999) weder im Wortindex noch bei der Durchsicht seiner Untersuchung explizite Hinweise auf Charismen bei Schleiermacher aufweist. Überhaupt scheint noch keine Monographie zum Charismabegriff bei Schleiermacher vorzuliegen.

Schleiermachers Publikationen, die im begrenzten theologiegeschichtlichen Rahmen dieser Arbeit durchgesehen wurden, so *„Der christliche Glaube nach den Grundsätzen der evangelischen Kirche"* in seiner zweiten Abfassung[182] (1960) und seine fünf Reden über die Religion, verwenden weder den Begriff der „Charismen" noch beinhalten die Register Hinweise auf „Gaben". Nach der Analyse seines hier zuerst genannten Werks, lassen sich jedoch zahlreiche Passagen vom Empfangen und Gestaltwerden paulinischer Gaben belegen. Zudem werden charismatisch-erfahrungsorientierte Ausdrücke verwendet.[183] Darüber hinaus zeigt Schleiermacher im Blick auf das Gabenerkennen einen wohl einzigartigen, individuell-ekklesiologischen Ansatz, der maßgeblich seine Denkrichtung bestimmt: den des wechselseitigen Aufeinanderwirkens und Miteinanderarbeitens in der Gemeinde (1960:215). Darin ist der einzelne Mensch stets abwechselnd beides: Erkennender und Empfangender.

2.4.1 Gabenverständnis und Wirksamkeit

Zunächst erfolgt eine Darstellung zu Schleiermachers Gabenbegriff, die aber aufgrund des Umfangs seiner Äußerungen nur Hauptaspekte berücksichtigen kann. Schleiermacher deutet Gaben in erster Linie anthropologisch. So erklärt er die Wesensart der Geistesgaben als „menschliches Gewordensein und Sozialisation", die auch in ihrer Weiterentwicklung sichtbar bestehen bleibt.

> „In allen Gaben des Geistes ist eine bestimmte Grundlage der menschlichen Natur zu erkennen, kraft derer sie sich so gestalten musste; und in der ganzen Entwicklung des neuen Menschen hängt die Weise und der Grad der Fortschreitung ab von der Entwicklung der Natur in dem Subjekt und von der Beschaffenheit seiner Umgebungen" (1960:275f).[184]

Aus diesem Grund sieht er Gaben als modifizierbar. Im Unterschied zur ersten Auflage[185] seiner Glaubenslehre führt Schleiermacher Gaben auf die Geistwirkung zurück (:251.261f). Er erklärt sie funktional und versteht die Kirche als „einen für die Gesamtheit von Tätigkeiten ausgerüsteten organischen Leib" (:311). In Analogie zur geordneten Aussendung der Jünger Jesu und im Anschluss an Paulus bezieht er Gaben und Ämter untrennbar aufeinander. Auch

---

182   Sie beziehen sich größtenteils auf die 2. Auflage (1831), der von ihm überarbeiteten 1. Fassung (1821/22), die heftigen Widerspruch auslöste (Schnabel 1990:97). Weil Schleiermacher wichtige Verbesserungen gegenüber der Erstausgabe vornimmt, ist die 2. Auflage die allein maßgebliche, vgl. Nowak (2002:409ff). Diese wurde 1960 und 2003 in zwei Bänden nachgedruckt und erschien 2008 in einem Studienband.

183   In der zweiten Auflage werden Amtsbegriffe vermieden (Gräb 2000:99). Möller hält das Gabenverständnis Schleiermachers im Rahmen seiner „Lehre vom Gemeindeaufbau" für wesentlich (1990:25).

184   Aus diesem Grund sind Gaben „individuell modifizierbar" (1960:263).

185   Vgl. Der „Hl. Geist ist nicht identisch mit seinen Gaben" (Schleiermacher zit. in: Schnabel 1990:132).

fordert er eine relative Gemeindeordnung, da ohne diese *„keine von den verschiedenen Gaben das Maximum ihrer Wirksamkeit erreichen könnte"* (:312, kursiv MB). Beim Empfang der Gaben rekurriert Schleiermacher auf das NT und differenziert zweifach: Die Gabe der Lehre gelte exklusiv für Männer, während sie für Frauen ausgeschlossen sei. Dafür gesteht er dem weiblichen Geschlecht die Gabe der Handreichung zu (:313).

Schleiermacher verortet die Theorie und Form der Übertragung von Diensten und die Zuteilung der Gaben in der Praktischen Theologie. Das methodische „Wie" des Gabengebrauchs ist nun für die vergleichende Typologie bedeutsam.

2.4.2 Dialektische Zirkularität: Selbstbewusstsein und Gemeindebewusstsein

Schleiermacher definiert die Ekklesiologie mit den Gaben in dialektischer Zirkularität: So weist er auf der einen Seite einen empfänglichen Menschen mit seinem Bedürfnis einem bestimmten, mitteilsam begabten Menschen zu. Umgekehrt lenkt er einen mitteilsam begabten Menschen auf einen „bestimmten Kreis von Empfänglichen" (:315). Angesichts des damaligen Zustands der Kirche mit ihrer „faktischen Ungleichheit von Klerikern und Laien" (Nowak 2002:264), wünschte sich Schleiermacher diese Methodik einer dynamischen „Circulation" (1850:49). Hier werden der typische charismatische Synergismus und das unterstützende Zusammenwirken der Gaben plausibel und der Text aus 1Kor 12 insofern transparent, dass die Stärken des einen die Schwächen des anderen ergänzen. Um vorschnelle und falsche Gefühlsregungen dieses zirkulär-kommunikativen Gemeindeverständnisses zu vermeiden, äußert Schleiermacher Einwände dann, wenn in der

„Kraft des Geistes jeder Begabte alles thäte, um seine Gaben zum gemeinsamen Nutz zu verwenden beruhe doch alles nur auf Erregung des persönlichen frommen Selbstbewusstseins und des vereinzelten Mitgefühls; aber ein wahres Gemeindebewusstsein, eine lebendige Überzeugung von der Identität des Geistes in allen, kann auf diese Art nicht zustande kommen. Ohne diese gäbe es überall kein Selbsterkennen des Heiligen Geistes in uns und ebenso wenig ein Bewusstsein von der Art der Lebensgemeinschaft mit Christo, wenn wir uns nicht unserer selbst als Glieder seines Leibes bewusst werden" (:315).

Schleiermacher schildert hier die Gefährdungen eines „frommen Selbstbewusstseins" ohne Gemeindebewusstsein. Wie aber, so stellt sich die Frage, kommt es zu diesem gemeindlichen Bewusstsein, in dem sich der Einzelne als Glied am Leib Christi versteht? Seine im Kontext stehende *erste Antwort* klingt schlicht: Es gälte, „die öffentlichen Versammlungen [...] zur gemeinsamen Erbauung (als) Hauptsache" aufzusuchen (:315).[186] Die *zweite Antwort* kombiniert

---

186 Ausgehend von diesem erkenntnisleitenden Ansatz eines Gemeindebewusstseins im öffentlichen Gottesdienst stuft Schleiermacher Formen häuslichen Lebens und stiller

den psychologischen und pneumatologischen Ansatz: Entscheidend sei das „Aufeinander- und Miteinanderwirken" (1960:215) im Gottesdienst als „Selbstmanifestation des Geistes" (Diederich 1999:266).

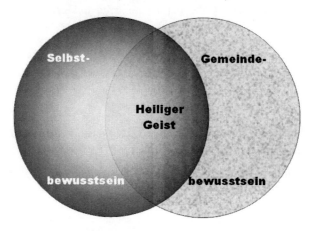

Abbildung 5: Schleiermachers Geistverständnis © MB

Darin solle das innerliche Selbstbewusstsein nicht allein sprachlich, sondern eingebettet in unsprachliche Elemente der künstlerischen Darstellung zum Ausdruck kommen. Den Hl. Geist sieht er als identisch mit dem frommen Selbstbewusstsein des Menschen und zugleich auch mit dem Gemeingeist,[187] wie Abbildung 5 verdeutlicht.

> „... nur in der Gemeinschaft und durch sie zu dem neuen Leben gelangt, so hat auch jeder Anteil an dem Heiligen Geist, nicht in seinem persönlichen Selbstbewusstsein für sich betrachtet, sondern nur, sofern er sich seines Seins in diesem Ganzen bewusst ist, d. h. als Gemeindebewusstsein" (:263).

Indem sich also die Persönlichkeit des Individuums in der Gemeinde durch vier Formen des darstellenden Handelns, wie Mimik, Musik, bildende Kunst (Malerei, Skulptur, Architektur) und redende Künste (Prosa, Poesie) einbringt, geschieht Geistmitteilung in der Gemeinde (Diederich 1999:267). Umgekehrt wirkt die Gemeinde identitätsstiftend auf den Einzelnen zurück. Es ist davon auszugehen, dass das „darstellende Handeln" mit den Gaben zu identifizieren

---

Privatverhältnisse als Nebensache ein (1960:315). Diederich (1999) interpretiert Schleiermacher so, dass hier noch die individuelle, fromme, ungeformte Erregung unbeabsichtigt vorherrscht (:256).

187 Vgl. Diederich (1999:267, 1960:259.279).

ist, und zwar in dem Sinne, dass der Einzelne in der Kraft des Geistes seine Individualität in die Gemeinde einbringt und darin seine Identität findet.[188]

2.4.3 Befund und kritische Würdigung

Schleiermachers zirkulär identitätsstiftend-gemeinschaftlichen Synergismus-Typus beinhaltet folgende Perspektiven der Gabenentdeckung:

Charismenverständnis:

Geistesgaben werden von einer Grundanlage der menschlichen Natur bestimmt.

Charismen sind Selbstmanifestationen des Geistes.

Charismen vereinen Selbst- und Gemeindebewusstsein im gegenseitigen Wirken.

Charismen entdecken und entwickeln:

• Gaben benötigen den dialektischen Raum zirkulärer Gemeinschaft (Aufeinander- u. Miteinanderwirken) und Gemeindeordnung (Ämter).

• Die Gemeinschaft wirkt identitätsstiftend und dadurch gabenerschließend.

• Selbstbewusstsein weist in Form darstellenden Handelns auf empirische Gabenwirkungen hin.

• Gaben entwickeln sich in der zirkulär kommunikativen Gemeinde.

• Gaben treten in einem gegenseitigen Bewusstsein für Gemeinschaft auf.

• Gaben entwickeln sich, wenn Einzelne um die Bedürfnisse der anderen wissen und sie ergänzen.

• Empfängliche Menschen sind auf begabte mitteilsame Menschen angewiesen.

Tabelle 3: Schleiermachers zirkulär-kommunikative Gabenentwicklung © MB

Das Geistverständnis von Schleiermacher ist, wie Diederich (1999) und andere zeigen, innerweltlich auf das individuelle Dasein bezogen (:54). Nowak verweist auf das erkenntnislogische Ineinander der Theologie und Philosophie Schleiermachers: „Das Übernatürliche muss sich aus dem Natürlichen entwickeln lassen, weil dem Natürlichen die Dignität des Übernatürlichen innewohnt" (2002:339). Schließlich lässt sich feststellen, dass die theologisch gefüllten Begriffe wie

---

188 Auch wenn Schleiermacher die reformatorische Aussage vom Priestertum aller Gläubigen (so in seiner vierten Rede über die Religion) in seinen Schriften vornehmlich in seiner Theorie des kirchenleitenden Handelns aufnimmt (Gräb 2000:95), entfaltet er die Gaben des Geistes für die Gemeinde offenkundig im Anschluss an Zinzendorf.

etwa Offenbarung, Geist, Gemeinde und Schrift, bei Schleiermacher „als ‚externe' Wirklichkeit ‚intern' beschrieben, im Medium des frommen Bewusstseins" wurzeln (:277). Kurz gesagt: Schleiermacher kennt letztlich keine Gottesoffenbarung, sondern setzt anthropologisch beim Menschen an. Auf diese Weise verschmilzt das menschliche Subjekt mit dem göttlichen Objekt. Ausgehend von dieser Grundkritik folgen weitere Anfragen aus anderen theologischen Feldern.[189]

Trotz kritischer Anmerkungen muss Schleiermacher differenziert bewertet werden. So bietet er wertvolle Beobachtungen aus psychologischer Perspektive. Zum einen zum Verhältnis zwischen Individuum und Identitäts- und Mitarbeiterfindung, zum andern zur Gemeinschaftsstiftung und Kybernetik. Daher ist sein anthropologisch-psychologischer Ansatz nicht pauschal gering zu schätzen. Ganz im Gegenteil: Sein Entwurf, im Rückgriff auf 1Kor 12 und Röm 12, legt ein Charismenverständnis zur weiteren Diskussion vor, das aufgrund seines zirkulären Ansatzes einen wesentlichen, bisher kaum beachteten Beitrag zur Frage nach dem Charismenbegriff und dem Entdecken der Gaben liefert.

2.5   Beziehungsphänomenologischer Typus (M. Weber)

Bei Weber (2001) beinhaltet Charisma eine soziale Komponente (:140). Webers Charismenbegriff ist durch Holl und Sohms beeinflusst. Sohms ist ev. Jurist und Rechtshistoriker und lehnt jegliche kirchenrechtliche Ordnung für den urchristlichen Charismenbegriff und seine ekklesiologische Einbindung ab (Seit 2008:13-56).[190] Nach Seit interpretiert Sohms die Urgeschichte mit dem damals zeitgenössisch vorherrschenden Kulturprotestantismus und hebt demzufolge die unsichtbare Kirche hervor (:29-31). Da es in unserer Fragestellung allein um das Problem des Erkennens der Charismen geht, ist es nicht nötig, alle Verzweigungen und Einflussnahmen der Herrschaftssoziologie Webers zu entfalten.[191]

---

189   Vgl. Möller (1990) zum defizitären „Verständnis der Sünde als einer Schwäche im Gottesbewußtsein" (:36). Hong-Hsin (1998) zum Gabenbegriff, der im Selbstbewusstsein des einzelnen verankert ist (:204). Schlenke (1999), der den Geistbegriff generell in der „Frömmigkeit als Bestimmung des Gefühls" definiert (:142).

190   Seit (2008) arbeitet er in seinem aufschlussreichen Artikel die historische und wirkungsgeschichtlich bedenkliche Position Sohms heraus (:25f) und zeigt seine Prämissen (:13-56), die Weber teilweise übernimmt (2001:124, Ebertz 1998:24f).

191   Mehr dazu: Karstein (2006:1-5), Liebelt (2000:156ff), Kunz-Herzog (1997:218ff).

2.5.1 Charisma als „Beziehungsphänomen"

N. Baumert (1998) konstatiert, dass mit Weber der Charismenbegriff seinen theologischen Heilsgehalt verliert (:18), nicht aber seine hohe Bedeutung für die Kriterien kirchlicher Sozialgestalt, ihre religiösen Kommunikationsstrukturen und Entwicklungen sowie die „charismatischen Bewegungen"[192] überhaupt.[193] Denn Webers Ansatz (2001) ist aus heutiger Perspektive interdisziplinär, da seine Arbeiten an der Schnittstelle zwischen Religionssoziologie, Religionspsychologie und christlich-jüdischer Theologie entstanden sind.[194] Er entfaltet ein theologisch-soziales Charismenkonzept innerhalb seiner dreifachen Typenlehre der legitimierten Herrschaft (:124).[195] Sie beruht auf

> „der außeralltäglichen Hingabe an die Heiligkeit oder die Heldenkraft oder die Vorbildlichkeit einer Person und der durch sie offenbarten oder geschaffenen Ordnungen" (:124).[196]

Daraus erwächst die Aufgabe im Einzelfall zu prüfen, wie nahe sie diesem Idealbild kommt. Charismatisch ist die Herrschaft dann, wenn sie eine emotionale Hingabe an eine Führungsperson mit seinen Charismen, „magische(n) Fähigkeiten, Offenbarungen oder Heldentum, Macht des Geistes und der Rede" zur Folge hat.[197] Demnach ist die übernatürliche Ausstrahlungskraft einer Leiterpersönlichkeit zunächst personal auf die subjektive Wahrnehmung seiner Anhänger bezogen und zugleich von ihnen abhängig (:140.482).[198]

---

192 Vgl. Ebertz (1998:27-29).
193 Vgl. Kraus (2001:1-47). Auch Liebelt (2000:153-177), Ebertz (1987:15ff), Ratschow (1981:681f).
194 Im Unterschied zur Ratio erklärt Weber Charisma als „die große revolutionäre Macht in traditional gebundenen Epochen. [...] eine Umformung von innen her [...] die, aus Not oder Begeisterung geboren, eine Wandlung der zentralen Gesinnungs- und Tatenrichtung unter völliger Neuorientierung aller Einstellungen zu allen einzelnen Lebensformen [...] überhaupt" bedeuten kann. (Weber 2001:142). Webers Charismakonzept beruht dabei auf emotionalen, religiösen, ethischen, künstlerischen, wissenschaftlichen und politischen Überzeugungen (:658).
195 Im Vergleich zum NT konstatiert Luz gegenüber Weber „Charisma ist nicht Herrschaft, sondern Dienst" (1989:85).
196 Daraus ergibt sich eine, soziologisch betrachtet, unstrukturierte Gemeinschaft, die sich gefühlsbetont subjektiv am Charismatischen, d.h. an einer außeralltäglichen Ausstrahlung des Leiters ausrichtet. Die Legitimation, ob ein Mensch eine Führungsposition erlangt, hängt demnach stark von individuellen psychologisch-sozialen Komponenten ab.
197 So Weber (2001:481).
198 „‚Charisma' soll eine als außeralltäglich ...geltende Qualität einer Persönlichkeit heißen, um derentwillen sie als mit übernatürlichen oder übermenschlichen oder mindestens spezifisch außeralltäglichen, nicht jedem andern zugänglichen Kräften oder Eigenschaften [begabt] oder als gottgesandt oder als vorbildlich und deshalb als „Führer" gewertet wird. Wie die betreffende Qualität ... richtig zu bewerten sein würde, ist natürlich dabei begrifflich völlig gleichgültig: Darauf allein, wie sie tatsächlich von

Diese Beobachtungen arbeitet Ebertz (1987) in seiner Dissertation „Das Charisma des Gekreuzigten" nach dem Weberschen Konzept heraus, indem er Charisma als „herrschaftliches ... und persönliches Beziehungsphänomen" bezeichnet (:18f). Wichtig zur vorliegenden Fragestellung ist Ebertz Befund, dass Charisma eine Qualität darstellt, die auf Interaktionen beruht und darum nicht jedem selbstständig zugänglich ist. Vielmehr bedarf es interpersonaler Zuschreibungen in sozialen Beziehungen, die aus dem unmittelbaren Eindruck einer Persönlichkeit entstehen. Diese Zuschreibungen gelten dem Adressaten entweder als „freie Anerkennung" oder „verpflichtendes Charisma" (:19). Interessant ist einerseits die reziprok emotionale Verpflichtung zwischen denjenigen, die etwas zuschreiben und ihrem Führer (Seit 2008:42, Ebertz 1998:24).

2.5.2 Sendungsbewusstsein und Labilität

Andererseits enthält die Charisma-Konzeption auch das Moment des unerschütterlichen Sendungsbewusstseins, denn ein Führer kann auf die besagten charismatischen Zuschreibungen auch verzichten (:19). Mehr noch, die charismatische Persönlichkeit wird selbst zum aktiven Wortführer mit normativem Botschaftscharakter, indem sie, wie Ebertz ausführt, bestehende soziale Ordnungen ins Gegenteil verdreht (:47f). Hier scheint der charismatische Botschafter zum Status eines heiligen Retters zu avancieren, der in jeder Notlage einen Ausweg eröffnet, bei gleichzeitigem Protest gegen die vermeintlichen Gegner (:48). Allerdings hilft das Wort allein wenig, denn

> „ueber die Geltung des Charisma entscheidet die durch Bewährung – ursprünglich stets: durch Wunder – gesicherte freie, aus Hingabe an Offenbarung, Heldenverehrung, Vertrauen zum Führer geborene, Anerkennung durch die Beherrschten. Aber diese ist (bei genuinem Charisma) nicht der Legitimitätsgrund, sondern sie ist Pflicht der kraft Berufung und Bewährung zur Anerkennung dieser Qualität Aufgerufenen" (Weber 2001:140).

Zur Legitimation der Wortführer müssen Manifestationen („Wunder") hinzukommen. Entscheidend ist aber, ob Charismen auch anerkannt werden. Weber zeigt, dass anerkennenswerte und damit erkennbare charismatische Qualitäten auch beim berufenen Führer liegen. Er muss permanent neue Manifestationen hervorbringen. Diese Anerkennung beschreibt Weber als psychologische Form der Begeisterung oder als eine aus Not und Hoffnung geborene Abhängigkeit zu ihrem Führer (:140).

Für Weber besteht das spezifische Wesen des Charismas in seiner Labilität.[199] Wenn die dauernde Bewährung ausbleibt, kann das Charisma zum

---

den charismatisch Beherrschten, den ‚Anhängern', bewertet wird, kommt es an" (Weber 2001: 140).

199 „Der Bestand der charismatischen Autorität ist ihrem Wesen entsprechend spezifisch labil" Weber (2001:656).

einen verloren gehen, zum anderen seinen Nutzwert („Wohlergehen") für seine
Anhänger verlieren (:141). Diese Wirkungslosigkeit belegt, wie das untere Zitat
zeigt, dass das Charisma des Trägers keine Echtheit besitzt. Echtheit und Erkennen prophetischer Charismen erschließen sich bei Weber erst rückwirkend. In
der Zwischenzeit gelte aber, nach Jer 23:22 das ethisch-kerygmatische
Kriterium, dass der Prophet die Sünden des Volkes korrigiert und sie ans Gesetz
bindet (Weber-RS 2001:398).

> „Der charismatische Held leitet seine Autorität nicht wie eine amtliche ‚Kompetenz'
> aus Ordnungen und Satzungen […] ab, sondern er gewinnt und behält sie nur durch
> *Bewährung* seiner Kräfte im Leben. Er muß Wunder tun, wenn er ein Prophet […]
> sein will. Vor allem aber muß sich seine göttliche Sendung darin ‚bewähren', daß es
> denen, die sich ihm gläubig hingeben, *wohlergeht*. Wenn nicht, so ist er offenbar
> nicht der von den Göttern gesandte Herr" (:656).

Der religionssoziologische Charismenbegriff unterscheidet zwischen Charisma
und amtlicher Kompetenz. Dabei werden charismatische Autoritäten durch die
Kräfte des Lebens gewonnen und müssen sich stets neu bewähren, was ihnen
labile Züge verleiht. Diese Lebenskräfte sind in erster Linie nicht personal zu interpretieren, sondern als *Medium zwischen* einer charismatischen Person und
einem Kollektiv.[200] Damit haftet dem Charisma eines Trägers außerdem ein er-
eignishafter Charakter an. Auch wenn das Gesagte in seiner Komplexität und
Tiefe im Rahmen dieser Arbeit nicht auszuloten ist, kann als Zwischenresümee
zur Fragestellung nach dem Gabenbegriff und seinem analogen Erkennen in
elementarisierter Form eine Auswertung erfolgen:

---

200 Vgl. Gebhardt (1999:105), Kunz-Herzog (1997:224).

Charismenverständnis:
Charisma ist ein Beziehungsphänomen
Charisma stellt eine Qualität dar, die auf Interaktionen beruht
Charisma ist die unverfügbare und übernatürliche Ausstrahlungskraft, die von der subjektiven Wahrnehmung der Anhänger abhängig ist

Charismen entdecken und entwickeln:
• Das Charisma einer Person zeigt Wortoffenbarungen und erlöserähnliche Kommunikationskompetenz
• Erkenntnisprozess der Charismen durch wechselseitige Anerkennung. Das konkrete Charisma wird zugesprochen
• Das Charisma kann eingebüßt werden. Es trägt labile und ereignishafte Züge und verliert damit den Nutzwert für andere
• Das Charisma einer Person wird durch die unverfügbare Ausstrahlungskraft der Persönlichkeit erkennbar
• Zur Selbstwahrnehmung (Selbstcharismatisierung) reicht ein unbeirrbares Sendungsbewusstsein
• Die charismatische Qualifikation hängt von gegenseitigen emotionalen Verpflichtungen und Bindungen ab
• Zur Legitimation eines charismatischen Führers sind erkennbare Manifestationen notwendig, die permanent vom Charismenträger gefordert werden und ihn ständig unter einen Bewährungsstress setzen
• Echtheitskriterien prophetischer Charismen: Eintreffen des Gesagten und ethisch-kerygmatische Kennzeichen

Tabelle 4: Charismenverständnis und Charismenentwicklung (nach Weber) © MB

2.5.3 Religionssoziologische Weckung der Charismen

Was aber trägt Weber nun zur Forschungsfrage bei, wie Charismen zu wecken sind? Grundsätzlich hält der Religionssoziologe Charisma für eine „auf andere übertragbare und erzeugbare (ursprünglich: magische) *Qualität*.“[201] Zu der zu erforschenden Thematik legt er sogar einen ausgewiesenen Paragraphen vor.[202] Darin stellt Weber zunächst fest, dass Charismen weder bei „Tischgemein-schaften" noch beim Einzelnen selbst zu erkennen sind. Statt der freien Wahl gehe es um ein Anerkennen.[203] Daher ist bei demjenigen, der auf seine charismatische Berufung einen Anspruch erhebt, dem Prätendenten, wie ihn Weber nennt, eine Epiphanie erforderlich, die ihm seine Qualifikationen offenbart oder durch einen menschlichen Vertreter, zum Beispiel durch einen Pro-

---

201 Weber (2001:144).
202 Weber (2001:144).
203 Weber (2001:662f).

pheten, bescheinigt (Weber 2001:663). Sobald charismatische Leiterpersönlichkeiten einen festen Stand unter ihrer Gefolgschaft gefunden haben und Charisma zu „einer sachlichen Qualität geworden" ist (:677), soll es laut Weber *erst* möglich sein, „charismatische Befähigung" durch pädagogische Mittel weiterzugeben (:677). Wenn er von sachlicher Qualität des Charismas spricht, versteht er ein Geschehen, welches von einer „Verwandlung aus einer Gnadengabe" im Sinne der Unverfügbarkeit zu einem Prinzip des Erwerbbaren ausgeht (:677). Gebhardt (1999) spricht in seiner Weberinterpretation jedenfalls von einer Transformation: Das genuin personalisierte Charisma transformiert sich zu einem „spezifischen Institutionscharisma" (:106) und wird zum „Amtscharisma".[204] Kunz-Herzog (1997) bringt es auf die einfache Formel, dass „aus *spontanen* Beziehungen *Dauerbeziehungen* werden."[205]

2.5.3.1 Pädagogische Erziehungsgemeinschaft

Die Institutionalisierung will die Charismen erhalten. In diesem Übergangsprozess sind Charismen übertragbar, wobei die strikte Trennung von Person und Amt zu beachten ist (Weber 2001:694, Gebhardt 1999:108). Dennoch erfolgt das Empfangen nicht in rationaler Lehre,[206] sondern ausschließlich dort, wo das Charisma bereits in einer Persönlichkeit latent vorhanden ist (Weber 2001:677). Demnach ist eine Charismenübertragung vom Leiter auf seine Gefolgschaft möglich. Konkret geht es um die Weckung unerkannter Charismen, die Weber als „Wiedergeburt der ganzen Persönlichkeit" versteht und als „Entfaltung, Erprobung, Bewährung und Auslese des Qualifizierten" beschreibt. Diese Abläufe vollziehen sich in der „Isolierung von der gewohnten Umgebung und dem Einfluss aller natürlichen Bande der Familie ... (und) dem Eintritt in eine besondere Erziehungsgemeinschaft" (:677). Charismen werden, nach Weber, einerseits durch das Verlassen der gewohnten Umgebung und familiären Bindungen, andererseits durch den Aufenthalt in einem abgesonderten Erziehungsort geweckt.

> „Askese, körperliche und seelische Exercitia in den verschiedensten Formen ... (bis) zur Ekstasis und zur Wiedergeburt, fortwährende Erprobung der jeweils erreichten Stufe charismatischer Vervollkommnung durch psychische Erschütterungen und physische Torturen und Verstümmelungen ..., endlich stufenweise feierliche Rezeption der Erprobten in den Kreis der bewährten Träger des Charisma" erreicht (:677).[207]

---

204 Vgl. Weber 2001:674). So auch die Weberinterpretation von Gebhardt (1999:107).

205 Kunz-Herzog (1997:236).

206 Einschränkend gesteht Weber der Charismatisierung eine gewisse fachliche Bildung zu, weil die Grenzen zur Ausbildung fließend seien (Weber 2001:677).

207 Die Einsichten Webers sind in ihrer Ähnlichkeit zu pfingstlich-charismatischen Phänomenen dieser Art und ihrer Entstehung verblüffend. Schritt 3 kann Sektencharakter tragen. Schlette (2005) sieht – mit Ausnahme des Herrschaftsanspruches – Verbindungen zum Pietismus (:142f).

Weber beobachtet, dass elitäre Kandidaten in geschlossenen Gruppen ihre Charismen prozesshaft in Eignungsprüfungen, durch Disziplin und asketische Übungen entwickeln.[208] Ziel ist die feierliche Eingliederung in den Kreis der bewährten Charismenträger.

2.5.4 Ergebnisse und Einschätzung

In den folgenden beiden Tabellen ist meine Interpretation von Webers Aussagen über das Erkennen und Erwecken von Charismen als beziehungsphänomenologische Typologie dargestellt. Zunächst zum Wesen der Charismen und ihrem analogen Erkennen:

Charismen: Wesen	Charakteristika im Erkennen der Charismen
1. Unzugänglichkeit	• Weder freie Wahl noch Ansprüche
2. Labilität	• Charismen können eingebüßt werden • Wechselseitige emotionale verpflichtende Bindungen • Aufrechterhaltung charismatischer Qualität durch psychische Begeisterung der Anhänger
3. Funktionalität	• Charismen dienen zum Wohlergehen der Sympathisanten
3. Ereignishaft	• Ständige Bewährung und Gewinnung charismatischer Autorität im Medium zwischen dem Charismenträger und seinen Anhängern
4. Erfordernis	• Direktoffenbarung • Sendungsbewusstsein des Charismenträgers
5. Legitimation	• Manifestationen
6. Transformation	• Vom freien Charisma durch anerkennende Zuschreibungen der Anhänger zum Amtscharisma • Erst das Amtscharisma kann Charismen pädagogisch vermitteln
7. Bewährung	• Permanente charismatische Manifestationen

Tabelle 5: Charakteristika im Erkennen der Charismen (nach Weber) © MB

Die nachfolgende Tabelle fasst speziell die prozesshafte Entwicklung der Charismen in einer Erziehungsgemeinschaft zusammen.

---

208 Ebertz (1987) wendet diese typisierten Vorgänge auf Jesu Zeit in der Wüste und zur Beziehung zwischen Johannes dem Täufer und Jesus an (:63-69).

Pädagogische Charismenerweckung	
1. Grundvoraussetzung	• Solide Position der charismatischen Leiterpersönlichkeit
2. Auswahlverfahren	• Personen mit latenten Charismen
3. Anerkennen	• Eigenüberzeugung der charismatischen Befähigung
4. Absonderung	• Isolation von gewohnten Bindungen (Umgebung)
5. Umgebung	• Charismatische Erziehungsgemeinschaft (individuell und kollektiver Prozess durch Vorbildpädagogik)
6. Charismatisierung	• Entfaltung, Erprobung, Bewährung - Charismen prozesshaft vorleben und einüben
7. Methodik	• Einüben: Disziplin durch Askese, Exerzitien, Ekstase • Psychisch-körperliche Torturen • Prinzipielle Präferenz: Leben vor der Lehre
8. Permanente Erprobung	• Stufenweise Erprobung des Charismatischen, unterstützt durch sozial-prophetische Zuschreibungen
9. Sukzessive Zielvorgabe	• Stufenweiser Zugang in den Kreis charismatisch Bewährter
10. Approbation	• Aufnahme in den Kreis der bewährten Charismatiker

Tabelle 6: Pädagogische Charismenentwicklung (nach Weber) © MB

Bei der oberen tabellarischen Aufzählung sind die Einzelschritte nicht als starr voneinander getrennt, sondern als ineinander fließend zu verstehen. Zudem ist zu beachten, dass Weber nicht, wie heute üblich, die Terminologie disziplinspezifisch sauber trennt. Vielmehr löst er religiöse und soziale Begrifflichkeiten aus ihrem jeweiligen Bezugsrahmen und setzt sie wechselseitig in anderen Disziplinen ein. Mit profundem Wissen über christliche und außerchristliche Bewegungen und Einzelbiographien arbeitet Weber religionsvergleichende Grundkriterien zum Erwecken von Charismen heraus. Die soziologischen Beobachtungen Webers beschreiben auf frappierende Weise das Verhalten der Christen, die unter Charismen gottgegebene Gaben verstehen. Daraus entsteht die Frage, ob eine Unterscheidung zwischen theologisch qualifizierten Charismen einerseits und ihren sozialen Implikationen andererseits überhaupt möglich ist.

Zum Schluss bleibt festzuhalten, dass Webers Charismaverständnis weder durch den – im allgemeinen Sprachgebrauch üblichen – Begriff der „individuellen Ausstrahlungskraft" einer Persönlichkeit zu Genüge erfasst wird, noch dass sein Verständnis die Vorstellung unterstützt, Charisma wäre eine Fähigkeit, die ein Mensch habituell besitzt. Das Typische des Charismas bei Weber ist vielmehr ein kollektives Verhalten wechselseitiger Abhängigkeiten und gegenseitig emotionaler Verpflichtungen in interaktiven Prozessen. Bestimmend für den Charismenbegriff ist das reziproke Bindungsverhalten von Rollenerwartungen und Bedürfnissen durch Zuschreibungsgeschehen. Das Charisma entwickelt und erkennt, wer in dieser vermittelnden dynamischen Beziehung steht.

Webers soziologische Typologie ist, ohne ihm leichtfertig einen theologischen Imperialismus unterschieben zu wollen, in einem schöpfungstheologischen Deutungsrahmen ernst zu nehmen und kann damit praktisch-theologisch reflektiert werden.

2.5.5 Webers Rückwirkung auf das Charismenverständnis in der Theologie

Weber zeichnet einen charismatischen Idealtypus, den er selbst „in seiner Reinheit [...] nirgends in der Wirklichkeit empirisch vorfindbar" sieht.[209] Dennoch färbte sein profanisiertes Charismenverständnis in der Folge auf den religiösen Bereich ab.[210] So wird die breite theologisch-soziologische Bedeutung des Adjektivs „charismatisch" sowohl im AT für die Propheten als auch für die „Jesusbewegung des NT" und das „frühe Christentum" rekonstruiert, u. a. von Hengel[211] und Theißen (Ebertz 1999c:115). Verblüffend ist, welche Vergleichspunkte Ebertz in seiner Dissertation (1987) zwischen dem Leben Jesu und dem religionssoziologischen Charismenverständnis von Weber herausarbeitet. Jesu charismatische Identifikation und Qualifikation wird, laut Ebertz, durch Zuschreibungen in interaktiven Vorgängen entdeckt und gefördert.

Seit der Aufklärung tritt das hermeneutische Problem bezüglich der Krafttaten Jesu und der Charismen (Wunder und Heilungen) der Apostel für die protestantische Theologie hinzu. Josuttis (2002:178-186) beschreibt, welche Relativierungen die Ansätze bestimmen. Die dialektische Theologie wehrt den Charismen, indem sie die Verkündigung in den Mittelpunkt rückt. Ähnlich verschiebt der Neutestamentler Klein die Bedeutung der Wunder auf die Sündenvergebung, was als eigentliches Wunder verstanden werden soll. Sogar den schöpfungstheologischen Ansatz, der zunächst bei Theißen dominant ist, rela-

---

209 So Weber in: Schmeller (1989:61).
210 Vgl. Liebelt (2000:169), N. Baumert (1998:18), Schmeller (1989:61-116), Ebertz (1987:115), Landau (1981:681f). Haacker (1996) sieht im Wunsch nach „glaubwürdigen Vorbildern und womöglich mitreißenden Identifikationsfiguren" einen wesentlichen Faktor, der nicht zu unterschätzen sei (:77).
211 Vgl. Hengel „Nachfolge und Charisma" (1968) und soziologische Weiterentwicklung von Ebertz (1993:71-90, 1987).

tiviert Theißen selbst wieder, indem er Charismen im Rahmen des sozialen Konstruktivismus interpretiert (Theißen & Merz 2001:282). Schließlich schildert Josuttis, alternativ zu den sozialpsychologischen Positionen, einen phänomenologischen bzw. energetischen Ansatz. Den letzten Ansatz scheint Josuttis selbst zu vertreten, wenn er in seinem Buch „Segenskräfte" (Josuttis 2002b) göttliche Energien unter religionsphänomenologischen Beobachtungen subsumiert (:47-61).

2.6 Imaginär-mystische Typologie (K. Rahner)

Auf Seiten der offiziellen kath. Kirche erscheinen schon vor den bedeutsamen Dokumenten des *II. Vatikanischen Konzils* (1962-1965) wissenschaftliche Arbeiten von Rahner, Balthasar und Mühlen über Charismen (Föller 1997:38ff). Wie kein anderer deutscher Theologe hat Rahner als Inspirator die kath. Theologie des 20. Jh. beeinflusst. Dazu zählt auch sein besonderer Ansatz zur Thematik des Gabenempfangs und ihrer Kriterien des Erkennens im Anschluss an Thomas von Aquin,[212] den er als „imaginäres Erklärungsmodell" entwickelt (Niemann & Wagner 2005:18). Die letztgenannten Autoren[213] rekurrieren gesamthaft auf Rahner unter dem Fragehorizont, ob prophetische und visionäre Offenbarungen „Werk Gottes oder Produkt des Menschen" sind, und werten sein Modell für die neurophysiologische Forschung aus (:60ff).[214] Daher ist zunächst Rahners Primärliteratur zur dezidierten Fragestellung heranzuziehen. Wie in seiner umfassenden Literatur[215] basiert auch sein mehrfach aufgelegtes Standardwerk „Visionen und Prophezeiungen" auf einer theologisch-philosophischen Metaebene und auf Erfahrungen mittelalterlicher Mystiker (Rahner 1989:34ff). So setzt Rahner das Empfangen der Gaben einer mystischen Erfahrung gleich. Dabei unterscheidet er zwischen einem mystischen Glauben als einer „Spielart" der Geisterfahrung einerseits und einer Mystik im Sinne eines natural-psychologischen und daher erlernbaren Phänomens (:104)[216] anderer-

---

212 Vgl. Thomas von Aquin: Summa theologica, Bd. 23, Frage 171-182 (vgl. Knight 2003). Zu gleichen Einschätzungen kommen Niemann & Wagner (2005:15).
213 Beide Autoren gehören der kath. Denomination an. Während M. Wagner als Dozent kath. Dogmatik an der Universität Trier lehrt, ist U. Niemann promovierter Mediziner, Philosoph, Theologe und lehrt Pastoralmedizin.
214 Den Fragestellungen, ob und wie weit u. a. „Auditionen", „Trance", „Ekstase", „Bewusstseinszustände", „Gefühlsregungen", „Glückshormone" und „Willensdimensionen" eine Rolle spielen, kann nicht nachgegangen werden, vgl. dazu Niemann & Wagner (2005:60-111).
215 Vgl. im Rahner-Archiv die Primär- und Sekundärliteratur: http://www.karl-rahner-archiv.de/ [8. Sept. 2010].
216 Eine gnadenhafte Selbstoffenbarung Gottes sei aber auch in der empirischen Mystik nicht auszuschließen, was Rahner damit grundsätzlich auch außerchristlich als Möglich-

seits. Während Letzteres als Zeichen einen geschichtlich-empirischen Grundcharakter trägt, versteht Rahner die „Geisttranszendenz" als „Mitvollzug der Kenose[217] Christi" in einer „bildlosen Mystik" (:18-19; Anm. 12).[218] Dass Christen nach der unwiederholbaren, öffentlichen Offenbarung in Christus selbst prophetisch-visionäre Privatoffenbarungen[219] zum Segen der Kirche auch nach den atl. Propheten und der apostolischen Zeit erleben, ist für ihn unter theologisch-heilsgeschichtlichen Gesichtspunkten keine Frage (:18-20). Als prinzipiellen Grundzug postuliert Rahner, dass die Beweislast, ob es sich um übernatürliche Fähigkeiten handelt, nicht vom Zweifler zu erbringen ist, sondern von dem, der sie bejaht (:18). Solange eine Vision vernünftig erklärt werden kann, liegt keine übernatürliche Eingebung vor. Dabei fällt ihre Approbation als autorisierendes Anerkennen in den Zuständigkeitsbereich der Kirche (:22ff). Mehr als menschliche Glaubwürdigkeit wird ihr aber nicht zugebilligt, denn auch das lehramtliche Prüfverfahren der Kirche kann zu Fehlinterpretationen führen (:77).

Positiv plädiert Rahner, neben der Weitergabe des Amtscharismas durch Handauflegung, für das Umsichgreifen des Charismatischen unter den Gemeindegliedern. Dies kann er sich durch die Verkündigung, auf dem Weg eines „produktiven Vorbilds", oder konkret in der imperativen Frage nach einem Propheten vorstellen (:30f). Denn das „Prophetische in der Kirche hat trotz der Abgeschlossenheit der Offenbarung seine unersetzliche Bedeutung in der Kirche", die weder durch das Amt noch durch die Mystik zu ersetzen sei (:32).[220]

2.6.1 Sensorisch-sinnliches Offenbarungsgeschehen

Zu beachten ist das zweipolig „imaginäre Erklärungsmodell", hinter dem Rahners Offenbarungsbegriff steht. Ohne diesen auszudiskutieren,[221] ist es doch

---

keit ansieht. An dieser Stelle weist er aber darauf hin, dass sich diese Offenbarung immer auf Christus „den Gekreuzigten und Auferstandenen bezieht, in dem das mystische Geschehen der Übergabe an Gott (dient) ... (und) endgültig durch Jesu ihn rettenden Tod geglückt ist und sich als so siegreiches Geschehen geschichtlich gemacht hat" (1989:105).

217 Jesu freiwilliger Verzicht auf die göttlichen Eigenschaften, während er als Mensch auf der Erde lebte.

218 Wer die „absolute Möglichkeit besonderer Offenbarungen leugnet, verstößt gegen den Glauben ..., verstößt gegen eine theologisch sichere Lehre" (Rahner 1989:20f).

219 Etwa im Vernehmen einer Stimme, durch Schauungen von Bildern und Symbolen, Engelerscheinungen im Traum oder in einem ekstatischen Zustand geschehen (Rahner 1989:19).

220 „Der prophetische Geist soll ein bleibendes Angeld der Kirche sein und ein Beweis ihrer übernatürlichen Sendung. Darum wird der prophetische Geist in der Kirche nicht aussterben" (Rahner 1989:94).

221 Zu Rahners theologischen Grundvoraussetzungen gehört die Unterscheidung zwischen Privatoffenbarungen im Verhältnis zur Kirche und zur „Abgeschlossenheit der öffent-

für sein Verständnis, wie Charismen real wahrgenommen werden, fundamental. Grundlage bildet Rahners Theorieansatz seiner „kategorialen" und „transzendentalen Offenbarung" und „Theologie der Mystik" (Rahner 1989:99-108). Bezieht er sich auf die transzendentale Offenbarung, versteht Rahner darunter die Erfahrung der Selbstmitteilung Gottes sowie die Einwirkung der Charismen, die prinzipiell mystisch bild- und wortlos sind und sich unzugänglich in den tiefen Schichten im Innersten des Menschen abspielen.

> Damit aber „eine Vision wirklich die seelische Wirklichkeit eines bestimmten Subjekts sei", muss es „wirklich ‚der Akt' dieses Subjektes sein, das heißt, nicht nur von Gott in sich bewirkt, sondern real als Tat dieses Subjektes von ihm selbst vollzogen werden" (Rahner 1989:42).

Das heißt: Gottgewirkte prophetisch-visionäre Charismen offenbaren sich in die psychische Persönlichkeitsstruktur des Menschen hinein (:42) und werden, je nach ihren dort vorfindlichen Bedingtheiten, optisch und akustisch vom Menschen materialisiert.[222] Auch in diesem Geschehen der Verleiblichung, bleiben Charismen, trotz individueller Variationsmöglichkeiten und persönlicher Einfärbung, übernatürlich qualifiziert (:44f). Wie die mittelalterlichen Theoretiker der Mystik vertritt Rahner die Auffassung, dass die imaginativen, bildlosen Charismen, also die mit dem inneren Auge Geschauten, in ihrer Einbildungskraft einen „wertvolleren und höherstehenden!" (:34) Wert einnehmen und damit das entscheidende Echtheitskriterium darstellen. Demgegenüber gelten die real existierenden körperlichen Manifestationen als minderwertig (:35).[223]

Auf dem Hintergrund des Gesagten kommt Rahner zu seinem imaginären Erklärungsmodell: Prophetisch-visionäre Charismen im Hören und Sehen setzen die göttlich-mystische Einwirkung der gnadenhaften Gotteserfahrung[224] voraus.

---

lichen Offenbarung" (Rahner 1989:22-32). Zur Diskussion seines Offenbarungsbegriffs, vgl. Haudel (2006:241-263), Boss (2005), Verweyen (2005:115-131), Sunarko (2002: 24-29).

222 Dieser Ansatz scheint hinter dem pragmatischen Beitrag Bezlers (2005) zu stehen, der der Frage nachgeht, wie musikalische Charismen in der Gemeinde entdeckt und gefördert werden. Ihm geht es um Jugendliche, die ihre musikalische Begabung als Charisma 1.) durch die personale Berührung mit dem Pfarrer oder Kantor, 2.) durch musische Gemeindeangebote und musikalische Mitgestaltung, 3.) durch Kontakte zu Künstlern in der Region, 4.) durch eine geniale Artikulationsfähigkeit, 5.) durch begieriges Nachforschen innerer Verbindungen von Komposition und Religiösem, 6.) durch die Verbindung von Intelligenz und Intuition, 7.) durch ihre persönliche Haltung zu Gott und eigene Schau den geistlichen Dingen gegenüber erkennen. Letztlich wird die Persönlichkeit und „künstlerische Empfindsamkeit des Musikers" einen Widerschein des göttlichen Mysteriums darstellen (:86). Das Musikalische soll aber erst dann zum Beruf des Kirchenmusikers empfohlen werden, wenn „die Sache des Evangeliums die Triebfeder darstellt" (:85).

223 Diese Überzeugung ist platonisierend.

224 Sie wird von den spanischen Mystikern auch als „eingegossene Beschauung" bezeichnet (Rahner 1989:55).

Insofern ist ihr objektiv-wahrnehmendes Erkennen als „Ausstrahlung und Reflex in die sinnliche Sphäre des Menschen" zu charakterisieren (Rahner 1989:55), was Rahner auch in Aufnahme von Thomas von Aquin als *species sensibilis* deutet. So werden Visionen nicht nur intellektuell, sondern als real affizierte, sinnliche Wahrnehmungen („schöpferische Phantasie, parapsychologische Fähigkeiten") gegeben.[225] Gerade weil für Rahner Prophetien und Visionen nur als Begleiterscheinungen „des zentralen mystischen Vorgangs" einzuordnen sind und in der höchsten Stufe der mystischen Entwicklung gar als Schwäche verstanden werden, relativiert er ihre Wertigkeit gegenüber „dem Übermaß mystische(r) Mitteilung" von Gott (:55).[226] Rahners Materialisierung der Charismen gründet in seinem Offenbarungsverständnis, und zwar in der Weise, dass die kategoriale Offenbarung auf der einen, die transzendentale Offenbarung auf der anderen Seite geschichtlich vermittelt und in der Geschichte veranschaulicht werden. Als Konsequenz dieses schöpfungstheologischen Ansatzes ergibt sich daraus, dass Charismen „bewusst nur gegeben sein (können) als schon vollzogene Synthese aus göttlichem Einwirken und den subjektiven Bedingtheiten des Menschen", was ein restloses Erkennen faktisch unmöglich macht (:61).

2.6.2 Schöpferisch vermittelte Echtheitsstrukturen

Dennoch fragen Rahner und Niemann & Wagner (2005), welche empirischen Kriterien vorliegen müssen, um das Gesehene und Gehörte als echte Vision oder Prophezeiung zu erkennen. Da die Tiefenschichten eines Menschen unzugänglich sind, liegt die Aufmerksamkeit „zunächst allgemein auf der Persönlichkeit" (:24). Die daraus entwickelten Negativkriterien sind ebenso vielschichtig[227] wie die objektiven Kriterien der Echtheit, um prophetisch-visionäre Charismen zu erkennen. Rahner ebenso wie Niemann & Wagner generieren diese Kriterien induktiv aus Biographien der Mystiker und neuzeitlicher Visionäre und Propheten.[228] Dahinter steht ihre Grundannahme, alle imaginären Charismen ließen das göttliche Einwirken nur mittelbar über die menschlich-schöpferischen Struk-

---

225 Vgl. Rahner (1989:47-51).
226 Deshalb interpretiert Rahner die empirisch-wahrzunehmenden Charismen auch innerhalb der „inkarnatorischen Grundstruktur" als Zeichen, die es loszulassen gilt, um „das Eigentliche, Gott selbst" zu ergreifen (1989:19, Anm. 12).
227 Vgl. Rahner (1989:61-70) und Niemann & Wagner (2005). Sie zählen u.a.: „übersteigertes Selbstwertgefühl,... zu Exaltiertheiten neigende Spiritualität,... wenn eine starke Wundergläubigkeit vorliegt" (Niemann & Wagner 2005:24) und Diskrepanzen zwischen persönlich Gehörtem und der schriftlich fixierten Offenbarung auf.
228 Vgl. Rahner (1989:62-67) und Niemann & Wagner (2005). Letztere stellen im Interviewstil die aus Biographien gewonnenen Kriterien vor (:112-197).

turen erkennen.[229] Logischerweise können darum selbst bei einem evidenten „Kernerlebnis" einer mystisch-göttlichen Einwirkung Irrtümer in der Selbstdeutung und Fremdwahrnehmung unterlaufen (Rahner 1989:62). Zu den Echtheitskriterien der prophetisch-visionären Charismen, wie Rahner sie versteht, gehören:

Bezugsrahmen des Charismatikers	Erkennungskriterien imaginärer Charismen
Schöpfungstheologie	• Vermitteltes Erkennen über menschlich-schöpferische Strukturen: u.a. „selektive Einstellungen, Erwartungen, religiöse Bildung, ästhetischer Geschmack" (:60) • Einordnung der imaginären Eindrücke in den kulturellen Rahmen (:68)
Persönlichkeitsstruktur	• Äußere und innere Erregungen (:48) • Empfangen und Wahrnehmen der Charismen haben einen sensorisch-sinnlichen Charakter • Psychische Gesundheit des Charismatikers (:71)
Christologische Zentralität	• Das Primärgeschehen am Kreuz gilt es in Glaube und Liebe als höchstes Charisma zu erkennen (:79)
Subjektivität	• In der Reflexion ist die Aufmerksamkeit auf das zentrale mystische Ereignis zu lenken unter Berücksichtigung „subjektiver Momente" (:74)
Empirische Veränderungen	• Demut, im Sinne eines verwandelten Lebens, wird als Ausdruck tiefer Gottesbeziehung sichtbar (:58f.74)[230] • Echte Privatoffenbarungen weisen ihren göttlichen Ursprung durch Wunder aus (:74.76)
Ekklesiologische Approbation	• Bestätigung der Kirche (Fehlinterpretationen einkalkuliert)

Tabelle 7: Bezugsrahmen des Charismatikers und Erkennungskriterien imaginärer Charismen (nach Rahner) © MB

2.6.3 Prophetische Erkennungskriterien

Weil sich Rahners Prophetiebegriff nicht einheitlich vorfindet und er der Gefahr von Aussagen nach disparaten Kriterien aus dem Weg gehen will, differenziert

---

229 Diese Struktur ist auch bei Wesley zu finden, wie es Runyon (2005) herausgearbeitet hat: „Gefühle sind das Material, innerweltliche Mittel, die eine spirituelle Realität so vermitteln, dass das Geschöpf voll einbezogen wird – mit Leib, Seele und Geist" (:73).

230 Echte Privatoffenbarungen können aber auch vom Hörer falsch angewendet werden, etwa als billiger Weg heilig zu werden oder einem Leidensweg auszuweichen (:78).

er fünf[231] Typen prophetischer Vorgänge: Dabei ist allein der letzte Typus als „gottgewirkte Offenbarung" qualifiziert (:91). Ein „sicheres Kriterium der Echtheit *vor* ihrer Erfüllung" ist *erstens* das Wunder, „das als solches nachgewiesen und als göttliche Beglaubigung wirklich in einem eindeutigen Zusammenhang mit der Prophetie gewirkt worden ist" (:95). Ein *zweites* Kriterium macht er am Inhalt der Prophetie fest. So hat die „gottgewirkte Prophetie" nie das Ziel, Abkürzungswege für ein irdisch bequemes Leben zu schaffen – das Kreuz Christi soll nicht entfernt werden (:97). Vielmehr zielt gottgewirkte Prophetie umgekehrt darauf, „den lebendigen Gott als Herrn der Geschichte in den dunklen Zeiten" auszuweisen (:97). Solche Prophetie warnt vor jedem „innerweltlichen Optimismus" und utopischen Fortschrittsglauben (:97). Wahre Prophetie dagegen „mahnt zur Buße, zur Bekehrung und zum Gebet, zum Vertrauen auf den Sieg Christi, zur Hoffnung auf die Ewigkeit Gottes" und bleibt „im Rahmen der Schriftprophetie" (:97). Daher sagt sie nichts Neues, sondern aktualisiert die Geschichtstheologie. Als letztes Kriterium weist Rahner auf eine Prophetie hin, welche „den Ernst glaubender und wagender Entscheidung" sowie einen „ausdauernden Glauben weckt ... und zur Bekehrung des Herzens bringt" (:98).

Da Rahner schließlich in seinem Artikel über die „Theologie der Mystik" die Gnade nicht über die Natur hinaushebt, muss folglich die übernatürliche „Geisterfahrung des Christen im ‚naturalen' Bereich des Menschen gegeben sein" (:105). Dennoch erwägt er die Möglichkeit, dass durch mystische Versenkungen und Übung eine Transzendenzerfahrung auch natural erreichbar sei, was den Ausfall einer kategorialen Vermittlung denkbar mache (:106). Im Anschluss an dieses Denkmodell, das durchaus zur Fragestellung nach der Erkenntnis der Charismen gehört, legt Rahner seine Überzeugung dar, „jeder naturale Akt der Versenkung" sei „immer und überall gnadenhaft erhoben" und habe damit als „ein Akt eigentlicher Mystik (und) Heilsakt" zu gelten. Das gilt für Rahner selbst dann, wenn dieser Akt „in der nachträglichen Reflexion übersehen oder im Sinne einer pantheistischen ‚Mystik' als Phänomen des undifferenzierten Einswerdens nachträglich missdeutet wird" (:107). Auf den Punkt gebracht: Rahner hält die transzendente Erfahrung der Charismen als für alle Menschen möglich fest.

2.6.4 Kritische Würdigung

Es ist der Verdienst von Rahner, die Frage nach dem Charismatischen neben dem Amtscharisma wieder für die Kirche zu entdecken. Insbesondere denkt er dabei an prophetische Begabungen, die in der Kirche vorzuleben und durch Aufforderungen zu wecken sind. Bedingt durch sein imaginäres Erklärungsmodell

---

231 Prophetie als Wahrsagerei (1), in ihrer parapsychologischen Art (2), in ihrer geschichtstheologischen und geschichtsphilosophischen Weise (3), als erdichtete Prophezeiungen (4) und gottgewirkte Offenbarungen (5) (Rahner 1989:83-92).

hebt er die Zugänge, wie visionär-prophetische Charismen wahrgenommen werden, in die Sphäre mystischer Gottesbegegnung und verbindet sie mit der psychischen Struktur des Menschen. Dadurch erhalten psychische Dispositionen im Erleben der Charismen ihren geistlichen Ort und zugleich ihre Wertschätzung.[232] Zu würdigen ist zum anderen, dass Rahner im Erkennungsgeschehen der Charismen die umfassenden schöpfungstheologischen Bedingungen einbezieht und auf diese Weise den Charismatiker ganzheitlich versteht. Insgesamt vereinen sich zwei theologiegeschichtliche Linien: Einmal die Abbildtheorie von Thomas v. Aquin, die besagt, dass geistliche Erkenntnisse sich maßgeblich durch sinnlich-geistige Bilder vermitteln und diese bei den Mystikern wiederfindet.[233] Während Rahner dieser Tradition folgt, bevorzugt er auf der einen Seite individualpsychologische Vorgänge als echtes Kriterium für prophetisch-visionäre Charismen. Gleichzeitig blendet er auf der anderen Seite die biblisch-theologischen Auswirkungen in der Frucht des Geistes und im wechselseitigen Erkennen der Charismen zum Aufbau der Gemeinde fast ebenso aus, wie die objektiven Kriterien des Wortes Gottes. Bei Rahners Integration von mystischem und psychischem Geschehen gewinnt das subjektive intrinsische Offenbarungsverständnis eine typisierende Bedeutung. Zu denken ist etwa an das hörende und visuelle Beten, das über den pentekostal-charismatischen Bereich an Aktualität gewinnt.

Neben einer grundsätzlichen Bejahung prophetisch-visionärer Charismen, schränkt Rahner das offenkundige Erkennen ein, weil Begabungen menschlich vermittelt werden und darum nur ansatzweise einschätzbar sind. Zudem rechnet er auch im kirchlichen Rahmen mit Täuschungen. Als weiterer Aspekt sind Rahners christologische Erkennungskriterien zu würdigen, die er im Zusammenhang der prophetischen Rede anlegt. Gerade diese entscheidenden Merkmale verschwimmen aber angesichts seiner methodisch religionsvergleichenden Analogien, woraus ein mystisch-multikultureller Ansatz entsteht, wenn Rahner nahezu jede Transzendenzerfahrung paradigmatisch als Geisterfahrung postuliert, ob es dem Menschen bewusst ist oder nicht. Diese Überzeugung ist auch mit seinem Ansatz eines ‚anonymen Christseins' verbunden und bahnte einerseits den Weg zur pluralen Religionstheorie und relativiert andererseits, neben der Praktischen Theologie, auch die Kirche selbst.[234]

---

232 Auch der reformierte Theologe E. Brunner will den ntl. Begriff der Charismen nicht „aus theologischem Puritanismus" eingrenzen, sondern versteht den Hl. Geist so, dass er „bis tief hinein ins Unbewußte, ja bis ins Organisch-Psychische" hinein wirkt. Das Wirken des Geistes dürfe nicht „mit den Maßstäben unserer aufgeklärten Rationalität" beurteilt werden (zit. Schrage 1999:184).
233 Zu Thomas v. Aquin vgl. Forschner (2006:37) und zur Theorie der Mystik vgl. Scagnetti-Feurer (2004:72-100).
234 So auch Vorgrimler (1997:503). Zum Inklusivismus Rahners vgl. Neuer (2009:58-61).

Nach diesen Perspektiven fundamentaltheologischer und soziologischer Typologien folgen zwei weitere Perspektiven, deren pragmatische Typologien in die gegenwärtigen Gemeindeaufbaufragen hineinreichen.

2.7 Konvergenz-Typologie (N. Graf v. Zinzendorf)

Weil *Zinzendorf* (1700-1760) zum einen „ein so vollmächtiger Christuszeuge von funkelndem Geist, ein Querdenker von Format" ist, wie Beyreuther (2002: 295) ihn charakterisiert, und zum anderen vor allem die Brüdergemeine in Herrnhut einen einzigartigen „Aufbruch charismatischer Kräfte" aufweist (2000: 141), kann er nicht übersehen werden. Bevor die gemeindliche Situation näher beleuchtet wird, ist kurz auf das spezielle Lexem Gemeine und „Gemeingeist" einzugehen (Schlenke 1999:327),[235] um die Kriterien des Charismenerkennens im Rahmen von Zinzendorfs Theologie zu erfassen. Zinzendorf versteht das Wirken des Geistes zweifach verbunden und definiert es: Erstens in seiner aktiven Wirkkraft als Gemeingeist, zweitens in seiner passiven Einwirkung in den menschlichen Geist, und darin differenziert als „Gemein-Plan […] Gemein-Wille […] Gemein-Gefühl […] Gemein-Erfahrung" (:328). Die Gemeine steht bei Zinzendorf also für die „individuelle Heilandsliebe" und gemeinsame Brüderliebe, die einander grundlegend bedingen. Da sich das Individuelle aber ausschließlich in der Gemeine entwickelt, erhält es eine entscheidende Bedeutung (:328).

Zunächst gilt es, die gemeindliche Situation zu beleuchten: Zinzendorf will statutengemäß die endzeitliche Philadelphiagemeinde nach Offb 3 in beständiger Liebe untereinander als Brautgemeinde verwirklichen. Gegenüber dem asketischen Frömmigkeitsstil des Halleschen Pietismus, ist die Brüdergemeine von einer Frömmigkeit geprägt, die von einem Grundton der Freude an der Erlösung begleitet wird. (Meckenstock 2000:158).[236] Von daher verpflichtete Zinzendorf die Gläubigen auf den biblischen Glauben jenseits dogmatischer Vorgaben und regulierte das Gemeindeleben in Kleingruppen nach Geschlecht, Familienstand und Alter (sog. „Banden"), um die Liebe untereinander, die Gotteskindschaft und die Gemeinschaft zu stärken und insbesondere die Begabungen zu entfalten (Wesseling 1998:509-547, Wollstadt 1966:39).[237] Ekklesiologisch blieb die

---

235 Der früheste deutsche Beleg der Bezeichnung „Gemeine" findet sich in einem Kirchenlied bei Zinzendorf 1737 (Schlenke 1999:327). Vgl. Schleiermacher, wenn er von „Gemeine" oder von „Gemeingeist" redet.

236 Gräb interpretiert Zinzendorfs Pietismus als „christozentrisch orientierte Gefühlsreligion" (2000:84).

237 Das Gemeindeleben zeichnete sich durch eine „einzigartige Lebendigkeit und Vielseitigkeit" aus (Wallmann 2005:190). Dies hat „auch Schleiermachers Anschauung vom geselligen und gemeinschaftlichen Charakter der Kirche" wesentlich geprägt (Nowak 2002:32). Ausführlich dazu: Seibert (2003:29-67).

Brüdergemeinde sowohl in der lutherischen Landeskirche eingebunden als auch von Luther sowie der philadelphischen Bewegung[238] und den „kleinen ecclesiolis" Speners geprägt (Schneider 2006:13). Diese kleinen Gemeinden organisierten sich relativ selbstständig und jeder in den Gruppen wurde als Glied am Leib Christi wahrgenommen und begleitet (Seibert 2003:113f).

2.7.1 Wechselwirkungen: Individualität und Sozialität

Besonders Wollstadt (1966) arbeitet die geordneten Dienste heraus, die Zinzendorf als feste Ämter unter den Laien einsetzt, und zeigt ihre Bedeutung für die Entfaltung der Gaben aller Gläubigen. Außerdem wird in einer Predigtwiedergabe von A. Rothe, einem der wesentlichen Mitbegründer der Brüdergemeine, die höchst notwendige Ausübung der Gaben von der apostolischen Zeit her begründet (:139). So formt der Graf nach Röm 12 charismatische Ämter, weil nach seiner Ansicht erst das Amt der Laien den Dienst beständig hält (:245). Im Anschluss an philadelphische Vorgaben versteht Zinzendorf „Ämter als Charismen" (Seibert 2003:99f). In diese Ämter integriert Zinzendorf „erstmals in der Geschichte des Protestantismus" Frauen.[239] Jede Frau wendet ihre Gaben aktiv an.[240] Überhaupt würdigt Zinzendorf die Individualität, was neue Begabungen hervorruft (:103). Ein individuelles Erkennen der Charismen bleibt nie isoliert, sondern ist stets in die Gemeinschaft eingebunden, was neben dem Grundverständnis des Gemeingeistes, wie oben erwähnt, auch in Zinzendorfs theologischen Überlegungen seines trinitarischen Ansatzes wurzelt und vom Schöpfungsbericht der Gottesebenbildlichkeit ausgeht (Zimmerling 2002a:173-185). Zinzendorf strebt ein Zusammenwirken mit dem freien pneumatischen Dienen in einem korrigierenden Nebeneinander an. So will er „das ungeschulte, geistgewirkte pneumatische und charismatische Dienen" realisieren.[241] Angesichts des offenbarungstheologischen Ansatzes Zinzendorfs kann das Wirken des Geistes erst durch Christus effektiv und erfahrbar werden (Zimmerling 2002:

---

238 Zu den Wurzeln der philadelphischen Gemeindekonzeption vgl. Seibert (2003:97, Anm. 99).

239 Vgl. Zimmerling (2003a:101). Im Zusammenhang seiner theologischen Darlegungen begründete Zinzendorf den charismatischen Dienst der Frauen mit der Zusage aus Apg 2, dass Frauen weissagen. Vor allem fundierte er die vielfältigen Dienste der Frauen (Zimmerling 2002:232f) in seine ungewohnte Anschauung der Trinität als Familie, in der er neben Gott, dem Vater und Sohn, anknüpfend an atl. Beschreibungen, dem Geist weibliche Eigenschaften zulegte und vom Mutteramt des Heiligen Geistes sprach (Zimmerling 1999a:45ff).

240 Zur Beschreibung der Ämter, vgl. Wollstadt (1966:209-221).

241 Vgl. Föller (1998:189). Obwohl der Geist bei Zinzendorf einen weiten Raum in seinen Reden einnahm, „hat er das Wirken des Geistes zwar ganz christozentrisch gedeutet, aber ohne dass es deshalb im Wirken von Jesus Christus aufgegangen wäre" (Zimmerling 1999a:170).

294), was seine Reden im Hinblick auf das Erkennen und Empfangen der Charismen widerspiegeln.

2.7.2 Christozentrisches und emotionales Gabenerkennen

Folgende Aspekte lassen sich hierzu ableiten: Ein erster Aspekt ist das nüchterne Rechnen Zinzendorfs mit der Möglichkeit, dass jemand sein Charisma wieder verlieren kann, bis ihn „auf kurz oder lang, ... das Lamm wieder durch seinen Geist begabt".[242]

Diese christozentrische, innige „Heilandsverbundenheit" strahlt als ein *zweiter Aspekt* (2.) bis hinein in die Singstunden, in denen nach Möller spontan charismatische „Augenblicks-Lieder" entstehen (2004:115). Die Frauenforscherin Koldau (2005) zeigt, dass für Zinzendorf in Musik und Gesang die Geistbegabung sinnlich-körperlich spürbar wird. Zunächst leitet Zinzendorf selbst die Teilnehmer der Singstunden dazu an, ihren religiösen Gefühlen nach den Eingebungen, die aus dem gehörten Wort Gottes resultieren, unter der Wirkung des Hl. Geistes in Lieddichtungen improvisierend Ausdruck zu verleihen (:498). Im Blick auf die Fragestellung des Begabtwerdens ist es bemerkenswert, dass Zinzendorf besonders den Frauen im inspirierten Liederdichten herausragende Charismen zuspricht (:499). Dahinter steht schlicht die große Liebe zum Singen. So können sich musische Gaben auf „natürliche Weise entfalten" (Wollstadt 1966:235).

Daran anschließend entwickeln sich, ebenso natürlich, als *dritter Aspekt* (3.) die charismatischen Gaben des Aposteldienstes, denn diese verlangen weder des Unterrichts noch einer gesonderten Erweckung, da sich das Charisma Zinzendorf zufolge der menschlich vorhandenen Anlage anpasst (Föller 1998:190). Es ist zu vermuten, dass hier die schöpfungstheologischen Aussagen Zinzendorfs im Hintergrund stehen, die Christus als Schöpfer und Erlöser untrennbar verbunden sehen. Dabei geht jedoch die innere Motivation zum Aposteldienst von Christus aus.[243] Um aber festzustellen, ob eine Berufung (*vocatio interna*) zum Missionsdienst authentisch ist, benötigt es in der Brüdergemeine zunächst der korrektiven Instanz durch das Los und abschließend, nach einer längeren Wartezeit, der Sendung durch die Gemeine.

Als *vierter Aspekt* (4.) ist das Erleben von Wundertaten und Krankenheilungen belegt. Sie geschieht ohne sonderliches Drängen. Dieses charismatische Wirken wird kindlich erglaubt und durch „Wort und Gebet" empfangen (Föller 1998:195).[244] Der Mensch gilt in der Herrnhuter Brüdergemeine als Einheit von

---

242 Vgl. Zinzendorf zit. in: Föller (1998:188).
243 „Er kriegt das Lamm im Geist vor seine Augen" geführt und „kann's nicht lassen, der muß denn mittönen von seinem Blut, von seinem Versöhnen und ewiger Glut" (Zinzendorf zit. in: Zimmerling 1999a:172).
244 Vgl. Theile (2000:56f).

Leib, Seele und Geist. Krankenpfleger werden angewiesen, aufmerksam zu unterscheiden, „was eine leibliche Unpässlichkeit oder eine geistliche Krankheit, Zucht der Liebe, Bewährung des Glaubens, [...] Todsünde, Schwermut und Phantasie (Einbildung) sei".[245] Je nach Befund sollen die Krankenpfleger „mehr mit Gebet und Glauben als mit Arznei helfen" (:56). Während das prophetische Reden im Gottesdienst „plötzlich über den Redner" kommt (Föller 1998:191), hängt die Salbung, im Sinne einer prophetischen Gabe im seelsorgerlichen Gespräch, davon ab, inwieweit die Fähigkeit entwickelt wird, im inneren Hören auf den Auferstandenen und unter einem bibelgeprägten Verstand das Richtige zur rechten Zeit zu sagen (Zimmerling 1999a:90f).

2.7.3 Trias: Inspiration, Kommunikation und Institution

Die überragende Bedeutung des Hervortretens von Charismen in der Brüdergemeine liegt nach Krüger (1969) im strukturellen Aufbau der Gemeinde, die ein Zusammenwirken von Inspiration, Kommunikation und Institution darstellt (:66f). Als ein Element der Inspiration versteht Krüger

> erstens den „Vorgang der Übertragung eines bestimmten Geistes von seinem Träger oder seiner Quelle auf andere Personen oder ganzer Gruppen. Zweitens die Tatsache des Ergriffenseins oder Erfülltseins von einem bestimmten Geist" (:44), der dem Evangelium entspricht.

Das Erkennen der Charismen sieht Krüger in der Herrnhuter Brüdergemeine nicht nur von der charismatisch begabten Gründerfigur Zinzendorfs abhängig (:45f.48f), sondern auch vom Ergriffenwerden der ganzen Gemeinde durch Gottes Geist, wie eine Auslegung Zinzendorfs belegt:

> „Ihr müsst mit dem Heiligen Geist getauft werden – Du Geist von oben, flamm' uns an. – Es währte etliche Jahre in Herrnhaag, bis sich's zu einer Gemeine deklarierte. Und als einmal ein Unwille darüber zum Vorschein kam, so sagte die damalige Vorsteherin Fritschin: Der Heilige Geist ist noch nicht ausgegossen über uns. So ist's. Es liegt nicht an jemandes Wollen und Laufen, sondern an Gottes Erbarmen. ... Nicht insofern ein jedes für sich selig ist und an seiner Person hängt, sondern insofern wir untereinander zusammengehören.

> Da kriegt man auch seine besondere Signatur, die eine Gemeinde von der anderen distinguiert. ... So kommt die Krümme in die Biege, so ist keins ohne das andere im Herrn. Das muss geschehen durch einen Ausguß, zu einer im Rat des Heilands beschlossenen Gnadenstunde, darin den Gliedern überin so wird. Ach Feuer, Geist und Feuer her, *da die versammelten Menschen zu ihrem Geschäft, dazu sie gesetzt sind, Kräfte der zukünftigen Welt empfangen und nicht nur mit den ordinären guten Gaben, sondern mit charismatischen und Amtsgaben des Heiligen Geistes ausgerüstet werden, der Welt, dem Satan und ihrer Natur superieur zu agieren... Ein solches Pfingstfest kann ein mehr als einmal in seinem Leben benießen".*[246]

---

245 Zinzendorf zit. in: Theile (2000:56).
246 Zinzendorf zit. in: Föller 1998:201f (kursiv MB).

Der Duktus der Rede verdeutlicht wichtige Gesichtspunkte des Charismenempfangs. Ingesamt fällt eine positive Erwartungshaltung gegenüber einer Taufe mit dem Heiligen Geist auf, die keine individualistischen Züge trägt, sondern auf die Zusammengehörigkeit der Gemeinde zielt. Eine solche Ausgießung qualifiziert eine Gemeinde gegenüber anderen. Auch hier ist der trinitarische Ansatz ausschlaggebend, bei dem die extraordinären Gaben im Heiligen Geist vom Erbarmen Gottes abhängen und allein Christus, als Heiland, den Zeitpunkt des Gegebenwerdens verwirklicht. Menschliches Drängen ist zwecklos. Für Zinzendorf sind Charismen ausdrücklich den weltlichen Gaben und alles Natürliche sogar dem Satan überlegen. Schließlich bringt diese Rede die Möglichkeit eines wiederholten Charismenempfangs im Laufe eines Gemeindelebens zum Ausdruck. Zudem liegt ein Gabenbegriff vor, der zwischen den gewöhnlichen Gaben und den Gaben höherer Qualität unterscheidet.

2.7.4 Würdigung

Deutlich wird, dass in der Brüdergemeine in Herrnhut spektakuläre und vielfache gemeinde- und missionsbezogene Charismen aufbrechen, weil Zinzendorf eine trinitätstheologisch durchdachte Gemeindekonzeption konsequent in die Praxis überführt. Bedeutsam ist außerdem das dynamische Ineinander personaler Inspiration der Person Zinzendorfs, und frei geschenktem Geistwirken, wertschätzender Individualität von Mann und Frau, kommunikativer Gemeinschaftsbildung in Kleingruppen und zugelassener Emotionalität. Letzteres geschieht über den Weg der kognitiven Anleitung im musisch-kreativen Komponieren. So entwickeln sich - über das Erwartete und Funktionale hinaus - spontane neue Charismen. Hinzu kommt, dass Ämter als Charismen verstanden und charismatische Dienste in Ämter eingesetzt werden, um möglichst viele Charismen einzusetzen und wach zu rufen. Aufgaben- und Gabenorientierung ergänzen sich ebenso wie das Anleiten zur charismatischen Befähigung und der souveränen Zuteilung der Begabungen. So ist die Brüdergemeine als „erste" charismatische „Freiwilligkeits-"[247] und Beteiligungskirche zu bezeichnen. Damit hat Zinzendorfs Herrnhuter Brüdergemeine einen Modellcharakter für die gegenwärtigen Fragestellungen.[248] In der folgenden Tabelle sind die unterschiedlichen Möglichkeiten strukturiert zusammengefasst, wie Zinzendorf die Charismen seiner Gemeindeglieder entwickelte bzw. erkannte:

---

247 Beyreuther (2000:142).
248 Zinzendorfs Nachfolger Spangenberg führt dessen Verständnis, dass Charismen grundsätzlich in der Gemeinde vorhanden sind, weiter. Ein Streben nach den förderlichsten Gaben wurde von ihm weitergeführt (Föller 1998:195f). Problematisch war jedoch, wie die neuere Zinzendorf-Forschung zeigt, dass Spangenberg die Gemeinde gegenüber den individuellen Bedürfnissen vorzog (2006:263).

83

Gabenverständnis	Charakteristika im Erkennen
1. Trinitarische Qualifizierung	• Charismen gilt es, aktualisierend in der Beziehung zum dreieinigen Gott anzuwenden • Wundertaten und Krankenheilungen entstehen mit großer Erwartungshaltung, aber schlicht durch Wort und Gebet
2. Christologische Bestimmung	• Erwartungsvolles Beten in der Christusverbundenheit („Lamm", „Heiland") schenkt Charismen
3. Pneumatologische Bestimmung	• Geistinspirierte Predigten über das Wirken des Geistes bilden den Nährboden und wecken Charismen • Geistinspirierter Leiter weckt Erwartungshaltung für Charismen (vorleben, gemeinsam einüben) • Dialektik: geplant und unmittelbar geschenkte geistinspirierte Lieder durch entsprechende Singstunden
4. Schöpfungsgaben	• Anerkennung und charismatische Anpassung an das Geschöpfliche (Gottesebenbildlichkeit) • Natürliches wird als Erkennungskriterium zu einem geistlichen Dienst einbezogen • Prüfende Unterscheidung: Krankenpflege oder Heilungsgebet • Offenheit für Emotionalität und Spontanität
5. Urchristliche Charismen (Röm 12)	• Ämter und Aufgaben sind Charismen, daher besteht eine Aufgaben- und Gabenorientierung
6. Ekklesiologische Bestimmung	• Charismen entstehen in einer Gemeindeform, die eine institutionalisierte Struktur, kommunikative und geistgewirkte Elemente verbindet • Schaffung vieler Ämter für die Vielzahl der Charismen (Beteiligungskirche) • Die Wertschätzung des Einzelnen (besonders der Frauen) ruft Charismen hervor • Offen für *gemeinsame* Geisterfahrungen (Geistestaufe, Erneuerung, Geisterfüllung) • Im gemeinsamen geistlichen Ergriffensein kommt es zur Übertragung der Charismen • Kleingruppen helfen Charismen zu entfalten • Die innere Berufung des Einzelnen braucht die korrektive Instanz der Gemeinde • Der Zeitfaktor des Wartens und der Bewährung bestätigt Charismen und Berufung

Tabelle 8: Charismenverständnis und Charismenentwicklung (nach Zinzendorf) © MB

2.8 Vorbild-Nachahmungs-Typologie (J. Ch. Blumhardt)

Die Charakteristik des letzten Typus besteht in vorbildlichen Charismen nahestehender Menschen, die eine nachahmende Wirkung auslösen, wenn der Nachahmende das Vorbildhafte im Glauben vergegenwärtigt. Konkret geht es um J. Ch. Blumhardt, den Jüngeren (1842-1919) in seiner Beziehung zu seinem Vater J. Ch. Blumhardt (1805-1880).[249] Auf dem Sterbebett segnet der Vater seinen Sohn mit den prophetischen Worten, der Heiland möge ihn so sehr mit Geistesgaben ausrüsten, dass er „ein gesegnetes Werkzeug unter den Heiden werden würde" (Merz 1866:794). Bevor diese pädagogisch-charismatische Typologie entfaltet wird, ist nach dem Geist- und Gabenbegriff von Blumhardt (Vater) im Unterschied zu seinem Sohn zu fragen. Vater Blumhardt „unterscheidet zwischen natürlichen und geistlichen Gaben" (Bohren 1993:69) mit der Begründung, an den natürlichen Gaben klebe die Sünde, während die echten geistlichen Gaben den „Charakter der Unfehlbarkeit" trügen und „habituell", also bleibend gegeben würden (:69). Vater Blumhardt ist der Überzeugung, dass die echten Gaben der apostolischen Zeit aufgehört hätten und wenn sie kämen, dann nur in der Verbindung mit einer neuen Geistausgießung. Mit leidenschaftlicher Intensität strebt Vater Blumhardt nach dieser neuen Ausgießung, aber stirbt darüber, während der Sohn nicht einmal dafür betet, weil er glaubt, den Geist schon wahrzunehmen. Blumhardt (der Jüngere) teilt daher die Auffassung des Vaters nicht. Bohren kommentiert: „Wo der Vater im Hoffen stand, sieht der Sohn schon die Erfüllung" (:69).

2.8.1 Verheißungsorientierter Geist- und Charismenansatz

Der jüngere Blumhardt hält die Dialektik des Geistes mit seinem eschatologischen Vorbehalt „von Erfüllung und noch offner Verheißung" aus (:69). Weiter leitet Blumhardt von Jesus und seinem Evangelium eine „Sozietät" ab, die er merkwürdigerweise durch die Individualität der Geistbegabten charakterisiert (:70). Das Geistverständnis des Sohnes akzentuiert das Weltwirken des Geistes.[250] Nach Bohren versteht Blumhardt (Sohn) den Geist so, dass er ihn „für alle Kreatur" erhofft und darum die Möglichkeit sieht, „sein Wirken in der Gegenwart zu entdecken". (:71). Dieser pneumatologische Ansatz schließt, ähnlich wie bei Luther[251] und Schleiermacher, die anthropologische Dimension

---

249 Die theologischen Probleme, die daraus entstanden, sind hier nicht zu verhandeln. So etwa die Erweiterung: Redet Vater Blumhardt allein von der Schrift, so spricht der Sohn von „Schrift und Erfahrung" (Scharfenberg 1959:22).

250 Wie Calvin so sieht Blumhardt (Sohn) die Gaben im weltlichen Bereich (Kunst, Wissenschaft, Politik) am Wirken (Bohren 1993:71).

251 Bei Luther aber durch die Zwei-Reiche-Lehre bestimmend.

ein, ohne aber den theologischen Vorgang aufzugeben, wie es der nachfolgende Predigtauszug verdeutlicht. Der Ausgangspunkt von Blumhardt (Sohn) führt nun in die pragmatische Seite der typologischen Dimension einer im Glauben vergegenwärtigenden Vorbild- und Nachahmungs-Charismatik, die in der deutschsprachigen Forschung bisher wenig Beachtung fand.[252]

2.8.1.1 Reale Erwartungshaltung nach Charismen

Vater und Sohn Blumhardt zeigen die gleichen theologischen Grundüberzeugungen. Beide weisen vollmächtig auf die Charismen hin, die der jüngere Blumhardt durch die eschatologische Denkausrichtung in seiner Zeit als gültig ansah. Der Unterschied zum Vater besteht nur darin, dass der Sohn nicht mehr „biblizistisch in der Welt des Biedermeier lebt, sondern sozusagen in der Moderne".[253] Ausgehend von diesem Ansatz,[254] vergeht kaum ein Gottesdienst, in dem der jüngere Blumhardt nicht die reale Erfahrung der Kraft Christi im Wirken des Geistes erwartet.

2.8.1.2 Glaubende Vergegenwärtigung der Charismen

Neben dieser speziellen Gabe fordert Blumhardt in einer Predigt mit autobiographischem Charakter auf, den göttlichen Gaben, die sich aus einem Ineinander von Glauben, Beobachten und Erziehung im Elternhaus entwickeln,[255] mit ganzem Willen nachzueifern.

> „Unser Beruf ist das festzuhalten, was unser Vater und unsere Mutter gewesen ist –
> hebt's! sage: ‚Das will ich auch sein!'... und wir können es miteinander heben, - was
> Gott in den Eltern gegeben hat, das lassen wir nicht mehr hinaus, - wir lassen lieber
> die ganze Welt schwinden, als das, was seinerzeit Gott gezeigt hat. So bekommen
> wir es auch. Gottes Gaben heben (halten) – das heißt glauben. Und wenn man
> einmal etwas Göttliches spürt – ja, dann muß man hinstehen, das ist wahr. Man hat
> mich seinerzeit schrecklich angefochten, dass ich meinen Vater ‚nachmache'.
>
> Ja, ich habe eben einmal gesehen, so lange er gelebt hat, - da bin ich gescheit genug
> gewesen zu sagen: ‚Das werde ich auch.' Ich war freilich ein ganz anderer Mensch
> als der Großpapa, ich habe an nichts derart gedacht in meiner Jugend, - ich war zu

---

252 Vgl. Bohren (1993:388-401). Zu Vorbild und Nachahmung im NT vgl. Baumert, M. (1996:33-86, 1995).
253 Bohren (1993:71).
254 Es scheint so, als habe Blumhardt (der Vater) die natürlichen von den göttlichen Gaben unterschieden, denn die natürlichen Gaben seien durch Fleiß und Übung sehr zu aktivieren und könnten dann „dem Herrn geheiligt und gewidmet werden" (Blumhardt zit. in: Schrage 1999:168; Anm. 294).
255 Auch dem im deutschen Raum wenig bekannten Passionsmystiker und Gründer des Ordens Congregatio Passionis Jesu Christi, Paul vom Kreuz (1694-1775), wurde durch seine Erziehung der Boden für sein Charisma bereitet (Bialas 2009:205).

dumm; aber dann habe ich einmal gemerkt, wie das Ding läuft, und habe dann gedacht: Nun ist's gewonnen, den das muß ich festhalten, und zwar alles alles! – hat der Papa Wunder erlebt, so will ich auch Wunder erleben! – ist es dem Papa so ergangen, so muß es mir auch so gehen! – das musst du mir tun, lieber Heiland!" (Blumhardt 1937:408f).

Das erinnernde Beobachten der Wunder beim Vater führt zu dem Verlangen, auch Wunder zu erleben. Blumhardt will jedoch nicht eine bloße Kopie sein, sondern erwartet die charismatischen Wunder von Christus, der sie schenkt. Was Vater und Sohn erfahren, ist nach Bittner (2007) nicht als bloße persönliche Erfahrung abzuschieben, sondern eine Ausprägung der Kirche Jesu Christi (:71).

Gleiches wünscht Blumhardt seiner Gemeinde und rüttelt sie daher in seiner Verkündigung durch sein authentisches Zeugnis auf, im Glauben draufgängerisch und mutig bestimmte Charismen zu erwarten – und zwar diejenigen, die bereits bei einem der Familienmitglieder zu beobachten waren:

1. „Habet Mut, und wenn ihr euch in Sünden und Unvollkommenheiten sehet und
2. meinet: ,Das kann doch nicht sein, dass ich eine Gabe bekomme!', so saget: ,Sei
3. still, du Ankläger, es ist aus Gnaden! Gottes Gabe ist's." So kann der einzelne
4. Mensch etwas tun... Ein bißchen kecke Leute aufs Göttliche hinein brauchen wir.
5. Es sind so viele Leute da, die lassen es mir zu schnell fahren, denen dauert es zu
6. lange. Aber hebet es mit einander, dass uns der Faden nicht bricht. Saget: ,So wie
7. Großmama will ich sein! Hat Großmama einen Engel gehabt, - ist neben ihr etwas
8. Allmächtiges vom Heiland gewesen, dass es Geschichte gegeben hat, dann will
9. ich es auch. – Ich will nichts Irdisches!' Dann kann ich als der einfältigste
10. Mensch eine Kraft bekommen, dass sich etwas begibt, und weil es sich aus Gna-
11. den begibt, so macht es nicht stolz; was sich aber durch deine heillose Bräve be-
12. gibt, daran wirst du stolz" (Blumhardt 1937:410).

Hier werden Charismen als Gnadengaben qualifiziert (Zeile 10-11) und zugleich wird deutlich, dass Unvollkommenheiten kein Hinderungsgrund für das Erwarten von Gaben sind (Zeile 1-2). Die angedeuteten Charismen lösten damals eine Geschichte aus und hinterließen folglich eine Wirkung (Zeile 8). Das verkündigende In-Erinnerung-Rufen biographisch beobachtbarer Charismen bei Familienmitgliedern will die Gottesdiensthörer nun zum gegenwärtigen Glauben und Annehmen eigener Charismen herausfordern (Zeile 6-9). Dabei differenziert Blumhardt zwei hintergründige Haltungen im Erwarten der Charismen: Eine ist integer und empfängt die Kraft der Charismen, eine andere ist vordergründig fromm und aufrichtig, aber hintergründig stolz. Auf jeden Fall braucht es das Eingebundensein in die Gemeinschaft, um die Charismenerwartung so lange durchzuhalten, bis Christus die Gaben schenkt (Zeile 5-6). Aus beiden Predigtauszügen und Berichten ergeben sich nachfolgende Fakten einer Vorbild-Nachahmungs-Typologie, aus denen Charismen hervorgehen.

Charismen: Wesen	Charakteristika im Erkennen
1. Präsentische und eschatologische Dimension	• Erwartung übernatürlicher apostolischer Charismen und nüchternes Wissen des eschatologischen Vorbehalts
2. Charismen mit anthropologischen Dispositionen	• Zum Geisteswirken in den Charismen gehört die biographische Vorprägung der Erziehung • Charismen entdecken durch erinnernde Vergegenwärtigung und gegenwärtiger Erwartung der Wunder • Vorgelebte Charismen wecken Charismen • Weckung der Charismen durch narrativ-biographische Homiletik
3. Christologische Dimension	• Erwartung der realen Erfahrung der Kraft Christi im Wirken des Geistes in den Charismen • Öffentliches Beten im Gottesdienst für die psychische und körperliche Heilungsgabe Jesu • Unverhofftes Wahrnehmen der Heilungsgaben nach dem Zuspruch der Sündenvergebung • Individuelle und kollektive Glaubenserneuerung (Buße) schenkt neuen Zugang zu Charismen
4. Unterscheidung: Sog. natürliche Fähigkeiten und übernatürliche Gaben	• Die natürlichen Fähigkeiten sind durch Fleiß und Übung zu aktivieren und für den Herrn einzusetzen
5. Vollmächtige Charismen	• Leidenschaftliche Erwartungshaltung und Gebet schenken sog. übernatürliche Charismen

Tabelle 9: Charismenverständnis und Charismenentwicklung (nach Blumhardt, der Jüngere)
© MB

2.9 Konvergenzen und Ausblick

Die zurückliegende Herausarbeitung der Typologien in der Frage nach dem Verstehen und Erkennen der Charismen, eröffnet den Horizont nach vorne zur späteren Diskussion der theologischen und empirischen Gesamtergebnisse (Kapitel V). Dem Leser wird es aber auch nicht entgehen, dass in dem sich unmittelbar anschließenden Kapitel II zu den theologischen Hauptfeldern die theologiegeschichtliche Rezeption der Typologien begegnen. Diese typischen Charismenverständnisse und ihre entsprechenden Zugänge für den Menschen bilden dann zusammen mit gegenwärtigen gesellschaftlichen Studien im empirischen Teil der Untersuchung den theoretischen Hintergrund für das begründete Design des Erhebungsinstruments (Fragebogen).

Ohne die Typologien einzunivellieren, genügt es für den jetzigen Zusammenhang, skizzenhaft auf das gemeinsame wirkungserschließende Erkennen der

Charismen aller Typologien hinzuweisen, das sich in einem dreifachen ineinander liegenden Beziehungsgeschehen ereignet. Die Primärbeziehung initiiert der dreieinige Gott souverän in seiner geschichtlich-offenbarenden Beziehung zum Menschen oder zu Gemeinschaften, denen er seine Charismen schenken will. Diese Offenbarung der Charismen wird unterschiedlich akzentuiert: In der Kirche stärker amtsgebunden; bei Thomas von Aquin mit der Tugendlehre verbunden; bei Luther durch die geschenkte Rechtfertigung in der Taufe gegeben und durch die Gnade Christi und Kraft Gottes im Glauben konstruktiv einsetzbar; bei Rahner psychologisch-mystisch; bei Zinzendorf und Blumhardt in der liebenden Jesusbeziehung und schließlich bei Weber durch soziologische Epiphanien.

Rezeptiver Charakter. Umgekehrt lässt sich bei allen Typologien ein rezeptiver Charakter der Charismen in unterschiedlichen – z. B. kognitiven und emotionalen – Zugangsweisen für das Individuum beobachten: Thomas von Aquin sieht ethische Antriebskräfte beteiligt; Rahner verortet den Vorgang im psychologischen Bereich; Zinzendorf betont emotionale Eingebungen, angeregt durch Gottes Wort und erwartendes Gebet; Luther hebt die Inanspruchnahme der Gnade und Kraft Gottes hervor; Blumhardt pointiert eine konstante Erwartungshaltung; Schleiermacher gewichtet gefühlsabhängige Gemeinschaftserfahrungen und Weber erklärt den rezeptiven Charakter der Charismen mit emotionalen Abhängigkeiten. Allen Typologien ist gemeinsam: Anthropologische Dispositionen (Persönlichkeitsstruktur, Biographie, Sozialisation) integrieren Charismen.

Kollektive Beziehungen. Daneben bedarf es bei allen Typologien im charismatischen Erkennungsgeschehen kollektiver Beziehungen – durch sozialreligiöse oder theologische Zuschreibungen, durch Impulsgeber oder zur Approbation mit (Luther, Rahner, Zinzendorf) oder ohne (Schleiermacher, Weber) personaler Christusbeziehung. Folglich benötigt das individuelle Aneignen der Charismen wechselseitige Kommunikation in relativ festen Gemeinschaften. Dieses dreifache Beziehungsgeflecht zwischen Gott, den Menschen und dem Nächsten verläuft in einem hermeneutischen Zirkel: Bei Zinzendorf und Schleiermacher ist zu sehen, wie der Einzelne nur dann wahrhaft zu sich selbst und zu seinen Charismen findet, wenn die Individualität aus der Gemeinschaft empfangen wird. Betont Schleiermacher dabei den gottesdienstlichen Rahmen im wechselseitigen Aufeinanderwirken und Wahrnehmen, so erlebt Zinzendorf jede geistinspirierte kommunikative Gruppenbildung als Entfaltungsraum der Charismen. Wie schon Luther greifen beide sprachlich die ntl. Metapher der Leib-Glied-Struktur als Wesen der Gemeinde auf. Innerhalb der gottesdienstlichen Verkündigung bringt Blumhardt die Wirkung seiner eigenen charismatischen Vorbilder glaubwürdig so ein, dass es mehr als eine historische Reminiszenz ist, sondern die Zuhörer herausfordert, augenblicklich anlog zu ihren verwandtschaftlichen Vorbildern die Charismen zu erleben. Dieser biographisch angelegte Zugang mit seiner prägenden Auswirkung ist bei Rahner angedeutet. Bei

Weber und Zinzendorf werden Führer- oder Gründerpersönlichkeiten zu Vorbildern. Ersterer begründet dies soziologisch-religiös, letzterer trinitarisch. In den Typologien kommt ferner die individuelle und hauptsächlich ekklesiologisch-charismatische Funktionalität der Charismen als entscheidendes Wesensmerkmal zur Sprache. Aus diesem Blickwinkel lassen sich Charismen erst nach erkennbaren Prozessen der Veränderungen wahrnehmen, was in speziellen Erziehungsgemeinschaften oder Gruppen auch für die soziologische Deutung gilt. Wesentlich ist auch die Entwicklung der Charismen durch gegenseitige Bindung zwischen einer Führungspersönlichkeit und seinen Nachfolgern (Weber).

Das dreifache Beziehungsgeschehen in den Erkennungsprozessen der Charismen umfasst mehrfache Schichten: Anthropologisch-pneumatisch unzugängliche Tiefenschichten und, ableitbar als Resonanz, die sinnlich wahrnehmbare Außenseite. Beides zusammen korrespondiert in unterschiedlichen Stärken mit dem kognitiven Hören des Wortes Gottes und menschlichen Impulsen. Außerdem kommt dem Gebet im Erkennungsprozess eine Bindegliedfunktion zwischen glaubensvollem Erwarten und göttlich offenbarendem Deuten individuell und kollektiv zu. In allen Typologien wird der Leib-Seele-Dualismus überwunden.

Kapitel II: Gegenwärtiger Forschungsstand

Teil 1: Charismenbegriff und Entdeckungstheorien

3 Charisma – ein theologisch schillernder Begriff

Ausgangspunkt dieser Teiluntersuchung ist die These, dass bis heute kein konsensfähiger Charismenbegriff im Feld der wissenschaftlichen Theologie vorliegt und darum auch im Kontext der Gemeinde fehlt.[256] Auf diese Problematik hat schon Ebertz hingewiesen (1999:237). Für die Frage, ob und wie Charismen zu erkennen seien, treten, aufgrund des wenig einheitlichen Charismenbegriffes, in der Praktischen Theologie unterschiedliche Handlungs-vorschläge und Deutungsmuster auf. In diesem Zusammenhang stellt sich die Spezialfrage, in welcher Beziehung natürliche Fähigkeiten oder Kompetenzen zu geistgewirkten Gaben stehen. Weiter ist zu ergründen, wie eine Verwandlung vom profanen zum geistlichen Status möglich ist, ob beide völlig getrennt von-einander existieren oder ob diesen Alternativen eine falsche Fragestellung zugrunde liegt.

Zu dem Charismenverständnis prägenden Geistbegriff existieren unüber-schaubare Veröffentlichungen (Henning 2000:9). Weniger beachtet ist die Frage nach dem Charismenbegriff. Es gilt, die neueren theologischen Grundpositionen der Praktischen Theologie und angrenzender Disziplinen zu befragen. Da die Praktische Theologie in den meisten Fällen keine eigenständige systematisch-theologische Grundlagenforschung durchführt, greift sie auf einschlägige Werke zurück und übernimmt damit die theologischen Prämissen. Angesichts dieser Vorgehensweise ist es erforderlich, die theologischen Fundierungen in ihrer wirkungsgeschichtlichen Bedeutung für die Praktische Theologie auf das hier bestehende Erkenntnisinteresse hin zu befragen. Angesichts ihrer inhaltlichen Überschneidungen sind die Entwürfe hier komprimiert dargestellt. Gerade die vergleichende Zusammenschau der Hauptvertreter der theologischen Haupt-felder zeigt zwischen den Entwürfen Verbindungslinien zu den Fragestellungen auf. Es geht also nun darum, die vorhandenen Ansätze zum Charismenbegriff mit ihren spezifischen Handlungsanweisungen, wie Gaben zu entdecken seien, zu klassifizieren und daraus programmatische Fragen zur weiteren Diskussion abzuleiten. Eine kritische Würdigung der Einzelentwürfe erfolgt in knapper Form.

---

256 Vgl. Fee (1994:886).

3.1 Hauptakzente theologischer Felder

3.1.1 Auswahlkriterien

Zu den lehrmäßigen Grundlagen der Praktischen Theologie gehört *erstens* die religionsgeschichtliche Schule[257] mit einem ihrer Hauptvertreter H. Gunkel. Er veröffentlichte sein bis heute nachwirkendes Werk: „Die Wirkungen des Hl. Geistes nach der populären Anschauung der apostolischen Zeit und nach der Lehre des Apostels Paulus" (1909).[258] Zu dieser Kategorie zählt auch W. Hollenweger (2002, 2002a), der aus einer Pfingstkirche stammt und die neuere ökumenisch-theologische Diskussion stark prägt. Einen Einfluss üben *zweitens* klassisch gewordene neutestamentliche Forscher wie F. Grau (1946) aus. Grau will dezidiert der praktisch-theologischen Forschung einen Beitrag leisten (:5) und wird vielfach wie E. Käsemann bis heute rezipiert.[259] Die neueren Exegeten, die sich mit den Charismen, sowohl im deutschsprachigen Raum[260] als auch international (J. Dunn, M. Turner, G. Fee)[261] auseinandersetzen, werden in der Praktischen Theologie kaum rezipiert, obwohl sie monumentale Werke vorlegen. Sie werden hier ebenso aufgenommen, wie der kath. Neutestamentler N. Baumert, weil er zusammen mit der Geistlichen Gemeinde-Erneuerung (GGE), einer spirituellen Erneuerungsbewegung in der Evangelischen Kirche, publiziert (1998:11-45). Für die neue Pfingstbewegung sind national *drittens* P. Schmidgall sowie international W. R. Menzies & W. Menzies als Vertreter zu nennen.[262] Weil die neue Pfingstbewegung mit ihren theologischen Ansätzen netzwerkartig mit den innerkirchlichen Charismatikern (GGE) verbunden ist, beheimaten sich ihre Grundgedanken auch in der EKD.[263] Ihr theologischer Einfluss ist aber aufs Ganze gesehen äußerst gering. Zusehends mehr Aufmerksamkeit erhält dagegen der 2004 gegründete „Interdisziplinäre Arbeitskreis Pfingstbewegung", als globale Dialogplattform akademisch pfingstlich-

257 Als Antwort auf die rationalistische Exegese im ausgehenden 19. Jh.
258 Vgl. etwa: Schmidgall (2011:329). Kritisch Rabens (2010:263-269) und Levison (2009). Choi (2007:4), Dunn (2006e:4f, 1997:255), Christoph (2005:11ff), Menzies & Menzies (2001:62), Horn (1992:13ff).
259 Zur Rezeption von Käsemann in der Praktischen Theologie: Zimmerling (2002b:128), Brockhaus (1987:37-42), Möller (1985:453f) und ntl. Exegese: Chiu (2007:236), Dunn (2006:558, 1997:348), Haughey (1999:9).
260 So Rebell (1990, 1989, 1988, 1986), Röhser (2001, 1996:243-265). Ebenso Berger (1995:399, 1985:192). Er definiert: „Charismen sind Gaben außerhalb der Normalität" (1991:234).
261 Vgl. J. Dunn, der zahlreich zur Geist- und Charismentheologie publiziert (2006, 2006a, 2006b, 2006c, 2006d, 1997, 1987, 1983), Turner (2000, 1999, 1998a, 1995, 1994). G. Fee hat für den englischsprachigen Raum ein monumentales Werk (1994) zur Geist – und Gabenkonzeption bei Paulus vorgelegt, das 2005 in einer kleinen Ausgabe in deutscher Sprache vorliegt.
262 Zusätzliche internationale Protagonisten sind in den Anm. verarbeitet.
263 Näheres vgl. H. Hemminger (2005b:455-470).

93

charismatischer und protestantischer Theologie, mit ihren Forschungsvorhaben an der Universität Heidelberg unter Leitung des Religions- und Missionswissenschaftlers Prof. Dr. M. Bergunder.[264] Als genuin Praktische Theologen publizieren *viertens* R. Bohren, M. Herbst, C. Möller und P. Zimmerling über die Charismen. Unter den freikirchlichen Theologen sind *fünftens* vor allem S. Großmann, M. Liebelt und natürlich C. P. Wagner, als prominenter US-amerikanischer Vertreter, zu nennen. An der Schnittstelle zwischen Praktischer und Systematischer Theologie publizierte O. Föller seine maßgebliche Arbeit zu den Prüfungsfeldern charismatischer Phänomene. Schließlich dürfen die beiden Systematischen Theologen J. Moltmann und M. Welker nicht fehlen, weil sie ausführlich Stellung zur charismatischen Frage beziehen und national wie international mit ihrem Geist- und Charismenbegriff wesentlich rezipiert werden.[265] Im Blick auf die spezielle Zugangsweise zur Geistestaufe und daraus hervorgehender Charismen[266] wird schließlich der internationale Systematische Theologe H. Lederle aufgenommen, der sich als Bindeglied zwischen reformierter und charismatisch-pentekostaler Theologie versteht.

Auch wenn die Diskussion um das Lehrsystem der Dispensationalisten[267] anhält, ist hinsichtlich der Forschungsfrage nicht gesondert auf sie einzugehen, da sie die Wirkung von Charismen in der Gegenwart nahezu ausschließen. Eine ihrer Hauptargumentationen besteht in der These, nach der Zeit der ersten Apostel bzw. nach dem Abschluss der neutestamentlichen Kanonbildung kämen die urchristlichen Charismen zum Abschluss (Sitzinger 2003:143-176).[268]

Im zurückliegenden Teil wurden grundlegende Positionen zum Charismenverständnis, samt ihrer Konsequenzen für das Erkennen der Gaben, dargelegt.

---

264 So werden Arbeiten, wie etwa die empirischen Forschungen im Feld der Praktischen Theologie von Cartledge (1996, 1998, 1999, 2002, 2002a, 2003, 2004, 2006, 2008) und Kay (2003, 2004, 2006, 2007, 2007a, 2008) aus dem anglikanischen Sprachraum wahrgenommen. Cartledge (2003) arbeitet mit dem empirischen Zyklus von Ven (1994) in seiner „Practical Theology. Charismatic and Empirical Perspectives", in der Cartledge die pfingstlich-charismatische Spiritualität untersucht.
265 Vgl. etwa International: Kärkkäinen (2008:105f, 125-132), Thiselton (2007:440f), Turner (1999:157f) kritisch zu Moltmann. Positiv etwa Land (1993:42). Kärkkäinen (2002:20f.132-139) und Yong (2005:172, 2000:117f) zu Welker. National: Zimmerling (2002a:29f.103f), Bedford-Strohm (1999b:346-351).
266 Vgl. auch Schmidgall (2011:311-337).
267 Im englischen Sprachraum als Cessationisten bezeichnet.
268 Vgl. zur dispensationalistischen Position, etwa Thomas (2003:287-310), zur Bibliographie: Swanson (2003:311-327), Dunn (1999:145-147), Nestvogel (1999:14 -22), MacArthur (1992). Grundsätzliches dazu, vgl. Föller (1997:322-323). Exegetische Argumente für das Aufhören der Charismen vgl. McDougall (2003:177-213). Gegenposition: Keener (2002:102-112), Turner (1999:182f.245, vor allem :278-293), Schnabel (1998:92-95), Riesner (1997:113-132), Grudem (1996, 1994:221-246). Entgegen dispensationalistischer Auffassung bezeugt die Tradition seit den Kirchenvätern charismatische Wirkungen, vgl. ausführlich N. Baumert (2001), Föller (1999:115-167). Hinsichtlich der Sprachenrede vgl. Schnabel (1998:87).

Das Gesamtbild präsentiert eine große Vielfalt an nuancierten Ausführungen. Der folgende Abschnitt klassifiziert die theologischen Positionen zum Charismenbegriff mit dem Ziel, einen übereinstimmenden Ansatz herauszuarbeiten und eine Theorie des Erkennungsvorgangs zu entwickeln.

3.1.2 Dialektisch-fragmentarische Dimension

Zum dialektisch-fragmentarischen Deutungsmuster der Charismen zählen Vertreter, die ihren gemeinsamen Nenner darin vereinen, dass sie die übernatürlichen Gaben und natürlichen Fähigkeiten verbinden.[269] Neuere Dissertationen in der Praktischen Theologie wie der kath. Theologe Viehhauser und die ev. Forscherin Obenauer[270] stützen diese Auffassung. Biographische Vorgaben (Persönlichkeitstypus) und soziale Prozesse führen die Vertreter anthropologisch auf die Schöpfungstheologie zurück und verbinden sie mit der pneumatologischen Dimension.[271] Die genannten Autoren sprechen einerseits erst von Charismen, wenn der Geist sie souverän und darum voraussetzungslos austeilt. Andererseits können Charismen vorliegen, wenn sie auf den anthropologischen Grundausstattungen aufbauen und sich linear weiterentwickeln, insofern sie mit dem dreieinigen Gott in Verbindung kommen und für den Nächsten in der Gemeinde eingesetzt werden. Die Charismen bleiben aber stets fragmentarisch und tragen einen ambivalenten Charakter, weil das Übernatürliche sich mit dem Menschlichen durchmischt und zugleich unter dem eschatologischen Vorbehalt des „Noch-Nicht" steht.

Die grundlegende Stärke dieses integrativen Modells besteht in der kontinuierlichen Beziehung von Schöpfung und Neuschöpfung bis zur Eschatologie, die das Schöpfungshandeln Gottes heute in den Charismen würdigt. Zu den Kennzeichen der Charismen – die Erlösung vorausgesetzt – zählt das unverfügbar göttliche Geschenk des dreieinigen Gottes, das der Geist dem Menschen in seine Sozialität hinein vermittelt und darum eine empirisch untrennbare Einheit – von göttlichem Wirken und biographischer Prägung – ergibt. Zu ausgewiesenen Charismen entwickeln sich die individuell gegebenen Gaben aber erst, wenn sie im Dienst in göttlicher Liebe eingesetzt werden und – trotz ihrer Mischgestalt menschlicher Fragwürdigkeit – zum Aufbau der Gemeinde beitragen.

Was bisher beobachtet wurde, impliziert einen Entdeckungsprozess, der alles Biographische (Sozialisation, berufliche oder erlernte Fähigkeiten) einschließt. Daneben spielen die Persönlichkeitstypen eine wesentliche Rolle, denn

---

269 Diesen Ansatz teilen auch charismatisch-pentekostale Vertreter, wie etwa Williams in seiner Systematischen Theologie (1996:332f). Vgl. Rezension, Cross (1993:113-135).
270 Vgl. Viehhauser (2009:133.137) und Obenauer (2009:143).
271 Vgl. Zimmerling (2009:120), Obenauer (2009), Föller (1997) Bohren (1975); Großmann (1990) stellt pointiert fest, dass der Heilige Geist den Menschen „zu seiner schöpfungsmäßigen Einmaligkeit" befreit (:157).

Charismen nehmen dadurch, dass sie in die Person integriert werden, unterschiedliche Ausprägungen an und können sich durch unterschiedliche Zugänge erschließen. Ähnliches gilt für verschiedene Gemeindemilieus und Kulturen. Eine Schwäche, die von diesem Ansatz ausgeht, könnte darin bestehen, dass Charismen von den einen Vertretern zu etwas Gewöhnlichem heruntertransformiert, von den anderen hingegen unmerklich einseitig auf erlernbar pädagogische Gaben reduziert werden. Der Offenbarungsaspekt des dreieinigen Gottes tritt dabei in den Hintergrund.

3.1.3 Inklusivistisch-soziologische Dimension

Im Blick auf den Gesamtansatz dieses Modells ist zunächst der systematische Theologe *Moltmann* (1991, 1989) ins Auge zu fassen, dessen Konsequenzen in gewisser Hinsicht genauso faszinieren wie die von Welker (1993). Ausgehend vom theologischen Verständnis einer universellen Geistausgießung über alle Menschen in allen Kulturen, ist der Geist des Schöpfers und der Pfingstgeist für alle gegeben.[272] Demzufolge sind Charismen in allen Kulturen und sozialen Gesellschaften vorhanden. Folglich ist es für Welker nur konsequent, wenn er das in 1Kor 12-14 zu den Charismen Gesagte aus dem Bezugsfeld der Gemeinde heraus und in den Bezugsrahmen weltlicher Schöpfung und aktuell in die postmoderne, pluralistische Gesellschaft verlegt. Dieser Ausgangspunkt verbindet Moltmann und Welker. Wie bei Käsemann fallen darum Berufung und charismatische Begabung ebenso zusammen wie Aufgaben und Gaben. Moltmann (1991) will Gaben in Gemeinde, Familie und Beruf integrieren (:197). Eine Trennung zwischen natürlichen und übernatürlichen Charismen ist ausgeschlossen oder beide sind in ihren Übergängen fließend. Vor dem Hintergrund seines Grundansatzes entlarvt Moltmann im Diskurs mit den Erfahrungswissenschaften ihr anthropozentrisches Weltbild, das er durch seine „immanente Transzendenz" zu überwinden sucht (:47), in der es gilt, jede Erfahrung des Lebens mit ihrer transzendenten Innenseite zu entdecken. Nach Moltmann, der eine Fülle von Anregungen gibt, sollte im individuellen Fragen nach den Charismen nicht nach den Defiziten gefragt werden, sondern zuerst nach dem, was durch den Glauben schon gegeben wurde, nämlich die Heilsgabe des ewigen Lebens in Jesus Christus. Ausgehend vom „Möglichkeitsglauben" Jesu, berücksichtigt Moltmann auch die Hindernisse der Charismen, die nicht im aktiven Tun liegen, sondern „in der passiven Sünde .... verzweifelt darüber, nicht sich selbst sein zu können" (:202) und hält die unterdrückten Charismen der Frauen durch die

---

272 Weil Moltmann den Geist, der „auf alles Fleisch" ausgegossen wird, global deutet und zwar so, dass „alles Fleisch" weit mehr meint als „nur das kirchliche Fleisch" (:253), weitet er den Geistbegriff und zugleich seinen Kirchenbegriff auf die Welt, inklusive aller Menschen aus. Ebenso fällt die Deutung seines Schülers, dem Pfingstler Volf, aus (1996:213-224, 1988, 1987).

Männer für Sünde wider den Hl. Geist. Positiv gewendet: „die charismatischen Möglichkeiten werden durch Vertrauen geweckt: durch Gottvertrauen, Selbstvertrauen und durch Zutrauen der Nächsten" (:201).[273]

Um *Welker* (1993) in seinem Charismenverständnis richtig zu verstehen, ist nicht nur sein Buch „Gottes Geist" einzubeziehen, sondern auch seine übrige Literatur. Welker entwickelt, auf dem Hintergrund der abendländisch-aufgeklärten Geistkonzeption mit ihrem auf das gesteigerte Selbstbewusstsein fixierten Geist (:272f), einen anregenden Entwurf einer „realistischen Theologie" (:54f). Ausgangspunkt seiner Arbeit ist das „Prozessdenken" Whiteheads, der die „Subjekt-Objekt-, Ich-Du"-Relationen, d. h. die Beziehung zwischen Gott und Mensch, nicht grundlegend von der Theologie ableitet, sondern für einen europäischen Denkansatz hält. Darin fasst Welker das Subjekt (Gott) nicht mehr als Fixpunkt auf, weil er in einem relativen Weltverständnis aufgeht (Welker 1988:V). Von dieser Position definiert er seinen Geistbegriff als „öffentliches Kraftfeld" oder „Feld des Geistes" (Welker 1993:228) und Resonanzboden (:227.273). Von Resonanzboden spricht er deshalb, weil die Einwirkung des belebenden Geistes den Menschen sofort mit Charismen, in freier „Selbstzurücknahme" zugunsten anderer, in den Dienst nimmt (:224).

3.1.3.1 Evidenz sozialer Liebe

In der Weiterführung zeigt Welker das wechselseitige aufeinander Bezogensein von Individualität und Identität und Pluralität bzw. Pluralismus sowie der differenzierten Vielfalt der Charismen und der sich auswirkenden Einheit (32-38. 230). Ausdruck dieser spannungsvollen Prozesse sei die Liebe, welche im Gekreuzigten und Auferstandenen gemeinsam als verändernde Kraft zu erleben ist (:240). Ist Welkers Geistbegriff auch zweideutig, so rückt sein Verständnis von Charisma das „vergessene Proprium" der Liebe, gegen den Trend der Zeit mit ihrem Drang nach Selbstverwirklichung, ins Zentrum (Pöhlmann 1998:76).

Als Modus des Gabenerkennens zählt bei Welker wie auch bei Moltmann die Liebe, wie sie in ihrem Handeln zum Ausdruck kommt. Insgesamt ist die Sicht des schöpfungstheologischen Weltwirkens des Geistes zu würdigen, weil der Geist nicht allein für die Kirche reserviert ist. Hollenweger (1988) teilt diesen Ansatz. Im Duktus seiner weiteren Überlegungen hebt Hollenweger aber die scharfe Trennung zwischen dem Teufel und Gott auf (:102-120).

Es folgen nun Anfragen zu Welker und Moltmann, die hinsichtlich der unklaren Konturen bestehen, weil bei beiden Theologen die Exklusivität der Erlösung in Jesus Christus in der Pneumatologie zu verschwimmen scheint. Auf

---

273 Was Moltmann über die Weckung der Gaben durch den Dreiklang des Vertrauens betont, hat sein damaliger Assistent Strunk, Pfarrer der württembergischen Landeskirche, bereits 1985 als wesentlichen Grundzug einer „Theologie des Gemeindeaufbaus" (1987) vorausentwickelt.

jeden Fall schließt der anthropologische Geistbesitz Charismen als Grundkonstante der Menschen ein. Sollte das in dieser Konsequenz zutreffen, dann wären Charismen mit einem neutralen Gefäß vergleichbar, das entweder eine christliche, religionsübergreifende oder sozialpsychologische Füllung enthalten kann. Unter dieser Kategorie ist, im Anschluss an Weber, die religionssoziologische Dimension[274] einzuordnen, deren alltagssprachliche Begrifflichkeiten am häufigsten auftreten und wissenschaftlich untersucht werden. Dazu gehören im säkularen Bereich Begrifflichkeiten, wie etwa die charismatische Ausstrahlung bestimmter Personen, begabter Redner, souveräner Führungspersönlichkeiten in Management und Wirtschaft, Politiker, allgemeiner Hoffnungsträger, die Genialität charismatischer Wissenschaftler oder werbewirksamer Menschen in den Kommunikationsmedien oder neuerdings auch das politische Charismatikertum des Islam.[275] Diese charismatischen Ausformungen beschreibt Lenze (2002) in seiner Dissertation „Postmodernes Charisma", indem er das Hauptaugenmerk auf die charismatische Starverehrung und das kulturelle Phänomen charismatischer Markenprodukte legt (:145-199). Charismen zeigen sich unter dieser Kategorie an Menschen, die durch ihr Auftreten andere Menschen nachhaltig beeindrucken.

3.1.4 Extraordinäre Dimension

3.1.4.1 Potenzierte Erwartungshaltung

Zu dieser Kategorie zählen sowohl charismatisch-pentekostale Vertreter als auch ihrer Bewegung nahestehende Exegeten. Während die klassische Pfingsttheologie[276] noch die Taufe mit dem Hl. Geist mit der missionarischen Bevollmächtigung gleichsetzt und sie damit notwendig als Voraussetzung für den Empfang der Charismen verstanden hat (L. Eisenlöffel 2006:149-151),[277] argumentiert die moderne Pfingstbewegung differenzierter (Schmidgall 2011, 2005, Menzies & Menzies 2001). Sie setzt nicht alle, aber vor allem die prophetischen, offenbarenden und inspirierten Charismen (Sprachengebet und Prophetie), mit der Taufe des Geistes in Beziehung. Diese pneumatologische Aufeinanderfolge (Gotteskindschaft und Charismenvollmacht) hat laut Menzies & Menzies die Konsequenz, dass außerhalb der Pfingsttheologie weder gesteigerte Erwartungs-

---

274 Auf den Religionssoziologen Weber wird hier nicht mehr eingegangen. Vgl. Punkt 4.6.
275 Vgl. etwa Halm (2008:449-455).
276 Zur klassischen Pfingstbewegung vgl. Schmidgall (2008), Holthaus (2005:551-596).
277 Vgl. Schmidgall (2005:4-7), Kern (1997:219-225). Ausführlich: Schmieder (1982:324-345). Nach Erfahrung seiner Geistestaufe ändert der Systematische Theologe Williams seinen theol. Ansatz und nimmt die Lehren der klassischen Pfingstbewegung auf (1996:11.205). So Turner (1997:83), Macchia (1994:295). Auch Lederle (1988) behält also recht: Williams gibt die Dichotomie zwischen der Bekehrung und Geistestaufe nicht auf (:92-94).

haltungen bestehen noch intensiv für Charismen gebetet wird. Als Erkennungsmerkmale sprechen sie vom „*Gnadenprinzip*", das geistliche Reife als Voraussetzung disqualifiziert, weil Gott souverän schenkt (:195f), und vom
„*Erbauungsprinzip*" der Gemeinde, indem in Liebe dem anderen gedient wird
(:197f).

Kennzeichnend für diese Kategorie ist das radikale Separieren zwischen
menschlichen Begabungen und Geistesgaben, weil ihre Vertreter Charismen
exklusiv auf die Offenbarung des Geistes zurückführen (Menzies & Menzies).
Die Befürworter dieser Gabenkonzeption heben ein Wirklichkeitsverständnis
hervor, das bis heute mit Gottes exklusiver Offenbarung rechnet und damit zugleich alles menschlich Machbare zurückweist, wozu eine individuelle oder
gemeinsame Gabensuche mittels empirischer Methoden gehört. Der Stärke einer
unmittelbar gegenwärtig zu erfahrenden Offenbarung stehen Anfragen gegenüber, von denen nur andeutungsweise zu sprechen ist. Zu prüfen ist, ob das NT
von einer Auswahl an Offenbarungscharismen spricht und welche unter diese
Kategorie fallen. Außerdem stellt sich die Frage, inwieweit die unmittelbare
Geistoffenbarung mit anthropologischen Grundkonstanten und geschöpflichen
Grenzen korrespondiert.

3.1.4.2 Publizitäts- und Retrospektionskriterium

Eine weitere Charakteristik der Charismen formuliert Fee (1994), indem er
Charismen in ihrer Reichweite aufteilt. Da sind zum einen Charismen, die eher
im Hintergrund eines Gottesdienstes stehen, zum anderen die Gaben der
Prophetie, Sprachenrede und Heilung, die öffentlich in Erscheinung treten
(:887). Nach meiner Einschätzung zählt für Fee das Publizitätskriterium als
Maßstab, um Charismen zu erkennen. Alle unauffälligen Begabungen gehören
zum normalen geistgewirkten Leben.

Grundsätzlich schließt Turner (1999) diese Einteilung nicht apodiktisch aus,
prinzipiell zieht er aber keine Grenze zwischen natürlichen Fähigkeiten und
Charismen (:268f). Zusätzlich ist eine von Gott ermöglichte Gemeindeaufgabe
gleichzeitig ein Charisma (:270). Von daher hält Turner pointiert fest: Das
Erkennen der offensichtlichen und geräuschlosen (‚silent') Gaben ist nur
retrospektiv an der Frucht der Kirche möglich (:268).[278]

---

278 Turners Geist- und Gabentheologie verbindet die charismatische Bevollmächtigung mit
soteriologischer Funktion. Gemäß dieser Ansicht vermittelt der Geist Charismen als
Pfingstgabe in der Bekehrung. Jedoch erhalten die Glaubenden darin nicht alle Charismen, weil sie in vielfältigen Geisterfahrungen individuell charismatischer Augenblicke
oder in neuen Phasen von Aufgaben erweckt werden (1999:155).

3.1.4.3 Vollmächtiges Handeln und pädagogische Partizipation

Im Gegensatz zu Wagner, der abschließend behandelt wird, arbeiten Rebell (1989, 1991) und Röhser (2001) ihre Entwürfe zu den Charismen exegetisch auf. Ausdrücklich entwickelt Rebell seine Konzeption urchristlich, indem er sich nicht einseitig auf Paulus konzentriert, sondern das ganze NT einbezieht (1989). In den Evangelien greift er insbesondere die Aussendungsberichte auf, die von der Bevollmächtigung der Jünger und ihren Erfahrungen berichten (22-33). Rebell stellt fest, dass die Jünger „durch die Vollmacht, die Jesus ihnen verliehen hatte, selbst überrascht worden sind" (:32). Demnach erkennen die Jünger ihre verliehene Vollmacht (Charismen) erst in der akuten Konfrontation (Luk 10,17-20). Auch wenn Rebell explizit keine Charismen als Wirkung des Parakleten im Johannesevangelium feststellt, so betont er doch die „ausgeprägte Vollmachtstheologie",[279] die den Jünger Jesu in das vollmächtige Handeln der Wundertätigkeit und Machttaten einführt. Entscheidend sei dabei die christologische Begründung (:1991:75, 1989:67-84). In beiden Publikationen wirbt Rebell, die Glaubensvollmacht neu durch Gebet und Vertrauen zu gewinnen, damit Charismen erfahren werden. Darum fordert er zu einem „kontrafaktische(n) Glauben" auf (1989:146),[280] der etwas wagt, Lernprozesse einleitet, Rückschläge und Trägheit in den Gemeinden überwindet (:154). Darüber hinaus weist Rebell quer durch die ntl. Briefliteratur und einschließlich der Apg Belegstellen nach, die von Charismen sprechen.[281] Bemerkenswert ist Rebells (1993) pädagogischer Ansatz, der die Gemeinde als Erziehungsraum ansieht, in dem bereits Kinder in schlichte geistgewirkte Glaubensvollzüge ihrer Eltern hineingenommen werden (:115).

Kurz gesagt: Geistgewirkte Transformation geschieht durch Partizipation. Außerdem gilt es, das Vertrauen in die Glaubensvollmacht der urchristlichen Charismen wiederzuentdecken.

3.1.4.4 Nachahmungseffekte und Verifizierbarkeit

Schließlich ist auf Röhsers (1996) Entwurf einzugehen, der auf dem Hintergrund von 1Kor 12,7 eine Trennung von natürlichen und übernatürlichen Charismen

---

279 Vollmacht ist hier, wie schon für Wimber (2002), der theologische Zentralbegriff. Wimbers Ansatz nivelliert die unterschiedlichen Charismen in den Vollmachtsbegriff ein. Grundsätzlich gilt: Vollmacht kommt „nie im Plural" vor, sondern „stets in der Einzahl", während Charisma im Kontext der Gemeinde „spezifisch in der Mehrzahl" vorkommt (Hasenhüttl 1969:102). Die vielfältigen Charismen entfalten die gegebene Vollmacht in einem bestimmten Dienst der Leib-Glied-Struktur der Gemeinde. Ähnlich Merk (1968a:163).

280 Auf der Grundlage der exegetischen Ergebnisse (Rebell 1989:140-145), vgl. die perspektivische Erweiterung für heute (:146-155).

281 Etwa: Mk 16,17; Röm 1,11; Röm 15,18f; 2. Kor 12,12; 1Thess 1,5; Phil 1,27.2,1; Eph 5,18; Gal 3,5; Hebr 2,4.

ablehnt. Alle Charismen stellen für ihn „Manifestationen des göttlichen Geistes" dar (:257), die jedoch nur dann zu den qualifizierten Charismen gehören, wenn sie zur Erbauung der Gemeinde dienen. Grundsätzlich würden alle Charismen in der Taufe zugeteilt. Daher gelte es, schon Bestehendes wahrzunehmen. Die Sprachenrede dagegen sei durch einen „Nachahmungseffekt" charismatischer Autoritäten verursacht (:264). Allgemein deutet Röhser an, dass religiös charismatische Erfahrungen der Vermittlung durch „ästhetische Gestaltungen (wie Liturgie, Kunst, Musik)" bedürfen.

Schmidgall (2011) trägt noch einen soziologischen Aspekt der Geistestaufe und in der Folge das erkennbare Erleben der Charismen – insbesondere der Sprachenrede – in den Diskurs ein. Denn es sei gerade das Bedürfnis des postmodernen Menschen, vorrangig nach „Erfahrung, Spiritualität und Verifizierbarkeit" zu suchen (:333). Indem die gegenwärtigen Pfingstbewegungen auf diese drei Grundbedürfnisse durch Lehre und Praxis der Geistestaufe antworten, kommt es laut Schmidgall zum weltweiten Wachstum der Pfingstbewegungen.[282] Nach den einschlägigen Schriftstellen erhält die Geistestaufe in diesem Kontext für Schmidgall eine zentrale Rolle.[283] Die erlebbare Fertigkeit des Sprachengebets wird damit zu einem wesentlichen Faktor des Gemeindeaufbaus erklärt.

Ähnlich würdigt Lederle (2010) die lange vernachlässigten biblischen Charismen, welche erst durch die Geist- und Pfingstbewegung wieder entfaltet worden seien (:184). Nach den Anfragen von N. Baumert[284] modifiziert Lederle seine 1988 veröffentlichte Dissertation, indem er die Geistestaufe und die daraus hervorgehenden Charismen nicht mehr für alle Christen zur normativ erfahrungsbezogenen Dimension („experiential dimension") erklärt (2010:184. 225).[285] Lederle hebt aber weiterhin hervor, dass gerade die Charismen des prophetischen Dienstes, der Heilung und der Sprachenrede das Leben vieler Christen in einer besonders tiefen Weise verändern (:184). Anders als Schmidgall lehnt Lederle das Sprachengebet als fassbare Verifizierung der Geistestaufe ab (:185). Sonst aber sieht er im Sprachengebet eine Antwort auf den Rationalismus der Moderne und begründet damit das Sprachengebet in seiner überdimensionalen Wirkung für den Gemeindeaufbau weltweit. In seinem eigenen Entwurf legt Lederle innerhalb der Trinität den Fokus auf das Wirken des Geistes, indem er diesen zweifach unterteilt: In das externe Wirken der temporal vorkommenden Charismen („event-character") und in das konstant

---

282 So auch Kärkkäinen (2009:XiV-XV).

283 Zur theol. Auffassung der Geistestaufe der neuen Pfingstbewegung vgl. Lederle (2010: 99-105.169-181).

284 Vgl. N. Baumert (2001a:331-337).

285 Wie in seiner Dissertation scheint Lederle übernatürliche von natürlichen Gaben zu trennen (2010:202).

bestehende interne Wirken der Heiligung (:186-200).[286] Diese Aufteilung zwischen dem allgemeinen ethischen Geistwirken und den Charismen ist aufgrund des unbedingten Dienstcharakters der Charismen, im Gegensatz zu anderen Ansätzen,[287] bedenkenswert.

Lederle plädiert für die Offenheit vernachlässigter Charismen. Sein biographischer Bericht über die charismatische Ersterfahrung[288] enthält typische Muster anderer Theologen, die autobiographisch berichten:[289] 1. Defizitäre Selbsterkenntnis: Erfahrungshunger nach geistlicher Tiefe; 2. Partizipation an charismatischen Berichten oder Erfahrungen; 3. Intensive Beschäftigung mit einschlägigen Bibelstellen oder kirchengeschichtlichen charismatischen Erneuerungen; 4. Ablegen von Vorbehalten; 5. Individuelle oder gemeinsame Öffnung und Erwartung in Lobpreis, Anbetung für charismatisches Erleben und geistliche Erneuerung.

Als letzter ist Wagner (1993) anzuführen, der ein ausführliches Entdeckungs- und Gabenprogramm, sowohl für Gemeindeglieder als auch für die Pfarrerausbildung, entwickelte. Beide Konzepte richten sich konsequent auf den missionarischen Gemeindeaufbau aus. Daher zählt ihn Herbst (2010) zu den „Gemeindeaufbau-Experten" (:328). Als Protagonist ist er aber nicht einzustufen.[290] Andere vor ihm, besonders Wichern, führen bereits ein entsprechendes missionarisches Konzept zur Gabenentdeckung durch, das sich an den Gemeindebedürfnissen ausrichtet.[291] Eine zentrale Rolle nehmen freilich Wagners

---

286 Differenzierter Scheunemann (2000) mit dem vierfach unterteilten Geistwirken: evangelistisch, organisch-umgestaltend, charismatisch und pädagogisch (:5).

287 Vgl. Therons Ansatz (1999). Er trennt zwischen Wunderheilungen („faith-healing" or „spiritual healing") und göttlichen Heilungen („divine healing") (:51). Die göttliche Heilung (Jak 5) schenkt Christus durch den Hl. Geist im Rahmen der Gemeinde und ist im Vergleich zu den Wunderheilungen keine individuelle Geistesgabe im Sinne von 1Kor 12 (:60). Wunderheilungen werden außerhalb der Gemeinde eingesetzt. Werner (2007), Ev. Pfarrer und ökumenischer Missionstheologe sieht dagegen in „Gottes Schöpfung keine prinzipielle Hierarchie zwischen verschiedenen Gaben und Wegen der Heilung, wohl aber eine gegenseitige Ergänzungsbedürftigkeit" (:29).

288 Lederle (2010): theologischer Hintergrund (:158-160), persönliches Erleben (:202). Nüchtern fügt Lederle hinzu, dass der entscheidende Fehler des 20 Jh. darin bestand, persönliche Erfahrungen theologisch zu generalisieren (:204).

289 So etwa Großmann (2004:127-142), Bittner (2004:10-17.24), Menzies & Menzies (2001:22-24). Gerade diese Erwartungshaltungen führen zu immer neuen Bewegungen, vorrangig in charismatisch-pentekostalen Kreisen (Schrodt 2008:235).

290 Weil Wagner (1993) die großen Theologen des Pietismus übergeht, ist seine Einschätzung überzogen, wenn er die Ansicht vertritt, dass „keiner der großen Theologen" – einschließlich z. B. „Augustin, Luther, Calvin oder Wesley" - „das Konzept der geistlichen Gaben für den christlichen Dienst herausgearbeitet hat" (:159).

291 Wichern entwickelte aus der damaligen sozialen Not der Menschen heraus eine an ihren Bedürfnissen orientierte missionarische Gemeindearbeit und darin ein pädagogisches Programm zur Gabenentdeckung (Barth 1990:96). „Charismen sollen nicht getötet, sondern geweckt werden. Der Herr hat sie in den Schoß seiner Gemeinde zum Bau

entwickelte Gabentests ein, die fast alle anderen Gabentests weltweit beeinflusst haben. Mehr zur Darstellung von Wagners Konzept erfolgt in den Ausführungen zu den Gabentests.

3.1.5 Christozentrisch-heiligende Dimension

Angesichts der zentralen Stellung des auferstandenen Christus und einem Leben mit ihm, sind all jene Vertreter diesem Modell zuzurechnen, die, wie Käsemann, der anschließend diskutiert wird, die Charismen christologisch auslegen (N. Baumert, Dunn, Föller, Herbst). Sie stellen, wie auch die relational-personale Typologie bei Luther, den erhöhten Christus als Herrn ins Zentrum des Lebens, der die Ich-Du-Beziehung[292] und alle Bereiche durchdringen will, wozu das Leben im Geist und in den Charismen gehört. Ähnlich wie in der alten Kirche, vereint sich die Charismendeutung mit den Heilsgaben, wobei die Heiligung des Lebens die Präferenz erhält. Insofern gehören auch Frucht und Gaben des Geistes eng zusammen. Darin stehen sich besonders Herbst, Föller und N. Baumert nahe. Diese Vertreter legen, wie Abbildung 6 zeigt, um das christologische Zentrum, als innersten Kreis der Erlösung, den der Heiligung mit der Frucht des Geistes und den dritten Kreis, der die Charismen als „Zu-Gabe" (Herbst, N. Baumert) oder „Dienst" (Föller) in der Gemeinde qualifiziert. Der letzte Kreis öffnet die Perspektive für das Geistwirken der Charismen außerhalb der verfassten Kirche (N. Baumert, Bohren).

---

seines Reiches verwahrt; sie schlummern, aber sie sollen zur Arbeit sich regen! Eine bloße Kirchenverfassung schafft das nicht, sondern dazu bedarf es anderer Kräfte in Familie, in Schule, in Kirche [...] (um Charismen) mit zarter Hand zu pflegen: worauf es zuerst und vor allem ankomme, sei nicht das Anstellen irgendwelcher Experimente, sondern die Erweckung des persönlichen Glaubenslebens" (Meinhold & Brakelmann 1980:131). Wichern versteht die Charismen unter der schöpfungstheologischen Deutung. Weiter konstatiert Barth: Wichern „hat erfasst, dass es nicht genügt, Charismen zu wecken, ohne die Bedürfnisstrukturen zu kennen, innerhalb derer sie sich auswirken sollen. Gaben und Bedürfnisse einer Gemeinde bzw. innerhalb der Kirche müssen sich entsprechen" (Barth 1990:103).

292 So vgl. etwa Herbst (2010:287).

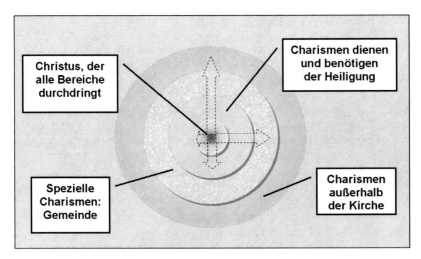

Abbildung 6: Christozentrisch-heiligende Charismendimension (© MB)

Weil sich Herbst zum einen der Luthertradition verpflichtet, stellt er die Charismen analog zum allgemeinen Priestertum der Gläubigen dar, was im Rahmen des Gemeindeaufbaus zwar zum allgemeinen Dienst motiviert, aber die individuelle charismatische Begabung einnivelliert. Zum anderen transformiert Herbst das nachhaltige Plädoyer Wagners für eine gabenorientierte Pfarrerausbildung als kybernetisches Konzept in den landeskirchlichen Zusammenhang.[293]

In seiner Dissertation (2010) redet Herbst pragmatisch und paränetisch vom sich Öffnen gegenüber dem Geist, weil er neue Gaben in den Gemeinden schafft, (:361) oder vom betenden Reflektieren über „geöffneten Türen", damit die Gemeindebedürfnisse und Charismen zusammenfallen (:393). Weiter stellt er fest, Mitarbeiter sollen sorgfältig dem „Wirken des Heiligen Geistes nachspüren" und auf diese Weise die unauffällig Begabten in der Gemeinde nicht übersehen (:364). Immer aufs Neue plädiert Herbst für die kleine geistliche Zellgruppe als „kybernetisch–aszetische(n)" Ausbildungsort, einem „Lern- und Lebensraum", in dem Charismen entdeckt werden.[294] In seinen Kleinschriften entwickelt Herbst seinen Ansatz weiter, wenn er im Rahmen einer postmodernen Pastoraltheologie das berufliche Profil des Pfarramts umschreibt und dazu auffordert, Charismen mit allen empirisch verfügbaren Mitteln zu fördern (2008:246, 2001c:35-68).[295]

---

293 Vgl. die Passagen zwischen Wagner (1993:85-101) und Herbst (2010:332-338).
294 Vgl. Herbst (2010:353.359.361.363.364).
295 Seine Überlegungen und Graphiken zu Eph 4 (Herbst 2001c:50) wurden bereits 1988 von Schaible publiziert (:43f). Der postmoderne Pfarrer soll kein „Alleinunterhalter" sein, sondern eine Führungsperson, die nach Gaben sucht (Herbst 2008:246).

Auch Föller (1997) spricht pointiert vom Dienstcharakter der Charismen und im Anschluss daran über die wirkungsvollen Veränderungen in der Gemeinde.[296] Daneben ordnet er Charismen, wohl in der Tradition Luthers,[297] unter den Totalaspekt der Rechtfertigung als partiellen Aspekt der Heiligung.[298] Konkret denkt Föller hier einerseits an vielfältig mögliche Trennungserscheinungen in Form des Charismas ohne Kreuzesnachfolge, dem „Charisma als Ersatz für die Heiligung" (:387) oder dem „Charisma als Flucht vor der Wirklichkeit",[299] ebenso wie an additiv-menschliche Verzerrungen in der Gestalt, dass Charismen mit Herrschaftsmitteln, Stolz und Sensation gepaart werden. Umgekehrt akzentuiert Föller andererseits ein qualifiziertes Wachsen in der Heiligung durch eine alltagsprägende Frömmigkeit, die im gemeinschaftlich-ergänzenden Vollzug des Erkennens von Charismen die nötige geistlich-intuitive und prophetische Einsicht ermöglicht. Auch N. Baumert (2001) und Dunn (1997) sind kategorial mit ihren Charismenverständnissen hier einzuordnen, weil beide einen situativen Ereignischarakter (:254) betonen und N. Baumert (2001), der in der Abwehr des Charismas als *terminus technicus* (Einzelbefähigungen) einen pointierten Geschenkcharakter vorträgt (:82).

Obwohl N. Baumert Charismen unter empirischer Bewertung weder für greifbar hält noch als Manifestation der Kraft Gottes zum Dienst funktionalisieren will (:82), ist es umso erstaunlicher, dass er bereits in einer seiner früheren Publikationen eine ausgefeilte Anleitung vorlegt,[300] wie Charismen zu entdecken sind. Einige Stichworte sollen genügen.

---

296 Auch wenn Föllers (1997) Forschungsfrage nicht das Erkennen der Gaben behandelt, sondern die Frage nach der Geistesunterscheidung zwischen guten und bösen Geistwirkungen stellt, enthält seine Untersuchung Hinweise zum Erkennen der Charismen. Gaben werden etwa durch geistlich individuelle und gemeinschaftliche Hingabe an Jesus Christus erkannt. Neben einer Ausgewogenheit von Lehre und Lebensgestaltung, Einheit und einer ergänzenden Ein- und Unterordnung plädiert Föller vor allem für die Prophetie (1Kor 14,29) in der kommunikativen Gemeinschaft (:384-387).

297 Vgl. Bayer (2007:264).

298 Vgl. den Exkurs von Schrodt (2008) zum dialektischen Verhältnis zwischen „charismatischem und heiligendem Wirken des Geistes" (:417-20).

299 Föller (2007:209).

300 Ausführlich N. Baumert (2001:231-240, 1998:25-28.30-35.99f.167, 1986:16.135-145).

3.1.5.1 Erkennungskriterien

• Weitergabe unter Handauflegung
• Aktive Teilnahme in verbindlich kommunikativ agierenden Gemeinden
• Approbation im Sinne einer gemeinschaftlichen Bestätigung
• Approbation in der Weihe / Ordination (Voraussetzung: persönliche Berufung und Eignung)
• Jeweilige Offenheit auch im Amt und Amtscharisma
• Charismatische Erscheinungsbilder benötigen die Deutung des Hl. Geistes – als liebend Erkannter erkennen (Haltung des Empfangens)
• Reflektierendes Nachfragen
• Langjähriger Reife- und Wachstumsprozess (durch neue Berufungen sprunghaftes Erkennen neuer Charismen)
• Durch rezeptive Vorgänge in kreativer Vielfalt
• In missionarischen Diensten begleitende Charismen bittend erwarten
• Mit Wundern rechnen (kindlich um Wunder beten)

Tabelle 10: Prozesshafte Konzeption zum Charismenerkennen (nach N. Baumert) (© MB)

Neben diesen positiven Erkennungskriterien führt N. Baumert (1986) permanent zur geistlichen Mitte in Christus und einem vom Hl. Geist durchdrungenen Leben zurück. Ausgehend von dieser geistlichen Mitte fragt er nach der „Echtheit geistlicher Erfahrungen" (:136). Denn selbst, wenn alle menschlichen Bereiche in die Person integriert werden, können die Christusmitte verdeckt und in der Folge Charismen verzerrt werden:[301] Natürliche Fähigkeiten spielen sich in den Vordergrund; auffallende Charaktereigenschaften geben sich als Charismen aus; sozialer Aktivismus oder höchste musikalische Ästhetik verschieben die Proportionen vom Geistwirken zur Selbsterfahrung (:137). N. Baumert konstatiert, dass neben allem Echten auch mit Imitationen zu rechnen ist, einschließlich aller Mischformen. Zur Deutung der Charismen bedarf es laut N. Baumert weder eines rationalen Rezeptes noch eines reflektierenden Theologen, notwendig ist vielmehr ein geistliches Wahrnehmen unter Mithilfe der geistlichen Gemeinschaft (:138f).

Zu den *objektiven Kriterien* zählt N. Baumert: Die trinitarische Grundstruktur, die Übereinstimmung mit Gottes Wort, die Lehre der Kirche, die Dialektik des charismatisch erfahrbaren und nicht erlebbaren Gottes auszuhalten und sich dennoch von ihm geliebt zu wissen, die Erfahrungen des sakramentalen Lebens in der Kirche, die Erfahrung der Charismen für das eigene geistliche Leben und des Leibes Christi. Die mehr *subjektiven Kriterien* schließen „perso-

---

301 Vgl. N. Baumert (1986:136-139).

nale Verhaltensweisen, Reaktionen und Wirkungen" ein (:140). Neben der Bereitschaft zur Mitarbeit und den grundsätzlichen Glaubensinhalten, wie etwa Liebe, Besonnenheit und rechtes Maß, gehören auch die Tugenden aus Gal 5,22, die aber nicht in vollständiger Gestalt vorhanden sein müssen. Zu fragen ist weiter nach den *formellen Kriterien,* zu denen N. Baumert in Aufnahme der Vätertradition innere Reaktionen im Umgang mit den Charismen einbezieht.[302] Problematischer ist aber der Zusammenhang von natürlichen Fähigkeiten und übernatürlichen Begabungen.

3.1.5.1.1 Schöpfungs- und Heilsordnung

Für N. Baumert (2001) hat die Bestimmung der Schöpfungs- und Heilsordnung außerordentliche Folgen für den Umgang und das Erkennen der Charismen und ihrer Phänomene, weil beide Ordnungen einander zum Verwechseln ähnlich sind (:243). Er greift ein weit verbreitetes Missverständnis auf, nach dem ein Mensch angeblich umso geistlicher sei, je weniger natürliche Kräfte in ihm wirkten. Dagegen setzt er die Überzeugung, das Natürliche sei vom Übernatürlichen her gesteuert und durchdrungen. Das *eine Problem* seien also die naturwissenschaftlichen und innerweltlichen Maßstäbe, an denen folgende Entscheidungen fallen: Die unauffälligen Charismen werden als natürliche Fähigkeiten bewertet und die spektakulären Charismen den übernatürlichen Begabungen zugeordnet.

Das *andere Problem* ist laut N. Baumert zugleich das wichtigste Kriterium, das mit der Frage nach dem geistlichen Zentrum eines charismatischen Vorganges verbunden ist: Tragen charismatische Erfahrungen „die typischen Kennzeichen des *Pfingst*geistes?" (:245). Wirkt also der Geist überraschend und ungeplant und ist das charismatische Wirken „auf die Erlösung der Welt in Christus hingeordnet" [...] also „durch (die) Kirche hindurch oder auf (die) Kirche hin?" „Handelt der Mensch im Gehorsam gegen Gott oder eigenmächtig" (:245)? Der rechte Gebrauch aller Charismen verbindet damit das Alltägliche mit dem geistlichen Leben.

Deshalb lehnt es N. Baumert ab, dass Charisma als „natürliche" Begabung definiert wird, die „vom Geist Gottes in Dienst genommen wird"(:242). Damit wäre Charisma für ihn ein grundlegendes „Element der Schöpfungsordnung", was seiner Definition des typischen Gnadengeschenkes zuwiderläuft und vor allem die Charakteristik der neuen Heilsordnung verliert. *Charisma ist „vielmehr die von Gott kommende neue Kraft, welche die Natur reinigt, integriert, und zugleich - oft weit! - übersteigt"* (:242f, kursiv MB). Andererseits betont N. Baumert, dass *jedes Charisma „nach dem Maß des Empfangenden"* [...] *durch*

---

302 Zu den Wahrnehmungen gehören etwa: Freude, Frieden, Klarheit und Bewegtwerden zu Dank und Anbetung oder eher dunkle Gemütsbewegungen. Als weitere Klärungshilfen: Andere in diese reflektierenden Fragen einbeziehen (N. Baumert 1986:140f).

das menschliche Subjekt vermittelt wird".[303] Hier wird die Typologie von Thomas von Aquin transparent. Das Geschöpfliche wird zwar „nicht übersprungen, aber doch „relativiert" und in Beziehung zum „größeren Wirkprinzip" der Charismen gesetzt (:247).

Selbst wenn Charismen auch außerhalb der erfassten Kirche zu empfangen sind, legt N. Baumert äußersten Wert auf die Gestaltwerdung, Approbation und Weiterentwicklung der Charismen in der Lebensgemeinschaft, damit sie „lebensfähig" bleiben.[304] Kurz gesagt: Charismen benötigen die Integration, die „‚Verleiblichung' im ‚Leib Christi'" (1998:27).

3.1.6 Universalistische Dimension

Wohl kein anderer wie Käsemann hat die Praktische Theologie in seinem Charismenverständnis so sehr geprägt. Das liegt daran, dass er früh die Thematik exegetisch präsentierte, bevor die Fragestellungen um die Charismen drängend wurden. Ausgangspunkt seiner Ausführungen im Artikel „Amt und Gemeinde im Neuen Testament" (1970) ist die Frage, welcher neutestamentliche Begriff den Amtsbegriff abdeckt. Käsemann stellt fest, dass präzise und umfassend nur der Charismenbegriff in Frage kommt, weil er Aufgabe, Wesen und Funktionen des kirchlichen Handelns adäquat beschreibt (:109). Die Grenze der Charismen, um es mit Käsemann (2004) zu sagen, ist nicht nur dort radikal zu setzen, wo das Bekenntnis zu Jesus als dem Herrn fehlt, sondern besonders auch dort, wo Jesus nicht Herr in den geistlichen Lebensvollzügen sein kann und die Möglichkeit des Dienens in der Gemeinde und der Welt nicht mehr als „Angriff der Gnade" verstanden wird (:1276). Käsemanns Charismenverständnis weist in mehrfacher Hinsicht zu würdigende Besonderheiten auf. Eine *erste* Besonderheit liegt in seinem Ansatz, in dem er Christus als Weltherrscher markiert. Von da aus versteht er Charismen als Offenbarung Christi für die Welt. Sein Dienstcharakter der Charismen erhält einen repräsentativen Hinweis auf Christus. Damit sind Charismen als christusbefähigte Begabungen qualifiziert. Als *zweite* Besonderheit überwindet Käsemann die Trennung zwischen Amtscharisma und charismatischer Ausübung und zwischen natürlichen Fähigkeiten und übernatürlichen Begabungen, wie auch zwischen Berufung und Begabung. Damit

---

303 „So sind Erkenntnisse, die der Geist schenkt, durch den menschlichen Verstand gestaltet. Insofern ist es nicht unmöglich, sondern zu erwarten, daß Gott bei einem prophetischen Wort an verborgene Erkenntnisinhalte im Menschen anknüpft und sie in das geistliche Geschehen integriert" (N. Baumert 2001:247).

304 N. Baumert (1986) hinterfragt eine Frömmigkeit – insbesondere im deutschen Sprachraum, die „trotz richtiger Theorie und der Betonung von Liturgie" schnell „in eine falsche Innerlichkeit" abgleitet und damit zugleich in einem „schädlichen Individualismus" verharrt. Demgegenüber fordert er als wesentliches Element dazu, miteinander im gegenseitigen Austausch und in der Teamarbeit zu kommunizieren, weil es auf diesem Wege zur Gestaltwerdung komme (:99).

relativieren sich auch die spektakulären Charismen. Weil Christus überall als Herr gegenwärtig ist, gilt als *dritte* Besonderheit die ekklesiologische Einbettung der Charismen. Darüber hinaus weitet Käsemann die Charismen über die Grenzen der lokalen Kirche hinweg aus und bezieht sie in das Berufs- wie Familienleben und die Mission ein (1970:116).[305] Denn letztlich treten überall dort Charismen auf, wo Christus der Herr sein darf. Als *vierte* Besonderheit akzentuiert Käsemann die Liebe. Sie allein reguliert die Charismen und ist ihr letzter Maßstab (:116).

Von diesem Gesamtansatz herkommend, der alles Leben unter dem Kyrios als Charisma darstellt, ist jegliche Gabensuche oder ihr Entdecken überflüssig. Diesen bedenkenswerten Besonderheiten stehen Einwände gegenüber. Einen *ersten* publizierte Möller (1988). Er fragt, ob Käsemann Charismen in ihrem Verständnis nicht ethisiert. Nach Möller geht bei Käsemann der schenkende Charakter verloren (:54). Angesichts dessen, dass alle Verhaltensweisen bei Käsemann als Charisma ausgewiesen werden, wiegt der *zweite* Einwand schwer, denn es muss hinsichtlich des Neuen Testaments zur Kenntnis genommen werden, dass in den urchristlichen Gemeinden von speziellen Charismen die Rede ist (Black 2002:39), die überdies individuell zugeteilt werden. Zuletzt stehen dogmatische Einwände zur Diskussion. Ordnet Käsemann die Pneumatologie so sehr unter das Wirken des erhöhten Kyrios ein, dass sie ganz in der Christologie aufgeht? Gleiches gilt für die schöpfungstheologischen Begabungen zu fragen. Überhaupt scheint der trinitarische Gott nicht gebührend in den Blick zu kommen. Wenn Käsemanns Überzeugung aber doch zutrifft, käme dies einem Paradigmenwechsel gleich. Die bisher vertretene Charismenlehre würde besonders die Vertreter infrage stellen, welche von einem dezidiert eingeengten Charismenbegriff als Einzelbevollmächtigung ausgehen.

3.1.7 Relationale Dimension

Wie der relationale Typus bei Luther, vertreten all jene ein Beziehungsmuster, die den Charismenbegriff weder prinzipiell als *termins technicus* im Sinne individuell-substanzieller Fähigkeiten noch als exklusive Geistesgabe verstehen, sondern vielmehr als wahrzunehmende Gemeindeaufgabe, die aus einer Beziehung zu Christus geschenkt wird (Dunn, Herbst, Liebelt). Demzufolge weitet sich der Charismenbegriff fast zu jeder Tat in der Gemeinde aus und kommt so dem Grundverständnis von Käsemann nahe. Unterschiedlich sind die akzentuierten Perspektiven. Käsemann begründet seinen Charismenbegriff mit dem Leben unter der Herrschaft des Christus, Liebelt führt ihn auf die jeweils aktuelle Christusbeziehung zurück und Fee ist mehr an der Geisterneuerung

---

305 Weiter begründet Käsemann (1970) von allen paulinischen ἐν κύριος Belegstellen, dass Christus als Kosmokrator „tief in die Profanität der Welt" seine Charismen offenbart (:116).

orientiert. Letzterer erhebt Einwände gegen eine charismatische Einnivellierung auf alle Dienste, was Käsemann und Liebelt ausdrücklich betonen. N. Baumert (2001) kann insofern zu diesem Ansatz gezählt werden, als bei ihm die Gaben immer wieder neu von Ereignis zu Ereignis gegeben werden. Statt von relationalem Ansatz spricht er vergleichbar vom „ereignishaften" Geben (:227). Die Charismen werden also aktualisierend zugeteilt.

3.1.8 Zirkulär-erkennende Dimension

Möller (2004) unterbreitet einen bedenkenswerten Ansatz, der im Vergleich mit anderen Positionen aus dem Rahmen fällt. Einerseits vertritt er im Anschluss an Schleiermacher einen tendenziell philosophischen Ansatz auf der Meta-Ebene, ohne aber dessen dezidiert anthropologischen Geistbegriff zu übernehmen (1990b:18-36). Andererseits lehnt er, ähnlich wie N. Baumert, den Dienstcharakter des Charismatischen ab. Während N. Baumert das Charisma nicht „verzwecken" will,[306] ist Möllers (1990a) Charismenbegriff wesentlich von seinem Gottesdienst– und Taufverständnis bestimmt. Im Gottesdienst setzt er nicht beim Tun des Menschen an, sondern beim „Empfangen" und „Sich-Beschenken" lassen (:301). Charisma ist daher laut Möller nicht als Sammlung zur Sendung zu funktionalisieren, weil es sonst „kein Charisma als Gnadengabe mehr" geben würde, „sondern eine Gabe, die zur Aufgabe verpflichtet" (:55). Vielmehr geht es Möller darum, ähnlich wie bei Schleiermacher, Charismen „als Chance zur Selbstentfaltung und Möglichkeit zur Selbstverwirklichung" (:56) zu erkennen. Die Taufe als objektives Datum[307] macht den Getauften durch das Wirken des Geistes zum ‚Charismatiker' (1991:120).[308] Beide Grundansätze – N. Baumert und Möller – führen zu keiner wirklichen Praxisanwendung im Sinne eines gabenorientierten Mitarbeitens, zumindest ist es bisher so nicht publiziert.

Auffällig ist Möllers Gebrauch seines Spontaneitätsbegriffs, den er als charismatisches Ritual hinterfragt (1990b:317), selbst aber häufig als Wirkung der Geistesgegenwart - wohl im Anschluss an Zinzendorf - im Einsetzen der Charismen wünscht (:312.317.380f). Die anwendungsorientierte Seite beschreibt Möller so, dass „die Gaben der Gemeinde zum Zuge kommen und *der Gottesdienst ein gegenseitiger Begabungsprozess zur Ehre Gottes* wird, was den Aufbau der Gemeinde aufs Kräftigste fördert" (2004:105, kursiv MB). Dieses gegenseitige Begaben stellt Möller als selbstvergessenes, oft verborgenes, selbst-

---

306 N. Baumert (2001:240).

307 Die Taufe gilt für Möller als Dreh- und Angelpunkt für den Gemeindeaufbau (2001:92) ohne einen Taufsakramentalismus zu postulieren.

308 Die Wendung „Priestertum aller Getauften" hält Möller für den Parallelbegriff (1990:160), dagegen bedeutet die Rede vom „Priestertum aller Glaubenden" eine Abschwächung.

verständliches „Wechselgeschehen" im Nehmen und Geben in Bezug auf den Nächsten vor (1990b:365).

Insgesamt spiegeln Möllers theologische Grundgedanken Schleiermachers philosophische Ausführungen wider, ohne seinen dezidiert anthropologischen Geistbegriff zu übernehmen (:18-36). Einerseits nimmt er den Gedanken der „lebendigen Circulation" als inneres Gemeindeprinzip auf (:18f), andererseits versteht er den Gottesdienst als kultische Mitte der Gemeinde (:32). So ist es nach Möller möglich, dass durch Lesung und Predigt des Wortes „jeder sich als ein bestimmtes Glied am Leib Christi mit seinen Gaben erkennen" kann (:329). Auch in der Frage, wie Charismen im Miteinander der Gemeinde (1Kor 12) und Zusammenhang der eigenen Identitätsfindung zu entdecken sind, klingt Schleiermachers Ansatz durch. Möller bemerkt wie schon früher, in seinen feinen Zwischenbemerkungen seiner „Einleitung in die Praktische Theologie" (2004), dass er sich gegen alles Instrumentalisieren in den Handlungsfeldern der Praktischen Theologie abgrenzt und seiner Position einer Wort-Gottes-Theologie, ohne dies explizit auszudrücken, treu bleibt.

3.1.8.1 Umdeuten und Erkennen im Licht des Hl. Geistes

Weiter hält Möller (2004) den hebräischen Erkenntnisweg („jada'), den Paulus in 1Kor 8,2 aufnimmt, für ausschlaggebend: *„Es ist ein Erkennen, das sich vorrangig schon erkannt weiß und sich im Akt des Erkennens immer schon mit dem Nächsten vor Gott zusammengeschlossen weiß"* (:36, kursiv MB). Eine analoge Erkenntnisrelevanz führt N. Baumert (1986) auf 1Kor 2,14 zurück. Für ihn sind Charismen einzig im Licht des Hl. Geistes und dem zu Gott offenen Menschen „als Antriebe in sich wahrzunehmen" möglich.[309] Nach Föller (1997) bedarf es auch des Charismas der Geisterunterscheidung, denn Charismen werden durch Charismen erkannt. Insbesondere Rebell (1991) weist den zirkulären Erkenntnisprozess der Geisterfahrungen generell[310] und der Charismen im Besonderen nach.[311] Anders ist es bei Möller (2004), wenn er das liebende Erkanntwerden als „Baukraft" paulinischer Oikodome bezeichnet (:37). Aus diesem Geist des Erkennens würden sich Fertigkeiten in Charismen verwandeln. Dieses Erkanntwerden ist bemerkenswert, denn laut Möller macht es geradezu den Charakter des paulinischen Charismabegriffes aus, „durch die der Leib Christi erbaut wird" (:37). Möller konstatiert, wie Charismen in Beziehung zu den natürlichen Fähigkeiten erkannt werden:

> „In der Verwandlung von Fertigkeiten und Kompetenzen zu Charismen durch den Geist des liebenden Erkennens kann es zu einer erstaunlichen Umwertung der Werte kommen, dass nämlich eine spektakuläre Fähigkeit im Prozess des gegenseitigen

---

309 N. Baumert (1986:130).
310 Vgl. Rebell (1991:68-72).
311 Vgl. Rebell (1991:152-157).

Gebens und Nehmens sich höchst blockierend und geringfügig ausnimmt, während eine unscheinbare Fertigkeit, ja eine Schwachheit oder gar ein Leiden sich als eine bereichernde Gabe erweist" (:38).

Die pneumatische Zirkularität dieser erkenntnisgewinnenden Struktur erinnert an die mystischen Charismenzugänge, wie sie Rahner entfaltet. Mystisch ist die pneumatische Zirkularität aber deshalb nicht, weil der Mensch und Gott nicht ineinander verschmelzen, eine Subjekt- und Objekttrennung bleibt bestehen. Außerdem ereignet sich das zirkulare Erkennen in und durch Begegnungen. Möller vertritt mit seinem Verwandlungsansatz auch keine Wandlung vom profanen Status natürlicher Fähigkeiten zu geistlichen Begabungen, sondern spricht von einer Umwertung im Licht des Hl. Geistes. Dies geschieht, indem jeder seine Begabungen einbringt und sich so die eine Fähigkeit als Charisma bewährt und die andere als untauglich herausstellt. Theologisch interpretiert werden bei Möller Charismen in der *koinonia* erkennbar.[312]

3.1.8.2 Dialektische Vollmachts- und Ohnmachtserfahrungen

Rebell (1989) setzt zwar am Übernatürlichen an (:78), postuliert aber die Ohnmacht als dialektische Grunderfahrung innerhalb seiner Charismenlehre, indem er die paulinischen Vollmachtserfahrungen immer im Verhältnis zu Leidenserfahrungen sieht und daneben auch eine triumphalische Theologie korrigiert (:126ff). Möller (2004) dagegen setzt auch angesichts seiner Wort-Gottes-Theologie umgekehrt weder am Außergewöhnlichen[313] noch an den menschlichen Fähigkeiten an, sondern an der „Struktur der Ohnmacht" (:36), weil in der Schwäche des Menschen die göttliche Kraft zur Wirkung kommt. Von daher unterscheidet Möller einerseits zwischen Fähigkeiten und Kompetenzen und andererseits Charismen. Kompetenzen gehören für ihn zur Erkenntnisstruktur, die sich der Dinge zu ermächtigen versucht, sie sozialwissenschaftlich professionalisiert (:36)[314] und, wie bereits innerhalb der EKD gezeigt, gegenwärtig an die Stelle der Charismen tritt.[315]

---

312 Vgl. zur Gestaltwerdung der Charismen in der Koinonia auch bei Raatz (1991).

313 Mehr dazu Möller (1991:120-122).

314 So bereits Strunk (1987:128). Möller scheint an Strunks Grundgedanken anzuknüpfen.

315 Bittner (2003) spricht statt im Blick auf „Gabenorientierung" bewusst von „Menschen mit Lebens-Kompetenzen" (:82). Selbst wenn Möller diesem Charismabegriff reserviert gegenübersteht, kommt Bittner dem, was Möller meint, wohl sehr nahe. Denn Bittner versteht darunter nicht die spektakulären Charismen, sondern die durch Lebens- und Reifeerfahrungen erworbenen Kompetenzen im alltäglichen Leben: z. B. die Kompetenz zu trösten, Alleinerziehender zu sein, als Ehepaar und Familie lebendiges Vorbild für Jugendliche zu sein. Diese Kompetenzen gelte es zu entdecken, um sie in die Gemeindearbeit als Unterstützung des Pfarrers einzubringen (:85f).

3.1.9 Erkenntnisgewinn: Grundstrukturen der Charismendimensionen

Aus der Rückschau ergeben sich drei theologische Strukturen der Charismen und dem daraus ableitbaren Erkennen. Die *erste theologische Grundstruktur* verbindet menschliche Dispositionen, die ursächlich auf die anthropologisch-schöpfungstheologische Grundbeschaffenheit des Menschen zurückbezogen werden, mit geistgewirkten Begabungen. Angesichts dieser Mischstruktur werden Charismen in das Schöpfungsgemäße des Menschen integriert. Als Schlussfolgerung könnte man festhalten, dass daraus unzählige Charismenarten entstehen könnten, weil sich jede einzelne durch unterschiedliche Persönlichkeitsstrukturen von Individuen verschieden manifestiert. Zum anderen erhält der phänomenologische Bereich des Charismatischen ambivalente Züge, die das individuelle Erkennen und kollektive Wahrnehmen einschließen. In dieser Dimension überhöht die Gnade die Natur nicht, sondern integriert sie. Dennoch stellt das Charisma theologisch eine andere Qualität dar. Hinzu kommen *differenzierte Unterformen.* Hier reichen die Erklärungen von individuell bevollmächtigten Fähigkeiten über Charismen, die jegliches Tun im Leben mit dem auferstandenen Herrn in der christlichen Gemeinde einschließen, bis zur Ansicht, Charismen gehörten primär zur Heiligung. Daraus ergeben sich zwei Ansätze: Während beim einen der Dienstcharakter zurücktritt, wird beim anderen der Auftrag durch den funktionalen Charakter der Charismen verstärkt.

Die *zweite theologische Grundstruktur* der Charismen weist ins Gegenteil, weil die schöpfungsgemäßen Konstitutionen von den, begrifflich vornehmlich als Geistesgaben bezeichneten, Charismen strikt getrennt werden. Das Offenbarungsgeschehen, das ursächlich dem Hl. Geist zugesprochen und darum logisch in den Geistesgaben manifest wird, ist für den Menschen unzugänglich und darum der mitwirkende Erkennungsprozess ausgeschlossen. In diesem Ansatz ist besonders die Disposition der Offenheit und Erwartungshaltung akzentuiert, die sich durch Gebet äußert.

Eine *dritte theologische Grundstruktur* akzentuiert das Weltwirken des Geistes und sieht so generell in der ganzen Schöpfung die Charismen am Werk. Dieser inklusive Ansatz dehnt das Erkennen auf die westliche Gesellschaft, Kulturen und Religionen aus. Charismen werden daher in pluralistischen Strukturen und beim Einzelnen durch gewonnenes Selbstvertrauen und sozial wahrnehmbare Liebe evident.

3.1.9.1 Wahrnehmungskonstitutionen

Bis auf wenige Ausnahmen, sprechen sich die theologischen Ansätze für die Evaluation von Charismen aus. Hauptsächlich umfassen die genannten Grundkriterien, dogmatisch ausgedrückt, zunächst christologisch-soteriologische Kriterien. Die Wirkung des Hl. Geistes besteht also nicht zuerst in charismatischen

Phänomenen, sondern in bekenntnishaften Aussagen, dass Jesus Herr und Christus ist. Es geht also darum, Jesus als den gekreuzigten Messias und von Gott auferweckten Erlöser anzuerkennen. Analog dazu gehört die ethische Lebensgestaltung unter der Herrschaft Christi in Wort und Tat. Folgerichtig schließt das Kennzeichen der Christologie das zentrale Kriterium der Ekklesiologie mit seinen ethischen Komponenten ein: Die Wirkungen der Charismen sollen also dem Nächsten in seiner Heiligung nutzen und die Gemeinde (Leib Christi) qualitativ aufbauen. Hinzu kommt das missionarische Kriterium, insofern als aus der Anwendung der Charismen das quantitative Wachstum der Gemeinde resultiert. Diese funktionale Bestimmung der Charismen verlangt ein Dienen in selbstloser Liebe, das der Schicksalsgemeinschaft des Gekreuzigten entspricht, welche wiederum eine genuine Nachfolge Jesu widerspiegelt. Innerhalb der Gemeinde spielen kommunikative Prozesse eine wesentliche Rolle, die deutende pneumatische Ursachenzuweisungen zusichern oder negieren. Damit besitzt die Gemeinde als Ganze eine hermeneutische Verantwortung. Dass Charismen im Erkennen eine prozesshafte Struktur einnehmen, zeigen die Empfehlungen, auf die reflektierende Rückschau der Biographien und das gewachsene Selbstvertrauen zu achten. Außerdem weisen die untersuchten Ansätze auf die Zweideutigkeit der Charismen hin, die letztlich eine empirisch fassbare Deutung einschränken.

3.1.9.2 Lineares und zirkuläres Erkennen

Ein zusätzlicher Erkenntnisgewinn besteht in der Tatsache, dass sich der dreieinige Gott in den menschlichen Deutungszuweisungen und Selbstreflektionen oder während des Gebrauchs der Charismen nicht nur linear und chronologisch, sondern auch zirkulär offenbart.[316] Zirkulär meint, dass ein Deuten gottgegebener Begabungen ein gottgewirktes Erkennen benötigt. Dieses Erkennungsgeschehen ist personal und vollzieht sich entweder im individuellen Erleben zwischen dem Begabten und Gott durch den Hl. Geist, etwa im Gebet, oder durch die christliche Gemeinschaft, die eine hermeneutische Funktion einnimmt.

3.1.10 Fragen zur Diskussion

Während vorwiegend alle vorgestellten Dimensionen der Charismen auf einen Wahrheitsanspruch insistieren, werten die pragmatischen Gabentests theologisch umsichtiger. Wagner etwa bleibt realistisch, indem er weder ein theologisches Lehrsystem propagiert noch das Kriterium seiner Erfahrungen zum letztgültigen Maßstab erhebt. Auch Schwarz verortet sein charismatisches Suchsystem nicht

---

316 Die vielerorts vertretene Ansicht, zirkuläre Ansätze seien für außerbiblische Religionen typisch, ist damit einseitig.

auf einer biblisch-theologischen Grundlage. Theologische Unsicherheiten, wie Charismen zu entdecken sind, zeigen neben Zimmerling, Liebelt und Fee. Insgesamt stellen die Vertreter der Charismendimensionen die Frage nach ihrer anthropologischen Zuordnung und der ekklesiologisch-ethischen Reichweite. Faktisch zielen damit alle Modelle auf das klassische Problem des Doppelausdrucks von ‚Natur und Gnade' (Thomas v. Aquin) in ihrem Verhältnis zueinander, was einer Klärung bedarf. Im Rückblick konzentrieren sich die Ausführungen auf relevante Fragen:

> Angesichts der phänomenologischen Beobachtung ist das Problem zu lösen, ob der Schöpfergeist schon vor dem Kommen Jesu und seinem Heilswerk an allen Menschen kulturübergreifend wirkt und Charismen als Grundanlage allen Menschen gegeben wurden. Im Zusammenhang mit der Schöpfung kommt die Frage in den Blick: Inwiefern impliziert die Bestimmung der Gottesebenbildlichkeit menschliche Begabungen und wie finden nach dem bleibenden Geistempfang Charismen ihren Anschluss? Die Deutungsmodelle weisen widersprechende Trennungsansätze auf: einerseits zwischen Schöpfungsgaben und Gnaden- bzw. Geistesgaben sowie zusätzlich zwischen Geistesgaben und ethischen Anweisungen im Hl. Geist und andererseits eine Einnivellierung beider, indem alles zum Charisma wird.

> Man fragt sich zudem, ob Charismen eher einen substanziellen oder relationalen Charakter in der Beziehung zum Menschen besitzen und, wenn das eine oder andere zutrifft, welche praktisch-theologischen Handlungsanweisungen daraus für das Suchen und Entdecken der Charismen resultieren. Diese Fragestellung wird in den Arbeiten unter dem Charismenbegriff als terminus technicus diskutiert. Es geht also um die Alternative zwischen geistgewirkter Einzelbefähigung und Einzelbevollmächtigung einerseits und einer eher neutralen Begrifflichkeit im Sinne heilsbedeutender Geschenke oder dienstorientierter Befähigungen andererseits. Zu untersuchen ist, ob diese Alternative überhaupt vorliegt.

> Weiter bietet die Literatur eine dialektische Sprache an, um den Vorgang des Erkennens von Gaben auszudrücken: „Entdecken" und „Erwecken". Auch wenn keine näheren Erklärungen vorliegen, ist es denkbar, dass beide terminologische Synonyme darstellen oder einmal mehr die passive oder aktive Seite der Entfaltung der Gaben akzentuieren. Eine Grundentscheidung fällt dogmatisch gesprochen am Offenbarungsverständnis, das hinter den dargestellten Deutungsansätzen steht. Dieser fundamentale Ausgangspunkt wird besonders von charismatisch-pentekostaler Seite akzentuiert.

Abschließend ist die zugespitzt formulierte Anfangsthese von der Nonkonformität des Charismenbegriffs durch den Dialog mit der Untersuchung zum Erkennen der Charismen entschärft. Da bisher keine theologisch-exegetische Erarbeitung zum Forschungsinteresse als Grundlage zu den Praxisformen des Erkennens von Charisma vorliegt, wird diese im Rahmen der Praktischen Theologie zumindest exemplarisch dargestellt und dient zur Diskussion der emprischen Ergebnisse (Kap. IV).

Teil 2: Systematisch-theologische Präzision

4 Definitions- und Entdeckungsfrage der Charismen

Nach den herausgearbeiteten Typologien (Kap. I) und dem aktuellen Diskurs der angrenzenden theologischen Hauptfelder (Kap. II.) schließen sich eigene exegetische Präzisierungen und systematische elementarisierte Darstellungen an. Eine tiefschürfende Exegese würde den Rahmen dieser empirischen Untersuchung sprengen. Darum kann weder auf das breite Erscheinungsbild der Charismen (Ermahnen, Dienen, Ermutigen, Heilungen, Leiten, prophetisches Reden, handwerkliche Fertigkeiten, Glossolalie usw.) noch auf die vielschichtigen synonymen Begriffe oder Methaphern[317] zu Charisma eingegangen werden. Methodisch folgt keine klassische Exegese, vielmehr ein analytisch-thematisches Vorgehen wesentlicher Belegstellen aus dem AT und NT, indem das Verständnis zu den Charismen, die Kriterien- und Entdeckungsfrage nach den Charismen das Untersuchungsinteresse leiten.

4.1 Alttestamentliches Konzept erkennbarer Charismen

Wer nach den Charismen im AT sucht, richtet seine Aufmerksamkeit auf den Geist und Schöpfer. Der Geist erscheint schöpfungsvorbereitend in Gen 1,2, wobei er im ersten Schöpfungsbericht (Gen 1,26f) indirekt erwähnt wird und im zweiten fehlt (Gen 2,7). Die letztere Stelle verwendet die anthropomorphe Wendung vom „Atem des Lebens", der in den leblosen Leib des Menschen eingeblasen wird (LXX: πνοή ζωῆς). Damit ist der Atem des Lebens die unverfügbare „von Gott geschenkte Kraft, die das Leben konstituiert und erhält."[318]

Die Frage nach der Anschlussfähigkeit der Begabungen beginnt zweifellos mit der Gottesebenbildlichkeit des Menschen (Gen 1,26: „Lasst uns Menschen machen ..."). Wie immer die plurale Form der Aufforderung Menschen zu schaffen verstanden wird, gewinnt auch die zweite Redewendung „in unserem Bild (LXX: εἰκών), uns ähnlich" eine enorme Bedeutung, weil sie eine trinitarische Gottesebenbildlichkeit umschreibt. Unter dem Aspekt der Begabung sind Mann und Frau „nach dem Bild Gottes" geschaffen (1,27). Besteht bei Gott innertrinitarisch eine wechselseitige Abhängigkeit und Kommunikation („opera ad intra"), gehören kommunikative Interaktionen genuin zum Charakter des Menschen (Fretheim 2005:42). Der kommunikative personale Gott teilt sich

---

317 Vgl. etwa 1Kor 3,4-11 bei Gebauer (2000:137-142).
318 Vgl. Janowski & Krüger (2011:19).

selbstoffenbarend frei und unverfügbar dem Menschen mit und redet ihn als ansprechbare Person an. Gottes Reden zum Menschen ist ein Geschenk, aus dem der Mensch seine Hör- und Dialogfähigkeit entwickelt. Der Mensch ist ein Beziehungswesen und auf die Gemeinschaft mit Gott und anderen Menschen angelegt. Ohne hier den Kontext von Gen 1,26 näher zu bearbeiten, werden Begabungen, die aus der Gottesebenbildlichkeit resultieren, erweitert und gebündelt.

Die schöpfungsbedingten Vorgaben Gottes spiegeln die Fähigkeiten des Menschen wider, die das ganze Menschsein, seine Persönlichkeit (Denken, Selbst- und Fremdwahrnehmung, Reflektieren, Wollen, Fühlen), seine sozialen Beziehungen und kulturgestaltendes Schaffen einschließen. Hinzu kommen kommunikativ-visuelle, kognitive wie affektive Begabungen. Da durch die Loslösung aus der Beziehung zu Gott der Mensch zur Selbstbezogenheit neigt, sind konsequenterweise die Begabungen qualitativ getrübt, verzerrt oder können durch andere Mächte korrumpiert werden.

Exkurs: Von der Gottesebenbildlichkeit zum Ebenbild Christi - Begabung und Bildung

Lehmkühler (2004) hat im Vorblick auf das NT darauf hingewiesen, dass der Gottesebenbildlichkeit eine kaum zu übertreffende Bedeutung zukommt, wenn es um die Frage nach der Identität des Menschen geht, weil die Person an eben diesem Bild entsteht. Die imago-dei-Struktur des natürlichen Menschen kommt allein in Jesus Christus zur Erfüllung, weil er das vollkommene Ebenbild des Vaters par excellence (:304) darstellt (Kol 1,15: „Er ist das Ebenbild des unsichtbaren Gottes, […] alles ist durch ihn und zu ihm hin geschaffen"). Der begabte Mensch kommt von der Schöpfung und Gottesebenbildlichkeit her, deren Initiative allein vom sich selbst offenbarenden dreieinigen Gott ausgeht und zielt auf die Neuschöpfung in Christus. Da Christus das vollkommene Ebenbild darstellt, wird der Mensch durch Christus in seine eigentliche Ebenbildlichkeit umgestaltet (Röm 8,29, vgl. 2Kor 3,18).

Unter dem Blickwinkel von Bildung und Begabung gesehen gründet jegliche Begabung als Gabe und weitere Ausbildung des Menschen in der Gottesebenbildlichkeit, was die Beziehung des Menschen zu Gott voraussetzt und sich kontinuierlich durch die Ebenbildlichkeit in Christus verwirklicht. Insofern hängt Begabung und Bildung vom Ebenbild Christi und seiner Beziehung zu ihm ab. Der Mensch kommt also von einem Bild her und ist auf das Ebenbild Christi, also der Gemeinschaft mit Christus angelegt. Bildung zur Begabung ist in diesem Sinne schöpfungstheologisch begründet und daher ein pädagogisches Mittel durch das Gott wirkt und zugleich eine soteriologische Dimension einschließt, die der bleibenden Gottesbeziehung bedarf.

Die weitere Verbindung zwischen AT und NT besteht darin, dass der Hl. Geist den Menschen zu seiner angelegten schöpfungsgemäßen Originalität führt. Das bedeutet, dass ein und dasselbe Charisma durch die in der Schöpfung unterschiedlich gegebenen Persönlichkeiten (Emotionen, Prägungen...) eine je andere Ausdrucksweise erhalten und damit die Variationen der Charismen außerordentlich ausweiten. Diese vorausblickende Skizze genügt, um im Hinblick auf das Entdecken der Charismen die je unterschiedlichen Persönlichkeitsstrukturen zu analysieren.

Begabungen entdecken, bedeutet den Menschen zu kennen. Wolff (2010) hat darauf hingewiesen, dass das hebräische „ruach" (LXX: πνεῦμα) als ein „theoanthropologischer Begriff" zu bezeichnen ist (:64), weil *ruach* sowohl die menschlichen Emotionen, Willen und insgesamt den inneren Menschen mit seinen geistigen Fähigkeiten als auch „die belebende und bevollmächtigende Wirksamkeit Jahwes" bedeuten kann (:72). Beides ist festzuhalten: *ruach* erscheint als menschliche Gemütsbewegungen und vollmächtige Geistbegabung in seiner personalen Bindung an Gott. Indes wird das menschliche Erkennen der Bevollmächtigung von Gottes Geist erweckt, mit dem Ziel, das Haus des Herrn zu bauen, wie bei den Exulanten (Esra 1,5).[319] Durchweg bezeichnet *ruach* mit seiner göttlichen Näherbestimmung eine Kraftwirkung, die zwar nicht sichtbar, sehr wohl aber in ihren Auswirkungen erfahr– und beschreibbar ist (Fischer & Heil 2011:54; Schmidt 1974:84f).

In *der Frühzeit israelitischer Geschichte* ist festzustellen, dass bei der Begabung mit dem Geist vorübergehend ekstasische Phänomene auftreten (Num 11,25-27). Daneben begabt Gott einzelne Führungsgestalten bleibend mit seinem Geist (Mose, Josua, David[320]). Dazu gehören leitende Mitarbeiter, die Gott kunsthandwerklich und zu kognitiven Planungsaufgaben charismatisch begabt (Ex 31,1-3). Bedeutsam ist, dass vor der Geistbegabung „mit Weisheit, Verstand und Können" die individuelle namentliche Berufung erfolgt. Weil es nicht um irgendwelche künstlerische Arbeiten geht, sondern um die Errichtung des Zeltheiligtums, in dem Gott mitten unter seinem Volk wohnen wird (Ex 25, 8), erhalten die handwerklichen Tätigkeiten, auch wenn sie profan anmuten, eine neue geistgewirkte Dimension.[321] Steht in Ex 31,2 die erste Verbform „berufen" in der LXX (ἀνακέκλημαι) im Perfekt, so lässt das Erfülltwerden trotz seiner grammatischen Form (Ex 31,3: ἐνέπλησα, Indikativ, Aorist, Aktiv) nicht zwingend auf ein punktuelles Geschehen zusammen mit der Berufung schließen. Eher ist anzunehmen, dass die charismatische Befähigung ein Geschehen nach der Berufung darstellt und sich im Einsetzen sichtbar auswirkt.

Damit zeigt sich, dass der Geist im AT zum einen dynamisch legitimierende und charismatische Befähigungen schenkt, zum anderen für lebenslange Führungsaufgaben eine bleibende Begabung ermöglicht.

---

319 „Da machten sich die Familienoberhäupter von Juda und Benjamin auf und die Priester und die Leviten, jeder, dessen Geist Gott erweckte, hinaufzuziehen, um das Haus des Herrn in Jerusalem zu bauen."
320 So 1Sam 16,13.
321 Vgl. Fischer & Heil (2011:57f), Dreytza (1992:215).

Exkurs: Anthropologischer Ausdruck „Herz"

Der Begriff Herz spielt in der obigen Belegstelle eine bedeutende Rolle und nimmt auch im AT eine Schlüsselfunktion ein. Daher ist seinem Bedeutungsspektrum nachzugehen, zumal es sich um den am meisten vorkommenden Begriff alttestamentlicher Anthropologie handelt.[322] Nach Wolff (2010) und anderen[323] werden vom „Herzen" sowohl sensitive Aussagen (Neigungen, Emotionen, Affektionen, Wünsche) als auch positive oder negativ ethische Beschaffenheiten ausgesagt (:76-83), weit relevanter sollen die intellektuellen und willentlichen Bestimmungen sein. Aus dem hörenden Herz erwachen Erkennen, Einsicht, Reflektionsvermögen, Urteilskraft und Willensentschluss (:84-96). Alle Aspekte können indes religiösen Gebrauch finden. Mehr noch, Gott ist es, der das Herz des Menschen beansprucht.

Kurz gesagt: Das Herz repräsentiert das Wesentliche und Authentische der Persönlichkeit des Menschen. Gerade weil das Herz den ganzen Menschen repräsentiert, besteht eine Wechselwirkung zwischen der inneren Einstellung und äußeren Lebensgestaltung.

Am Ende dieses Exkurses und im Anwenden auf die Charismen ist zu sagen, dass der Herzbegriff in seiner umfassenden Personenauffassung zugleich Ort der Charismen ist, was Charismen nur teilweise erkennbar macht.

In *der exil- und nachexilischen Zeit* tritt in der Rede vom Geist eine bedeutende Wende ein. Statt der charismatischen Einzelgestaltungen bekommt das ganze Volk Gottes Anteil an Gottes Geist und seiner charismatischen Begabung. Dieser zentrale Vorblick in der Endzeitverheißung (Joel 3,1-5) ist nicht nur Offenbarungsmittel des Geistes in den Charismen, sondern bringt auch selber das Heil (Schmidt 1974:94). Bei den vorausgesagten Charismen (prophetisches Reden, Träume, Visionen) handelt es sich um „rückhaltlose Bevollmächtigungen [...] für Menschen beiderlei Geschlechts, aller Altersstufen, ja aller sozialer Schichten" (Wolff 2010:69). Zudem tragen sie kommunikative Funktionen und drängen damit zur verbalen Mitteilung, um erkennbar zu werden (Dreytza 1992:221).

4.1.1 Persönlichkeitsanaloges Charismenerleben

In seinem Aufsatz zu den *„Gotteserfahrungen der Propheten"* (1987) behandelt Wolff drei Erfahrungen: die Wort-, Macht- und Sichterfahrungen. Zur Frage nach der Erkennbarkeit der Charismen wird Wesentliches beigetragen. Zunächst steht vor der prophetischen Worterfahrung eine Gottesberufung zu einem bestimmten Auftrag. Die Wortoffenbarung selbst wird als unverfügbarer Erkenntnisvorgang beschrieben (:65), der ein Erlebnis der Macht Gottes darstellt, dem sich der Prophet nicht entziehen kann. Wie die Propheten je nach ihrem Tempe-

---

322 Vgl. Wolff (2010): 858 Mal im AT, davon 814 Mal für den Menschen belegt (:75).
323 So etwa bei Buchegger (2003:66-69) und Stolle (1997:948-953).

rament und ihrer Persönlichkeit die Machterfahrungen Gottes (:66f) unterschiedlich wahrnehmen, so verhält es sich auch in den Sichterfahrungen (Visionen, Träume...). Hier ist der ganze Mensch mit seinem Hören, Fühlen und Sehen einbezogen. Gerade die stark einbezogenen Sinnesorgane bekräftigen dem Propheten die „Wirklichkeit der Wort- und Macht-Erfahrung" (:69). Visionen können für den Propheten außerdem dazu dienen, das prophetische Wort, das er sagen muss, zu verdeutlichen. Wichtig ist Wolff darauf hinzuweisen, dass die Propheten zwar von Gott überwältigt waren und man durchaus von einem „exaltierten Wachbewusstsein" reden kann, aber es bestand kein rauschhafter Trancezustand einer mystischen Ekstase, die den Propheten willenlos machte (:70f). Die Erfahrung und Bestätigung charismatischer Rede erlebt der Prophet als eine Entsprechung von Verheißung und Erfüllung des Wortes in der vorauslaufenden Geschichte, in der das Wort später in seiner Erfüllung wieder zu erkennen war (:76). Prophetische Rede ermöglicht erst im Nachhinein ihre Echtheit (Dtn 18,19-22).

Nach diesem Durchgang der Charismen im Kontext des AT gilt es die atl. Ergebnisse charismatischer Erkennungsprozesse in einem Fazit zusammenzufassen:

1. Die Gottesebenbildlichkeit verleiht dem Menschen universalanthropologische und kulturübergreifende Begabungen, die auf einer vierfachen Beziehung gründen: Der Mensch ist erstens befähigt, mit Gott mit allen Sinnesorganen zu kommunizieren, kann zweitens seine individuelle Persönlichkeit wahrnehmen und reflektieren, ist drittens kommunikationsfähig und damit sozialbezogen, setzt viertens seine Begabungen kreativ kulturschaffend ein.[324]

2. Profane handwerkliche Fertigkeiten, Leitungsaufgaben und Planungsvorgänge erhalten dann einen charismatischen Charakter, wenn sie dazu beitragen, aufgrund einer individuellen Berufung dem Bau Gottes zu dienen.

3. Ein zweifelloses Erkennen der Fertigkeiten als geistgeschenkte Begabungen ist von einer bloßen Außenperspektive kaum möglich, wenn die geistliche Dimension zur Deutung fehlt.

4. Die Initiative zur Geistbegabung geht wie die Charismen von Gott aus, ist unverfügbar und stets auf einen Auftrag, den Gott zeigt, ausgerichtet.

5. Auf die individuelle Berufung und Beauftragung folgen spezielle Geistbegabungen.

---

324 Nahezu alle Typologien (Kap. 1) und vor allem die gegenwärtigen Vertreter der „dialektisch-fragmentarischen" und „christozentrisch-heiligenden Dimension" teilen diese Ansicht (Kap. II).

6. Der ganze Mensch integriert die Art, wie Charismen zum Ausdruck kommen, durch seine Neigungen, Wünsche, Emotionen und Sinneswahrnehmungen ebenso wie durch seine intellektuellen Fähigkeiten und darin mit seinen positiven oder negativen ethischen Dispositionen. Zugleich bestimmen die anthropologischen Gegebenheiten das reflektierende Beurteilen der Charismen.[325]

7. Die Offenbarung der Charismen zeigt sich in der Geschichte und durch den Menschen. Prophetische Charismen sind an das verheißene Wort – auch in der Heilsgeschichte – und an ihre geschichtliche Erfüllung in der Erinnerung an das gesagte Wort gebunden. Geistgewirkte prophetische Rede ist erst im Nachhinein erkennbar.

8. Die Rede von den sog. „natürlichen Fähigkeiten" ist unscharf ausgedrückt, besser ist es von Schöpfungsgaben zu sprechen.

9. Neben der bleibenden Geistbegabung für Führungspersonen des Volkes Israel handelt es sich insgesamt im AT um temporäre Geist- und Gottesbegabungen.[326]

4.2 Charismen erkennen im Neuen Testament

4.2.1 Begriffsbestimmung: Aktueller Diskurs

Im Anschluss an die bereits vorgestellte Forschungslage (Kapitel II), wird gerade in jüngster Zeit die üblich gewordene Redeweise der „Geistesgaben" ebenso hinterfragt, wie die konventionelle Definition der Charismen als individuell-spezifische Fähigkeiten. Fee (2005) und andere[327] geben zum Ersten zu bedenken, dass die englische Wendung „spiritual gifts" nicht im NT vorkommt, aber deren Konzeption.[328] Neben diesem berechtigten Einwand, versuchen Tibbs (2007) und weitere ntl. Forscher,[329] im Kontext von 1Kor 12-14, den Nachweis zu erbringen, dass die Begrifflichkeit der Geistesgaben (πνευματικά) teilweise zur Geisterwelt („spirit world") gehören.[330] Auch die Meinung, die Wortbedeutung der Geistesgaben besäße einen hellenistischen

---

325 Ebenso die „imaginär-mystische Typologie", die „Konvergenz-Typologie" oder der „beziehungsphänomenologische Typus" (Kap. I). Auch die Praktische Theologie (Kap II): „Dialektisch-fragmentarische Dimension" und „Universalistische Dimension".

326 Ähnlich vgl. Pola (1998:157).

327 Vgl. Aker (2002:53), Liebelt (2000:226), Turner (1999:180).

328 Vgl. Fee (2005:223f, 1994:32-35).

329 So auch G. Williams (2009).

330 Vgl. Tibbs (2007:181-188.195ff.269-283). Siehe die Kritik in Rabens (2010a:47).

Hintergrund, wird angesichts 1Kor 12,1f oft vertreten.[331] Diese Annahme ist im Hinblick auf den korinthischen Enthusiasmus berechtigt. Dass aber auch die weiteren Belege diesen Hintergrund widerspiegeln, ist ebenso wenig nachzuvollziehen, wie die Auffassung von Tibbs, der auch den Terminus der Gnadengaben (χαρίσματα) unter dem Konzept der Geisterwelt subsumiert.[332] Liebelt (2001) differenziert, indem er χαρίσματα dem soteriologischen Wortgebrauch zuordnet und die πνευματικά dem Übernatürlichen (:224). Zu dieser Trennung muss kritisch eingewendet werden, dass sie unschlüssig wirkt, denn gerade das soteriologische ist übernatürlich und außerdem wird den wunderhaften Heilungen der Begriff der χαρίσματα beigefügt (1Kor 12:9.28.30). Ein weiteres grundlegendes Argument sperrt sich gegen Liebelts begriffliche Differenz im Hinblick auf die göttliche Trias in 1Kor 12,4-6, wenn in V. 4 und im weiteren Kontext ausdrücklich auf den Bezug der Charismen zum Geist verwiesen wird. So werden alle Charismen vom Geist offenbart (V. 7) und nach seiner eigenen Entscheidung ausgeteilt werden (V.11). Insbesondere diese Aussagen geben keinen Anlass, den obigen Thesen ausnahmslos zu folgen (vgl. 1Kor 12,13). Liebelts Vorschlag, den üblichen Sprachgebrauch der „Geistesgaben" mit „Geisteswirken" wiederzugeben, ist jedoch der Sache angemessen.[333]

Zu den weiteren aktuellen Erklärungsversuchen, was unter Charismen zu verstehen sei, zählen jene ntl. Forscher,[334] die wie Berding (2006) nicht von individuellen Bevollmächtigungen ausgehen, sondern von Diensten (ministries) in einer geisterfüllten Gemeinde (:7, Ellis 2005:34). In Aufnahme des Exegeten J. Barr (1965) erinnert Berding an den wichtigen semantischen Unterschied zwischen *meaning* (Wortbedeutung) und *reference* (Bezugspunkt).[335] Diese Unterscheidung lässt den Begriff der Charismen als terminus technicus nicht zu. Auch wenn N. Baumert dieselbe Argumentation verwendet, bleibt er in seinem neuen Korintherkommentar (2007)[336] inhaltlich seinen früheren Publikationen[337]

---

331 So Giesriegl (1989:90). Immer wieder wird Käsemann (1970) bemüht, der bekanntlich hervorhebt, dass πνευματικά ein terminus technicus des Hellenismus sei. So unterscheidet er χαρίσματα von den heidnischen πνευματικά und trägt diese Bedeutung ins NT ein. Es ist sicher richtig, dass nicht unbedingt „das fascinosum des Übernatürlichen [...] die Erbauung der Gemeinde legitimiert" und der Nutzen für die Gemeinde Maßstab der Echtheit ausmacht (:112). Dennoch gehört das Übernatürliche auch zu den χαρίσματα. Wie Käsemann argumentieren auch Dunn (1975:308ff) und Horn (1992: 240-262). Preuß (2001) hält „die These einer enthusiastischen Geist-Christologie für ein Konstrukt" und führt bedenkenswerte Gründe an (:147, Anm. 56). Anders Ekem (2004: 54-74).

332 Vgl. Tibbs (2007:196f).

333 Vgl. Liebelt (2000:226). So auch Horn (1992:282).

334 Aker (2002:53-69). Liebelt (2000) qualifiziert „jede Tat" im Leib Christi als Charisma (:208). Berding (2000:37-51).

335 Vgl. Berding (2000:37-51), Aker (2002:55), N. Baumert (2001:221).

336 Vgl. die Rezension von M. Baumert (2008:217-219).

337 Vgl. N. Baumert (2001:27, 1998:13-19.35-39, 1993:48f, 1986:146).

treu, wenn er Charismen grundsätzlich in *allen* ntl. Textbelegen als Heils-geschenke versteht (:15). Folgerichtig räumt er den Charismen keinen allzu großen Stellenwert hinsichtlich ihres Dienstcharakters ein (:190f.). Neuere Forschungen zeigen den ungebrochenen theologischen Einfluss von N. Baumert, wenn es um das Charismenverständnis geht. Dazu gehört Viehhauser (2009), der Charisma wie N. Baumert als Geschenk versteht. Dennoch betont er in seiner Dissertation (:139), ebenso wie Muther (2011), die dienstliche Zielrichtung der Charismen.[338]

4.2.2 Herkunft und Vorkommen

Zum aktuellen Diskurs um die Bestimmung des Wortes χάρισμα bleibt die Frage, welches Konzept im Bezugsrahmen der hier interessierenden Gemeinde-texte (Röm 1,11; 12,4-6; 1Kor 1,7; 7,7;[339] 1Kor 12,4.9.28.30.31; 1Tim 4,14; 2Tim 1,6; 1Petr 4,10f) vorliegt. Insgesamt ist der ntl. Ausdruck χάρισμα 17 Mal in verschiedenen Kontexten, vor allem in den paulinischen Briefen und im ersten Petrusbrief, belegt.[340] Aufgrund dieses Befundes liegt kein terminus technicus vor, stattdessen ergeben sich unterschiedliche Bedeutungen.

Zunächst ist festzustellen, dass χάρισμα außerbiblisch spärlich belegt ist.[341] In der ntl. Forschung gibt es keinen Konsens über die Frage der grammatischen Ableitung von χάρισμα. Es scheint nicht eindeutig, ob es sich hierbei um eine Form von χάρις[342] oder ein von χαρίζομαι (schenken, vergeben)[343] abgeleitetes Verbalsubstantiv handelt.[344] Das Suffix μα ist übrigens in der Koine „überaus

---

338 Zu Muther (2010:289-294). Ähnlich Obenauer (2009:142).

339 Empirischer Vorblick: Das Charisma der Ehelosigkeit oder Ehe wurde weder in die quantitative Befragung einbezogen noch qualitativ erwähnt. Zum Erkennen dieser speziellen Gabe vgl. Gielen (2009:234) und N. Baumert (1993:46-50).

340 Christologisch und globale Akzentuierungen besitzen folgende Belege, die eine zentrale Bedeutung aufweisen, für die primäre Forschungsfragen aber keine tragende Rolle ein-nehmen: 1. Charisma (Heilsgeschenk) Christi zur Vergebung der Sünden und Recht-fertigung (Röm 5,15f), 2. Das Charisma Gottes ist das ewige Leben in Christus (Röm 6,23), 3. Charisma als Erwählungshandeln des Volkes Israel (Röm 11:29), 4. Rettung aus Gnadengeschenk (2Kor 1,11).

341 So in der hellenistisch-jüdischen Literatur als „mildtätige Gabe (Sir 733)" oder bei Philo als „Geschenk Gottes (Philo, Leg. all. III 78)" (Clavier 2003:538). Im Gegensatz zur Prophetie sind die zahlreichen Charismen in der Frömmigkeit der Synagoge nicht erwähnt. Traditionsgeschichtliche Brücke ist das Pneuma (Frenschkowski 1995:343f).

342 So Tibbs (2007:196), Thiselton (2007:98), Njiru (2002:76), Betz (1990:252), Giesriegl (1989:93-97), Schütz (1981:689).

343 Vgl. Berger (1992:1093). Eng verwandt ist εὐχαριστέω (dankbar sein), vgl. Njiru (2002:75f). Vgl. Patsch (1992:219).

344 Vgl. Schnabel (2006:693f), Turner (1999:258), Haubeck & Siebenthal (1994:416), LN Lexikon (1989 § 57.103).

beliebt" und zeigt das Ergebnis einer Handlung (nomina rei actae).[345] Theologisch gesprochen konkretisieren die χαρίσματα die umfassende Gnade. Wesentlich ist: Charismen existieren nur deshalb für den Dienst, weil es das Heilsgeschenk (χάρισμα) in Jesus Christus gibt (Röm 5:15f, 6,23). Von dieser Voraussetzung her, lassen sich Charismen im Kontext der Gemeinde als gnadenhafte Auswirkungen des Heilshandeln Gottes in Christus zum Nutzen für andere bestimmen, die mit Christus leben und die Vielfalt charismatischer Phänome theologisch aus der einen Gnade (χάρις) erfahren.[346] Charismen veranschaulichen die Gnade Gottes in Wort und Tat.[347] Sie werden sogar explizit mit den kirchlichen Aufgaben, also der konkreten Praxis der Gemeindeglieder gleichgesetzt (Röm 12,4: πρᾶξις).[348] Alles zusammen gesehen, ist der Plural χαρίσματα folgerichtig mit „Gnadengaben" zu übersetzen und betont Gottes unverdienten und souveränen Geschenkcharakter für die Gemeindeaufgaben. Dieses Charismenverständnis ist zunächst noch als vorläufig zu betrachten, bis der Begriff im Kontext biblischer Texte mehr Kontur erhält.

4.2.3 Charismen im Kontext der Proömien

Gerade durch den retrospektiven Charakter der Proömien (Danksagungen) lässt sich die Frage, wie Charismen zu erkennen sind und welche besonderen Umstände dazu beitragen, besonders gut erschließen.[349] Denn Proömien danken für das rückblickende und momentane Handeln Gottes und schließen das zukünftige in ihre Fürbitte ein, um die Thematik des Briefes vorzubereiten.[350] Von den drei Proömien, die den Charismenbegriff beinhalten,[351] tragen zwei einen rückblickenden Charakter (1Kor 1,4-9; 2Tim 1,3-14[352]) und eine Belegstelle einen zu-

---

345 Blass & Debrunner (2001:87).
346 Vgl. Föller (2006:203) und N. Baumert (2001:232) sprechen daher nicht von einer festgelegten paulinischen Charismenlehre. Zum charismatischen Phänomen der Überschneidungen und fehlender Trennschärfen vgl. Wendel (2000:62.63-68), Schrage (1999:148.151) und Rebell (1991:76-99). Zu den unabgeschlossenen Charismenlisten vgl. etwa Gielen (2009:146), Schnabel (2006:721), Schrage (1999:147).
347 Vgl. die ausführliche Diskussion bei Lips (1979:182-190).
348 Vgl. Röm 12, 4-6: „Denn wie wir in einem Leib viele Glieder haben, aber die Glieder nicht alle dieselbe Tätigkeit (πρᾶξις) haben, so sind wir, die vielen, ein Leib in Christus, einzeln aber Glieder voneinander. Da wir aber verschiedene Gnadengaben (χαρίσματα) haben nach der uns gegebenen Gnade, so lasst uns sie gebrauchen: es sei Weissagung, in der Entsprechung zum Glauben." Vgl. Walther (2001:149f).
349 Dieser Feststellung schenkte die Literatur der Praktischen Theologie, soweit ich sehe, bisher keine Beachtung.
350 Zu Herkunft, Form, Funktion und Theologie der Proömien vgl. Pao (2010:101-127) und Arzt-Grabner (2010:129-158).
351 Die Konzeption der Charismen ist auch in 1Thess 1,4-10 enthalten (M. Baumert 1996: 39-44).
352 So Weiser (2003:102.107).

künftigen (Röm 1,8-15). Letztere Stelle bildet eine Ausnahme, insofern Paulus nicht auf seine Erfahrungen in der Gemeindegründung zurückblickt, sondern seinen Erstbesuch bei der römischen Gemeinde vorbereitet.

4.2.3.1 Wechselseitiger Glaubensaustausch (Röm 1,11-12)

Röm 1,11f enthält mehrere Auffälligkeiten. Zur Beantwortung der Frage nach dem Erkennungsprozess der Charismen genügt es zunächst darauf hinzuweisen, dass Paulus, ohne sein spezifisches Charisma zu nennen, davon ausgeht die Gemeinde im Glauben durch sein Charisma zu stärken. Umgekehrt wird auch er durch die Charismen der Gemeinde mitgetröstet (συμπαρακληθῆναι). Der Hinweis in Röm 1,13 auf die Frucht (καρπός), die Paulus unter den Heiden schaffen will, veranlasst die Ausleger zu unterschiedlichen Erklärungsversuchen, um das Charisma zu bestimmen. Sie reichen von der Erstverkündigung über „ein Zeugnis" oder den „Zeichen und Wunder(n)" (15,19) bis zum allgemeinen Segen (15,29).[353] Eines ist jedoch klar: Das Charisma wird explizit als geistgewirkte Gabe bezeichnet.[354]

> „Denn mich verlangt danach, euch zu sehen, damit ich euch etwas mitteile an geistlicher Gabe (χάρισμα ὑμῖν πνευματικὸν), um euch zu stärken, das heißt, damit ich zusammen mit euch getröstet werde durch euren und meinen Glauben, den wir miteinander haben." (Röm 1,11f, Lutherübers. 1984)

Die Satzstruktur weist deutlich auf die wechselseitige (ἀλλήλων) Stärkung und ermutigende Kommunikation des gemeinsamen Glaubens hin. So ist Michel (1987) recht zu geben: *Erst in der augenblicklichen „Begegnung mit der Gemeinde wird sich herausstellen, welches Wort, welche Erkenntnis, welche Glaubensstärkung der Gemeinde nottut. Die Liebe wird finden, was der andere braucht"* (:48, kursiv MB).

Festzuhalten bleibt:

Charismen präsentieren sich dort, wo im gemeinsamen Austauschen von Glaubenserfahrungen der eine den anderen stärkt und tröstet. Hier deutet sich bereits das Wesen des Leibes Christi an (vgl. Röm 12).

4.2.3.2 Wirkung gemeindegründender Erstverkündigung (1Kor 1,4-7)

Die einführende Danksagung blickt auf die Gemeindegründung zurück und nimmt gleichzeitig vorausschauend typische Charismen auf (1,5: λόγος und γνῶσις). Das ἐν παντὶ („in allem Wort") deutet variationsreiche charismatische Kommunikationsarten und Erkenntnisformen (πάσῃ γνώσει) an, die in der Ge-

353 Vgl. N. Baumert (2001:37).
354 Vgl. Turner (1999:259.266-267), Fee (1994:488), Michel (1978:82).

meinde[355] vorkommen, etwa einerseits rhetorische Begabungen, Lehre, Offenbarung, Glossolalie, Prophetie und Psalmzitationen und andererseits Weisheitsreden.[356] Weiter fallen Verben auf, die im Aorist, Passiv stehen (1Kor1,4.5.6), weil sie auf die Gemeindegründung rekurrieren.[357] Bedeutsam ist die Satzverbindung zwischen 1,4 und 1,5 (ὅτι):

> Ich danke meinem Gott allezeit euretwegen für die Gnade Gottes, die euch gegeben ist in Christus Jesus (1,4), dass (ὅτι) ihr durch *ihn* in allen Stücken reich gemacht seid, in aller Lehre und in aller Erkenntnis (1,5).

„Wie die Gnade, so ist auch der charismatische Reichtum durch Christus gewirkt (instrumental) und bleibend an ihn gebunden, nicht ohne ihn, sondern nur in ihm zu haben (lokal)."[358] Charismen gründen hier soteriologisch in der Gnade Gottes und werden als Christusgaben bleibend konkretisiert. Rückschlüsse auf die Frage, wie der charismatische Reichtum der Charismen entdeckt wird, geben die beiden Anschlussverse:

> „...wie denn (καθὼς) das Zeugnis des Christus *unter euch* gefestigt worden ist, daher (ὥστε) habt ihr an keiner Gnadengabe Mangel" (1Kor 1,6-7).

Das „Zeugnis des Christus" weist auf die missionarische Erstverkündigung zurück, bei der Christus im Zentrum steht. Dabei ist in der Form nicht nur an Predigen gedacht,[359] sondern möglicherweise unter Aufnahme der historischen Situation auch zusätzlich an das dialogische Lehrgespräch und Zeugnisgeben zu denken.[360] Vers 6 gleicht einem Scharnier, weil er zum einen die zahlreichen Erscheinungsformen der Charismen und zum anderen den gegenwärtig nicht-vorhandenen Mangel der Christusgaben begründet. Entscheidend ist: Charismen werden dort geschenkt und sichtbar, wo sich das Zeugnis von Christus, dem Gekreuzigten und Auferstandenen in den Menschen durchsetzen und kräftig verwurzeln kann (ἐβεβαιώθη).[361] Im Ausdruck des Bekräftigtwordenseins schwingt auch das rechtsgültige Moment des dem-Herrn-zur-Verfügung-stehen im Sinne einer Beschlagnahmung mit.[362] Das Kräftigwerden des Evangeliums erschließt die Charismen für die Gemeinde. Der Umkehrschluss von Schrage (1999) ist hier zwar im hybriden Klima von Korinth naheliegend, aber exegetisch ein *argmentum ex silentio*, wenn er meint, dass keine charismatische Erfahrung das Christuszeugnis oder Evangelium bestätigt (:117). Ohne einen

---

355 Vgl. die Personalpronomen im Plural. Die Charismen weisen daher keinen Selbstbezug der Einzelnen auf, sondern sind der Gemeinde gegeben.
356 Vgl. Schnabel (2006:73), Schrage (1991:114).
357 Vgl. Apg 18,1-17. So auch Schnabel (2006:72), Schrage (1991:114).
358 Schrage (1991:114).
359 So Thiselton (2000), der von „a technical term for the proclamation of the gospel" ausgeht (:94).
360 Vgl. Apg 18,4-5: dialogisches Begründen (διαλέγομαι), bezeugen (διαμαρτύρομαι).
361 Vgl. „kräftig geworden" (ἐβεβαιώθη): Indikativ Aorist Passiv.
362 Vgl. Schrage (1999:117).

ausführlichen Beweisgang vorzulegen, ist als Parallele auf Gal 3,1-5 zu verweisen.

„O unverständige Galater! Wer hat euch bezaubert, denen Jesus Christus als gekreuzigt vor Augen gemalt wurde? Nur dies will ich von euch wissen: Habt ihr den Geist aus Gesetzeswerken empfangen oder aus der Kunde des Glaubens? [...] So Großes habt ihr vergeblich erfahren? Wenn es wirklich vergeblich ist! Der euch nun *den Geist darreicht und Wunderwerke unter euch wirkt*, tut er es aus Gesetzeswerken oder aus der Kunde des Glaubens?" (Gal 3,1-5, kursiv MB)

Mit rhetorischen Fragen versucht Paulus der Gemeinde zu verdeutlichen, dass ihre Geisterfahrungen nicht in den Gesetzeswerken wurzeln, sondern die Richtigkeit ihres Glaubens an das Evangelium von Christus beglaubigt. Nicht Paulus ist es, der hier die Wunderwerke tut, sondern der Geist in der Gemeinde.[363] Die Wunderwerke haben hier hinweisenden Charakter, wie etwa die Zeichen bei Johannes (vgl. Joh 2,23).

Zurück zum Proömium des 1Kor. Richtig ist, dass die charismatischen Phänomene im Kräftig-Gewordensein der Christusbotschaft gründet. In Konzentration auf das Forschungsinteresse bleibt als Kriterium und Bewertungsmaßstab für das Entdecken und Hervorbrechen von Charismen festzuhalten:

1. Die charismatischen Phänomene manifestieren die Gnade Gottes und sind an Christus gebunden und von ihm gewirkt. Charismen sind als Gnaden- und Christusgaben qualifiziert.

2. Die charismatische Fülle bezieht sich nicht kumulierend auf den Einzelnen, sondern repräsentiert die Gemeinde.

3. An Orten, wo das Zeugnis von Christus, dem Gekreuzigten und Auferstandenen, hörbar wird und sich in den Menschen verwurzeln kann, werden Charismen gegeben.

4. Charismatische Phänomene besitzen einen hinweisenden Charakter auf Christus.

4.2.3.3 Anamnese der Beauftragung und öffentliches Einüben (1Tim 1,4,14-15)

Dass die Vollmacht der Charismen nicht habituell und statisch gegeben wird, sondern einen dynamischen Wachstumscharakter besitzt, ist biographisch an Timotheus zu sehen. Während die erste Aufforderung von Paulus im Kontext der Paränese steht (1Tim 4,14f), folgt eine zweite im Proömium des 2. Briefes (1,6).

---

363 So Schreiber (1996:195f). Vgl. auch 1Thess 1,5, 2Kor 12,12, Röm 15,18f und Hebr 2,3f: Hier belegen Machttaten das Heil.

„Vernachlässige nicht die Gnadengabe in dir, die dir gegeben worden ist durch Weissagung mit Handauflegung der Ältestenschaft! Bedenke dies sorgfältig; lebe darin, damit deine Fortschritte allen offenbar seien!" (1Tim 4,14f).

Zunächst stellt sich die Frage, wie Timotheus sein Charisma feststellte. Dass es dabei um die Ordination zu einem Amtscharisma geht, vertreten die meisten Ausleger.[364] Fakt ist aber, dass es nicht da steht.[365] Es geht primär nicht um das Amt, sondern um das ignorierte Charisma in der Beauftragung. Daraus ergeben sich zwei Möglichkeiten: Entweder wird Timotheus durch das prophetische Wort (προφητεία) der Ältesten ein konkretes Charisma als vorausgehende Berufung zugesprochen und die Handauflegung erfolgt zu einem späteren Zeitpunkt (wie in Apg 12,1-3)[366] oder beides erfolgt mit der Handauflegung zusammen bei der Ordination.[367] Beide Formen schließen sich aber nicht aus. Alternativlos ist die Handauflegung: Sie stellt nicht nur eine äußere Geste dar, sondern vermittelt in einer spezifischen Zuwendung das Charisma,[368] Gott jedoch verleiht die Vollmacht. Das prophetische Zusprechen entspringt aus der einheitlichen Ältestenschaft (πρεσβυτέριον), es setzt ihre Kommunikation voraus.

Bedeutsam ist vor allem der Bezug durch οὗτος („dies") zur Aufforderung, im nächsten Satz das empfangene Charisma nicht zu vernachlässigen, damit (ἵνα) das Fortschreiten (προκοπή) des Charismas allen offenbar (φανερός) werde (4,15). Der Begriff προκοπη stammt aus dem Bildungswesen und beschreibt den Bildungsvorgang und den prozesshaften Weg bis zum Bildungsziel,[369] der hier theologisch gefüllt wird: Es geht um den Entwicklungs- und Lernprozess des Charismas im Einüben, das alle in der Gemeinde sehen wollen. Ausgehend vom unmittelbaren Kontext (1Tim 4,12-13) hat Timotheus mit seinem Charisma eine Vorbild- und Leitungsfunktion.[370]

Zusammenfassend ist zu sagen:

1. Mit Ausnahme der Glossolalie sind Charismen als der Gemeinde gegeben.

2. Die Gemeinde hat einen Anspruch auf partielle Charismen des von ihnen beauftragten Leiters.

3. Charismen tragen Öffentlichkeitscharakter. Sie besitzen eine vorbildhafte und leitende Funktion.

---

364 Vgl. Hofius (2010:261-284), Lips (1979:173).
365 Die Reduzierung auf das Amtscharisma gegenüber der Vielfalt der Charismen hängt an der These der pseudepigraphischen Schriften der Pastoralbriefe. So Heckel (2002:337f).
366 So Wendel (2000:70-73).
367 So Roloff (1988:258).
368 Vgl. Hofius (2010:272f), Roloff (1988:258) und Lips (1979:253f.258-260).
369 Vgl. Roloff (1988:260, Anm. 199).
370 Vgl. Roloff (1988:260).

4. Die Vernachlässigung eines Charismas schadet der ganzen Gemeinde.

5. Charismen werden durch Charismen zugesprochen: durch Prophetie zugesichert und Handauflauflegung vermittelt.

6. Die zugesprochene Prophetie zur Gemeindebeauftragung entwickelt sich in einem Kommunikationsprozess aus der Einheit der Verantwortlichen.

7. Charisma ist die von Gott geschenkte Kraft, die durch das Subjekt des Menschen vermittelt und ausbildungsfähig einübbar ist.

8. Das Erkennen und Wiederbeleben der Charismen vollzieht sich in einem pädagogischen Entwicklungsprozess vor dem Forum der Gemeinde.

4.2.3.4 Familiäre Glaubensprägung und auftragsbezogene Verantwortung (1Tim 1,5-6)

Im zweiten Brief erinnert (ἀναμιμνήσκω) Paulus erneut an das vernachlässigte Charisma, damit es mit neuer Leidenschaft entfacht wird. Die kausale Verbindung zum vorherigen Satz mit Δι' ἣν αἰτίαν (1,6a: „Um dieser Ursache willen") weist auf die Familientradition zurück und verdient Beachtung.[371] Paulus erinnert einerseits an den Erstempfang des Charismas (1Tim 4,14f) und andererseits motiviert er angesichts der familiären Erziehungs- und Glaubensgeschichte das eigene Charisma anzufachen. Aus den vergangenen Prägungen des gemeinsamen Glaubens in der eigenen Familie erwächst die gegenwärtige Verantwortung, das Charisma einzusetzen und die zukünftigen Anforderungen anzunehmen.[372]

> „Denn ich erinnere mich des ungeheuchelten Glaubens in dir, der zuerst in deiner Großmutter Lois und deiner Mutter Eunike wohnte, ich bin aber überzeugt, auch in dir (1,5). Um dieser Ursache willen erinnere ich dich, die Gnadengabe Gottes anzufachen, die in dir durch das Auflegen meiner Hände ist" (1,6).

Auch wenn Gott das Charisma (χάρισμα τοῦ θεοῦ) geschenkt hat, hängt es gleichzeitig am Menschen, dass das Charisma zur Wirkung kommt. Das Charisma ist Paulus und Timotheus bekannt. Nun geht es darum, das ignorierte Charisma einzusetzen, im Sinne des dynamischen Verbs[373] wieder neu anzufachen (ἀναζωπυρεῖν). Die unmittelbaren Anweisungen zeigen die Folge des wieder neu eingesetzten Charismas. Es ist die Kraft des furchtlosen (1,7) Zeugnisses für das Evangelium und die Bereitschaft zum Leiden (1,8) wie die treue Bewahrung des anvertrauten Glaubens und schließlich zielt alles auf den Höhepunkt der in das Heilshandeln Jesu Christi mündet (1,9-14). Charisma ist mit einem Sendungsauftrag verbunden.

---

371 So auch Weiser (2003:106) und praktisch-theologisch Bohren (1993:394).
372 Vgl. Weise (2003:106).
373 Vgl. Form: Infinitiv Präsens Aktiv.

Pointiert lässt sich sagen:

1. Glaubensbiographie und gemeinschaftliche wie missionarische Beauftragung gehören untrennbar zusammen. Familienglaube und Gemeinde sind keine separierten Bereiche.

2. Die Beauftragung und Befähigung zum Dienst wird mit dem entsprechenden Charisma gegeben.

3. Ignorierte Charismen benötigen zur Wiederentdeckung die reale Vergegenwärtigung des Berufungs- und Empfangsereignisses und knüpft ermahnend an familiäre Glaubensprägungen an.

4. Diskriminierte Charismen erfordern die göttliche Verheißung in performatiertem Zusprechen (2Tim 1,7).

5. Auch wenn Charismen von Gott geschenkt sind, erfordern sie den gehorsamen und treuen Einsatz des Menschen.

6. Die Gemeindeleitung (Kollegium der Ältesten) ist für das erstmalige Empfangen der Charismen ebenso verantwortlich wie für die Kontinuität der Charismen.

7. Das eine Charisma befähigt zu mehrfachen Herausforderungen, die missionarische, märtyriologische, ekklesiologische und christologische Kennzeichen tragen.

4.2.4 Charismen im doxologischen Gebetskontext (1Petr 4,11-12)

Die Einbettung der Charismenaussagen in 1Petr 4,11-12 in die Doxologie mit ihrer eschatologischen Zielrichtung verleihen den Charismen eine bleibende Aktualität und Dringlichkeit. Die individuell gegebenen Charismen werden in 1Petr 4,10 („Dient einander als gute Verwalter der vielfältigen Gnade Gottes, jeder mit der Gabe, die er empfangen hat.") vorausgesetzt und in ihrer göttlichen Wirkung als Gnadengaben und zudem in der Verantwortung für die Nächsten in der Gemeinde bestimmt. In der Frage, wie sich Charismen wirkungsvoll erschließen, schildert Vers 11:

> „Wer redet, der rede mit den Worten, die Gott ihm gibt;
> wer dient, der diene aus der Kraft, die Gott verleiht" (Einheitsübers.).

Es deutet sich einerseits an, dass alle Kommunikationsformen ($\lambda\alpha\lambda\acute{\epsilon}\omega$) als Charismen verstanden werden. Das Hören auf Gott, das im Reden *vor* oder *während* den Aufgaben vorstellbar ist, wird dadurch „für die Hörenden zur Rede von Gott".[374] Andererseits schließt der Verfasser im zweiten Satzteil (V. 11b) im Ausdruck des Dienens (διακονέω) wahrscheinlich das weite Spektrum diakonisch-karitativer Tätigkeiten ein. Dadurch, dass die beiden Verben „dienen" auf der Seite des Menschen und außerdem „verleihen" (χορηγέω) auf der Seite Gottes präsentisch im Aktiv stehen, ist sowohl eine kontinuierliche Inanspruchnahme der Kraft Gottes ausgesagt wie auch eine beständige Kraft, die Gott aktualisierend gewährt. Aus dieser Analyse lässt sich schlussfolgern, dass Charismen eine rezeptiv-relationale Charakteristik besitzen (Individualität) und es daraus im Einsetzen der Charismen zur göttlichen Wirkung bei anderen kommt (Sozialität).

Auch die paulinischen Belege, die hier traditionsgeschichtlich im Hintergrund stehen, lassen ein dynamisch-relationales Gepräge der Charismen nachweisen. So etwa dadurch, dass Charismen immer wieder neu zugeteilt werden (1 Kor 12,11: διαιροῦν).[375] Darum ist eine Vernachlässigung der bereits gegebenen Charismen möglich (1Tim 4,14) und bedarf des ermahnenden Impulses, das Charisma wieder einzusetzen (2 Tim 1,6). Auch wenn Charismen der Gemeinde geschenkt werden, erfolgt der Aufruf nach Gaben (1 Kor 12,31: χαρίσματα; 14,1: πνευματικά) zu eifern (1Kor 14,12.39). Das gemeinsame kontinuierliche Eifern (ζηλοῦτε) in der kommunikativen Gemeinde unterstreicht, dass Charismen nicht ins Belieben des Einzelnen gestellt sind, sondern zum Dienst gegeben und dauernd zu aktualisieren sind.[376]

Nach diesem Seitenblick ist auf den Petrusbeleg zurückzukommen. Das Problem, ob sich natürliche Fähigkeiten und übernatürliche Gaben unterscheiden, ist hier nicht erwähnt. Die Zäsur besteht dagegen im Anwenden der Charismen.

Bedeutsam ist, dass die Handlungsanweisungen entsprechend dem Textgenre des Gebets auf die doxologische Dimension zielen und dadurch den Charismen eine unumstößliche Bedeutung für die Kirche verleihen (4,11c: „So wird in allem Gott verherrlicht durch Jesus Christus. Sein ist die Herrlichkeit und die Macht in alle Ewigkeit. Amen."). Damit durchdringen Charismen in ihrem göttlichen unverfügbaren Wirken soziologische Faktizitäten und reichen doxologisch über sie hinaus. Wer Charismen in der beschriebenen Weise für den anderen in der christlichen Gemeinschaft einsetzt, ehrt Gott.

---

374 Goppelt (1978: 289).
375 Die Exegeten wie etwa Rabens (2010:237-241), Schnabel (2006:698f), Thiselton (2000:936), Schrage (1999: 146.) haben die Sachlage längst erkannt, während es in der Literatur der Praktischen Theologie selten realisiert wird. Jüngst aber bei Obenauer (2009:142).
376 Schon K. Barth (2007) versteht 1Kor 12,31 so, dass Paulus „seine Gemeinden [...] ausdrücklich auffordert, nach den besten Geistesgaben nicht nur zu verlangen, sondern zu eifern" (187). Zum Verb eifern (ζηλόω) vgl. Elliott (2008:89-96), Choi (2007:64ff. 160), Schnabel (2006:749-753), Thiselton (2000:1024f), Schrage (1999:239. 241.396f), Turner (1999:270f), Iber (1963:43-52).

Daraus geben sich nachstehende Schlussfolgerungen:

1. Charismen besitzen eine beziehungserschließende Charakteristik, die vor oder in kommunikativen oder diakonisch-caritativen Aufgaben von Gott empfangen werden.[377]

2. Charismen werden entweder in ihrem Vollzug oder im Nachhinein im wechselseitigen Dienen bewusst.

3. Das Einsetzen der Charismen besitzt im Horizont der Eschatologie eine verpflichtende Verantwortung und Dringlichkeit.

4. Gott wird geehrt, wenn jeder seine Charismen von Gott erwartet und betend mit seinem Wort und seiner Kraft rechnet.

5. Gott wird geehrt, wenn jeder seine Charismen in fürsorglicher Liebe für den anderen einsetzt.

6. Zwischen natürlichen Fähigkeiten und übernatürlichen Begabungen (Charismen) wird nicht unterschieden, die Differenz zeigt sich im ethischen verantwortlichen Verhalten in der Gemeinde und ihrer gottgemäßen Praxisanwendung.

4.2.5 Charismen im paränetischen Kontext

Paränetische Texte im NT greifen typische Lebensfelder individueller und gemeindlicher Probleme auf und geben situative Wegweisungen. Trotzdem gehen die Argumentationen immer wieder ins Grundsätzliche über.[378] Fragt man nach den Charismen, enthalten die Textpassagen ebenfalls ähnlich formulierte Vokabeln und argumentative Leitgedanken. Darum ist es nicht verwunderlich, wenn Textabschnitte angesichts von innergemeindlichen Konflikten im Umgang mit den Charismen innerhalb der Leib-Glied-Metapher in Röm 12,3-8 und 1Kor 12,12-31, Eph 4,7-16 vorkommen. Auffällig ist dabei, dass Texte, in denen der Leib Christi den Einzelnen mit seinen individuell gegebenen Charismen hervorheben, aber jeder auf das Zusammenarbeiten im einheitlichen Leib Christi angelegt ist. Exemplarisch gilt die Aufmerksamkeit 1Kor 12,4-6; 1Kor 12,22; 1Kor 14,14-19.24-31 und Eph 4,7-16.

---

377 Vgl. die „personal-relationale Typologie" (Kap. I), „christozentrisch-heiligende Dimension" und „relationale Dimension" (Kap. II). Insbesondere anglikanische und kath. Exegeten haben darauf verwiesen (Kap. II).

378 Vgl. Popkes (1996:58f).

4.2.5.1 Trinitarische Charismenbestimmung (1Kor 12,4-6)

Nach dem Ausgangspunkt (12,1-3), der die Geistesgaben (τὰ πνευματικά)[379] mit dem Grundbekenntnis zu Jesus als dem Herrn christologisch fundiert, beginnen mit 12,4 programmatische Ausführungen zu den Charismen mit drei bedeutsamen Perspektiven zum Wesen und Wirken der Charismen (12,4-6). Neben der trinitarischen Bestimmung der Charismen, die weithin vertreten wird,[380] gilt es, die parallel gebildeten Sätze gesondert zu analysieren. Sie entfalten nämlich das eine Charisma aus verschiedenen Perspektiven. Die erste Perspektive weist pointiert auf alle Charismenarten hin, die der eine Geist zuteilt (12,4). Charismen sind pneumatologisch bestimmt.[381] Die zweite Perspektive führt die Dienste auf den Herrn zurück und qualifiziert Charismen christologisch (12,5). Die plurale Form der διακονία bezieht indes alle - kerygmatischen und diakonischen - auch die geringfügigsten - Dienstleistungen ein und deutet damit zugleich auf den verpflichtenden Aufgabencharakter aller Charismen hin.[382] Die dritte Perspektive in 12,6 bezeichnet Charismen als „Machterweise"[383] (ἐνέργηματα) und beschreibt, dass Gott umfassend in allen Charismen permanent wirkt (ἐνεργῶν). Es geht hier um die vielfältig erfahrbaren Erscheinungsweisen der Charismen und gleichzeitig um ihren gemeinsamen Ursprung in Gott.

Nach diesen programmatischen Aussagen werden fünf Hauptaspekte deutlich, die abgesehen vom detailliert vierten Aspekt den Typologien und theologischen Hauptfeldern entsprechen.

1. Alle, die Jesus als Herrn bekennen, sind Charismatiker.[384]

2. Alle Rangordnungen der Charismen entfallen und die sogenannten Charismenlisten verlieren ihre normative Ausschließlichkeit und Begrenzung. Charismen sind generell gleichwertig.

3. Auch die kategoriale Einteilung der natürlichen Fähigkeiten und übernatürlich geltenden Charismenphänomene heben sich auf. Eine Zäsur beider Konzepte besteht nicht. Es liegt aber ein Kontrastschema zwischen den frü-

---

379 Zur grammatischen semantischen Diskussion vgl. Schrage (1999:118).
380 So Burkhardt (2009:48), Eckstein (2006:112f.), Haudel (2006:91), Hahn (2005:290), Wilckens (2005:389), Thiselton (2000:989). Zur parallelen Struktur von 1Kor 12 und Eph 4, vgl. Gese (1997:70).
381 Dass πνευματικά und χαρίσματα explizit zwar keine Wechselbegriffe darstellen, theologisch aber eng verbunden sind, weil sie unterschiedliche Perspektiven der einen göttlichen Begabung beleuchten, hat die ntl. Exegese in ausreichendem Maße bestätigt. Vgl. etwa Gielen (2009:145-147), Schnabel (2006:695-701.807), Hahn (2005:290f), Gebauer (1999:180f).
382 Vgl. Hentschel (2007:146), Wessely (2004:287).
383 Schrage (1999:145), ebenso Hentschel (2007:144).
384 Auch Frauen gehören im Urchristentum zu den charismatisch Begabten. Vgl. Hahn (2005:602), Biernath (2005:108). Die Ausgrenzung von gewissen Gemeindeaufgaben ist damit kritisch zu hinterfragen.

heren heidnischen Erfahrungen und gegenwärtiger pneumatischer Wirkungen der Jesusbekenner vor (12,1-3).[385]

4. Charismen lassen sich in *Geistesgaben, Kyrios–* bzw. *Christusgaben wie Gottes–* bzw. *Schöpfungsgaben* differenzieren.[386] Wichtig ist, dass die trinitarische Dimension keine der Einzelcharismen der einen oder anderen göttlichen Seinsweise deterministisch zuordnet, sondern die transzendente trinitarische Herkunft für jedes Charisma gilt.

5. Alle Näherbestimmungen der Charismen besitzen einen transitiven Charakter, denn erst die Bevollmächtigung zur Ausführung bestimmter Aufgaben in Gemeinde und Mission (Welt) stellen ihr tatsächliches Wesen dar.[387]

Aus alledem geht hervor, dass das Anwenden der Charismen keine Konsequenz der bekennenden Jesusnachfolge darstellt, sondern zu ihrem genuinen Erscheinungsbild gehört.[388]

4.2.5.2 Scheinbare Selbst- und Fremdwahrnehmung (1Kor 12,22)

Im Rahmen seiner Argumentation greift Paulus die offensichtliche Gemeindesituation auf, in der einige Personen oder Gruppen die schwächeren gering scheinenden (τὰ δοκοῦντα) Charismen gegenüber den scheinbar attraktiveren abwerten (12,22). Hier korrigiert Paulus die Selbst- und Fremdwahrnehmung der Gemeindeglieder, indem er die unscheinbaren Charismen als am nötigsten ansieht. Welche scheinbar nutzlosen Charismen hier im Blickfeld stehen, kann offen bleiben.[389] Eines aber ist deutlich: Mit 1Kor 12,22 liegt eine zentrale Schlüsselstelle in der Frage nach dem Erkennen der Charismen vor. Dem positiven Bestreben Charismen zu entdecken, steht hier eine negative abwertende Seite gegenüber. Die Schwierigkeit, Charismen in der Gemeinde zu erkennen, ist demnach keine theologische Frage, sondern eine vornehmlich ethische. So liegt das Problem im Plausibilitätsdenken selbstbezogener Vorverständnisse. Spezifischer gesagt: Die Arroganz der Überheblichkeit wie auch die eigene Unzufriedenheit tragen zum Nichterkennen der Charismen bei. Der erste Denkansatz der Gemeindeglieder missachtet den für den 1Kor so bedeutsamen Zusammenhang von *theologia crucis*[390] und Auferstehung. Erst unter der offen-

385 Die ntl. Exegese vertritt hier unterschiedliche Auffassungen, vgl. Tibbs (2007:148-180), Schnabel (2006:680-689). Ausführlich Woyke (2005:258-287).
386 Vgl. zur Ausdifferenzierung: „Trinitarische Charismenoffenbarung" (4.2.6).
387 Vgl. Schrage (1999:144 und Anm. 169). Dieser Auslegung folgen vor allem Vertreter der „extraordinären Dimension" (Kap. II).
388 Ähnlich Käsemann (1974:111).
389 Zur Diskussion vgl. Gäckle (2004:469-471).
390 So Schrage (1999:225f). Vgl. 1Kor 1,26ff; 2,1ff.

134

barenden Perspektive von Kreuz und Auferstehung können Gemeindeglieder die menschlich-wertenden Maßstäbe neu beurteilen und die Charismen der anderen erkennen und als „ekklesiologische Konkretionen"[391] des Kreuzes Christi und der Auferstehung wertschätzen. Diejenigen, welche im zweiten Denkansatz verhaftet sind, verdrehen die Einheit des Leibes Christi zur Gleichheit und nehmen infolge ihres Vergleichens die eigenen Charismen nicht mehr wahr, indem sie sich von der Gemeinschaft isolieren.[392] Die Schilderung dieses menschlichen Verhaltens beim Gebrauch der Charismen drückt Paulus in der übertrieben metaphorischen Rede von den Körperteilen aus (1Kor 12,15-23), um die Briefempfänger zu korrigieren. Indem Paulus im Anschluss auf Gott hinweist, der den Leib zusammengemischt hat (συνεκέρασεν), nivelliert er den sich gering einschätzenden Charismatiker nicht in die Masse der korinthischen Gemeinde ein, sondern verleiht ihm einen neuen aufgewerteten Status in der Zugehörigkeit zum Leib Christi (1Kor12,24f).[393]

Auf diesem Hintergrund ist abschließend auf die Liebe hinzuweisen (1Kor 13), die im gegenseitigen Einschätzungsprozess der Charismen als „kritische Instanz"[394] zu einer realistischen Evaluation führt. Diese vom Hl. Geist geschenkte Liebe[395] ist das Mittel mit dem die Charismen in der Praxis die Charakterzüge Christi ausdrücken. Allein diese Liebe wirkt in und durch die empirisch bruchstückhaft und vorläufigen Charismen das ewig Bleibende, auf das es ankommt. Es ist bedeutsam, dass „Liebe" und „erbauen" nicht nur in 1Kor 8,1 parallel vorkommen,[396] sondern zentral im Zusammenhang von 1Kor 12-14 ihren geschichtlichen Ort besitzen. Im sichtbar-sozialen Leib Christi ist die Liebe das Medium zwischen denen die ihre charismatischen Erscheinungsformen suchen und nach ihnen eifern, anwenden und gegenseitig einschätzen.[397] Die Selbst- und Fremdwahrnehmung der Charismen äußert sich im Modus der Liebe kommunikativ, indem sich der eine für den anderen engagiert, damit jeder seinem Charisma auf die Spur kommt. Die in Liebe angewendeten Charismen bauen die Gemeinde ewigkeitsbeständig auf; die Liebe ist aber selbst kein Charisma.[398] Während die Liebe die Dimension der Ewigkeit eröffnet, stehen Charismen unter dem eschatologischen Vorbehalt (1Kor 13,8). So relativiert die Liebe als Frucht des Geistes (Gal 5,22) die Charismen. Positiv gewendet: In der Ausübung der Charismen wirkt sich die Liebe als eigentliche Frucht des Geistes

---

391 Schrage (1999:226).
392 Ähnlich Schlatter (1969:348).
393 Vgl. Walther (2001:138f).
394 Käsemann (1974:123f).
395 Vgl. Gal 5,22 und Röm 5,5.
396 Vgl. die Beziehung zwischen dem fortdauernden Aufbauen (οἰκοδομεῖ) und der Liebe (ἀγάπη) (1Kor 8,1).
397 Vgl. die Liebe als hermeneutische Dimension im Erkennen und Handeln, kurz als „Kommunikationsmedium" (Kern 2001:181-190).
398 Anders Gielen (2009:147) und Welker (1993:234).

in unterschiedlichen Ausrägungen (Freude, Friede, Langmut, Freundlichkeit, Güte, Treue) auch emotional-atmosphärisch erfahrbar aus.

4.2.5.3 Katechetisches Offenbarungsgeschehen (1Kor 14,14ff)

Darüber hinaus sorgt sich die Liebe um die unerlässliche gemeindeaufbauende und missionarische Wirkung der Charismen, die im Gottesdienst eine verstehbare Kommunikation voraussetzt (1Kor 14,14-19). Nach Paulus hängt das Erkennen der Charismen nämlich nicht an ekstatischen Äußerungen und Effekten wie bei der hochgradig wertgeschätzten Glossolalie der korinthischen Gemeinde, um sich als Manifestiona des Geistes auszuweisen. Vielmehr achtet die Liebe auf das geistgewirkte Beten, Loben und Danken in verständlicher Sprache und dem intonierenden Singen genauso wie auf das reflektierende Nachdenken und konstruktiv-kritische Einschätzen prophetischer Charismen (1Kor 14,29: διακρίνω). Charismen integrieren den Verstand (νοῦς), damit die Teilnehmer des Gottesdienstes gefördert und katechetisch unterrichtet (1Kor 14,19: κατηχέω) werden.[399] Ein weiteres Kriterium der Charismen zeigt sich in der gottesdienstlichen Gestaltung, die nicht nur für die Gemeindeglieder, sondern auch und vor allem in den prophetischen Offenbarungen für die anderen geordnet abläuft und „gegenwarts- und situationsbezogen"[400] als lernender Beitrag (μανθάνω) und mit παρακαλέω die ganze Bedeutungsbreite ermutigender, tröstender und ermahnender Äußerungen weitergegeben wird (1Kor 14,31).[401] In solchen Veranstaltungen erleben Nichtchristen als die persönlich Angesprochenen die offenbarende Präsenz Gottes, woraus folgerichtig das Anerkennen und Anbeten Gottes folgt.[402]

Zusammenfassend ergibt sich folgendes Bild:
1. Die Selbst- und Fremdwahrnehmung von Charismen ist kein theologisches Problem, sondern eine Frage der Liebe im kooperativen Miteinander der Gemeinde.
2. Innerhalb der Charismen verläuft empirisch unmessbar eine Trennungslinie, die zwischen der gottgewirkten Nachhaltigkeit der Charismen durch ein ethisches Verhalten in der Liebe Christi und einem nutzlosen Egoismus verläuft (vgl. 1Kor 13,1-3).

---

399 Vgl. Schrage (1999:398f).
400 Gielen (2009:154).
401 Vgl. Schrage (1999:455).
402 Vgl. Schrage (1999:414).

3. Die schwach scheinenden Charismen bedürfen zu ihrer Wahrnehmung, analog zur Kreuzesgestalt Jesu, einer Umwertung menschlicher Maßstäbe.[403]

4. Zur göttlichen Einschätzung menschlich scheinbar unattraktiver Charismen bedarf es unbedingt der offenbar gewordenen Tiefendimension von Kreuz und Auferstehung, die diesen charismatischen Menschen höchste Wertschätzung und Anerkennung verleihen.

5. Die Echtheit solcher Einsicht zeigt sich erst, wenn Gemeindeglieder die unscheinbaren Charismen der anderen in ihrer „Integrationsfähigkeit" erkennen und ihrerseits mit ihren Charismen „Kommunikation und Zusammenarbeit stiften."[404]

6. Wirkungsvolle katechetische Lernprozesse in der Gemeinde gehen auf prophetische Charismen zurück. Prophetische Beiträge bedürfen allerdings der kritischen Reflexion.

7. Die Ausübung der Charismen und eine charismatische Atmosphäre im Sinne der Liebe sind dort vorhanden, wo Nichtchristen Gottes Präsenz existenziell erleben und anerkennen.

4.2.5.4 Charismenbildung durch kybernetische Charismatiker (Eph 4,6-12)

„Der Epheserbrief ist wie keine andere ntl. Schrift von der Ekklesiologie bestimmt."[405] Im paränetischen Teil fordert der Autor die Gemeinde auf, entsprechend ihrer Berufung das Gemeindeleben in Einheit zu gestalten, die auf dem einen Gott und Vater gründet (Eph 4,6). Daran schließen sich die Aussagen über die von Christus gegebenen Gaben an. Der Begriff der Charismen wird nicht verwendet, aber die Sache ist durch den synonymen Ausdruck δωρεά vorhanden.[406]

Die Gabe (δωρεά) wird jedem Gemeindeglied (Eph 4,7)[407] maßvoll (μέτρον) – ohne den einzelnen zu überfordern – als Gnadengabe gegeben. Prononciert bringt die Textpassage zum Ausdruck, dass Christus, durch seinen Abstieg in die Tiefen der Erde und durch seinen Aufstieg in seine Herrschaft im Himmel,

---

403 Vgl. ansatzweise in den Typologien (Kap. I) und der „zirkulär-erkennenden Dimension" (Kap. II, 3.1.8).

404 Hahn (2005:621).

405 Hahn (2005:495).

406 Vgl. Schneider (1992:880-882.). Im Unterschied zum Begriff der χαρίσματα und πνευματικά wird δωρεά stets im Singular verwendet.

407 „Jedem einzelnen von uns aber ist die Gnade nach dem Maß der Gabe Christi gegeben worden (ἐδόθη)."

die Gabe (δόμα) und den Geber der Gaben vereint (4,9-10).[408] So gründen die Charismen in der machtvollen Überlegenheit Christi. Zunächst liegt der Fokus auf dem Geben der Begabungen: Generell für alle Gläubigen (4,7) und in spezieller zusätzlicher Konkretion für einige (4,11: Apostel, Propheten, Evangelisten, Hirten und Lehrer),[409] die der erhöhte Christus eingesetzt hat (ἔδωκεν). An eine komplette Liste dieser auf Dauer angelegten Dienstfunktionen in Gemeinde ist nicht zu denken, sie trägt exemplarischen Charakter.[410] Die weiterführende Argumentation zielt mit dem begründeten „damit" (πρὸς) in 4,12 – dessen grammatische Struktur umstritten ist – auf die Ausbildung der Heiligen (καταρτισμός τῶν ἁγίων), also der bereits begabten Gemeindeglieder. Sie sind primär „für das Werk des Dienstes, für die Erbauung des Leibes Christi" verantwortlich (4,12b) und schließen das Glaubenswachstum und Reifwerden ebenso ein wie gegenüber Irrlehrern standhaft zu bleiben. Das letzte Ziel ist das Zusammenwirken jedes Einzelnen zum Aufbau des Leibes (οἰκοδομὴ τοῦ σώματος) in der Wirkkraft Christi.

Festzuhalten bleibt:

1. Der erhöhte Christus, das Haupt der Gemeinde, hat jedem Gemeindeglied Charismen und leitende Funktionsträger gegeben. An der Spitze der Charismenausbilder stehen die im Plural von Christus eingesetzten Dienstträger und nicht die singulär handelnde Person.

2. Die charismatische Gemeinde bleibt fortwährend auf die Charismen kybernetischer Funktionsträger angewiesen. Die Charismen der Gemeindeglieder und die der personalen festeren Dienstträger beziehen sich aufeinander. „Amt" und Charisma sind keine Gegensätze.

3. Zum Wahrnehmen der Charismen in der Gemeinde bedarf es charismatischer Prototypen, die analog zu ihrem spezifischen Charisma die Gemeindeglieder anleiten und ausbilden, damit die Gemeindeglieder zum Glaubenswachstum des Leibes Christi, qualitativen Reife und zum Schutz der ganzen Gemeinde beitragen (4,12f).[411]

Abschließend ist der Frage nachzugehen, wie der offenbarende Erkennungsprozess der trinitarischen Charismen vorstellbar ist.

---

408 Vgl. Schwindt (2002:430). Ausführlich zum atl. Zitat vgl. Schwindt (2002:418-431).

409 Anders Böttrich, der die Aufzählung der Dienstfunktionen auf einen Amtsträger vereint (1999:145).

410 Vgl. 1Kor 12,28, Fee (1994:705-708).

411 Vielhauer (1979) zweifelt, ob den einfachen Gemeingliedern der Aufbau der Gemeinde übertragen wurde (:123).

4.2.6 Trinitarische Charismenoffenbarung (Ich-Du-Wir)

Die Trinitätstheologie als Selbstoffenbarung Gottes erlebt in der systematisch-theologischen Diskussion eine Renaissance.[412] Im Rahmen dieses Beitrages liegt in gebotener Kürze die Aufmerksamkeit auf der trinitarischen – und besonders ökonomischen (heilsgeschichtlichen) Dimension[413] der Charismen. Verbindet der große systematische Rahmen der Selbsterschließung Gottes Schöpfung, Erlösung und Heiligung, kurz jedes Handeln Gottes,[414] so zeigen die ntl. Texte[415] der Charismen im Kleinen eine analog trinitarische Struktur: Gott, der Schöpfer setzt Begabte in die Gemeinde ein[416] (Röm 12,6;[417] 1Kor 12,18.28: ἔθετο), Christus (1Kor 1,4–7; Eph 4,7–11) und der Hl. Geist (1Kor 12,7.11) offenbaren Charismen. Daraus bestätigt sich in der ntl. Zusammenschau der integrierende Charismenansatz für alle Charismen. Allerdings akzentuieren die Texte durchaus einmal das offenbarende Wirken Gottes, des Sohnes oder des Hl. Geistes. Die einheitliche Dimension der trinitarischen Erschließung bleibt dabei dennoch geheimnisvoll, empirisch unverfügbar und ungreifbar erhalten.[418]

Auf dem Hintergrund des Gesagten[419] kristallisiert sich nun ein elementarer Entwurf zum Erkennen der Charismen heraus. Wie die nachstehende Abbildung[420] visualisiert, offenbaren sich Charismen in einer dreifachen Korrelation der Ich-Identität, der Du-Beziehungen und zielen auf die Wir-Gestalt[421] der Gemeinde in Analogie zur Selbstoffenbarung des dreieinigen Gottes.[422] Das identitätsstiftende Moment hängt dabei mit der Kontinuität der geschöpflich geprägten Biographie des Einzelnen zusammen. Durch das wechselseitige Kooperieren und Dienen in und für die Gemeinde in Zuspruch und Korrektur entwickelt sich prozesshaft das Alleinstellungsmerkmal der spezifischen Charismen im Leib Christi. Auch wenn sich Charismen beständig (δίδοται) individuell offenbaren (1Kor 12,7: ἕκαστος), wird die Sichtbarmachung (φανέρωσις) des

---

412 Vgl. etwa Wilkens (2010:83-100), Slenczka (2009:52-65), Ziegenhaus (2009:66-76), Hopko (2009:77-85), Neuer (2009:86-91, 2009:7-21), Burkhardt (35-51), Hille (2007), Haudel (2006), Welker & Volf (2006), Schwöbel (2002:25-51), Markschies (2002:24-40).

413 Zum Verhältnis von immanenter und ökonomischer Trinität vgl. Leonhardt (2004,138-148).

414 Vgl. Schwöbel (2002:25-51.40).

415 Vgl. den Einzelnachweis der „trinitarischen Charismenbestimmung" (1Kor 12,4-7).

416 Vgl. sinngemäß in 1Petr 4,10f.

417 Vgl. δοθεῖσαν steht im Aorist, Passiv (Röm 12,6).

418 Vgl. Schwöbel (2002:58-83).

419 Vgl. Kap. I und II.

420 Grafik: © MB. Strukturell ähnlich, aber mit anderem Bezug, vgl. Mühlen (2001).

421 Vgl. Bonhoeffer deutet die einheitliche Gemeinde als „Kollektivperson", die zwingend nur dort ist, „wo Einzelpersonen sind" (1987:49).

422 In seiner geschichtlichen Selbstoffenbarung des Dreieinen Gottes sind individuelle Perspektiven enthalten, etwa die Individual-Inkarnation des Sohnes Jesus.

Geistes in den Charismen geschichtlich kommunikativ und gemeinsam[423] zum Nutzen aller greifbar.[424]

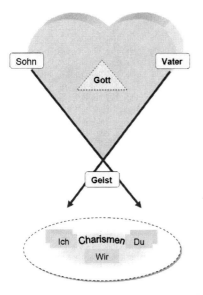

An der Unterscheidung der Geister (διάκρισις πνεῦμα) im weiteren Textverlauf lässt sich das Ineinander der Geistoffenbarung in der individuellen Zuteilung (12,10) und gemeinschaftlichen Praxisanwendung dieses evaluierenden und regulierenden Charismas im Gottesdienst ablesen (14,29: διακρινέτωσαν). Evaluiert wird das Verhalten in der Liebe (1Kor 14,23-25) im inneren und äußeren Aufbau der Gemeinde (14,26-31) und die persönlichen Absichten, die einander wechselseitig bedingen.[425]

Ähnlich wie es die Sozialphilosophie und Sozialpsychologie ohne Gottesbezug und die jüdische Dialogphilosophie mit Gottesbezug aber ohne Christusbeziehung postulieren,[426] benötigen Christen Du-Beziehungen, um ihre Charismen zu durchschauen. Damit ist zum einen deutlich, dass das Wahrnehmen der Charismen einen aus soziologischer wie theologischer Perspektive personalrelationalen Charakter trägt. Zum anderen eignet den Charismen wesenhaft eine individuelle gottgewollte Begrenzung wie bei gleichzeitiger Originalität und darum eine kollektive Ergänzungsbedürftigkeit an. Mit der offenbarenden trinitarischen Dimension beziehen Charismen außerdem stets schöpfungsgemäße Dispositionen ein. In der weiteren Konsequenz ist auf Seiten des Menschen, dogmatisch gesprochen, die theologische Dimension der Gefallenheit (Sünde) einzukalkulieren, die eine Unterscheidung der Charismen in ihrer Praxisanwendung genauso notwendig einschließt wie der eschatologische Vorbehalt des Reiches Gottes (schon-jetzt und noch-nicht), den es mit zu bedenken gilt (1Kor 13,10-13).

Entscheidend ist die unbedingt ekklesiale und missionarische Funktion der Charismen, die eine Identifikation der Begabungen erst in der Rückschau an den Auswirkungen geistlicher Veränderungen oder ereignishaft während des Aus-

---

423   Vgl. 1Kor 12,25: ἀλλήλων.

424   Die Dimension der Nützlichkeit schließt hier durchaus auch eine legitime individuelle Förderung ein (etwa 1. Kor 14,4.28).

425   Vgl. Munzinger (2007:45-74), Wendel (2000:39-50), Föller (1997:231-238).

426   Vgl. die Sozialpsychologie von Mead (Schneider 2005:180-233). Die „Begegnungsphilosophie" von Buber, Ebener, Rosenzweig. Diese Deutungsmuster der Weltwirklichkeit nehmen etwas Richtiges von der Schöpfungswirklichkeit wahr.

übens der Charismen unter dem Wirken des Hl. Geistes ermöglicht. Eines dürfte klar geworden sein, dass der trinitarische Entwurf in der Frage nach dem Entdecken der Charismen ein Ineinander theologischer, anthropologischer, christologischer und pneumatologischer Dimensionen umfasst. Die Charismen durchdringen mit ihrem göttlich unverfügbaren Wirken die empirisch feststellbare Gestalt, was ein leichtes Erfassen immer erschwert.

4.2.7 Selbstverständnis und Erkennen des Charismas

Abschließend ergibt sich im Unterschied zur anfangs[427] aufgestellten Charismendefinition ein komplexeres Verständnis der Charismen.

Ein Charisma im Leib Christi, das dem geistlich expandierenden Gemeindeaufbau mit Ewigkeitswert dient, ist das Ineinander individuell ergänzungsbedürftig gottgegebener und schöpfungsbedingter Dispositionen, christus- wie geistgewirkter Handlungen und Worte, die durch die Gefallenheit des Menschen zur Ehre Gottes in Liebe eingesetzt wird.

Angesichts dieser Definition werden Charismen auf dialektische Weise erkannt: Einerseits schöpfungsgemäß linear, also biographisch-prozesshaft und daher gemeindepädagogisch, bildungsfähig und entwicklungs-psychologisch förderbar, und andererseits gott,- geist- und christusgewirkt zirkulär. Beides vollzieht sich aktualisierend in der Offenbarung des dreieinigen Gottes individuell oder im kommunikativen-wechselseitigen Wirken und entsprechender Rückmeldungen in Gemeinde und Mission (Welt).[428] Auch dann wenn Charismen vom Menschen betend erwartet werden oder Gott souverän und überraschend eingreift, bleiben Charismen unverfügbar, weil ihre göttliche verändernde Wirkung das Wesen der Charismen kennzeichnet.

Vorblick: Im empirischen Teil wird die trinitarische Dimension in der Erkennbarkeit der Charismen (Ich-Identität, Du-Beziehungen, Wir-Gestalt) sowohl in Einzelitems des Fragebogens operationalisiert als auch in erster Linie im Fragebogendesign strukturell in der Frage nach den Prüfkriterien charismatischer Erkennbarkeit präzisiert.[429] Zudem wird der Status quo der Wir-Gestalt in Gemeindemodellen der EKiBa-Gemeinden mit der Absicht erfragt, ob sich daraus eine Charismenentwicklung begünstigt. Zunächst folgt die Darstellung der gängigen Gabentests, da sie in der EKiBa Verwendung finden.

---

427 Vgl. die vorläufige Charismendefinition (1.1.2.3).
428 Vgl. K. Barth (2007): „Indem Gott sich offenbart, verbirgt sich das göttlich Besondere in einem menschlich Allgemeinen, der göttliche Inhalt in einer menschlichen Form und also das göttlich Einzigartige in einem menschlich bloß Eigenartigen" (:308).
429 Kriterien im individualistischen und im kollektiven Rahmen.

Teil 3: Praktisch-theologische Gabentests

5 Historisch-theologische Entwicklungslinien und Evaluation gängiger Gabentests

5.1 Systematische Gabensuche

Nach einer theologie- und begriffsgeschichtlichen Klärung des Charismen-begriffes sowie die Frage nach dem Erkennen der Charismen und einer Herausarbeitung von Typologien und Dimensionen, soll es im Folgenden nun um eine Darstellung der populären Gabentests gehen. Dabei ist jedoch die Frage vorauszustellen, welche Gründe im 20. Jh. allgemein zu einer stärker individuellen Gabensuche und insbesondere zur Entstehung von systematischen Gabentests führten. Zu vermuten ist, dass beides auf gesellschaftliche und theologische Veränderungen zurückzuführen ist. Diese sollen zunächst im Überblick dargestellt werden.

5.1.1 Erlebnischarismatische Verschiebungen

Zunächst ist hier nochmals auf Gunkels (1899) Dissertation über die „Wirkungen des Geistes" einzugehen, mit der er im ausgehenden 19. Jh., theologiegeschichtlich betrachtet, einen Gegenpol zur rationalistischen Exegese setzt (Klatt 1997:35). Darin entwirft er keine ausgeprägte Lehre des Heiligen Geistes, sondern schildert vielmehr das Leben mit seinen psychologisch-pneumatischen Wirkungen (:V.23f).[430] Seine Hauptthesen regen bis heute die theologische Diskussion an. Während die Neutestamentlerin M. Christoph (2005) Gunkels Arbeit zunächst hinsichtlich seiner differenzierten Auslegung zum 1Kor (:11-13) würdigt, wehrt sie damit zugleich Horns (1992) Gunkelkritik ab. Christoph will unter „kognitionspsychologischen und wissenssoziologischen Grundlagen" (2005:14), die ebenfalls einen „induktiven Glauben" vertreten, Gunkel neu bewerten.[431] Alkier[432] dagegen bezeichnet Gunkels Arbeit als eine Art Erlebnisphilosophie, und Lehmkühler (1996) präzisiert diese, indem er zeigt, wie die Geistwirkungen in einen *„psychologischen Prozess"* überführt werden, *„bei dem das Selbstbewusstsein des Menschen das Ich Gottes erzeugt!"* (:188). Eine derartige Erlebnistheologie hat unmittelbare Konsequenzen für die Hermeneutik, die Gunkel in seiner 2. Auflage selbst korrigiert,[433] indem er ein

---

430 Vgl. Stuhlmacher (2002:145f), Reventlow (2001:328).
431 Vgl. Christoph (2005:78-81).
432 Vgl. Alkier (2001:2-15).
433 Vgl. Gunkel (1909:183).

exegetisches Arbeiten nur für denjenigen legitimiert, der selbst in pneumatische Erfahrungen eintaucht (1909:4).

Eines ist nun deutlich: Geistesgeschichtlich besteht zwischen Gunkels psychologischem Selbstbewusstseinstypus der Charismen und seinem anthropozentrischen Geistbegriff untrennbar ein Zusammenhang mit Schleiermachers Ansatz. Diese Interpretation bestätigt sich zusätzlich hermeneutisch-exegetisch: Gunkel stellt nicht die ntl. Briefe in den Vordergrund, sondern trägt das wunderhaft-übernatürliche Urchristentum in der Apg in die paulinischen Briefe hinein. Laut Horn (1992) deformiert er damit deren Texte, da auf diese Weise die alltäglichen Begabungen zu unerwarteten und außergewöhnlichen Charismen stilisiert werden (:27f).

Obwohl N. Baumert (2001) das von Gunkel geprägte Charismenverständnis nicht aufgreift, beobachtet er ähnliche theologische Grundverschiebungen. Dafür sprechen für ihn zwei Indizien: Einerseits stellt er die Betonung der „außerordentliche(n) Gaben und Wunderkräfte" und andererseits das „je erlebnishaft neu, unmittelbar gegebene" Charisma fest (:226f). Gerade die immer „neue Unmittelbarkeit wird nun" laut N. Baumert als „*das* Spezifikum des Wirkens des Heiligen Geistes betrachtet" (:227).[434] Dass die unmittelbare und erlebnishafte Akzentuierung außerordentlicher Begabungen auch im gesellschaftlichen Rahmen der „Erlebnisgesellschaft" seit der Industrialisierung des 19. Jh. mitbegründet ist, hat schon Großmann kritisch angemerkt.[435] Während andere Theologen die postmoderne Charakterisierung allgemein mehr für die Kirche reflektieren,[436] wertet Zimmerling (2005:12-27)[437] mithilfe der bereits bekannten soziologischen Deutungen[438] die Gesamtlage speziell für die charismatisch-spirituellen Erlebnissehnsüchte aus (:62-69).

---

434 Auch Weber trägt zu dieser Verschiebung bei (Ebertz 2007:190).

435 Vgl. Großmann (1995:65-75). Ergänzend beobachtet Cantalamesse (2007) eine Philosophie des Vitalismus, der in die Theologie einfließt und die Grenzen des vitalen philosophisch-humanen Geistes mit dem wahren biblischen Leben im Hl. Geist verwischt (:126-128).

436 Vgl. Reppenhagen & Herbst (2008), Schweyer (2007:25-64), Hempelmann (2006, 1999, 1996:197-213), Zimmerling (2005:12-27), Oertel (2004:35-51), Ebertz (2002, 1998), Wittrahm (2001), Hille (2000:47-84, 1999:9-45). Zur kirchlichen Diskussion in Amerika vgl. Wells (2005).

437 Ebenso Ebertz (1999:237-255), Kern (1997:31-63).

438 So Individualismus, Säkularisierung, Entkirchlichung und Entchristlichung, Multikulturalität, Privatisierung, Dualisierung, Globalisierung, Wertewandel. Welsch (2008), derzeit theoretischer Philosoph an der Universität Jena, stellt fest, dass die „radikale Pluralität" der Postmoderne (:4) neben ihrem Freiheitsgewinn neue verschärfte Probleme schafft, weil sie einen neuen ethischen Umgang mit der Pluralität erfordert (:7). Vgl. Beckmann (2007:79-91), Ebertz (2005:1-14), Michael (2006:4-12), Keupp (2002: 1-33), Welsch 1999:39-45). Horx (1999:20-55) konstatiert pointiert: „Aus Wir wird Ich" (:20).

5.1.2 Suchbewegungen holistischer Wirklichkeits-verständnisse

Es lässt sich beobachten, dass dort, wo im Gegensatz zur rationalen Theologie das biblische Wirklichkeitsverständnis einer realen Transzendenz ernst genommen wird, wie beispielsweise in der charismatisch-pentekostalen und in der charismatisch-evangelikalen Bewegung, die Beschäftigung mit den Charismen, besonders den Heilungen, intensiviert wird (Popp-Baier 1998:156). Insbesondere unter Missionswissenschaftlern und Entwicklungsarbeitern, die sich mit der heidnischen Umgebung und dem animistischen „Konzept des spirituellen Doppels" (Käser 1997:227) auseinandersetzen, wächst das Interesse an Charismen. Das besagte Konzept nimmt die Einsicht ernst, dass es neben den materiellen, sichtbaren Dingen auch unsichtbare Wesen gibt und beide Wirklichkeiten einander wechselseitig beeinflussen. Diese holistische Weltsicht motiviert vornehmlich Missiologen und charismatisch geprägte Theologen „Wort, Werk und Wunder"[439] in die westlich-säkularisierte Kultur zu transformieren (Kusch 2007:16-30).[440] Wer mit Christus als dem Herrn der unsichtbaren Welt rechnet, die unsere sichtbare durchdringt, will die vernachlässigten Charismen (Heilungen, Prophetie, Wunder) nicht nur in der sog. Dritten Welt erleben, sondern auch in westliche Gemeinden und die Glaubensexistenz des Einzelnen integrieren, teilweise auch, um einen geistlich defizitären Erfahrungshunger zu stillen (Lederle 2010:198.211). Leicht kommt es von da aus zu einem apokalyptischen Weltverständnis, das insbesondere bei charismatisch-pentekostalen Propagandisten anzutreffen ist. Den dämonischen Mächten wird unter dem endzeitlichen Kairos der geistliche Kampf angesagt, wozu bestimmte Charismen (Apostel, Propheten) zu entwickeln sind.[441]

Die spezielle Fragestellung, warum Charismen gesucht werden, führt nach der erlebnistheologischen und gesellschaftlichen Schnittmenge zur zweiten Verbindung zwischen Pluralisierungsprozessen und Individuum.

5.1.3 Suche nach dem individuellen Wert

Auf der Suche nach dem verlorenen gesellschaftlichen Bezugsrahmen postmoderner Pluralisierungsprozesse, aus der sich kaum eine stabile Identität und Religiosität entwickeln kann, drängt es den Menschen zu subjektiven Geist- und Sondererfahrungen.[442] Diese kurze Bestandsaufnahme differenziert der Sozial-

---

439 Ott (2005:184).
440 Zu einseitigen Fehlentwicklungen kam es in der Bewegung des „Power Evangelism" bei Wimber & Springer (2002) durch ein substanzielles Verständnis im Sinne eines eigenmächtigen Verfügens über Charismen.
441 Etwa: Wagner (2000:19-21, 2000a), Hamon (2000).
442 Vgl. etwa Schweizer (2003:59-74).

psychologe Keupp (2004), wenn er vom „leeren Selbst" spricht, das durch andere Wertschöpfungen[443] den persönlichen Hohlraum zu füllen sucht. Dabei entsteht Identität nicht beziehungslos durch Selbsterkenntnis, wie es Horx (1999) bilanziert: „Wie in einem inneren ‚Prüfmodus' testen sich daher die Individuen ständig nach ihrem Zufriedenheitsgrad – und suchen unablässig nach neuen Optionen" (:24). Eine derartige „Dauerreflexion"[444] benötigt für die unsicher „*fließende Identität*"[445] die Anerkennung anderer.[446] Neben dem postmodernen Pluralismus mit seiner Multioptionalität, die für diese unbewussten Verunsicherungen mitverantwortlich ist, führen zusätzliche Krisen in der Gesellschaft, die oft mit persönlichen Notlagen zusammenfallen, zu einer „Such– und Aufnahmebereitschaft" (Ebertz 1999:241),[447] über sich selbst und eigene Einschränkungen hinaus Transzendentes zu erleben, – auch in Form charismatischer Angebote. Dies gilt vorzugsweise für Menschen mit einer latenten Identitätskrise (:241). Zu bedenken ist auch, dass die auf Leitung und Effizienz ausgerichtete Gesellschaft in einigen Branchen eine „rastlose Lernarbeit" (Speck 2008:383) durch Weiterbildungen von ihren Mitarbeitern fordert und sich die Menschen dadurch ausgelaugt fühlen (:383). Ein Phänomen lässt sich als Reaktion darauf beobachten, das hier beispielhaft angeführt sei: Gerade gestresste Akademiker entdecken Geisterlebnisse, insbesondere emotionale Charismen – wie etwa das Sprachengebet – für sich (R. Hempelmann 2005:461).

Vor diesen vielschichtigen Hintergründen haben Lebenshilfetests allgemein Konjunktur, ähnlich wie in kirchlichen Kreisen Gabentestverfahren,[448] denn sie versprechen den Menschen, gewissermaßen im Schnellverfahren ihre Stärken und Schwächen kennenzulernen und spezifische Begabungen zu entdecken. Im Anschluss an diesen Teilabschnitt wird es sich zeigen, ob die gängigen Gabentests diesem individuellen Drang Vorschub leisten oder in ihren Konzeptionen in einen gemeindlichen Entwurf münden.

Die Anzahl der auf dem Markt angebotenen Gabentests nimmt ständig zu und bietet vermehrt altersspezifische Versionen an. Daher ist nun der Frage nachzugehen, wie es zu den systematischen Entdeckungsprogrammen mit ihren empirischen Tools kam.

---

443 Da der „Soft-Individualismus" Sensibilität erzeugt, suchen die Menschen „weiche Werte", wie etwa Wellness, Freundschaften, Spiritualität (Horx 1999:37-43).

444 So Ebertz (1998:149) in seiner vielbeachteten Monographie über die Erosion der Großkirchen auf dem Hintergrund postmoderner Denk- und Lebensweise.

445 Gerl-Falkovitz (2007).

446 So Greverus (1995:28f). Allolio-Näcke (2007) spricht von der personalen, kollektiven und religiösen Identität (:236-256).

447 Zum „Schemata der Krisenbewältigung" pentekostal-charismatischer Selbstdeutungen vgl. Nestler (1998:230-233).

448 Die postmoderne Kirche verlangt nach Tools zur Erschließung der Gaben. Das Literaturverzeichnis weist weitere Gabentests in Buch- und Onlineform aus.

5.1.4 US-amerikanische und empirische Einflüsse

Der Weg zur Beantwortung dieser Frage führt in die USA. Denn erst mit dem Aufkommen der amerikanischen Gemeindewachstumsbewegung (GB) der 60er Jahre, als deren geistiger Vater der Indienmissionar McGavran gilt (Schwark 2005:77),[449] gewinnt die Frage nach dem Entdecken der Charismen, durch McGavrans Nachfolger am Fuller Theological Seminary in Pasadena (FTS), C.P. Wagner,[450] erstmals methodische Relevanz. Bis heute werden die Thesen McGavrans diskutiert, deren Spuren ihrer Rezeptionsgeschichte die Thematik der Gabensuche tangieren und von Wagner über Schwarz bis Hybels, von Warren zu Douglass und Scheunemann reichen (Möller 2004:57f, Blömer 1998).[451] Wenn von McGavran gesagt wird, er spreche in seinem grundlegenden Standardwerk „Gemeindewachstum verstehen" (1990) eher beiläufig vom Wirken des Geistes und betone stärker sozialwissenschaftliche Erhebungen, ist das in dieser Einseitigkeit nicht ganz nachvollziehbar.[452] Korrekt ist aber, dass McGavran über Charismen, insbesondere das der Krankenheilung, in Relation zum Gemeindewachstum (1990:177-184), nicht auf dem Missionsfeld, sondern erst in den 1970er Jahren am FTS zu lehren beginnt (Wagner 1990:177).

Ingesamt ist es nicht unwesentlich, dass die Praktische Theologie in dieser Phase die Wende von der „kerygmatischen zur empirischen Gestalt" vollzieht (Möller 2004:13). Während damit die sozialwissenschaftlichen Methoden erst Ende der 60er Jahre des 20. Jh. in Deutschland eine Renaissance erfahren, bleiben sie in den USA schon seit den 30er Jahren nahezu konstant in Anwendung und werden höchstens noch intensiver genutzt. Verstärkt stellen Kirchen in den USA analysierende „Wie"-Fragen und verlieren laut Wells (2004) die Theologie (:162f).[453] Dieser zeitgeschichtliche Rahmen lenkt den Blick erneut auf Wagner,

---

449 So erstmals Wagner im Vorwort von McGavran (1990:7). McGavrans Buch „Gemeindewachstum verstehen" ist für die gesamte Gemeindewachstums-Bewegung eine Art Verfassung (Hausin 2005).

450 Weitere Kollegen u.a. Wimber, Clinton und Kraft (Blömer 1998:27).

451 Plock kritisiert den Pragmatismus (2004). Vgl. die differenzierte Rezension von Schwark (2005b:376-378). Mit einer selektiv aus dem Zusammenhang gelösten Zitierung Rommens (21994) hinterfragt Ledergerber (2001:41) die Theologie und sieht das Problem McGavrans und seiner Nachfolger vor allem in den funktional angewandten Sozialwissenschaften Amerikas begründet. Diese Kritik stellt Rommen zwar dar (:76f), führt aber an der Weiterentwicklung der GB ihre Absicht aus, dass das Normative und Deskriptive miteinander zu verbinden ist, was der Offenbarung Gottes in der Schrift und seinem geschichtlichen Wirken unter den Menschen entspricht (:78).

452 So z. B. seine Darlegungen zum Verhältnis von „Gemeindewachstum und Erweckung" (1990:165-176). Zeichen und Wunder als Geistesgaben gehören in der GB untrennbar zusammen. Vgl. Witham (2005:127).

453 Vgl. Hunt (2004), Soziologe und Kenner der charismatischen Szene. Mit den Alphakursen relativierten sich die übernatürlichen Charismen und verwässerten. Gleichzeitig stieg ihre allgemeine Attraktivität, sie wurden marktfähig (:46). Die Routinisierung der Charismen beobachtet Perkinson (2006) auch für die Gabentests.

der, wohl angeregt durch die empirischen Erhebungen seines Lehrers McGavrans, (Einstein 2007:62) und, wenn auch unbewusst, von den Zeitumständen mit beeinflusst, einen empirischen Gabentest entwickelte. Eine weitere bedeutende Rolle mögen Wagners Kontakte zur charismatischen Bewegung spielen, die nach dem Aufkommen der Pfingstbewegung Anfang des 20. Jh. als Initiator der neuen Beschäftigung mit den Geistesgaben hervortrat (Wagner 2005:7).[454] Das Gemeinsame beider Bewegungen liegt weniger in der theologischen Reflexion, als in ihrer erfahrbaren Spiritualität des Hl. Geistes (Gerloff 2004:6). Dieser Ansatz passt wiederum in den gesamtgesellschaftlichen Rahmen des Pragmatismus,[455] der in erster Linie nicht nach Wahrheit fragt, sondern danach, ob etwas funktioniert. Ausgelöst durch die charismatische Bewegung innerhalb der anglikanischen Kirche[456] in den 1960er Jahren wird nahezu jede amerikanische Denomination vom großen Interesse an den Charismen bestimmt (Hollis 2005:96, Bittlinger 2004:9ff). Wenngleich komplexe Gründe zugrunde liegen,[457] löst nachweislich ein Artikel respektive ein Fragebogen über natürliche Gaben von R. Houts (1976)[458] die Idee bei Wagner aus, Houts Fragenkatalog durch Fragen nach übernatürlichen Gaben zu erweitern. Diese Version legt er im Jahr 1979 in englischer Sprache vor (Kehe 2001:86).[459]

Die Verbindung zu den deutschsprachigen Gabentests findet über drei Stränge statt. Hauptsächlich findet der Gabentest von Wagner zunächst durch Schwarz (1988) in einer leicht überarbeiteten amerikanischen Fassung in Deutschland weite Verbreitung. 1996 erreicht dann das Gabenkonzept von Hybels den deutschen Markt. Dessen Wurzeln gehen partikulär ebenfalls auf Wagner zurück. Es wird aber, laut einem der Autoren namens Bugbee (2005),[460] an die Gemeindeverhältnisse der Willow Creek Church in Chicago angepasst. Weitere Gabentests, etwa der von Kopfermann (2002), der 1977 erstmals veröffentlicht wurde (:5), führen über den Lutherischen Weltbund und Einzelkontakten mit der evangelikal-charismatischen Szene nach Deutschland.

---

454 Vgl. Kay 2004:IVXf und Menzies & Menzies (2001:40), Wagner (1995:14).
455 So Grethlein (2007:305).
456 Ihre Entstehung geht auf eine Osterpredigt des anglikanischen Pfarrers B. Hinn im Jahr 1960 zurück, in der er von seiner ersten Erfahrung mit dem Heiligen Geist berichtete. Auslöser waren Kontakte zur Pfingstbewegung, vgl. Menzies & Menzies (2001:39f).
457 Nach Erzen (2005) überschneidet sich der gesellschaftliche Trend zur psychologischen Selbstevaluation mit der evangelikalen und charismatischen Theologie. Der Fokus liegt auf dem Entdecken der angeborenen Fähigkeiten und Geistesgaben (:269). So auch die Church of England / Bischofssynode (2004:1 u. 4).
458 Dozent eines Baptistischen Bibelseminars.
459 Vgl. The Lutheran Church Missouri Synod (1995:7).
460 So seine Mailantwort vom 12. Okt 2005: *"I was influenced by C. Peter Wagner materials but saw its limitation, because it did not help people move from information to application in a ministry. . . I am the main architect of Network with input from Don Cousins and Bill Hybels."* (kursiv MB).

5.2 Darstellung und Evaluation gängiger Gabentests

5.2.1 Vorgehen und Auswahlkriterien

Unmittelbar nach Häuser (2004), der erstmals unter praktisch-theologischen Gesichtspunkten das Genre der Glaubenskurse untersucht, widmet sich Sautter
(2007) der gleichen Thematik. Beide Arbeiten verfolgen jedoch andere Zielsetzungen. Fragt Häuser, inwieweit Glaubenskurse einen „Prozess des Glau-
benslernens heute" auslösen und welchen Beitrag sie zur sprach- und urteils-
fähigen Kommunikation bieten (Häuser 2004:13), geht es Sautter vorrangig um
eine „Didaktik der Evangelisation" und ihrer Spiritualität innerhalb der Gemeindepädagogik (2007:16). Beide wissenschaftlichen Untersuchungen evaluieren
Glaubenskurse, die Gaben berücksichtigen.[461] Doch weder diese Kurse noch
diejenigen von Clausen, Harder & Herbst (2008), Gumble (2005),[462] Warren
(2004), Buller & Logan (2003, 2002) und Cole & Logan (2001),[463] die in ihrer
Kursliteratur Gabentests integrieren, werden vorgestellt, sondern nur solche
Gabenkurse, welche sich ausnahmslos dem Entdecken der Charismen widmen
und als Hilfsmittel im Forschungsfeld der EKiBa vermutet werden. Insgesamt
ist festzuhalten: Gaben- und Glaubenskurse liegen im Trend. Den nächsten
Gabenkurs für die Evangelische Landeskirche, der speziell nach der Leitungs-
gabe in Kombination mit einem Persönlichkeitstest fragt, kündigt Herbst in
seiner neu aufgelegten Dissertation bereits an (2010:495f).[464]
  Zu den etabliertesten, konfessions-[465] und denominationsübergreifenden
Gabenkursen in Deutschland gehören diejenigen von Schwarz (2001) und
Hybels (2003a-d). Letzterer wurde zusammen mit den Mitarbeitern der Willow
Creek Community Church in Chicago (WCCC) entwickelt. Wie bereits gezeigt,
gehen beide Gabentests in ihren Anfangsstadien auf Wagner zurück. Gleiche
Grundschemata sind daher zu erwarten. Die seit 2006 publizierten Gabenkurse

---

461 Der Alphakurs empfiehlt die Fürbitte um Charismen im Gottesdienst (Sautter 2007:195;
   Häuser 2004:138). Vgl. auch Baumann-Neuhaus (2008). Ebenso die Kurse von Herbst
   (2003), Kopfermann (2000), Krause (1999).

462 Nach Häuser (2004) zielt der Kurs in seiner evangelistischen Intention auf die Erfüllung
   mit dem Geist. Gumble (2005) differenziert aber zwischen dem Empfangen des Geistes,
   das zum Christwerden gehört und dem wiederholten Erfülltwerden des Geistes, das
   jedem Christen offen stehe (:172). Letzteres führe zum Empfangen des Sprachengebets
   (:156ff; Sautter 2007:196; Häuser 2004:137; Anm. 163).

463 Die umfangreiche Gabenkonzeption wurde für Gemeindeleiter in Freikirchen respektive
   Gemeindegründer für Zellkirchen entwickelt. Vgl. die kritische Würdigung bei Schrö-
   der (2007:225-229). Eine Kooperation mit der „Natürlichen Gemeindeentwicklung"
   (NGE) von Schwarz (2005) lassen die Handbücher Logans erkennen.

464 Vgl. Herbst & Böhlemann (2011).

465 In der kath. Monatsschrift „Theologisches" werden die evangelikalen Gabenkurse
   ausführlich pastoraltheologisch gewürdigt (Lindemann 2005:25).

für Erwachsene und Jugendliche sowie eine Arbeitshilfe des Amtes für missionarische Dienste (AMD) der EKiBa basieren wiederum auf dem Material der WCCC (Steffe 2006:3).[466] So reicht es aus, den Kurs von Hybels in seinen charakteristischen Grundzügen vorzustellen. Zumal der Gabentest bei WCCC seit seiner Reflektion in „der Mitarbeiter-Revolution" (2005) in einer modifizierten Form ehrenamtliche Mitarbeiter zu einem projektorientierten Einsatz führt.

Schließlich gilt es noch, zwei international[467] weitverbreitete Konzepte vorzustellen, die sich theologisch zum einen auf so bezeichnete „Motivationsgaben" (Fortune & Fortune 1994) und zum anderen auf den sogenannten „fünffältigen Dienst" (Kaldeway 2001) beziehen. Denn während sich das ursprünglich amerikanische Konzept der Motivationsgaben in deutschen Kursbüchern spiegelt, die zusammen vom EC-Verband[468] (2004, 2004a) und der Xpand Stiftung[469] herausgegeben werden, gewinnt derzeit der zweite Entwurf durch unterschiedliche Einflüsse, wie etwa der Bewegung der Emerging Church, weiter an Popularität (Frost & Hirsch 2008:269-292).

Auch wenn praktisch-theologische Gabentests partiell auf die empirische Psychologie zurückgreifen, indem sie Verhaltens- bzw. Persönlichkeitstests in ihre Konzepte integrieren oder umgekehrt, im Rahmen der Förderdiagnostik und Persönlichkeitsstrukturtests, eigenständige Entwürfe zum Erkennen der Geistesgaben entwickeln (Godina 2002:39-43, Dieterich 2002:52), muss sich diese Arbeit mit entsprechenden Verweisen begnügen. Eine weitere Eingrenzung gilt für die differenzierte Evaluierung der Gabentests unter katechetisch didaktischen Kriterien. Vielmehr wird, analog zur Problemstellung des Charismenverständnisses und der daraus resultierenden methodischen Konsequenzen für die Gabensuche, das jeweils spezielle Profil gewürdigt und zugleich kritisch hinterfragt. Rückfragen werden angeführt, aber erst zusammen mit den empirischen Ergebnissen der eigenen Erhebung diskutiert. Am Ende dieser Arbeitseinheit folgen typisierende Klassifizierungen der vorgestellten Gabentests und ihrer Entdeckungstheorien.

---

466 So auch Bigger (2001), der den Gabentest für seine freikirchlichen Jugendkirchen in der Schweiz übernimmt.

467 So haben die Autoren Fortune & Fortune (1994) ihre Seminare schon weltweit durchgeführt und ihr Testmaterial in viele Sprachen übersetzt (:11).

468 Deutscher Jugendverband "Entschieden für Christus" (EC e.V.).

469 Die Gabenkurshefte entwickelte die Xpand Stiftung (Donath 2008a, 2008b).

5.3 Determiniert-trinitarisches Gabenmodell (C. Schwarz)

Innerhalb der umfassenden Konzeption der „Natürlichen Gemeindeentwicklung" (NCD)[470] (2005:108, 2003:2-3),[471] findet das Material „Die drei Farben deiner Gaben" (2001) die beste Resonanz.[472] Laut Schwarz liegt es daran, dass das Entdecken der Gaben gleichzeitig das persönliche und das gemeindliche Leben verändert (2001a:219). Nicht nur wegen seines globalen Einsatzes (2001:8) ist der Gabentest überkonfessionell angelegt, sondern vor allem, weil Schwarz von einem theologisch ökumenischen Ansatz ausgeht, den er in seiner Publikation der „dritten Reformation" begründet (2001a:86-95). So fordert der Gabentest einen überkonfessionellen Denkansatz, der auf Gemeindeebene konfessionell einsetzbar ist. Damit der Test kein individuelles Hilfsmittel zur Gabenerkennung bleibt, bietet Schwarz zusammen mit seinen Mitarbeitern drei Handbücher an, die sich an Mentoren,[473] Gruppenleiter[474] und Verantwortungsträger[475] in der Gemeinde richten. Im Zentrum des Gabentests (2001:10-11) steht ein komplex entwickeltes System der Trinitätstheologie (2001a), die Schwarz in seiner Kleinschrift, die „dreifache Kunst Gott zu erleben", populärwissenschaftlich aufbereitet (2003:4-19). Darin fasst er die Trinität als „Erlebniskategorie" der ersten Christen auf (2003:7). Charakteristisch ist, dass nicht der Mensch Gott dreifach wahrnimmt, sondern umgekehrt, Gott offenbart sich selbst auf dreifache Weise: In der Schöpfungs–, in der Heilsoffenbarung und in der persönlichen Offenbarung. Während Schwarz (2001) das Erleben der *Schöpfungsoffenbarung* „international, interkonfessionell" und „interreligiös" versteht (:8), die alle Religionen und Menschen einschließt, erleben die *Heilsoffenbarung* lediglich Menschen, die Christus als den menschgewordenen Gott erkennen, der allein auf Grundlage der Versöhnung Gottes über Heil und Unheil entscheidet und ewiges Leben schenkt (2003:8). Als *persönliche Offenbarung* kennzeichnet Schwarz die subjektive Wirklichkeit des Heiligen Geistes, der das

---

470 Querverbindungen bestehen zum 1998 gegründeten „Trainingscenter für Gemeindegründung und Coaching" in Würzburg, das sich unter dem Namen Edition ACTS etabliert hat. Es publiziert Literatur von Logan. Sein Handbuch „Mehr und bessere Gemeinden" (2003) richtet sich ausschließlich an Leiter, bevorzugt Gemeindegründer. Ziel ist es, Leiter zu mobilisieren, indem sie ihre Gaben erkennen (Kap. 3/3), um mehr Veränderungsdynamik in den Gemeinden zu erreichen und neue Gemeinden zu gründen (Kap. 0/1).

471 Zur theologischen Grundlegung vgl. Schwarz (2001a:251-324). Zu NCD allgemein vgl. Brecht (2006:78-103).

472 Ihre Auflage im deutschsprachigen Raum: bis 2001 nun schon weit über 100.000 (Schwarz 2001:7). Die gute Verbreitung ist im Vergleich zu anderen Gabentests sicher ebenso auf das vierfarbig ansprechende Layout zurückzuführen.

473 Vgl. Schalk (2004).

474 Vgl. Schwarz & Berief-Schwarz (2002).

475 Vgl. Schalk & Haley (2002).

objektive Ereignis dessen, was Gott in Christus für die Menschen getan hat, erlebbar wirkt. Indem Schwarz auf die Ausgießung der Liebe in die Herzen der Menschen durch den Geist in Röm 5,5 verweist, fundiert er auf der einen Seite, wie der Geist Gottes mit den Menschen in Beziehung tritt. Auf der anderen Seite realisiert sich die Offenbarung in den Herzen der Menschen nur, wenn sie sich ihrerseits diese Offenbarung aneignen (:9).

Aus der dreifachen Offenbarungskommunikation entwickelt Schwarz ein geschlossenes System göttlicher und menschlicher Dreiheiten, die hier keiner weiteren Klärung bedürfen (2001:12f), weil Gebiete einbezogen werden, die den Gabenbereich verlassen.[476] Die Dreiheit hinsichtlich der Charismenfrage bleibt aber virulent. Hier beobachtet Schwarz im praktisch-theologischen Umgang eine „Segmentierung der Christenheit" in liberale, evangelikale und charismatische Prägungen, die das Gottesbild auf jeweils eine der göttlichen Personen reduzierten, was entscheidend die Charismenfrage beeinflusse (:14).[477]

Für Schwarz bildet 1Kor 12,4-6 den Ausgangspunkt für die Charismen und sein trinitarisches System (2001:12f). Auch wenn er die göttliche Trias als unbedingte Einheit ansieht, zeigen sich nach Schwarz drei perspektivische Offenbarungsweisen: „Gaben", „Aufgaben", „Wirkungen". Tendenziell misst Schwarz den Begrifflichkeiten (χάρισμα, διακονία, ἐνέργηματα) keine synonyme Bedeutung zu, sondern verleiht jedem seinen Eigenwert, indem er sie in der angegebenen Reihenfolge auf den Heiligen Geist, Jesus und den Schöpfer zurückführt. Bevor die nächste Belegstelle zur weiteren Stützung des Gabensystems eingeführt wird, ist an die funktionale Theologie[478] zu erinnern, von der Schwarz herkommt. Eine funktionale Theologie fragt primär nach den Auswirkungen.[479] Erst dadurch wird verstehbar, warum der Gabenkurs Kol 1,9-11 in die Korintherstelle einträgt.[480] Denn indem Schwarz dort drei Erfolgsschlüssel „Vollmacht", „Engagement", „Weisheit" im Sinne geistlicher Frucht zu erfassen glaubt, ordnet er diese einander vergleichbar zu, wie Tabelle 11 zeigt: Vollmacht zu den Gaben, Engagement zu Aufgaben und Weisheit zum Schöpfungsbereich (2001:15-17).

---

476 Vgl. Leib, Seele, Geist. Drei Bekehrungen: von der Welt weg, zur Gemeinde hin, in der Sendung zur Welt; Autoritäten: Wissenschaft, Bibel, Erfahrung. Solche fragmentarische Strukturen (Schwarz 2001:12-13) sind nicht neu, vgl. Sauer (1976:44) noch ausgeprägter bei Philipp (1959).

477 Den liberalen Theologen weist er die Schöpfungsoffenbarung zu, die „Evangelikalen" sieht Schwarz als Anwalt der Heilsoffenbarung, während er die „Charismatiker" auf das Wirken des Heiligen Geistes reduziert (2003:14f). Dabei arbeitet er jeweils die Extrempositionen heraus (:16f).

478 Die funktionale Theologie ist Teil seines Ansatzes (2001a:76-86).

479 Schwarz begründet seine funktionale Theologie mit christologischen Aussagen des NT, denen jeweils soteriologische folgen, indem Ziele der heilsgeschichtlichen Sendung Jesu funktional ausgedrückt werden (:2001a:79).

480 Es scheint, als wurden die drei Erfolgsschlüssel vor der biblischen Kurzuntersuchung ausgewählt (Schwarz 2001:15f).

Es gibt verschiedene Arten von Gaben, aber es ist derselbe Geist	Geist	Gaben	Vollmacht
Es gibt erschiedene Arten von Aufgaben, aber es ist derselbe Herr	Jesus	Aufgaben	Engagement
Es gibt erschiedene Arten von Wirkungen, aber es ist derselbe Gott	Schöpfer	Wirkungen	Weisheit

Tabelle 11: Triadisches System: Gaben, Dienste, Erfolgsschlüssel (nach Schwarz)

5.3.1 Defizitäre Erfolgsschlüssel

Nach dem Versuch, gabenorientierte Mitarbeit trinitarisch innerhalb des eigenen Systems zu erklären, folgen im Kursbuch nähere Ausführungen zur symbolischen Farbgebung und zu ersten Selbstanalysen (:18-21). Obwohl die Farbzuordnungen in den didaktischen Bereich gehören und obligatorisch nicht untersucht werden, ist ihre Darstellung notwendig, weil Form und Inhalt das Gesamtsystem des Gabenkurses wesentlich bedingen. Wie bemerkt, beziehen sich die Aufgaben auf Jesus und werden nun der symbolischen Farbgebung *rot* zugewiesen, um den Kreuzestod Jesu und das aufopfernde Engagement der Mitarbeiter anzuzeigen. Die symbolische Farbe *blau* verknüpft Schwarz mit dem Wirken des Geistes in Gaben und Vollmacht, weil nach Schwarz die Kraft des Geistes den Dienst begleiten muss. *Grün*, als weitere Farbgebung, bezieht „das biblische Weisheitsverständnis ... durchgehend auf die Schöpfung" und grenzt die Weisheit darum nicht als „exklusive christliche Angelegenheit" ein, sondern weitet sie „als etwas Internationales und Interreligiöses" aus (:20).

Vor diesem theoretisch-symbolischen Hintergrund fordert der Gabenkurs zu einer ersten Selbstprüfung bezüglich der Gaben auf, die defizitär ansetzt. Einmal soll gefragt werden, ob es an Vollmacht mangelt. Wenn dies zutrifft, empfiehlt Schwarz geistliche Gaben zu entdecken. Sollte es aber an Engagement fehlen, seien die Gaben mit den Aufgaben zu verbinden. Wenn Anwender den Eindruck gewinnen, dass beide Korrelationen vorhanden sind, der Dienst dagegen nicht wirkungsvoll erscheint, sollte nach Weisheit gestrebt werden (:21).[481]

---

481 Daraus ergeben sich sechs Leitsätze defizitärer Erfolgsschlüssel: 1) „Stark in Weisheit – schwach in Vollmacht und Engagement. 2) Stark in Engagement – schwach in Vollmacht und Weisheit. 3) Stark in Vollmacht – schwach in Engagement und Weisheit. 4) Stark in Engagement und Weisheit – schwach in Vollmacht. 5) Stark in Vollmacht und Engagement – schwach in Weisheit. 6) Stark in Weisheit und Vollmacht – schwach in Engagement" (Schwarz 2001:21).

5.3.2 Defizitorientierte Typenbildung

Im weiteren Kursverlauf skizziert Schwarz sechs biblische Personen und exemplarisch Einzelpersonen als Illustration für seine Typenlehre, die mit in die Farbsymbolik eingezeichnet werden (:22-32). Den Apostel Thomas verwendet Schwarz, um ihm den Typus „Kritisierer" und Martha, um ihr den Typus Manipuliererin („Manipulierer") zuzuschreiben, während Maria, die Jesus die Füße salbte, als Prototyp für „Übergeistliche", Mose für „Ausgebrannte", Petrus für „Fanatiker", Jona für „Distanzierte" stehen (:22-33). Dann legt Schwarz einen Kurztest mit dem Ziel vor, herauszufinden, welchem Typus der Kursteilnehmer entspricht. Der Test spiegle aber keinen gottgegebenen Persönlichkeitstypus wider, sondern beschreibe das momentane Verhalten (:34). In drei Spalten (A, B, C) von jeweils 10 Adjektiven wird pro Zeile ein gegensätzliches Verhalten etikettiert.[482] Die Gewichtung auf der horizontalen Ebene entsteht, indem jedes Adjektiv dreifach zu skalieren ist.[483] Während des Ausfüllens soll der Befragte dann an eine Erfahrung der letzten Monate denken (:34-35). Die Ergebniswerte der jeweiligen Spalte trägt der Kursteilnehmer in eine Matrix ein, welche mit den bekannten Farbformen und ihrem theoretisch-symbolischen Hintergrund wieder übereinstimmen (:36).

Die Evaluierung der Resultate des sogenannten Farb-Kompasses dient vorbereitend für den Gabentest, indem die sechs Typenbildungen, die als *„momentane* Tendenzen" (:38) gelten, Vorhandenes bekräftigen und aber vor allem Defizitäres[484] offenlegen. Exemplarisch beziehe ich mich auf Spalte A mit den Attributen „schwungvoll, leidenschaftlich, zurückhaltend, spontan, emotional, überströmend, opferbereit, geistgeleitet, impulsiv, begeistert" (:35). Besitzt demzufolge jemand besonders starke Anteile dieser Adjektive, gehört er vom Typus in das blaue Segment, das für die Vollmacht im Heiligen Geist steht und, ausgehend von der vorhergehenden biblischen Typenlehre, dem Übergeistlichen zugeordnet wird (:39). Hier stellen sich kritische Fragen zum anthropologischen Verständnis des Menschen im Zusammenhang mit seinen pneumatologischen Bestimmungen. Denn selbst dann, wenn es sich um eine unscharfe, symbolisch-bildliche Darstellung handelt, suggeriert der danebenstehende Ergebnistext, eine impulsive Persönlichkeit gelte als Indiz für seine geistliche Kraft. Schwarz diagnostiziert demgemäß für den impulsiven Typus: „In ihnen steckt sehr (viel) mehr geistliche Kraft als das, was schon bisher zum Nutzen anderer freigesetzt worden ist" (:39). Weiter drückt er aus, hier sei ein Mensch, der seine Gaben wahrscheinlich kenne, aber etwas zurückhaltend sei, sie im Schöpfungs– und Aufgabenbereich einzusetzen. Seine Handlungsanweisung lautet: Würde sich

---

482 Auch wenn eine Quellenangabe fehlt, scheint der Schnelltest zum DISG-Programm zu gehören, vgl. F. Gay (2004).

483 Trifft am besten zu (2), zweitbesten (1), am schlechtesten (0). (Schwarz 2001:34).

484 Explizit geht es Schwarz in seinem Ansatz „vor allem ... um Farb-Defizite – mit anderen Worten: um Schwächen" (:40).

dieser spezielle Typus auf den Prozess einlassen, seine Gaben einzusetzen, würde er „noch vollmächtiger" werden (:39).

5.3.3 Gabendefinition

Fußte Schwarz mit seinem Gabentest bis 1997 in seiner Gabendefinition auf Wagner (1993:21), indem er geistliche Gaben pneumatologisch begründet (:9), so führt er sie jetzt theologisch auf Gott zurück (2001:42). Im Detail versteht Schwarz eine Gabe als „besondere Fähigkeit", die sich mehrheitlich von denen anderer Christen absetzt (:42). Basierend auf seinem trinitarischen Ansatz betont er, keine der drei göttlichen Personen verleihe Gaben autonom, sondern sie gingen stets vom dreieinigen Gott aus (:43). Dieser Ansatz hat praktische Konsequenzen für das Gabenverständnis und die Modalität, wie geistliche Gaben entdeckt werden, nämlich in allen drei Bereichen (:43). Vor diesem Hintergrund relativiert Schwarz alle Gabendefinitionen. Für ihn selbst besteht das theologische Hauptkriterium in einer funktionalen und doxologischen Bestimmung (:43.50). Die Gaben teilt er in Fähigkeiten und geistliche Gaben auf, was aber in seinem Gabenhandbuch explizit erst in der Aufgabenbeschreibung erwähnt wird (:91). Angesichts seiner theologischen Prämisse ist ein gesonderter Test zu den Fähigkeiten aber nicht erforderlich, weil sich Gaben aus dem Schöpfungsbereich mit den geistlichen überschneiden,[485] was seine durchgehenden Hinweise zu möglichen Gefährdungen im Anwenden der Gaben (:94) sowie die Tatsache, dass Gaben trainiert werden können (:95), bestätigen. Den Übergang von außerchristlichen Gaben[486] zu „geistlichen" bestimmt Schwarz funktional. Sobald also Fähigkeiten für Gottes Reich eingesetzt werden, sind es Geistesgaben (:102). Indes dienen Gaben dem Aufbau der Gemeinde und verpflichten zu einem Leben in Gemeinschaft und führen parallel über das Nachdenken über die Gabenthematik zum Gemeindeaufbau (:43). Diese Zielsetzung bestimmt den Adressaten der Gaben: Christen, die zum Leib Christi gehören.

Nach allem Gesagten fällt auf, dass Schwarz seine bisher christologisch-pneumatologische Gabendefinition[487] zu einer schöpfungstheologisch-ekklesiologischen Bestimmung verschiebt. Im Detail beschreibt er dreißig Gaben, wobei deren Anzahl nicht feststeht (:50). Schwarz systematisiert sie unter eine der drei Personen des dreieinigen Gottes und weist sie als offenbarende Wirkweisen aus,

---

485 Es ist anzunehmen, dass diese Vorgabe die Textauswahl gegenüber der letzten Auflage des Gabenhandbuchs (1997) bestimmte, indem Schwarz im dialogischen Antwortteil pointiert formuliert, dass der Gabentest nicht mit Menschen durchgeführt werden sollte, „die selber noch keine persönliche Beziehung zu Jesus haben" (:150). Sie werden zwar zu Ergebnissen kommen, „aber diese sind mit Sicherheit falsch" (:150).

486 Dazu zählen alle Gaben der Schöpfungskategorie.

487 So schreibt er in der Ausgabe des Gabenhandbuchs von 1997: „Wer noch keine Beziehung zu Christus hat und folglich den Heiligen Geist noch nicht empfangen hat, hat auch keine geistlichen Gaben" (:150).

wie Tabelle 12 zeigt. Selbst wenn der Gabentest eine Zuordnung der Gaben vornimmt, würde die Bibel nicht kategorisieren (:52).

Schöpfer	Herr	Geist
Kreativität	Apostel	Befreiung von bösen Geistern
Handwerk	Seelsorge	Unterweisung
Geben	Evangelisation	Glauben
Gastfreundschaft	Helfen	Heilung
Erkenntnis	Leitung	Auslegung der Zungenrede
Barmherzigkeit	Missionar	Wundertaten
Musik	Dienen	Gebet
Organisation	Hirtendienst	Prophetie
Freiwillige Armut	Ehelosigkeit	Leidensbereitschaft
Weisheit	Lehre	Zungenrede

Tabelle 12: Trinitarisch-determinierte Charismen (nach Schwarz)

In den Einzelerläuterungen hält sich Schwarz nach wie vor an Wagner (1993, Spornhauer 2001:363), versteht die Begründungen aber nicht apodiktisch, zumal keine biblischen Klärungen vorlägen (Schwarz 2001:152).[488] Zu beobachten ist, dass Schwarz auf exegetische Gesichtspunkte, wie etwa die Kontextualität neutestamentlicher Gemeindesituationen, keinen Wert legt. Damit sind hermeneutische Weichen gestellt, die gesamtbiblisch argumentieren, wie die Gabenbegründungen zeigen (:103-134). Schließlich grenzt Schwarz Gaben zweifach ab: gegenüber der Frucht des Geistes[489] und der geistlichen Reife.

5.3.4 Gaben erkennen

5.3.4.1 Grundinformationen

Als Ergebnis einer Umfrage, die Schwarz durch sein Institut unter 1200 Christen durchführte, kennen 80% der Befragten ihre Gaben nicht, während die anderen 20% ihre Gaben kennen, sie aber trotzdem nicht einsetzen. Daraus folgert Schwarz einen geistlichen Notstand (:42), den er durch Informationen an Grund-

---

488 Der Gabentest, den Schwarz zusammen mit anderen Testreihen in der NCD (2005) durchführt, weist inzwischen eine empirisch wissenschaftliche Normierung auf, d.h. es lassen sich signifikante Korrelationen zwischen „Gabenorientiertheit" und „Lebensfreude" feststellen (:108).

489 In seinem dialogischen Anhang weist Schwarz den Früchten des Geistes ein höheren Stellenwert als den Gaben zu (:154).

wissen zu beseitigen versucht. Dabei fällt auf, dass Schwarz nicht den Anspruch erhebt, die Grundinformationen theologisch exakt zu fundieren, sondern auf Wagners Gabenbuch zurückweist.[490] Selbst sein eigenes System des trinitarischen Ansatzes stelle nicht die biblische Sicht dar, sondern sei eher als Entwurf der komplexen Aussagen des NT zu deuten, wie Schwarz eingesteht (52f). Jedenfalls lehrt Schwarz hauptsächlich vier Informationen über die Gaben.

1. Gaben und Berufung. Eine erste Grundinformation beantwortet die Frage nach der Gabenanzahl eines jeden Christen. Nach Schwarz besitzt jedes Glied am Leib Christi mindestens eine geistliche Gabe als freies Geschenk von Gott, unabhängig von jeglichen geistlichen Reifegraden (:42f). Im Anschluss an Wagner[491] setzt Schwarz zudem eine zweite Information voraus: Gaben und Berufung entsprechen einander. Wer also seine Gaben oder Gabenkombination[492] herausgefunden hat, kennt seine Berufung. Daraus folgert Schwarz umgekehrt: Wer seine Gaben nicht einsetzt, lebt entgegen seiner berufungsgemäßen Bestimmung. Das Entdecken der Gaben schafft demnach Zugang, um die eigene Berufung herauszufinden (:44).

2. Perfektionismus versus Fehler und Defizite. Als zweite Grundinformation wehrt Schwarz einen perfektionistischen Denkansatz ab, so, als schließe das Praktizieren der Gaben Fehlerlosigkeit ein. Im Gegenteil: Fehler im Gebrauch der Gaben werden einkalkuliert[493] und fragmentarische Erfolgsschlüssel an Weisheit, Vollmacht und Engagement realistisch erfasst (:40). Entscheidend sei zu lernen, dass Gott auch „unvollkommene Menschen gebraucht, um seine vollkommenen Ziele zu erreichen" (:40). Zu einem brüchigen Verhalten gehöre ebenso das gegenseitige Vergleichen von Gaben, was ihren Einsatz blockiere, und nach Schwarz auch sachlich unrichtig sei, denn ein und dieselbe Gabe würde in unterschiedlichen Variationen, Ausprägungen und Intensitätsgraden auftreten (:46).[494]

3. Kontinuierliche Gaben versus temporäre Vollmacht. Die Frage, ob Gaben lebenslang vorhanden bleiben oder Aufgaben in Vollmacht temporär erfüllt werden, beantwortet Schwarz zunächst mit der Ansicht, notwendige Vollmacht für momentane Aufgaben einerseits und geistliche Gaben andererseits differierten in ihrem Gegebenwerden (:47). Schwarz argumentiert für die kontinuierlich gegebene Gabe mit Verweis auf die biographische Entwicklung bei Paulus, der zum Missionar berufen wurde und diese Gabe anhaltend ausführte. Daneben benutzt er das Bild vom Leib Christi, das geradezu einen beständigen Gebrauch der Begabungen impliziere, denn wie solle dieser Körper funktionieren, wenn

---

490 Die Parallelen aus Wagners Buch werden in den weiteren Anmerkungen vermerkt.
491 Vgl. Wagner (1993:20f).
492 Zur Gabenkombination vgl. Schwarz (2001:45, Wagner 1993:20).
493 Dabei denkt Schwarz an menschliche Schwächen und Unzulänglichkeiten (2001:46).
494 Was im Theoriehintergrund der „Dritten Reformation" ansatzweise vorliegt (2001a), wird hier praktisch-theologisch eingeholt: das Leiden des Menschen an seinen Unvollkommenheiten trotz hingebungsvoller Gabensuche.

die Gaben völlig unvorhergesehen bemerkbar würden und dann wieder verschwänden. Der Gabenkurs vermittelt also als eine dritte Grundregel, dass „einmal entdeckte und bestätigte Gaben" lebenslang bleiben und von daher die Lebensplanung bestimmen können (:47).

4. Universalrolle versus geistliche Gaben. Im Anschluss an Wagner (1993: 53f) argumentiert Schwarz in seiner letzten Grundinformation dafür, dass jeder geistlichen Gabe eine „Universalrolle"[495] gegenübersteht. Das bedeutet, die Schnittstelle zwischen den geistlichen Gaben und einer Universalrolle zeichnet sich dadurch aus, dass Gaben speziell zugeteilt werden, während Universalrollen von jedem auszuüben sind. Im dialogischen Anhang weist Schwarz sachlich darauf hin, dass sich

> „jeder am besten im Gespräch mit anderen Christen fragen (sollte): Wo hören meine geistlichen Gaben auf und wo fängt das an, was man als eine ‚stark trainierte christliche Universalrolle' bezeichnen könnte? Wahrscheinlich wird sich diese Frage niemals in letzter Eindeutigkeit beantworten lassen" (2001:145).

Als Beispiel führt Schwarz auf der einen Seite die Evangelisation als geistliche Gabe an, um auf der anderen Seite das Zeugnisgeben als Universalrolle zu definieren. Unter „Universalrollen" versteht Schwarz demnach, ohne es explizit auszuführen, Gebote, die alle Christen zum Handeln verpflichten. Ausdrücklich erfolgt der Hinweis, dass keine Wortspiele mit dem Ausdruck „Universalrollen" vorliegen, sondern es soll damit inhaltlich deutlich werden, dass Christen spezielle Gaben besitzen und es nicht darum gehen darf, bei einem selbst erkannte Begabungen von allen Christen zu erwarten (Gabenprojektion)[496] oder damit die Bequemlichkeit abzuwehren und unliebsame Aufgaben nicht übernehmen zu wollen (:48). Nach diesen generellen Ausführungen folgen pragmatische Schritte, wie geistliche Gaben aufgespürt werden können.

Die hier vorausgesetzten Grundinformationen, mit denen der Kursteilnehmer zur Gabensuche laut Schwarz vertraut sein sollte, werfen im Bezug auf die Gaben und ihre Abgrenzung zu Berufung, Vollmacht und Universalrollen exegetische Fragen auf.

5.3.4.2 Gabenfindung durch Nachfragen und Emotionen

Während Schwarz sieben Einzelschritte unterbreitet, wie Gaben konkret zu entdecken sind, reicht es für die Fragestellung der vorliegenden Arbeit aus, diese

---

495 Beim Ausdruck der Universalrolle handelt es sich um eine deutsche Wortschöpfung beim Übersetzen. Wagner selbst spricht von „Christian role" (1994:85.101), was wörtlich weder mit „christlicher Rolle" noch als „Universalrolle" zu übersetzen ist, sondern näher an das englische Wort „role" in der Bedeutung von „duty", also „Aufgabe" oder „Funktion" heranreicht.

496 Mit Verweis auf Wagner (1993), der von der Gabenprojektion spricht (Schwarz 2001: 48).

zu bündeln, weil sich einige überlappen. Prinzipiell steht das Gebet um Gaben am Anfang, was eine Fixierung auf bestimmte Gaben ausschließt (:56). Daneben gehört zum ernsthaften Interesse die Grundhaltung, Gaben für den Aufbau der Gemeinde einzusetzen. Für die weiteren Schritte genügt folgende skizzenhafte Aufzählung:

- Befragung von Menschen, die ihre eigenen Gaben bereits kennen (:58).

- Es gilt Aufgaben zu übernehmen, die Freude auslösen. Schwarz tritt dem „unausrottbaren Mythos" entgegen, dass nur das der richtige Dienst sei, an dem Mitarbeiter leiden (:59).[497] Seine empirische Begründung besteht darin, dass alles, was keine Freude auslöse, zur Erschöpfung führe. Während bloße Pflichterfüllung unter lebenslangen Unlustgefühlen zu vermeiden sei, solle aber das Argument der Freude nicht mit dem „Lust-und-Laune-Prinzip" verwechselt werden (:60.98).[498] Nüchtern weist Schwarz darauf hin, dass es im Einsetzen der Gaben auch Krisen zu bewältigen gilt.

- Experimentieren (:61)[499] und Reflexion der Auswirkungen (:62) sowie für beides das Urteil in der Gemeinde einholen (:63).

5.3.4.3 Selbsteinschätzung mit sozialwissenschaftlichen Gütekriterien

Dass erst am Ende der Schritte die Fragebögen zum Ausfüllen stehen, deutet vielleicht auf ihren priorisierten Stellenwert im Prozess des Gabenkurses hin. Während der Gabentest an den Anwender 180 Fragen mit fünffachen Rankings stellt, enthält der Fremdbewertungsbogen sechzig Fragestellungen (:64-86). Aus Sicht der empirischen Sozialforschung, nutzt der Gabentest zur Selbsteinschätzung sechs Fragetechniken mit je dreißig Items, die jeweils aus geschlossenen Antwortvorgaben bestehen und eine intersubjektive Interpretation zulassen.[500] Die erste Itembatterie (Frageeinheit) reflektiert die gegenwärtige Lage unter dem Gesichtspunkt, welche Aufgaben Freude bereiten,[501] während die darauffolgenden und letzten konjunktivistischen Items Wünsche und Bereitschaftsklärungen nach Aufgaben oder Gebetsarten ausdrücken und ebenso ein Problembewusstsein in gewissen Bereichen signalisieren.[502] Generiert hier der

---

497 An dieser Stelle vermutet er eine einseitige Verfälschung biographischer Berichte (Schwarz 2001:142).

498 Vgl. dazu auch die „Null-Bock-Mentalität" (:142).

499 Das Experimentieren hat Grenzen, etwa in ständigen Heilungsgebeten für Gelähmte (Schwarz 2001:149).

500 Vgl. Bortz & Döring (2002:214). Ein Psychologenteam und Stichprobenuntersuchen haben den Fragebogen weiterentwickelt und empirisch normiert (Schwarz 2001:143).

501 Vgl. Schwarz (2001:65f:. „Es macht mir... Freude,...").

502 Vgl. Schwarz (2001:67f: „Ich möchte ... stärker als bisher...").

Fragebogen „latente Gaben",[503] bringen die kommenden Frageeinheiten „manifeste Gaben" hervor, weil sie Alltagserfahrungen retrospektivisch abfragen[504] und in einer letzten Itembatterie mit Antwortstatements anders akzentuieren.[505] Die Auswertung erfolgt in einer Matrix, die jeweils fünf Gaben, manifeste und latente, ausweist (Schwarz 2001:85f). Bedeutsam für die wissenschaftliche Qualität des Erhebungsinstruments und seiner Analyse ist die Tatsache, dass der Gabentest von Schwarz „auf eine wissenschaftliche Grundlage gestellt" (Schalk 2007) wird, indem die drei sozialwissenschaftlichen Gütekriterien gegenüber seinen früheren Versionen[506] eingehalten und damit wesentlich weiterentwickelt werden.[507] Für den Kursteilnehmer erfordert das jedoch beim Auswerten einen weiteren Analyseschritt, um die eigenen Werte mit den normierten zu korrelieren (Schwarz 2001:83f). Neben aller wissenschaftlichen Qualität rechnet Schwarz realistisch mit zweideutigen Ergebnissen, zum Beispiel dann, wenn Mitarbeiter mit einem Helfersyndrom die Gabe des Helfens erkennen wollen oder Menschen mit Beziehungsstörungen für sich die Gabe der Ehelosigkeit wahrnehmen. Solche Fehldeutungen können der Fremdbewertungsbogen und eine gegenseitige Kommunikation in der Gemeinde korrigieren, auf die Schwarz ausdrücklich hinweist (2001:147).

5.3.4.4 Implementierung der Gaben

Da die Gaben keinem Selbstzweck dienen, sondern „der Leib Christi als Ganzer seine Fülle widerspiegelt" (:88), steht nicht der einzelne mit seinem Gabenergebnis im Zentrum, sondern die Gemeinde. Folglich wird empfohlen, dass möglichst alle Gemeindeglieder die Fragebögen ausfüllen. Für Schwarz ist es wichtig, die Gabenergebnisse nach ihren drei Farbsegmenten einsortieren zu lassen, weil ihre Analyse den objektivsten Weg zur Gabenverteilung der Gemeinde darstellt und auch Rückschlüsse auf lehrmäßige Defizite zulässt (:88). Sobald diese geistliche Segmentierung vorliegt, kann über das weitere Wachs-

---

503 Vgl. Schwarz (2001) im dialogischen Bereich (:145). Sachlich korrekt vermerkt Schwarz, dass latente Gaben keine geistlichen Gaben sein müssen. Der Begriff wurde gewählt, um ansatzweise den Blick für neue Gaben- und Aufgabenbereiche zu öffnen (:146).

504 Vgl. Schwarz (2001:69f: „Ich habe ... die Erfahrung gemacht...").

505 Vgl. Schwarz (2001:71-75: „Die folgende Antwort trifft ... auf mich zu..." und „Es fällt mir ...").

506 Die Kritik von Dieterich (1997a:89f) ist ansatzweise korrigiert, andere Anfragen bleiben unbeantwortet (:90).

507 Im Hintergrund steht laut Schalk (2004) einerseits eine Faktorenanalyse, die die Reliabilität des Erhebungsinstruments prüft. Die r-Werte liegen dabei „zwischen 0,715 und 0,912" und der Durchschnitt der 30 Skalen kommt auf „0,823" (:38), was nach der statistischen Normierung als sehr gut zu bezeichnen ist. Zudem wurde eine Entsprechung „zwischen den 30 Gaben und den Persönlichkeitsfaktoren des deutschen FPI-R (Freiburger Persönlichkeitsinventar)" (:38) untersucht. Vgl. Schalk (2007).

tum gesprochen werden, um neue Dimensionen an Gaben für die Gemeinde zu erschließen. Zur Einführung der Gaben legt Schwarz für den Einzelnen eine Aufgabenbeschreibung vor,[508] die zusammen mit einem Gaben-Berater oder Mentor durchgesprochen wird, denn begabte Gemeindeglieder gelangen nicht eigenständig zu gemeindekompatiblen Aufgaben. Außerdem gilt es, weitere Fragestellungen aus dem persönlichen und gemeindlichen Bereich des Kursteilnehmers zu bedenken, die durch eines der Gaben-Berater-Handbücher innerhalb der NCD-Reihe als wertvolles Tool den Gabentest notwendig ergänzen.[509]

5.3.5 Profil und kritische Würdigung

Der grundsätzliche Versuch, Gaben aus dem trinitarischen Ansatz mit seinen Wirk- und Offenbarungsweisen Gottes zu verstehen, ist theologisch bedeutsam, zumal Schwarz dadurch keiner der drei Offenbarungsweisen einseitig theologisch mehr Gewicht verleihen will, wie er es an den drei Richtungen einer liberalen, evangelikalen und charismatischen Theologie beobachtet. Dass die drei Dimensionen etwas zu plakativ dargestellt werden, ist deutlich. Seine Ausführungen dazu wirken wie ein ökumenischer Vermittlungsversuch.

Im Mittelpunkt des Gabentests steht aber das kongruente triadische Gaben- und Farbsystem, das durch das geschlossene System fasziniert. Zunächst muss die von Schwarz entwickelte Konzeption in ihrem trinitarischen Ansatz und ihrer Betonung einer unaufhebbaren Einheit Gottes auf der einen, und der dreifachen Offenbarungsweise der Gaben auf der anderen Seite, als ein gelungener Versuch gewürdigt werden. Zu einem schnellen Zugang für diejenigen, die ihre Gaben entdecken wollen, sorgt vor allem das hervorragende Layout.

5.3.5.1 Harmonisierungen: Vollmacht und Erfolgsschlüssel

Fraglich ist das Vorgehen, wie trinitarische Aussagen mit den Gaben und den so bezeichneten Erfolgsschlüsseln harmonisiert werden, weil exegetische wie textlinguistische Prinzipien, Schlüsselworte im Kontext zu verstehen, hier ignoriert werden. Beide Verfahren gelten sowohl für 1Kor 12,4-6 als auch Kol 1,9-11. So muss nachgefragt werden, ob beide Texte eigenständig angemessen verstanden wurden. Ist es etwa berechtigt, die „Weisheit" als interreligiös und damit exklusiv für den Schöpfungsbereich zu deuten,[510] wie es Schwarz für beide

---

508 In der Aufgabenbeschreibung fällt eine begriffliche Unschärfe auf: Neben den „geistlichen Gaben" werden zusätzlich „Fähigkeiten" genannt (:91.93).
509 Schalk unterzieht die Testergebnisse einer kritischen Prüfung und bietet umfassende Informationen, wie etwa gemeindliche, motivale, emotionale, körperliche und berufliche Faktoren (Schalk 2004:16-17.21.23-29).
510 In der kurzen neutestamentlichen Erläuterung wird Weisheit zunächst spezifisch geistlich begründet (Schwarz 2001:20).

Texte erklärt? Ebenso stellt sich die Frage, ob alle drei fixierten Erfolgsschlüssel im Sinne der geistlichen Frucht adäquat zu ihren Zuweisungen in 1Kor 12,4f passen. Gerade diese Korrelationen sind problematisch: Gehört der idealtypische Bezug der Vollmacht zum Geist nicht eher zum Kyrios,[511] wie es Schwarz (2001) selbst kurz danach ausführt (:19)?

5.3.5.2 Determinierte Gabensortierung

Entsprechend seinem vorausgesetzten System ordnet Schwarz die Einzelgaben dem Schöpfer, dem Herrn und dem Geist zu. Dabei reiht er sich nun selbst in die von ihm dargestellten einseitigen Prämissen ein, die er der klassischen Einteilung der Pfingstbewegung zuschreibt, wenn er Heilungen, Prophetie und Zungenrede unter dem Geist als übernatürliche Kraft Gottes subsumiert. Als Pendant auf der anderen Seite disponiert er Geben, Handwerk und Kreativität in die schöpfungstheologische Kategorie. Hier wird offensichtlich, dass Schwarz in seinem theologischen Ansatz noch ganz von Wagner abhängt, also dem klassisch pfingsttheologischen Paradigma folgt.[512]

Beim Gabenverständnis hält sich Schwarz ganz an Wagner, indem Gaben als besondere individuelle Fähigkeiten gelten, die auf Dauer angelegt sind. Sie werden allein von Gott jedem Gemeindeglied im Leib Christi zum Aufbau der Gemeinde geschenkt. Innerhalb des gemeindlichen Rahmens sieht Schwarz keinen Unterschied zwischen geschöpflichen und geistlichen Gaben. Eine gemeinsame Schnittmenge christlicher und interreligiöser Gaben deklariert Schwarz exemplarisch vor allem für die Weisheit, das soziale Engagement und kreative Aktivitäten. Während Schwarz kompromisslos für den Absolutheitsanspruch Jesu argumentiert, hält er sich sprachlich eher bedeckt, wenn es darum geht, geistliche Gaben exklusiv und ausdrücklich Christen zuzuschreiben.[513] Die soteriologische Bestimmung der ausgewiesenen Geistesgaben bleibt also unscharf.

Dagegen ist es der Verdienst von Schwarz, einen ekklesiologischen Ansatz der Gaben zu priorisieren, und zwar in der Weise, dass Gaben aus der Schöpfungskategorie in dem Augenblick verwandelt werden, wenn sie dem Aufbau der Gemeinde zu Gute kommen. Damit lenkt Schwarz den Blick derjenigen, welche ihre Gaben individuell suchen, auf die Gemeinde. Alle bereits genannten Faktoren der Gabensuche benötigen eine wechselseitige Kommunikation.

Weiter zu würdigen ist, dass Schwarz keinen Persönlichkeitstest in seinen Gabentest integriert, sondern von einem augenblicklichen Verhaltensmuster spricht, das er realistisch mit einem Konzept der Harmatiologie andeutet, in dem

---

511 Schwarz redet von Jesus (2001:17f).
512 Im dialogischen Antwortteil legt Schwarz teilweise eine differenzierte Antwort vor (2001:138).
513 Anders Wagner (1993:20).

aufgedeckte Schwächen einbezogen werden und geistliches Wachstum ermöglicht wird. Eine Anfrage erwächst aber gerade aus dem psychologisch-pneumatischen Verhältnis der Typenbildung, welches extrovertiertes Verhalten mit dem Kriterium geistlicher Kraft gleichsetzt. Diese Deutung ist kritisch zu beurteilen, weil damit anderen Wesenszügen der Menschen eine Vollmachtslosigkeit unterstellt wird.

Indem Schwarz schließlich die sozialwissenschaftlichen Gütekriterien zu beachten versucht, arbeitet er forschungsethisch verantwortlich. Während die Items, rein formal, eindeutig formuliert sind, scheint das Gütekriterium der theologisch-inhaltlichen Validität nicht ganz erfüllt zu sein. Dabei geht es um die Frage, ob wirklich das gemessen wird, was an Gaben herausgefunden werden will. Neugebauer (2004) zufolge fallen die Items zur Gabe als Missionar und Seelsorger, zur Weisheit und Gastfreundschaft und freiwilligen Armut inhaltlich nach ihrer theologischen Tiefe unzureichend aus (:50). Eine weitere Verzerrung der Analyse tritt ein, wenn im Rücklauf nur eine Fremdbewertung eingeht, denn Schwarz schlägt vor, einfach die Punktzahl des einen Bogens doppelt zu addieren (:81). Bei der Durchsicht der Items im Fragebogen fallen allzu offenkundige Formulierungen auf, die Selbstmanipulationen hervorrufen können.

Im dialogischen Abschlussteil erklärt Schwarz diese Frageart als bewusstes Vorgehen, weil er keine Skepsis über erstaunliche Ergebnisse beim Kursteilnehmer auslösen wolle (:145). Vielmehr sollen die Befragten über ihre Schwierigkeit sich selbst zu beeinflussen mit anderen Teilnehmern des Gabentests ins Gespräch kommen. Aufgrund der speziellen Fragestellungen, die retrospektiv und prognostizierend ausgerichtet sind, ist für die letzte Frageart theologisch zu prüfen, ob Wünsche oder bloße Bereitschaft für zukünftige Dienste als latent geistliche Gaben gelten. Schwarz jedenfalls sieht hier phänomenologische Grenzen vorliegen, indem er auf Zweideutigkeiten hinweist. Die gleiche Problematik beschreibt auch Schalk (2004:19).

5.3.5.3 Zusammenfassung

Insgesamt bleibt festzuhalten, dass die Begründung seines praktisch-theologischen Gabenfindungssystems für sich genommen und in Kombination mit seinem speziellen Verhaltenstest, problematisch ist. Schwarz deutet es selbst an, indem er zum einen von einem Versuch spricht und zum anderen keinen Anspruch auf eine biblisch-theologische Fundierung erhebt. Die funktional verstandene Theologie wird dann problematisch, wenn sie eine priorisierte Stellung erhält.[514] Zum anderen relativiert Schwarz die Ergebnisbewertung der gefundenen Gaben, die seinem System erwachsen, sachlich dadurch, dass er sie hinterfragt und zusätzlich durch seine intensiven Beratungsgespräche mithilfe

---

514 Aus einem anderen Blickwinkel vgl. Muther (2010:268).

durchdachter Handbücher in den Lebenskontext der Gabensucher stellt. Auch die Handlungsanweisung, die zu einer dialogischen Überprüfung der Gaben in der Gemeinde anleitet, dient als notwendige Ergänzung. Im Rückblick auf das Ganze entsteht der Eindruck, dass die Gabensuche mittels des 3-Farben-Sytems eine erste Annäherung an die Gaben erschließt, das eigentliche Entdecken aber in einem Prozess von Beratung und Praxiserfahrungen besteht.

5.4 Komplexitätsmodell einer gabenintegrierten Persönlichkeit (B. Hybels)

Das D.I.E.N.S.T.-Material der Willow Creek Community Church in Chicago (WCCC) gehört mit zu den populärsten Gabentests weltweit und beinhaltet verschiedene Medien.[515] Die Abkürzung steht für „Dienen im Einklang von Neigungen, Stärken und Talenten" (Hybels 2003b:3). Dabei setzt der Kurs nicht pneumatisch bei den Gaben an, sondern an der gottgegebenen Persönlichkeit, zu der Neigungen, Gaben und Persönlichkeitsstil gehören (:10).[516] Theologisch werden diese drei Elemente, wie das Mitarbeiten und die dazu ermöglichenden göttlichen Kräfte und empfangenen Heilsgüter, bereits vor der Schöpfung für jeden determiniert. Daraus ziehen die Autoren mit Eph 2,10 im Leiterhandbuch den Schluss, dass es gilt Gott einfach zu gehorchen (2003a:218).[517]

Zunächst ist zu klären, was unter den drei Komponenten der Persönlichkeit zu verstehen ist. *Neigungen* drücken aus, für welche Personen und Themenfelder das „Herz schlägt" und zeigen den Ort an, wo der Einzelne mitarbeiten will (2003b:16). Andere Ausdrücke für die gleiche Sache werden mit „Leidenschaft, Last, Passion, Vision, Traum, Berufung" angegeben (:16). An spezifisch Christliches ist nicht zu denken (2003a:35). *Gaben* zeigen, was Gott jedem als Geschenk gegeben hat (2003b:26), während der *Persönlichkeitsstil* offenlegt, woraus jeder seine Energie schöpft und wie er eine Aufgabe ausübt (:10). Diese Elementarisierung genügt den Autoren, um daraus einen kausalen Segenszyklus abzuleiten, der zur Kurzformel führt: „Je zufriedener wir sind, desto effektiver sind wir, desto mehr Frucht bringen wir" (:11). Eine fundierte theologische Be-

---

515 Neben einem Teilnehmer- und Kursleiterheft stehen Folien und Videos zur Verfügung. Auf diese Materialien wird (Beraterhandbuch) nicht eingegangen (2002, 2003c).

516 Es gilt also herauszufinden, wie sich „einige Puzzleteile … der Persönlichkeit zusammensetzen", die helfen, den Platz in der Gemeinde zu finden (Hybels 2003b:10).

517 Obenauer vergleicht in ihrer Dissertation (2009) die amerikanische Version „Network" mit der deutschen Ausgabe D.I.E.N.S.T. und stellt eine theologische Abschwächung fest. Nach ihrer Ansicht sei das individuelle Dienen des Christen in der amerikanischen Vorlage als Pflicht und „Akt des Gehorsams gegenüber Gott" (:62) betont. Zudem würde erst die Liebe den Ewigkeitswert der Charismen ergeben, während die deutsche Ausführung beide Aspekte nicht so markant erkläre.

gründung fehlt, weil ein funktioneller Denkansatz keine Theologie benötigt. An ihre Stelle tritt der Hinweis auf das Doppelgebot der Liebe (Mt 22,37-40) und die Verherrlichung Gottes durch den Einsatz der Gaben (1Petr 4,11). Die methodische „Entdeckungsreise" zur Persönlichkeit wird dreifach beschrieben: Besuch eines Gabenseminars, Beratungsgespräche, die der Kurs integriert und das Umsetzen des Gelernten (:12). Analog zum Ausgangspunkt setzen die Seminarziele am neu zu gewinnenden Selbstbild der Teilnehmer an, um von da aus ein biblisches Gemeindebild zu gewinnen. Wenn beides vorliegt, findet der Einzelne seinen Platz zur Mitarbeit in der Gemeinde (:13).[518] Diese einführenden Überlegungen vermittelt die *erste Kurseinheit* des auf acht Kapitel ausgelegten Gabenseminars (2003a:13-15).[519] Nach jeder Einheit folgt im Leiterhandbuch ein dialogischer Anschlussteil, der auf skeptische Rückfragen im Sinne von *frequently asked questions* eingeht. Es fällt auf, dass praktisch-theologische Grundlagen erst im Anhang des Leiterhandbuches vorliegen. Methodisch setzen sie mehrheitlich biographisch-deskriptiv an und leiten von diesem Problemaufriss zur biblisch-theologischen Begründung über (2003a: 176-218).

5.4.1 Neigungen als emotionale Komponente

Um die Neigungen als erste Komponente der Persönlichkeit herauszufinden, legt das Teilnehmerhandbuch in der *zweiten Kurseinheit* ausgedehnte Fragebögen vor, die durch Gruppengespräche den einzelnen Teilnehmer vergewissern (:15-25). Die Indikatoren der Neigungen liegen verstärkt im emotionalen Bereich und werden mittels retrospektiver Fragen nach positiven Erfahrungen und gegenwärtigen Energiespendern erschlossen. Außerdem werden zukünftige Träume und Wünsche erfragt (:22). Aus diesem Prozess kristallisieren sich bevorzugte Orte und bestimmte Personengruppen mit speziellen Themenfeldern heraus. Alle Neigungen werden zunächst neutral bewertet, sobald sie aber für Gott eingesetzt werden, erreichen sie den Status von Gaben (:47). Eine theologisch qualifizierte Unterscheidung zwischen Neigungen und Gaben treffen die Autoren nicht. Derartige Differenzierungen beinhaltet die folgende *dritte Kurseinheit*.

---

518 Das Leiterhandbuch verweist auf die gängige Kirchenpraxis des „gebildeten, bezahlten Profis" und Laien mit ihren fest zugewiesenen Rollen (2003a:180).

519 Vgl. 1) Einführung, 2) Neigungen, 3) Gaben, 4) Wie entdecke ich meine Gabe?, 5) Gabenbeschreibungen und Verknüpfung mit den Neigungen, 6) Persönlichkeitsstil entdecken, 7) In Liebe dienen und 8) Schritte in die Praxis – Erläuterungen: Universalrollen, Verfügbarkeit, geistliche Reife, Frucht und Gaben des Geistes, Beratungsgespräch, Nachfolge.

5.4.2 Gabendefinition: Abgrenzungen und Kohärenz

Im Leiterhandbuch weisen die Autoren den Einwand zurück, die Suche nach den geistlichen Gaben folge einer Modewelle der „unzufriedenen Ich-Generation" (2003a:188). Vielmehr sprechen sie von einer „neuen Reformation" (:188), weil dadurch die Struktur der Kirche zu ihrer ursprünglichen Form zurückkehrt und mit der gabenorientierten Mitarbeit zudem der Missionsbefehl effektiver ausgeführt werden kann. Als Ausgangspunkt der Gaben definieren die Autoren im Teilnehmerhandbuch:

> „Geistliche Gaben sind Fähigkeiten, die der Heilige Geist jedem Christen nach Gottes Vorstellung und Gnade gibt, zum Nutzen für den ganzen Leib Christi" (2003a:62).

Nach Hybels befähigen Gaben dazu, „Spitzenleistungen zu bringen" (:195). Demgegenüber liegen natürliche Begabungen auf einer anderen Ebene. Sie werden bei der leiblichen Geburt vom Schöpfer zugeteilt und geistliche Gaben ausschließlich durch den Heiligen Geist bei der geistlichen Geburt gegeben (:196). Steht diese These fest, so ist Hybels hingegen in Bezug auf die Verwandlung natürlicher Fähigkeiten in geistliche Gaben unsicher. Ein „festes Schema" (:197) kann er nicht beobachten. Beim entdeckenden Unterscheiden soll der Einzelne fragen, ob die Begabungen Gott verherrlichen und die Gemeinde aufbauen. Deutlichere Abgrenzungen markiert der Gabenkurs hinsichtlich der geistlichen Gaben: Gaben stellen ebenso wenig Belohnungen für Christen dar, wie pastorale Rollen, Ämter, Titel oder Dienstpositionen (Pastor, Leiter des Hauskreises) in Institutionen mit Geistesgaben identisch sind (:199).

Abgrenzung und Kohärenz postuliert Hybels für das Verhältnis zwischen Frucht und Gaben des Geistes. Die Frucht des Geistes deklariert er als „natürliches ‚Nebenprodukt'" einer unvergänglichen Christusbeziehung, Gaben des Geistes als „übernatürliche Bevollmächtigung" (2003a:198). Abgesehen von einer funktionalen Sprache, die Geistesfrucht als Nebenprodukt bezeichnet, ist es angemessen, von einer Seinsqualität der Frucht zu sprechen (2003a:198). Beides, Frucht und Gaben, gehören nach Hybels zu einem effektiven Dienst in Liebe zusammen. Im Anschluss daran formuliert Hybels normativ, wenn er einerseits zwischen geistlichen Übungen, die den einzelnen im Glauben stärken, und andererseits zwischen geistlichen Gaben, die ausschließlich die Gemeinde fördern, unterscheidet (:198f). Mit dieser Behauptung verbinden sich weitreichende Konsequenzen, etwa die Frage, ob Heiligung völlig von den Geistesgaben isoliert werden kann.

Zur Gabendefinition zählt auch das Verhältnis der Begabten zur Gemeinde. Folglich werden Gaben auch ekklesiologisch bestimmt. Die notwendige Bedingung zur Gemeinschaftsfähigkeit beginnt beim Einzelnen, denn jeder soll in einem Reifeprozess lernen, vom Bewusstsein kindlicher Abhängigkeit, im Übergang eines Strebens nach Autonomie, bis zum vernetzten Denken vorzudringen. Reife bedeutet daher nach Hybels: Fähigsein, einander in den Gaben zu ergänzen (2003b:29) und auf diesem Weg Gottes Ziele für den Dienst in gegenseitiger Vernetzung zu erkennen (2003a:192).

Frucht des Geistes	Gaben des Geistes	Geistliche Übungen	Gaben des Geistes
Sein-Qualität	Tun-Qualität	Persönliches Wachstum und Hingabe	Wachstum und Effektivität des Dienstes
Haltung	Begabung		
„Nebenprodukt"	Übernatürliche Bevollmächtigung durch den Hl. Geist		

Dienstpositionen	Gaben des Geistes
Allgemeine Rollen	Bestimmte Funktionen
Titel von Positionen	Begabungen auch ohne Titel

Abbildung 7: Differenzierungen: Dienst, Frucht, Geistesgaben (nach Hybels) (© MB)

5.4.3 Gaben erkennen: Basiswissen und Handeln

Die *vierte Kurseinheit* behandelt die entscheidende Frage nach dem Entdecken der Gaben. Den Ausgang bildet das Beten für Gaben (2003b:35). Als nächster Schritt folgt der Ansporn, sich über die Gaben an Hand selektiver Belegstellen zu informieren (:35).[520] Als weiteren Schritt plädieren die Autoren dafür, Neues zu wagen und so von der Theorie durch Experimentieren zur Praxis zu gelangen. (:47). Noch vor dem Ausfüllen der beiden Fragebögen, also im Prozess des Entdeckens, wird das Beratungsgespräch empfohlen (:48-58). Erst im *letzten* Schritt gilt es, die Selbst- und Fremdeinschätzungsbögen auszufüllen (:59-78). Gaben gelten dann als offenkundig vorhanden, wenn diese beiden Fragebögen in ihren Ergebnissen übereinstimmen (:79f). Die *fünfte Kurseinheit* enthält Gabenbeschreibungen als Indikator, um die Testergebnisse zu hinterfragen. Eine spezielle Aufteilung der Gaben wird hier nicht mehr vorgenommen: Handwerk und Prophetie, Kreativität und Heilung stehen theologisch gleichwertig nebeneinander. Auffällig ist, dass sechs der neunzehn aufgeführten Gaben, die der

---

520 Aufforderung an die Teilnehmer, 1Kor 12; Röm 12; Eph 4; 1Petr 4; Mt 25; Ex 31,3; 1Tim 2,1-2; Ps 150,3-5 zu lesen und die entsprechenden Gaben herauszuarbeiten. Danach folgen Einzelbeschreibungen der Gaben im Kursbuch, die in der Gruppe zur entsprechenden Gabe hinzuzuordnen sind (Hybels 2003b:36-46).

Selbsteinschätzungsbogen generieren soll, ausschließlich, wie Abbildung 8 darstellt, durch den Fremdbewertungsbogen erhoben werden (:48). Begründung: Die ausgesonderten Gaben sind für den Beobachter offensichtlich, während sie für Betroffene schwer abfragbar erscheinen (:58).[521]

Selbsteinschätzung		
Organisation	Glaube	Leitung
Apostel	Geben	Barmherzigkeit
Handwerk	Helfen	Prophetie
Kreativität	Gastfreundschaft	Hirtendienst
Unterscheidung der Geister	Gebet	Lehren
Ermutigung	Erkenntnis	Weisheit
Evangelisation		

Fremdeinschätzung
Heilung
Sprachenrede
Auslegung der Sprachenrede
Wundertaten
Seelsorge
Ehelosigkeit
Leidensbereitschaft

Abbildung 8: Charismenfestlegungen nach Selbst- und Fremdeinschätzung (nach Hybels)

(© MB)

Schließlich weisen die Autoren, im Rekurs auf Wagner, auf drei prinzipielle Gefahren bezüglich des Einsatzes von Gaben hin: Gabenprojektion, Überheblichkeit sowie „Unwissenheit, Faulheit u. falsche Bescheidenheit" (2003a: 115f).

5.4.4 Analyse des Persönlichkeitsstils

Die *sechste Kurseinheit* fragt, als weitere Komponente der Persönlichkeit, nach dem Persönlichkeitsstil, der mittels des DISG-Tests[522] (2003a:136) die aktuelle Verhaltenstendenz zweifach abbildet. Einmal zeigt sich, ob der Befragte eher zu einem aufgaben- oder menschenorientierten Verhalten neigt und zweitens, ob seine Aufgabenausführung gewissenhaft und stetig oder eher dominant und

---

521 Zusätzlich lässt Hybels Raum für andere Gaben, die sich im offenen Frageteil ergeben können. Er nennt „Ehelosigkeit", „Seelsorge", „Dämonenaustreibung", „Leidensbereitschaft", „Dienen" und „freiwillige Armut" (:60, 2003a:74). Er verweist als „Richtlinie" auf Jesu Leben und Dienst für gegenwärtig weitere Geistesgaben (:74). Die Dienste Jesu und paulinische Charismen werden also gleichgesetzt.

522 Der DISG-Persönlichkeitstest geht auf Moulton (1999) zurück, der von Geier (1989) übernommen und erweitert wurde. Ursprünglich diente er dafür, Mitarbeiter kath. Nonnen in den 30er Jahren des 20. Jh. zu evaluieren. Der DISG-Test orientiert sich an den „vier klassischen Temperamenten - Sanguiniker, Choleriker, Melancholiker und Phlegmatiker" (Fröhlich 2003:436).

initiativ ausfällt (2003b:120-128). Nach der Ermittlung dieser individuellen Ergebnisse, evaluiert die Kleingruppe, ob die Selbsteinschätzung der Einzelnen
den Beobachtungen der Gruppe entspricht. Auch wenn die verschiedenen Per-
sönlichkeitsstile gleichwertig sind, weist Hybels auf notwendige Veränderungen
hin, sofern Gaben im gemeinsamen Dienen eingesetzt werden (:131). Aus diesem Grund legt der Kurs in der *siebten Kurseinheit* besonderen Wert auf den
Schlüsselbegriff der Liebe.

5.4.4.1 Zentralität der Liebe

Diese Liebe, deren biblische Grundlage Hybels in 1Kor 13 findet, soll alle zwischenmenschlichen und geistlichen Aktivitäten im Prozess des Entdeckens maßgeblich bestimmen. Daher folgt eine weitere Reflexionsaufgabe, die nach der
Motivlage innerhalb der Aufgabenfelder der Gemeinde fragt, denn Geistesgaben
liegen nach Hybels nur dann dezidiert vor, wenn sie der Verherrlichung Gottes
dienen. Mithilfe einer kriterienorientierten Gegenüberstellung sollen die Kursteilnehmer falsches und echtes Dienen erkennen (2003a:146).[523] Abgeleitet von
Mt 5,16, ermutigt Hybels, selbstbewusst Gaben einzusetzen. Plausibel ist dieser
Beleg nicht,[524] weil er ethisch auf die guten Werke der Bergpredigt rekurriert
und damit den speziellen Kontext ignoriert.

5.4.4.2 Universalrolle und geistliche Reife

Hybels schließt in der *achten Kurseinheit* den Gabentest ab, indem er, im Anschluss an Wagner, geistliche Gaben von „Universalrollen" unterscheidet (:143).
Bei Universalrollen handelt es sich um Aufgaben, die in der Gemeinde erledigt
werden müssen, ohne dass eine besondere Gabe vorliegt. Dezidiert weist Hybels
darauf hin, es sei dort Vorsicht geboten, wo sich einzelne zu stark jenen Universalrollen widmen, die nicht in ihrem Gabenspektrum liegen, weil dadurch die
„Reibungsverluste" ansteigen und im Gegenzug die Freude an den Aufgaben abnimmt (:142). Hybels definiert Universalrollen neben den Gaben und gibt ihnen
dadurch einen theologischen Eigenwert.

Die geistliche Reife dagegen verbindet er untrennbar mit den Gaben. Hybels
vollzieht nach eigenen Kriterien eine Einstufung der Glaubensreife vom Chris-
tentums-Suchenden bis zum höchsten Reifegrad eines Christen (:211f).[525] Rein

---

523 1) Zwanghaftes Dienen – Hören auf Gott, 2) Menschenbestimmt – gottbestimmt, 3)
Minimaleinsatz – freiwillige Mehrleistungen, 4) Ich-zentriert – Gott-zentriert, 5) Stolz –
Dankbarkeit und 6) Selbstsucht – Anbetung, so bei Hybels (2003a:146).

524 „So soll euer Licht leuchten vor den Menschen, damit sie eure guten Werke sehen und
euren Vater, der in den Himmeln ist, verherrlichen" (Mt 5,16).

525 Erste Reife-Stufe: Suchende ohne Beziehung zu Christus. Im Leiterhandbuch wird
lediglich vorausgesetzt, dass diejenigen, welche am Seminar teilnehmen oder es leiten,
sich als Christen bezeichnen (2003a:178). Das Teilnehmerbuch teilt erst im hinteren

theoretisch ist dem niedrigsten Reifegrad, dem Sucher, im Leiterhandbuch die Möglichkeit eröffnet, helfend mitzuarbeiten (:211).[526] Im Teilnehmerheft wird davon aber nichts geäußert. Dort werden die Kursteilnehmer lediglich dazu aufgefordert, ihre Reifegrade einzuschätzen (2003b:151), denn die Reifebestimmungen legen fest, welches Dienstprofil angemessen erscheint (:212).

5.4.5 Profil: Integratives Persönlichkeitsmodell

Mit der primären Frage nach der Persönlichkeit wählt Hybels einen dezidiert anthropologischen Ansatz. Das herausragende Profil von Hybels Gabentests, wie in Abbildung 9 illustriert, besteht daher nicht darin, dass er den Fokus auf die Geistesgaben legt. Vielmehr wird ein Persönlichkeitsmodell zugrunde gelegt, das die Komponenten, Neigungen, natürlichen Fähigkeiten, Geistesgaben, den Persönlichkeitsstil und die Frucht des Geistes integriert. Die Liebe, als Frucht des Geistes, setzt Hybels mit der wachsenden Beziehung zu Christus gleich. Theologisch steht damit Christus in der Mitte der Persönlichkeit, sprachlich wird aber mehr das Attribut der Liebe herausgestellt, das alle anderen Komponenten durchdringen soll. Das besondere Profil des Kurses wird durch folgende Aspekte gekennzeichnet:

1. Der Kurs gibt dem Christus-Sucher durchaus Raum zur Mitarbeit im Team hingegebener Christen.

2. Dadurch, dass Fähigkeiten bei der Konversion als Gaben des Hl. Geistes nach Gottes Gnade verliehen werden,[527] sind sie individuell bestimmt. Erst in den Reifephasen danach wachsen die beschenkten Individuen in die Gemeindeverantwortung hinein.

3. Die zahlreichen Fragebögen werden zunächst jeweils individuell bearbeitet und ergänzend stets durch dialogische Gespräche kommunikativ überprüft.

4. Positiv ist, dass die Ergebnisse der Verhaltenstendenz in einem Flächendiagramm dargestellt werden und so eine Kombination von Persönlichkeitsstilen zulassen.

Teil mit, dass sich der Kurs an alle Gemeindeglieder richtet und nicht explizit an Christen (2003b:211). Die zweite Reife-Stufe: neu oder jung im Glauben. Die dritte Reife-Stufe: steht fest im Glauben. Höchster Reifegrad: leitet andere im Glauben an und ist Vorbild.

526 Diese praktisch-theologische Umsetzung im Curriculum des Kursmaterials scheinen Hofmann & Denzler (2005) zu übersehen, wenn sie eine ekklesiologische Engführung für den landeskirchlichen Kontext feststellen (:321).

527 Laut Obenauer (2009) unterscheiden sich die natürlichen Fähigkeiten und geistlichen Gaben in der amerikanischen Fassung (Network) deutlicher voneinander als in der deutschen Version. Letztere behandeln die Thematik als „Randthema" (:64f).

5. Ein weiteres Plus besteht zum anderen in der Nichtvermischung psychologischer Ergebnisse mit anderen Komponenten, etwa biblischen, wohl aber wird eine Zusammenschau geboten.

6. Um die theoretischen Kenntnisse in die Gemeindepraxis zu überführen, bieten Verantwortliche der Gemeinde bereits im Prozess des Gabenkurses Beratungsgespräche an. Methodisch ist das Gabenprogramm aufeinander abgestimmt, mit dem Ziel, Gemeindeglieder auf dem Weg in die Gemeindemitarbeit zu begleiten.

Auch wenn die Frage nach dem Entdecken der Gaben explizit wenige Schritte zusammenhängend schildert (Gebet, Fachwissen, Experimentieren, Beratungsgespräche, Gabefragebögen ausfüllen), beschreibt der Kurs weit mehr praktisch-theologische Abläufe. Einen zentralen Platz nehmen die Liebe als Motivation ebenso wie die Verherrlichung Gottes und der Aufbau der Gemeinde ein. Analog zu dieser Liebe wird ein entsprechendes Dienen erwartet. Zur Bewusstseinsmachung dieser komplexen Zusammenhänge ist das Beratungsgespräch, neben den kommunikativen Elementen, Bestandteil des Kurses. Hybels Gabenkurs zeichnet kein Ideal des geistlichen Lebens, sondern beschreibt Gemeindeglieder auf ihrem Weg zur geistlichen Reife in unterschiedlichen Phasen. Höhepunkt ist das wechselseitige Zusammenarbeiten in der Gemeinde.

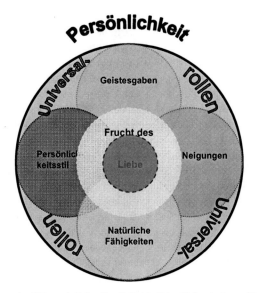

Abbildung 9: Komplexitätsmodell der Persönlichkeit im Gabentest von Hybels (© MB)

5.4.5.1 Paradigmenwechsel

Auch wenn die grundsätzlichen Rahmenwerte und Komponenten, wie beschrieben, erhalten bleiben, so dominieren im neuen Ansatz seit der Mitarbeiter-Revolution (Hybels 2005) das unverkrampfte frei gewählte Experimentieren der Ehrenamtlichen. Das projektorientierte Mitarbeiten ist dabei durch das reflektierende Nachdenken des Ehrenamtlichen flankiert und erfordert einen aufgabenorientierten Ansatz. Potenzielle Mitarbeiter werden zur ehrenamtlichen Tätigkeit konkret angesprochen (99-100). Dahinter steht die empirische Beobachtung, dass sich Gaben prozesshaft entwickeln (:67) und nicht durch einen Testbogen. Diese „*First-Serve*-Einsätze" verlangen von den Verantwortlichen eine große Flexibilität (:68.107ff).

5.4.6 Kritische Würdigung

Die Anfragen richten sich schwerpunktmäßig auf theologische Erklärungen. Bei den definitorischen Abgrenzungen der Persönlichkeitskomponente in den Neigungen zu den geistlichen Gaben verschwimmen die Konturen der Eigenständigkeit, weil den Gaben biblische und den Neigungen deskriptive Begründungen zugrunde liegen (2003b:47). Demgegenüber bleiben Fragen hinsichtlich der Universalrollen offen, die ebenso exegetische Klärungen ausblenden, wie die spezielle Gabenauswahl. Zudem fallen einige praktisch-theologische Diskrepanzen auf. So wird einerseits gesagt, geistliche Übungen hätten nichts mit dem Empfang der Gaben zu tun, andererseits wird aber die geistliche Reife als Kriterium herangezogen, um Gaben in der Mitarbeit einsetzen zu können. Problematisch ist der funktionale Sprachgebrauch, der dem biblischen Befund einer leidenden Kirche nicht gerecht wird, wenn vom Einsatz der Gaben „Spitzenleistungen" erwartet werden. Zu diesem Aspekt gehört auch der kausal vorausgesetzte Segenszyklus, der das Fruchtbringen am Kriterium der individuellen Zufriedenheit der Mitarbeiter in ihren Aufgaben festmacht. Es ist zwar durchaus richtig, dass der Einsatz der Gaben Freude auslösen kann, dass aber erlebte Freude automatisch zu geistlicher Frucht führen soll, ist angesichts der ntl. Leidensaussagen theologisch wohl nicht immer schlüssig. Insgesamt fällt auf, dass die exegetische Kontextualität biblischer Belegstellen weithin nicht beachtet wird, wie etwa hinsichtlich der Evangelientexte als Belegstellen für die Gabenthematik. Gerade weil Hybels mit seinem Gabentest bei der Persönlichkeit ansetzt und zudem anthropologische Begriffe benutzt, ist zu fragen, worin der Unterschied zwischen Person und Persönlichkeit besteht.

Als Nächstes bietet es sich an, den Gabentest der EKiBa genauer zu betrachten, da er sich ausdrücklich an den Kurs von Hybels anschließt, aber ihn dennoch entscheidend modifiziert.

5.5 Schöpfungstheologisches Modell (EKiBa)

Die Gabentests, welche die EKiBa und ihr Amt für missionarische Dienste (AMD) veröffentlichen, bestehen aus drei Komponenten: „Mitarbeiten am richtigen Platz" (MarP) - für Erwachsene (Obenauer 2006a), „So macht Mitarbeiten Spaß" (SMS) - für Jugendliche (14-20 Jahren)[528] sowie einer Arbeitshilfe (Obenauer 2006), die zeigt, wie die Gabenkurse in der Gemeinde anzuwenden sind und den theologischen Ansatz beschreibt. Wie Kirchenrat Steffe herausstellt, liegen dem Kurs zwar Anregungen aus dem Material D.I.E.N.S.T. der WCCC zugrunde, er enthält aber einen „ganz eigenständigen" Ansatz (2006: 3). Folglich genügt es, das Grundraster und autonom entwickelte Veränderungen zu charakterisieren. Unter den Gabenkursen, die ausschließlich nach Begabungen fragen,[529] ragt dieser exklusiv heraus, weil er eine kontextualisierte Konzeption für die Ev. Landeskirche[530] in Methode und Theologie mit der Intention vorlegt, möglichst viele Mitarbeiter gabenorientiert in das kirchliche Engagement zu führen (Obenauer 2006b:5). Damit antwortet der Gabenkurs auf eine der brennendsten Fragestellungen der EKD.

5.5.1 Generationsspezifischer Gabentest

Zunächst ist auf das methodische Grundschema einzugehen, das die Autorin Silke Obenauer in ihrer Arbeitshilfe teilweise bis in den konkreten Wortlaut hinein ausführlich präsentiert (2006). Vorrangig stehen nicht, wie in der Modifikation des Gabentests bei Hybels (2005:66f), Gemeindeglieder im Blickfeld, sondern Mitarbeiter,[531] die entweder in ihrem Aufgabenfeld bestätigt werden sollen, ihren Platz wechseln wollen, um Neues auszuprobieren oder sich nicht am richtigen Platz wissen. Gleiches gilt für Jugendliche. Auch sie benötigen zunächst eine längere Phase des Mitarbeitens, um überhaupt fähig zu sein, Selbstwahrnehmungsfragen adäquat zu beantworten (Obenauer 2006:5). Durch diese sinnvollen Einsichten sollen Mitarbeiter gewonnen werden, die ihre Aufgaben befähigt und motiviert ausüben, weil sie selbst, die Gemeinde und deren Pfarrer davon profitieren. Um diese Zielvorgabe zu erreichen, besteht der Erkennungsprozess der Gaben aus vier Komponenten: Während das Gabenseminar bei *Erwachsenen* in zwei Einheiten angeboten wird, ist bei Jugendlichen ein Wochenende vorzuziehen, da es eine intensive Gemeinschaft bewirkt. Die Fragebögen sind entweder jeweils zwischen den Einheiten oder vor dem Wochenende auszufüllen (:5). Das darauffolgende Auswertungsgespräch wird

---

528   Obenauer (2006:7).

529   Auf einen Persönlichkeitstest (DISG) wird verwiesen (Obenauer 2006a: 50).

530   Nach Nüchtern (2006) setzt der Kurs an der Neugierde der Menschen an und entspricht kulturell wie sozial den deutschen Verhältnissen (:3).

531   Vgl. ebenso im dialogischen Bereich Obenauer 2006:45).

für *Jugendliche* verbindlich vorgeschlagen, weil das Ergebnis der entdeckten Gaben auf dem Weg ihrer Identitätsfindung einen vorläufigen Charakter trägt. Bei den Erwachsenen bleibt das Nachgespräch hingegen fakultativ, auch wenn die Kursleiter die Erwachsenen dazu animieren sollen. Zur Vorbereitung auf das Gespräch hat sich der Coach über die Aufgabenfelder der Gemeinde kundig gemacht, um eine durchdachte Beratung, die sich an der kirchlichen Situation orientiert, zu gewährleisten. Dabei dient das Gespräch keinesfalls dazu, anstehende Lücken in der Gemeinde vor Ort zu füllen.[532] Die Ergebnisse aus Seminar und Gespräch werden im Anschluss in der konkreten Mitarbeit getestet. Nach einer Phase von ca. sechs Monaten soll der Coach jeweils nach Bedarf ein zweites Auswertungsgespräch anvisieren, das die ersten Erfahrungen evaluiert, Veränderungen in der Mitarbeit miteinander bedenkt oder Fortbildungsseminare vorschlägt (:6). Didaktisch verweist das spartanisch gestaltete Arbeitsheft jeweils auf beide Kurshefte (MarP/SMS) und präsentiert variantenreiche Gestaltungsvorschläge. Im Vergleich zur Arbeitshilfe heben sich die Hefte der Kursteilnehmer durch ein übersichtlich gestaltetes Schriftbild und Layout ab.

5.5.2 Gabenstatus: Gleichheit und Veredelung

Obwohl die didaktisch-methodische Gestaltung der landeskirchlichen Situation angepasst ist, orientiert sich die Gabenkonzeption dennoch relativ eng am Grundraster ihres Vorbildes. Demgegenüber heben sich die theologischen Voraussetzungen deutlich ab. Denn während Hybels Geistesgaben als Fähigkeiten versteht, die ausschließlich Christen, die den Geist Gottes empfangen haben, zur Verfügung stehen (2003b:27), setzt der Gabenkurs der EKiBa anthropologisch an. Ausgangspunkt ist danach der Mensch als einzigartiges und vielseitig begabtes Geschöpf Gottes. Der Unterschied zwischen geschöpflichen Fähigkeiten und Gnadengaben (Charismen) liegt einerseits in einem konsequenten Leben als Christ, denn

> „wenn jemand bewusst als Christ/in lebt, dann erkennt er: Die Fähigkeiten, die ich habe sind Geschenke Gottes (‚Gaben') – die er mir aus freien Stücken macht (‚Charismen') …, um sie verantwortungsvoll und in Gottes Sinn zu gebrauchen" (Obenauer 2006:38).

Die Erkenntnis, dass die natürlichen Fähigkeiten von Gott geschenkt sind und zum Aufbau der Gemeinde dienen, schenkt der Hl. Geist (:38). Andererseits „veredelt" Gott die Fähigkeiten der Christen durch den Hl. Geist, wenn Christen diese in seinem Sinne, also für das Reich Gottes, einsetzen, was zur Nachfolge gehört (:38).[533] Daneben ist die Möglichkeit eröffnet, dass Gott neue Gaben schenkt und zudem aus der weiteren Biographie durch vielfältige Begegnungen

---

532 Vgl. Obenauer (2006:47-49).
533 Die Natur wird zur Gnade veredelt und umgeformt. Vgl. die „Transformations-Typologie" (Kap. I).

und Erlebnisse Gaben entwickelt (:38). Grundsätzlich stellt die Autorin sowohl die natürlichen Fähigkeiten als auch die „spontan" durch den Hl. Geist gewirkten Gaben (Zungenrede, Heilungen…) als vom dreieinigen Gott gegeben dar, die gleichwertig zum Nutzen der Gemeinde dienen und Gott ehren (:38). Mit Verweis auf Paulus (Röm 12,6-8) sieht Obenauer keinen Unterscheid zwischen geistlichen oder praktischen Gaben. Angesichts der trinitarischen Konzeption benutzt die Autorin im Laufe des Kurses den Begriff der „Begabungen" (:38).

5.5.3 Kontextualisierte Gabenauswahl

Die ausgewählten Gaben und ihre Kurzerläuterungen basieren auf einer umfassenden exegetischen Vorarbeit, wie die in den Anmerkungen aufgeführten gängigen neutestamentlichen Kommentare und Lexika zeigen, die für den Hauptamtlichen und engagierten Mitarbeiter, der den Gabentest nutzt, die Solidität des Kurses unterstreichen. Die neutestamentlichen Gabenlisten werden zweifach, exemplarisch und gemeindekontextuell bestimmt. Daraus ergibt sich ein „heuristisches Vorgehen" (:39), das im Gabenkurs MarP (Obenauer 2006) den Erwachsenen zutraut, „Prophetie – Lehre – Seelsorge – Teilen – Leitung – Praktische Nächstenliebe – Weisheit – Organisation – Anpacken – Evangelisation" (:39) ebenso empirisch wahrnehmen zu können, wie zeitgemäße Begabungen: „Handwerk/Handarbeit – Fürbitte – Kreativität – Gastfreundschaft" (:40). Diese Auswahl kann von den Teilnehmern um unerwähnte neutestamentliche und moderne Gaben erweitert werden.[534] Demgegenüber verzichtet Obenauer *zum einen* auf die „Unterscheidung der Geister", weil sie darunter die „Prüfung des spontan eingegebenen geistgewirkten Wortes" versteht (:40). Dies stünde ohne ausreichende Trennschärfe zu 1Thess 5,21, wo der gleiche Prüfvorgang der Gemeinde aufgetragen werde. Wie bei allen Definitionen im Kursmaterial interpretiert die Autorin die Gaben gesamtbiblisch. Das wiederum rückt die „Unterscheidung der Geister", die sie als „geistliches Gespür" erklärt, zu nahe an die Bedeutung der Prophetie heran und überschneidet sich in einem Aspekt zudem mit der Gabe der Weisheit. So bleibt nur die Konsequenz, die Gabe der „Unterscheidung der Geister" nicht eigens in den Selbst- und Fremdwahrnehmungen auszuweisen. *Zum anderen* bleibt die Gabe des „Wunderglaubens" unerwähnt, weil nach Obenauer kaum eine Differenzierung zur Fürbitte möglich sei (:40). Schließlich merkt die Autorin an, dass aufgrund der ungleichen Gemeindeverhältnisse der neutestamentlichen und gegenwärtigen Zeit, einfache Gabenentsprechungen notwendig einer kulturellen und zeitbedingten Anpassung bedürften, die sich ihrer Grenzen zwar bewusst seien, aber dennoch einen heuristischen Spielraum eröffnen (:41).

---

534 Vgl. Obenauer (2006:40).

Eine weitere Anpassung war im Kurs der Jugendlichen notwendig. So stellt Obenauer im Pretest fest, dass die Gabe der Prophetie von Jugendlichen als „Wunsch nach einer gerechten Welt" missverstanden wurde (:41). Zwei weitere Gaben, die der „Weisheit" und „praktischen Nächstenliebe", werden im Kurs ebenso weggelassen, weil erstere in den meisten Fällen „mehr Glaubens- und Lebenserfahrung" voraussetzt, während die Aspekte der zweiten Gabe für Jugendliche in den Begabungen der Ermutigung und des Teilens praktischer beschrieben werden (:41). Auffällig ist noch zweierlei. Erstens fehlen zwei der Gaben aus Eph 4,11: Die der Apostel, weil sie nach Ansicht der Autorin temporal auf die Urkirche begrenzt ist, während die Gabe des Hirten ganz ignoriert wird. Zweitens ist das Gabenmaterial für Erfahrungen spontaner Gaben offen. Dazu zählen „z. B. Zungenrede, Auslegung, Heilungen usw." (:40). Diese Begabungen erhalten die Kategorisierung, ein unverfügbares Wirken des Hl. Geistes darzustellen.

5.5.4 Gabenerhebung: Biographie und Interessen

Es ist nicht notwendig, beide Teilnehmerhefte für die Erwachsenen und Jugendlichen gesondert zu behandeln, denn die Abweichungen liegen, grob betrachtet, in ihrer Sprachform sowie inhaltlich leicht veränderten Akzentuierungen.[535] Auch auf die detailliert didaktische Vorgehensweise mit ihren wörtlichen Wiedergaben von Selbstverständlichkeiten[536] in der Arbeitshilfe wird verzichtet. Vielmehr interessiert, wie die methodischen Anwendungen des schöpfungstheologischen Ansatzes und weiten Gabenbegriffs umgesetzt werden. Als Grundlage dient das Teilnehmerheft der Erwachsenen. Nach der einführenden *ersten Einheit* in die Intention des Gabenseminars folgt die *zweite Einheit*, die dem theologischen Ansatz entsprechend biographisch ansetzt (Obenauer 2006a: 4-6).

Im Zentrum der *dritten Einheit* stehen Analysen des Selbst- und Fremdbewertungsbogens[537] mit geschlossenen und offenen Items (:41-42). Hinführend akzentuiert die Autorin aber im Unterschied zur Arbeitshilfe zunächst „ganz besondere Möglichkeiten", die Gott jedem Menschen als Geschöpf Gottes schenkt. Damit setzt die Verfasserin am anthropologischen Ansatz an, indem sie unter diesen Möglichkeiten „Eigenschaften, Fähigkeiten und Begabungen, Leidenschaften und Interessen" einschließt (:7). Betont wird weiter, dass das Er-

---

535 Vgl. etwa: Einheit 5: Werden bei den Erwachsenen die Gabenorientierung und allgemeinen Aufgaben thematisiert (Obenauer 2006:27), so liegt die sprachliche Akzentuierung bei den Jugendlichen auf dem Spaßfaktor: „Zwischen Spaß und Verantwortung" (Obenauer 2006:25).

536 Z.B. „Ich lade Sie ein, Ihren Namen zu sagen und ...." (Obenauer 2006:11).

537 Die Fremdbewertungsfragebögen mit ihren 14 Fragen und jeweils 5fachem Ranking sowie drei offenen Fragen, vgl. im Anhang des Kurses in dreifacher Ausfertigung zum Heraustrennen (Obenauer 2006a:37-42).

kennen der „eigenen Möglichkeiten" kein „einmaliges Projekt" darstellt (:7), sondern lebenslang fortbesteht, weil Gott innerhalb der Biographie wirkt und sich jeder weiterentwickelt. Von da aus wird erklärt, dass Fähigkeiten und Begabungen Geschenke Gottes sind, demnach für die Teilnehmer „besondere Fähigkeiten" (:7), die sie besonders auszeichnen.

Im Weiteren schildert Obenauer das Wesen der Gemeinde (1Kor 12) im Umgang mit den Begabungen (:8). Danach führt sie die ausgewählten neutestamentlichen Gaben mit Bibelstellen an, deren wesentliche Gabenaspekte vom Teilnehmer zu beschreiben sind. Interessanterweise stammen bei Obenauer im Unterschied zu Hybels[538] die meisten biblischen Belege jedoch aus dem AT.[539] Nach dem Kennenlernen der biblischen Gesichtspunkte präsentieren charakteristisch deskriptive Kurzdarstellungen nochmals die Gaben (:11-13). Danach kommt den Teilnehmern die Aufgabe zu, den Alltagsschilderungen die bereits bekannten Einzelgaben zuzuordnen und sie mit ihren Erfahrungen im Hintergrund in einem vierfachen Ranking zu kennzeichnen. Wie im Arbeitsheft vermerkt,[540] füllen die Teilnehmer den Fragebogen zwischen den Seminartreffen aus, was angesichts der zahlreichen Items und ihrer Ausfüllzeit sinnvoll erscheint (:18). Wie die Gabentests bei Hybels und Schwarz, erweisen sich die Erklärungen zur Fremdwahrnehmung als Korrektiv (2006a:19-21).

Unter der Überschrift „Vorsicht Falle" weist die Autorin mit dem Zusatz der „Manipulation" auf die exakt gleichen Gefährdungen wie im Kurs von Hybels hin, wenn es um den Gebrauch der Begabungen im Miteinander geht.[541] Erheblich kürzer fällt der Hinweis auf die Liebe aus (1Kor 13,1-3), die Gaben relativiert und ihre Irrwege korrigiert (:22). In der *vierten Einheit* ändert Obenauer im Vergleich zu ihrer amerikanischen Vorlage zwar die Begrifflichkeit, meint aber hinsichtlich der „Neigungen" dasselbe, wenn sie von „besonderen Interessen" redet und Themenstellungen, die den Menschen am Herzen liegen mit einer einfachen Ankreuztechnik und Kurzfragen zu erheben sucht (2006a:23-25). Nach dieser individuellen Phase des Ausfüllens werden die Teilnehmer aufgefordert, in dialogischer Kommunikation miteinander ins Gespräch zu kommen (Obenauer 2006:21). Anschließend steht den Kursteilnehmern eine Matrix zur Verfügung, in der die generierten Begabungen und Interessen eingetragen werden. Daraus entstehen jeweils nach ihrer Kombina-

---

538 Der Hybels-Kurs nutzt fast ausschließlich die gängigen ntl. Gabenlisten.

539 „Anpacken (Mk 2,1-5), Evangelisation (Apg 8,26-40), Fürbitte (Gen 18,16-33), Gastfreundschaft (Gen 18,1-8), Handwerk/Handarbeiten (Ex 31,1-11), künstlerische Begabung (Ex 31,1-11, 1. Sam 16,14-23), Lehren (Apg 17,16-34), Leitung (Apg 15,1-21), Organisation (Ex 18,13-27), praktische Nächstenliebe (Lk 10,30-35), Prophetie (Jer 7,1-11), Seelsorge (Hiob 2,11-13), Teilen (Mk 12,41-44, 2. Kor 8,1-5), Weisheit (1. Kön 3,16-28)", Obenauer & Seiter (2006a:9f).

540 Vgl. Obenauer (2006:16).

541 Dazu gehören: die Übertragung der eigenen Gaben auf andere, Überheblichkeit und, gegenteilig, ihr Verleugnen (Obenauer 2006:22).

tion der beiden Hauptelemente unterschiedliche Aufgabenfelder. Das große Spektrum der Interessen weist bewusst über die Arbeitsfelder und Einsatzorte der Gemeinderäume hinaus, was in der Konzeption der Materialen vorausgesetzt ist.[542]

Zuletzt weist die Autorin auf allgemeine Aufgaben im Sinne von Hybels hin, die in einer Gemeinde anfallen, aber zu keiner spezifischen Begabung passen, weil sie eher triviale Bereiche umfassen. Während die Autorin empfiehlt, solche Aufgaben gerecht untereinander zu verteilen (:27), leitet sie noch in aller Kürze dazu an, die individuell momentan zur Verfügung stehende Zeit pro Woche festzuhalten (:28).

5.5.5 Profil und kritische Würdigung

Eine der Stärken der Konzeption zeigt sich darin, dass erstmals in Deutschland ein ausgewiesener Gabenkurs für den landeskirchlichen Bezugsrahmen mit sprachlicher Anpassung vorliegt. Zudem setzt der Kurs entwicklungspsychologische Erkenntnisse methodisch um, indem zwischen dem Gabenfinden Erwachsener und Jugendlicher unterschieden wird. Dabei achtet das Kursmaterial für Jugendliche nicht nur auf kognitives Wahrnehmen der Gaben, sondern bettet das Seminar gesamtheitlich in einen Prozess des emotionalen und sozialen Lernens ein, das durch vertiefte Gemeinschaftserlebnisse erreicht wird.

Die theologische Gedankenentwicklung in der Arbeitshilfe ist für Leiter der Kurse verständlich ausgedrückt und zeigt, dass dahinter eine exegetische Erarbeitung steht. Fixiert Hybels den Ersterhalt der Charismen soteriologisch auf die geistliche Geburt, postuliert Obenauer den Übergang der natürlichen Fähigkeiten zu den Geistesgaben als einen jeweils aktualisierenden Glaubensschritt. Ebenso akzentuiert Obenauer einerseits die von Hybels benannten „Neigungen" als Interessen und andererseits „Universalrollen" von der Sache richtig als allgemeine Aufgaben, die in der Gemeindearbeit anfallen.

Im Rahmen der Einzelgaben und ihrer spezifischen Auswahl ist *erstens* zu fragen, warum die Gabe des Apostels auf die Urkirche begrenzt wird und die Gabe des Hirten, aus der gleichen Reihe in Eph 4,11, ohne Begründung ungenannt bleibt.[543] Hier ist anzufragen, ob hinter der Auslassung der Hirtengabe die theologische Prämisse steht, dass allein Pfarrer die Gabe des Hirten einer Gemeinde aufweisen können. *Zweitens* lässt sich ein theologisch-exegetischer Widerspruch in Bezug auf die theologische Begründung der Gabeninhalte feststellen. So werden einerseits die ausgewählten Gaben gesamtbiblisch, d. h auch mit alttestamentlichen Stellen belegt, während Obenauer andererseits so argumentiert, als wäre ein Transfer neutestamentlicher Gaben aufgrund des unterschiedlichen kulturellen Gemeindekontextes der damaligen und heutigen Zeit

---

542 Vgl. die ekklesiologische Überzeugung (2006:7).
543 Der WCCC-Kurs nimmt beide Gaben auf.

kaum möglich. *Drittens* werfen die Zusatzbemerkungen beim Ausgeben des Fragebogens exegetische Fragen auf, weil Gaben wie etwa die spontane Ausübung der Zungenrede und deren Auslegung sowie Heilung im Unterschied zu den anderen Begabungen ganz dem unverfügbaren Wirken des Geistes zugeschrieben werden (2006:16.40). Hier liegt ein Widerspruch vor, denn in den theologischen Grundlegungen des Gabenmaterials werden angesichts des weiten Gabenbegriffs alle Begabungen als gleichwertig ausgewiesen (:38). Nun aber erhalten die exemplarisch genannten Gaben eine besondere Geistqualität. Angesichts dieser Neueinteilung in das unverfügbare Wirken des Geistes, das an spezielle Gaben gebunden ist, stellt sich die Frage, wie dann der Geist in den übrigen Begabungen wirkt. Ist damit ausgesagt, dass der Geist in den anderen, mehr erklärbaren, Gaben verfügbarer sein soll oder die geschöpflich-anthropologische Komponenten dominieren? Schließlich ist ein weiterer Widerspruch aufzudecken, wenn erklärt wird, dass die natürlichen Fähigkeiten bei Christen eine Veredelung vom Hl. Geist erfahren, wenn die Befähigungen in den Dienst eingesetzt werden.[544] Damit bricht die Pneumatologie von der Schöpfungstheologie ab und gleichzeitig ist die Christologie separiert.

In angemessener Weise findet die altersspezifische Unterscheidung zwischen Erwachsenen und Jugendlichen ihren Niederschlag bis in die Formulierungen der Fragebögen hinein. Aufgrund entwicklungspsychologischer Differenzierung entstehen unterschiedliche Erhebungen, um Gaben zu erkennen. Inhalt und Form zur Gabenthematik sind demnach untrennbar. Unter sozialwissenschaftlicher Methodologie betrachtet, entsprechen die Fragestellungen dem geforderten Standard, leicht verständlich zu sein. Rein formal fällt weiter auf, dass das Layout der Arbeitshilfe im didaktisch-methodischen Teil mit seinen Seminareinheiten durch Schriftbild, Abkürzungen und Querverweise äußerst unübersichtlich wirkt und keinen leichten Zugang gewährt, während die Teilnehmerhefte eine ansprechende Gestaltung aufweisen.

5.6 Supranaturalistisch-ethisches Nachfolgemodell (Fortune & Fortune und Xpand/EC)

5.6.1 Psychologisch-pentekostaler Ansatz

Das amerikanische Ehepaar Fortune (1994) gründet seinen Gabentest auf empirische Studien der Verhaltenspsychologie (:37). Ausgehend von ihrem humanwissenschaftlichen Ansatz differenzieren Fortune & Fortune zwischen Charismen und Motivationsgaben sowie zusätzlich innerhalb der Geistesgaben. Demgemäß weisen sie drei Gabenkategorien aus: *Motivationsgaben* (motivational

---

544 Vgl. dazu den Tranformations-Typus (Kap. 1, 2.2).

gifts), *Dienstgaben* und *Manifestationsgaben*. Zu ihrem Ansatz existiert eine breite Rezeption (McPherson 2008),[545] welche sich auch in den Kursbüchern[546] „Explore!" (2004, 2004a)[547] partiell niederschlägt.[548] Um nicht alles zu wiederholen, weil sich die Autoren der explorativen Konzeption sprachlich teilweise eng am Originaltext orientieren,[549] genügt es vorerst, in der laufenden Erarbeitung in Anmerkungen auf Parallelen und Abgrenzungen hinzuweisen.

Das Ehepaar Fortune & Fortune (1994) lässt sich durch Freunde und Lehrkassetten des Präsidenten der pentekostal ausgerichteten Ausbildung, Life Bible Colleges in Kalifornien, inspirieren (:10). Ihr Gabenhandbuch entstand außerdem durch den Austausch mit säkularen Psychologen[550] und international durchgeführten Seminaren (:11). Der erste Teil des Kursbuches legt zunächst die theologische Basis ihres Gabenverständnisses dar (:17-61). Eine erste Gabenkategorie bezeichnen Fortunes als *Motivationsgaben*, die sie unter ihrem verhaltenspsychologischen Postulat wesentlich auf Röm 12,4-8 zurückführen, in denen sie „sieben Basis-Persönlichkeitstypen" erkennen (:13).[551] Zu ihrem Spektrum gehören: „Erkenner", „Diener", „Lehrer", „Ermutiger", „Geber", „Administrator" und die „barmherzige Person" (:23-24),[552] welche zusammen mit den anderen Gaben, unverdiente Gnadengaben charakterisieren. Da diese sieben Gaben „die motivierenden Kräfte des Lebens sichern", werden sie „Motivationsgaben" genannt (:23). Nach Fortune & Fortune müssen Motivationsgaben von niemand entdeckt werden, weil sie, anthropologisch bestimmt, von Gott jedem Menschen

---

545 Vgl. etwa Donders (2008:65f) sowie Donath (2008a, 2008b). Beide gehören zur Xpand-Stiftung und nehmen den theologischen Ansatz von Fortune & Fortune (1994) auf (Donath 2008b:4). Bryant & Brunson (2007) nutzen „motivational gifts" für 1Kor 12,4-6 (:20). DellaVecchio & Winston (2004:1-16) nennen weitere Vertreter und versuchen, Motivationsgaben säkular in einer quantitativen Erhebung zu prüfen (N=4177). Buller & Logan (2003:Kap. 3/5), Kehe (2001:83). Charismatisch-pentekostale Vertreter: K. Wagner (2005, 1999:56-65), Schutty (2004, 2004a), Hamon (2000:206). Kritisch diskutiert: Carraway (2005:77-79).

546 Beide Kursbücher richten sich an Teenager und Jugendliche.

547 Band 1: Beckendorff, Kast & Göttler (2004), Band 2: Göttler, Riewesell & Donath (2004a).

548 So weisen die Bände ebenfalls die dreifache Gabenkategorie auf (2004:153f).

549 Vgl. Beckendorff, Kast & Göttler (2004:55) zu Fortune & Fortune (1994:286f).

550 Vgl. Fortune & Fortune (1994:56f).

551 Beckendorff, Kast & Göttler (2004) folgen unterschiedslos dem psychologischen Ansatz, weil sie Gaben und „Wesenszüge" parallel ausweisen (:60).

552 Diese Gabenbezeichnungen bestimmen beide Kursbücher der explorativen Konzeption, vgl. Beckendorff, Kast & Göttler (2004:34-40.55) und Göttler, Riewesell & Donath (2004a:15-186). Mit der Zielangabe, dass alle drei Gabenarten nach Röm 12,1-6 das ganze Leben einschließen und „zur Ehre Gottes dienen", weisen die Autoren die Gleichwertigkeit von natürlichen Fähigkeiten, Persönlichkeit, Besitz, Verstand, Zeit und geistlichen Begabungen aus (2004:57). Vgl. den Ansatz von Käsemann.

als „Besitz" gegeben sind (:19.23).[553] Aber es sei darauf zu achten, wie Motivationsgaben angemessen einzusetzen sind, weil der Mensch selbst entscheiden kann, ob er sie ablehnt oder gar missbraucht (:23).

5.6.2 Motivations- und Manifestationsgaben

In ihrer theologischen Begründung ziehen die Autoren 1Petr 4,10 heran, indem sie die sieben Motivationsgaben aus Röm 12 zweifach in die Grundkategorien der Kommunikations-[554] und Tatgaben[555] integrieren (:43-45). Demgegenüber stehen die übernatürlichen *Manifestationsgaben* (1Kor 12,7-10), zumal sie durch Offenbarung des Heiligen Geistes gegeben werden (1Kor 12,7).[556] Bei ihrer Schilderung bedenken die Autoren zwei Konsequenzen: Derartige Gaben können von niemand selbstständig eingesetzt werden, weil keinem bekannt ist, wann ihre Wirkung mittels eines verfügbaren Menschen eintritt (:20). Somit gehören Manifestationsgaben nicht in die Gabenkategorie der „Besitztümer", wie die Autoren 1Petr 4,10 auffassen. Manifestations- und Motivationsgaben werden also völlig voneinander getrennt. Schließlich begründen die Verfasser mit Eph 4,11 die Kategorie der *„Dienstgaben"* (:20-22).[557] Sie halten es für angebracht, diesen Gaben keinen allzu hohen Stellenwert zu verleihen, um zu verdeutlichen, dass von Menschen zugesprochene Titel (wie etwa Apostel, Lehrer, Hirten) keine Gaben sichern, weil Gaben durch Gott gegeben werden. Abschließend begründen Fortunes, dass Motivationsgaben bereits bei Kindern generell vorhanden sind. Dazu führen die Autoren zwei Argumente an. Erstens rekurrieren sie auf Spr 22,6: „Erziehe den Knaben seinem Weg gemäß; er wird nicht davon weichen, auch wenn er älter wird." In ihrer Interpretation des hebr. Textes gehen sie davon aus, dass der Begriff „Weg" auch mit „Gabe" und „Neigung" übersetzt werden kann und schließen daraus, dass jedes Kind Motivationsgaben besitzen würde (:32). Danach heben sie zweitens mit 1Tim 4,14 („Vernachlässige nicht die Gnadengabe *in dir*, die dir gegeben worden ist...") auf das Argument ab, dass Timotheus unter Handauflegung und durch die „Motivationsgabe der Prophetie [...] durch einen Ältesten, der die Dienst-

553 Von dieser anthropologischen Bestimmung setzten sich Beckendorff, Kast & Göttler (2004) ab, indem sie zwar die Begrifflichkeit der sieben Motivationsgaben aus Röm 12,6-8 übernehmen (:33.154f), sie aber als Gaben des Heiligen Geistes qualifizieren (:154f).
554 So Lehrer, Erkenner, Ermutiger und Administratoren.
555 So Geber, Diener und die barmherzige Person für Menschen, die gerne im Hintergrund arbeiten.
556 Auch Beckendorff, Kast & Göttler (2004) verstehen die Manifestationsgaben als explizit geistgegeben, die der Mensch nicht selbst einsetzt (:33).
557 Ebenso Beckendorff, Kast & Göttler (2004:32. sic. 156 (:158). Fortunes betonen zudem, dass Dienstgaben, ausgehend vom Kontext (Eph 4), von Menschen sprechen, darum Männer und Frauen einschließen (:21).

gabe des Propheten hatte" (:33) seine noch nicht entdeckte Motivationsgabe mündlich zugesprochen bekam.[558]

Nach diesen grundsätzlichen Aussagen entfaltet das Gabenhandbuch im zweiten Teil zu jeder Basisgabe ethisch positive und negative Charakteristika, die ausführlich an Lebensbeispielen erläutert werden. Auf einer rangskalierten Matrix kann sich dann jeder Leser selbst einschätzen. Weitere Eigenschaften der Motivationsgaben illustrieren biblische Personen (:63-307). Die darauffolgende Auswertung verdeutlicht Primärgaben, verbunden mit ihren individuellen Ausformungen (:308-317). Der letzte Teil nimmt diese Ergebnisse auf und entfaltet daraus zahlreiche Anregungen und seelsorgerliche Ratschläge[559] für den Lebensalltag. Die Autoren sprechen die Teilnehmer als Geistliche an und fordern sie damit heraus, entsprechend zu agieren (:318-323).

5.6.3 Profil (Fortune & Fortune)

Nach dem Vorverständnis der Verfasser ist es nicht das Ziel des Gabenhandbuchs, die paulinischen Gaben des 1Kor respektive die übernatürlichen Gaben zu entfalten, sondern der Gemeinde, einschließlich der Kinder, Teenager und Jugendlichen,[560] zu ihren sieben Basisgaben aus Röm 12 zu verhelfen, die sie seit der Geburt als gottgegeben besitzen. Darum legen die Fortunes einen weiten Gabenbegriff vor, der Materielles ebenso einschließt wie kognitive und emotionale Fähigkeiten und Charaktereigenschaften, weil Gaben in ihrer Ausformung, je nach Person, unterschiedliche Profile zeigen. Den Fortunes gelingt es, innerhalb ihres pentekostalen Systems einen Gabenkurs vorzulegen, der auf internationale Erfahrung zurückgreifen kann (:11). Das Gabenerkennen wird primär nicht durch einen klassischen Gabentest mit einem Fragebogen durchgeführt. Im Mittelpunkt stehen vielmehr ausführliche Beschreibungen ihrer, auf sieben Gaben reduzierte, Gabenauswahl, die sie als Persönlichkeitsmerkmale entfalten. Die Verfasser arbeiten positive Verhaltensweisen wie negative Probleme methodisch und exemplarisch mithilfe biographischer Alltagssituationen und anhand biblischer Personen heraus. Im Bezugsrahmen von Gemeinde, über Ehe, Familie und Nachbarschaft bis ins Berufsleben, spornen sie zum Einsetzen der entdeckten Gaben an. Mit Nachdruck fordern die Fortunes, dass Gaben nicht dem Selbstzweck dienen, sondern für andere zur Ehre Gottes einzusetzen sind und

---

558 Auf diese Weise stützt die Formulierung des „in dir" Fortunes These: „Jeder hat eine 'In-dir-Gabe'", also eine Motivationsgabe (1994:34).

559 Etwa: Die Ergebnisse des Tests zunächst für einige Tage oder Wochen beiseite zu legen, um selbst nochmals über die eigene Motivation Klarheit zu gewinnen, Vorbilder zu suchen, die charakteristischen Probleme aufzuarbeiten, andere in die Selbstwahrnehmung einzubeziehen (Fortune & Fortune 1994:297).

560 So befinden sich im letzten Teil des Handbuches entsprechende Hinweise an Eltern, Schulen und die kirchliche Jugendarbeit sowie Fragebögen (1994:343-370).

infolgedessen auch an ihrer Veränderung zu arbeiten ist. Insofern ist das Gabenhandbuch als intensiver Jüngerschaftskurs zu bewerten.

5.6.4 Profil und Würdigung: Explorative Konzeption (Xpand / EC)

Das Profil der explorativen Konzeption (2004,2004a), das den theologischen Ansatz der Fortunes (1994) in den beiden Handbüchern weithin aufnimmt, methodisch aber für ihre Zielgruppe modifiziert, ist eine altersgerecht-didaktisch gute Gesamtdarstellung, die Gaben, Persönlichkeit,[561] Fähigkeiten, Werte und Berufung umfasst.[562] Dabei ist ihr Name programmatisch gewählt, weil das Explorieren die Intention des Kurses widerspiegelt. Es geht darum, junge Leute zwischen 14 und 20 Jahren auf ihrem Weg der Entdeckung zu einem holistischen Menschenbild zu begleiten.

Der persönliche Schreibstil weist sich durch eine große Wertschätzung für die Kursteilnehmer aus. Zugleich setzt die Konzeption nüchterne Grenzen, da sie nicht eine exakte Typenbildung leisten will, sondern die Originalität Einzelner entfalten hilft und zu eigenständigem Denken anleitet (2004:7). Die Fragestellungen greifen die Lebensphase vor der Berufswahl auf und laden die Teilnehmer ein, sich von einem Mentor begleiten zu lassen (:137-143). Damit werden junge Menschen in ihren Problemen ebenso wenig alleine gelassen wie in ihrer Identitätssuche und dem Entdecken anderer. Während das erste Kursbuch eher Grundlegendes vermittelt, widmet sich das zweite der Verbindung zwischen Gabenkombination und Verhaltenstendenz (2004a:12) und speziell der Frage, wie Gaben entdeckt und eintrainiert werden.

Theologisch betrachtet reduziert der Ansatz der Motivationsgaben zunächst die neutestamentliche Gabenvielfalt auf sieben, um dann aber im Horizont eines alltagstauglichen Gottesdienstes (Röm 12,1) ein umfassendes Gabenverständnis zu präsentieren (2004:57). Eine weitere Ausweitung entwickelt sich durch die Verflechtung mit den Wesenszügen (:60). Nach den Autoren verschmelzen Motivationsgaben und Persönlichkeit nahezu, weil beide Komponenten mit der Art und Weise zu tun haben, wie eine Gabe ausgeübt wird (:83). Fähigkeiten hingegen sagen aus, was jemand kann. Hinzu kommen Werte als „tief sitzende Überzeugungen", die durch unterschiedliche Prägungen entstehen und das entdeckte Potenzial bestimmen (:83-96). Ein wichtiger Wert, den die Handbücher durchgehend bestimmen, ist, wie bereits bei den Fortunes, das Einsetzen der umfassenden „Gaben zum Wohl der Gemeinde und zur Ehre Gottes" (:57).

Deswegen setzt der theologische Zugang gerade für Jugendliche niederschwellig an und eröffnet zugleich genügend Raum für Fragen dieses Alters. In

---

561 Im Hintergrund steht der DISG-Test (Marston 2002), der ausführlich erläutert wird (2004:74-82).

562 Teilweise wird Literatur von Xpand verarbeitet, so etwa Donders (2001a).

diesem Horizont werden nach den Schilderungen jeder Motivationsgabe Konkretionen entfaltet. Zum Erkennen der Gaben werden nicht stereotyp altbekannte
Schritte der klassischen Gabeninstrumente angeboten, sondern neue lebens-
weltlich aktuelle seelsorgerliche Akzente gesetzt und mit biblischen Beispielen
zeitgerecht verbunden. Gleichzeitig werden zur Vertiefung Medienvorschläge
vorgestellt. (:30-33). Außerdem wird die Entwicklung der Gaben auf den persönlichen, gemeindlichen wie beruflichen Bereich konkretisiert. Gleichzeitig
schließt der Kurs durch die anvisierte Persönlichkeitsbildung geistliches Reifen
ein, was auf den methodischen Unterbau des Gabenhandbuchs der Fortunes
zurückgeht. Positiv bleibt noch zu erwähnen, dass das umfangreiche Material
des explorativen Ansatzes, im Gegensatz zum Handbuch der Fortunes, kurz-
weilig aufbereitet ist.

5.6.5 Kritische Würdigung (Fortune / Xpand / EC)

Durch folgende, meist pneumatologische Aspekte im exegetischen Bereich
stellen sich an *Fortune & Fortune* einige kritische Anfragen. Das Konzept der
Motivationsgaben ist berechtigt, weil sie als Schöpfungsgaben verstanden
werden. Kritisch zu betrachten ist der Entwurf aber deshalb, weil Texte exegetisch einige Umbiegungen erfahren, um das eigene System zu stützen. Dieses
System besteht in der Auffassung, dass zwischen Motivationsgaben und übernatürlichen Manifestationsgaben keinerlei Verbindung besteht. Von dieser
hermeneutischen Grundentscheidung ausgehend, muss die sonst als übernatürlich ausgewiesene Prophetie (1Kor 12, 1Tim 4,14) in Röm 12,6 zu einer
Motivationsgabe umgeformt werden. So verschiebt sich der Begriff des
„Propheten" (προφήτας) zum bloßen „Erkenner" (:64). Was hier noch gelingt,
lässt die Autoren in 1Tim 4,14 sichtlich an argumentative Grenzen stoßen, um
die dort offensichtlich übernatürliche Prophetie zu erklären. Auch in der theologischen Kurzerklärung zu 1Petr 4,10 klingt durchaus Richtiges an. Weil aber
die Gaben aus Röm 12 als Motivationsgaben verstanden werden und ebenso in
1Petr 4 transferiert werden, bleibt die Auslegung in ihrem vorausgesetzten Deutungsrahmen stringent, ist exegetisch aber fragwürdig.

Insgesamt wird die theologische Grundkonzeption des Gabenkurses durch
die biographische pentekostal geprägte Herkunft der Verfasser bestimmt. Dafür
spricht zum einen die künstliche Trennung zwischen Motivations- und Manifestationsgaben, die davon ausgeht, dass die in 1Kor 12 genannten Charismen
nichts mit anthropologischen Dispositionen zu tun haben, sondern losgelöst von
Reinkultur den Menschen erreichen. Zum anderen deutet sich der klassische
Zwei-Stufen-Ansatz der Pfingstbewegung darin an, dass Motivationsgaben der
„großen Dynamik der dritten Person der Dreieinigkeit" bedürfen, was ihnen erst
eine beständige Vergrößerung verliehe (:56). Ob die Kritik von DellaVecchio &

Winston (2004) und anderen,[563] dass ihr Testverfahren nicht den empirischen Gütekriterien entspricht, korrekt ist, kann hier nicht verifiziert werden. Alles zusammengenommen intendiert das Handbuch aus theologischer Perspektive jedenfalls ein pentekostales Offenbarungsverständnis.

Somit ist an die *explorative Konzeption* die Anfrage zu stellen (EC-Verband & Xpand 2004, 2004a), ob der theologische Ansatz bewusst übernommen und in den praktisch orientierten Aspekten gespiegelt wurde oder aber eher unreflektiert eingebaut wurde. Bedenklich ist jedenfalls, dass die eingesprengten theologischen Grundlegungen, zumindest im ersten Kursband,[564] ohne ersichtliche Prüfung bei ihrer amerikanischen Vorlage bleiben. Angesichts der Leserschaft wäre eine verantwortete Theologie[565] zu wünschen, weil sie ebenso prägend wirkt, wie ihre didaktische Ausführung und wertvolle Lebens- und Glaubenshilfe. Positiv zu würdigen ist die Intention, mit den Kurshandbüchern junge Menschen in ihrer fragilen Selbstfindung auf dem Weg der Nachfolge Jesu zu unterstützen.

5.7 Kybernetisches Modell (Frost & Hirsch, Kaldewey)

Hinter der Chiffre „APPLE-Theologie" (2008:271) steht der transformierte Ansatz des sogenannten „kybernetischen Modells" nach Eph 4,11: „Apostel, Propheten, Pastoren (Hirten), Lehrer und Evangelisten" (:271). Der Einfluss des fünffältigen Gabenansatzes erreicht die deutsche Gemeinde vierfach: Zum einen beinhaltet das gleichnamige Buch „Die starke Hand Gottes. Der fünffältige Dienst" die ausführlichste deutschsprachige Darlegung der Konzeption (Kaldewey 2001). Zum anderen führen Publikationen aus dem anglikanischen Sprachraum (Breen & Kallestad[566] 2007)[567] und charismatisch-pfingstlerische Literatur aus den USA das gleiche Gabenverständnis ein (Green 2005, Hamon

---

563   Vgl. Blakeman & Cooper (1994:39-44). Vecchio & Winston (2004:1-16) weisen auf der Grundlage der Motivationsgaben in einer quantitativen Untersuchung von N= 4177 nach, dass weit mehr als 50% der Motivationsgaben in Korrelation zu den Berufen der Befragten steht (:15).

564   Vgl. oben die entsprechenden Anmerkungen zu Fortunes. Im zweiten Band (2004a) fällt auf, dass der „Versuch" (2004:156), die Gaben im geschlossenen System der Fortunes zu deuten, wie dies noch im ersten Band geschieht, nicht mehr übernommen wird. Nun wird die Gabe des Dienens aus Röm 12,7 und 1Kor 12,28 zusammengefasst (:2004a: 65). Überhaupt ist der zweite Kursband theologisch qualifizierter.

565   Entsprechend exegetische Kurzerklärungen – natürlich in angemessener Sprache – würden das Niveau der Kursbücher auch biblisch-theologisch abdecken.

566   Kallestad ist heute Pastor der Community Church of Joy in Glendale, USA-Arizona. Breen war bis 2004 Pastor der St. Thomas Church in Sheffield, England.

567   Vgl. Herbst (2007:265-270).

2000:87-232). Letztere akzentuieren zusammen mit Wagner[568] eine eschatologische Dimension der Dringlichkeit und verengen den Ansatz auf die dualen Gaben der Apostel und Propheten (:279-341). Schließlich versuchen australische Theologen unorthodox, die fünf Kernbegabungen mit Erkenntnissen der Systemtheorie und soziologischen Leitungstypen zu verknüpfen (Frost & Hirsch 2008:269-290).[569] Der theologische Ansatz des „kybernetischen Modells" ist nicht neu, sondern reicht in die 1940er Jahre zurück.[570] Gemeinsam ist allen Entwürfen, dass die Grundbegabungen keine abgegrenzte Größe darstellen, sondern einander integrieren und alle Gaben nicht einer ordinierten Person zugeschrieben werden, sondern einem Leitungsteam angehören. Von da aus gelangen die einzuübenden Gaben durch Anleitungen zu jedem Gemeindeglied. In der Konkretion bedeutet das etwa: Im Kontakt mit Evangelisten entwickeln sich evangelistische Gaben, Apostel wecken apostolische Gaben und Hirten leiten andere an, pastorale Aufgaben zu übernehmen. Zur Frage nach dem Entdecken der fünf Kernbegabungen geben nicht alle Entwürfe eine Antwort.

5.7.1 Anglikanische Ausformung des kybernetischen Ansatzes

Die anglikanische Ausformung des fünffältigen Ansatzes setzt am Persönlichkeitstypus an. Daher werden Gemeindeglieder aufgefordert, eine „Mini-Analyse ihrer Persönlichkeit" durchzuführen, indem sie sich ihre zweidimensionalen Persönlichkeitsmerkmale (extrovertiert und introvertiert) vergegenwärtigen und darüber nachdenken, in welchen Bereichen der fünf Dienste entsprechende Erfahrungen vorliegen. In der Tendenz siedeln die Autoren Apostel, Propheten und Evangelisten den extrovertierten Typen („Pionier") zu, während Pastoren und Lehrer („Siedler") auf der Gegenseite rangieren.[571] In mindestens einer der fünf Aufgaben ist jedem eine durchgehende „Basisaufgabe" von Gott gegeben (Breen & Kallestad 2007:113-118).

568 Vgl. Hamon (2000:279-341). Wagner postuliert eine „Paradigma-Bewegung" (2000:19) mit reformatorischem Anspruch. Wagner (2000a:13-28).

569 Insbesondere durch die Einflüsse der sog. Emerging Church (Frost & Hirsch 2008) findet der Ansatz des fünffältigen Dienstes Eingang in die deutsche Literatur der Gemeindeentwicklung. Vgl. etwa Reimer (2010:72-98).

570 Ihr Ansatz beruht ursprünglich auf der pentekostalen Spätregen-Bewegung aus dem Jahr 1948 (Resane 2008:49, Riss 2002:830ff, Doug 1999:1). Die gegenwärtige Bewegung versteht sich als abschließendes „Wiederherstellungswerk des Heiligen Geistes" (Hamon 2000:39, ebenso 49f).

571 Nach Hamon (2000) gäbe es keine eindeutigen Charakterzüge für irgendeinen der fünf Dienste (:215).

5.7.2 Deutschsprachige Version des kybernetischen Gabenansatzes

Die *deutschsprachige Gestalt* des fünffältigen Gabenansatzes von Kaldewey (2001)[572] taucht auch, zumindest inoffiziell, in der Ev. Landeskirche in Baden in den Hauskreisen auf. Außerdem geht er in einem dialogischen Antwortteil auf Fragen des Gabenempfangens ein. Kaldewey vertieft, was alle Entwürfe andeuten, nämlich dass dort, wo der fünffache Dienst in einer Gemeinde Raum gewinnt, eine größere Gabenvielfalt vorliegt. So führt er aus, dass die prophetische Gabe dort entwickelt wird, wo einer in „anschaulicher Weise ... am eigenen Beispiel" zeigt, was Prophetie ist und auf diese Weise die Sehnsucht weckt, ebenso handeln zu können (:63). Gerade derjenige, welcher die Sorgen und Fragestellungen einer prophetischen Berufung kennt, kann am besten andere zu eben dieser Gabe ermutigen, beraten und ausbilden. Zudem besitzt der Prophet, Hirte, Lehrer oder Evangelist auch oft die Fähigkeit, entsprechend seiner Begabung, bei anderen analoge Gaben zu erkennen und sie durch kluges Kommunizieren in ihre Berufung zu führen (:63).

Die Frage, ob Frauen in die fünffältigen Kerndienste einzubeziehen sind, beantwortet Kaldewey im Blick auf ihre bevollmächtigten Gaben positiv, während er die Leitung einer Gemeinde, in der sie über Männer herrschen müssen, angesichts ihrer Begabung offen lässt (:68). Eindeutig spricht sich Kaldewey dafür aus, Kinder und Jugendliche nicht zu früh mit dem fünffältigen Dienst zu konfrontieren, weil sie noch im Reifungsprozess stehen und diese speziellen Begabungen eine längere Zeit eines gereiften Lebens und einer bewährten Berufung erfordern (:69). Schnellverfahren zur Gabenfindung lehnt er ab (:72). Wichtiger erachtet Kaldewey das Hineinweinwachsen in die Berufung, die eines Tages sowohl dem „Berufungsträger" als auch seiner Umgebung ein „bestimmtes Begabungsprofil" durch göttlichen Segen in Handlungen gewiss macht (:73). Nach Kaldewey wird diese Art der Berufung durch Faktoren wie „Freude, Erfolg, Frucht, Segen" und „Rückmeldungen anderer Menschen" deutlich bestätigt (:73). Diese Gabenidentifizierung sollte dann auch vor der Gemeinde, zur gegenseitigen Vergewisserung, als Berufung zugesprochen werden.

5.7.3 Profil und kritische Würdigung

Am Konzept des „kybernetischen Modells" im Verstehenshorizont einer lokalen Gemeinde ist zu würdigen, dass die Kerngaben nicht einer ordinierten Person zugeschrieben werden, sondern idealtypisch, integriert im Leitungsteam der Gemeinde, vorliegen. Das Vermitteln wie das Erkennen von Gaben bedingen sich wechselseitig in einem kommunikativen Prozess, der Vorleben und An-

---

572 Ein Vergleich zwischen Kaldewey (2001) und Hamon (2000) zeigt auffällige sprachliche und gedankliche Parallelen. Quellenangaben sind aber durchweg keine vermerkt.

leiten integriert. Diese Entwicklung zum Erkennen der fünf Gaben begreift besonders Kaldewey theologisch als ein Hineinfinden in die persönliche Berufung. Gerade weil aber das Spektrum der ntl. Gaben auf die fünffältigen Dienstgaben als Leitungsgaben reduziert wird, ist es aus Kaldeweys entwicklungspsychologischer Sichtweise konsequent, Kinder und Jugendliche auszuschließen. Dahinter steht zusätzlich eine hermeneutische Prämisse, die dem Epheserbrief, neben dem Korinther- und Römerbrief, für die Gabenthematik durch die Zugehörigkeit zur Rundbriefgattung einen höheren Rang zuweist, da er theologisch Grundsätzliches vermittele (Breen & Kallestad 2007:100-102). Ein verengter Blickwinkel besteht darin, dass Gemeinden erst dann Wachstum zugesichert wird bzw. sie erst neu entstehen können, wenn in ihnen sowohl die Gabe der Apostel als auch der Propheten vorkommen. Hier wäre zu prüfen, inwiefern das NT diese Annahmen bestätigt. Eine letzte Anfrage bezieht sich auf die fixierten Zuordnungen von Persönlichkeitsmerkmalen zu den Begabungen der Leiter.

5.7.3.1 Konstitutives Lernen am Vorbild

Insgesamt beschreitet der fünffältige Dienst konzeptionell andere Wege als die sonst gängigen Gabenkurse, die nach dem Schema vorgehen: hier kognitiv lehrende Experten und da auszubildende Kursteilnehmer. Diese Konzeption sucht insbesondere die Alltagsnähe durch das pädagogische Prinzip des Beobachtungslernens (Vorbild-Nachahmung) direkt in den gemeindlichen Aufgabefeldern. Die Verantwortung, ob Charismen erkannt werden, liegt kybernetisch gesehen zunächst bei den Gemeindeleitern. Diese Stärke scheint gleichzeitig eine Schwäche anzudeuten, weil die Gemeindeglieder eher passiv am Entdecken der Charismen beteiligt sind. Hervorzuheben ist jedenfalls, dass die Konzeption des „kybernetischen Modells" menschliche Begegnungen und Partizipation im gemeinsamen Mitarbeiten von begabten Gemeindeleitern und Gemeindegliedern voraussetzt und kontinuierlich fordert, um Charismen am Vorbild konstitutiv zu entwickeln. Neben der ekklesiologischen Verantwortung der Gemeindeleiter favorisiert das Kurskonzept auch die göttliche Berufung des einzelnen, woraus sich Charismen entfalten. Da das Finden der Berufung als geistlich prozessualer Weg verstanden wird, nimmt es den Druck einer angestrengten Charismensuche und leitet dafür zur geistlichen Reife an.

5.8 Ergebnisse: Grundschemata und Rückfragen

Die Gabentests weisen im Wesentlichen auf zwei Traditionslinien zurück. Die eine Linie gilt für Fortune & Fortune (1994) und, im Anschluss daran, der explorativen Konzeption (2004, 2004a) sowie dem kybernetischen Modell

(Kaldewey 2001).[573] Zusammen gehen sie letztlich auf pentekostale Ansätze zurück. Eine andere Linie, zu denen die Gabentests von Schwarz, Hybels und ihrem landeskirchlichen Pendant der EKiBa gehören, führen zu C. Peter Wagner. Beide Linien berühren sich in ihrem Anfangsstadium und führen von da aus in zwei Richtungen.

5.8.1 Hermeneutische Akzentverschiebungen

Die Gabenkurse spiegeln deutlich die wagnerisch-hermeneutischen Vorgaben wider. So übernimmt Hybels beispielsweise die grundsätzliche Definition der geistlichen Gaben. Zusammen mit Schwarz übernehmen sie die Begrifflichkeit der „Universalrollen", während der Gabenkurs von Obenauer zwar auch zwischen ethischen Anweisungen und Gaben differenziert, die unpräzise Übersetzung der Universalrollen aber fallen lässt.

Die Definitionen der Einzelgaben verengen sich in den Gabenkursen bei Schwarz und Hybels in den vornehmlich paulinischen Geistesgaben. Eine eigene Strukturierung legt Obenauer vor, wenn sie aus kontextuellen Gründen ihre landeskirchlichen Kursteilnehmer berücksichtigt und aus entwicklungspsychologischen Erfahrungen mit jungen Menschen die ntl. Gabenauswahl beschneidet und umformuliert. Hintergründig schwingt auch das landeskirchliche Kirchen- und Selbstverständnis des Pfarrers mit. Auf der anderen Seite eröffnen sie den Raum für moderne neue Gaben. Obenauer erweckt in ihrer theologisch begründeten Arbeitshilfe den Anschein, durch das Spontaneitäts- und Unverfügbarkeitskriterium des Heiligen Geistes die klassischen übernatürlichen Gaben (Heilungen, Zungenrede, …) von den übrigen im Deutungsrahmen der Nachfolge Jesu zu trennen. Dieser klassische pfingsttheologische Ansatz kommt auch durch die Argumentation der Veredelung der natürlichen Fähigkeiten zum Ausdruck und deckt innerhalb der theologischen Begründung einen Widerspruch zum trinitarischen Ansatz auf.

Ähnlich, aber radikaler, verfahren Vertreter, die dem Modell der Motivationsgaben folgen, wenn sie übernatürliche Manifestationsgaben von den geschöpflichen loslösen. Beim Typus des „kybernetischen Modells" richtet sich der Fokus der Gaben fast ausschließlich auf fünf Dienstgaben, die einen kybernetischen Charakter tragen. Schwarz verschiebt sein hermeneutisches Vorverständnis vom primär pneumatologischen Ansatz seiner früheren Gabentests zu einem theologischen, indem er alle Gaben auf Gott rekurriert, weil er in seinem 3-Farben-Entwurf, vergleichbar zu Obenauer, den dreieinigen Gott voraussetzt. In der Gabendefinition akzentuiert allein Hybels die einseitig pneumatische Dimension der Charismen. Einvernehmen besteht bei allen drei Definitionen hinsichtlich des göttlichen Gnadencharakters, der die Souveränität Gottes hervorhebt (Abbildung 10).

---

573 Ebenso die „APPLE-Theologie" (2008:271).

In der ekklesiologischen Einordnung fällt ein nuancierter Sprachgebrauch auf: Schwarz und Hybels ordnen den Gabenbegriff ganz in den Rahmen der Metapher vom Leib Christi, wobei Schwarz die Glieder des Leibes sprachlich imperativisch zum Aufbau der Gemeinde auffordert. Ähnlich führt Obenauer ein verbindliches Moment auf, wenn sie das Einsetzen der Charismen als zur Nachfolge gehörig charakterisiert. Alle drei Ansätze lassen demnach den Aspekt der Heiligung anklingen. Beim Modell der Motivationsgaben dominiert die Heiligung und Nachfolge vor dem Entdecken und Einsetzen der Charismen. Im „kybernetischen Modell" liegt der Fokus ganz auf den determinierten Leitern, die als vorbildliche Charismatiker ihre Charismen in der Gemeinde multiplizieren.

Schwarz (2001:42)	Gemeinsamkeiten	Hybels (2003:27)
	„Eine geistliche Gabe ist eine besondere Fähigkeit,	
die Gott – nach seiner Gnade – jedem Glied am Leib Christi gibt und die zum Aufbau der Gemeinde eingesetzt werden muss."		die der Heilige Geist jedem Christen nach Gottes Vorstellungen und Gnade gibt, zum Nutzen für den Leib Christi."

Obenauer (2006:38)
„In jeden Menschen hat Gott besondere Fähigkeiten hineingelegt [...] . Wenn nun jemand bewusst als Christ/in lebt, sind Geschenke Gottes („Gaben") – Geschenke, die er mir aus freien Stücken macht („Charismen", Gnadengaben). Gott hat sie mir gegeben, damit ich sie weitergebe – an andere und zur Ehre Gottes. [...] Ich soll sie einsetzen, um an seinem Reich mitzubauen; dies gehört zur Nachfolge. Diese Fähigkeiten, die ein/e Christ/in Gott hinhält und in seinem Sinne gebrauchen möchte, werden durch den Heiligen Geist *veredelt*. Daneben kann Gott [...] aber auch weiter Gaben, neue Gaben schenken (kursiv MB).

Abbildung 10: Gabendefinitionen nach Schwarz, Hybels und Obenauer (© MB)

5.8.1.1.1 Modifizierung

In ihrer drei Jahre später vorgelegten Dissertation (2009) differenziert und modifiziert Obenauer ihre Gabendefinition[574] hauptsächlich in zweifacher Hinsicht: Charismen besitzen ein ereignishaftes Moment durch die Aktualität des Dienstes und einen habituellen Aspekt durch die schöpferische Dimension. Eine schema-

---

574 „Als eine Gabe ist eine vom dreieinigen Gott aus Gnade jedem Christen individuell gegebene Begabung zu verstehen, die von Gott je aktuell und ereignishaft in den Dienst genommen wird und derart vom Empfänger zur Ehre Gottes und zum Wohl der Menschen eingesetzt wird" (Obenauer 2009:142). „Jede gottgegebene Begabung, die von Gott je aktuell in Dienst genommen und derart zur Verherrlichung Gottes und zum Wohl des Nächsten gebraucht wird, ist als Gabe anzusehen" (:145).

tische Einteilung sei aber nicht gegeben (:140-143). Vor allem ändert Obenauer ihre frühere Anschauung, dass natürliche Fähigkeiten durch den Heiligen Geist „veredelt"[575] werden. Diese Aufteilung zwischen Schöpfung und Erlösung überwindet die Forscherin durch den trinitarischen Ansatz, des schöpferischen Moments, dem die pneumatische Konzeption innewohnen würde (:141-142).

5.8.2 Individualistischer versus ekklesiologischer Ansatz

Grundsätzlich haben alle Gabentests die ekklesiologische Seite der Auferbauung im Blick und fragen nach den Erfordernissen der Gemeinde, indem sie gleichermaßen einen egoistischen Privatgebrauch abwehren. Dennoch akzentuiert Hybels die individualistischen Züge stärker, indem er das erfüllende Moment dem Mitarbeiter zuweist und daraus die geistliche Frucht ableitet. Demgegenüber weist Schwarz auf das Zusammenwirken der Gemeindeglieder hin, das die Fülle Gottes in der ganzen Gemeinde darstellt. Obenauer verbindet beides analog zum landeskirchlichen Bezugsrahmen, indem sie das Ziel ausgibt, „dass die Gemeindearbeit immer mehr von dem Potenzial aus gestaltet wird, das Gott den Einzelnen in der Gemeinde geschenkt hat" (2006b:42).[576] Mit Ausnahme von Obenauer und dem „kybernetischen Modell" enthalten alle anderen Gabenentwürfe ein Verfahren, das die Persönlichkeit im Sinne einer momentanen Verhaltenstendenz analysiert.

Besonders Hybels ist hier hervorzuheben, denn er setzt nicht wie die anderen Modelle bei den Gaben an und addiert einen Persönlichkeitstest, sondern schließt umgekehrt alle pneumatischen Komponenten in die Persönlichkeit ein, wodurch ein komplexes Modell entsteht. Das Modell der „Motivationsgaben" (Fortune & Fortune 1994) geht grundsätzlich von der Persönlichkeit aus, trennt aber das pneumatische Element ab. Aus diesem Vorgehen entstehen grundlegende Fragen, etwa nach dem anthropologischen Verständnis des Personenbegriffs und dem Verhältnis zwischen Anthropologie und Pneumatologie auf der einen und Anthropologie und Christologie auf der anderen Seite. Auch wenn Hybels keine theologische Reflexion vorlegt, operationalisiert er das zur alttestamentlichen Anthropologie und neutestamentlichen Pneumatologie skizzierte Verständnis richtig und setzt zudem ausgehend von der Bekehrung Christus und die Frucht des Geistes in die Personenmitte des Menschen.

Pfarrer, die sich entschließen Gabentests einzusetzen, sollten darauf achten, Gabenseminare in ein Gesamtkonzept der Gemeindeentwicklung oder einer ekklesiologischen Bildungskonzetion zu integrieren.

---

575 Vgl. Obenauer (2006:38).
576 Zur Verwirklichung bedarf es der Zustimmung der Leitungsgremien: Pfarrer und Ältester (2006b:42).

5.8.3 Übergänge natürlicher und geistlicher Gaben

Während Schwarz und Obenauer nur indirekt eine soteriologische-pneumatologische Grenze für die erstmalige Zuteilung geistlicher Gaben aufweisen, fixiert Hybels das Empfangen der Geistesgaben wie die Umwandlung der natürlichen in geistliche Gaben eindeutig auf die geistliche Geburt. Beim Übergang der geschöpflichen Gaben zu den geistlichen unterscheiden sich Schwarz und Obenauer in Nuancen. Für Schwarz ist die Gabenverwandlung ein funktionaler Vorgang, wenn Fähigkeiten für das Reich Gottes eingesetzt werden, während Obenauer zusätzlich die geistliche Komponente der Hingabe an Gott für wesentlich erachtet, weil sich in Anknüpfung an das Vorgegebene eine qualitative Veränderung vollzieht. Grundsätzlich trennt Obenauer, wie in fast allen Gabentests, (besonders Fortunes & Fortunes EC-Verband & Xpand) den Gabenstatus innerhalb der Nachfolge Jesu in natürliche und übernatürliche bzw. geistgewirkt spontane Gaben. Konforme Ansichten aller Gabenkurse bestehen im Gebrauch der Gaben. Ob es sich nun um geschöpfliche oder geistliche Gaben handelt, beide bedürfen eines kontinuierlichen geistlichen Wachstums im Dienen, in der Motivation und wechselseitigem Geben.

5.8.4 Theologisch-exegetische und didaktische Desiderate

Allein dem Gabenkurs von Obenauer liegt eine theologische Erarbeitung zugrunde, wenn sie auch nicht explizit zur Darstellung kommt. Angesichts der Intention eines Gabenkurses, der sich an Gemeinglieder richtet und vornehmlich methodisch ausgerichtet ist, kann eine theologische Entfaltung nicht unbedingt erwartet werden. Natürlich gilt das auch für die anderen Kurse, wobei ihre Entwürfe vermuten lassen, dass eine theologische Vorarbeit weithin fehlt, zumal grundlegende Regeln der Hermeneutik missachtet werden. Das Gabensystem von Schwarz stellt insofern eine Ausnahme dar, dass zwar ein theologischer Entwurf in anderen Publikationen vorausgeht, aber dem Pragmatismus im Gabenkurs selbst ein höherer Stellenwert zukommt und trinitätstheologisch bedenkliche Aussagen bestehen. Weil die Gabenthematik bedingt durch die Gabenvielfalt, spezifischen Kontexte, Zuordnungen (Anthropologie, Pneumatologie, Heiligung, Individualität und Sozialität usw.) eine enorme Stofffülle an praktisch-theologischer Arbeit erfordert, ist aus didaktischen Gründen eine Elementarisierung der theologischen Inhalte in den Gabenkursen angemessen. Die Vermittlung bedarf also einer verantworteten Theologie der Charismen. So ist die Empfehlung auszusprechen, dass Gabentests, von denen die sie anbieten, stets theologische Seminareinheiten voraussetzen und den Prozess kommunikativ zu moderieren und mit gemeindepädagogischer Kompetenz begleiten. Bedingt durch die Komplexität unterschiedlicher Frömmigkeitsmilieus innerhalb einer Gemeinde ist neben dem theologischen Leiter ein Team zur Durchführung vorzuziehen.

Kapitel III: Empirisch-theologische Konkretion

Teil 1: Grundfragen, Klärungen, Forschungsdesign

6 Im Spannungsfeld von Empirie und Theologie

6.1 Wahrnehmungsansätze

Mit den methodologischen Überlegungen erreicht die Arbeit nach Mouton (2004) die Meta-Ebene der wissenschaftstheoretischen Dritten Welt (:141). Diese Klärung ist methodisch unbedingt erforderlich, um nicht bloß ein „Methodenrezept"[577] vorzulegen, sondern die Erkenntnisse von der Theorie, mit den hermeneutischen Fragestellungen der Wirklichkeit, bis zur Praxis nachvollziehbar darzustellen (Klein 2005:26), auch wenn Spannungen bleiben.[578] Vermutlich trägt dieser Umstand dazu bei, dass keine andere theologische Disziplin wie die wissenschaftliche Praktische Theologie beständig neue Entwürfe ihres Selbstverständnisses hervorbringt. Eine Diskussion ihrer Entwicklung[579] ist im Rahmen dieser Untersuchung weder erforderlich noch ist das Eingehen auf zeitgenössische Konzepte leistbar. So muss der Hinweis auf aktuelle Sammelbände, wie etwa Gräb & Weyel (2007) und Grethlein & Schwier (2007), genügen.[580]

Zunächst stehen der wissenschaftlich-empirischen Forschung zwei Wahrnehmungsansätze zur Verfügung: der induktive und der deduktive Ansatz. Beide Denkrichtungen veranlassen unterschiedliche empirische Verfahren.[581] Induktive Ansätze leiten Hypothesen aus Erfahrungen ab, während deduktive umgekehrt verfahren, indem sie theoriegesteuerte Sätze an der Empirie prüfen (Mayring 2002:12-14). Der apodiktisch deduktive Ansatz führt zum bedeutsamsten Wissenschaftstheoretiker des 20. Jh., K. Popper, der bis heute vor allem die quantitative und qualitative Sozialforschung bestimmt, auch wenn die Grundgedanken seit der Erstauflage (1935) seines Buches („Logik der Forschung")[582]

---

577 Heimbrock & Meyer (2007:15).
578 Vgl. Dreher (2007:174), Klein (2005:13).
579 Vgl. Engemann (2007:137-232), Grethlein (2007:290-352), Möller (2004:1-24), Grethlein & Meyer-Blanck (2000), Schröer (1997:190-218).
580 Weitere: Nauer, Bucher & Weber (2005) und Haslinger (2000, 1999).
581 Vgl. Hansberger (2007:69.207-209).
582 Jetzt in der 11. Neuauflage 2005.

theologisch[583] und erkenntnistheoretisch weiterentwickelt wurden (Hill 2004:47-119). Selbst Popper modifizierte seine Theorie im Postskript seines Hauptwerkes[584] (2005), was aber in der Wissenschaftslandschaft allgemein[585] und in der Sozialforschung fast völlig ignoriert wird. Nach Poppers permanenter Fehlerkorrektur, also seinem Falsifikationsprinzip, gelten Hypothesen nur vorläufig als bestätigt, bis sie an einem beobachtbaren Gegenbeispiel (Basissatz) widerlegt werden (Popper 2005:269.506). Hinter Poppers Theorie steht die Annahme stetiger unabgeschlossener empirischer Beobachtungen (:507.518-537).[586] Zugespitzt folgt daraus: „Alles Wissen ist Vermutungswissen" (:538). Für die theologische Einschätzung ist Keuths (2005) Wertung bedeutsam, wenn er Poppers Ansatz letztlich „als '*Abgrenzungsproblem*' (Kants)" begreift,[587] weil Popper die „Frage nach dem Kriterium der Unterscheidung von ‚*empirisch-wissenschaftlichen*' und ‚*metaphysischen Behauptungen*'" formuliert (:549).[588] Demgegenüber relativiert der amerikanische Wissenschaftstheoretiker und Religionspsychologe C. S. Peirce (1839–1914) die Grundentscheidung Kants, indem er die Deutung der modernen Naturwissenschaft so verändert, dass die Wahrheit des religiösen Glaubens ihr Eigenrecht bewahren kann (Deuser 1993:3).[589]

6.1.1 Einseitig deduktives Vorgehen

Bevor jedoch auf Peirce und seinen Ansatz bezüglich der empirischen Forschung einzugehen ist, bleibt festzuhalten, dass es angesichts der dargelegten Voraussetzung, laut Popper, methodisch nur ein deduktives Vorgehen geben kann (2005:9). Zu welchen Konsequenzen führt sein Postulat in der empirischen Forschung? Unweigerlich polarisiert dieser Ansatz zwischen deduktiven und induktiven Ansätzen, die idealtypisch in dieser Reihenfolge den quantitativen und qualitativen Sozialforschungen zugewiesen werden (Atteslander 2006: 200).[590] Aber hält diese Einteilung der Wirklichkeit stand?[591] Wird diese ge-

---

583 Vgl. die rege Weiterentwicklung im anglo-amerikanischen Sprachraum: Deuser (2006:2f), Walldorf (2005:238-253). In Deutschland: Deuser (2004, 2003, 1983), Hempelmann (1999:203-239), Walldorf (2002:62-85.1999), Audretsch (2002:9-33).

584 Ausgabe: 1951-1960. ⌐⟶ /h *Jörg Dietrich: Christliche du*
585 Vgl. Niemann (2005:63-65.75).   *Wissenschaftstheorie*

586 Zur Diskussion: sozialwissenschaftlich: Brosius & Koschel (2005:43f), Bonsack (2003: 14-17), Bortz & Döring (2002:21f). Naturwissenschaftlich: Niemann (2005:65ff), Fischer (2004:64), Zima (2004:19).

587 Kant trennt bekanntlich Wissenschaft und Metaphysik.

588 Hier vereint sich der Logische Positivismus und Kritische Realismus, vgl. Rieger (2002: 334-354).

589 Vgl. auch Deuser (1985:290-312). Zur kontroversen Diskussion: Wirth (2003:591-618), Deuser (2003), Pückler (1999), Reichertz (1999:47-64).

590 Vgl. die Diskussion zur Grounded Theory (Strübing 2004:49ff).

591 Gläser & Laudel (2006) halten trotz unterschiedlicher Vorgehensweise die Trennung der qualitativen und quantitativen Paradigmen ihrer Vertreter für überzogen (:22f).

trennte Ordnungsstruktur in den Naturwissenschaften gegenwärtig noch vertreten? Wissenschaftler, wie etwa Barbour (2003), Theologe und Physiker, formulieren ein Ineinander beider Ansätze, weil alle Daten sich theoriegeladen ereignen (:154, Sedmak 2003:28).[592] Das bedeutet: Jede Wahl der Kriterien und jede Form der Fragestellung, ob ein quantitatives oder qualitatives Forschungsdesign vorliegt, schließt deduktive und induktive Anteile ein. Selbst das zu beobachtende Objekt verändert sich durch den Prozess des Beobachters, weil der Forscher selbst einen Teil des wechselseitigen Systems darstellt (Barbour 2003:154; Reich 1998:63f). Für den zuletzt genannten Sachverhalt besteht bei Soziologen, Kommunikationswissenschaftlern sowie philosophischen und theologischen Hermeneutikern weithin ein Konsens.[593] Selbst Popper erkennt, dass jegliches Beobachten „theorieimprägniert"[594] ist. „Subjektivität und Selbstreflexivität"[595] des Forschers fließen in empirische Untersuchungen ein.[596]

6.1.2 Dialektisch induktiv-deduktiver Ansatz

Aufgrund dieser Aussagen ist meiner Ansicht nach ein methodischer Entwurf gangbar, der, wie es Abbildung 11 nach Rost (2003) illustriert, ein Kreismodell wechselseitiger Beziehungen von Empirie und Theorie bzw. Induktion und Deduktion beschreibt. So setzt das Selbstverständnis der Praktischen Theologie hier ein Vermitteln zwischen Theorie und Praxis voraus, wird aber zwischen Theorie und Theologie einerseits, Empirie und Theologie andererseits differenzieren.[597] Auf diese Weise ist eine Stringenz zwischen praktisch-theologischem Theorierahmen und Wissenschaftstheorie gegeben.

---

592 Vgl. Fischer (2004:401), Dürr (2000), Leiter des Max-Planck-Instituts in München, der die klassische Fischernetzparabel des englischen Astrophysikers A. Eddington (1882-1944) erläutert (:26-31.50f). Kurz: Wie Fischernetze in ihrer Beschaffenheit den Fang bestimmen und daraus entsprechende Wertungen folgen, so beeinflussen Fragestellungen, Vorverständnisse und Erkenntnisinteressen die Bewertung der empirischen Wirklichkeit. Dazu gehören auch religiöse Deutungen. Auch Popper nutzt diese Metapher (2005:36).

593 Vgl. die Hermeneutische Theologie bei Lee (2007:203), den hermeneutischen Zirkel in der Kommunikationswissenschaft (Schützeichel 2004:46) und in der Empirie (Mayring 2002:29f). Selbst Oevermann mit seiner Objektiven Hermeneutik kalkuliert Vorverständnisse ein (Schneider 2004:72). Für Gadamer (1990) ist ein voraussetzungsloses Verstehen von zentraler Bedeutung (:250f). Vgl. dazu Bormann (1986:125f).

594 Popper (2005) mahnt, „den eigenen Theorien mit einer sehr kritischen Haltung gegenüberzustehen, wenn wir nicht in Zirkelschlüssen verfallen wollen" (:84, Anm. 32). Daher rät er zum Bestreben nach Falsifikation der Theorien.

595 Mruck & Breuer (2003), so auch Mayring (2002:31).

596 Der empirische Erkenntnisweg ist damit aber längst nicht ausdiskutiert. Vgl. Hansberger (2007:207-209).

597 Vgl. Schröer (2002:375-386). Zur Diskussion einer empirisch Praktischen Theologie: Schweitzer (2003:84), Ziebertz (2004:47-55, 2000:32). Hwynes & Pieterse (1999:33-

194

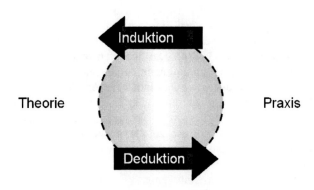

Abbildung 11: Dialektischer Ansatz: Induktiv-deduktiv (nach Rost) © MB

Auch die in der Konstruktion des Erhebungsinstruments (Fragebogen) entwickelten Fragen stehen darum komplementär in einer deduktiv-induktiven Beziehung. Daraus entsteht eine weitere methodische Konsequenz für die statistische Erhebung und Datenanalyse. So ist das quantitative Design nicht nur hypothesenprüfend,[598] sondern zugleich explorativ thesengenerierend konzipiert. Gadenne (2006:47f), und mit ihm andere,[599] gehen noch weiter, indem sie speziell in der Korrelationsmethode selbst nicht-signifikante Ergebnisse oder niedrige Zusammenhänge zwischen zwei vorliegenden Tatbeständen präsentieren, weil sie die Überzeugung teilen, dass solche Befunde zum Fortschritt eines Forschungsproblems beitragen (:392). Im Unterschied dazu berücksichtigt die statistische Analyse zwar geringfügige Wirkungsstärken (Korrelationen), sie erheben aber das Anspruchskriterium einer statistischen Signifikanz.

Diese Prämisse schlägt sich in der Vorgehensweise der gewählten Stichprobe nieder und zeigt indirekt einen Zusammenhang zwischen der Gesamtlage der EKD und der EKiBa, die beide angesichts künftig erwarteter finanzieller Engpässe Gemeindeglieder gabenorientiert zur Mitarbeit vor Ort zu integrieren gedenken. Da „die Stichprobe ein verkleinertes Abbild der Grundgesamtheit darstellt" (Behrens 2000:46), kann darum vom erhobenen Befund innerhalb der EKiBa zumindest tendenziell auf die Grundgesamtheit (ganze Ev. Landeskirche in Baden) geschlossen werden, um zu sehen, welche praktisch-theologischen Handlungen schon praktiziert werden oder was zur Motivation von Gemeindegliedern noch getan werden kann, damit sie ihre Gaben zur Mitarbeit einbringen.

---

37) und ihren Gefährdungen: Möller (2004:13-20), Fuchs (2002:167-188, 2000:191-210.), Ebeling (1975:3-27).

598 Hypothesenprüfung wird teilweise immer noch als „strikt empirisch" angesehen, weil es nach naturwissenschaftlicher Erklärung „nur die faktische Folge von Ereignissen" erfasst (Hübner 2004:600ff).

599 Etwa: Friedrichs (1990:392).

Weil von Pfarrern und Gemeindegliedern ergänzend qualitative Daten erhoben werden, ist mit ungewohnten Äußerungen zu den Begabungen und ihrem Erkennen zu rechnen. Im Vorgang des Interpretierens ist daher eine Aufsprengung des induktiv-deduktiven Kreismodells zu vermuten, was dem Marburger Soziologen Kelle (2003a) zufolge ein abduktives Vorgehen, im Sinne eines kreativen Denkens, erfordert (:118). Selbst quantitative Daten gelangen mit ihrem Zahlenmaterial allein nicht zu qualitativen Deutungen, sondern erfordern ein Kombinieren, das, über deduktive wie induktive Begründungen hinaus, abduktiv argumentiert (Bortz & Döring 2002:300). Diese Art des Verstehens praktiziert nicht nur die empirische Sozialwissenschaft, sondern auch die ev. Theologie, wie sie Deuser diskutiert (2004, 1993).[600] An dieser Stelle setzt sich die vorliegende Untersuchung von der verbreiteten Ansicht der Abduktion als einer „dritten logischen Schlussform" ab (Strübing 2002:325), denn Peirce-Kenner weisen auf die tradierte Irrmeinung des vielzitierten „Bohnen-Beispiels" hin, die auf einem Rezeptionsfehler beruhe, weil nicht zwischen dem Früh- und Spätwerk von Peirce unterschieden werde (:326).[601] Demnach zeichnet nicht logisches Folgern die Abduktion aus, sondern ein überraschendes Wahrnehmen neuer Zusammenhänge und kreatives Erweitern des Denkhorizonts, auf die sich der Forscher zumindest in einer erwartenden Haltung vorbereitet (:327, Wirth 2003:593ff).[602]

Festzuhalten ist, dass die ineinander greifenden Erkenntniswege in ihrer Interpretation auf das spezifisch praktisch-theologische Kontextwissen angewiesen bleiben, denn es „gibt keinen Text ohne Kontext und keine Beobachtung ohne Beobachtungsrahmen" (Schröer 1974:215). Erst dieses komplexe Zusammenschauen aller Fakten ergibt sinnvolle Ergebnisse. Zur Zusammenschau gehören für die Praktische Theologie auch ihr genuines Verständnis der Existenz Gottes und die von dorther zu stellenden Fragen.

---

600 Die Abduktion geht auf Peirce (1839-1914) zurück, was nach Wirth (1995) in vielfältigen Disziplinen diskutiert wird (:405-424). In der empirischen Sozialwissenschaft: Reichertz (2003), Strübing (2004:51, 2002:325-329). Missiologie: Faix (2007:67-75). Religionspädagogik: Ziebertz, Heil & Prokopf (2003), Hermans (2003:33-51.bes.49ff). Semiotik: Burkhardt (2000:116-134). Zur grundsätzlichen Anwendung: Kelle (2007: 122-128), Kelle & Kluge (1999:19-24).

601 Vgl. Wirth (2003, 2001), Strübing (2002:325-329) und Reichertz (1999:47-64).

602 Vgl. Niemann (2005), der bei Popper ähnliche Überlegungen feststellt (:66f). „Forschung", so Niemann, „ist immer eine Sache der Phantasie" (:74). Deuser (1983) zitiert Peirce, der unter Abduktion eine „anfängliche Vermutung (,conjecture')" versteht ... aufgrund des überraschend entdeckten Phänomens. Der meditative Gedanke (,Musement'). Peirce: „„Die abduktive Vermutung (suggestion) kommt uns wie ein Blitz!'" (:306).

6.1.2.1 Wahrnehmungszugänge und Wahrheitsfrage

Auf den Zugang der gegenwärtigen Empirischen Theologie innerhalb der Praktischen Theologie ist kurz einzugehen, um hieraus die eigenen Voraussetzungen weiter offen zu legen, zumal die vorliegende Untersuchung auch empirisch arbeitet. Gegenwärtig dominieren die als „gelebte Religion" verstandenen Praktischen Theologien (Heimbrock 2007:72-83),[603] die sich angesichts der multikulturellen Gesellschaft einerseits im empirisch-phänomenologischen Typus darstellen (:83) und andererseits auf dem Weg zu einer religionsvergleichenden Theologie bewegen. Zu der letztgenannten Position hat sich Van der Ven (2005) verpflichtet,[604] was er schon 1994 in seinem klassisch gewordenen Standardwerk „Entwurf einer Empirischen Theologie" fundierte. In der Konsequenz erkennt Van der Ven, es sei für eine „vergleichende empirische Theologie ... unmöglich", einen „einzigen normativen Orientierungspunkt" zu wählen (:252).[605] Kurz: Van der Ven wählt eine transitive Praktische Theologie, einen die christliche Kirche übersteigenden Ansatz, und schließt sich damit den deskriptiv empirisch phänomenologischen Entwürfen an. Theologie wird hier im *„Aufklärungsverständnis zur allgemeinen Theorie der Religionspraxis"* plural verstanden (Drehsen 2007:177).[606] Van der Vens methodische Vorgehensweise, in der die Praktische Theologie selbst empirisch wird (Intradisziplinarität), gehört international zu den innovativsten Entwürfen und löste nicht nur rege

---

603 So auch Dinter, Heimbrock & Söderblom, vgl. die Rezension M. Baumert (2008:353-356). Ebenso Gräb (2007:188-199), Grözinger & Pfleiderer (2002), Failing & Heimbrock (1998). Zur Unterscheidung von Theologie u. Religion, vgl. Drehsen (2007:178-183), Meyer-Black (2007:353-397).

604 Vgl. Seite 244-254. Zu fragen ist, ob Van der Ven in den längst überwundenen Positivismus zurückfällt, wenn er in seinem Artikel der Wissenschaftsausübung an den Universitäten ein geschultes „vorurteilsloses" Überprüfen zutraut (2005:247).

605 Van der Ven sprengt den christlich ekklesiologischen Rahmen zu einer Praktischen Theologie des „interreligiösen Dialogs" auf (Van der Ven 1994:44). Diesem Ansatz gibt Van der Ven den „hermeneutisch-kommunikativen" Zuschnitt (:47) nach Habermas (:51-53), in welchem die Prinzipien der französischen Revolution zum Maßstab werden (:69). Darum bleibt zu fragen, ob sein Entwurf der Empirischen Theologie nicht im immanenten Bereich der „Korrelationsmethode" im Sinne Tillichs (:126) verharrt, was die Begrifflichkeiten seiner meta-symbolischen Sprache andeuten (:73-74.80-88). Van der Ven jedenfalls gibt im Dialog mit den Religionen unmissverständlich das Axiom eines „Universalanspruch(s) des Christentums" auf und postuliert ihn als Hypothese (:123). Theologisch stellt sich die Frage nach dem Christologie- und Offenbarungsverständnis. Zur Diskussion der Entwicklung der Praktischen Theologie vgl. Dober (2010:4-21).

606 Der Entwurf der „Konstruktiven Theologie", den Becker (2008) in seine Wirklichkeitsauffassung zwischen Theologie und Empirie durchaus beeindruckend einführt, tendiert in eine ähnliche Richtung (:44-51, bes. 51). Vermutlich liegt hier der Grund für Beckers unklaren Charismenbegriff (2005:202f).

Diskussionen aus (Schweyer 2007:211-221),[607] sondern findet in den theologischen Disziplinen und vielfältigen Methodenfragen zahlreiche Anwendungen[608] und nuancierte Weiterentwicklungen.[609] Auch in Forschungsarbeiten einiger Charismatiker wird der intradisziplinäre Ansatz verwirklicht (Cartledge 2004, 2002, 1999).[610]

6.1.3 Selbstverständnis des praktisch-theologischen Ansatzes

Im Gegensatz zur empirischen religionsvergleichenden Theologie setzt diese Untersuchung erstens das theologische Axiom[611] eines sich in der Geschichte selbstoffenbarenden Gottes (*extra nos*) voraus. Die Modalität dieser Offenbarung schlägt sich in der hebräischen Bibel und ihren Geschichten sowie im Neuen Testament in der Person Jesus von Nazareth nieder. Die ev. Theologie behauptet zudem Gottes Wort in seiner normierenden Norm (*norma normans*),[612] sie will also „Orientierungswissen" geben (Hailer 2006:216).[613] Zweitens

---

607 Vgl. Klein (2005:95f, 1996:71f), Cartledge (2002:93-109), Bucher (2002:28-154), Fuchs (2000:191-210), Wichmann (1999:187-189).

608 Allgemein in der Praktischen Theologie: Ziebertz (2004:47–55) sowie in JET. Exemplarisch in Psychologie: Kay (2003:167-181). In den Erziehungswissenschaften: Schweitzer (2007:764f).

609 Vgl. Heimbrock & Meyer (2007:36-42.83) Eine essentielle Weiterentwicklung vgl. in Missiologie: Faix (2007:35-82), in Religionspädagogik vgl. Ziebertz, Heil & Prokopf (2003), Dreyer (2007:189-211, 1998:5-22) sowie insgesamt die Reihe „Empirische Theologie".

610 Auf ein Problem des durchaus beeindruckenden Entwurfs des intradisziplinären Ansatzes weisen Forscher hin. Denn ähnlich wie bei interdisziplinären Konzeptionen besteht die Gefahr, die fächerübergreifende Komplexität und aufwändig zyklischen Verfahren nicht fachgerecht bewältigen zu können (Engemann 2007:203, Klein 2005:95f). Vgl. dazu die pragmatischen Vorschläge von Hunze & Feeser (2000:8f).

611 Zur Diskussion der Axiomatik und Empirie vgl. Dieterich (1999:19-101).

612 So Schwier (2007:237), vgl. dazu seine weitere Diskussion (:238-287), Hailer (2006:215-219). Im neuen „Handbuch Evangelische Theologie" geben Roser & Zitt (2006:342) den „theologischen Kriterien ... der Urteilsbildung (AT, NT...)" für die Praktische Theologie höchste Bedeutung. Ebenso rekurriert die katholische Theologin Klein (2005) in ihrer Habilitationsschrift, im Anschluss an den lateinamerikanischen Ansatz des Dreischritts: 1) Sehen, 2) theologisches Urteilen, 3) Handeln, auf diesen notwendigen Weg (:86-89), den sie weiterentwickelt (:118-125). Nachdem Dreyer (2004) die empirische Literatur referiert, resümiert er mit einer unabgeschlossenen Erkenntnis, tendiert aber dazu, dass die empirische Faktizität ihre Norm an der christlichen Tradition und Religion findet (:3-16). So schon Herbst (1993:41).

613 Umfassend diskutiert Hollweg (1974) die Prämissen empirischer Wissenschaftstheorie (:197-403) und schlägt wie Hübner (1985) die Brücke zur biblischen Theologie. Es ist zu vermuten, dass Hollweg wegen seiner offenbarungstheologischen, christologischen und ekklesiologischen Grundaussagen in der gegenwärtigen Diskussion kaum Beach-

schränkt diese Arbeit ihre theologische Reichweite auf die Ekklesiologie im Sinne der reformatorischen Kirche Jesu ein (Schwab 2002:168, Möller 2001: 97). Das bedeutet aber nicht, dass das gesellschaftliche, kulturelle und religiöse Umfeld aus dem Blick gerät, denn gerade darin hat die Kirche ihren Auftrag und ihr Bewährungsfeld. Außerdem ist damit zu rechnen, dass Charismen auch außerhalb der verfassten Kirchen erfahrbar und deutbar sind, und zwar „überall dort, wo der Geist schöpferisch wirkt" (Bohren 1975:147).

6.1.3.1 Abduktion als inspirierender Teilanschluss

Nach diesen theologischen Klärungen soll nun zumindest als inspirierender Teilanschluss zwischen der Praktischen Theologie und der empirischen Analyse die Abduktion gelten, denn selbst Kelle (2003a) benutzt religiöse Metaphern, wenn er abduktive Folgerungen innerhalb der empirischen Sozialwissenschaften zu erklären versucht. Wie das Gebet Gottes Eingreifen zwar nicht erzwinge, aber eben doch ermögliche, so sei die Abduktion auf „Inspiration" und „Einge-bung"[614] und „kreativ-spielerisches Denken" angewiesen (:118). In Aufnahme des renommierten Soziologen H. Joas (1996) spricht sich Kelle darum für eine „Wahrnehmung aus, die neue und andere Aspekte der Wirklichkeit erfassen" kann (2007:125). Die Soziologie erkennt: Die Wirklichkeit ist nur interdis-ziplinär zugänglich. Das anders akzentuierte Wahrnehmen der gleichen Wirk-lichkeit ist im Rahmen der Praktischen Theologie die theologische Dimension. Auf der anderen Seite kommt die Praktische Theologie, neben ihrem deduktiven Ansatz, ohne empirisches Arbeiten mit einer profunden Methodik nicht mehr aus. Einerseits kann nur so die vielschichtige Lebenswelt erschlossen werden und sie damit auch weiterhin der Wissenschaftsgemeinschaft angehören (Grethlein 2007:289), andererseits bewahrt der empirische Ansatz vor dem Dogmatismus. Eine Weiterentwicklung beider Zielsetzungen berücksichtigt der nächste Gliederungspunkt. Im Hintergrund steht Luthers bereits geschilderte schöpfungstheologische Wirklichkeitsauffassung.

---

tung findet. Vgl. die Aufnahme bei Abraham (2007:6), Becker (2008:31) und Meyer (2007:26-40). Ebenso wenig rezipiert ist Schlatter, der in seinen Briefen zur Dogmatik seine theologische Anthropologie explizit als „empirische Theologie" bezeichnet, vgl. in Walldorf (1999:40.65). Zu Schlatters realistischer und empirischer Theologie vgl. Hempelmann, Lüpke & Neuer (2006), Lüpke (2002), Walldorf (1999), Neuer (1986: 123-198). Vgl. auch jüngst den evangelischen Theologen Kahl (2007) in seiner Habilitationsschrift, der die ntl. Wissenschaft auffordert, soziologische, ökonomische, kulturelle und ethnische Kontexte mit ihren Fragestellungen stärker zu berücksichtigen (2007:439-441ff).

614 Deuser (1983) zitiert Peirce, der unter Abduktion einen "meditativen Gedanken (‚Muse-ment')" versteht bzw. „die abduktive Vermutung (‚suggestion') kommt uns wie ein Blitz!" (:306).

6.1.4 Paradigmenwechsel der Theoriebildung

Zur Diskussion steht nach wie vor die Tatsache, dass Transzendenz und Immanenz einander durchdringen, und eine Dualität zwischen Glaube und Empirie
bestehen bleibt.[615] Nach Ansicht von Hübner (1985) reicht diese über die meta-
physische Theoriebildung Poppers hinaus und muss sich zugleich eingestehen,
dass jedes empirische Forschen einer Grenze unterliegt, und zwar dann, wenn es
in den Glaubensbereich gelangt (:249f). Lediglich deskriptive Kennzeichen aus
den Erfahrungen des Glaubens beziehungsweise aus den sozialen Anteilen der
Charismen sind empirisch zu erfassen. Unter dieser Perspektive hat Poppers
Ansatz der Falsifikation in der Praktischen Theologie, wenn sie als Theorie der
Praxis verstanden wird, zwar eine gewisse Berechtigung, weil sie Handlungen
hinterfragt und zurückweisen kann. Mit Bezug auf die Wahrheitsfrage eines
selbstoffenbarenden Gottes ist Poppers Ansatz aber unvereinbar, weil er nur ein
Vermutungswissen zulässt und alles hypothetisch bleibt.

Eine Lösung könnte in der innovativen Entwicklung seines Ansatzes durch
seinen Schüler T. S. Kuhn (2002) zu finden sein. Denn Kuhn kommt es nicht auf
Einzeltheorien an. Vielmehr setzt er auf einen Paradigmenwechsel, und zwar
dann, wenn sich zwischen Theorie und empirischen Erklärungen ein unüber-
windlicher Widerspruch zeigt. In der Folge werde eine „wissenschaftliche Revolution" ausgelöst, welche zu einer „radikalen Transformation des wissenschaftlichen Gedankengebäudes" durch wissenschaftliche Forschungsgemein-
schaften führe (Hill 1999:115-118).[616] Dieser wissenschaftlichen Gemeinschaft
räumt Kuhn in seinem Denkansatz einen weiten Spielraum ein, in welchem auch
die Praktische Theologie, neben anderen Erkenntnissen, ihren berechtigten Platz
auch als empirisch forschende Theologie einnehmen kann.

6.2 Erkenntnistheoretische Weiterentwicklung: Gottes Selbstoffenbarung und theologische wie empirische Variabilität

Während Kuhns Ansatz die alten Paradigmen verwirft, um ausschließlich das
Neue gelten zu lassen, wofür er kritisiert wurde (Jäger 2007:102),[617] nimmt Imre
Lakatos (1974), ein ungarischer Philosoph und Mathematiker, außerdem eben-
falls Schüler Poppers, eine Position zwischen Popper und Kuhn ein. Nach

615 So diskutiert es auch Becker (2008) in seiner empirischen Untersuchung zum
    Pfarrerberuf (:27-31.61f).
616 In Poppers neuem Anhang seines Werkes „Logik der Forschung" seit 1982 sieht er es
    ähnlich, bleibt aber am Einzelforscher orientiert und setzt ihm dezidierte Regeln
    (2005:508f.512).
617 Weitere Kritikpunkte diskutiert Kelle (2008:61f, Anm. 21.22).

Lakatos geht es um „Forschungsprogramme", die aus einem „harten Kern" bestehen, der nicht vorschnell widerlegt werden darf. Konkurrierende Programme können zwar zum gegenseitigen Vergleich parallel laufen und neue entstehen lassen, falls die Leistungsfähigkeit der aktuellen Programme fehlt bzw. verloren geht. Unveränderbar bleiben aber die Kernannahmen, welche durch einen sie umgebenden Gürtel von Zusatzvermutungen (Hilfshypothesen) geschützt werden, wenn Theorien der Praxis widersprechen (Hill 1999:115-118). Barbour (2003), Theologe und Naturwissenschaftler, bringt, zusammen mit anderen Forschern, Lakatos in die Diskussion ein, um seinen erkenntnistheoretischen Rahmen um den „harten Kern" auf die Theologie anzuwenden (:188-191). Wie Lakatos unter bestimmten Bedingungen den „harten Kern" für veränderbar hält, so argumentiert Barbour für eine prozesstheologische Kategorie (:191.404-420). Diese Auffassung trifft zwar bedingt für empirisches Forschen innerhalb der Praktischen Theologie zu, aber der theologische Anschluss an Lakatos sollte einen Schritt weitergehen, indem er an den zentralen Aussagen der Existenz Gottes in Christus und, im Anschluss an Hübner (1985), dem „sich *extra nos* offenbarende(n), in seiner Verkündigung *extra nos* zu-kommende(n), durch den in ihr *extra nos* zu-kommenden Geist Glauben wirkenden Gott" festhält (:251). Der „harte Kern", von dem Lakatos spricht, ist in diesem Modell mit der Praktischen Theologie als Theorie der Praxis und ihren Anwendungen vereinbar, welche ausnahmslos als Hilfshypothesen modifizierbar bleiben.[618]

Auf die Forschungsfrage dieser Arbeit übertragen bedeutet das: Während die geschichtliche Selbstoffenbarung des dreieinigen Gottes unveränderbar bleibt, ist der „harte Kern" mit hermeneutischen Ansätzen der Exegese und ihren Auslegungstraditionen vergleichbar.[619] Aus ihren Ergebnissen bilden sich Theorien zum Gabenverständnis und zu einer Theorie des Entdeckens heraus, die zu entsprechenden Handlungsansätzen des Erkennens von Gaben innerhalb der Kirche leiten. Nach Lakatos (1974) können diese Handlungsansätze als Hilfshypothesen verstanden werden, weil sie auf der einen Seite den „harten Kern" bestätigen und auf der anderen in der empirischen Wirklichkeit ihr Bewährungsfeld vorfinden. Sollten die Anweisungen zum Handeln in der Praxis immer wieder scheitern, bedarf es eines neuen praktisch-theologischen Programms, welche sowohl die Theorien als auch die hermeneutischen Vorgaben der Exegese und Dogmatik hinterfragen. Aus diesem Evaluierungsprozess kann ein neuer Erkenntnisfortschritt erwachsen, der zu verbesserten Theorien führt und in der Folge auch die Praxis verändert, wie z. B. das Entdecken der Charismen bei Gemeindegliedern in kirchlichen Bildungsprogrammen. Diese verbesserte Praxis bezeichnet Kelle (2007) in Bezug auf Lakatos als Hypothesen

---

618 Auch der Dogmatiker Härle (2007) konstatiert, „dass jedes empirische Faktum, das einer theologischen Aussage widerspricht, diese Aussage damit falsifiziert und somit zur Revision" steht (:24). Zur Diskussion vgl. Barbour (2003:191f).

619 Junker platziert die Exegese hinter dem lakatosischen harten Kern (1994:242).

„mittlerer Reichweite" (:63), also mit begrenzter Anwendbarkeit.[620] Durch den weiterentwickelten Ansatz im Anschluss an Lakatos ist eine komplementäre Verbindung zwischen Empirie und Theologie möglich, ohne das vorausgesetzte Evangelium preiszugeben. Ausgehend von diesem Ansatz sind empirische Erkenntnistheorie und Theologie nicht nur anpassungsfähig, sondern bilden einen praktisch-theologischen gangbaren Weg, wie Abbildung 12 zeigt.

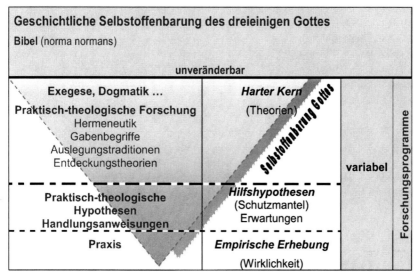

Abbildung 12: Unveränderbarkeit und theologisch wie empirische Variabilität (© MB)

Aus diesem Ineinander lässt sich auch die soziale Gestalt der Kirche folgern.[621] Daraus resultiert die entscheidende Grundfrage, ob die sichtbare Praxis in den Charismen soziologisch und theologisch unterschiedslos erscheint. Der kath. Theologe Greinacher (1974) spricht von einer „bipolaren Spannungseinheit" zwischen Theorie und Praxis der Praktischen Theologie (:110). Mit dieser Wendung wird deutlich, dass keine der beiden Seiten (Theorie und Praxis) die andere vereinnahmt. Eine derartige Charakteristik gilt aber nicht einheitlich für

---

620 Im Unterschied zur mittleren Reichweite weisen die wissenschaftstheoretisch ausge-drückten Hypothesen mit ihren „theologischen Verheißungen" eine „unbegrenzte Reichweite" aus (Hübner 1985:291). Auch die Soziologie bestätigt, dass ausschließlich Prämissen „universelle Geltungsreichweite" besitzen (Kelle 2008:61).

621 Zur sozialen Gestalt und geglaubten Kirche vgl. Bonhoeffer in seiner Dissertation "Sanctorum Communio" (1987:140-154), die Zimmerling aufgreift (2006:36-40). Auch Möller (2004) rekurriert auf Bonhoeffer, akzentuiert aber die lutherische Tradition von Wort und Sakrament (:51-53). Zum Erfahrungsbegriff der Kirche vgl. Zeidler (2001:30-33).

den theologischen Wirklichkeitsbegriff in seiner Beziehung zwischen der Theorie der Praktischen Theologie auf der einen und der Theologie auf der anderen Seite. Beide sind höchstens „teilidentisch" (Schröer 1974:218), weil die Theologie bzw. das Evangelium nochmals eine andere Dimension umfassen.

6.2.1.1.1 Überleitung

Aus den vorangegangenen Überlegungen ist es möglich, die empirischen Daten zu den Charismen in ihrer sichtbaren Außenseite mit sozialphilosophischen Wirklichkeitserklärungen[622] und humanwissenschaftlichen Erkenntnissen einzubeziehen.[623] Zumal auch diese Entwürfe eine dreifache Relation (Ich-Identität, Du-Beziehung und Wir-Gestalt) aufweisen. Die Sozialphilosophien und Sozialpsychologien tragen diesen Ansatz ohne christlichen Gottesbezug vor, während die jüdische Dialogphilosophie den Gottesbezug einbezieht, aber die Christologie unberücksichtigt lässt,[624] was sich in ihren Deutungsmustern der Weltwirklichkeit niederschlägt. Theologisch gesprochen nehmen diese Anschauungen etwas Richtiges von der Schöpfungswirklichkeit wahr. Nach der zurückliegenden Argumentation ist zu sagen, dass diese Untersuchung, wie es schon Bohren (1993) ausdrückt, die Methodenfrage nicht tabuisiert (:77), sondern theologisch verantwortet und im Folgenden anwendet.

7 Methodologie

7.1 Methodenwahl

Zunächst ist die Methodenwahl der empirischen Forschung zu diskutieren, weil der korrelierende Ansatz, zusammen mit anderen,[625] das rivalisierende Denken zwischen qualitativen und quantitativen Paradigmen zu überwinden sucht.[626]

---

622 Vgl. die verschiedenen Wirklichkeitserklärungen bei Schneider (2005, 2004, 2004a).
623 Neben den fundamental traditionsgeschichtlichen Typologien aus Kapitel 1.
624 Vgl. die „Begegnungsphilosophie" (Buber, Ebener, Rosenzweig) und den Ansatz bei Schmid (1994) in seiner personenzentrierten Gruppenpsychotherapie und Praktischen Theologie (:116-171) und Hollweg (1974), der die Ekklesiologie seiner „interpersonalen Theologie" (:21) bewusst vor die anthropologische Kategorie setzt, um philosophische Missverständnisse abzuwehren (:83). Zum Personen- und Gemeinschaftsverständnis vgl. Hollwegs (1974:91-98).
625 Vgl. Mayring (2003:1-31), Bortz & Döring (2002:298-300), Kelle (2001:1-43).
626 Exemplarisch zu beiden Verfahren: Bortz & Döring (2006), Diekmann (2006), Schnell (2004). Quantitative Verfahren: Bortz (2004), Zöfel (2002). Qualitative Verfahren: Charmaz (2006), Glaser, & Strauss (2005), Henning (2004). Strübing (2004), Bonsack (2003), Flick (2002), Kelle & Kelle (1999), Strauss & Corbin (1996). Hundertmark

Selbst wenn Lamnek (1995) den Erkenntniszuwachs eines quantitativen Ansatzes zunächst als „normative Leerformel" hinterfragt (:249) und Witt (2001) vom "Strategienverschnitt" spricht (:21), kommen beide nach gründlichem Abwägen aller Chancen und Risiken[627] übereinstimmend zum Ergebnis eines multimethodischen Vorgehens in zirkulären und linearen Ansätzen. Dieses multimethodische Vorgehen wird als trianguläres Design bezeichnet, das sich national wie international etabliert (Kelle 2007),[628] insbesondere deshalb, weil trianguläre Verfahren die partielle Sichtweise auf den Forschungsgegenstand ausweiten bzw. vertiefen, was auch für die vorliegende Arbeit zutrifft. Mayring (2003) ist einer der wenigen, der in seiner Qualitativen Inhaltsanalyse ein konsistentes Repertoire an Methoden vorstellt, die ein Bindeglied zwischen beiden Verfahren (quantitativ und qualitativ) darstellen. Das komplementäre Vorgehen entspricht dem naturwissenschaftlichen Weltbild, das sich seit dem 20. Jh. paradigmatisch verändert hat (Fischer 2004:391-414). So ist die moderne Naturwissenschaft längst aus ihrer reduktionistischen Methode eines mechanischen Weltbildes entwachsen, obwohl Kritiker der quantitativen Sozialforschung[629] immer noch an überholten Einwänden festhalten (Küppers 2006:86f). Nach Durchsicht aller Literatur, die Mayring veröffentlicht hat, ist außerdem ein bemerkenswerter Vorteil festzustellen: Die Auswertungstechniken basieren nicht auf wissenschaftssoziologischen Theorien.[630] Damit ist die Integration der Inhaltsanalyse in den Rahmen der Praktischen Theologie problemlos.

Als qualitative Methode für offene Fragen innerhalb des quantitativen Fragebogens fällt die konkrete Auswahl auf die *Strukturierende Inhaltsanalyse* mit ihrem ergänzenden Teilverfahren, die so allein Mayring entwickelt (2003: 59ff). In seinen Anfangsjahren stärker für seinen deduktiven Ansatz bekannt, plädiert Mayring inzwischen auch für die umgekehrte, induktive Analyserichtung (2005:11). Im Unterschied zu narrativen Analyseverfahren, die lange Texte, wie biographische Erzählungen, hermeneutisch zu erschließen suchen, bieten Mayrings Methoden auch die Möglichkeit, kürzere Satzsequenzen, wie sie in Onlinebeiträgen vorkommen, zu analysieren. Ein Zugang über die Grounded Theory (Glaser & Strauss 2005) kommt für die vorliegende Untersuchung nicht in Frage, weil ihre Methodik eher für ein offenes Forschungsfeld konzipiert wurde und außerdem kaum Forschungen zur Thematik zugrunde liegen. Die Dokumentarische Methode nach Bonsack (2003: 31ff) scheidet aus, da ihr

---

diskutiert beide Verfahren in ihrer Praktikabilität im Kontext lokalkirchlicher Gemeindeanalyse (2000:52-58).

627 Vgl. Lamnek, der auch beide wissenschaftstheoretischen Ansätze miteinander diskutiert (1995:245-257).

628 In den triangulären Ansätzen stehen verschiedene Modelle zur Diskussion. Zur Debatte vgl. etwa Flick (2004), Tashakkori & Teddlie (2003), Engler (2003:118-130).

629 So etwa Lamnek (1993:13-14).

630 Ergänzend vgl. Mayrings Stellungnahme (2007).

Verfahren mit wissenssoziologischen Theorien untrennbar zusammenhängt[631] und speziell für Gruppendiskussionsverfahren entwickelt wurde.[632] Als letzte gebräuchliche Methode gilt die Objektive Hermeneutik. Als Verfahren für kleinste Sequenzen wäre sie geeignet (Reichertz 2000:517), zumal sie auch Deutungsmuster herausarbeitet, welche auch im Erkennen von Charismen vorliegen.[633] Indem die Objektive Hermeneutik klassisch aber eine natürliche Kommunikation als Textbasis voraussetzt[634] und sich außerdem methodisch selbst auf *eine* lebensweltliche Einzelfallanalyse begrenzt, ist ihr Einsatz als homogene Methode weder adäquat noch leistbar (Oevermann 2001:33, Reichertz 2000: 517).[635]

7.1.1 Deutungsmuster

Vor dem Hintergrund des zuletzt Gesagten werden dennoch Deutungsmuster zu den Charismen und ihrem Entdecken herausgearbeitet. Dies ist möglich, zumal die Deutungsmusterforschung selbst bis heute „keine allgemeine Definition" für den Begriff des Deutungsmusters vorlegt (Oertel 2004:111). Sie rekurriert aber, wie alle empirischen Ansätze, auf das kontextual erhobene Material (:111). Wie aber wird dieser lebensweltliche Kontext gedeutet? Einen Deutungsansatz innerhalb der Praktischen Theologie bietet Gräb (2000), indem er die religiöse Sinndeutung der Alltagskultur wahrnimmt und dabei „durchgängig" [...] biblische Begriffe wie [...] Sünde, Evangelium, Gnade entsubstanzialisiert (:214). Unter „Entsubstanzialisierung" versteht Gräb, dass der bedeutsame theologische Gehalt „strikt auf die Funktion hin verstanden wird, den die theologischen Begriffe im Vollzug religiöser Selbstdeutung humaner Subjekte" einnehmen (:214). Auch wenn Gräbs Gesamtentwurf zur allgemein religiösen und kulturellen Gesellschaft deutend einen Beitrag leistet, gibt er mit seinem Ansatz den soteriologischen Gehalt des Evangeliums auf und passt sich, wie Grethlein (2007) es ausdrückt, den Bedürfnissen der Menschen an (:340).

Die vorliegende Untersuchung findet dieselbe Wirklichkeit vor und arbeitet latente oder offenkundige Deutungsmuster zum Charismenbegriff heraus. Diese Verständnismuster gewinnen durch die Thematik zur Frage nach dem Erkennen von Gaben in hohem Maße an Bedeutung, weil sie das Wahrnehmen der Gaben

---

631 Ersichtlich z. B. in der Habilitation von Nestler (1998) über „Pneuma. Außeralltägliche religiöse Erlebnisse."
632 So etwa in der vierten EKD-Studie, vgl. Samment (2006:359).
633 „Soziale Deutungsmuster sind funktional immer auf eine Systematik von objektiven Handlungsproblemen bezogen, die deutungsbedürftig sind" (Oevermann 2001:4).
634 Vgl. ILMES, Ludwig-Mayerhofer (1999a).
635 Auch ihr gedankenexperimentelles Verfahren sprengt den Rahmen dieser Arbeit, vgl. Bohnsack (2003:73ff), Garz (2003: 535-543), Reichertz (2000:514-524).

„*theoriegeleitet* und *theoriekritisch*" (Track 1993:117)[636] beeinflussen und Handlungsanweisungen bedingen. Der Deutungsansatz hier weicht aber vom vorgestellten Entwurf Gräbs ab, zumal der empirische Befund, neben kategorisierten, theologiegeschichtlichen Typologien und theologisch klassifizierten Auffassungen, zudem auf exegetische Schlüsseltexte zurückgreift. Die Entscheidung so vorzugehen, liegt in der Fragerelevanz nach den Kriterien der Charismen begründet, denn indem das Klassifizieren ein Selektieren einschließt, führt es zu einem Unterscheidungssystem.[637] Ein vollständiges Prüfen nach theologischen Kriterien darf aber nicht erwartet werden, denn einige der gegenwärtig detaillierten Gestaltungsfragen, wie sich Gaben erschließen, tragen einen situativen Charakter, weil das Handeln vom augenblicklichen Zustand der Lokalgemeinde abhängt.[638]

7.1.2 Methodologische Prinzipien

Mit Gläser & Laudel (2006) und anderen empirischen Sozialforschern setzt diese Arbeit drei Forschungsprinzipien voraus, die sowohl für qualitative als auch quantitative Methoden gelten (:26-30), weil das Erhebungsinstrument beide Methoden integriert.

Als *Erstes* richtet sich die empirische Forschung nach dem Prinzip der Offenheit, wie es Mayring (2002) versteht. Weil nicht zu allen Fragestellungen ein elaborierter theoretischer Hintergrund besteht oder das Forschungsfeld bisher mit der Forschungsfrage kaum in Berührung kam, verzichtet die Arbeit auf durchlaufende deduktiv gebildete Hypothesen, um im Verlauf für überraschende Ereignisse offen zu sein (:28). Wenn Hypothesen im Voraus gebildet wurden, bleiben sie unverändert, selbst wenn ihre Gültigkeit negativ ausfallen sollte.[639] Falls Unvorhergesehenes eintritt, besteht ein zusätzlicher Vorzug der Offenheit in einer möglichen Revision im Laufe der Forschungsphasen (:28). Als *Zweites* knüpft der Fragebogen an die deduktiv und induktiv gewonnenen Modalitätstheorien zur Gabenerkennung (Forschungsstand) an.

Im weiteren Verlauf soll *drittens* das systematische Vorgehen der Datenanalyse, wie schließlich deren Interpretation, nach intersubjektiven Regeln nachvollziehbar erarbeitet werden. Um diese Anforderungen überprüfbar darzu-

---

636 Der verwendete Wahrnehmungsbegriff trägt ein aktives Element, der den Track unter dem Erfahrungsbegriff entfaltet und der Erkenntnistheorie zuordnet (1993:117).

637 Vgl. Sedmak (2001:34).

638 Zulehner bezeichnet den einen Vorgang als „Kriteriologie" und den anderen als „Kairologie" (1995:15). Allein schon mit dieser Unterscheidung hat Zulehner das Zerfaß-Modell (1974:164-177) weiterentwickelt. Vgl. den Konsens einer kritischen Würdigung des Zerfaß-Modells, so Klein (2005:91-94) und Wichmann (1999:76-193).

639 Vgl. zur Problematik Bortz & Döring (2002:384f).

stellen, bedarf es ihrer Operationalisierung.[640] Beim Operationalisieren handelt es sich um einen Präzisierungsvorgang, der *eine* Forschungsfrage in mehrere Teilfragen untergliedert, welche einen komplexen ganzheitlichen Zugang zum Erkenntnisinteresse ermöglichen und diesen nachvollziehbar darstellen. Dieses Vorgehen präsentiert darüber hinaus die Forschungsphasen in allen Facetten. Es zeigt, wie die Begrifflichkeiten – hier die Konzepte bzw. Entdeckungstheorie der Charismen – in Skalentypen und ihren Versuch der Messung durch das Erhebungsinstrument überführt werden (Raithel 2006:34-41), was anschließend folgt. Lamnek (1993) führt in diesem Zusammenhang den Begriff der Indikatoren ein, um die unbeobachtbaren Phänomene „greifbar" zu machen (:139f). Indikatoren sind hier also direkt wahrnehmbare Vorgänge, etwa empirische Kriterien, mit deren Hilfe begründet auf gottgegebene Gaben geschlossen werden kann. Selbst wenn diese Arbeit teilweise solche soziologischen Ausdrücke für praktisch-theologische Vorgänge verwendet oder in der Analyse von Daten spricht, steht dahinter kein starres Menschenbild. Vielmehr weist die phänomenologische Beschreibbarkeit über sich hinaus, weil im Hintergrund das christlich-anthropologische Menschenbild in seinem Bezug zu Gott vorausgesetzt ist und damit die Befragten wertschätzt.

7.1.3 Forschungsfeld

Die EKiBa[641] ist eine der beiden ev. Kirchen im Bundesland Baden-Württemberg und besteht aus zwei Kirchenkreisen (Nord- und Südbaden) unter der geistlichen Leitung eines Prälaten und einer Prälatin, die den derzeitigen Landesbischof Dr. Ulrich Fischer unterstützen. Die EKiBa gliedert sich in 29 Kirchenbezirke mit 630 Pfarr- bzw. Kirchengemeinden. Die Kirchenleitung der Oberkirchenräte befindet sich in Karlsruhe. Das Kirchenverständnis der Landeskirche ist das der Volkskirche in dem Sinne, dass sie „an Christi statt und also im Dienst seines eigenen Wortes und Werkes durch Predigt und Sakrament die Botschaft von der freien Gnade Gottes ... an alles Volk" ausrichtet (Huber 2003:252). Mit dieser Konzeption ist ein zweifacher Gesichtspunkt verknüpft: „Kirche für das Volk" - und „Kirche durch das Volk" zu sein, also die Gemeindeglieder an diesem Auftrag zu beteiligen (:252). Dazu statuiert die EKiBa in ihren theologischen Grundlagen, dass jedes der über 1,3 Mill. Kirchenmit-

---

640 Das Vorgehen des Operationalismus wurde aus der Physik übernommen. Zu ihrer sozialwissenschaftlichen Diskussion vgl. Hill (1999:73-78), Lamnek (1999:140-144). Zur Operationalisierung theologisch-empirischer Untersuchungen vgl. Ven (1994:155-161).

641 Die EKiBa gehört zur Evangelischen Kirche in Deutschland (EKD). Sie umfasst 22 lutherische, reformierte und unierte Landeskirchen unter einem institutionellen Dach. Zur spezifischen Ekklesiologie der Volkskirche vgl. die Dissertation von Leipold (1997).

glieder[642] aufgrund der Taufe „zu Zeugnis und Dienst in der Gemeinde und in der Welt bevollmächtigt und verpflichtet" sei (Winter 2007:82). Der Besuch des sonntäglichen Gottesdienstes und andere kirchliche Veranstaltungen werden als Ausdruck persönlicher Frömmigkeit verstanden (EKD 2005:13). Kirchenrechtlich vereinigt die EKiBa lutherische und reformierte Christen zu einer unierten Kirche,[643] während sie sich organisatorisch auf drei Ebenen präsentiert. Die obere Ebene setzt sich aus der Leitung - dem Landesbischof, Prälaten und Oberkirchenräten - zusammen, während für die mittlere Organisationsebene die Dekane der Kirchenbezirke verantwortlich sind. Die untere Ebene schließt die größtenteils noch bestehende Parochieordnung[644] ein, nach der jede Parochie vom Ortspfarrer als wesentlichem Handlungsträger, seinen Kirchenältesten und, wenn vorhanden, Diakonen geleitet wird. Das empirische Forschungsfeld umfasst alle Kirchenbezirke der EKiBa mit ihren Kirchengemeinden und insbesondere die untere Ebene der Pfarrer und Gemeindglieder. Außerdem berührt es insofern auch die mittlere Ebene, indem Dekane als Namensgeneratoren[645] fungierten. Ob sie sich selbst an der Umfrage beteiligten, ist unbekannt, weil die Datenerhebung das nicht differenziert.[646] Gespräche deuten aber auf eine Beteiligung hin.

In den ersten Überlegungen der Arbeit war zunächst ein qualitativer Forschungsansatz unter Gemeindegliedern vorgesehen. Doch während der Vorgespräche bestätigte sich der pastorale Kenntnisstand, dass eine enge kommunikative Verflechtung zwischen Pfarrer und Gemeindegliedern besteht (Steck 2000:436) und daher beide - vor allem auch die Pfarrer - in die Untersuchung einzubeziehen sind. Bis dato ist die Frage der vertrauensvollen Beziehungen zwischen Pfarrer und Gemeindegliedern von Gennerich (2000) im Hinblick auf die Vorbildrollenfunktion untersucht worden (:174).[647] Wie sich vertrauensbezogene Beziehungskategorien auf das Erkennen der Charismen auswirken, ist aber noch offen. In der Frage nach dem Erkennen der Gaben werden nun, neben den Gemeindegliedern, hauptsächlich Pfarrer in die Erhebung einbezogen. Damit kommt methodologisch die sozialwissenschaftliche Forderung nach einer ganzheitlichen Subjektauffassung zum Tragen (Mayring 2002:33; Reich 1998:

---

642 Für die EKiBa liegt eine empirische Erhebung zu den Kircheneintritten vor. Die dort aufgeführten Gründe zum Wiedereintritt werden im Zusammenhang der vorliegenden Untersuchung zur Thematik der Gaben relevant (Volz & Nüchtern 2005), Fischer (2005:I-VII).

643 Die bis 1821 trennende Abendmahlslehre von Lutheranern und Reformierten besitzt heute keine Bedeutung mehr.

644 Zur Diskussion: Pohl-Patalong (2006), Neumeier (2006), Lehrmann (2002).

645 Im Bekanntgeben von potenziellen Teilnehmern an der Umfrage im eigenen Dekanat.

646 Ausnahme: Wenn die Befragten in den qualitativen Äußerungen entsprechende Hinweise geben.

647 So wird der Pfarrer nach „dem eigenen Ideal wahrgenommen." (Gennerich 2000:175). „Die Wahrnehmung des Pfarrers hängt mit dem Selbstbild und Idealselbstbild zusammen" (:175).

64). Zur Selbsteinschätzung der Gemeindeglieder tritt also die Fremdeinschätzung der Pfarrer.[648] Theologisch gesprochen nähert sich dieser Zugang, wie es dem wissenschaftstheoretischen Rahmen entspricht, dem anthropologischen Menschenbild in seiner individuell-schöpfungstheologischen Befähigung zusammen mit seinen individuell-gemeinschaftlichen Lebensbezügen.

Bedingt durch das Belastungspotenzial, dem Pfarrer ausgesetzt sind,[649] war es nicht ohne weiteres möglich, diese in eine schriftliche Befragung oder Interviewerhebung einzubeziehen. Außerdem stand der geographische Radius der EKiBa ebenso als Erschwernis im Blickfeld. Angesichts dieser Gegebenheiten entwickelte sich die Grundidee, Pfarrer mittels einer Onlineforschung virtuell zu erreichen, was nun methodisch im Einzelnen vorzustellen ist.

7.1.4 Forschungsdesign und Datenerhebung

7.1.4.1 Solidität der Onlineforschung

Onlinebefragungen zählen zu den nonreaktiven Verfahren[650] und gehören seit den 90er Jahren hauptsächlich zum Forschungsgebiet der neuen Medien- und Kommunikationsforschung (Hüser 2005:107-120). Auch die sozialwissenschaftliche Hochschulforschung nutzt „Surveys im Internet" (Fischer 2005).[651] Die Anzahl wissenschaftlicher Publikationen in diesem noch jungen, aber rasant entwickelnden Forschungszweig, ist unübersehbar. Hinzu kommen Fachartikel von Forschungsinstituten, die teilweise online verfügbar sind (Bortz & Döring 2002:260f). Gegenüber der Internetforschung im angelsächsischen Bereich und in Nordamerika, ist sie in Deutschland institutionalisiert (Welker 2005:9-12), was für ihre Qualität sprechen dürfte, vor allem im Rahmen der Markt- und Sozialforschung (Lüttes 2004; Wobser 2003).[652] Die „Standards zur Qualitätssicherung von Online-Befragungen" (2001) der Fachgruppen für deutsche Markt- und Sozialforschungsinstitute[653] unterteilen die Onlineforschung

---

648 Auch die Kompetenzforschung spricht sich hinsichtlich ihrer empirischen Erhebungen dafür aus, Kompetenzen nicht allein in der Selbsteinschätzung auszuführen, sondern möglichst in teamorientierter Interaktion nachzuweisen (Kauffeld 2005:60f).

649 Vgl. das Belastungspotenzial zum Pfarrerberuf (Heyl 2003:158-208).

650 Dieser Sammelbegriff bezeichnet alle Verfahren der Datenerhebung, auf die der Forscher, im Gegensatz z. B. beim persönlichen Interview keine Einflüsse auf die Befragten ausüben kann (Bortz & Döring 2002:325), was einen wesentlichen Vorteil darstellt.

651 Begrifflich ist die Markt- von der empirischen Sozialforschung zu unterscheiden. Erstere gehört in den kommerziellen Rahmen, letztere in den akademischen (Wettach 2006:5). Zur historischen Untersuchung der deutschen empirischen Sozialforschung vgl. die Habilitation von Weischer (2004).

652 Vgl. weiter bei Theobald (2003).

653 Zur Fachgruppe gehören: Arbeitskreis Deutscher Markt- und Sozialforschungsinstitute e.V. (ADM), Arbeitsgemeinschaft Sozialwissenschaftlicher Institute e.V. (ASI), Berufs-

dreifach. Zu den Grundverfahren[654] zählen Befragungen, die zum einen online im World Wide Web auf einer Homepage auszufüllen sind (1), zum anderen Fragebögen, die von einem Server heruntergeladen, beantwortet und mittels E-Mail an den Forscher zurück gesendet werden (2). Schließlich nutzen Forscher den klassischen E-Mailversand, indem sie Fragebögen auf elektronischem Weg versenden und die Teilnehmer diese beantwortet zurückmailen (3). Für die vorliegende Forschung wurde das erste Verfahren gewählt, was im Detail noch auszuführen ist. Auch wenn die genannten Institute, neben den Telefoninterviews, einen 22-prozentigen Anteil der privatwirtschaftlich organisierten Onlineforschungen im Jahr 2005 verzeichnen (Wiegand 2005:8), ist ihre Anzahl faktisch bedeutend höher, weil Onlinebefragungen der Hochschulen einzubeziehen sind.[655] Trotz dieses Umstandes gelten Befragungen über das Internet teilweise noch als unwissenschaftlich (Welker 2005:12).[656] Dabei ist aber zu beachten, dass in Onlinebefragungen die gleichen Leistungsanforderungen wie in der empirischen Sozialforschung gelten.[657] Hinzu kommen technische Anforderungen eines webbasierten Erhebungsinstruments (BVM 2003:1-10). Darum weist Baker (2004) zu Recht darauf hin, dass das Konstruieren eines webbasierten Fragebogens mehr Aufwand als bei herkömmlichen Fragebögen erfordert, weil im Vorfeld schon hinsichtlich der Datenanalyse komplexe Fragen bezüglich des Servers und der Computervoraussetzungen beim Befragten zu lösen sind (:362f).

Vor diesem Hintergrund gehören Onlineforschungen zum festen Repertoire empirischer Methodik (Dzeyk 2005:173), was für kirchensoziologische Untersuchungen, die einen empirischen Ansatz haben, noch nicht in diesem Maße gilt.[658] So gesehen betritt die Arbeit Neuland, weil ein internetbasiertes Erhe-

verband Deutscher Markt- und Sozialforscher e.V. (BVM) und Deutsche Gesellschaft für Online-Forschung e.V. (D.G.O.F.).

654 Weitere empirische Onlineforschungen, wie etwa der Chatroom-, Newsgroups- und Blogforschung, Web-Interviews, Online-Experimente, qualitative Gruppendiskussionen. Expertin in der deutschen und internationalen Onlineforschung ist Döring (2003). Ebenso Picot & Fischer (2005), Welker (2005), Batinic (2001), Erdogan (2001).

655 Vgl. dazu die einschlägigen Datenbanken der Fachdisziplinen.

656 Welker (2005) plädiert für einen interdisziplinären Diskurs, den es weiter zu entwickeln gilt (:13). Ein weiterer Nachteil sieht Mühlenfeld (2004) darin, dass kein Einblick in die Befragungssituation besteht (:183), was sich aber in Zukunft durch den Einsatz von web-cams ändern wird (:183f).

657 Beachtet wurden Qualitätsanforderungen anerkannter sozialwissenschaftlicher Forschungsinstitute: „Richtlinien zum Umgang mit Adressen in der Markt- und Sozialforschung" (AVM 22005), „Richtlinien für Online-Befragungen" (AVM 2000). „Internationaler Kodex für die Praxis der Markt- und Sozialforschung" der Weltvereinigung professioneller Marktforschung - European Society for Opinion and Marketing Research (ESOMAR); zur ethischen Dimension vgl. Dzeyk (2006:1-30).

658 Im Forschungsüberblick von Feige & Lukatis sind keine Onlinebefragungen verzeichnet (2006:12-32), in der Religionsforschung wenige, vgl. EKD-Newsletter (2005:149/18,7 und 2004:146/15,8).

210

bungsinstrument zu entwickeln war, das sich an den Leistungsmerkmalen
heutiger Onlineforschung orientiert und gleichzeitig vor dem theoretischen Hintergrund neuerer Diskussionen entstand (Dillmann 2006; Welker 2005; Döring
2003).[659]

7.1.4.2 Begründung der Onlinebefragung

Die Entscheidung für eine Onlinebefragung fiel nicht nur aus pragmatischen
Gründen der Arbeitsersparnis, sondern entwickelte sich primär in der Pretest-
phase, in der die Pfarrer sich zu der von ihnen bevorzugten Umfragemethode
äußerten. Das Ergebnis deutete auf eine Papier- oder Onlinebefragung hin.
Pfarrer, die am Pretest beteiligt waren, sprachen sich mehrheitlich für das
Medium Internet aus, zumal der PC sowieso zum unabdingbaren Arbeitsin-
strument des Pfarramts gehöre.

So hatten nicht nur jüngere Pfarrer im Pretest eine Internetaffinität.
Wichtigstes Kriterium dabei war ein möglichst geringer Aufwand. Obwohl die
Onlinebefragungen gegenüber den klassischen Datenerhebungen allgemein noch
Nachteile aufweisen (Fischer 2005:8),[660] so insbesondere die der inflationären
Teilnahme (Mühlenfeld 2004:2),[661] trifft dieses, die Repräsentativität störende
Manko durch die methodisch personenbezogene Wahrscheinlichkeitsauswahl, in
der vorliegenden Forschung nicht zu. Auch wenn als Kehrseite einzuräumen
bleibt, dass im Laufe der Datenerhebung viele Pfarrer mit dem für sie neuen
Medium nicht vertraut waren[662] oder computertechnische Probleme meldeten,
überwiegen die in diesem Forschungsmodus bekannten Vorteile. Letztere seien
exemplarisch hervorzuheben: Erstens die Verfügbarkeit des Fragebogens, der zu
jeder Tageszeit zugänglich ist, zweitens die spezifische Zielgruppe, welche
durch die Onlineforschung leichter erreichbar ist und schließlich der Wegfall
von Eingabefehlern, weil die Befragten selbst ihre Beiträge eingeben und diese
in elektronischer Form übertragen werden. Schließlich kann die Dropout-
Analyse technische und partiell theologische Ausstiegsgründe klären (Dzeyk
2006:12).[663] Mailreaktionen auf die Umfrage geben zudem weiteren Aufschluss
über spezifische Ausstiegsgründe und Verweigerungen.

---

659 Weiter Batinic (2001), Pötschke & Simonson (2001), Früh (2000).
660 Ein weiterer Nachteil, die der Befragungssituation, steht laut Mühlenfeld (2004) durch
die audiovisuelle Kommunikation an einem Wendepunkt (:183). Zur aktuellen Debatte
vgl. Eberhardinger (2003:39-43) und Pötschke & Simonson (2001:6-49).
661 Zu ethischen Fragestellungen vgl. Dzeyk (2006:1-30).
662 In einem Fall sollte die Pfarramtssekretärin die Onlineumfrage zusammen mit dem
Pfarrer ausfüllen.
663 Vgl. auch Escher (2005:45), Eberhardinger (2003:34-38).

7.1.4.2.1   Technische Ermöglichung

Eine onlinebasierte Forschung bedurfte zum Erhebungszeitpunkt noch einer Programmierung auf technischem Niveau und einer Homepageplattform. Beides erwies sich zunächst als erste Hürde des Projekts. Denn angesichts der zu befragenden Berufsgruppe wurde deutlich, dass eine private Homepage zu wenig Resonanz führen würde. Daraus entstand der Grundgedanke, eine offizielle kirchliche Homepage zu nutzen. Dankenswerterweise genehmigten es die Verantwortlichen[664] des Ev. Oberkirchenrats Karlsruhe in Zusammenarbeit mit der Beauftragten[665] für Internetauftritte des Ev. Rundfunkdienstes in Baden (ERB), das Projekt auf der Frontpage der EKiBa zu präsentieren.

Das Erstellen des Onlinefragebogens erwies sich als zeitaufwendiges Unterfangen. Allein die Erstellung des Designs, die Auswahl der angemessenen Einzelfragen (Variablen) erstreckten sich, zusammen mit dem Pretest des Fragebogens, der Kommunikation zwischen dem Ev. Oberkirchenrat Karlsruhe, den zuständigen Unterabteilungen, sowie der Erstellung der Homepagepräsentation und Umfrageprogrammierung über einen Zeitraum von sechs Monaten (März bis September 2005). Der konstruierte Fragebogen wurde von einem Mitarbeiter des Ev. Rundfunks Baden (ERB) nach Rücksprache so programmiert, dass die eingegebenen Ergebnisse nach Abschluss der Umfrage als excelbasierte Daten weiterzuverarbeiten waren.

7.1.5 Kriteriengenerierung und Forschungsdesign

Hinter dem Onlinefragebogen steht ein umfangreicher Kriteriennachweis mit dem Ziel, nicht nur ein zeitlich begrenztes Ergebnis zu erheben, sondern elementare Verbindungslinien herauszuarbeiten. Dazu bezieht die Kriteriologie *erstens* fundamentaltheologische Typologien ein, die Grundfragestellungen vorweisen, und *zweitens* pragmatische Typologien, welche eine Brückenfunktion zu aktuellen Fragestellungen des Gemeindeaufbaus herstellen. Weiter bezieht sie, *drittens*, die soziologische Charismentypologie ein, *viertens* postmoderne Gegenwartsanalysen aus der praktisch-theologischen Literatur und schließlich gängige Gabentests. Wie in aller Theologie, beinhalten die hier verarbeiteten deduktiven Ansätze induktiv biographische Spuren[666] oder es findet ein umgekehrter Vorgang statt: Deduktives ist aus Induktivem begründet, wie bei Möller beschrieben (2001:91-109). Die folgende Abbildung 13 visualisiert die Einbettung der Kriteriengenerierung in das gesamte Forschungsdesign.

---

664   Herr Oliver Weidemann (Webmaster).
665   Frau Dr. Heike Gundacker.
666   Vgl. Lämmlin & Scholpp (2001).

212

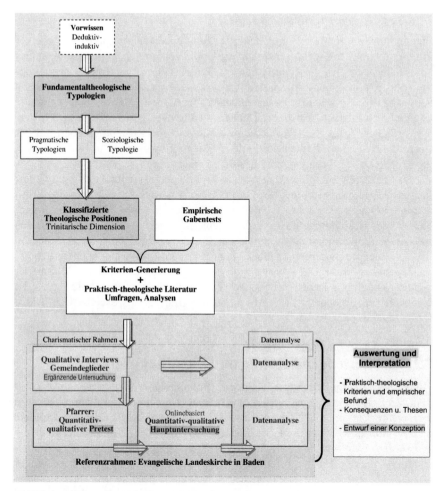

Abbildung 13: Forschungsdesign und Kriteriengenerierung (© MB)

7.1.5.1.1 Mitteilungswege

Drei Wege der Motivation wurden eingesetzt. Erstens wurde dem regelmäßig mit der Post zugestellten internen Verteilerheft der EKiBa (genannt: „info") ein Motivationsbrief mit Projektbeschreibung und Zugangscode zur passwortgeschützten Homepage für alle 630 Pfarrgemeinden beigelegt.

Das interne Verteilerblatt „info", das in der Regel eine Fülle kirchlicher Informationen transportiert, bezeichnet der Oberkirchenrat Karlsruhe informell als „Wundertüte", weil diese Anschreiben von Pfarrern kaum wahrgenommen werden. Es bestanden daher berechtigte Zweifel, ob dieses Medium zu positiven

213

Teilnahmereaktionen führen würde. Angesichts dessen, und vor allem wegen des fremden Forschungsgegenstands im landeskirchlichen Rahmen, ist die Briefaktion als Erstinformation des Forschungsprojekts für die Pfarrer einzustufen.[667] Aus diesem Umstand bildete sich zusätzlich als zweiter visueller Mitteilungsweg das Homepage-Portal der EKiBa heraus. Der Weg zielte auf Pfarrer, die gegenüber schriftlichem Material eher das Internetportal vorziehen, um sie auf das Projekt aufmerksam zu machen. Der dritte Weg gehört bereits zum Auswahlverfahren der Stichprobe, den die nachfolgende Passage beschreibt.

7.1.5.1.2 Wirkungsloses Auswahlverfahren

Der zu untersuchende Geltungsbereich umfasst einen konfessionell homogenen Bereich ev. Pfarrer der EKiBa.[668] Als Kontrastgruppe, die sich aber erst im Verlauf der Forschung entwickelte, waren ursprünglich Pfarrer der Geistlichen Gemeinde-Erneuerung (GGE) innerhalb der EKD vorgesehen. Diese spezielle Pfarrergruppe wurde gewählt, weil sie Charismen besonders betonen (Böckel 1999). Daher enthält das Design des Befragungsinstruments im demographischen Teil zwei Indikatoren, um eine eindeutige Identifizierbarkeit des unterschiedlichen Befragungsklientels zu ermöglichen. Von 1500 versandten E-Mails aus der GGE-Zentrale in Hamburg nahmen *vier* Pfarrer teil. Aufgrund dieser äußerst schmalen Datenbasis ist ein kontrastierender Vergleich untauglich. Worin, so ist zu fragen, ist der Mangel an Beteiligung begründet? Vielleicht lag die Nichtteilnahme am passiven Rekrutierungsverfahren (Starsezki 2003:45). Da die GGE nicht als maßgebliches Untersuchungsziel anvisiert war, entstand daraus keine negative Konsequenz für das primäre Forschungsziel. Theologisch wäre allerdings zu fragen, was die drastische Nichtbeteiligung für die Geistliche Gemeinde-Erneuerung als ausgewiesen charismatische Bewegung bedeutet, die sich in früheren Jahren besonders der Thematik der Charismen verpflichtet wusste und sich gegenwärtig in Kleinpublikationen dazu immer noch zu Wort meldet (Aschoff, Toaspern & Dow 2007).

7.1.5.1.3 Erfolgreiche Befragung

Das Erheben der Daten innerhalb der EKiBa erfolgte im Zeitraum zwischen dem 23. September und 25. November 2005. Unmittelbar mit dem passwortge-

---

667 Hinzu kam der etwas ungünstige Zeitpunkt, denn die Mitteilung erreichte die Pfarrer nach ihren Sommerferien in der stark frequentierten Anfangsphase des Schulbeginns. Er war aber in dieser Phase notwendig, um die Pfarrer rechtzeitig auf das kommende Auswahlverfahren vorzubereiten.

668 Wegen der zugesagten Anonymität ist darauf hinzuweisen, dass vier namhafte Personen nicht mehr im Anstellungsverhältnis und eigenständigen Pfarramt stehen, aber rekonstruktiv aus ihren früheren Kirchengemeinden laut Telefongespräch an der Umfrage teilnehmen wollten.

schützten Onlinezugang begann das mehrschichtige Auswahlverfahren, um Pfarrer zur Teilnahme zu motivieren. Der repräsentative Anspruch,[669] soziologisch im Sinne eines „verkleinerten Abbilds der Grundgesamtheit" (Behrens 2000:46), wird zwar erhoben, ist aber umsichtig zu werten. Analog zu dieser Wirklichkeitseinschätzung ist ein Auswahlverfahren erforderlich, das die theologische Bandbreite der Pfarrer in der Stichprobe einbezieht. Aus diesem Grund wurde die neutrale Adressenliste der Kirchengemeinden (Grundgesamtheit), die öffentlich auf der EKiBa-Homepage zugänglich ist,[670] zur Grundlage, um Pfarrer anzurufen. Diese Anrufe dienten zur motivierenden Teilnahme, trugen vertrauensbildenden Charakter für die Online-Umgebung und sicherten Anonymität der abgegebenen Onlinedaten zu.[671]

Nach der mündlichen Zustimmung von Seiten der Pfarrer bekam jeder angerufene Teilnehmer umgehend eine E-Mail zugesandt, die das Kennwort und den Benutzernamen zum Einloggen sowie den Hyperlink enthielt, um ohne langes Suchen den Zugang zum Onlinefragebogen zu erreichen. War das Rekrutieren der GGE-Pfarrer durch die Aufforderungsmail passiv angelegt, weil es zu keinem persönlich motivierenden Vorgespräch kam, wurde die zu befragende Hauptgruppe aktiv gewählt (Starsezki 2003:45). Letzteres Vorgehen wird dem geforderten Gütekriterium einer repräsentativen Erhebung gerecht (:45). Die Pfarrerschaft umfasste im Erhebungszeitraum (2005) 297 Pfarrerinnen und 647 Pfarrer (= 944),[672] welche ihre Dienste in 630 Kirchengemeinden versahen. Diese teilen sich auf 29 Kirchenbezirke auf, die sich geographisch von Nordbaden über den Hochschwarzwald bis an den Bodensee erstrecken, wie die anschließende Graphik zeigt. Durch den ekklesiologischen Ansatz bildet die Stichprobe nicht die Pfarrerschaft ab, sondern es stehen die lokalen Kirchengemeinden, repräsentiert durch die Pfarrer, im Blickfeld.

---

669 Zur Errechnung der Repräsentativität vgl. Wettwach (2006:28-35).

670 Zur öffentlichen Zugänglichkeit kam die Zustimmung des Oberkirchenrats in Karlsruhe, was den Datenschutz gewährleistet.

671 Auch die Marktforschung versucht über Telefongespräche Teilnehmer an der Onlinebefragung zu gewinnen, was sie aber als „Rekrutierungsumweg" ansieht (Theobald 2003: 242).

672 Die statistischen Daten stellte das Personalreferat des Evangelischen Oberkirchenrates der EKiBa, konkret Herr Schäfer-Nelson, dankenswerterweise zu Verfügung.

Abbildung 14: Erhebungsgebiet – Kirchenbezirke der EKiBa (© EKD)

7.1.5.1.4   Rekrutierungsanrufe

Insgesamt sollten 40% der Grundgesamtheit (N) in einem proportionalen Stichprobenumfang (Bortz & Döring 2002:431f) jedes Kirchenbezirks angerufen
werden. Schnell stellte sich beim Anrufen heraus, dass hier ein Problem bestand:

Die Adressen auf der EKiBa-Homepage entsprachen oft nicht der tatsächlichen Situation, weil weder die Pfarrerversetzungen noch die E-Mailadressen aktualisiert waren. Nach zusätzlicher Recherche auf den Homepages der Kirchenbezirke, konnten die gültigen E-Mailadressen und Telefonnummern ausfindig gemacht werden. Erschwerend kam die zeitliche Unerreichbarkeit der Pfarrer hinzu. Die Anrufe wurden pro Kirchengemeinde im Schnitt drei Mal wiederholt. Diese Problematik machte also über 300 Telefonate nötig.[673] Waren die Telefongespräche in der Vorplanung zunächst allein zur Auswahl der Stichprobe vorgesehen, wurde im Verlauf deutlich, dass die mündlichen Äußerungen der Angerufenen wertvolle Zusatzdaten darstellen. Sie wurden deshalb umgehend nach den Anrufen oder synchron schriftlich in Memos dokumentiert. Memo-Methoden gehören traditionell zur etablierten Methodik empirischer Forschung (Charmaz 2006:72-95)[674] und dienen als kontextuelle Zusatzäußerungen zur Datenanalyse und ihrer Interpretation.

7.1.5.1.5 Wahrscheinlichkeitsauswahl

Aufgrund des Forschungsfeldes wurde das Untersuchungsdesign nach Behrens für die „systematische Wahrscheinlichkeitsauswahl" mit dem Verfahren der „Klumpenstichprobe" gewählt (2000:52.55-58).[675]

Diese Art der Stichprobe lag nahe, um aus einer zugänglichen Liste der Kirchengemeinden jeweils 40% an Pfarrgemeinden (Pfarrer) jedes Bezirks auszuwählen und anzurufen.[676] Weil die Pfarrer - wie erwähnt - telefonisch schwer oder gar nicht erreichbar waren, konnte ein stringentes Vorgehen nicht durchgehalten werden. Angesichts dieser Situation fand sich in der Netzwerkforschung eine Zusatzmethode, wie sie etwa Hollstein & Straus (2006) schildern. Eine Diskussion der Netzwerkforschung ist nicht erforderlich, zumal nur ein Teil ihrer Methoden zur Datenerhebung angewendet wurde, nämlich die der „Namensgeneratoren". Sie wurde in die laufende Forschung adaptiert. So reicht der Hinweis, dass Netzwerkforschungen soziale Beziehungen oder homogene Gruppen zum Gegenstand ihrer Forschung haben. Eben dieses charakteristische Merkmal trifft für Pfarrer zu, leben sie doch in einer kategorial kollegialen Beziehung. Dabei sind Interaktionen, Kognitionen und Emotionen zu erwar-

---

673 Die Durchführung der Telefonaktion nahm hauptsächlich den Zeitabschnitt zwischen 30. Sept. und 25. Okt. 2005 (tägliche Anrufleistung ca. sechs Std.) in Anspruch. Ein geschultes Telefonteam wurde wegen der besonderen Thematik und des Stellenwerts des persönlichen Kontaktes nicht erwogen.

674 Vgl. Glasser & Strauss (1998:113f), die Memos zum Fixieren von Theorie-Gedanken während der Analyse nutzen.

675 Vgl. auch Bortz & Döring (2002:438ff).

676 Beispiel: Hatte der Kirchenbezirk Freiburg zum damaligen Zeitpunkt 42 Pfarrgemeinden, wurde jede dritte nach der alphabetischen Reihenfolge angerufen.

ten,[677] was ihrem funktionalen Auftrag als Namensgeneratoren entspricht. Während die explizite Netzwerkforschung Namensgeneratoren als Standardinstrument in der Datenerhebung nutzt (Franke & Wald 2006:161),[678] gebraucht diese Untersuchung das Verfahren zur ungesteuerten Wahrscheinlichkeitsauswahl potenzieller Teilnehmer an der Stichprobe. Die personalen Namensgeneratoren wurden nach Pfarrern in ihrem oder anderen Kirchenbezirken gefragt, die an der Forschungsfrage nach dem Erkennen der Charismen interessiert sein könnten. Diese Stimulus-Frage genügte, um weitere Pfarrer zu evozieren.

Trotz der Erfolge weist die religiöse Netzwerkforschung auf einen Nachteil der Namensgenerierung hin, dass lediglich ein bestimmtes Segment von Personen von den Befragten genannt wird, und zwar diejenigen, die die eigene Meinung zur Erhebungsthematik teilen (Kecskes & Wolf 1996:37). Im vorliegenden Erhebungsverfahren war diese Problematik einzukalkulieren. Denn gerade Pfarrer, welche selbst ein besonderes Interesse am Thema der Charismen zeigten, würden natürlich eher Namen nennen, die ihrer theologischen Disposition entsprechen. Diesem berechtigten Einwand galt es zu begegnen. Um einseitige Verzerrungen zu entgehen, integrierte das Erhebungsverfahren deshalb 24 Dekane, die, teilweise kooperativ aus ihren Kirchenbezirken, die ganze Breite von Pfarrern mit theologischen Ansätzen von „extrem links bis äußerst rechts", wie ein Dekan betonte, mitteilten.[679] Beide Verfahren, prozentuales Errechnen und namensgenerierte Auswahl, erzeugten die Wahrscheinlichkeitsauswahl der Stichprobe.[680] Der folgende Abschnitt beschreibt den Evaluierungsprozess der Fragebogenkonstruktion.

7.1.5.2 Pre-Test und Evaluierungsprozess

Weil bis zum Zeitpunkt der Datenerhebung zur dezidierten Thematik weder ein herkömmlicher Fragebogen noch ein Onlineerhebungsinstrument vorlag, wurde ein eigener Fragebogen entwickelt.[681] Umso notwendiger erschien ein mehr-

---

677 Alle drei Charakteristika gehören zur sozialen Beziehung, was Kecskes & Wolf weiter ausdifferenzieren (1996:36).
678 Vgl. auch Wolf (2006:244ff), Hollstein & Straus (2006).
679 Insbesondere männliche Dekane engagierten sich in den Namensempfehlungen. Ohne Aufforderung des Forschers verfasste einer eine eigenständige Rundmail an Pfarrer seines Kirchenbezirks mit der Bitte zur Teilnahme an der Umfrage.
680 Dabei waren Doppelungen nicht auszuschließen.
681 Zwei Dissertationen aus der Ev. Landeskirche in Bayern mit einem empirischen Zugang tangieren die Thematik der Gaben. In einer ersten Arbeit stellt Körnlein (2005) die Frage nach der gesellschaftlichen Relevanz von Gottesdiensten. Eines seiner Erhebungsinstrumente beinhaltet ein Item zu den Begabungen von Mitarbeitern. Die Fragerichtung hat aber eine andere Akzentuierung: „Welche Begabungen der Mitarbeiter/innen sind für die Gottesdienste da?" (2005:Anhang XC). Einige Hinweise, wie Gaben zur Entfaltung kommen, sind in seiner Arbeit enthalten. Begabungen werden entfaltet, wo in Gottesdienstformen die Begegnungen mit Menschen im Mittelpunkt stehen

218

stufiges Evaluationsverfahren. Während die klassische Testtheorie Korrelationen zwischen Messinstrument und einem theoretisch-mathematischen Konstrukt berechnet (Diekmann 2002:228ff),[682] bevorzugte diese Forschung im Vorfeld der Erhebung dreistufig qualitative Testdurchläufe in Anlehnung an Kirchhoff (2003:24f). Ausgehend vom Grundprinzip, dass die Konstruktion eines Fragebogens kompetente Teamarbeit erfordert (:27), wurde der erste Entwurf mit differenzierten Aufgabenstellungen an drei unterschiedliche Personenkreise gesendet und nach ihrer Teilnahme mittels telefonischer Feedbackgespräche ausgewertet. Gewählt wurden Experten[683] aus pädagogisch-psychologischen (1) und sozialwissenschaftlichen (2) Bereichen, die mit empirischen Erhebungsinstrumenten vertraut sind. Abbildung 16 zeigt, nach welchen Kriterien jeder Personenkreis das Erhebungsinstrument evaluierte. Um die eigentliche Klientel, Pfarrer in ihrem Frömmigkeits- und Sprachmilieu sowie kirchlichem Umfeld zu erfassen, erhielten fünfzehn Pfarrer einen Erstentwurf des Fragebogens (3). Dieser Pretest sollte dazu dienen, der Forderung nach Validität und Reliabilität[684] des Erhebungsinstruments Rechnung zu tragen.[685] Die Auswahl der Pfarrer berücksichtigte sowohl Pfarrer mit wenigen Dienstjahren[686] als auch solche mit jahrzehntelanger Amtserfahrung sowie Pfarrer aus städtischer und ländlicher Umgebung. Weiterhin galt als Auswahlkriterium, dass Pfarrer mit unterschiedlicher Frömmigkeitsprägung integriert werden sollten, beispielsweise landeskirchliche Pfarrer lutherischer, aber auch eher freikirchlicher und charismatischer Prägung. Ebenso stand die Genderfrage im Blickfeld. Deshalb bezog der Vortest sechs Pfarrerinnen mit ein.

(:5). Auf die gestellte Frage an Pfarrer erhält Körnlein folgende Antwort: zu 80% erkennen die Pfarrer musische Gaben, zu 50% fallen Teamarbeit als Gabe auf und 43% der Begabungen verbinden Pfarrer mit den klassischen Ämtern im Gottesdienst. Begabungen werden entdeckt, indem zur natürlichen Schöpfung auch das Wirken des Heiligen Geistes realisiert wird (:321). In einer zweiten Arbeit untersuchte Nützel (1997) die Kontextualität der Theologinnenarbeit respektive der Pfarrerinnen in der lokalen Kirche. Obwohl Nützel Pfarrerinnen im Interviewleitfaden nicht explizit nach den Gaben fragt, stellen die befragten Pfarrerinnen die Arbeit in der Kirche als Schutzraum dar, „um ihre Begabungen zu entdecken" (:178.199). Die Kirchenleitung selbst, so berichten andere Pfarrerinnen, würden bei ihrer Stellenzuweisung keine Rücksicht auf ihre speziellen Begabungen nehmen (:204).

682 Zur Diskussion vgl. Bortz & Döring (2003:57).
683 Die Nummer in Klammern der Abbildung geben die Anzahl der Personen an.
684 Vgl. Batinic (2003:147).
685 Vgl. Batinic (2003:152).
686 Vikariat und erste Diensterfahrungen in der Gemeinde.

1 Pädagogisch-psychologische Komponenten	2 Sozialwissenschaftliche Methoden	3 Kontextuelle Gesichtspunkte
	Evaluierer	
Pädagoge u. Psychologe Universität Karlsruhe (1)	Psychologen u. Sozialwissenschaftler: Psychologisches Institut (2) Universität Hamburg	Pfarrer u. kirchliche Mitarbeiter[687] (15)
Evaluationskriterien		
1. Verständlichkeit 2. Suggestibilität 3. Auskunft über Motivation der Beantwortung 4. Demographische Angaben	Graphische Darstellung Zugehörige Anweisungen Skalenverwendung Fragenprobleme nach Esser (1999:324ff)	1. Verständlichkeit 2. Adäquanz zum kontextuellen Umfeld 3. Fehlende und überflüssige Antwortvorgaben 4. Demographische Angaben
	Evaluierungsgespräche (30 bis 60 Min.) Satzgrammatische Evaluierung (2)	

Online-Erhebungsinstrument:
quantitativ-qualitative Items

Abbildung 15: Evaluationsentwicklung des Erhebungsinstruments (© MB)

Bevor die Änderungen der Evaluation beschrieben werden, ist zunächst zu bemerken, dass das Feedback der Pfarrer teilweise voneinander abwich, was sich nach telefonischer Nachfrage als Persönlichkeitsvorliebe herausstellte. Beispielsweise wünschten einige eher eine emotionale Einstiegsfrage, die nach der subjektiven Wahrnehmung der Pfarrer zur Entdeckung von Charismen bei Gemeindegliedern fragt, während andere zu Beginn des Fragebogens nach einer objektiven Definition des Gegenstandes verlangten. Eine Präferenz für die eine oder andere Seite war schwer einzuräumen. Den Ausschlag in solchen abweichenden Fällen gaben jeweils anpassungsorientierte Überlegungen zur Forschungsfrage.

7.1.5.2.1 Modifikationen

Welche Modifizierungen erfolgten nun aufgrund des Evaluationsprozesses? *Erstens* erfolgt eine Korrektur der Itemdispositionen: Die demographischen

---

687 Davon vier promovierte Pfarrer und ein Gemeindediakon in exponierter Position.

Fragen kamen an den Schluss, statt an den Beginn, wofür auch die Online-forschung plädiert (Schlütz & Möhring 2003:122). Das Item, das nach dem Erst-empfang der Gaben fragt, erhielt eine Itemposition auf der ersten Homepage-seite. *Zweitens* plädierten die Pfarrer gegenüber den befragten Sozialwissen-schaftlern dafür, den dichtgedrängten Fragebogen erheblich auf eine Ausfüllzeit von 10-12 Min zu beschränken. Eine Kürzung auf höchstens 10 Min wird auch von Onlineforschern empfohlen (Weber & Brake 2005:67), was eine Konzen-tration auf wirklich essentielle Fragen erfordert. Der *dritte Änderungsvorschlag*, der zu berücksichtigen war, bezog sich auf die Ratingskalen innerhalb der quantitativen Items, die einzelne Themen nach ihrer Wertigkeit befragen. Sie sollten einen neutralen Mittelwert zulassen,[688] weil die Frage nach den Charis-men eine „theologische Unbestimmtheit" fordere. Zwar fand die graphische Ge-staltung mit kleinen Symbolen und Karikaturen allgemeine Zustimmung, doch fiel dieses Layout als *vierte Korrektur* dem Copyright in der Onlinefassung zum Opfer.

Neben kleineren sprachlichen Änderungen bestand das Hauptproblem schließlich in der Terminologie. Während die erste Version des Fragebogens den Begriff der „Geistesgaben" enthielt, um deutlich den Gegenstand der Unter-suchung zu benennen, teilten die Befragten fast übereinstimmend mit, dass dieser Ausdruck im landeskirchlichen Frömmigkeitsmilieu kaum vorkomme. Allein dieser spezielle Begriff sei Grund genug, um nicht an der Befragung teil-zunehmen, weil die Teilnehmer den Terminus negativ mit der Pfingstbewegung oder charismatischen Bewegungen assoziieren und den Ersteller der Umfrage dieser Denomination zuordnen.[689] In den telefonischen Feedbackgesprächen wurde die griechische Bezeichnung „Charisma" als oszillierendes Wort empfun-den. Diese Reaktionen der Pfarrer bzw. ihre Einschätzung über Kollegen als po-tenzielle Teilnehmer der Erhebung, war nicht unbedingt zu erwarten. Schon in dieser empirischen Vorphase der Forschung stellte sich die Frage nach der daraus zu ziehenden Schlussfolgerung. Sollten angesichts verschiedener Fröm-migkeitsmilieus und Adressaten innerhalb einer der 23 föderalen Landeskirchen unterschiedliche Fragebögen zu konstruieren sein? Welchen Beitrag kann der Zugang unter milieustruktureller Perspektive leisten? Liegt eine andere Kon-sequenz nicht vielleicht auch darin, die Terminologie für Pfarrer bzw. bei der Entwicklung landeskirchlicher Gabentests, auch für Gemeindeglieder, ent-sprechend ihrer jeweiligen Milieuherkunft (Frömmigkeitssozialisation), so an-zupassen, dass der theologische Gehalt nicht verloren geht?[690] Im Folgenden ist

---

688 Vgl. die Forschungsdiskussion bei Bortz & Döring zu den Ratingskalen (2002:175-191). Sie zeigen, dass sich das fünffache Skalenformat durchgesetzt hat (:179).

689 Anders die Sichtweise der Selbstständigen Evangelisch-Lutherischen Kirche (SELK). Horwitz, einer ihrer Vertreter, bewertet Geistesgaben positiv und macht Vorschläge, wie sie im Gottesdienst zu entfalten sind (2002:3-14).

690 Wegner bemerkt zurecht, dass „die Frage nach der Milieubezogenheit von Kirche [...] theologisch nichts anderes als die nach ihrer Missionsfähigkeit" ist (2000:68f).

zu beantworten, welchen paradoxen Inhalt diese forschungsmethodische Problematik besitzt.

7.1.5.2.2 Forschungsmethodische Aporie

Im Blick auf die empirische Untersuchung scheint eine unvermeidbare Aporie vorzuliegen: Einerseits ist aufgrund des Erkenntnisinteresses ein gängiger Terminus einzusetzen, andererseits existiert diese Begrifflichkeit aber im Kontext der landeskirchlichen Pfarrersozialisation oder innerhalb der Lehrveranstaltungen spezieller Seminare. Angesichts dieser Ausgangslage sind zwei Aufgaben zu lösen, die theologisch und methodologisch dialektisch zueinander stehen. Als erste Aufgabe gilt es, einen theologischen Begriff zu transformieren, dass der pfingstlich-charismatisch aufgeladene Begriff im Setting landeskirchlicher Sozialisation in seinem theologischen Gehalt von der Forschungsfrage her noch vertretbar bleibt. Die zweite Aufgabe besteht darin, das Konzept der Charismen begrifflich so zu formulieren, dass es bei den Pfarrern akzeptiert wird und zur motivierenden Teilnahme an der Onlineumfrage führt. Unter soziologischer Perspektive geht es um das methodisch kontrollierte „Fremdverstehen". Dazu bieten die Rekonstruktive Sozialforschung[691] und Ethnographie (Girtler 2002) die nötigen Verfahren. Ohne diese im Detail auszuführen, begibt sich der Forscher mit systematisierten Methoden in das für ihn fremde Feld. Ansatzweise näherte sich die vorliegende Forschung diesem Verfahren und zwar insofern, dass zum einen die kirchliche Literatur und offiziellen Verlautbarungen der Ev. Kirche, bzw. hauptsächlich die der Landeskirche Baden, auf das spezielle Sprachphänomen untersucht wurde. Zum anderen fungierte der, auf wechselseitige Kommunikation angelegte, Pretest im landeskirchlichen Kontext als maßgebliche Verfahrensweise. Er verbesserte das Befragungsinstrument und verlieh ihm eine externe und dadurch zugleich inhaltliche Validität (Bortz & Döring 2006:199-200.360). Als Nebeneffekt führte der Pretest zu einem Problembewusstsein in praktisch-theologischer Hinsicht.

7.1.5.2.3 Kontextualisiertes Erhebungsinstrument

Auf diesem Hintergrund verzichtet Item 2 auf die zuerst gewählten Begriffe.[692] Die Sache der Charismen bleibt aber durch die Wendung der „neutestamentlichen Gaben" in Item 2 erhalten. Diese Formulierung enthält einen zweifachen Vorteil. Einerseits schließt sie die paulinische Gabenkonzeption ein und assoziiert durch das Adjektiv („neutestamentlich") nicht vorschnell und einseitig außeralltägliche Geistes- oder Gnadengaben. Andererseits bleibt die Redeweise

---

691 Vgl. Bohnsack (2003:19f); Klein (2005:174ff). Beide interpretativen Methoden können die Teilnehmende Beobachtung integrieren (Lüders 2000:384-401).
692 Charismen respektive Charisma sowie Geistesgaben und Gnadengaben.

keinesfalls auf paulinische Gaben beschränkt, sondern eröffnet einen größeren theologischen Denkrahmen.[693] Von da aus können Pfarrer durch das halbstandardisierte Item 2a-c aus drei definitorischen Aspekten, dem schöpfungstheologischen (2a), anthropologisch-pneumatologischen (2b) und pneumatologischen (2c) mit einer je fünffachen Ratingskala das auswählen, was ihrer Auffassung am nächsten kommt. Weil jeder befragte Pfarrer auf der Grundlage seiner eigenen Definition unterschiedlich antworten kann, erfordern alle weiteren Items im Erhebungsinstrument den neutralen Begriff der „Gaben". Damit kann jeder Befragte individuell, seinem fixierten Gabenverständnis gemäß, aus Item 2a-c die übrigen Items beantworten. Um jegliche Festlegungen durch die dreifache Abfrage in 2a-c zu vermeiden, bietet Item 2d zudem eine offene Antwortmöglichkeit zur eigenen Deutung. Dieses Vorgehen hilft den Befragten im Referenzrahmen ihres christlichen „Weltbildcharismas",[694] ungesteuert von den halbgeschlossenen Fragestellungen, eigene Begriffsbestimmungen abzugeben (2d), die unter Umständen mehr ihrem zugänglichen Alltagswissen entsprechen (Esser 1999:309). Diese qualitative Frage, die dem Prinzip der Offenheit[695] und „Kommunikation" entspricht, erfüllt laut Bonsack (2003:21) und anderen[696] das Kernkriterium eines methodisch kontrollierten Fremdverstehens (2005:63-81). Um den Überblick der wesentlichen Änderungen im laufenden Verfahren zu realisieren, folgt eine kurze Bündelung.

7.1.5.2.4 Generelle Revisionen

Auf der theoretischen Grundlage der „Offenheit" ist es ohne weiteres legitim, im laufenden Verfahren Revisionen vorzunehmen.

Sollten ursprünglich qualitative Leitfadeninterviews der Gemeindeglieder im Forschungsfeld der EKiBa die Hauptuntersuchung prägen, entwickelte sich daraus zusätzlich eine quantitativ-qualitative Onlinebefragung der Pfarrer. Somit liegt ein triangulärer Ansatz vor (Flick 2004:74ff; Ziebertz 2000:36ff). Diese Änderung bedingte der Tatbestand, dass Pfarrer durch ihre Schlüsselposition in den Ortsgemeinden maßgeblich für das Erkennen der Gaben und die Mitarbeit

---

693 Zu denken ist etwa an die johanneische Konzeption und andere ntl. Schriften, vgl. Wilckens (2003:56ff), Schneider (1994), Rebell (1989).

694 Im Anschluss an Weber hält Kunz-Herzog (1997) eine Erneuerung und Transformation der Charismen im volkskirchlichen Gemeindeaufbau nur „im Dialog mit denjenigen Weltbildern" für möglich, die „das christliche Weltbildcharisma" nicht geschichtslos übergehen oder rückgängig machen (:239).

695 Das „Prinzip der Offenheit" wird in der Sozialwissenschaft dreifach interpretiert: 1.) das Datenmaterial nicht vorschnell in Kategorien zu subsumieren, 2.) ohne Vorüberlegungen (Theorien) so Gläser & Laudel (2006:28) Hypothesen zu strukturieren, 3.) im Verlauf des Forschungsprozesses können Methoden revidiert werden (Mayring 2002: 28).

696 Vgl. Kallenbach (1996:1-10).

der Gemeindeglieder verantwortlich sind. Im Blick auf die Zukunft der Kirche resümiert Karle: Sie „hängt mithin nicht zuletzt von einer starken Stellung von Pfarrern ab, die gleichzeitig die Beteiligungsmöglichkeiten von Ehrenamtlichen freisetzen und zu fördern wissen".[697] Es besteht somit eine Wechselseitigkeit zwischen Pfarrern und Gemeindegliedern, wobei angesichts der Professionalität ein Gewichtsüberhang beim Pfarrer liegt. Während die erste Revision die Forschungsarbeit ausweitet, grenzt die zweite ungeplante Korrektur die Untersuchung ein. Dazu führte der bereits benannte Umstand der mangelnden Beteiligung von GGE-Pfarrern. Nach diesem Vorlauf zur Klärung unterschiedlicher Verfahrensfragen schließen sich theologische und empirische Begründungen an, die den Theoriehintergrund des Befragungsinstruments bilden.

7.1.6 Grundentscheidungen des Onlinefragebogens

Um die Dramaturgie des Fragebogendesigns zu verstehen, folgen sechs Grundentscheidungen, die den Onlinefragebogen bestimmen.

7.1.6.1 Triangulärer Ansatz

Erstens: Wie schon erwähnt, liegt ein grundsätzlich triangulärer Ansatz vor, indem quantitative und qualitative Befragungsdesigns gesondert voneinander und mit unterschiedlich Befragten, nämlich Pfarrern und Gemeindegliedern, untersucht werden. Beide, Pfarrer und Gemeindeglieder, bilden die gleiche Realität aus ihrer jeweiligen Sichtweise ab. Dieses Verfahren ist angemessen, weil beide Akteure im gemeinsamen Forschungsfeld des landeskirchlichen Systems häufig aufeinander angewiesen sind. Laut Flick handelt es sich um eine „Between-Method-Triangulation" (2000:313). Die Ergebnisse können partiell konvergieren, sich komplementär bedingen oder auch in ihren Deutungsmustern ausschließen (Flick 2004:78). Ist die Erhebungsmethode der Gemeindeglieder durch qualitative Leitfadeninterviews methodologisch homogen, schließt die Onlinebefragung beide Methoden - quantitative und qualitative Item - ein und gehört somit zur Kategorie der triangulären Erhebungsinstrumente (Kelle & Erzberger 2000:302f).

Letzteres erhöht zwar den Arbeitsaufwand mit jedem Teilnehmer, dafür garantiert es tiefere Einblicke in die Deutungsmuster der Befragten.[698] Aus sozialwissenschaftlicher Perspektive dient die Methodenkombination gleichzeitig

697 Karle (2004:626). Die Förderung der Mitarbeiter soll laut Huber zur Grundkompetenz der Pfarrer gehören, vgl. das Impulspapier der EKD (2006:69).
698 Die Mehrleistung liegt, wenn die geschlossenen Hauptfragen als homogene Itembatterien mit den offenen prozentual verrechnet werden, laut Esser (1999) um 86% höher als der Durchschnitt üblicher Forschungen (:310, Anm. 1). Seit den Anfängen des Survey Research hat sich der Anteil offener Fragen von 16% auf 3% drastisch verringert.

dem Zweck, „systematische Mängel der Einzelverfahren zu minimieren" (Esser 1999:289). Auch theologische Überlegungen beeinflussten das Fragebogendesign der Items, denn der theologische Schwierigkeitsgrad und die zu erwartende Motivation waren leitend.

7.1.6.2 Skalenniveaus

Von ausschlaggebender Bedeutung ist *zweitens* die Festlegung des sog. Skalenniveaus für jedes Item (Variablen), weil eine korrekte Datenanalyse ausschließlich so funktioniert. Hier unterscheidet die statistische Forschung vier Skalenarten: Nominal-, Ordinal-, Intervall- und Verhältnisskalen (Bortz & Döring 2002:70-73). Abgesehen von den offen-qualitativen Fragestellungen, weist das Befragungsinstrument hauptsächlich Rating-Skalen[699] auf, die einer typisch ordinalen Skalierung zuzuordnen sind. Mithilfe dieser Skalen werden unterschiedliche Ausprägungen einer Eigenschaft (Kriterien der Gaben) messbar gemacht. Das erste Rating besitzt die oberste Priorität („trifft voll zu"), während der fünfte Wert die niedrigste Intensität darstellt („trifft überhaupt nicht zu"). Grundsätzlich ist der Onlinefragebogen also so kodiert, dass der kleinste Wert (1) - entsprechend der gängigen Schulnoten - einer hohen Ausprägung eines Merkmals entspricht. Von dieser Grundregel weichen zwei der quantitativen Items ab (3 und 10).

Aus den theologisch-geschichtlichen und praktisch-theologischen Ergebnissen erwuchsen enorme Variationstheorien an Kriterien, wie Gaben zu erkennen sind. Weil diese im Zentrum des Erkenntnisinteresses stehen, operationalisierte das Erhebungsinstrument *drittens* differenzierte Kennzeichen des Gabenerkennens durch eine größere Anzahl von Variablen. Sie führte zur Wahl von Intervallskalen (Brosius & Koschel 2005:55). Demgegenüber stand der Anspruch, den Fragebogen möglichst kurz zu halten. Diese unterschiedlichen Wünsche, die des Forschers und der Befragten aus dem Pretest, erschienen zunächst als unüberwindbares Hindernis. Im Grunde gab es nur eine Lösung: Aus der Fülle der Kriterien galt es die Wesentlichen auszuwählen. Aber welches sind die essentiellen Indikatoren, um den Vorgang des Gabenerkennens zu messen? Welcher Maßstab sollte also zugrunde gelegt werden, zumal - wie hinlänglich bekannt - eine derartige Auswahl vom Vorverständnis des Forschers abhängt?

Daraus entwickelte sich eine *vierte* Grundentscheidung und zwar diejenige, unter einer Itembatterie mehrere Variablen unterzubringen. Um jedoch den Fragebogen nicht mit Variablen zu überfrachten, was ermüdet und Pfarrer in ihren Antworten zu sehr steuert, bietet jede größere Fragebatterie offene Items für

---

699 Zur Diskussion der Ratingskalen vgl. Esser (1999:173-201), Bortz & Döring (2002:175ff).

eigene Deutungen. Gleichzeitig erlauben qualitative Erhebungen innerhalb des quantitativen Instruments auch kritische Äußerungen.[700]

7.1.6.3 Pfarrer als wissenssoziologische Experten

Wenn in der Sozialwissenschaft spezielles Wissen abgefragt wird, ist es in quantitativen Verfahren und qualitativen Erhebungen üblich (Bogner & Menz 2005:20), aber längst nicht ausdiskutiert,[701] eine Methode zu wählen, die den Befragten als Experten auszeichnet.[702] Daher setzt das Erhebungsinstrument *fünftens* einen sozialwissenschaftlichen Expertenbegriff voraus, der den befragten Pfarrern angesichts der ungewohnten Thematik im landeskirchlichen Frömmigkeitsmilieu adäquat erschien.

Der Ausgangspunkt des wissenssoziologischen Expertenbegriffs liegt bei Schütz (1972), den neben anderen[703] auch Pfadenhauer weiterentwickelt hat (2005). Die Soziologin Pfadenhauer legt einen Expertenbegriff zugrunde, der einen Experten qualifiziert, wenn er idealtypisch einen exklusiven Wissensstand besitzt (:114). Laut Pfadenhauer reicht es aus, wenn der Experte einen Überblick über den segmentierten Wissensbereich aufweist und diesen reflektieren kann. Notwendig sei aber, die damit verbundenen Probleme zu durchdringen und Lösungsstrategien aufzuzeigen (:115). Dieser Minimalanspruch liegt bei den Pfarrern vor. Dass der Experte in Beziehung zu denjenigen steht, die sich mit den betreffenden Fragestellungen beschäftigten und für sie in der Gemeinde verantwortlich sind, damit der Sachverhalt bei ihnen zur Anwendung kommt (:115),[704] ist für die Befragten besonders relevant. Zu fragen ist aber, ob das deduktive Wissen des Pfarrers, das er sich im Theologiestudium erworben hat, allein ausreicht, um für die zusätzlich methodisch induktive Fragestellung nach dem Erkennungs- und Deutungsvorgang der Gaben kompetent zu sein. Krech jedenfalls hält das theologisch profunde Wissen unter dem soziologischen

---

700 Das Aufzwingen von Antworten, die Esser problematisiert (forced choice), ist damit nicht gegeben (1999:310).

701 Zur Diskussion des soziologischen Expertenbegriffs vgl. Gläser & Laudel (2006), Bogner & Menz (2005:7-29.33-70), Bührmann (2005), Kassner & Wassermann (2005: 95-112), Meusel, & Nagel (2003:481-491, 1997:481-491). Der Expertenbegriff ist aber nicht mit dem berufssoziologischen Professionsbegriff der Pfarrer identisch.

702 Zum pastoraltheologischen Expertenbegriff vgl. Josuttis (2004:36), Lindner (2000:149-153). Der kath. Theologe Zulehner spricht von einem grundlegenden Wandel: Weg von der Klerus- hin zur Expertenkirche (1995:136-138).

703 Schütz wird nach wie vor im soziologischen wie theologischen Diskurs aufgenommen, vgl. etwa Balder (2007).

704 Für Lernprozesse im Glauben gilt allgemein: „Jeder Laie ist Experte, und auch der Experte ist Laie. ... Die Ehrenamtlichen sind dabei primär die Experten des Alltags, die bezahlten Theologen (und Theologinnen) primär die Experten der Tradition" (Nüchtern 1991:81).

„Professionsbegriff"[705] allein für insuffizient. Das Problem sieht er im Ausbildungsdefizit, welches kaum Methoden der Applikation beinhalte.[706]

7.1.6.3.1   Pfarrer als „Medium" und „Zeuge"

Einen anderen Ansatz vertreten Gläser & Laudel (2004). Auch wenn sie ihren Expertenbegriff nicht ausdifferenzieren, fokussieren sie ihn als „Medium", weil über den Experten der soziale Sachverhalt erschlossen wird. Damit ist ihr Expertenbegriff nicht das Objekt einer empirischen Untersuchung, sondern ihr „Zeuge" (:10). Dieser zweifach sozialwissenschaftlich gefüllte Expertenbegriff ist anschlussfähig zum Erkenntnisinteresse dieser Untersuchung. Das heißt: Medium sind die Befragten, weil sie, bedingt durch die Forschungsfrage, primär[707] nicht ihr eigenes Erleben, wie Charismen zu erkennen sind, deuten. Vielmehr reflektieren Pfarrer intersubjektiv mit sachlicher Distanz – was wohl einen Vorteil darstellt – die Entdeckungsprozesse der Begabungen ihrer Kirchenmitglieder. Zeugen sind sie infolge ihrer Beobachterfunktion. Hier liegt eine Schnittstelle zum theologischen Zeugenbegriff vor. Das Konzept ihrer Zeugenexistenz reicht aber über das der dialektischen Theologie[708] hinaus, denn die ekklesiologischen Handlungsfelder der Befragten überschneiden sich heute vielfältig mit denen der Gemeindeglieder. Vorrangig findet dies in den Kooperationsformen statt, weil sie Pfarrer zum Zeugen eines teilnehmenden Beobachters machen.

Als Fazit lässt sich festhalten: Die beiden sozialwissenschaftlichen Expertenbegriffe[709] erweisen sich praktisch-theologisch kompatibel und bilden die

---

705 Krech (2002:118).

706 Vgl. Krech (2002:124). In der telefonischen Motivationsphase der Forschung wurde dieser Sachverhalt nachdrücklich herausgehoben.

707 Direktes Subjekt der Befragung sind die Pfarrer in den Items: 1, 2, 3, 4, 5.1n-p, 6, 8, 9 und 10.

708 Vgl. Josuttis (2004:12). „Als Zeuge Jesu Christi ist der Pfarrer Prediger im Gottesdienst, Theologe gegenüber der Welt, Lehrer in der Gemeinde, der auf ‚Kontinuität, Legitimität und Autorität' bei der Verkündigung des Evangeliums zu achten hat." Josuttis unter Aufnahme von Niedergall (:13).

709 Angesichts dieses Expertenbegriffs ergeben sich angelehnt an Flick (2002:54) zwei hermeneutisch-forschungsmethodische Fragen im Blick auf das Verstehen der Texte. Zu fragen ist, wie Erfahrungen einzustufen sind, die der befragte Pfarrer als Mediator bei seinen Gemeindegliedern beobachtet. Anders ausgedrückt: Was geschieht, wenn die beobachtete Wirklichkeit in Texte übertragen wird? Und weiter: Wie kann der Forscher auf Grundlage der online-erstellten Texte seitens der Pfarrer Schlüsse ziehen, die ihn der Wirklichkeit zur Identifikation von Begabungen nahe bringen? Zur Klärung kann der Ansatz des französischen Philosophen Paul Ricoeurs in der Dateninterpretation dienlich sein (:58ff). So unterscheidet Ricoeurs die unterschiedlichen Ebenen der Datenerhebung und ihrer Interpretation im Dreischritt der sog. Mimesis (Flick 2000:158f). Weil er die Sprache im Text als höheres Ordnungsprinzip über das Erleben stellt, gelangt „jede Art von Handlung" erst dann zu ihrem Ziel, wenn sie zum Text geworden

Grundlage für das Design des Erhebungsinstruments. Segmentiert theologisches Wissen zur Gabenthematik ist vorauszusetzen. Zudem vereinen Pfarrer in ihrer Person den Mediator und existenziell betroffene Zeugen. Einerseits ist damit die nötige Distanz zur kritischen Reflektion und Deutung seiner Gemeindeglieder gegeben, obwohl er andererseits selbst als Schlüsselperson der Gemeinde in diese Prozesse involviert ist.

7.1.6.4 Grundüberlegungen zur Operationalisierung

Als *sechste* Voraussetzung steht hinter allen Teilfragen des Messinstruments die primäre Forschungsfrage, wie Charismen zu entdecken sind. Priorität besitzt daher die erkenntnisleitende Frage „Wie", die nach dem Modus des Entdeckens fragt, was grundsätzlich ein vorausgehendes Empfangen bedingt. Demzufolge lenken die variierten Teilfragen die Aufmerksamkeit auf Vorgänge des Erkennens, um nach Indikatoren, Mechanismen und Verhaltensweisen zu fragen, wie und unter welchen Einflussfaktoren Charismen zu erkennen sind. Aus den Ergebnissen der empirischen Erhebung werden Erkenntnisse erwartet, wann und wie Gaben wahrnehmbar werden, wer im Kontext der Kirchengemeinde involviert ist und welche Charakteristika dazugehören. Selbst wenn der Begriff des „Entdeckens" eine große Bandbreite synonymer Terminologien einschließt,[710] gebraucht der Fragebogen sieben dieser Varianten.[711]

Zuletzt stoßen alle Variablen des Fragebogens, die die immanent-soziale Ebene verlassen und offensichtlich transzendente Kriterien einführen,[712] empirisch an ihre Grenzen, was eine Falsifizierung ausschließt. Demzufolge beruhen ihre Bewertungen unter soziologischer Vorgabe auf subjektiven Wahrnehmungen, die ausschließlich deskriptiv deutend geschehen. Das allein reicht aber nicht aus. Denn faktisch gehört schon der Gegenstand der Untersuchung – die Charismen – theologisch zur transzendenten Kategorie, was den ganzen Fragebogen unter das Verdikt der subjektiven Deutung stellt. Nicht alle aber teilen dieses Postulat einer Trennung zwischen objektiv-sozialer und subjektiv-theologischer Ebene, weil sowohl ein soziologisch verstandener Begriff der Charismen als auch ein theologischer Begriff immanent definiert werden kann (vgl. Item 2). Laut Schneider (2004) besteht der von Weber geprägte soziologisch verstandene Handlungsbegriff immer aus zwei aufeinander bezogenen Bestandteilen. Diese beiden Teile sind „'menschliches Verhalten'" sowie ihr „'subjektiver Sinn'" (:21).[713] Angesichts des Gesagten ist die primäre Forschungsfrage nach dem

---

ist. So haben Texte bei Ricoeurs „stets den Charakter relativer Autonomie" (Noss 1994: VIII: 261-299).

710 Vgl. die Bedeutungsgruppen nach Dornseiff (2004:11/18).

711 Entdecken (Item 4a), Festellen (Item 4b), Erkennen (Item 4c), Einsetzen (Item 5), Entfalten (Item 5.1q), Hinweisen (Item 7), Beobachten (Item 7i).

712 Vgl. u. a. Variablen 5.1h oder 5.1k.

713 Vgl. die nähere Begründung bei Schneider (2004:21ff).

methodischen „Wie" des Gabenerkennens darum nicht auf eine empirisch–phänomenologische zu reduzieren, sondern impliziert immer auch hermeneutisch–
verstehende Anteile.[714]

Teil 2: Trianguläre Datenerhebung

8 Operationalisierter Fragebogen

8.1 Dramaturgie des Fragebogens

Die Dramaturgie des Fragebogens[715] zieht *einerseits* einen Spannungsbogen,[716]
um das Interesse der Befragten, wie es Schlütz & Möhring (2003) fordern, bis
zur letzten Fragestellung aufrecht zu halten (:120f).[717] Weil die Qualität der
Analyse wesentlich von sinnvollem Frageformulieren abhängt (Brosius &
Koschel 2005:105), wurde *andererseits* in die Konstruktion der Fragen äußerste
Sorgfalt investiert.[718] Ihre Standards orientieren sich indes an den quantitativen
Fragearten der gängigen Literatur klassischer und webbasierter Fragetechniken
(Diekmann 2002:410-416).[719] Form und Inhalt entsprechen einander, daher sind
beide theoriegeleitet. Bevor die konkrete Vorgehensweise zur Fragebogener-
stellung weiter ausgeführt wird, ist wegen eines Einwandes seitens der Frage-
bogenforschung eine notwendige Diskussion einzuschieben.

Zur Reihenfolge der Fragen ist nach der motivierenden Auftaktfrage (Item
1) vorab eine deduktiv analytisch-definitorische Itembatterie notwendig (II),
weil sie generell zum wissenschaftlichen Gebrauch soziologisch (Bortz & Döring 2003:63ff) wie theologisch geboten ist, was auch der durchgeführte Pretest
bekräftigte. Im Anlagedesign kommen vorwiegend quantitative und qualitative
Datenermittlungen (I) zum Einsatz: Geschlossene und offene Fragen, (Esser
1999:308) wie auch Ergänzungssätze (Bortz & Döring 2003:213). Die geschlos-

---

714 Vgl. Ziebertz (2000:33f).
715 Der Fragebogen befindet sich im Anhang.
716 Vgl. Lippl (2003). Er skizziert ein Koordinatensystem, dessen Vertikalachse die Frage-
bogenausfüllzeit mit der Horizontalachse, der Konzentration korrespondieren lässt und
graphisch einen Spannungsbogen ermöglicht (:35).
717 Dazu dienen, neben den standardisierten, auch die offenen Fragestellungen (Diekmann
2002:409).
718 Vgl. Gläser & Laudel (2004:76-87) zur theoretischen Bildung der Untersuchungs-
variablen.
719 Weiter vgl. Schöneck & Voß (2005:77-83), Zimmermann & Jordan (2003:91-114),
Kirchhoff (2003:19-23), Bortz & Döring (2002:253-258).

senen likertskalierten Itembatterien verfügen über fünf Ausprägungen von Wert
1 „trifft voll zu" bis Wert 5 „trifft überhaupt nicht zu". Dabei können sie, wie in
Item 5.1, bis zu 16 Variablen aufweisen, um vertieft detaillierte Ergebnisse zu
erzielen. Von allen Items im Fragebogen unterscheiden sich die Items in 5.1 und
8a-e insofern, dass sie den Ist-Zustand der Gemeindeprägung zu ermitteln suchen. Zu beachten ist, dass Pfarrer sie wahrscheinlich mit initiiert haben. Daraus
resultieren spezifische Itemgestaltungen, und zwar die der diagnostisch-state-
mentartigen Ergänzungssätze. Insgesamt besteht zwischen den likertskaliert geschlossenen Fragen und qualitativen Fragen (sowie Ergänzungssätzen) nahezu
ein Verhältnis von 1:1. Zum Antwortverhalten in Onlineuntersuchungen liegen
unterschiedliche Ergebnisse vor. Während die einen von der Erfahrung ausgehen, dass selbst dann, wenn Befragte sich schnell durch eine Befragung
hindurch klicken, qualitative Antworten ausführlich beantwortet werden
(Eberhardinger 2003:57; Bandilla & Bosnjak 2000:23), kommen andere zu
gegenteiligen Ergebnissen (Weber & Brake 2005:66). Die Qualitative
Inhaltsanalyse wird sowohl langen Textpassagen als auch kurzen Teilsätzen
oder Stichwortantworten gerecht.

Das Erhebungsinstrument weist, nach Diekmann (2002) und anderen
Forschern,[720] typische Frageformen auf, welche nach „Einstellungen, Überzeugungen, Verhalten und sozialstatistische(n) Merkmale(n)" (:404) sowie Wis-
sens-, Fakt- und Handlungsfragen zu klassifizieren sind, füllt sie aber inhaltlich
unter praktisch-theologischen Gesichtspunkten. Nach den Qualitätsstandards
entsprechen alle Hauptitems, die präzise eindimensionale Sätze aufweisen, den
Ansprüchen eines quantitativ und qualitativen Online-Erhebungsinstruments
(Raithel 2006:72f).[721]

Der sich anschließende Arbeitsgang[722] operationalisiert den ausführlichen Begründungszusammenhang der praktisch-theologischen Literatur, bestehender
Umfrageergebnisse und Forschungen zur postmodernen Gesellschaft im Erhebungsinstrument. Damit schließt die entwickelte Umfrage deduktive und induktive Anteile ein.

Der Fragebogen enthält deduktive und induktive Frageformen. So folgen
den deduktiv theoriegeleiteten Fragestellungen einerseits pointierte Hypothesen,
welche durch die Onlinebefragung überprüft werden. Wenn nicht extra erwähnt,

---

720 Vgl. Lanninger (2003:195), Esser (1999:303f).
721 Vgl. auch Diekmann (2002:410f), Esser (1999:312).
722 Relevante Literatur, die nach der Entwicklung des Fragebogens (2005) publiziert wurde
     und die Theorie der Kriterien unterstützt, findet nun in der Niederschrift teilweise zu-
     sätzlich Eingang. Um den Lesefluss nicht ständig durch Nachweise zu unterbrechen,
     stehen alle praktisch-theologischen Quellennachweise in den Anmerkungen. Literatur-
     verweise, welche die empirische Vorgehensweise des Erhebungsinstruments betreffen,
     werden dagegen stets im laufenden Text dokumentiert.

handelt es sich um „Zusammenhangshypothesen" (Diekmann 2002:107). Sie korrelieren zwischen Sachverhalten und dem Erkennen von Gaben. Andererseits tragen einige quantitative Forschungsfragen, was für qualitative Fragen durch ihren heuristisch–explorativen Charakter generell gilt, einen induktiven Ansatz und weisen demzufolge keine Hypothesen auf, weil gesicherte Theoriekonstrukte und Forschungen zumindest im zu untersuchenden Forschungsfeld fehlen und erst aus den empirischen Befunden hervorgehen.[723]

8.1.1 Item 1: Fokus Mitarbeiterfrage

Aufgrund der zukünftigen finanziellen Situation der Ev. Landeskirche benötigen Pfarrer dringlich ehrenamtlich tätige Mitarbeiter.[724] Überhaupt sind Mitarbeiter stets gefragt. Darum beginnt der Fragebogen mit dem Item, das nach der Art und Weise der Mitarbeitergewinnung fragt und trägt somit motivierenden Charakter (Diekmann 2002:414).[725] Zudem erfordert das Item nicht sofort eine Gedächtnisleistung über die eigenen Gemeindeglieder, sondern eröffnet zunächst einen persönlichen Zugang. Von wenigen Ausnahmen abgesehen, handelt es sich bei fast allen Skalen des Fragebogens um Ratingskalen.[726] Die sechsfache Rankingskala in Item 1 sieht dagegen vor, dass die Befragten selbst die Prioritäten in eine Rangfolge bringen, die nach Merkmalsausprägungen (von 1 bis 6) des Intensitätsengagements hinsichtlich der Mitarbeitergewinnung fragt. Um erzwungene Einseitigkeiten beim Ausfüllen zu vermeiden, sind mehrfache Nennungen möglich, was der Praxis entspricht. Die fünf Ausprägungen stammen aus den Tätigkeitsfeldern der Pfarrer;[727] zugleich gründen sie auf dahinterliegenden praktisch-theologischen Ansätzen.

So basiert die *erste* Variable auf einem *aufgaben*orientierten und - kontrastierend dazu - Variable *vier* auf einem *gaben*orientierten Ansatz.[728] Liegt der

---

723 Angesichts religiöser Komplexität besteht die neuere empirische Forschung nicht mehr zwingend auf einer Hypothesenbildung, vgl. Ziebertz (2000:32).

724 Zum aktuellen Diskurs: Pohl-Patalong (2006:11), Huber (2006:22.60), Hemminger & Hemminger (2006:86ff). Unter dem Blickwinkel kirchlicher Leitung, vgl. Barrenstein (2006:95-107), Pollack (2003:74), Eickhoff (1992:175). Härle begreift das Gewinnen von Mitarbeitern als „eine der wichtigsten Aufgaben für Pfarrer" (1989:300).

725 Aus diesem Grunde stehen demographische Fragen auch am Schluss (Itembatterie 10).

726 Von „trifft voll zu" bis „trifft überhaupt nicht zu."

727 Der Evaluationsprozess modifiziert das Wort „Dienste" zu „Aufgaben" für die erste Merkmalsausprägung.

728 Die Sozialpsychologie hat ein Messinstrument („Least-Preferred-Coworker"), mit dem sie beide Grundkategorien „aufgabenorientiert" sowie „personenorientiert" und beziehungsorientiert" eruiert (Hundertmark 2000:118). Letzteres ermittelt Fähigkeiten und Bedürfnisse der Mitarbeiter, während die Aufgabenorientierung die Produktergebnisse fokussiert und Mitarbeiter nur als Mittel zum Zweck nutzt (:175; Anm.118). Dennoch kann sich Hundertmark dieses Instrument zum Ermitteln von Führungsverhalten in der Kirchengemeinde vorstellen (:184).

erste Fokus auf den Aufgaben, welche die Suche nach Mitarbeitern von den nötigen Gemeindebedürfnissen her bestimmen,[729] kreisen die Fragestellungen im vierten Handlungsansatz intensiver um die zu entdeckenden Gaben der Gemeindeglieder[730] oder die, welche das Individuum sich wünscht.[731] Folglich agieren Pfarrer nach Josuttis nicht „in der Direktion oder der Animation, sondern in der Expedition."[732] Auch andere, wie Lehnert und Karle, sehen Pfarrer als Entdecker der Charismen, die sie aufspüren, sichten, aktivieren und trainieren.[733] Trotz dieser beiden charakteristischen Impulse zum gabenorientierten Grundansatz Praktischer Theologen, zeigt die EKiBa erst seit wenigen Jahren, wie durch das oben Gesagte bereits deutlich wurde, eine stärker gabenorientierte Arbeitsweise und entwickelte Gabenhefte. Angesichts dieser noch zeitnahen Impulse, ist wohl eher ein verhaltener Befund eines gabenorientierten Ansatzes zu erwarten.

Für die *zweite* Variable gilt eine prinzipielle Einsicht: Pfarrer sind auf die „Dienstbereitschaft der Gemeindeglieder" angewiesen,[734] was in Teilbereichen gleichzeitig ihre eigenen Handlungsspielräume einschränkt.[735] Zu prüfen ist auch, welchen Stellenwert das „Gebet um rechte Leitung" (*dritte* Variable) einnimmt. Die gewünschte Abfrage nach der Gebetspraxis ist eine vertrauliche Frage. Hohe Ausprägungen wegen ihrer pfarrersozialen Erwünschtheit (Diek-

---

729 So Schwarz & Schwarz (1984:165.168). Wagner im 20. Jh. scheint faktisch einer der ersten zu sein, der in seinem grundlegenden Buch „Die Gaben des Geistes für den Gemeindeaufbau" (1993) konsequent einen aufgabenorientierten bzw. ekklesiologischen Ansatz durchdekliniert (10). Ebenso Warren (2003:348). Hybels folgt diesem Ansatz erst nach einer pragmatischen Revision. So seien Gabentests ausschließlich für aufgabenerfahrene Mitarbeiter geeignet (2005:66). Es ist erstaunlich, dass bereits Wichern Gaben seiner Gemeindeglieder unter dem Kriterium einer Bedürfnisorientierung der Gemeinde suchte, vgl. Barth (1990:83.103).

730 So Hybels (2003b), Douglass (2001:119-130). Seine Einschätzung zu Luthers Charismenverständnis (:124) sowie die Unterscheidung zwischen allgemeinen Aufträgen und Gaben (:129) sind kritisch zu hinterfragen. Vgl. Böckel (1999:211). Nach Härle besteht eine „theologisch verantwortete Praxis des Pfarramts" darin, „die in der Kirche vorhandenen Charismen aufzuspüren und zur Entfaltung kommen zu lassen" (1989:301).

731 Vgl. Aschoff & Toaspern (2005:38f). Hybels (2005) akzentuiert den individualistischen Ansatz, weil es darum gehe, die Bedürfnisse der begabten Mitarbeiter zu stillen (:85f.). Was Douglass theoretisch untersucht, schlägt sich in seiner Gemeindegrundregel (Evangelische Landeskirche Niederhöchstadt) nieder: „Die Gabe bestimmt die Aufgabe." Dabei präferieren sie menschliche Wünsche, vgl. Kirchenvorstand Andreasgemeinde (2000:11ff).

732 Josuttis (2004) postuliert die entdeckende Expedition in das spirituell für Gemeindeglieder unbekannte Land als Primäraufgabe für Pfarrer (:79).

733 So Lehnert (2004:131) und Karle (2003:629-634).

734 Strunk (2001) wechselt seine Terminologie von der biblisch-theologischen Wortbildung der „Dienstbereitschaft" zur marktorientierten Begrifflichkeit und konzipiert eine „Fähigkeits-/Willigkeits-Matrix" (:49f). So auch Herbst (2001:59-62).

735 Vgl. Krech (2002:123f), Eickhoff (1992:179) und Härle (1989:301).

mann 2002:283) sind jedoch gegenüber einer Datenerhebung in Interviewform kaum zu befürchten. Zuletzt eruiert Variable *fünf*, ob die Mitarbeiterfrage ein „Nachdenken über eine Gemeindestruktur" auslöst, was in der Gemeindeliteratur breit vertreten wird, aber in der empirischen Wirklichkeit längerfristige und grundsätzliche Prozesse der Veränderung in den kirchlichen Praxisfeldern nach sich zieht.[736] Aufgrund permanenter Überlastung soll Pfarrern aber die Zeit dazu fehlen.[737] Um wieder zur sozialwissenschaftlichen Methodik zurückzukehren, sei zu dem vorliegenden Item noch gesagt, dass die zu ermittelten Werte mit einer „Ordinalskala" erreicht werden (Bortz & Döring 2002:155). Vor diesem Theoriehintergrund wird die Hypothese postuliert: Gerichtete Hypothese 1: Pfarrer der EKiBa gewinnen Mitarbeiter primär unter aufgaben- und dienst-orientierten Handlungsansätzen (Ergebniserwartung: Median 2,00).

Das letzte Feld dient zur freien Meinungsäußerung. Zu beachten ist, dass die optionalen Antwortvorgaben das Ziel verfolgen, sowohl das Interesse für den Fragebogen generell als auch eine innere Verbindung zum ganzen Fragebogen und demzufolge zur Gabenthematik zu wecken. Während Item 1 das aktive Handeln des Pfarrers eruiert, fokussiert Item 7 auf einem retrospektivischen Nachdenken, welche Gaben bei Gemeindegliedern zu beobachten sind. Auch die Teilvariable, welche die Dringlichkeit der Mitarbeiterfrage über die Gemeinde-struktur reflektiert, ist in Item 8e im ekklesiologischen Rahmen wiederholt. Ins-gesamt ist das Design der Fragen also so konzipiert, dass sie sich wechselseitig aufeinander beziehen. Damit lässt sich die Konsistenz des Befragten prüfen (Brosius & Koschel 2005:99).

8.1.2 Item 2: Prämissen des Gabenbegriffs

Beim zweiten Item zum Gabenbegriff, das zu seiner Terminologie ausführlich unter dem Prozess der Evaluation diskutiert wurde, handelt es sich um eine Itembatterie, die einen adaptiven Charakter trägt, weil alle weiteren Antworten im Verlauf der Befragung von dieser abhängen. Je stärker das Ausfüllverhalten also in Richtung 1 („trifft voll zu") in einem der drei Gabenbegriffe einseitig tendiert, desto stärker beeinflussen diese Prämissen den Wahrnehmungsvorgang der Gaben. Insofern trägt diese theologische Fragestellung programmatischen Charakter. Prinzipiell gilt der hermeneutische Grundsatz: Vor dem Erkennen muss evident sein, was darunter zu verstehen ist. Die Beziehungen zwischen den

---

736   Vgl. Warren (2003). Er vertritt eine gabenorientierte Gemeindearbeit, die eine radikale Rationalisierung der Gemeindestruktur erfordert (:352-357). Herbst: „Der Geist liebt die Zusammenarbeit mit allen Gaben ... dazu gehört auch zielgerichtetes und planmäßiges Arbeiten" (2001:97). Lindner (2000:209f.119-125.223-237), Eickhoff (1992:278-302). Noss (2002) und Herbst (2001b:85) greifen auf die US-amerikanisch ressourcen-orientierte SWOT-Analyse aus den 60er Jahren zurück, vgl. Kunz (2006:49.57).

737   Zur Überlastung von Pfarrern vgl. Tetzlaff mit ihren empirischen Daten (2005:137).

theologischen Gabendefinitionen und den konkreten Entdeckungsprozessen leisten in der Analyse fallübergreifende quantitative Korrelationsberechnungen und qualitative Einzelfälle. Theologisch wurzeln die dreifachen Antwortvariablen (2a-c) in maßgeblichen Positionstheorien der neueren Theologiegeschichte und praktisch-theologischen Diskussionen (Kapitel I und II). Je nach theologischer Position beziehen sich die drei Ergänzungsaussagen (2a-c) aufeinander oder existieren in ihrem Verhältnis zueinander separat. Die fünf Ausprägungen der Ratingskala ermöglichen, die Antwortvorgaben differenziert zu werten, was der Tatsache entspricht, dass unterschiedliche Theorieansätze in einer Variablen Eingang finden. Ihre theologischen Identitätszuschreibungen stehen in der folgenden Darlegung neutral nebeneinander. Wie bereits diskutiert, werden Charismen unter der sprachlichen Variante „*Ntl. Gaben sind...*" dreifach definiert. Die einen Vertreter von Variable 2a („*Schöpfungsgaben, die jeder Mensch in allen Kulturen besitzt*") pflichten einem schöpfungstheologischen Ansatz bei und begreifen Gaben als gottgegebene Potenziale, die zur anthropologischen Grundkonstante gehören. Einen weiteren Radius ziehen jene Vertreter, welche die Charismen als Antwort auf die Gegenwartskultur des Pluralismus verstehen und von einem pluriformen Geistkonzept ausgehen. Sie interpretieren das Pfingstgeschehen als weltweites Ereignis, das allen Menschen den Zugang zum Heiligen Geist vermittelt. Konsequenterweise liegt in diesem Entwurf ein inklusivistisches Geistverständnis vor. Die Grenze der Charismen ist darum weder an eine Lokalkirche noch Denomination gebunden, sondern reicht sowohl in die Gesellschaft als auch in alle nichtchristlichen Religionen hinein.[738]

Repräsentanten von Variable 2b („*natürliche Anlagen und vom Hl. Geist gegebene Fähigkeiten*") ziehen demgegenüber den anthropologisch-pneumatischen Ansatz vor.[739] Wenn Variable 2c („*geistgewirkte Fähigkeiten*") ausschließlich und mit einer hohen Ausprägung gewählt wird („trifft voll zu"), wäre zu fragen, welches Offenbarungsverständnis dahinter steht.[740] Schließlich bildet das qualitative Item 2d die Chance, eigene Definitionen und Deutungen abzugeben, die nicht in das vorgegebene Schema passen oder dieses verfeinern.[741]

---

738 So etwa Moltmann (1991) und Welker (1993:224f).

739 Für ihre Position stehen auf evangelischer Seite: Zimmerling (2001:189), Mühling-Schlapkohl (1999:115), Eickhoff (1992:168f), Seitz (1991:18), auf charismatischer Seite: Bittlinger (1987:90-99) ein. Bittlinger interpretiert den Empfang der Gaben als Befreiung zur „schöpfungsmäßigen Originalität" (.94). So schon Oetinger (1776:134). Ähnlich die neueren Pfingstvertreter: Duffield & Cleace (2003:402) und der charismatische Zweig der katholischen Kirche (2005:6ff), Befreiungstheologe: Boff (1990: 279f).

740 Die Auffassung, dass jedes Charisma normativ als Direktoffenbarung des Geistes einzustufen sei, vertreten etwa Eisenlöffel (2006:149-151), Albrecht (1999:241), Fortune (1994).

741 Vorausblickend sei gesagt, dass sich zur Analyse die strukturierende Inhaltsanalyse in besonderem Maße eignet, um mit Methodik die drei theoriegeleiteten Kriterien 2a-c in

Weil die Antworten auf die theologischen Gabenbegriffe vorausgehen und ihr Identifizieren bestimmen, folgen nun Kriterien ihrer Erkennbarkeit. Die nachfolgenden Items versuchen sich dieser Aufgabe anzunähern, indem sie die praktisch–theologische Literatur zur Thematik aufnehmen.

8.1.3 Item 3: Objektiver und subjektiver Erstempfang

Das dritte Item ist eine „Reihenantwort" (Bortz & Döring 2002:214), weil *eine* Frage mehrere Antworten zulässt. Zudem trägt sie nominalskalierte Merkmale. Ihre Skala misst sowohl den *Erst*empfang der Gaben als auch Prozesse des weiteren Erkennens in der Lebensbiographie. Die Kombinationsmöglichkeiten zeigen unterschiedliche theologische Ansätze, weil sie mit den Gabende-finitionen (Item 2) korrespondieren.

So nimmt die erste Variable mit ihrer Kodierung[742] 3a den schöpfungs-theologischen Ansatz auf, dass Gaben – meist natürlich verstanden – bei der *Geburt* gegeben werden,[743] während das zweite Kriterium 3b die *„Taufe"* als „Grundkasualie der Kirche" markiert,[744] die sowohl als Kinder-[745] als auch Erwachsenentaufe in der Konfirmation gedacht sein kann.[746] Theologisch jedenfalls gründet die lutherische Tauftheologie in der Rechtfertigung aus Gnade allein ohne Vorbedingungen seitens des Menschen und, strukturanalog dazu, die Geistbegabung mit den Gaben (Charismen) in der Taufe.[747] Konse-quenterweise umschreibt die neue Kasualtheorie die einmalig vollzogene Taufe als kirchliche Mitgliedschaft des Täuflings, eingegliedert in die Kirche als Leib Christi.[748] Zusammenfassend gilt: In der Taufe geschieht der *Erst*empfang der

---

ihren Ausprägungen herauszuarbeiten. In einem zweiten Materialdurchgang kann ge-prüft werden, ob neue Kriterien aus den qualitativen Äußerungen evozieren.

742 Die Kodierung dient zur Berechnung der quantitativen Ergebnisse.

743 Vgl. Die natürlichen Fähigkeiten werden nach Hybels (2003a) bei der Geburt des Men-schen empfangen, die geistlichen Gaben bei der Bekehrung (:192). Wagner begründet die natürlichen Begabungen, die er zu den Persönlichkeitsmerkmalen zählt, theologisch von der Gottesebenbildlichkeit her (1993:49).

744 Nicol (2000:69).

745 Albrecht sieht die volkskirchliche Kindertaufe in der neueren Diskussion mit „besonders schwerwiegenden ekklesiologisch-dogmatischen Bestimmungen versehen" (2006:202), vgl. Hübner (2001:94).

746 So Gräb (2000:273-280). Der Praktische Theologe Emil Brunner (1954) modifiziert Luthers Ansatz, indem er im Einsegnen der Konfirmanden den Charismenempfang richtig platziert sieht (:164f).

747 Vgl. die „Leit- und Richtlinien" der EKiBa (2000) für das ehrenamtliche Engagement (:1). Luther (WA 26 1528:168). Zur Lutherinterpretation, siehe Möller (2009:53f) und Asendorf (2004:636f), ebenso Schlatter, vgl. Rüegg (2006:214f).

748 Vgl. Albrecht (2006:204).

Charismen,[749] was zugleich „zum allgemeinen Priestertum" befähigt.[750] Gaben-entdecken im Laufe des Lebens veranschaulicht subjektiv, was objektiv in der Taufe geschehen ist.[751] Ohne die Unterschiede lutherischer oder freikirchlicher Taufansätze zu diskutieren, bleibt eines identisch: Ihr einmaliger Akt, der die „zugeschriebene Identität im Leben zur Wirkung bringt"[752] und darum eine lebenslange Glaubensgeschichte nach sich zieht.[753] Damit korrelieren eine indi-kativische Geistbegabung einerseits und andererseits Aufforderungen, Geistes-gaben zu bestätigen. Die beiden theologischen Ausgangspositionen (3a+b) schlagen sich in der Operationalisierung des Items 3 nieder und zwar insofern, dass zusätzliche Variablen im Hinblick auf das Erkennen der Gaben auf der Skala wählbar sind (3c-f).[754]

Die Antwortvorgabe 3c, ein Mensch erhalte erstmalig „*bei der Bekehrung zu Jesus Christus*" Gaben, wurzelt theologisch in der weit verbreiteten Auffassung, Gaben träten dort auf, wo Menschen Jesus Christus als ihren Herrn bekennen. Ein Erkennen der Gaben setzt also die Bekehrung zu Christus voraus.[755] Diese Theorie lässt offen, ob die Konversion ein punktuelles oder graduelles Erleben

---

749 So Luther (WA 26 1528:168). Zum Verhältnis von Taufe und Charismen vgl. Zimmerling (2002a:95). Einer der einflussreichsten Theologen der lutherischen Orthodoxie, Gerhard (1622), schreibt in seinen Loci theologici, dass „durch die Taufe ... der Glaube und die übrigen Gaben des heiligen Geistes in uns entzündet (accenduntur)" werden (Gerhard übersetzt nach Zimmermann 2006:274). Weitere Rezeptoren gegen-wärtiger Lutherauffassungen: Kerl (2003:214), im bilateralen Gespräch der VELKD (2000:26f.62.68), Röhser (1996:264), Winkler (1997:20-22), Herbst (2010:339). So auch katholische Theologen, etwa K. Baumgartner (1997:64).

750 So bei Kerl (2003:222). In offizieller Verlautbarung der VELKD (Grünwaldt 2004): „Durch die Taufe wird das Christsein als Priestersein einem Menschen zugeeignet, im Glauben wird das Christsein als Priestersein von einem Menschen angeeignet. Mag beides in der Lebensgeschichte eines Menschen auch zeitlich auseinander treten, so bildet es doch sachlich eine unauflösbare Einheit" (:11, kursiv Grünwaldt). Ebenso Josuttis (2004:147ff), Winkler (1997:115). Abromeit (2006:23), ebenso im ökume-nischen Gespräch der VELKD (2000:62).

751 So Herbst (2010:341). Zur charismatisch innerkirchlichen Tauftheologie vgl. Böckel (1999:218-223). Weil nach Luther in der Taufe die Begabung verliehen wird, kann die Ordination diese nur bestätigen, etwas Neues kommt nicht hinzu, vgl. Gertz (1997: 318f).

752 Vgl. Gräb (2000:211).

753 So Gräb (2000:209), ebenso schon Schlatter, vgl. Rüegg (2006:234f). U. Zimmermann vertritt darum einen dynamischen Geistempfang (2006:256). Seine Dissertation nähert sich der Kindertaufe unter der Analogie der Beschneidung.

754 Die theologische Grundeinsicht könnte empirisch zu einer wissenschaftlichen Bio-graphieforschung führen. Zu ihren Fragestellungen vgl. Drechsel (2002:78-98), Gräb (2000).

755 Vgl. Seitz (1991:17), Hybels (2003a:192). Josuttis (1997) könnte so verstanden werden, wenn er im Anschluss an seine Charismenäußerungen bemerkt, dass das, „was in den Bekehrten eingezogen ist, ... durch den Bekehrten weitergegeben" wird. Dabei grenzt er sich gegenüber einer Psychologisierung der Geisterfahrungen ab (:76f).

darstellt.[756] Die Kategorie der „Geistestaufe" ist spezifisch zuzuordnen (3d), weil sie idealtypisch die hermeneutische Pfingsttheologie aufnimmt. Sie koppelt den Erstempfang der Gaben an die Taufe im Heiligen Geist als zweite Erfahrung nach der Umkehr zu Christus.[757] Karl Barth darf hier nicht mit vereinnahmt werden, selbst wenn er angesichts seines dialektischen Ansatzes die Geisttaufe von der Wassertaufe separiert. Charismen werden bei ihm in der Geistestaufe geschenkt.[758] Die GGE interpretiert die Geisttaufe gegenüber der Wassertaufe als Erneuerungserfahrung, die teilweise Glossolalie auslöst.[759]

Zum Auswahlstatement der Variable 3e liegen faktisch kaum theoretische Konstrukte vor,[760] in denen Gaben „in einem geistlichen Ereignis" zum ersten Mal zu erleben sind. Biographische Reflexionen einzelner Theologen bestehen aber.[761] Derartige Erlebnisse reichen von der frühen Geschichte[762] über den Pietismus[763] bis in die Neuzeit. In der Moderne werden hauptsächlich Theologen mit der Realität der Charismen konfrontiert,[764] die innerhalb der charismatisch-freikirchlichen Szene leben oder dieser Bewegung durch persönliche Kontakte nahe stehen.[765]

Die letzte Variable 3f, die nach dem Gabenempfang „vor einer Aufgabe in der Gemeinde" fragt, präsentiert nuancierte Stellungnahmen. Sie unterscheiden sich aber höchstens semantisch durch ihre lokalen Präpositionen „vor" oder „in"

---

756 Vgl. Schröder (2010:224-244, bes. 230-232), Popp-Baier (2003:95-117, bes. 101ff).

757 Vgl. Duffield & Van Cleave (2003:376); Menzies & Menzies (2001:56ff), Stockstill (1999:102). Eine vermittelnde charismatisch-lutherische Position nimmt Christenson ein (1989:81-84).

758 Vgl. K. Barth (2008): die „Taufe mit dem Heiligen Geist ist [...] nicht identisch mit ihrer Taufe mit Wasser" (41). Für Barth existiert der „Heilige Geist [...], indem er ausgegossen wird, indem Menschen mit ihm getauft werden, in der Fülle der ‚Charismen' der einen Gemeinde. Durch deren Mitteilung empfängt jeder einzelne Christ - unabhängig von der Besonderheit seines natürlichen Charakters und seiner persönlichen Anliegen - seine besondere geistliche Kraft und damit auch seinen besonderen Auftrag im Ganzen des Lebens und des Dienstes der Gemeinde" (41f). Vgl. zum Verständnis der Geistestaufe bei Barth: Rüegg (2006:35-37), Beißer (2006:250ff), Möller (2004:196f).

759 Vgl. Böckel (1999:221f). Formal besteht ein Anschluss an die katholische „sakramentale Geisttaufe" (:222; Anm. 102).

760 Turner (1999) betont die geistlichen Erlebnisse als Möglichkeit, nach der Bekehrung weitere neue Charismen zu erhalten (:155).

761 Vgl. etwa Zinzendorf in den gemeinsamen Versammlungen (Möller 2004:115, Krüger 1969:44ff) oder Blumhardt, der selbst das Empfangen der Charismen während der Sündenvergebung erlebt (Josuttis 2002:194).

762 Vgl. etwa Theodoret in der Ordination (Ritter 1972:165).

763 Vgl. Schlette, der von einer „Selbstcharismatisierung" im Pietismus spricht (2005:138).

764 Vgl. Deere (2005a), der frühere Professor am Dallas Theological Seminary, schildert in seinem Buch „Überrascht von der Kraft des Heiligen Geistes", welche Erfahrungen und exegetischen Gründe dazu führten, seinen dispensationalistischen Ansatz zu widerrufen (:19f.127ff). Vgl. zu Deere auch Riesner (1997:127), Bittlinger (2004:16f).

765 Vgl. Großmann (2004:127-142) und Wenzelmann (2003:234ff).

bestimmten Gemeindeaufgaben. Diese Auffassung wird oft vertreten werden.[766] Dahinter steht der Leitsatz: Zu jeder Aufgabe schenkt Gott seine Gaben. Schließlich ist noch eine grundsätzliche Erklärung abzugeben: Der Itemzusatz „geistlich", der in Variable 3e erstmals und dann auch in weiteren Variablen vorkommt,[767] wurde statt des inflationären Adjektivs „spirituell" gewählt. Laut dem lutherischen Theologen G. Ruhbach kann der Begriff „geistlich" abgehoben klingen, er geht aber auf Paulus zurück und meint die Geistesgegenwart und Vollmacht des auferstandenen Christus für den zum Glauben Erweckten und auf Christus Getauften. Folglich beinhaltet das Geistliche in dieser Arbeit einen auf Christus bezogenen „Lebens*bereich*", eine „neue Lebens*ausrichtung*" und „Lebens*orientierung*."[768]

8.1.4 Item 4: Ausprägungsstärken im Erkennungsprozess

Das vierte Item präsentiert fortzuführende Ergänzungssätze in freier Deutung, was allein schon durch das offerierte Layout ausführliche Kommentare erwarten lässt. Daher tragen sie heuristischen Charakter. Obwohl das Item mit seinen drei Ergänzungssätzen erfahrungsorientiert fragt, bleibt der Kontext der eigenen Gemeinde in der Fragestellung unberücksichtigt. Im Vergleich zwischen dem ersten (4a: „*Gaben sind schwierig zu entdecken...*") und letzten (4c: „*Gaben sind leicht zu erkennen...*") Ergänzungsstatement, liegt ein dialektisches Verhältnis vor. Dagegen lässt die neutrale Position (4b: „*Gaben sind nur teilweise festzustellen...*")[769] theologisch ambivalente Deutungen zu, weil Charismen zum einen als Geistoffenbarung schwer zugänglich sind,[770] zum anderen bestehen hamartiologische Gefährdungen. Was nach außen an Manifestationen der Gaben beeindruckend erscheinen mag, kann von innen längst menschlich korrumpiert sein. Andere interpretieren das Erkennen vom Geistgeschehen her, das prinzipiell nur Menschen zugänglich sein soll, die sich mit ihrem geistlichen Verständnis annähern.[771] Zusammenfassend gilt: Alle drei Halbsätze spiegeln im

---

766 So Krause (1999:208), Wagner (1993:76f) und Eickhoff (1992:238f). Schwarz & Schwarz (1984:165). Bei Luther fallen Aufgaben, Gaben und Gottes Berufung zusammen (WA 1530:89-139). Wichern sieht zuerst die Notwendigkeit der Aufgaben, um darin Gaben zu entdecken (Barth 1990:83).

767 Vgl. Variable: 5.1e, 5.1.k, 7c und 7e.

768 Rubach (1996:7f). Zum Synonymbegriff „spirituell" vgl. Zimmerling (2003).

769 Im Pretest sprachen sich Pfarrer aus theologischer Notwendigkeit für eine unklare Alternative aus.

770 Vgl. Josuttis (1997:72) und Bohren (1975:65). Beide fordern dennoch explizit das Entdecken der Charismen. Josuttis (1997:70ff) und Bohren (1975:145ff), ähnlich: vgl. Kunz-Herzog (1997:233).

771 So N. Baumert (2001:244).

Vorverständnis den aktuell praktisch-theologischen Diskurs wider (Kapitel II, Teil 1).[772] Demgegenüber werden pragmatische Ausführungen erwartet.

8.1.5 Itembatterie 5: Konstellationen und Gaben-konkretionen

Nach der Fragentrias zum Erkennungsprozess der Gaben (Item 4) folgt, weiterführend im logischen Design und überleitend zur Itembatterie (5.1), ein qualitatives Item 5. Es fragt konkret nach bereits eingesetzten Gaben in der eigenen Gemeinde (*„Welche Gaben werden bereits in Ihrer Gemeinde eingesetzt?"*). Itembatterie 5.1 nutzt methodisch wieder die Ordinalskala. Sie ist recht umfangreich und fordert in der Gesamtanlage die größten Investitionen der Befragten. Die Einzelvariablen stellen fest umrissene Indikatoren vor Augen, wie Gaben möglicherweise zu entdecken sind.

Dass im Gesamtdesign ausschließlich in dieser Hauptfragestellung (5.1) die grammatische Form des Imperfekts vorliegt, wurde bereits erörtert. Zu beachten ist die allgemein gehaltene Frageformulierung, welche die landeskirchliche Gegebenheit einkalkuliert, dass Pfarrer in der Praxis kaum als primäre Initiatoren des Erkennungsvorgangs fungieren. Vielmehr ist anzunehmen, dass die verschiedenen Gemeindeglieder und Funktionsträger[773] im miteinander Arbeiten organisch ihre Gaben feststellen und Pfarrer darüber informiert werden.

Als Nebeneffekt der Itembatterie geben Pfarrer in ihrem Beantworten indirekt etwas von ihrem Selbstverständnis preis, weil anzunehmen ist, dass sie teilweise ihr pastorales Handeln mitreflektieren. Darum ist der Einwand berechtigt, sensible Antwortvorgaben[774] könnten das Ausfüllen des Erhebungsinstruments erschweren. Im Pretest hat jedoch kein Teilnehmer kritisch reagiert. Rein formell sind die 16 Variablen der Itembatterie stereotyp angelegt, um ein Gleichmaß zu erzielen. Jede Ratingvariable bis zur 13. Antwortkategorie eröffnet die Gelegenheit einer freien Texteingabe einer oder mehrerer Gaben. Das Ziel dieser Messeinheit ist zweifach: Einmal ist zu prüfen, unter welchen Umständen und Ausprägungen Gaben in der Gemeinde zu entdecken sind. Zweitens fragen die verbundenen qualitativen Antwortmöglichkeiten nach Korrelationen

---

772 Vgl. zu 4a Zimmerling (2001:124ff). Liebelt lehnt eine aktive Beihilfe zur Gabensuche ab (2000:226), für N. Baumert ist es ein Denkfehler, wenn das Wirken des Geistes mit empirischen Kriterien greifbar sein soll (2001a:245). Auch Rahner hält ein restloses Erkennen für unmöglich (1989:61), während Großmann zum Ergänzungssatz „4c" konkrete Schritte nennt (1999:170-175).

773 Vgl. Gemeindeglieder, Kirchenälteste, Gemeindediakone oder sonstige Mitarbeiter.

774 Vgl. Item 5.1e: „Mitvollziehen geistlich-pastoraler Handlungen", 5.1f: „Einsetzen von Gemeindegliedern, wo Mitarbeiter fehlen", 5.1g: „gegenseitiges Ergänzen in den Aufgaben (Hauptamtlicher/Mitarbeiter)", 5.1l: „regelmäßige Einzelgespräche über Ämter und Aufgaben" und 5.1m: „durch Lob und Vertrauen."

von pastoralen Handlungen oder gemeindlichen Lebensäußerungen auf der einen und den konkret anzugebenden Gaben auf der anderen Seite.

8.1.5.1 Item – Überregionale Konferenzen

Als nächstes ist auf die Ausdifferenzierungen der Einzelfragen (5.1a-g) einzugehen. Das grundlegende Kennenlernen der Gaben spielte angesichts der überregionalen GGE-Konferenzen in den 70er bis 80er Jahren eine nicht zu unterschätzende Rolle.[775] Heute ist an „überregionalen Konferenzen" zu denken, wie etwa der Kongress christlicher Führungskräfte. Charakteristisch bei Großveranstaltungen ist die Masse der Teilnehmer mit ihrem beeinflussenden Energiepotenzial, das sinngebende Zugehörigkeit und Geborgenheit vermittelt.[776] Hinzu kommen Effekte, die den Leiter und Teilnehmer solcher Veranstaltungen betreffen. So kann es sein, dass der Einzelne den Leiter verehrt und darin sein projiziertes „Ich-Ideal" zu verwirklichen sucht.[777] Trotz dieser Gefährdungen gehen auch positive Dynamiken von derartigen Kongressen aus, wie nachweislich, insbesondere etwa von Willow Creek, hinsichtlich einer gabenorientierten Gemeindearbeit.[778] Dieses Praxisfeld steht hinter Variable 5.1a bzw. bildet die Hypothese heraus, dass von solchen Veranstaltungen (auch die zwei Nächsten: Vorträge und Seminare) Impulse zur Gabenerkennung ausgehen.

8.1.5.2 Item – Vorträge zur Thematik und Seminare mit Übungen

Variable 5.1b beruht auf dem kirchlichen Bildungsbegriff,[779] der dem Subjekt „in Vorträgen" die Thematik der Gaben zwar intentional vorgibt, aber nachhaltig die Würde des Menschen ernst nimmt und ihm die Freiheit zu kritischer Reflexion ermöglicht.

Wollen derartige Vorträge primär kognitive Lernprozesse auslösen, akzentuiert Variable 5.1c einen erfahrungsbezogenen „Seminarstil" mit Interaktionen

---

775 Vgl. Rother (2005:250), Föller (2005:490), Zimmerling (2002:269f).

776 Vgl. Utsch (2005:107f) mit seiner Darstellung zur religiösen Sehnsucht nach Selbstvergewisserung. Was Steck über den Kirchentag sagt, gilt auch hier: Es ist ein „Erlebnisraum auf Zeit" (2000:266).

777 Mitscherlich & Mitscherlich, zit. in Josuttis (2004:22).

778 Vgl. Gantert & Gantert (2005:126-138), Heckmann & Nyree (2005:53-60).

779 Vgl. Witte (2006). Er entwickelt eine kirchliche Personalentwicklung im Rahmen eines pädagogischen und religiösen Bildungsbegriffs (:86ff.139ff). Allgemein zum Bildungsbegriff vgl. Lämmermann (2001:74ff), Steck (2000:401-413). Während die Entwurfsfassung zur Mitteldeutschen Synode (2006) die Gaben unter die Erwachsenenbildung ordnet, sieht Printz (1996) die Begabungen unter dem Erziehungsbegriff bzw. der Gemeindepädagogik (:265).

zum Einüben der Gaben.[780] Zu denken ist an Glaubens-, vor allem aber an Gabenkurse,[781] die, wie Sautter feststellt, abgesehen von kognitiven, auch soziale und emotionale Lernprozesse einschließen.[782] Foitzik entwickelt ein Konzept, Mitarbeiter speziell für den kirchlichen Besuchs-, Seelsorge- und Beratungsdienst zu qualifizieren. Voraussetzung ist „das Paradigma des Lernens in der Gruppe",[783] was die Teilnehmerzahl eingrenzt, denn nicht jeder bringt für diesen personenorientierten Ansatz die psychische Stabilität mit. Korrektiv der gemeinsam durchgeführten Aufgaben ist die Selbst- und Fremdwahrnehmung mit der Wirkung, dass „hier ... das Anerkennen der eigenen Gaben eingeübt und angewandt und die Beziehungsfähigkeit gelernt und verbessert werden."[784] Alle bisher dargestellten Dimensionen möglicher Wahrnehmungsprozesse zum Aufspüren der Gaben werden mit dieser Variable zu messen versucht.[785]

8.1.5.3 Item – Reaktion auf Verkündigung

Schon vor der dialektischen Theologie, so behaupten Praktische Theologen heute, trete die Wirkung der Verkündigung als Indikator zum Gabenerwecken auf.[786] So fragt Variable 5.1d nun im Forschungsfeld der EKiBa nach ihrem gegenwärtigen Stellenwert, was zur Hypothese führt: Neutestamentliche Begabungen werden als „Reaktion auf die Verkündigung" bewusst. In Verbindung zum gottesdienstlichen Gemeindetypus in Itembatterie 8a wird ein Zusammenhang beider Ergebnisse erwartet.

8.1.5.4 Item – Mitvollziehen geistlich pastoraler Handlungen

Weiter wollen die inhaltlich korrespondierenden Variablen 5.1e und 5.1g einerseits den „geistlichen Mitvollzug" pastoraler Handlungen messen (5.1e), welche

---

780 Exemplarisch zur Einübung der Gaben: Aschoff & Toaspern (2005:21ff), Spornhauer (2001:370ff), Weber (2001:677), Großmann (1999:175), Krause (1999:206f), so schon Bengel (Föller 1998:96).

781 Vgl. Item "9a", "9b", "9c" zu den Kursen von Hybels (2003b) und Schwarz (2001). Zur landeskirchlichen Umsetzung vgl. Douglass (2001:125) oder Krause (1999:182-211). Dass solche Seminare beim Individuum durch das konzertierte Beschäftigen in einer halbwegs konformen Gruppe spezielle Erwartungen hervorrufen, Gaben erkennen und erleben zu wollen, ist eine generelle Beobachtung.

782 Vgl. Sautter (2007:87), ebenso Häuser (2004).

783 Vgl. Foitzik (1998:195).

784 Foitzik (1998:197).

785 Ebenso auch mit den Items: 5.1a, 5.1d, 5.1m und 7d und Item 7 generell.

786 Vgl. Josuttis (2004:105), Cornelius-Bundschuh in seiner Habilitationsschrift über die „Kirche des Wortes" (2001:49), Lindner (2000:156), Seitz (1991:21), Herbst (2010:334, 1996:310f). In charismatischen Gottesdiensten in Form prophetischer Beiträge, Böckel (1999:247). Chrysostomus (Ritter 1972:123f), Luther (WA 16 1546:304c, WA 22 1544:304).

andererseits ein „gegenseitiges Ergänzen" (5.1g) erfordern. Dennoch liegen beide Items in der Disposition des Fragebogens getrennt voneinander, weil sie eine je eigene Betrachtungsperspektive aufweisen. Gegenseitiges Ergänzen kann auch ohne direkte Zusammenarbeit geschehen, indem das mitarbeitende Gemeindeglied eigenverantwortlich arbeitet[787] und dennoch eine qualifizierte Praxisbegleitung vom Pfarrer wertschätzend erfährt. Auch das geistliche Mitvollziehen verlangt eine „Subjektorientierung",[788] die wesenhaft eine Kooperation impliziert. Das „Mitvollziehen geistlich-pastoraler Handlungen" verortet sich stärker in eine gottesdienstliche Veranstaltung, weil zusätzlich auf das gemeinsame „Segnen und der Fürbitte" hingewiesen wird. Nach Kerl stößt das neue Ev. Gottesdienstbuch (1999) zu einer neuen theologischen Qualität des Gottesdienstes vor.[789] Sie konstatiert: „Die Gemeinde, die von Gott mit der Vielfalt von Geistesgaben beschenkt wird, soll sich mit all diesen Gaben, Fähigkeiten und Erkenntnissen am Gottesdienst beteiligen."[790] In den Ausführungen der EKD, die Kerl kommentiert, dominiert das Signalwort des „Mitwirkens". Kerl schließt variantenreiche Formen der Mitarbeit ein.[791] Selbst wenn die Aufgabe des Amtsträgers darin besteht, diese „'Wirklichkeit des allgemeinen Priestertums entdecken zu helfen'"[792] und sie analog ein gaben-orientiertes Mitarbeiten einschließt,[793] bleibt die Frage, inwieweit das Mitwirken sich nicht bloß auf ein Delegieren reduziert. Oder partizipieren Gemeindeglieder tatsächlich? Stellt sich also ein geistliches Mitvollziehen dar, das ein pastoral kollektiv-geistliches Handeln impliziert? Ein solches fordert Lindner als „berufs– und statusübergreifende Lern- und Weggemeinschaft."[794] Von Luther ist ein detaillierter Briefauszug überliefert, in dem er zum Glaubensgebet bei Krankheit in einer Dienstgemeinschaft anleitet.[795] Stand bei ihm ein explizites Gabenerkennen nicht im Blickfeld, betonen heute Theologen zusehends auch in der

---

787 Vgl. Foitzik (1998:75f).
788 Vgl. Foitzik (1998:81).
789 So die Einschätzung nach Kerl (2003:221).
790 EKD und VELKD (2001:15).
791 Vgl. Kerl (2003:226ff). Sie beinhalten ein Mitwirken im Gottesdienst. Bohrens (1979:1-56) Vorschläge gehen weiter. Er verlangt eine Kasualpraxis, in der die vom Pfarrer geschulten Gemeindeglieder in den Hauskreisen – auch unter einer missionarischen Zielsetzung – aktiv werden. Rezipiert von Eickhoff (1992:195-205).
792 Kerl (2003:222).
793 Vgl. Kerl (2003:226ff).
794 Lindner (2000:144). Heckel (2002) wendet das Segnen individuell an (:269ff). Anders Printz (1996): Er spricht von einer Partizipation als wechselseitig-pädagogisches Handeln (:290.302f).
795 Der ältere Luther (1545) leitet so die Vorgehensweise beim Glaubensgebet an, indem Hauptamtliche mit anderen zusammen für den Kranken unter Handauflegung beten sollen (Scharfenberg 2005:27f).

Landeskirche ein geistliches Kooperieren, das Gaben hervorruft.[796] So ist zu prüfen, ob das, was in der Theorie des Gabenentdeckens propagiert wird, auch im landeskirchlichen Feld der EKiBa zu erfahren ist. Die Hypothese lautet: Aus geistlich-pastoralen Handlungen im Mitvollziehen erwachsen Gaben.

8.1.5.5 Item – „Lückenbüßer" einsetzen

Gemeindeglieder, die als kirchengemeindliche „Lückenbüßer" mangels Mitarbeiter Aufgaben vorübergehend wahrnehmen, sind in der praktisch-theologischen Literatur bekannt. Ein Engagement unter diesen Umständen wird teilweise negativ bewertet.[797] Ausgangspunkt sind Überzeugungen, nur mitzuarbeiten, wenn die damit verbundenen Beziehungen – wie es dem postmodernen Grundgefühl entspricht – Spaß bringen,[798] Freude auslösen,[799] und Ehrenamtliche sich sinnorientiert verwirklichen können.[800] Oder sie übernehmen spezielle Ämter lediglich, sofern ein Erfahrungspotenzial vorliegt. Der Spaßfaktor schließt nach Selbstaussagen auch Pfarrer u.a. in ihrer gottesdienstlichen Liturgik ein.[801] Ohne Frage spiegelt das Erleben von Spaß tendenziell die Gesellschaft wider, denn ihr Motiv steht an der Spitze einer bundesweit durchgeführten Umfrage, wie Bundesbürger sich ehrenamtlich engagieren. Demzufolge hängt das altruistische Motiv des ehrenamtlichen Dienens zum Gemeinwohl mit dem Spaßhaben zusammen. Einen herausragenden Platz bei der erwähnten Großumfrage nimmt dabei Baden-Württemberg ein.[802] Zweifellos wurzelt dieses Lebensgefühl nach M. Josuttis in der Erlebnisgesellschaft und ihrem gravieren-

796 Mehrfach dazu Lindner (2000:145.150.153.156), Foitzik (1998:197). Vgl.: D. Scheunemann (2000:36) im Kontext der Missionsarbeit.
797 Vgl. Foitzik (1998:57), Douglass (2001:124.126f), Pohl-Patalong (2003:236, 2006:142), Obenauer (2009:226).
798 Vgl. Ebertz (2004:170), Steffel (2002:35). Der Spaßfaktor wurde wohl erstmals von US-amerikanischen Pastoren erwähnt (Warren 2003:349) und spielt heute eine bedeutende Rolle (Douglass 2001a:129).
799 Nach Schwarz ist eine bloße Pflichterfüllung zu vermeiden, entscheidend sei Freude an der Aufgabe (2001b:59). Ähnlich Douglass (2001a:129).
800 Der signifikante Wertewandel in der Gesellschaft veränderte die Motivation ebenso im bürgerschaftlichen Engagement als auch im kirchlichen Ehrenamt. Im Zentrum steht das selbstbezogene, sinnorientierte Ehrenamt, es ist „der ‚Dienst am eigenen Selbst'" (Piroth 2003:61), Pohl-Patalong (2006:142), Wischeropp (1998:62).
801 Vgl. Knecht (2007:105).
802 In Baden-Württemberg: Hoch (2006:33f). Bundesweit: Gensicke (2005:102f). Die zweite repräsentative Datenerhebung (2004) basiert wie die erste (1999) auf 15.000 Interviews, vgl. Hoch (2006:8), Rosenblatt (2002:17.54.), Beck (2003:11) und Schütz (2000:21). Die zweite bundesweite Studie belegt aber einen frappierend einseitigen Rückgang der „Spaßorientierung" seitens der Jugendlichen (Picot 2006:22).

den Wertewandel,[803] was von ev. Theologen[804] und von pentekostaler Seite beklagt wird.[805] Von daher prüft die Erhebungsvariable 5.1f, inwieweit eine bloße
Dienstgesinnung - ohne Anspruchshaltungen des Erlebnismarktes und messbarer
Vorqualifikation - als Akt der Handlungsbereitschaft genügt, um Begabungen
auszulösen. Variable 5.1f und 7.1d korrespondieren asymmetrisch, indem die
erste Perspektive (5.1f) Mitarbeiterlücken im Blick hat und keine individuellen
Findungsprozesse der Gaben zulässt, welche die genannten Verwirklichungs-
faktoren voraussetzen, während Variable 7.1d ausdrücklich nach dem Sachverhalt der „Freude" an Aufgaben als Kriterium zum Gabenentdecken fragt.

8.1.5.6 Item – Gegenseitiges Ergänzen

Es folgt der zweite Teil der Itembatterie 5.1g-m, der nach dem Weiterklicken
auf dem Onlinefragebogen auf der nächsten Homepageseite erscheint. Das
gegenseitige Ergänzen (5.1g), im Sinne einer Aufgabenteilung, wurde als Teilaspekt in ihrer Verbindung zu Variabale 5.1e bedacht. Für sich genommen steht
die Variable 5.1g nicht bloß für ein gemeinsames Handeln im Team. Vielmehr
setzt sie voraus, dass es ein notwendiges Komplimentieren zwischen Hauptamtlichen und Mitarbeitern durch die Gaben erfordert. Ausgangspunkt einer solchen
Sichtweise kann im reformatorischen Ansatz des allgemeinen Priestertums
liegen. Gravierender zeigt es sich im Leib-Glied-Denken eines „pneumatisch
gesteuerten Gemeindeaufbaus nach 1Kor 12".[806] Denn während die erste Grundlage zwar von unterschiedlichen Berufungen und Aufgabenfeldern ausgeht und
eine Gleichwertigkeit voraussetzt, vermittelt die zweite Grundlage die charakteristische Eigenheit der Charismen, insofern jede Gabe faktisch lückenhaft und
damit auf gegenseitiges Ergänzen angelegt ist.[807] Allein dieser Sachverhalt
deutet auf Stärken und Grenzen der Gaben hin. Genauer betrachtet entwickeln
sich Gaben im prozesshaften Kooperieren und Konkurrieren.[808] Daraus ergibt
sich die Hypothese: Im reziproken Kooperieren werden Gaben erkenntlich.

---

803 Vgl. Josuttis (2004:89), Ebertz (2004:169), Steffel (2002:35). Auch Witte (2006), Theo-
      loge und Personalentwickler, führt den „Spaßfaktor" und die hedonistische „Selbst-
      entfaltung" auf den gesellschaftlichen Wertewandel zurück (:31-33). Der Religions-
      soziologe Ebertz (2004) weist jedoch darauf hin, dass das Spaß-Motiv nicht unbedingt
      diejenigen repräsentiert, die einer oberflächlichen „Unterhaltungs- und Zerstreuungs-
      kultur" folgen (:170), denn zwischen Selbstentfaltung und Ehrenamt besteht seiner Auf-
      fassung nach eine positive Verbindung (:179).
804 Vgl. Klessmann (2001:72), Schwarz (2001) argumentiert gegen das „Lust-Laune-Prin-
      zip" (:60) oder die „Null-Bock-Mentalität" (:142).
805 Vgl. Menzies (2001:199).
806 Vgl. Lehnert (2004:131).
807 Vgl. Lehnert (2004:131).
808 Vgl. Knieling (2006:100-105, 2000:117-124), Lehnert (2004:138f).

244

8.1.5.7 Item – Beten für Gaben

Von Chrysostomus über Luther und den Pietismus bis in die Gegenwart von evangelikalen und charismatischen[809] wie ev.[810] und kath.[811] Theologen, kommt dem erwartungsvollen Beten, wonach Antwortvorgabe 5.1h fragt, eine Schlüsselrolle zu. Inwieweit dies aber für die EKiBa hinsichtlich des Betens für Gaben zutrifft, bedarf einer explorativen Erkundung.

8.1.5.8 Item – Einüben der Gaben in Kleingruppen

Örtliche Kleingruppen (Hauskreise) erleben wegen des individualistischen Umfelds und einer zusehends globalen Welt[812] eine neue Renaissance.[813] Nach der Gemeindebildungstheorie von Ralph Kunz-Herzog sind nur Kleingruppen geeignet, soziale Räume und Kommunikation im Lernfeld der Gemeinde zu gewährleisten.[814] Das Spezifische ist das Einüben der Gaben (5.1i), was zweifach geschieht: Einmal informell, durch eine beteiligungsgerechte Struktur und einem seelsorgerlich-diakonischen Dienen aneinander. Zum zweiten fördert, psychologisch gesehen, allein schon die vertraute Nähe zueinander den experimentellen Umgang mit den Gaben.[815] Idealtypisch könnten der Gemeinde mit diesem Erproben begabte Gemeindeglieder als potenzielle Mitarbeiter zuwachsen.[816] Ohne Zweifel baut dieses optionale Probieren die kreativen Anteile aus. Zugleich kann es aber zu einer Schieflage führen, weil sich der Einzelne nicht mehr auf bestimmte Aufgaben festlegen will, was wiederum charakteristisch für die postmoderne Lebenseinstellung ist.[817] Von daher liegt auf dieser Variablen der Charakter des Ungewissen, was eher für eine explorative Gattung statt einer hypothetischen spricht.

---

809 Vgl. Aschoff & Toaspern (2005:5), Kopfermann (2002:174), Christenson (1989:230), Wagner (1993:67-69).

810 Vgl. Scheunemann (2000:134), Krause (1999:198ff). Vgl. auch die Church of England (2004:12).

811 Vgl. N. Baumert (1986:167).

812 Gerade die Globalisierung bedingt eine neue Lokalisierung (Long 2001:223f).

813 Vgl. Bugbee (2005), Deere (2005b:202), Hybels (2003a:192), Herbst (2010:352), Böckel (1999:259), Simson (1999), Winkler (1998:77).

814 Vgl. Kunz-Herzog (1997:142f), Sautter (2007:68).

815 Vgl. Schmid (2004:95f), Schwarz & Berief-Schwarz (2002), Böckel (1999:260), Kunz-Herzog (1997:145), Eickhoff (1992) stellt ein Kursangebot vor, indem Gemeindeglieder ihre Gaben erkennen und einüben können (:206-214).

816 Vgl. Eickhoff (1992). Sein Viertakt im Hauskreis entspricht dem Inhalt der Gesamtgemeinde: „Gewinnen – Sammeln – Schulen – Senden" (:190).

817 Vgl. Wittrahm (2001), der von einer „Entscheidungsverweigerung" spricht (:86ff).

8.1.5.9 Item – Lernen in der Begegnung charismatischer Personen

Dass Lernen durch Vorbilder geschieht, ist Konsens in der Lern- und Sozialpsychologie sowie der Pädagogik.[818] Gibt es aber auch einen Nachahmungsfaktor im Hinblick auf Charismen? Die Rezeptoren von Zinzendorf und Blumhardt begreifen beide als inspirierende, charismatische Persönlichkeiten und arbeiten ein Ineinander von Inspiration, Erziehung, Persönlichkeitsprägung und aktuellem Glauben heraus.[819] Im Anschluss daran sind es heute, neben der Vorbildforschung,[820] vorwiegend Arbeiten aus dem charismatisch-pfingstlerischen Umfeld, welche die geistlich-sozialen Nachahmungseffekte der Charismen empirisch belegen.[821] Die Fragestellung 5.1j knüpft hier an. Die praktisch-theologische Dissertation von Printz (1996) versteht Gaben hauptsächlich „nicht als fertig ausgebildetes *Können…*", sondern als „*Anlage*",[822] was zur gemeindepädagogischen Konsequenz führt, dass der Entdeckungsprozess und das Einüben der Gaben zum relevanten Erziehungsauftrag der Gemeinde gehören.[823] Zur Vorbild-Nachahmungs-Wirkung der Gaben[824] äußert er sich nicht explizit.

Aufschlussreich ist die Dissertation des lutherischen Theologen und Psychologen Gennerich (2000), der die Theorie einer Übernahme des Vorbildes von Pfarrern bei Gemeindegliedern untersucht. Er kann empirisch belegen, dass ein Nachahmen der Pfarrer dann stattfindet, wenn dieses dem „eigenen Ideal" der Gemeindeglieder entspricht.[825] Obwohl Gennerich die Charismen in seiner Untersuchung nicht dezidiert thematisiert, scheinen die Ergebnisse seiner empirischen Vorbildlichkeitsmessungen einen Transfer zum partizipatorischen Lernen am charismatischen Vorbild nahe zu legen und zwar dann, wenn die religiösen Werte zwischen Pfarrer und Gemeindeglieder einander entsprechen.[826] Weil Vorbildsein intensive Begegnungen voraussetzt, was für Pfarrer zeitlich kaum realisierbar ist und sie allein in dieser Rolle überfordern würde, bleibt die Frageform der Variablen 5.1j bewusst neutral und schließt - wie es Lindner

---

818 Vgl. etwa Gründler (1998:44-49), Printz (1996:131-135), Bandura (1994).

819 Vgl. Bohren (1993:359ff).

820 So legt Halisch (1984) eine umfassende Untersuchung zur Vorbildwirkung auf Motivations- und Fähigkeitseinschätzung vor.

821 Vgl. Kay (2007). Er kann quantitativ nachweisen, dass zwischen den charismatischen Aktivitäten der Pastoren und der Gemeinde eine Korrelation besteht, d. h. Gemeinden setzten verstärkt ihre Geistesgaben ein (:316.325). Kay (2006:197) und Cartledge (2002:181) belegen Nachahmungseffekte als soziale Prozesse in der Gemeinde, Cartledge auch für die Glossolalie.

822 Printz (1996:265).

823 Vgl. Printz (1996:265).

824 Zum exegetischen Befund vgl. M. Baumert (1996:33-86).

825 Vgl. Gennerich (2000:175). Auch Josuttis (2004:19f) und Klessmann (2001:45ff) schätzen das vorbildliche Leben des Pfarrers hoch ein.

826 Vgl. Gennerich (2000:197).

nannte - auch „protestantische Persönlichkeiten"[827] als Vorbilder der Ortsgemeinde ein. Aus dem Gesagten leitet sich die Hypothese ab, dass vorgelebte
Charismen durch Begegnungen den Wunsch hervorrufen, Charismen zu erleben,
sowie lernendes Nachahmungshandeln auslösen.

8.1.5.10 Item – Geistlicher Zuspruch einer Gabe

Ob ein Verleihen einer Gabe gezielt durch einen geistlichen Zuspruch – mit
Gottesworten der Verheißung, Segensgesten oder unter Handauflegung und
Gebet – heute noch ausdrücklich erwartet und ausgeübt wird, erfragt Variable
5.1k. Die genannten Handlungsmodi bleiben in der Frage unerwähnt, damit
Pfarrer in ihrer Antwort nicht eingeengt werden. Rückblickend auf Luther[828] und
den Pietismus[829] bis zur Neuzeit bestehen Indizien dafür, dass das geistliche
Zusprechen als wirksam erachtet und erlebt wird. Während die Kirchenleitung
aktuell das segnende Zusprechen charismatischer Begabungen den Amtsträgern
vorbehält,[830] praktizieren Charismatiker in den beiden Großkirchen[831] und Freikirchen das geistliche Zusprechen einer Gabe auch unter Gemeindegliedern.
Sprachwissenschaftlich ausgedrückt handelt es sich um einen performativen
Sprechakt unter ausdrücklicher Verwendung formelhafter Sätze oder Verben.
Das wirksame Zusprechen bedingt nach Austin (1986) und denen, die seinen
Ansatz weiterentwickelt haben,[832] eine gegenseitig vorausgesetzte Konvention
sowie eine gemeinsam institutionelle Einbettung, in der sich ihre Realisation
vollzieht (Schützeichel 2004:196f). Die Hypothese geht davon aus, dass ein per-
formativ-geistliches Gabenzusprechen in der Gesamtheit der EKiBa kaum praktiziert wird und daher entsprechende Erfahrungen fehlen.

8.1.5.11 Item – Regelmäßige Einzelgespräche über Ämter und Aufgaben

Weil mitarbeitende Gemeindeglieder steter Motivation, Begleitung, Förderung[833] und begrenzter Aufgabenfelder bedürfen,[834] sind regelmäßige Einzelge-

---

827 Lindner (2000:181). Vgl. Winkler (1997), der im Kontext diakonischer Gaben davon
  spricht, dass „im Umgang mit Menschen ... Sensibilität und kommunikatives Charisma
  Verbindungen herstellen" (:189).
828 Vgl. Goertz (1997:321).
829 Vgl. Bengel (Föller 1998:98), Oetinger (1776:134).
830 Vgl. Kerl (2003:222) sowie das aktuelle Positionspapier der VELKD (Friedrichs 2006:
  8). Gleiches gilt auch für das Sprechen des Glaubensbekenntnisses, vgl. (Kistner 2006:
  186).
831 Vgl. Bittlinger (2004:60f) und N. Baumert (2001a:234f).
832 Zur Entwicklung der Sprechakttheorie vgl. Schützeichel (2004:195-207).
833 Vgl. Douglass (2001:125), Foitzik (1998:82ff).
834 Vgl. Pohl-Patalong (2006:142).

spräche über Ämter und Aufgaben erforderlich.[835] So ist zu fragen, ob in solch routiniertem Feedbackgeben seitens des Pfarrers Gaben erkenntlich werden.[836] Was in der Kirche empirisch noch zu prüfen ist, führt in der amerikanischen Personal- und Organisationsentwicklung durch den Ansatz des „Appreciative Inquiry"[837] seit 1987 zu herausragenden Ergebnissen.[838] Das Konzept basiert auf der Grundannahme, den individuellen Mitarbeiter oder die Teams nicht von ihren Defiziten her zu betrachten, sondern die Wahrnehmung auf ihre Potenziale zu lenken. Haftpunkte sind positive Situationen und inspirierende Erfahrungen. Sie gilt es zu erkunden, um im Anschluss daran die Fähigkeiten der Mitarbeiter für die Organisation weiter zu entfalten.[839] Weil berechtigte Annahmen bestehen, dass eine Transformation dieses ressourcenorientierten Ansatzes auch im kirchlichen Kontext individuelle Gaben bei Gemeindegliedern in wertschätzenden Erkundungsgesprächen[840] herausbilden kann,[841] wurde die Fragekategorie 5.11 aufgenommen.[842] Von da aus besteht die innere Begründung zum Item und statuiert die Hypothese: In regelmäßigen Gesprächen zur Aufgabenstellung kristallisieren sich Gaben heraus.

8.1.5.12 Item – Lob und Vertrauen

J. Moltmann ist einer der wenigen, der explizit von einer Vertrauenskette spricht, die Gaben hervorbringt: „Gottvertrauen, Selbstvertrauen und *Zutrauen* zum Nächsten".[843] Das letzte Kriterium soll durch Variable 5.1m überprüft werden. Schon vor Moltmann hat R. Strunk, der immer noch rezipiert wird,[844] in seiner Theologie des Gemeindeaufbaus die vertrauensvolle Nähe als fundamen-

---

835 Vgl. Lindner (2000:228-233), Höher (1999:43ff), Foitzik (1998:82), Schwarz (1987:103). Im Evaluationsprozess des Fragebogens wurde dieses Item dringlich vorgeschlagen.

836 So sieht es Schwarz & Schwarz (1984:165).

837 Bonsen & Maleh (2001).

838 Vgl. Bonsen & Maleh (2001:11f).

839 Vgl. Bonsen & Maleh (2001:16f.38-41).

840 Vgl. Bonsen & Maleh (2001) übersetzen „Appreciative Inquiry" mit „wertschätzender Erkundung" (:16f).

841 Vgl. Bonsen & Maleh (2001): „Discovery (Erkunden und Verstehen)" (:32). Die Autoren haben die Erfahrung gemacht, dass allein ein solches Gespräch die Selbstwahrnehmung positiv verändert (:41).

842 Vgl. Knieling (2006), der in seiner Dissertation „Konkurrenz in der Kirche" auch diesen Ansatz für qualifiziert hält, damit Mitarbeiter im sozialen Gesamtgefüge der Kirche ihren Platz finden (:281).

843 Moltmann (1991:201).

844 So Knieling (2006:293, Anm. 151), Möller (2004:50), Gennerich (2000), der die Vertrauensbeziehung zwischen Pfarrer und Gemeinde empirisch untersucht (:72), Herzog-Kunz (1997:131), Nüchtern (1991:9, Anm. 1).

talen Gemeindeprozess erkannt[845] und im Anschluss an Bohren[846] die „Wir-Struktur" der Gemeinde von Christus her begründet.[847] Unter diesem Vorzeichen geht es ihm

> „nicht bloß um Respektbezeugungen. Es geht vielmehr, theologisch geredet, um die Wahrnehmung und Anerkennung der Charismen. ... Ein Mitarbeiter in der Gemeinde wird dann geachtet, wenn ihm Charismen, ‚Gnadengaben' zugetraut werden".[848]

Als weiteres Kriterium innerhalb desselben Items wird nach der charismatischen Resonanz auf *Lob* gefragt. Der kundige Leser mag an der Form der Variablen einwenden, dass in der quantitativen Itemforschung nur ein Sachverhalt in der Frageformulierung enthalten sein soll (Raithel 2006:72). Was generell stimmt, gilt nicht für Variable 5.1m, denn echtes Lob braucht Vertrauen.[849] Das Vertrauen wiederum wurzelt im Zentrum der theologischen Anthropologie.[850] Differenziertere Begründungen liefert die empirische Feedbackforschung: Loben wirkt sich insofern auf Personen aus, dass sie ihre Leistungen weniger stark mit anderen vergleichen, was zu einer gesteigerten Selbstattribution führt (Brehm 2003: 16). Eine größere „Arbeitsleistung, unabhängig von persönlichen Fähigkeiten" und abgesehen von „vorgegebenen Zielschwierigkeiten" ist die Folge (:21).[851]

Ein weiteres Ergebnis der Forschungsarbeit von Brehm besteht darin, dass leistungsunabhängiges Loben im Gendervergleich[852] Frauen effizienter arbeiten lässt als Männer. Auch wenn Frauen also intensiver auf Lob reagieren als Männer (:134), kann Item 5.1m diese untergruppierte Komponente statistisch nicht prüfen, es sei denn, die befragten Pfarrer gehen in ihren eigenen Deutungserfahrungen in der qualitativen Frageform 5.1q extra darauf ein. Tatsache ist, dass nicht nur,[853] aber oft im kirchlichen Bereich unter Hauptamtlichen und

---

845 Vgl. Strunk (1987:112f).

846 Vgl. Bohren (1975:121ff).

847 Vgl. Strunk (1987:120ff).

848 Strunk (1987). Das Zutrauen der Gaben vollzieht sich „nicht nur in der Theorie, sondern auch in der gemeinsamen Praxis. Das Entdecken der Charismen ist die entscheidende wichtige Aufgabe der Gemeindeleitung. Aber mit dem Entdecken allein ist es nicht getan. Sie müssen dann auch praktisch zugelassen werden, selbst wenn sie Raum brauchen und gelegentlich Anstoß erregen" (:134f).

849 Was der ressourcenorientierte Ansatz von Bonsen & Maleh (2001) bestätigt. Nach Winkler sollte die Kirche hier mehr Kreativität entwickeln, „um Menschen zu danken", die ihre Zeit uneigennützig in die Gemeindearbeit investieren (1997:191).

850 Vgl. Weimer (2004:1169-1171).

851 Unter bestimmten Umständen kann Lob zur negativen Selbstwahrnehmung führen (:22).

852 Vgl. den gegenwärtig diskutierten Genderbegriff. Hartlieb (2007:300-309), Vonholdt (2007:90-93).

853 Die quantitative Studie des „Freiwilligensurveys 1999" befragte 15.000 Bundesbürger in Bezug auf ihr freiwilliges Engagement. Sie wurden in einem Item gefragt, was das Ehrenamt fördert. Jeder Dritte gab die Antwort: Die Anerkennung seitens der Hauptamtlichen fördert das Ehrenamt (Rosenbladt 2001:125-128).

Mitarbeitern ein ausgeprägtes Bedürfnis nach Anerkennung zu beobachten ist,[854] und zwar besonders dort, wo verschieden Begabte miteinander arbeiten.[855] Was von Bill Hybels bekannt ist,[856] referiert der derzeitige Landesbischof der EKiBa, Dr. Ulrich Fischer, in seinem Synodalbericht zur Thematik, wie Gaben landeskirchlicher Mitarbeiter in den Ortsgemeinden durch eine Kultur des Lobens sichtbar werden.[857] Anstatt nur eine funktionierende Gemeinde vorzuweisen, misst das Item, wie stark Wertschätzung Gaben entfaltet.[858] Daraus ergibt sich die Hypothese, dass durch unterschiedliche Formen von Lob und Vertrauen Gaben greifbar werden.

An dieser Stelle lanciert der Fragenaufbau bewusst eine umgekehrte Variante: Den positiven Wirkeffekt (Diekmann 2002:391-398). Auf die Fragestellung, ob „Lob und Vertrauen" (5.1m) Gaben hervorrufen, lenkt Item 5.1n, trotz Zäsur durch die Zwischenüberschrift, die Pfarrer stringent auf ihr Gemeindeverständnis, inwieweit sie Christen zutrauen, begabt zu sein.

8.1.5.13 Drei Items – Pfarrer als Schlüsselpersonen

8.1.5.13.1 Gemeindebild

Der Einschnitt hebt Pfarrer als Schlüsselpersonen[859] heraus, was aber vom Theoriehintergrund des Fragebogens nicht für ein monarchistisches Pfarrerbild spricht. Vielmehr ist mit Variable 5.1n zu prüfen, welchen Stellenwert Pfarrer unter dem Modus der Gabenentdeckung erhalten. Zunächst geht es um die Frage, inwieweit die Grundeinstellung über das *Gemeindebild, dass jeder Christ begabt ist*, den Gemeindegliedern ihre Begabungen bewusst macht. Ähnlich setzen die offiziellen „Leit- und Richtlinien" der EKiBa (2000) für das ehrenamtliche Engagement mit einer theologischen Fundierung an.[860] Eine Verbindung zu den Charismen fehlt. Daher ist explorativ zu prüfen, inwieweit die Wertschätzung mit dem Entdecken der Charismen an der Basis der Ortsgemeinden zusammenhängen.

---

854 Vgl. Knieling (2006:250), Charpentier (2004:1171-1173).

855 Vgl. Knieling (2006:196). Eickhoff (1992) sieht die sorgfältige Betreuung bereits als wertschätzend an (:185).

856 Vgl. Hybels (2005:110-113, 2005:103-105).

857 „Mitarbeiterfeste, die - oft als Highlights einer Visitation! - ungeahnte Potenziale in der Mitarbeiterschaft freilegen" (Fischer 2004).

858 Vgl. dazu den erprobten Ansatz von Bonsen & Maleh (2001). In einer 2005 durchgeführten Erhebung unter Pfarrern der Evangelischen Landeskirche Hannover, die in einem Item nach den Kompetenzen von Führungskräften in der Kirche befragt wurden, erhalten die Fähigkeiten nach Integrität, Nähe und Wertschätzung die höchsten Werte (IWS Marburg:26).

859 Zur Diskussion: Tetzlaff (2005:28ff.237ff), Möller (2004:31-37), Klessmann (2004:545, 2001:68ff).

860 Petry (2001) bestätigt diese „Mitarbeitertheologie" (:277-283).

8.1.5.13.2 Motivierende Gemeindeziele

Unter der Voraussetzung, dass Pfarrer als kybernetische Schlüsselpersonen Gemeindeziele entwickeln und kommunizieren, fragt Variable 5.1o, inwieweit kommunizierte Gemeindeziele[861] zum Gabenerkennen beitragen. Eine statistische Untersuchung in der Ev. Landeskirche ergab „keinen signifikanten Einfluss der Planung auf den Erfolg der Gemeindearbeit".[862] Obwohl Planung nicht gleichzusetzen ist mit Motivation, besteht doch ein Zusammenhang zur Studie der Forscherin, weil sie im planvollen Vorgehen ausdrücklich die „Ideenstimulierung" mitberücksichtigt.[863] Aus den Ergebnissen dieser Forschung ist die Hypothese erwachsen, dass *motivierend kommunizierte Gemeindeziele* Gaben evozieren.[864]

8.1.5.13.3 Glaubenshilfe geben

Variable 5.1p spielt auf die Taufe als theologische Kategorie des Indikativs an. Die Ratingskala mit ihren abgestuften Dispositionen ermittelt die erwägenswert kybernetische Überzeugung des Pfarrers, Glaubenshilfen zu bieten, damit seine Gemeindeglieder den objektiven Glaubenszuspruch der Taufe persönlich ergreifen können. Was M. Herbst mit diesem Ansatz des allgemeinen Priestertums für geboten hält,[865] gilt auch für die Gaben. Theologisch geht es zentral um die Präzedenz der Christologie, was im Gemeindealltag die Beziehung zu Christus voraussetzt.[866] Wagner und andere postulieren ausnahmslos die Bekehrung zu Jesus Christus als Voraussetzung des Empfangens geistgeschenkter Begabungen (1993:49). Angesichts des kirchlichen Kontextes, wird in der Analyse nicht unbedingt eine Bestätigung erwartet.

Ans Ende der langen Itembatterie schließt sich zur methodischen Abwechslung eine qualitative Frage an (5.1q). Sie schafft Raum, eigene Erfahrungen anzugeben, wie Gaben in der Gemeinde bereits gefördert werden und erlaubt zudem tiefere Einblicke in die Wirklichkeit von Ortsgemeinden.

---

861   Dazu will auch der Leitbildprozess der Badischen Landeskirche beitragen, vgl. Möller (2003:73), Lindner (2000:55-58.103).

862   Tetzlaff untersuchte 436 Evangelische Landeskirchen in Deutschland nach dem Verhältnis zwischen Führung und Erfolg (2005:194f).

863   Vgl. Tetzlaff (2005:195).

864   So Herbst (2001c:58ff), Schaible (1991:49ff), „Kirche mit Vision" (Warren 2003), Noss (2002:82ff), Abromeit (2001:45-55). Ähnlich Böhlemann, Pfarrer und Dozent am Institut für Aus-, Fort- und Weiterbildung der Evangelischen Kirche in Westfalen (2006:15-22), Schwark (2006:307-310).

865   Vgl. Herbst (2010:342f).

866   Vgl. Luther (WA 22 1544:123a).

8.1.6 Itembatterie 6: Habituell versus aktualisierender Gabenbesitz

Im Anschluss an diese retrospektive Wahrnehmung fordern drei Variablen 6a-c, unter der Leitfrage (Item 6) eines wiederholbaren Empfangens der Gaben, zur theologischen Reflexion heraus.

Der Begriff der „Gabenträger" ist weithin exklusiv für den Amtsträger reserviert. Das vorangehende Adjektiv der „dauerhaften" Gabenträger fragt also nach dem habituellen Charakter der Gaben (6a: *Amtsträger sind dauerhafte Gabenträger"*). Die Variable 6c suggeriert auf den ersten Blick eine diametral entgegengesetzte Aussage zu den Gemeindegliedern (6d: *„Gemeindeglieder müssen Gaben vor jeder Aufgabe empfangen"),* die keine ordinierten Ämter aufweisen. Die Ratingskala lässt aber, wie auch sonst, verneinende Antwortvarianten zu. Die Antwortvorgabe in Variable 6b erhebt die gleiche Frage für die Pfarrer und Pfarrerinnen bzw. neutral für alle kirchlichen Amtsträger: *„Amtsträger müssen Gaben vor jeder Aufgabe empfangen."* Die VELKD jedenfalls statuiert im Binnenbereich[867] und ökumenischen Gespräch das Postulat der permanenten Charismen für ihre Amtsträger: „Die kirchlichen Ämter sind also Gaben (Charismen) des erhöhten Christus an seine Kirche".[868] Härle verfeinert eine zweifache Zuordnung: Eine zeitliche Befristung im Amt spräche für eine Delegation, „eine lebenszeitliche Übertragung spricht von einem gegebenen Charisma."[869] Lindner geht von einer dreifachen charismatischen Begabung in der Gemeinde aus: Dem „*Normalfall"* der Ordination in der Taufe für den Gottesdienst im Alltag, dem „*Spezialfall"* für Dienste in der Gemeinde und dem „*Sonderfall"* für den Hauptamtlichen.[870] Letzterer ist im Unterschied zu den beiden ersten durch die Dauerhaftigkeit des Charismas gewährleistet.[871] Es stellt sich die Frage, ob Lindner mit seinem konziliaren Ansatz eine sakramentale Ekklesiologie vertritt. Schon in der frühen Kirche gibt Chrysostomus einschränkend zu bedenken, die Ordination sei nicht als Garantie anzusehen, dass sich „unweigerlich (ex opere operato) das göttliche Charisma herabsenke".[872] Auch in der EKD regen sich kritische Stimmen.[873] Generell fällt auf, dass die Wortbildung von den „Gabenträgern" nicht ausschließlich im landeskirchlichen Umfeld[874] vorkommt, sondern ebenso in populär-freikirchlicher, auf praktische

---

867 Vgl. VELKD (2001:5).
868 Vgl. VELKD (2000:58).
869 Vgl. Härle (1989:302).
870 Vgl. Lindner (2000:143).
871 Vgl. Lindner (2000:143f).
872 Vgl. zit. in Ritter (1972:124).
873 Vgl. Böhlemann (2006:36), Eickhoff (1992:243), Schwarz (1987:31).
874 Vgl. Aschoff & Toaspern (2005:75), Toaspern (2002:65), Printz (1996:276), Schwarz (1993:206).

Fragen ausgerichteter Gemeindeliteratur.[875] Im Anschluss an die theologische Fragestellung, die einen explorativen Charakter trägt, wechseln die Items zurück zu beobachtbaren Kennzeichen.

8.1.7 Itembatterie 7: Individuell-kollektiver Fragehorizont

Item 7 spiegelt das Wesen der ntl. Auferbauung (οἰκοδομή), in seiner Wechselseitigkeit von Individualität (Variable 7a-d) und Sozialität (Variable 7e-h) als normen actionis[876] wider, indem die Itembatterie zweifach mit je vier Indikatoren asymmetrisch aufgebaut ist. Mit Ausnahme der Variablen a, d und h, enthalten die Formulierungen dialektische Gabenindikatoren, weil sowohl die sozial wahrnehmbare Wirklichkeit als auch theologische Glaubensfragen miteinander verbunden werden. Dass dieses Wahrnehmen nur deskriptiv-deutend geschehen kann, ist vorausgesetzt. Darum ist die Leitfrage nach den Kriterien eher vorsichtig formuliert (*„Welche Kriterien können darauf hinweisen, dass ein Gemeindeglied Ihrer Kirche eine Gabe hat?"*). Leitend für alle folgenden Fragestellungen ist die Einsicht, dass eine empirische und unsichtbare Kirche vorauszusetzen ist und demnach Begabungen sowohl eine unsichtbare (unmessbare) als auch eine sichtbar soziale Gestalt besitzen.[877]

Die Itembatterie (7a-h) enthält zwei Grundkategorien: Individualität und Sozialität. Beide gehören untrennbar im Raum der Gemeinde zusammen. Theologisch ausgedrückt finden sich beide Wirkungen einerseits in der geistlich-individuellen Wendung des „sich selbst Erbauens" und generellen Individualität der zugeteilten Charismen innerhalb des Leibes Christi und andererseits in der geistlich-soziologischen Terminologie des „Erbauens" und „Nutzens" für die anderen. Hier liegt der entscheidende Zielpunkt begabter Gemeindeglieder.[878]

---

875 Vgl. Reimer (2004:158), Wendel (2000:42), Mauerhofer (1998:144), Stadelmann (1993:161).

876 Die ntl. Auferbauung (oivkodomh,) bezeichnet nicht das Ergebnis, sondern den Vorgang in den Paulusbriefen, vgl. Pfammatter (1992:1213). Vgl. Samra (2006) zum zentralen Konzept der Auferbauung durch Charismen (:121.150f).

877 Zum Doppelaspekt der Kirche unter spiritualisierter Akzentuierung vgl. Möller (2004: 51f). Zur Diskussion im Rückgriff auf den lutherischen Kirchenbegriff, hier Punkt 4.4, sowie Neebe (1997:203-215), ekklesiologische Paradigmen vgl. Rössler (1994:286-296).

878 So Zimmermann (2006:240), Herbst (2010:76-103). Vgl. die Monographien: Lehmmeier (2006), Vielhauer (1979:71-144), Brockhaus (1987:185-189), Kritzberger (1986). Ntl. Belege: 1Kor 12,7 u. 1Kor 14,3.4.5.12.26.

8.1.8 Individueller Rahmen (Ich-Identität)

Ausgangspunkte sind zunächst wesentliche Aspekte postmoderner Situations-analysen um den Identitätsbegriff,[879] aus dem heraus die erste Variable (7a) entwickelt wurde.

8.1.8.1 Item – Entwicklung der eigenen Identität

Eine bedeutende Perspektive besteht in der herkömmlichen Identitätsbildung, die nicht vertreten wird. Galt in der Vormoderne das Jungsein und die Identitäts-bildung noch als Übergangsphase vom Jugend- zum Erwachsenenalter, so ist heute die Identitätsbildung zu einem lebenslangen Prozess ausgedehnt.[880] Ein Hauptgrund beruht im Wegfall früherer Bezugssysteme, wie dem geschlossenen Weltbild und dem Transzendenzbezug, welche die nötige Anerkennung und kollektive Identität schenkten, was derzeit in der Pluralität nicht mehr gegeben ist.[881] Stattdessen wird vom „pluralen Selbst", von „Patchwork-Identität" oder vom „globalen Ich" gesprochen.[882] Diese Infragestellung der klassischen Iden-titätskonzeption[883] hat tiefgreifende Folgen für die Gemeindearbeit. Angesichts dieser prozesshaften Zuschreibungen, wurde in Variable 7a auf die Altersangabe verzichtet und eine Frageformulierung vorgezogen, die durch den Begriff der „Entwicklung" die ganze Lebensphase einschließt.[884] Auf den komplexen hu-manwissenschaftlichen Diskurs des Identitätsbegriffs ist nicht einzugehen.[885] Nur so viel ist anzumerken, dass die Fragestellung ein personales Identitäts-verständnis einschließt, also ein Selbstkonzept beim Einzelnen, das für ihn durch seine Gaben mit erklärt wird. Dass Religiosität bzw. Glaube und Identität kor-relieren, ist in der Literatur hinreichend diskutiert und empirisch unter jungen Erwachsenen in einer großangelegten Untersuchung von Maiello empirisch be-legt (2007:77.168f).

Weil sich die Fragevariable nicht direkt an das Gemeindeglied richtet, sondern der Deutung des Pfarrers unterliegt, also aus einem distanzierten Blick-winkel schaut, geht die Frage von der Annahme aus, dass Gemeindeglieder, die

---

879 Vgl. Schweitzer (2003:59-90), Welker (1993:32-38), H. Luther (1992:150-159).

880 Vgl. Steffel (2003:32f), Geuter (2003:26-29), Schütz (2000).

881 Vgl. Bergem (2005:17). Das individuelle Leiden an der Identität ist nach Josuttis (2004) deutlicher Indikator für den „Zwang zur Selbstreflexion" (:196), weil die spirituellen Rituale durch Therapien der Gesellschaft ersetzt wurden (:190-203).

882 Schweitzer (2003:72). Zur „Patchwork-Identität" vgl. Steffel (2002:202-212), zum „globalen Ich" vgl. Schimank (2004:45-68).

883 Zur Diskussion vgl. Luther (1992:160-182).

884 Freikirchliche Erfahrungen mit Gabenseminaren (Hölzl 2004:100) und eigenes „Kon-textwissen" im Anwenden der Gabentests (M. Baumert) legen nahe, dass die Identitäts-findung bei einigen Gemeindegliedern über die Gabensuche zu vermuten ist.

885 Vgl. Schweizer (2003:59-90), Steffe (2002), Klappenecker (1998:56ff), Henning (1992:160-182).

ihre Gaben wahrnehmen und diese positiv einschätzen, eine für Pfarrer feststellbare Balance in ihrer Identität aufweisen.[886] Diese Vermutung gründet einmal in
einschlägigen Wörterbüchern, welche Identität zweifach als „relative Konstanz
von Einstellungen und Verhaltenszielen" und als „relativ überdauernde(n) Ein-
heitlichkeit in der Betrachtung seiner selbst oder anderer"[887] definieren. Forschungen zur Eindrucksbildung bestätigen: Selbst– und Fremdwahrnehmung
entstehen in sozialen Interaktionen.[888]

Zweitens belegt der großangelegte „Freiwilligensurvey 2004", dass selbst-
motiviertes Lernen im bürgerschaftlichen Engagement über den bloßen Wis-
senserwerb hinausreicht, weil es Persönlichkeit entwickelt und zu einem „fun-
dierten Selbstbewusstsein" führt.[889] Menschen brauchen demnach Bestätigung
durch das, was sie können. Schließlich kommen theologische Aspekte hinzu.
Das heißt, die Identität wurzelt anthropologisch in der Gottesebenbildlichkeit
und soteriologisch in der Rechtfertigung der bedingungslosen Annahme des
Menschen durch Gott.[890] Gleichzeitig fällt auf, dass Individualität sowie Begabungen in den einschlägigen Kontexten des NT zusammen auftreten.[891]

Aus dem Gesagten ergeben sich folgende Schlüsse: *Erstens* kann eine
gerichtete Hypothese erfolgen, denn eine ansatzweise entwickelte Identität als
Indiz für Gaben lässt einen hohen zustimmenden Prozentwert mit einem Modus
von 2,00 erwarten. *Zweitens* liegt es angesichts eines schöpfungstheologischen
Gabenansatzes in Item 2a nahe, dass die entwickelte Identität an sich bereits als
eigenständige Gabe betrachtet wird. Es wird daher die Hypothese formuliert,
dass Pfarrer, die sich hauptsächlich einer schöpfungstheologischen Gabendeutung verpflichtet wissen, in ihrem Ausfüllverhalten die sich entwickelnde
Identität als Kriterium ansehen, dass ein Gemeindeglied eine Gabe besitzt. Zur
Erhebung dieser Ergebnisse bedarf es der analytischen Statistik, die methodisch
mithilfe der Korrelation einen Zusammenhang messen kann.

8.1.8.2 Item – Dienstbereitschaft als Ausdruck der Hingabe an Gott

Variable 7b geht von einem dialektischen Vorgang aus. Einmal gründet das
faktische Kriterium der „Dienstbereitschaft" kausal in der „Hingabe an Gott." Ist

---

886 Vgl. Braun (2003:33).
887 Fröhlich (2003:233), Browning & Campbell (2003:599-601), Schaub & Zenke (2002:
265), Schmid (1994:385).
888 Vgl. dazu Kordowski (1999:273) und hinsichtlich der Entwicklung von Begabungen,
Joswig (1995:14-15).
889 Vgl. Hoch, Klie & Wegner (2006:249). Beide repräsentativen Datenerhebungen basieren (1999 und 2004) auf 15.000 Interviews (Hoch, Klie & Wegner 2006:8), Rosenblatt
(2002:17.54.), Beck (2003:11) und Schütz (2000:21).
890 Vgl. Schweizer (2003:88), Schmid (1998:51-66), Luther (1992:160-176).
891 So belegen es Bedford-Strohm (1999c:1-16, 1999b:346-351), Welker (1993:224-231)
und Rebell (1990:102f).

Ersteres erkennbar, unterliegt die Hingabe an Gott aber dem Deuten. Steffel, ein katholischer Theologe und Sozialpädagoge, weist darauf hin, dass „Hingabe an Gott" kein bloß menschlicher Entschluss ist, sondern ein „Ergriffensein" vorausgeht. Dabei kann das „passive Moment der Hingabe"[892] entweder leidenschaftliche[893] oder pflichtbewusste Bereitschaft, verbunden mit altruistischen Zügen in der Mitarbeit, ausdrücken. Theologisch muss jedoch von einer idealtypischen Selbstlosigkeit als Grundzug christlicher Lebenshaltung gesprochen werden, denn jede Zuwendung zum Anderen ist zweideutig. Zudem schließt sie konstant, in unterschiedlicher Ausprägung, auch die Selbstliebe ein.[894] Auch wenn eine derartige Dienstbereitschaft hinsichtlich ihrer Motivation ambivalente Züge trägt, kann dieses Dienen - und das schlussfolgert die Hypothese - ein Indiz sein, dass Gaben beim Einzelnen vorhanden sind, so jedenfalls erklärt es Lindner.[895]

8.1.8.3 Item – Interesse nach geistlicher Gemeinschaft

Vorhandene Gaben sind aber nicht nur bei Gemeindegliedern anzunehmen, die eine Bereitschaft zur Mitarbeit signalisieren, sondern auch - wie Variable 7c erfragt - in der Gegenbewegung nach innen: dem Interesse nach geistlicher Gemeinschaft. Angesichts des Gemeinschaftsbegriffs liegt ein Problem vor, denn in der Theorie der Praktischen Theologie, genauer im Feld der Oikodomik, ist die Beziehung zwischen Kirche und Ekklesialität bzw. geistlicher Gemeinschaft umstritten.[896] Der komplexe Diskurs ist an dieser Stelle nicht aufzurollen. Als Grundlage der präsentierten Variable 7c dient freilich die weithin konsensfähige Position, dass Christen sachbezogen zur Gemeinde Christi (Ekklesia) gehören und sich in ihr, was speziell Kunz-Herzog hervorhebt, geistliche Gemeinschaft als „Gestaltungsprinzip"[897] zuträgt. Dort dienen Christen unter der Vorgabe des empfangenden Heils (Teilhabe an Christus) - und daher im Wortsinn der Koinonia - wechselseitig im einander Anteilgeben und Anteilnehmen der Begabungen.[898] Eben in diesem Vorgang ist Christus präsent und die Kirche nimmt konkrete Gestalt an und konstituiert sich.[899] Letztere Ausführung erfährt aber in

---

892 Steffel (2002:27).
893 Schwarz setzt „Begeisterung, Hingabe und Elan" gleich (2001:74).
894 Vgl. Körtner (2003:310), Raffelt (1982:144-149).
895 Vgl. Lindner (2000). Für ihn gehören „Selbstliebe und Fremdliebe" sowie „Erfüllung und Hingabe" unauflöslich mit den „eigenen Gaben und Begabungen in Gottes Wirken" zusammen (:144).
896 Vgl. Zimmermann (2006:55-59.191-195), Möller (2004:45-71), Nicole (2000:19-43), Kumlehn (2000), Winkler (1998:1-30, 1997:17-20), Josuttis (1997:17-23), Lindner (2000:19-33), Kunz-Herzog (1997:17ff), Herbst (2010:58-66), Schwarz & Schwarz (1984:52-61).
897 Kunz-Herzog (1997:132).
898 Vgl. Baumert (2003:517), Zimmerling (2003:231f), Roloff (1993:102ff), Hainz (1982).
899 So Zimmermann (2006:252), Meyer-Blanck & Weyel (1999:138), Josuttis (1997:120-122), Strunk (1987:140f).

der lutherischen Theologie eine andere Akzentuierung, und zwar die, dass der dreieinige Gott *allein* seine Kirche konstituiert, längst und stets neu vor aller sichtbaren Gemeinschaft der Christen. Nicht Koinonia macht Kirche sichtbar, sondern laut Möller (2004) das Wort im Evangelium und in den Sakramenten. In beiden Elementen - Wort und Sakrament - ist die geistliche Gemeinschaft im Glauben unverzichtbar vorhanden und erkennbar (:67-71).[900] Weil im Befragungsinstrument weder der eine noch der andere Gemeinschaftsbegriff definitiv benannt ist, wäre es hypothetisch denkbar, dass Pfarrer beim Ausfüllen an den lutherisch geprägten Gemeinschaftsbegriff denken.[901] Weil alle Teilnehmer im Pretest aber das erste Gemeinschaftsverständnis voraussetzten, ist, unbeachtet der theoretischen Überlegungen, die Hypothese zu konstatieren, dass ein Interesse an geistlicher Gemeinschaft als Gestaltungsprinzip in der Kirchengemeinde Rückschlüsse auf existente Gaben zum Ausdruck bringt. Hinsichtlich der gewissen theoretisch unsicheren Prämisse bleibt die Hypothese aber ungerichtet.[902]

8.1.8.4 Item – Freude an Aufgaben

Wo Aufgaben Freude hervorrufen, kämen Gaben ins Blickfeld (7d), so lautet die These Praktischer Theologen, die es mit Variable 7d zu prüfen gilt. Betonen die einen eine individuelle Freude,[903] so akzentuieren andere die kollektive im Kontext der Kirche.[904] Während die deskriptive Sozialwissenschaft Emotionen untersucht, ruft die These in der wissenschaftlichen Theologie auch Skepsis hervor. Denn Emotionen drohen theologisch geltende Regeln zu brechen und Grenzen zu überschreiten.[905] Selbst Schleiermacher, der vom Gefühl in Verbindung mit dem Geist spricht, verwendet es nicht ausschließlich als etwas Erregendes, sondern als existenzielles Echo auf seine innere Abhängigkeit zu Gott.[906] Die Beantwortung der Pfarrer wird klären, ob es legitim ist, die Emotion der Freude im Vollzug konkreter Aufgabenfelder als Resonanz eingesetzter Gaben gelten zu lassen oder ob darin nur Subjektives zum Ausdruck kommt.

---

900 Vgl. Neebe in seiner Lutherinterpretation (1997:270ff), Tschackert (1979:338ff).

901 In einer späteren Untersuchung müsste die Unterscheidung deutlich gekennzeichnet werden, um konkrete Ergebnisse zu gewährleisten.

902 Eine „ungerichtete" Hypothese spricht generell von Unterschieden, eine spezielle Richtung des Unterschiedes fehlt.

903 Vgl. Gantert & Gantert (2005:131), Hybels (2003b:24), Schwarz (2001:59.65). Franke (1999) stellt fest, dass in kirchlichen Berichten vor allem Frauen in der ehrenamtlichen Mitarbeit tätig sind, deren Motivation zweifach begründet wird: Freude an sinnvollen Aufgaben zusammen mit dem Entwickeln persönlicher Fähigkeiten (:25; Anm. 65).

904 Vgl. Schindehütte (2005:345), Möller (2003:76f), Kaldewey (2001:73), Strunk (1987: 136-142). Zur Populärliteratur: vgl. Stockmeyer (2005:100ff).

905 Vgl. Bauke (2004:150-160).

906 Vgl. Bauke (2004:154).

Im Anschluss an diese Itembatterie, die nach der individuellen „Wirkungs-geschichte"[907] der Gaben fragt, folgt eine weitere, welche die gleiche Ausrichtung, jedoch auf die geistlich-sozialen Auswirkungen hin, hat (7e-h).

8.1.9 Kollektiver Fragerahmen (Du-Beziehungen)

Weil die Leitfrage von der Lokalkirche als Erkennungsraum der Gaben ausgeht, stehen alle vier Variablen (7e-h) unter dem Begriff der Gemeinschaft.

Die Theoriehintergründe der ersten drei Variablen (7e-g) erinnern zwar an die strittige Debatte um das quantitative und qualitative Wachstum der Gemeinde.[908] Diese Fragen ermitteln, inwieweit ein qualitatives Wachstum (7e und g), in „geistlichen Veränderungen" (7e) generell und „seelsorgerlicher Stärkung" speziell (7g), als Gabenindikator von Pfarrern gedeutet wird. Sie sind aber genauso wenig an Binnenveranstaltungen gebunden, wie sich das „zum Glauben kommen der Menschen" als quantitatives Wachstum (Variable 7f) zwingend im innerkirchlichen Bereich ereignet. Entscheidend geht es um Gaben in ihrer erkennbaren Wirkung. Beide unbestimmten Konstellationen schlagen sich in der Forschungsmethodik nieder, indem die Items eine offene Frageform präsentieren, damit Pfarrer ihre Erfahrungen und die ihrer Gemeindeglieder beim Antworten mit bedenken.

8.1.9.1 Item – Geistliche Veränderungen stellen sich ein

Das Adjektiv „geistlich" impliziert „geistliche Veränderungen" in der Gemeinschaft (7e), das auf ein breites Spektrum geistlicher Lebens- und Glaubenshilfen rekurriert. Hinzu kommen gegenseitige Impulse gemeinsamer Arbeitsfelder im Hören auf Gottes Wort und im Gebet. Diese Veränderungsimpulse beinhalten also geistliche Dimensionen.[909]

8.1.9.2 Item – Einzelne erleben seelsorgerliche Stärkung

In Nuance dazu artikuliert Variable 7g die „seelsorgerliche Stärkung" einzelner. Liegt also der erste Kerngedanke auf der veränderten Situation, die eine Gabe bewirkt, erreicht sie beim zweiten eine Stärkung, wobei das zusätzliche Adjektiv („seelsorgerlich") weitere Konnotationen einbindet. Vor allem die „Charismatische Seelsorge" rechnet in ihrem Methodenrepertoire mit Wirkungen der

---

907 Vgl. so auch bei Krause (1999:198).
908 So Müller (2004:65f und 1991:113), Reinhardt (1995), Rommen (1994:62f), Barth (1985:736).
909 So auch Lindner (2000:145).

Geistesgaben.[910] Obwohl hinter diesem Item nicht das speziell charismatische Seelsorgeverständnis steht, erfragt die Variable dennoch, welche seelsorgerliche Bedeutung den Gaben in der Ortsgemeinde zukommt. Für Zimmerling ist eine Integration der Charismen für den Glaubensvollzug in einer geistlichen Gemeinschaft unerlässlich und eben darum dort zu erkennen.[911]

Grundsätzlich ist berücksichtigt, dass der Begriff „Seelsorge" nicht in der Bibel vorkommt, wohl aber die Lehre der Seelsorge (Poimenik) eine Unterdisziplin der Praktischen Theologie darstellt. Die unterschiedlichen Annäherungen und seelsorgerlichen Schulrichtungen zu einem analog theologischen Begriff oder Vorgang der Seelsorge braucht hier nicht diskutiert werden.[912] Als Ausgangspunkt dieser offen angelegten Frage reicht es aus, von der seelsorgerlichen Wirkung, die ein Einzelner erfährt, Rückschlüsse auf den kollektiven Rahmen der Gemeinschaft zu ziehen, indem Menschen da sind, die ein seelsorgerliches Charisma besitzen. Die hier verstandene Seelsorge lässt damit die professionelle Poimenik nicht außer acht, sondern bezieht sich auf die vielschichtigen Beziehungen in der Gemeinde.

8.1.9.3 Item – Bedürfnis zur Mitarbeit

Die letzte Variable 7h scheint derjenigen von 7b zu ähneln. Ging es dort um die äußere individuelle Dienstbereitschaft als Ausdruck innerer Hingabe an Gott, so wird hier in Variable 7h, unter dem Akzent der Gemeinschaft, das „Bedürfnis zur Mitarbeit" als Indiz für das Vorhandensein von Gaben abgefragt. Dass aus gemeinsamer Mitarbeit innovative Gaben generieren, ist bestens belegt.[913] Hinter dem Attribut der „Bedürfnisse" steht, im Rückgriff auf innerkirchliches Marketing,[914] Motivationsforschung und angewandter Psychologie, die Frage,[915] inwieweit Bedürfnisse als legitime Wünsche das Handeln motivieren. Zu dieser Thematik hat C. Famos (2005) seine Habilitation „Kirche zwischen Auftrag und Bedürfnis" verfasst. Famos verbindet explizit Bedürfnisse und Gaben, indem er durch die gabenorientierte Mitarbeit die Bedürfnisse der Mitarbeiter in hohem

---

910 Schroft (2008:256f), Wenzelmann (2003:232-254). Zimmerling (2002:269-303, 2000: 163-173) und Nauer (2001:65-83) geben eine kritisch würdigende Stellungnahme. Vgl. auch Wittrahm (2001).

911 Vgl. Zimmerling (2003:173ff). Ähnlich in Aufnahme von Bohren, Obenauer (2009:32).

912 Vgl. Gebauer (1997:325-357). Gebauer legt eine Suchhilfe zur ntl. Seelsorge vor (1997: 64f). Zum Ansatz der inneren Heilung in der Seelsorge vgl. Wenzelmann (2003:15-47).

913 Zu kirchlicher Personalentwicklung vgl. Schindehütte (2005:339.345), der Gemeindepflanzung vgl. Roschke (2005:137f), der Lokalgemeinde vgl. Krause (1999:198) und Printz (1996:292). In Firmen ist die Fähigkeitsentwicklung in Teams längst erkannt, vgl. Gurtner (2003).

914 Vgl. Famos (2005) sowie Nowottka (2007:33-37), Butzer-Strothmann (2001:31-41).

915 Zu Motivationstheorien, Motivationspsychologie vgl. Famos (2005:107-116).

Maße beachtet sieht.[916] Inwieweit der bedürfnisorientierte Ansatz[917] mit seiner offenen Variationsbreite zur Gabensuche führt, werden möglicherweise die freien Meinungsäußerungen ergeben. Denn nach der quantiativ halbstandardisierten Fragestellung haben die befragten Pfarrer wieder die Gelegenheit zur freien Texteingabe im qualitativen Item (7i).

Aus diesem unmittelbaren Theoriehintergrund und schon vorhergehenden Kapiteln (I-II) sowie den gesellschaftlichen Rahmenbedingungen der Einleitung, folgen die operationalisierten Variablen 7a-h nun auf einen Blick. Im ersten Teil der Itembatterie (Variable 7a-d) kreisen die Fragen um den Einzelnen und erkunden, welche Bedeutung

- der „Entwicklung der eigenen Identität" (7a)
- der „Dienstbereitschaft als Ausdruck der Hingabe an Gott" (7b)
- dem „wachsenden Interesse an geistlicher Gemeinschaft" (7c)
- „durch Freude an den Aufgaben" (7d)

als Indizien zum Gabenerkennen zukommt. Im zweiten Teil der Itembatterie (Variable 7e-h) ermitteln die Fragevorgaben anlog zur ersten, inwieweit in der Gemeinschaft durch

- „geistliche Veränderungen" (7e)
- Menschen, die zum Glauben kommen (7f)
- dass Einzelne seelsorgerliche Stärkung erleben (7g)
- „das Bedürfnis zur Mitarbeit" (7h)

Rückschlüsse auf begabte Gemeindeglieder gegeben werden, die sich mit ihren Gaben einbringen. Zusehends untersuchen Praktische Theologen Gemeindemodelle hinsichtlich ihrer funktionalen Zielsetzung für landeskirchliche Gegebenheiten, etwa in Gottesdiensten für Kirchendistanzierte.[918] Dabei liegen, neben den rein deduktiven Ansätzen, vermehrt empirische Arbeiten vor.[919] Die nächste Itembatterie knüpft hier an und fragt nach dem Zusammenhang zwischen Gemeindestruktur und Erkennen der Gaben.

8.1.10 Itembatterie 8: Gemeindemodelle (Wir-Gestalt)

Itembatterie 8 rekurriert auf theoretischen Überlegungen, die darauf hinweisen, dass die Funktionalität einer Kirche wesentlich von ihrem Gemeindemodell abhängt und so deren Handlungsfelder prägt. Es kann aber nicht das Ziel sein,

---

916 Vgl. Famos (2005:64).
917 Laut Nowottka (2007) reichen sie etwa vom Spaß haben über das Zusammenarbeiten mit sympathischen Menschen bis zum sinnvollen Tun (:29).
918 So Schwark (2006).
919 Vgl. Knecht (2007:103-118), Scherz (2005), Tetzlaff (2005), Rother (2005), Körnlein (2005), Böckel (1999).

alle ekklesiologischen Ansätze zu präsentieren,[920] zumal diese, wie der Pretest zeigte, bei den Pfarrern nicht als bekannt vorauszusetzen sind. Die Frage nach der Gestalt von Kirche als Grundlage der Befragung könnte damit zum Problem werden. Doch angesichts der Tatsache, dass sowohl die neutestamentliche Exegese als auch die Praktische Theologie von mehreren ekklesialen Strukturen im NT ausgehen, die nebeneinander stehen,[921] bleibt für die Erhebung der Weg einer elementarisierten Ekklesiologie übrig. Ihre Kurzdefinitionen ermöglichen eine verständliche Zuordnung, die mit der halbstandardisierten Frage eingeleitet wird: *„unsere Gemeinde ist schwerpunktmäßig ... geprägt.“*

8.1.10.1 Items – Volkskirchliches *und* missionarisches Konzept

Zu diesen Kurzdefinitionen gehören beide gängigen Modelle: Das volkskirchliche und das missionarische Konzept (Items 8a+b).[922] Um Mischformen der Gemeindetypen im Forschungsfeld zu entsprechen, bieten Ordinalskalen in den Einzelitems differenzierte Ausprägungen an. Akzentuiert der erste Ansatz den kirchlich-reformatorischen Ausgangspunkt, dessen geistliche Mitte der Gottesdienst mit Wort und Sakrament bildet,[923] schließt der zweite Ansatz den ersten zwar ein, setzt aber auf einen Gemeindeaufbau, der über den Gottesdienst hinaus missionarische Aktivitäten in den Blick nimmt. Zumindest der kirchlich-reformatorische Ansatz sieht die Getauften als charismatisch begabte Christen an.[924]

---

920 Vgl. „Kirche für andere“, die „offene Kirche für alle“ als polizentrisch-konziliares Konzept, die missionarische Doppelstrategie vgl. Schwark (2006:18-25), Nicol (2000: 22-33), Lindner (2000:36.58), Herbst (2010:168-304), Möller (1987:30-134). Die „Kirche am Ort“ von Lindner (2000), den Gemeindeaufbau als Koinonia von Kunz-Herzog (1997) oder den „Gottesdienst als Gemeindeaufbau“, so Möller (1990).

921 Vgl. Neudorfer (2004:138), Windolph (1997:121-139). Roloff (1993) bejaht, dass es keine exakte Rekonstruktion der urchristlichen Kirchenlehre gibt. Denn „faktisch lief dieses Verfahren zumeist nur darauf hinaus, dass man im Neuen Testament nur die Bestätigung jener Vorstellungen über das Wesen und Gestalt der Kirche wiederfand, die für die eigene konfessionelle Tradition maßgeblich waren“ (:310). Vgl. auch Herbst (2010:75f).

922 So nach Möller (1991:26). Zur Diskussion der Gemeindetypen vgl. ausführlich Schweyer (2007:89-225), Zimmermann (2006:203-222), Schwark (2006:18-25). Zum missionarischen Gemeindeaufbau vgl. Herbst (2010), Schweyer (2007:127-137).

923 Vgl. etwa Möller (2004). Die Spannung zwischen Theologie und Soziologie sieht er dort fruchtbar, wo Wort und Sakrament allen Menschen zugänglich sind und als eine Gnade verkündet wird, die nicht von dieser Welt ist (:33).

924 Vgl. Möller (2004:53f.63ff, 2003:79). Er gehört zu den wenigen, die immer noch scharfe Konturen gegenüber den Impulsen aus US-amerikanischen Gemeinden und ihren landeskirchlichen Transformationen setzt. Demgegenüber betont er eine Spiritualität des „Erglaubens“ im Gottesdienst wider alles Äußerliche. Seine Lutherinterpretation erklärt er zum grundlegenden Maßstab (2001:106). Sein Ansatz wurzelt in der Rechtfertigung, indem die Taufe der „Dreh- und Angelpunkt“ seines Gemeindemodells darstellt, denn so würden auch die distanzierten Kirchenmitglieder eine Verheißung er-

8.1.10.2 Items – Gabenorientierte *und* kleingruppenorientierte Struktur

Die Abfragen in Items 8c+d repräsentieren keine Grundansätze, sondern innere Gemeindestrukturen mit modellübergreifendem Charakter.[925] Während Item 8c mit seiner *gabenorientierten Struktur* noch vor Jahren vornehmlich der GGE zugeschrieben wurde,[926] ist inzwischen, wie im einleitenden Theorieteil gezeigt, ein Mentalitätswandel in der EKD zu beobachten und die Diskussion über die Charismen der Gemeindeglieder eröffnet. So will die Kirche eine „konziliare Lern-, Weg- und Dienstgemeinschaft werden."[927] Inwieweit dieser gabenorientierte Denkansatz in der EKiBa etabliert ist, wird sich zeigen. Nach Tetzlaff liegen, im Gegensatz zu US-amerikanischen Forschungen, im deutschsprachigen Raum noch keine empirischen Untersuchungen zur Thematik der Charismen im kirchlichen Raum vor.[928] Ergänzend zur *gabenorientierten Struktur* fragt Item 8d nach der *kleingruppenorientierten Struktur*.

8.1.10.3 Item – Gabenentdecken durch Gemeindestrukturen

Methodisch erhebt die Untersuchung in der Datenanalyse zunächst mit Itembatterie 8a-e deskriptive Häufigkeiten, um dann innerhalb der Itembatterie 8 eine Beziehung zwischen Variablen 8a-d und 8e („*Das Entdecken der Gaben hängt wesentlich von der Gemeindestruktur ab*") herauszufinden. Vielversprechender sind aber itemübergreifend korrelative Zusammenhänge jeweils zwischen der Itembatterie 8a-d (der Gemeindetypen mit den Gabendefinitionen, Itembatterie 2), zudem mit den Erkennungsmodalitäten (Itembatterie 5.1) sowie den Gabenkriterien in Itembatterie 7. Außerdem soll analysiert werden, inwiefern der missionarische oder volkskirchliche Gemeindetypus mit seiner möglichen klein-gruppen- oder gabenorientierten Struktur vorzugsweise Begabungen der Ge-meindeglieder hervorbringt.[929] Da die Itembatterie 5.1 qualitative Einträge spe-zieller Gaben berücksichtigt, können zudem greifbare Gaben zu den Erken-nungsbedingungen ergänzt werden. Als Indikatoren für Gaben nutzen einige

---

halten (2001:92, 1990:148-173). Weitere Vertreter: Lindner (2000:143.153), Nicol (2000:20), Winkler (1998:60).

925 Ausdrücklich erfolgt daher die sprachliche Kennzeichnung mit der Wortverbindung „Struktur" (Item 8c+d).

926 Vgl. Böckel (1999).

927 Rein (2009/2).

928 Vgl. Tetzlaff (2005:134.138). Amerikanische Forschungen vgl. Adeboboye (2004), Grueser (2004), Bush (2004), Loach (2003), Royappa (2002), Harbison (2001), Green-way (1999).

929 Kay (2007) belegt in Großbritannien unter Pfingstgemeinden den empirischen Nach-weis, dass eine "relationship between charismata and church growth" besteht (:325). So auch Cartledge (2008:17-18).

Kirchengemeinden die verbreiteten Gabentests als praxisnahe Tools, was die
nächste Itembatterie erfragt.

8.1.11 Itembatterie 9: Erfahrungswerte mit Gabentests

Tests, Selbsthilfe-Literatur und –kurse aller Art haben Hochkonjunktur. Auch
die Identifikation von Begabungen im Bildungsbereich erlebt seit den 80er
Jahren des vergangenen Jh. einen bemerkenswerten Aufschwung.[930] Dazu
zählen die sog. „Gabentests" im kirchlichen Bereich. Zwei der populärsten,
weltweit eingesetzten sind Gegenstand der Abfrage: „D.I.E.N.S.T.-Programm"
(Hybels 2003a-d) und „Die drei Farben deiner Gaben" (Schwarz 2002) in Variable 9a-b.[931] Sie stehen unter der Leitfrage in Item 9, die durch das Personalpronomen „ich" zur Selbstreflexion provozieren, was angesichts der Variablen 9a-e
kein großer Schwierigkeitsgrad sein dürfte, zumal empirische Tools abgefragt
werden, die entweder durch ihren Gebrauch als probates Mittel in der Gemeindearbeit bekannt sind oder über die aber, angesichts eines fehlenden Gebrauchs,
kaum Erfahrungswerte vorliegen. Während die quantitative Variable 9c andere
Gabentests schriftlich erfragt, eröffnet Variable 9e zudem die Möglichkeit, den
Erfolg der Tests im Gabenentdecken, entsprechend den fünf Ausprägungen auf
der Ordinalskala, durch schriftliche Erfahrungen zu vertiefen.

Die Bandbreite zwischen den extremen Ausprägungen auf der fünffachen
Skala („trifft voll zu" bis „trifft überhaupt nicht zu") entspricht dem allgemeinen
geführten praktisch-theologischen Diskurs. Sie spiegelt einerseits die Funktio-
nalität, Reliabilität und Validität[932] der Gabentests und andererseits theologische
Anfragen wider.[933] Warum erst seit dem 20. Jh. verstärkt und mit empirischen
Tools nach Gaben gesucht wird, fand bisher in der Literatur kaum Beachtung.
Wie bereits nachgewiesen, reichen die Einflüsse auf charismatisch-pentekostale
Ursprünge zurück, die sich zusehends im gesellschaftlichen Rahmen des Indivi-

---

930 Vgl. Mönks (2003:4). Ziegler & Stöger entwickeln ein exploratives Modell zum
      Erkennen von Begabungen (2003:8-21).
931 Dazu zählen die Gabenseminare von Hybels (2003a-d) und Schwarz & Berief-Schwarz
      (2002b), Schwarz & Haley (2002), Schwarz (2001). Darstellung und Rückfragen, vgl.
      Kap. 2, Teil 2, Punkt 7.
932 Dieterich (1997) spricht aus wissenschaftlich-psychotherapeutischer Sicht den Gaben-
      tests ihre Gütekriterien ab. Statt von einem Test sollte eher von einem „Einschätzungs-
      verfahren" gesprochen werden (:79).
933 Exemplarisch: Die Suche nach Gaben hält Berding (2006) angesichts der falschen
      Wortverwendung von Charisma als terminus technicus für ntl. unangemessen. Vielmehr
      ginge es um „ministry" (Dienste) in einer geisterfüllten Gemeinde (:7). Ähnlich Fee
      (2005:223f), Liebelt (2000:226). N. Baumert (2001a:245) hält ein Entdecken teilweise
      für möglich (:234ff, 1986:93ff). Affirmative Gabenentdeckung und Entfaltung: etwa
      Krause (1999:198-213), Großmann (1999:173ff).

dualismus mit seiner Suche nach Selbstvergewisserung verstärkt haben.[934] Die Werbung und populär-christliche Buchtitel stabilisieren diesen Trend („Entdecke, was in dir steckt").[935] Hafner spricht in dieser Hinsicht von einer „Leitungs-Individualität".[936] Zu welcher Einschätzung und Praxiserfahrung Pfarrer im Feld der Badischen Landeskirche kommen oder was die Verfahren gerade beim postmodernen Menschen und in den Ortsgemeinden eben doch leisten, gehört zur zentralen Frage dieser Untersuchung und trägt explorative Züge. Als letztes Item folgen demographische Daten.

8.1.12 Itembatterie 10: Sozialdemographische Daten

Vorab ist zu bemerken, dass die Fragen nach Altersverteilung, Dienstjahren und Anzahl der Kirchenmitglieder sowie Genderfragen sich nicht nur für Mehrheitsauszählungen eignen, sondern durch ihre Wechselbeziehungen innerhalb des Erhebungsinstruments zu inhaltlichen Aussagen in der Datenanalyse führen. Rein formell handelt es sich bei den Fragen nach Alter, Geschlecht, Dienstjahren, Stellenzuteilung, Anzahl der Mitarbeiter und Einwohnerzahl um nominalskalierte Variablen (Zöfel 2002:15f), während die übrigen entweder qualitative Items[937] oder eine Mischung darstellen.[938]

8.1.12.1 Items – Altersangabe *und* charismatische Aufgeschlossenheit

Laut Kromrey (1998) ist die *Altersangabe* keine statistische Variable, sondern bestenfalls ein Indikator (:214), weil hinter diesem komplexe Erfahrungen stehen. Dieser Indikator soll über einen Zusammenhang zwischen dem grundsätzlichen Gebrauch von Gabentests und dem Alter Aufschluss geben, denn es ist zu vermuten, dass Pfarrer bis ca. 40 Jahre eher einen Zugang zu den empirischen Tools vorweisen als ältere, zumal die populärsten Gabentests von Schwarz erst Ende der 80er und der von Hybels Anfang der 90er Jahre des vorherigen Jh. in Umlauf kamen.[939] Die Kriterien des Gabenerkennens könnten mit der sozialen Sinus-Milieuforschung auf einen breiten Hintergrund gestellt werden, was aber im Rahmen des vorliegenden Erkenntnisinteresses nicht leistbar ist. Darum muss diese spezielle Fragestellung einer weiteren Forschung vorbehalten bleiben.[940]

---

934 Vgl. Hafner (2004:148f), Zimmerling (2002:62ff).
935 Exemplarisch: Entdecke dein geistliches Potenzial. Der Weg zu Vollmacht und Frucht (Hermann 2004). Entdecke dein Potenzial. Das Geheimnis begeisterter Mitarbeiter (Morand 2002).
936 Hafner (2004:149), besonders (:159ff).
937 So die Frage nach den Kirchenmitgliedern und die letzten vier erwünschten Angaben.
938 Vgl. die Stellenzuweisung und Anzahl der Mitarbeiter.
939 Vgl. Schwarz (1988) und Hybels (2003a/b/c/d).
940 Vgl. Ebertz (2009:17-34), Hauschildt (2008:205-236), Hauschildt & Kohler (2008:42-46).

8.1.12.2 Items – Genderfragen *und* Gabenwahrnehmen

Von den folgenden acht Teilerhebungen bzw. Analysen liegen vor allem die Genderfrage (1) und Beteiligung der Kirchenbezirke (5) im Erkenntnisinteresse, während in der Frage zu Anzahl der Kirchenmitglieder, wie in der zur Stellenaufteilung (2 bis 4), keine korrelierenden Rückschlüsse zur Effizienz des Gabenerkennens ohne latente Hintergrundvariablen möglich sind und daher eine Analyse ausbleibt.

In der *Genderfrage* kommt der t-Test zum Einsatz, welcher auf Signifikanz zwischen Pfarrerinnen und Pfarrer prüft, während die freien-qualitativen Items weitere Ausdifferenzierungen im Blick auf den Modus des Gabenentdeckens hinsichtlich der Genderunterscheidung zulassen. Mit der Frage nach den *Dienstjahren* in ein und derselben Kirchengemeinde soll geprüft werden, ob gewachsene Beziehungen einerseits und das Partizipieren von Gemeindegliedern in Aufgabenfeldern des Pfarrers andererseits eher zum Erkennen von Gaben führt. Auch andere Bezüge zu unterschiedlichen Items sind möglich, was aber die Datenanalyse zeigen wird. Tetzlaff konnte in ihrer Korrelationsanalyse nicht immer signifikante Zusammenhänge nachweisen. So bestehen nach ihrer Erhebung und Datenanalyse keine Verbindungen zwischen der Anzahl der Gemeindemitglieder und einem „Erfolg der Gemeindearbeit".[941]

941　Vgl. Tetzlaff (2005:203).

Kapitel IV: Trianguläre Datenanalyse und empirische Ergebnisse

9 Statistische Vorklärungen und Datenaufbereitung

Der Aufbau des vorliegenden Kapitels ergibt sich organisch aus der empirischen Erhebung in der Ev. Landeskirche Baden (EKiBa) zur zentralen Forschungsfrage: Wie werden Charismen entdeckt? Im Detail folgen nach der Datenaufbereitung zunächst Erläuterungen zu den Rechenoperationen der statistisch verwendeten Verfahren, um ihre Qualität und Aussagekraft kennenzulernen. Anschließend wird die empirische Datenanalyse mit ihren Hauptergebnissen zur Onlineumfrage dargestellt.

9.1 Indikatoren zur Datenreliabilität

Der Onlinefragebogen bezieht, wie in der Konstruktion des Fragebogendesigns begründet, quantitative und qualitative Items aufeinander und befragt ausnahmslos Pfarrer. Daraus leitet sich die synchrone Darstellung der Ergebnisse ab. Selbstverständlich wurden die Einheiten beider Datenarten im Vorfeld akribisch getrennt voneinander analysiert und werden auch jetzt noch sprachlich korrekt auseinander gehalten, analog zur Itemabfolge aber aufeinander bezogen.

Die heruntergeladenen Datensätze von EKiBa wurden ins Excelprogramm eingelesen und sorgfältig weiterverarbeitet. Als *erster* Indikator dafür zählen die Kennzeichnung der numerischen Reihenfolge der Einzelfälle, um festzustellen, welche fehlerhaften Daten ausgemustert wurden. Eine eigens durchgeführte Dropoutanalyse klärt weitere Gründe des Aussteigens während der Befragung. Hinzu kommt ein *zweiter* Indikator: Die Trennung zwischen quantitativen und qualitativen Items, um die statistischen Daten für das SPSS-Programm lesbar zu machen. Zudem war ein Kodieren der Einzelfragen (Codeplan) mit ihren Variablen notwendig (Bühl & Zöfel 2005:28-60). Gerade weil einzelne Datensätze zu löschen waren, folgt als *dritter* Indikator für die innere Reliabilität nach dem Einlesen der Daten in SPSS, aber noch vor dem Rechenvorgang, ein exakter Vergleich mit den Urdaten.[942] Ergebnis: Die Datensätze sind kongruent. Nach diesem Verfahren blieben 139 gültige Datensätze übrig. Die prozentualen „Selektionsraten"[943] von der Stichprobe, über die konkreten Teilnehmer (Rücklauf), bis zu den gültig bereinigten Datensätzen, weisen, verglichen mit ähnlichen Arbeiten, beachtlich gute Prozent-

---

942 Zweifach: Zunächst alleine, dann mit einem anderen empirischen Forscher (der Universität Karlsruhe) zur Gegenprüfung.
943 Vgl. El-Menouar & Blasius (2005:74).

werte auf (El-Menouar & Blasius 2005:74f). Da beim Ausfüllen der Datensätze menschliche Emotionen und andere Einflüsse einkalkuliert wurden, setzt die Testtheorie nicht die klassische Determiniertheit voraus, die ohnehin im Verständnis der neueren Naturwissenschaft längst nicht mehr ausnahmslos vertreten wird (Fischer 2004:395ff, Reich 1998:63f), sondern betrachtet die untersuchten Ergebnisse als latent dimensioniert (Bortz & Döring 2006:192.206ff).

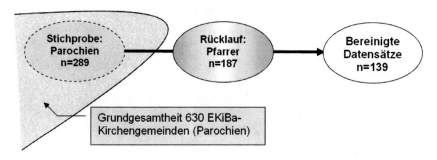

Abbildung 16: Von der Stichprobe bis zum gültigen Datensatz (© MB)

In die quantitativen Daten fließen zugleich qualitative Memos (Mayring 2003:77) aus den mündlichen Evaluationsgesprächen zum Online-Fragebogen und anlässlich der Motivationstelefonate spontan abgegebene Statements ein.[944] Auch wenn diese Memos höchst vielschichtige Aussagen beinhalten, bleibt die Forschungsfrage maßgebend für die ausgewählten Einzelsequenzen. Beide Datenarten erhellen die kontextuelle Gegebenheit und führen durch unterschiedliche Blickwinkel zu tieferen Dimensionen der vorliegenden Thematik. Was leisten die statistischen Werte?

Grundsätzlich geben sie deskriptive Auskünfte und haben eine erwartungs- oder hypothesenprüfende Funktion (Jäger 2000:116). Um ihre Aussagekraft zu verstehen, sind Erklärungen dazu nötig, auf welchen Regeln sie basieren. Vorab ist zu bemerken, dass Mittelwerte bei deskriptiven Häufigkeitsberechnungen angegeben werden. Weil aber sogenannte „Ausreißerwerte" von einseitigen Skalenwerten das Einschätzen verzerren (Zöfel 2002:34ff; Jäger 2000:134f), stellt der Median (Md) zudem ein wichtiges Korrektiv dar,[945] den das Analyse-

---

944 Die Transkriptionen befinden sich in der Universitätsfassung (2009).
945 Beispiel: Wenn fünf Befragte nach dem monatlichen Einkommen gefragt werden, einer 4000.- Euro, der andere 7000.- Euro, der nächste 5000.- Euro und 3000.- Euro sowie der letzte 100.000.- Euro verdient, ergibt das ein mittleres Einkommen von 23.800.- Euro. Es liegt auf der Hand, dass dieses Ergebnis die Deutung verzerrt. Um den Median zu berechnen, gilt folgende Formel: Die Einzeldaten bei einer ungeraden Anzahl werden der Größe nach geordnet. Der Wert in der Mitte (5000.- Euro) der Liste ist der Median. Bei einer geraden Anzahl von Daten bildet sich der Median durch das arithmetische Mittel der beiden Werte in der Mitte der Auflistung. Wenn also im obigen

programm SPSS immer ausweist. Er misst jeweils den Zentralwert des Ausfüllverhaltens der Teilnehmer der fünffachen Skalenwerte.[946] Das große N steht für die volle Anzahl der Befragten (139 gültige Datensätze), während das kleine n die Anzahl der Teilnehmer vertritt, die auf eine jeweilige Frage geantwortet haben. Somit ist der Zahlenwert von n bedeutsam, um die prozentualen Anteile einschätzen zu können.

9.1.1 Statistische Analyseverfahren und Leistungsfähigkeit

Während die Statistik vielfältige Testverfahren kennt,[947] wendet diese Arbeit zwei Grundmethoden an, die deskriptive und die analytische Statistik. Beide Forschungsformen gründen zum einen in der theorieleitenden Entscheidung, Hypothesen zu prüfen und neue Thesen zu gewinnen, zum anderen entsprechen sie dem wissenschaftstheoretischen Ansatz eines induktiv-deduktiven Theoriemodells zur Gabenentdeckung.[948] Auch wenn verfahrenstechnisch eine Aufgliederung vorzunehmen ist, so führt ihre Ergebnissymbiose zu einer angemessenen Dateninterpretation.

Ein erster Grund für den Einsatz einer deskriptiven Statistik passt sich der landeskirchlichen Gegebenheit an, dass Charismen nicht durchgängig wahrgenommen werden oder Vorbehalte bestehen. Insofern ermittelt der induktiv-hypothesengewinnende Ansatz zunächst die gegebene Situation durch einfache Häufigkeitsmessungen (Zöfel 2002:29ff, Ven 1994:145). Der andere Grund, deskriptive Methoden einzusetzen, beruht auf hinterfragende Diskussionen unter Statistikern. Sie äußern sich kritisch gegenüber Signifikanztests, weil diesen teilweise überhöhte Interpretationen zugeschrieben werden (Dubben & Beck-Bornholdt 2006:61-74). Alle statistischen Verfahren basieren auf Regeln, Konstanten und Konventionen der Wissenschaftsgemeinschaft.[949]

Die nachfolgende Tabelle zeigt die angewendeten Methoden.

Beispiel noch ein monatliches Einkommen von 10.000.- Euro dazu käme, werden die beiden Werte in der Mitte zusammengezählt und durch 2 geteilt. Der Median wäre dann mit 6000.- Euro richtig bestimmt (nach Zöfel 2002:34-36).

946 „Trifft voll zu" bis zu „trifft überhaupt nicht zu".

947 Vgl. Bühl & Zöfel (2005), Dieckmann (2002:30-35), Börtz & Döring (2002).

948 Auch die Empirische Theologie plädiert für eine Methodenvielfalt, wenn es die Realität erfordert (Van der Ven 1994:145).

949 Zu den statistischen Grundbegriffen vgl. Bühl & Zöfel (2005:107-116) sowie zur wissenschaftlichen Transparenz in der eingereichten Dissertation (Baumert 2009).

Methode	Kurzerläuterung (deduktiv-induktiv)
Deskriptive Statistik	
Häufigkeit	• Zeigt, wie viele Merkmalsträger zu einer bestimmten Merkmalsausprägung in der Stichprobe vorkommen
Frequenzanalyse	• Quantifizierung qualitativer Texte
Kontingentanalyse	• Inhaltlich miteinander verbundene Kurzsequenzen werden in übergeordnete Kriterien systematisiert
Analytische Statistik	
t-Test	• Antwortverhalten zweier Gruppen in ihrem Mittelwert, teilweise mit statistischer Signifikanz
Korrelationen[950]	• Gegenseitige Zusammenhänge zweier Variablen mit statistischer Signifikanz
Qualitative Inhaltsanalyse[951]	• Strukturieren, Zusammenfassung, Explikation

Tabelle 13: Angewandte Verfahren der vorliegenden Untersuchung (© MB)

9.1.1.1 Gradmesser des Korrelationskoeffizienten

Zur Messung der Ausprägungen (Effektstärken) zwischen Variablen ist ein Gradmesser zu bestimmen. Welche Maßeinheit ist nun für die vorliegende Datenanalyse angemessen? Bortz & Döring (2002) verweisen zunächst auf den jeweils zu untersuchenden Kontext, der die inhaltliche Maßeinheit der Beziehungseffekte bestimmt (:611). Um mathematisch ein stimmiges Klassifizieren zu ermöglichen, stehen statistische Komponenten (Signifikanzniveau, Effektgröße und Stichprobenumfang) zur Verfügung, die einander wechselseitig beeinflussen (:612).[952] Im Anschluss an Bortz & Döring, deren Messkonventionen denen von Kühnel & Krebs entsprechen (:612-618), orientiert sich diese Arbeit an ihrem Gradmesser:

---

950 Zu beachten ist, dass die „Methode der Korrelation" (1984:73) im Kontext der Theologie nach Tillich etwas anderes meint als in der Sozialwissenschaft. So auch Bucher (1994:118). Tillich selbst erklärt seine Methode der Korrelation als empirische „Analyse der menschlichen Situation, aus der die existenziellen Fragen hervorgehen" (:76) und setzt sie in Beziehung zu den göttlich-symbolischen Antworten der christlichen Botschaft (:76-80). Zur weiteren Diskussion vgl. Roth (2002). Er weist in seiner Habilitationsschrift darauf hin, dass die Methode der Korrelation laut Tillich eine theologische Unterscheidung zwischen Schöpfung und Erlösung verbietet (:427).

951 Die Erläuterungen erfolgen am Ort ihrer Anwendung.

952 Autokorrelativen (automatische Verzerrungen) in den Residuen brauchen nicht berücksichtigt werden, weil keine zeitlich aufeinander folgende statistische Trendanalyse untersucht wird, vgl. Bauckhaus (2006:88).

r	nach Kühnel & Krebs
bis 0.05	kein Zusammenhang
0.05 bis kleiner 0.2	gering
0.2 bis kleiner 0.5	mittel
0.5 bis kleiner 0.7	hoch
ab 07.	sehr hoch

Tabelle 14: Gradmesser des Korrelationskoeffizient (r)

9.1.1.2 Kausalitätsforschung

Vor der Vorstellung der nächsten statistischen Einzelmethode, ist im Zusammenhang mit den Korrelationen noch auf die Kausalitätsforschung einzugehen.[953] Was sowohl im Alltag des menschlichen Denkens, wie auch in empirischen Forschungen, etwa der Medizin oder Bildung, als unverzichtbar gilt,[954] trifft ebenso für die Handlungsfelder der Praktischen Theologie zu: Vor dem Handeln stehen Erwartungen, welche die Deutungen der Wirklichkeit und das entsprechende Handeln bestimmen. So erwarten Praktische Theologen je nach ihrem theologischen Ansatz, unter Berücksichtigung der jeweiligen Gegebenheiten (zum Beispiel den Gebrauch empirischer Gabentests oder der Ablehnung derselben), bestimmte Ergebnisse, wie bei Gemeindegliedern Gaben entdeckt werden.

Steyer (2004), einer der renommiertesten Kausalforscher, postuliert: „Ohne kausale Theorien über die Wirkungen unseres Handelns wären wir handlungsunfähig" (:127). Die umgekehrte These motivierte Pfarrer, an dieser EKiBa-Erhebung mitzuarbeiten. Aus den Telefongesprächen war zu erkennen, dass ihr Teilnehmen dem pragmatischen Wunsch zugrunde lag, mithilfe der Umfrage kausale Ergebnisse zu erhalten, die handlungsleitend zur gabenorientierten Mitarbeitergewinnung führen. Hinsichtlich der Kausalfolgerungen ist aber zu bedenken: Selbst wenn hohe Korrelationen (r-Werte) bestehen, dürfen allein aus den Zahlenwerten keine kausalen Zusammenhänge geschlossen werden. Die statistische Literatur[955] redet hier, wie etwa Bortz (2004), ungenau von „Scheinkorrelationen", die auf eine dritte Variable als gemeinsamen Einflussfaktor hinweisen (:443f). Zu Recht korrigiert Kelle (2007) diesen missverständlichen Sprachgebrauch, denn statt von scheinbaren Korrelationen, ist sachgemäß von scheinbaren Kausalitätszusammenhängen zu sprechen (:203, Anm. 67). Um also dem Risiko kausaler Fehleinschätzungen zu begegnen, erfordert es eine sorgfältige Zusammenschau der quantitativen und qualitativen Daten, in

---

953 Zur Diskussion von Kausalmodellen, ausführlich: Kelle (2007:151-225). Weiter: Steyer (2004:127-147), Bortz & Döring (2002:519f), Nachtigall, Steyer & Wüthrich-Martone (1999:44-49), Oestermeier (1999:51-57).

954 Z.B.: So wollen Mediziner wissen, welche Wirkung bestimmte Medikamente haben. Kultusministerien sind daran interessiert, wie sich das Curriculum auf die Schulleistungen auswirkt. Vgl. Oestermeier (1999:52).

955 Vgl. die Auflistung bei Krämer (2007:184), Bortz & Döring (2002:689), May (1999: 64f).

Verbindung mit dem praktisch-theologischen Kontext. Erst dieser komplexe Überblick erlaubt kausale Schlüsse.[956]

9.1.1.3 Hypothesentypen

Neben den zahlreichen Hypothesenarten unterscheidet die statistische Forschung grundsätzlich zwei Typen. Ein Hypothesentyp formuliert keine spezifische Fragestellung, sondern bleibt unspezifisch, während der andere eine konkrete Fragerichtung aufweist,[957] woraus analog zwei Modi der Auswertung resultieren.[958]

Unspezifische Hypothesen verlangen ein gemäßigtes Richtmaß zur Signifikanzprüfung (zweiseitig), spezifische dagegen verschärfen die Prüfmaße (einseitig). Auf diese Weise erhöhen gerichtete Hypothesen den Grad ihrer Aussagequalität. Vordergründig betrachtet ist das richtig. Hinter diesem logischen Schluss lauern jedoch zwei Gefährdungen, auf die Statistiker hinweisen. So kann ein höheres Prüfungsniveau dazu führen, Nullhypothesen[959] voreilig als falsch zu verwerfen, obwohl sie stimmen. Andererseits werden gegenteilige Konsequenzen gezogen, indem Nullhypothesen beibehalten werden, obwohl sie falsch sind (:65f).[960] Überdies besteht hier ein weiteres Problem, durch wissenschaftliche Neugierde neue signifikante Ergebnisse aufspüren zu wollen. Welche Konsequenz ergibt sich für die vorliegende Untersuchung? Gerichtete Hypothesen werden erstens lediglich als solche formuliert, wenn umfassende Kenntnisse zum praktisch-theologischen Theorieteil und Forschungsfeld vorliegen. Zweitens testen alle Analyseverfahren zweiseitig. Sobald Alternativhypothesen vorliegen, greift das halbierte Signifikanzniveau (p). Aber selbst dann, wenn höchst signifikante Ergebnisse rechnerisch vorliegen, bleibt die triviale Erkenntnis, dass es genau hinzusehen gilt, ob sie mit der praktischen Relevanz übereinstimmen (:67). Ausschlaggebend bleibt, wie insgesamt, immer der Kontext des Forschungsfeldes.

9.1.1.4 Richtmaße der Signifikanzwerte

Tabelle 15 zeigt indes die Richtmaße der Signifikanzwerte (Bühl & Zöfel 2005:113). Sie liegen in einer Spanne von 0,001 bis 0,05. Liegen die Signifikanzwerte in diesem Skalenniveau vor, dann ist anzunehmen, dass für die Stich-

---

956 Dazu Bortz & Döring (2002:520): „*Kausalinterpretationen von Korrelationen ... sind daher nur inhaltlich bzw. logisch zu begründen.*" (Kursiv MB). May ergänzt konträre Fragestellungen (1999:65f). Zur Diskussion und ihrer Methode in empirisch-theologischen Forschungen Van der Ven (1994:171-173).

957 Die erstgenannte Hypothesenart wird in der statistischen Forschung als zweiseitig-ungerichtete benannt, während die zweite als einseitig-gerichtete bezeichnet wird (Bortz & Döring 2002:10-12.494).

958 Vgl. Bortz & Döring (2006:498), Zöfel (2002:66f).

959 Nullhypothesen postulieren, dass weder Korrelationen noch sonstige Wirkungen unter den Variablen bestehen (Bortz & Döring 2002:28).

960 Die statistische Forschung spricht vom „Fehler erster und zweiter Art" (Zöfel 2002: 65f), vgl. auch Diekmann (2002:585-602).

probe der 139 Befragten, nach der klassischen Definition der Wahrscheinlichkeit,[961] kein zufälliges Ergebnis vorliegt. In Prozenten formuliert liegen mit 95% oder 99,9%-iger Wahrscheinlichkeit für die Grundgesamtheit keine Fehlurteile vor. Es wird deutlich: Gerade weil die analytische Statistik keine letztgültigen Normansprüche postuliert, sondern seriös Irrtumswahrscheinlichkeiten einkalkuliert, lässt sie gegensätzliche Einzelfälle zu.

Irrtumswahrscheinlichkeit	Bedeutung	Symbolisierung
p >0.05	nicht signifikant	ns
p <=0.05	signifikant	*
p <=0.01	sehr signifikant	**
p <=0.001	höchst signifikant	***

Tabelle 15: Statistisches Signifikanzniveau

Grundsätzlich, und vorausblickend auf die Umfrageauswertung, bleibt festzuhalten, dass korrelierende Ergebnisse nur dann eine Interpretation auf die statistische Signifikanz billigen, wenn sie signifikante p-Werte belegen, die kleiner als 0,05 sind und eine kontextuelle Plausibilität aufweisen.[962] Ein Transformieren der Ergebnisse in die deskriptive Statistik erfolgt aber nicht, denn aus Gründen der Validität verbleiben sie genuin in der analytischen Statistik. Die nächsten Abschnitte entfalten die empirischen Befunde der Online-Erhebung.

---

961 Der Signifikanzwert ist identisch mit der Wahrscheinlichkeit (p= probabilities). Ausführlich: Zöfel (2002:47-58).

962 Sollten hohe Korrelationskoeffizienten ohne statistisch signifikante Werte vorliegen, gelten die Ergebnisse ausschließlich für die 139 befragten Pfarrer der Stichprobe, was ihre Bedeutung keinesfalls mindert.

Teil 1: Analyse und Befund: Pfarrerbefragung

10 EKiBa-Ergebnisse (deskriptive Statistik und qualitativ)

Die folgenden Daten stammen aus der Stichprobe der EKiBa und werden im Rückgriff auf den Fragebogen zeigen, wie Pfarrer Gaben definieren und welche Erfahrungen und Deutungen im Prozess ihrer Entfaltung daraus resultieren. Zweierlei ist für den Befund vorauszusetzen: Einerseits kann die Analyse nicht alles ausgewertete Material präsentieren, eine Auswahl nach Kriterien der Forschungsrelevanz genügt. Weil die Forschungsergebnisse des theoriegeleiteten Erhebungsinstruments nicht nur aus der Metaebene, sondern zugleich aus einer verschriftlichten Praxis stammen, legen sie eine gewisse Kontinuität nahe. Diese Sachlage unterstreichen die komplementären Befunde mit ihren Situationsbeschreibungen und praktisch-theologischen Stellungnahmen seitens der Pfarrer und Gemeindeglieder.

Die Analyseverfahren werden keine praktisch-theologischen Interpretationen vornehmen, während sich die dargestellten empirischen Ergebnisse mit Andeutungen begnügen und erst im Schlussteil der Untersuchung der Dialog mit dem Theorieteil erfolgt.

10.1 Vorgehensweise

Analog zum Design des triangulären Fragebogens, der quantitative und qualitative Items kombiniert und aufeinander bezieht, werden die Ergebnisse chronologisch dargestellt. Deswegen wechseln sich statistische und inhaltsanalytische Befunde gegenseitig ab. Verlangt der statistische Befund eine präzise, kurze Präsentation, benötigt die qualitative Inhaltsanalyse bereits nähere Erklärungen. Beide Analyseverfahren werden verbunden, während die Dateninterpretation, im Sinne einer praktisch-theologischen Diskussion, gesondert erfolgt. Selbstverständlich wurde jede Methode separat ausgewertet. Zwei Ausnahmen durchbrechen die geordnete Darstellung: So erfordern die sozialdemographischen Daten und Memos eine vorrangige Position, weil sie die EKiBa-Rahmenwerte der Stichprobe abstecken, woraus die übrigen empirischen Befunde teilweise ihre Deutung erfahren. Allein durch ihr itemüberschreitendes Verfahren nimmt schließlich auch die analytische Statistik eine Sonderstellung ein. Im Sinne der konsequent durchgeführten Triangularität kompensiert die eine Methode die Schwächen der anderen, wie im Folgenden zu sehen sein wird.

10.2 Sozialdemographischer Referenzrahmen

Standen die sozialdemographischen Daten in der Erhebung am Schluss des Fragebogens, so stehen sie nun am Anfang, weil sie den Referenzrahmen des Forschungsfeldes der EKiBa umfassen.

10.2.1 Alter und Geschlecht

Abbildung 18 zeigt die Einteilung der Altersklassifizierungen, die sich nach Hurrelmann ausrichten (2007). Er zählt die erste Lebensphase 20-30 noch zur jugendlichen Generation (:17), während hier die 31-40 als jüngere zählt, die 41-50-Jährigen als mittlere, die 51-60 als ältere Generation und die 60plus als Seniorengeneration.[963]

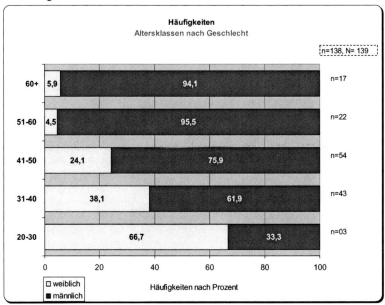

Abbildung 17: Quantitativer Befund: Altersgruppen nach Geschlecht (© MB)

Abbildung 17 stellt die Aufteilung der 139 Teilnehmer in Alterskategorien nach Geschlecht in Prozent dar. Insgesamt besteht ein Verhältnis von 76,1% Pfarrern

---

963 Zur Anthropologie der Lebensphasen vgl. Noack (2007). Horx (2000) zeigt als Trend-forscher den Wechsel von den drei zu den fünf Lebensphasen mit ihren Konsequenzen (:66-69).

zu 23,9% Pfarrerinnen.[964] Die Altersklasse zwischen 41-50 Jahren bildet mit 54 Teilnehmern die Hauptgruppe der Befragten, gefolgt von den 31-40-Jährigen mit 42 Befragten. Vornehmlich partizipieren Pfarrerinnen an diesen beiden Gruppen. Auch wenn in der Altersspanne zwischen 31-50 Jahren die meisten verantwortlichen Mitarbeiter gewonnen werden,[965] bleiben Rückschlüsse auf das Erkennen der Gaben schwierig. Unschwer fällt aber auf, dass die geringste Beteiligung bei jungen Pfarrern mit 3 Teilnehmern zu verzeichnen ist. In den qualitativen Äußerungen identifiziert sich einer von ihnen als Pfarrvikar. Weitere drei Vikare gehören in die Altersgruppe zwischen 31-50. Je einer aus der jüngeren und älteren Altersgruppe schränken ihre Erfahrung hinsichtlich der Gaben explizit mit dem Zusatz ein, dass sie „nur" Pfarrvikare seien und daher nicht auf alle Fragen der Onlinebefragung antworten könnten.[966] Die 51-60-Jährigen rangieren erkennbar hinter den beiden Hauptgruppen mit einer Umfragebeteiligung von 22, während bei den über 60-Jährigen immerhin noch 17 teilnehmen.[967]

10.2.2 Dienstjahre in der Lokalgemeinde

Zwischen der Dauer der Dienstjahre von Pfarrern innerhalb der aktuellen Kirchengemeinde und der Erkennungsqualität der Gaben wird ein kausaler Zusammenhang angenommen. Im Anschluss daran stellt sich die explorative Frage, welches Kriterium des Erkennens eine statistische Signifikanz anzeigt. Vorerst ist aber festzustellen, dass die Anzahl der Befragten mit einer längeren Dienstdauer in der eigenen Parochie nach der deskriptiven Statistik deutlich abnimmt (26-35 Jahre=4,3%), während kürzere Zeitspannen an Dienstjahren die höchsten Prozentzahlen aufweisen: 0-5 Jahre entsprechen 44,9%, eine Dienstdauer von 6-15 Jahren 39,9% (n=107). Letztere Daten waren durch die Versetzungsregelung anzunehmen.[968]

---

964 Vgl. n=139; M=1,24, Md=1,00; s= 1,02. In der Grundgesamtheit der EKiBa besteht zum Zeitpunkt der Erhebung (Herbst 2005) im prozentualen Vergleich ein höherer Anteil an Pfarrerinnen mit 46% (647 Pfarrer und 297 Pfarrerinnen).

965 Wenn die ersten drei Prozentzahlen kumuliert werden, dann sind das bei der Angabe 0-20 verantwortlichen Mitarbeitern bei einer Beteiligung von 80 (n) immerhin 72,5%. Selbst die 51-60-Jährigen gewinnen noch 17,5% Mitarbeiter. Bei der Mitarbeiteranzahl von 21-40 sind es bei Teilnahme von 41 (n) 73,2%, die diese Anzahl von verantwortlichen Mitarbeitern aufweisen kann.

966 So beim Einzelfall 30 und 138.

967 Das Statement von einem Pfarrer aus dem Evaluationsprozess: „Wir älteren Pfarrer haben uns mit der Thematik der Gaben nicht beschäftigt." Memo 1 spiegelt darum nicht die Aussagen der tatsächlich Befragten wider.

968 Weiter: 16-25 Jahren:=4,3%, 36+ Jahre=1,4%. Liegt der Mittelwert bei 1,78, zeigt der Median 2,00 an (s=0,9).

10.2.3 Beteiligte Kirchenbezirke und Infrastruktur

Von allen Beteiligten geben 126 Pfarrer ihre Kirchenbezirke an (N=139). Eine Konzentration städtischer Gemeinden liegt nicht vor, denn Kirchen mit ihrer ländlichen Peripherie dokumentieren analoge Zahlen, wie etwa Karlsruhe-Land (8), Pforzheim-Land (7) sowie Bretten (7). Zu beachten ist, dass auch Kirchenbezirke in den Städten, mit Ausnahme von Mannheim, geographisch die Randgebiete einschließen.

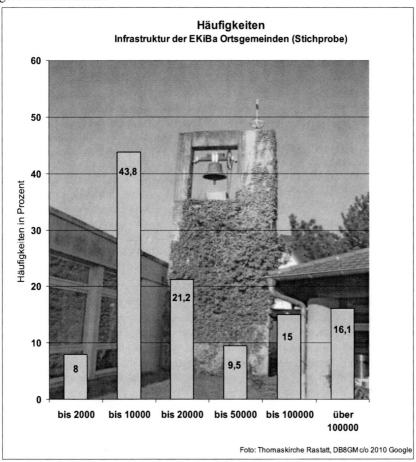

Abbildung 18: Quantitativer Befund: Infrastruktur der beteiligten Ortsgemeinden / Parochien (© MB)

Auch wenn die Spanne der standortgebundenen Parochien vom dörflichen Charakter bis zur Großstadt mit über 100.000 Einwohnern reicht, liegen nach der obigen Abbildung 19 die Parochien der Befragten maßgeblich im kleinstädtischen Milieu unter 10.000 Einwohnern mit 43,8%. Gesamt gesehen tritt hier der Fall ein, dass der Mittelwert ($\bar{x}$) gegenüber dem Median (Md) vorzuziehen ist,[969] weil er im Durchschnitt den relativ beachtlichen Anteil der Parochien in den Ballungszentren mit 16,1% berücksichtigt. Dennoch zeigen die kumulierten Prozentzahlen der ersten drei geographischen Infrastruktursäulen ein deutliches Bild: Der Standort der meisten Parochien lokalisiert sich in einem kleinstädtischen Umfeld mit bis zu 20.000 Einwohnern (73%). Ob und inwieweit lokale Räume eine Rolle beim Erkennen begabter Gemeindeglieder spielen, bleibt einer weiteren Forschung vorbehalten.

10.3 Handlungsansätze: Mitarbeiter gewinnen (quantitativ)

Zu Item 1 *(quantitativ-qualitative): Wo setzen Sie bei der Gewinnung von Mitarbeitern an ...*
a) bei den Aufgaben
b) bei der Dienstbereitschaft
c) beim Gebet um rechte Leitung
d) beim Entdecken der begabten Gemeindeglieder
e) beim Nachdenken über eine Gemeindestruktur?

Hinter der Einstiegsfrage steht das Erkenntnisinteresse zu ermitteln, wie Pfarrer handeln, wenn sie Mitarbeiter für Gemeindeaufgaben gewinnen wollen. Als kategoriale Abfrage standen fünf Möglichkeiten zur Verfügung, die sechsfach skaliert von der „obersten" (1) bis „untersten Priorität" (6) Mehrfachnennungen zuließen, während die letzte Variable eine freie Texteingabe ermöglicht.

Abbildung 20 zeigt die statistischen Ergebnisse auf einen Blick. Insgesamt wird deutlich: Gaben- und aufgabenorientierte Zugänge wechseln einander ergänzend ab[970] und lassen Pfarrer zuerst als Handlungsträger agieren. Während die „Dienstbereitschaft der Gemeindeglieder" die dritte Position einnimmt, belegt das „Nachdenken über eine Gemeindestruktur", innerhalb der Mitarbeitersuche, den vorletzten Platz.

---

969   Vgl. Md=2,00, $\bar{x}$ =3,01, s=1,54, n= 137 (N=139).
970   Vgl. in der zweiten Priorität: Aufgaben (27,8%), Gabenorientierung (24,1%).

N=139	Aufgaben	Dienst- bereitschaft	Gebet	Begabung	Gemeinde- struktur
n	133	133	133	133	133
x̄	2,65	2,79	3,05	2,71	2,90
Median	2,00	3,00	3,00	2,00	3,00
s	1,562	1,498	1,648	1,570	1,403

Abbildung 19: Quantitativer Befund: Handlungsansätze zur Mitarbeitergewinnung (© MB)

Pfarrer orientieren sich prozentual geringfügig zuerst an den „Gaben" der Gemeindeglieder (29,3%) und dann an den „Aufgaben" (28,6%). Sobald die ersten beiden Prioritäten im Vergleich miteinander kumuliert werden, wechselt der Befund. Alle anderen Handlungsansätze zeigen zwar im Median ein undeutliches Bild, was bei genauerem Hinsehen für die Variable „Dienstbereitschaft" relativiert wird. Denn wie es dem Mittelwert von 2,79 entspricht, agieren 64,5% der einen Gruppe von Pfarrern, die für die drei obersten Prioritäten votieren, dann, wenn Gemeindeglieder ihre „Dienstbereitschaft" signalisieren. Diejenigen, welche die unteren drei Prioritäten wählen, was 45,9% entspricht, bilden eine Alternativgruppe. All jene Pfarrer, die das „Nachdenken" über eine „Gemeindestruktur" für beachtenswert halten, stimmen, wenn die drei obersten Ränge aufsummiert werden, mit 63,1% ab, während die drei unteren Ausprägungsmerkmale noch 58,6% ergeben. Auch das „Gebet um rechte Leitung" besitzt in den Zustimmungen kumuliert 59,2% und damit einen leichten Überhang vor den Befragten, die, in der Summe aufaddiert, mit einem prozentualen Anteil von 52,3% diese Erfahrung nicht teilen.[971]

Festzuhalten bleibt: Die Hypothese ist lediglich teilweise, in Bezug auf die Aufgabenorientierung, bestätigt. Das „Gebet die rechte Leitung" für Mitarbeiter positioniert sich am Schluss. Statistisch gesehen liegt zwar ein uneinheitliches Bild vor, aber aus praktisch-theologischer Perspektive ist zu beachten, dass die Handlungsansätze „Achten auf Dienstbereitschaft der Gemeindeglieder", „Beten um rechte Leitung" und „Nachdenken über eine Gemeindestruktur" jeweils zwei alternative Gruppen mit unterschiedlichen Erfahrungen zeigen. Der folgende Abschnitt präsentiert die freien Einträge innerhalb von Item 1 zur Mitarbeiterfrage und systematisiert sie.

---

971 In einem Fall provozierte die priorisierbare Kategorie des Gebets zum Ausstieg eines Befragten. Da aber ein multioptionales Ausfüllen möglich ist, das damit explizit ein Ineinander von spirituellen und pragmatischen Ausrichtungen zulässt, beruht der Einwand auf einem Missverständnis.

10.3.1 Ressourcenbezogene Orientierung (qualitativ)

Die offene Frage innerhalb von Item 1 stellt die erste schriftliche Reaktion der Befragten dar. Sie vertiefen die statistisch vorgegebenen Prioritätssetzungen zur Mitarbeiterfrage. Bedingt durch die komprimierten Satzsequenzen, ist eine zusammenfassende inhaltsanalytische Aufarbeitung nicht nötig. Grundsätzlich gilt hier, wie für die ganze Onlinebefragung: Alle schriftlich fixierten Äußerungen benötigen keinen eigens generierten Arbeitsvorgang, sondern liegen vor. Wie Früh (2000) bemerkt, fällt damit eine „(un)bewusste Selektion" (:24) der Texte seitens des Forschers weg. Ein *erster* Zugang zu den qualitativen Texten arbeitet mit der „Frequenzanalyse", wie Mayring sie vorschlägt (2003:13), und erzeugt quantitative Häufigkeiten. Mittels der anschließenden „Kontingentanalyse" erfolgt ein *zweiter* Zugang, der die inhaltlich miteinander verbundenen Sequenzen auf drei Kriterien bezieht: intrapersonal, interpersonal und auf eine der göttlichen Personen der Trinität. Zusätzlich ergeben sich drei weitere Kategorien aus den mitgeteilten Erfahrungen: Ressourcenbezogenes, geistlich assoziatives und assoziativ wahrnehmendes Deuten (Tabelle 16).[972] Besonderes Augenmerk verdienen die ersten drei Merkmalsausprägungen.

---

972 Spalte 1 zeigt die Prioritäten, Spalte 2 kategorisiert nach dem Modus der Mitarbeitersuche und Spalte 3 bündelt nach Einzeläußerungen.

Ausprägung	Kriterien Modalitäten	Einzeläußerungen
1. Höchste Priorität	ressourcen- bezogen	- bei Gaben von Mitgliedern (w) - bei den finanziellen Möglichkeiten - Belastbarkeit der Menschen (w) - beim Zeitrahmen des Projekts (w)
	individuell bezogen	- worauf die Leute Lust haben - bei Angeboten von Gemeindegliedern (w) - bei Angeboten durch Gemeindeglieder
	auftrags- bezogen	- beim pädagogischen Auftrag z. Mitarbeit (w) - Konfirmanden
	interpersonal, sozial	- Loyalität gegenüber Kirchengemeinde (w) - Ideentauschen mit Gemeindeglieder (w)
	geist- bezogenes Wahrnehmen	- beim Geleitetsein durch den Heiligen Geist - was Gott Menschen sagt, zu tun (w)
2. Priorität	geistlich- individual	- beim geistlichen Charakter der Mitarbeiter
	interpersonal- sozial	- bisheriges Engagement in der Gemeinde - bei der Frage: passen die Teams?
	assoziatives Wahrnehmen	- offene Türen
3. Priorität	geistlich- individual	- Verlässlichkeit auf Dauer - bei der geistlichen Reife - Verfügbarkeit
	sozial	- Rückmeldungen Dritter
	assoziatives Wahrnehmen	- oft auch der Zufall
4. Priorität	ressourcen- bezogen	- Entlastung bereits vorhandener Mitarbeiter - Begabungen einzelner Menschen
5. Priorität	individuell bezogen	- Präsenz in der Gemeinde
	sozial	- Hinweise von anderen
	assoziatives Wahrnehmen	- Harren auf den Kairos
6. Tiefste Priorität	individuell bezogen	- Persönlichkeitsstruktur
	interpersonal, sozial	- Ziel- und Personenübereinstimmung (w)
	ressourcen- bezogen	- Zeitlicher und familiärer Aufwand (w)
	assoziatives Wahrnehmen	- bei "Zufälligkeiten"
		- Theorie

Tabelle 16: Qualitativer Befund: Handlungsansätze zur Mitarbeitergewinnung (© MB)

Aus der Tabelle 16 „Handlungsansätze zur Mitarbeitergewinnung (qualitativ)" werden vier Hauptaspekte gewählt, die den statistischen Befund der 33 beteiligten Pfarrer qualitativ ergänzen. Prozentual betrachtet, existiert ein Genderverhältnis von 43,5% Pfarrern zu 30,3% Pfarrerinnen (w), die ihre Meinung differenziert mitteilen.

Als *erster* Aspekt fällt dazu auf, dass in der obersten Priorität (P 1) Pfarrerinnen doppelt sooft mit Äußerungen vertreten sind, als ihre männlichen Kollegen. Wie zu sehen, favorisieren Pfarrerinnen eine ressourcenbezogene und soziale Herangehensweise (P 1), um Mitarbeiter zu gewinnen. Der Befund setzt vertrauensvolle Beziehungen zu Gemeindegliedern voraus, was etwa das Achten auf die „Belastbarkeit der Menschen" (P 1), „Gaben" und den „Zeitrahmen eines Projekts" (P 1) einbezieht. Eine der Pfarrerinnen sieht Mitarbeiter nicht als Leitungsträger an, sondern fragt unter einer geistlichen Dimension, „was Gott Menschen sagt zu tun" (P 1).

Diesen *zweiten* Aspekt eines geistlichen Ansatzes teilen auch die männlichen Kollegen. Pfarrer achten zum einen auf die geistliche Reife der Mitarbeiter und zum anderen bei sich selbst auf das „Geleitetsein durch den Heiligen Geist" (P 1) bzw., um es mit ihrer metaphorischen Insidersprache auszudrücken, auf die „offene Türen" (P 2), um auf diese Weise den Weg potenzieller Mitarbeiter zu erschließen (P 2-3). Zum letztgenannten assoziativen Wahrnehmen zählt auch die Kategorie „Zufall" (P 3). Dass Pfarrer auf ein freiwilliges sich Anbieten und Verfügbarmachen seitens der Gemeindeglieder reagieren, unterstreicht den quantitativen Befund als *dritten* Aspekt (P 1+3). Gerne halten Pfarrer aber als *vierten* Aspekt an bewährten Mitarbeitern fest, weil sie nach ihrer „Loyalität" und dem „bisherigen Engagement in der Gemeinde" schauen (P 1-2).

10.4 Gabendefinition: Geschöpflich-pneumatische Konvergenz (quantitativ)

Zu Item 2 (quantitativ): *Neutestamentliche Gaben sind...a) Schöpfungsgaben, die jeder Mensch in allen Kulturen besitzt b) natürliche Anlagen und vom Hl. Geist gegebene Fähigkeiten c) geistgewirkte Fähigkeiten*

Wie im Theorieteil begründet, lenkt die Formulierung der „neutestamentlichen Gaben" die Aufmerksamkeit von der einseitigen Konzentration der typisch paulinisch-spektakulären Charismen weg und eröffnet den weiten Horizont der ntl. Begabungen. Unter diesem Vorverständnis wurde den Pfarrern die Möglichkeit gegeben, ihr Gabenverständnis zu bestimmen, um von da aus, entsprechend ihrer Definition, alle weiteren Fragen zu beantworten. Mehrfachnennungen der drei Variablen (2a-c) waren möglich. Kumuliert man die Prozentzahlen der ersten beiden Werte („trifft voll zu" und „trifft überwiegend zu"), dann lassen sich, wie Abbildung 21 zeigt, eindeutige Ergebnisse festhalten. So votieren 25,8% für ntl. Gaben als Schöpfungsgaben, die jeder Mensch in allen Kulturen besitzt. Ein hoher Prozentsatz ist sich aber unschlüssig, was die mittleren Werte belegen (41,7%). Weiter steht der bejahenden Ausprägung eine zweite Gruppe Befragter mit einer ablehnenden Haltung von 32,5% gegenüber. Das Antwortverhalten dieser Kategorie zusammengenommen, weist demzufolge eine Unentschlossenheit auf, die sich im Mittelwert mit 3,00 niederschlägt.

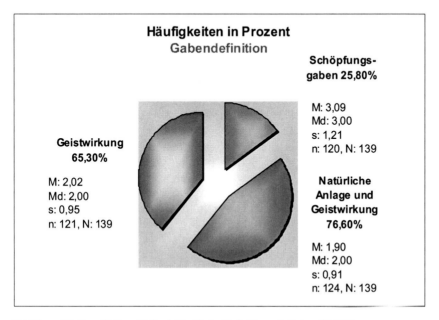

Abbildung 20: Quantitativer Befund: Dreifache Definition ntl. Gaben (© MB)

Wie Abbildung 20 verdeutlicht, fällt die Zustimmung zur Interpretation ntl. Gaben als Symbiose „natürlicher Anlagen und vom Heiligen Geist gegebenen Fähigkeiten" im Vergleich zu der Deutung als „Schöpfungsgaben" nahezu drei Mal so hoch aus, nämlich mit 76,6% (n=124, N=139).[973]

Der quantitative Befund ist damit evident: Pfarrer deuten neutestamentliche Gaben vornehmlich komplementär, als natürliche Anlagen *und* vom Heiligen Geist gegebene Fähigkeiten. Eine Gabenbestimmung, die allein auf den Geist zurückzuführen ist, erhält prozentual ebenfalls einen hohen Stellenwert. Man darf aber nicht davon ausgehen, dass über 50% der Befragten von einer reinen Geistwirkung ausgehen, denn durch die Mehrfachnennungen überschneiden sich

---

973 Ein Blick in die detaillierten Befunde zeigt, dass die kumulierten Negativausprägungen mit 4% sehr gering geraten. In dieser Gabenkategorie schwanken 19,4% der befragten Pfarrer theologisch auf der mittleren unbestimmbaren Skalierung. Die Ergebnisse derjenigen, die die neutestamentlichen Gaben als reine Geistwirkung deuten, ist mit 65,3% beachtlich hoch (n=121, N=139). Prozentual bleibt hier fast die Hälfte einer weiteren Gruppe mit 31,4% entschlusslos, indem sie die mittlere Ausprägung wählt. Alle jene, die dem vorlegten Gabenverständnis nicht zustimmen, belegen 3,4%.

die Werte. Zu belegen ist nur ein Befragter, der exklusiv für eine reine Geist-wirkung votiert. Näheren Aufschluss über die differenzierten Gabendefinitionen eröffnen die schriftlich abgegebenen Antworten, deren Analyseergebnisse nun folgen.

10.4.1 Dynamisches Gabenverständnis (qualitativ)

Zu Item 2 (qualitativ): *Neutestamtliche Gaben sind meiner Meinung nach ...*

Die 61 schriftlichen Zusatzäußerungen wurden fallbezogen analysiert, was prozentual 44% der Stichprobe entspricht (N=139). Danach folgte die fallübergreifende Auswertung. Der erste Durchgang der fallbezogenen Arbeit bestand darin, einen Kodierleitfaden zu entwickeln und durchzuführen, der nach den Deutungen und Gabenkonzeptionen fragt und danach, wie die Befragten die Gaben interpretieren. Zur intersubjektiven Nach-vollziehbarkeit wird exemplarisch im Anhang der Kodiervorgang vorgestellt. Was ist eigentlich unter Kodieren zu verstehen? Kodieren beschreibt den Vorgang, wie Einzelaussagen oder Stichworte aus den Äußerungen der Befragten zur jeweiligen Einzelfragestellung (Item) herausgefiltert und daraus bestimmte Kategorien entwickelt werden. Im Grunde fällt all das unter die Bezeichnung des Kodierens, was mit dem Auswerten von Datenmaterial zu tun hat.

Die vielfältigen Einzelantworten, die nach dem Analyseverfahren nun in fünffachen Kriterien geordnet vorliegen, weisen insgesamt gesehen gängige Ga-benbezeichnungen auf. Bedeutsamer sind neben den statischen Gabenerklärun-gen, die als Postulate unveränderbar erscheinen, auch jene, die von dynamischen Bestimmungen der Gaben ausgehen, weil sie im Laufe der Lebens- und Ge-meindeentwicklung veränderbar werden.

10.4.1.1 Geistliche Transformation

Das *erste Kriterium* der Gabenbestimmung wurde aus Äußerungen herausge-arbeitet, die schildern, wie sich Fähigkeiten zu Geistesgaben verwandeln. Da-raus entstand die Kennzeichnung „geistliche Transformation". Im Rekurs auf geschöpflich-natürliche Gaben argumentieren Pfarrer hier fast einheitlich für eine transformatorische Umwandlung durch den Heiligen Geist. Eine Äußerung benennt pointiert den Geistempfang, mit dem sich neue Gaben einstellen, eine andere verweist auf die Hinkehr zu Gott, in der „übernatürliche Gaben" gegeben werden. Der Wendepunkt der Verwandlung besteht demnach, wie es ein Pfarrer ausdrückt, „seit der Bekehrung". Aus der Zusammenschau aller schriftlichen Äußerungen ergibt sich die Erkenntnis, dass Gaben pneumatisch und ansatz-weise funktional bestimmt werden. Die Funktionalität ist zahlreich in den wei-teren Einzeläußerungen belegt, woraus die zweite Oberkategorie der „ekklesio-logischen Dimension" resultiert. Pfarrer definieren Gaben zudem als Berufung, indem sie das *Berufungsgeschehen* prozesshaft in der Gemeinde schildern. Die Aussage, dass Gaben an die Taufe gebunden sind, um sie „im Glauben für die individuelle Berufung in der christlichen Gemeinde zu entdecken", steht exklusiv in der ganzen Umfrage.

10.4.1.2 Dienstorientierte Dimension

Im *zweiten Kriterium* dominiert die bislang eher singulär auftauchende funktionale Bestimmung. Dabei fällt auf, dass Pfarrer nicht allein Geistesgaben, sondern partiell auch geschöpflich-natürliche Gaben zum Aufbau der Gemeinde für geeignet halten. Dieser Ansatz wird durch zahlreiche Aussagen konkretisiert, die zum *dritten Kriterium* der „Dienstorientierten Dimension" führen. Das Besondere daran: Es signalisiert die funktionale Bestimmung der Gaben für den „Dienst" und das „Reich Gottes". Mit letzteren Äußerungen sprengt es theologisch den Rahmen der Gemeinde. Ein Pfarrer verfeinert den letzten Gedanken dahingehend, dass er Gaben als Repräsentation des eschatologischen Reiches kennzeichnet.

10.4.1.3 Indikativ-imperatives-Schema

Das *vierte Kriterium,* die „indikativ-imperativischen Charakteristika", fasst unten beide Strukturschemen die Gaben in ihrem Geschenk- und ethischen Aufforderungscharakter zusammen. Vertiefend drücken Pfarrer aus, dass der Hl. Geist im Menschen zugleich ein verpflichtendes Moment zum Annehmen und Einsetzen der Begabungen bewirkt, woraus die Kurzformel „jede Gabe ist Aufgabe" resultiert. Zunächst bestätigt das *fünfte Kriterium* die „schöpfungstheologisch-pneumatologische Gabendimension" des quantitativen Befunds, differenziert ihn aber weiter, indem, ungeachtet einer Gotteserkenntnis, Gaben im Hl. Geist gründen und von ihm bestimmt werden. Die christologische Gabendefinition existiert einmal.

10.4.1.4 Sechsfacher Gabenbegriff

Abschließend stellt sich die Frage: Welche erweiterten Vertiefungen erbrachte die qualitative Abfrage im Vergleich zur quantitativen Erhebung? Formal fällt auf, dass immerhin ein Drittel der Befragten dieser Stichprobe zusätzlich den freien Texteintrag nutzt. Insgesamt zeigen die Äußerungen eine vernachlässigte[974] christologische Dimension christusgegebener Gaben gegenüber schöpfungstheologischen und pneumatologischen Dimensionen, wenn ein trinitarisches Gottesverständnis vorausgesetzt wird. Demzufolge werden ntl. Gaben

---

974 Zweimal wird „Jesus Christus" unter der Subkategorie genannt.

vorwiegend pneumatologisch als Geistesgaben bestimmt. Im Anschluss daran bestätigt sich der statistisch erhobene komplementäre Gabenbegriff. Insgesamt dominiert der finale Gesichtspunkt der Gaben zum Aufbau der Gemeinde und darüber hinaus für den Dienst und das Reich Gottes generell. Damit liegt eine ekklesiologische und funktionale Gabenbestimmung vor. Innerhalb dieses Deutungsrahmens weisen die Befragten differenziert auf Zusammenhänge zwischen Gaben und dem impliziten Berufungsprozess hin und strukturell zudem wechselseitig auf den Geschenk- und Aufforderungscharakter. Im Gegensatz dazu trennt der Befund natürliche Fähigkeiten und Charismen. An dieser Stelle liegen uneinheitliche Angaben vor. Ein zahlenmäßig untergeordnetes Gabenverständnis schließt die Gotteserkenntnis aus, rekurriert aber auf ein vorchristliches Wirken des Geistes in den Gaben. Relativ häufig findet sich hingegen die Überzeugung, dass der Übergang von Begabungen zu Charismen im Dienen durch den Heiligen Geist geschieht, während der entscheidende Erstempfang der Begabungen analog zum Geistempfang steht.

Im Blick auf den qualitativen Befund ergeben sich zusammenfassend nach Prioritäten der Eintragungen geordnet sechs grundsätzliche Gabenbestimmungen: 1. pneumatisch, 2. schöpfungstheologisch-pneumatisch, 3. ekklesiologisch-funktional, 4. beziehungsbezogen, 5. berufungskonform, 6. christologisch.

10.5 Gabenzuteilung in biographischer Einordnung (quantitativ)

Zu Item 3: *Wann empfängt ein Mensch Ihrer Meinung nach erstmals eine Gabe?*

Wie der Theoriehintergrund verdeutlicht, liegen unterschiedliche Ansätze vor,[975] ob Gaben punktuell oder periodisch gegeben werden, daher verlangten die Befragten methodische Mehrfachnennungen.[976] Bemerkenswert ist, dass alle Pfarrer an dieser Fragestellung partizipieren (N=139). Wie an Abbildung 22 erkennbar, sticht der Erstempfang neutestamentlicher Gaben bei der „Geburt" mit 62,1% Zustimmungen charakteristisch heraus. Drastisch zurück liegt die „Bekehrung zu Jesus Christus" (30,0%), die prozentual weniger als die Hälfte der ersten Variablen („Geburt") erreicht. Der Gabenempfang in der „Taufe" (27,9%), als auch „vor einer Gemeindeaufgabe" (26,4%) und „in einem geistli-

---

975 Auch wenn die EKiBa eine unierte Kirche ist, also Lutheraner und Reformierte vereinigt (Heller 1992:169f), wird die Erhebung hinsichtlich des Gabenempfangens an dieser Stelle keine Unterschiede aufweisen, zumal ihre Fragestellung hauptsächlich die Liturgie betrifft.

976 Darum ist der n-Wert unterschiedlich und Lokalisierungsparameter liegen keine vor.

285

chen Erlebnis" (25,4%) weisen relativ nahe beieinander liegende Werte auf. Ein deutlicher Abstand von dieser Reihe bis zur „Geistestaufe" (7,9%) fällt auf.

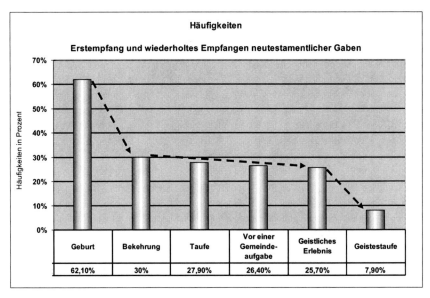

Abbildung 21: Quantitativer Befund: Erstempfang ntl. Gaben (© MB)

Der Befund scheint zum einen insofern bemerkenswert, weil in der Ev. Landeskirche, die der Taufe einen besonderen Stellenwert einräumt, die Befragten die erste Zuteilung neutestamentlicher Gaben in der leiblichen Geburt verankern und die Bekehrung zu Jesus Christus noch *vor* der Taufe als erstes Empfangen der Gaben priorisieren. Zum anderen fällt die Beobachtung auf, dass Pfarrer den objektiven Gabenzuteilungen den Vorrang vor den geistlich subjektiven Erlebnissen einräumen. Die Frage, welche theologischen Ansätze hinter diesem Ergebnis stehen, wird die Berechnung des statistischen Verfahrens der Korrelation zwischen diesem Befund und dem Antwortverhalten zur Frage nach den Gabendefinitionen erschließen. Weiter votieren Pfarrer für einen Erstzugang der Gaben *vor Gemeindeaufgaben* (26,4%), was wahrscheinlich an die populäre und oben geäußerte qualitative Auffassung anknüpft, dass Gott vor jeder Aufgabe eine Gabe schenkt. Die Vermittlung der Gaben durch die Geistestaufe rangiert deutlich an letzter Stelle (7,9%).

10.6 Ausprägungen im Gabenerkennen (qualitativ)

Zu Item 3: *Wann empfängt ein Mensch Ihrer Meinung nach erstmals eine Gabe? a) Gaben sind schwierig zu entdecken …b) Gaben sind nur teilweise festzustellen … c) Gaben sind leicht zu erkennen …*

Von den 139 Teilnehmern (N) füllen 24% der Befragten alle drei halboffenen Antwortmöglichkeiten[977] aus. 20% votieren aus der Dreierkombination exklusiv für die *leichte* Gabenerkennung, während 17% der Befragten Gaben ausnahmslos als *schwer* erkennbar einschätzen. Pfarrer, die ausschließlich eine Mittelposition („teilweise erkennbar") angeben, belaufen sich auf 19%. Beachtliche 81% der Pfarrer beteiligen sich an mindestens einer der drei Fragestellungen,[978] was ihre Relevanz belegt. Indes lassen die schriftlichen Einzeläußerungen quantifiziert einen geringfügigen Überhang für leicht erkennbare Begabungen gegenüber einem komplizierten Wahrnehmen der Gaben festhalten.

10.6.1 Fallbezogene Deutungsmuster im Perspektivenwechsel

Gesamthaft ist aus den schriftlichen Ausführungen inhaltsanalytisch zu beobachten, dass analog zur neutralen Form der drei halboffenen Fragestatements Pfarrer teilweise in Ich-Form berichten, also über sich selbst referieren. Weiter verwenden sie plurale Personalpronomina und schließen sich damit je nach Aussageinhalt nicht nur mit der Gemeinde, sondern auch der Pfarrerschaft zusammen. Mittels des Indefinitpronomens „man" nutzen einige Befragte zudem unbestimmte Personen stellvertretend, um sie für ihre Einstellung zu vereinnahmen oder ihre eigenen Äußerungen zu maskieren. Gegenüber diesen sprachlichen Beobachtungen fallen schließlich die inhaltlichen Aussagen durch ihren hohen Reflexionsgrad auf. Durch die fallbezogenen Perspektivenwechsel, welche zwingend ein zwei- oder gar dreifaches Ausfüllverhalten voraussetzen, entstehen Deutungsmuster.[979] Diese sich implizit herausgebildeten Perspektivenwechsel, die im Sinne pastoraler Handlungsanweisungen oder als wünschenswerte Lösungsansätze fungieren, werden im Folgenden näher charakterisiert. Rein formal zeigen die unterteilenden Zeilen fallbezogene Ergebnisse. Fallbezogen heißt, dass ein Befragter (Datensatz) berücksichtigt wird. Die Ausführungen bündeln auffällige Beobachtungstendenzen.

---

977 Ausgehend von der Sprachbedeutung werden die Verben „entdecken", „feststellen" und „erkennen" inhaltlich synonym verstanden.

978 Ihre überwiegende Altersspanne liegt zwischen 31 und 50 Jahren. Inhaltlich signifikante Unterschiede im Gendervergleich lassen sich nicht feststellen (32 Pfarrerinnen).

979 Von einem erschwerten zum leicht erkennbaren Gabenzugang, also von Frage 3a zu 3c.

10.6.1.1 Determinierungen und Gabenbewusstsein

Wie die erste inhaltsanalytisch erstellte Tabelle 17 unten zeigt, sehen Pfarrer in ihren schriftlichen Äußerungen kausale Zusammenhänge zwischen determinierten Gabendefinitionen und einem erschwerten Gabenentdecken. Demgegenüber benötigen fixierte Gabenbestimmungen ein universelles Gabenverständnis und daneben ein integriertes Wahrnehmen biographischer Zusammenhänge. Ein solcher kognitiver Aspektwechsel erfordert außerdem eine pragmatische Seite: Die Gelegenheiten, Gaben auszuprobieren und ein sozial unterstützendes Umfeld, das sich durch ein vertrauensvolles Miteinander auszeichnet.

Gaben sind schwer ...	... leicht zu erkennen
Determinierungen und Gabenbewusstsein	
Von einseitigen Gabendeterminierungen zum	- universellen Gabenverständnis: jeder ist begabt - Wahrnehmen der Lebenszusammenhänge
Vom defizitären Gabenbewusstsein	- zu vertrauensvollem Miteinander (2x) - zu Möglichkeiten des Ausprobierens (mehrfach)

Tabelle 17: Qualitativer Befund: Perspektivenwechsel – Gabendeterminierung und kognitive wie pragmatische Faktoren (© MB)

10.6.1.2 Innenperspektive und Außenorientierung

Wie es dem Typus eines Deutungsmusters entspricht, liegen Festlegungen im Verhalten der Menschen vor. Unter diesen Umständen werden Gaben kaum wahrgenommen (linke Spalte). Auch wenn situativ unterschiedliche Ausgangslagen vorliegen, fallen die Antworten homogen aus, indem die Befragten zur Praxisanwendung raten, also von einer Innenperspektive zur Außenorientierung (Tabelle 18).

Gaben sind schwer ...	... leicht zu erkennen
Innenperspektive und Außenorientierung	
Vom fixierten Selbsterkennen zur	- Praxisanwendung in den Aufgaben – auch unter geistlicher Leitung
Vom bloßen Gabenerkennen zum	- Anwenden
Von der menschlichen Innenorientierung zu	- den Aufgaben

Tabelle 18: Qualitativer Befund: Perspektivenwechsel – Innenperspektive und Außenorientierung (© MB)

10.6.1.3 Psychische Blockaden

Im Detail beobachten andere Pfarrer, dass die Gründe für ein erschwertes Wahrnehmen der Gaben hauptsächlich in verzerrten Selbstkonzepten der Menschen liegen. Diese reichen vom defizitorientierten Denkansatz und von ängstlicher Zurückhaltung latent Begabter bis zu Minderwertigkeitskomplexen mit ihren unterschiedlichen Spielarten. Zudem beeinträchtigen Selbstabgrenzungen durch Fehleinschätzungen das Erkennen der Gaben. Beachtenswert ist, dass die Handlungsanweisungen der Befragten mehrheitlich in ähnliche Richtungen weisen (rechte Spalte), indem sie ausgeprägt das Experimentieren vorschlagen, um auf diese Weise Gaben problemloser zu erfassen. Daneben fällt ein anderes Muster des Perspektivenwechsels auf, weil es antwortkonform geistliche Hilfen anbietet. Pfarrer beobachten (zweite Zeile), dass Gemeindeglieder durch ihr gestörtes Selbstbild einen erschwerten Zugang zu ihren Gaben finden. Es handelt sich etwa um Minderwertigkeitskomplexe, die entweder die Suche nach Anerkennung auslösen oder aber umgekehrt bewirken, dass Gemeindeglieder sich umgekehrt für unentbehrlich halten (linke Spalte). Der gemeinsame Nenner der mehrfach wahrgenommenen Erfahrungen bei anderen Gemeindegliedern zeigt einen Lösungsvorschlag, der auf eine abhängige Gottesbeziehung abzielt, um von da aus die eigenen Gaben zu entdecken (rechte Spalte). Grundsätzlich steht also auch das defizitorientierte Denken dem Gabenerkennen im Wege (Zeile vier). Der Perspektivenwechsel richtet den Blick auf die persönliche Berufung und Selbstakzeptanz. Die gelassene Grundhaltung und Überzeugung berufen zu sein, stellen eine qualifizierte Antwort aus der Fremdwahrnehmung heraus dar. Hinter der Bemerkung, Gaben ängstlich zurückzuhalten, steht die Vorstellung einer perfekten Performance, die zum Perspektivenwechsel in der Einstellung führen soll, nämlich als Mensch gelassen zu leben. (Zeile fünf).

Gaben sind schwer ...	... leicht zu erkennen
Psychologische Blockaden	
Von der Unwissenheit und Zurückhaltung potenziell Begabter	- zum leidenschaftlichen Einsatz der Neigungen, - zur Offenheit und Experimentierfreude.
Von bedürfnisorientierten Motiven (Selbstkonzeption) und Minderwertigkeitskomplexen, wie etwa der Suche nach Anerkennung u. Unentbehrlichkeit	- zur abhängigen Gottesbeziehung im Entdecken der Gaben. - zum lebenslangen Ausprobieren in den Aufgaben.
Von der Selbstunterschätzung und Fehleinschätzung eigener Begabungen, Selbstabgrenzung und Eingrenzung	- zum Ausprobieren. - zum verantwortlichen Engagement.
Von der zögerlichen Rede über eigene Begabungen zu sprechen	- zum geistlichen Erkennen der persönlichen Berufung.
Von der ängstlichen Zurückhaltung	- zur Gelassenheit, schlicht als Mensch zu leben.

Tabelle 19: Qualitativer Befund: Perspektivenwechsel – Psychologische Blockaden und Experimentieren (© MB)

10.6.1.4 Opponieren und willensmotivierte Bereitschaft

Zwei Erfahrungen der unteren Tabelle 20 weisen auf ein stringentes Deutungsmuster hin, dessen wesentliches Merkmal darin besteht, dass Einzelne die volitive Bereitschaft, Gottes Willen und seine Gaben erkennen zu wollen, annehmen. Der Gefährdung der Manipulation soll mit Gebet und Menschenkenntnis begegnet werden.

Gaben sind schwer ...	... leicht zu erkennen
Geistlich- und willensmotivierte Bereitschaft	
Von der fehlenden Gotteshingabe	- zur Bereitschaft, Gaben erkennen zu wollen.
Von der Verweigerung Gaben anzunehmen	- zum Willen, Gaben zu erkennen.
Von der Manipulation der Menschen	- zu Gebet und Menschenkenntnis.

Tabelle 20: Qualitativer Befund: Perspektivenwechsel – Opponieren und willensmotivierte Bereitschaft (© MB)

10.6.1.5 Kooperativ-kommunikative Faktoren

Die oben bereits erwähnte „Verweigerung" findet sich auch in dieser Kategorie (Tabelle 21) in umschreibender Weise. Hier beobachten Pfarrer nicht nur ablehnende Grundhaltungen in Form von mangelnder Reflexion über Gaben, sondern auch die Weigerung Dienste zu tun. Ein Befragter ist generell der Ansicht, eine Gabenevidenz gelte als seltene Erfahrung. Dem stellt er einen nüchternen Perspektivenwechsel gegenüber: Ein prozesshaftes Erschließen im wechselseitigen Einschätzen und das Anwenden der Gaben in betender Haltung. Der gezeigte Richtungswechsel, der dem gesamten Opponieren begegnet, fällt relativ konform aus, insofern kooperativ-kommunikative Faktoren in einer vertrauensvollen Atmosphäre angezeigt werden. Das konkrete Ansprechen auf Gaben wird gerade hier pointiert.

Pfarrerin Galai meint:[980] *„Wenn es um die Suche der Gabe in unserer Ortsgemeinde geht, wäre der Dialog und die Kommunikation, vor allen Dingen die offene Kommunikation, von entscheidender Bedeutung. Dazu zählt das Wort Jesu: ,Eure Rede sei ja oder nein'. So geht es in der Kommunikation um Eindeutigkeit. Genau dies müssten die Leute in der Kirche noch lernen."* (Memo 2)

---

980 Anonymer Name.

Gaben sind schwer …	… leicht zu erkennen

Kooperativ-kommunikative Faktoren

Von fehlender Offenheit und Denkarbeit bezüglich der Gaben (2x)	- zum vertrauensvollen Miteinander (2x) - zu pro-aktiver Anrede durch den Pfarrer und mit anderen zusammen. (3x)
Von der Verweigerung, Dienste zu tun und Gabensuche	- zur Kooperation und zu Gesprächen über Begabungen.
Von der seltenen Erfahrung evidenter Gabenerkenntnis	- zum prozesshaften Erschließen im Zusammenspiel von Selbst- und Fremdwahrnehmung. - zum Anwenden und einer betenden Haltung, was Geduld und Vertrauen erfordert.

Tabelle 21: Qualitativer Befund: Perspektivenwechsel – kooperativ-kommunikative Faktoren (© MB)

10.6.1.6 Pfarrerstatus und gabenorientiertes Mitarbeiten

Wie in Tabelle 22 zu sehen, offerieren die Aussagen eine beachtliche Offenheit, indem Pfarrer bei ihren Kollegen eine Pfarrerzentrierung als Grund für ein mühevolles Gabenentdecken der Gemeindeglieder feststellen. Ein lösungsorientierter Perspektivenwechsel ist pneumatologisch begründet, indem entsprechende Pfarrer das Wirken des Geistes selbst annehmen. Äußere strukturelle Veränderungen hängen also mit dem Geistwirken zusammen. Ein anderer Ansatz besteht in einem umgekehrten Vorgehen, indem, ohne Rücksicht auf ihre individuellen Gaben, Gemeindeglieder zur Mitarbeit eingesetzt werden. Erwartungsgemäß folgt ein gabenorientierter Ansatz, der auch die Persönlichkeit des Einzelnen einschließen darf.

Gaben sind schwer …	… leicht zu erkennen

Pfarrerstatus und gabenorientiertes Mitarbeiten

Vom nicht zugestandenen Spielraum für Gemeindeglieder ihre Gaben anzuwenden	- zur Wirkung des Geistes durchdringen.
Vom Einsetzen der Gemeindeglieder ohne Rücksicht auf ihre Gaben	- zum gabenorientierten Mitarbeiten, welche die Persönlichkeit des einzelnen durchscheinen lässt.

Tabelle 22: Qualitativer Befund: Perspektivenwechsel – Pfarrerstatus und gabenorientiertes Mitarbeiten (© MB)

10.6.1.7 Pfarrerexistenz und wechselseitige Gabensuche

Zwei andere Pfarrer weisen, wie aus Tabelle 23 ersichtlich wird, als Selbstbetroffene darauf hin, vor dem Gabenentdecken müsse die inhaltliche Einsicht einer pluriformen Dienststruktur vorausgehen. Eine allzu große Nähe zu ihren Gemeindegliedern halten beide Pfarrer für unrealistisch und daher sei ihre Gabensuche erheblich eingeschränkt.[981] Die Antworten zeichnen ein homogenes Deutungsmuster durch eine bemerkenswert entlastende Bewusstmachung aus: Gabensuche ist ein wechselseitiger Prozess zwischen denen, die ihre Gaben suchen und der Gemeinde. Zudem ist es Gott selbst, der in diesem Prozess das Erkennen schenkt.

Gaben sind schwer ...	... leicht zu erkennen
Pfarrerexistenz und wechselseitiges Gabenentdecken	
Von der Einsicht nicht alle Gemeindeglieder beachten zu können	- zum Erleben, dass Gott im Erkennungsprozess Gaben schenkt.
Vom eingeschränkten Begegnungsumfeld im berufsbedingten Rahmen der Pfarrer	- zum Beobachten der Gemeindeglieder in ihren Aufgabenfeldern, was von Seiten der Menschen Kommunikation erfordert.
	- zur Erkenntnis, dass Gabensuche eine Aufgabe der ganzen Gemeinde ist.

Tabelle 23: Qualitativer Befund: Perspektivenwechsel – Pfarrerexistenz und wechselseitige Gabensuche (© MB)

10.6.2 Resümee: Fragmentarische Gabenzugänge

Im letzten Abschnitt wurde die Frage nach einem schwer oder leicht zugänglichen Gabenerkennen *inhaltsanalytisch fallspezifisch* und fallübergreifend herausgearbeitet. Aus den fallspezifischen Äußerungen entstanden Perspektivenwechsel, indem die Befragten zuerst Gründe nennen, die dazu führen, dass Gaben schwer erkennbar sind. Danach folgen Lösungsvorschläge oder erfahrungsbezogene Hinweise, die zeigen, wie leichte Zugänge aussehen. Aus diesem Wechsel vom schweren zum leichten Erkennen der Gaben entstanden typische Deutungsmuster, die nun mit den fallübergreifenden Ergebnissen (kategoriale Abfrage) zusammengefasst werden.

---

981 Ein Pfarrer bemerkt, dass er seine eigenen Gaben bedingt durch seine berufliche Überforderung nicht entdecken kann. Ob der Befragte damit implizit andeutet, dass er keinen Freiraum findet, sich um die Begabungen der Mitarbeiter zu kümmern, bleibt offen.

1. Gemeindeglieder, die einen determinierten Gabenansatz aufweisen, blockieren die Gemeindearbeit, weil ihre speziellen Gaben keine Anpassungen an die vorhandenen Gemeindeaufgaben ermöglichen. Der Perspektivenwechsel rät zu einem kognitiven Umdenken im Gabenverständnis und sieht in einer sozialen und vertrauensvollen Unterstützung die angemessene Lösung.

2. Psychische Fehldispositionen (labile Selbstkonzepte) erschweren das Wahrnehmen der Gaben in hohem Maße. Der Perspektivenwechsel fordert auf der pragmatischen Ebene das kontinuierliche Anwenden der Gaben. Auf der spirituellen Ebene weisen Pfarrer auf die Gottesbeziehung und Erkennen der persönlichen Berufung hin.

3. Auf abweisende Reaktionen zur Gabensuche und Mitarbeit seitens der Gemeindeglieder raten Pfarrer zu einem Perspektivenwechsel, der zum kooperativen Arbeiten und wechselseitigen Einschätzen führt und auffordert, Gemeindeglieder direkt auf ihre Gaben hin anzusprechen.

Thematisieren die Deutungsmuster vornehmlich Gemeindeglieder, so heben die beiden letzten Deutungsmuster[982] exklusiv den Pfarrerstatus und seine kirchliche Existenz hervor. Die Lösungsvorschläge, die Pfarrer hier ihren Kollegen mitteilen, führen zur Entlastung, weil sie an den theologischen Indikativ erinnern, außerdem auf die Mitverantwortung der Gemeinde in der Gabensuche hinweisen.

10.6.3 Spannungsfelder und Interaktionen (qualitativ)

10.6.3.1 Gemeindeglieder

Ausgehend vom gleichen Datenbestand, nun aber fallübergreifend mit kategorialer Abfrage, ergeben sich weitere Spannungsfelder, die eine erschwerte Gabensuche bei Gemeindegliedern referieren:

1. *fehlende Partizipation* der Gemeindeglieder in der Ortsgemeinde
2. *Rückzug* aus der Verantwortung mit Verweis auf fehlende Gaben
3. *Diskrepanz* zwischen Gabenwunsch, Interessen und Gemeindewirklichkeit
4. *Defizite* in einer christlich geübten Existenz, was das geistliche Sichtfeld einschränkt
5. *Kommunikationsstörungen*: distanzierte Kommunikation über Gaben oder entgegengesetzt, ein tonangebendes Verhalten

---

982 Vgl. Tabelle 22 und 23.

10.6.3.2 Pastoraltheologische Spannungsfelder

Im Vordergrund der tätigkeitsstrukturellen Rahmenwerte belegen Pfarrer relativ oft ihr fehlendes Zeitkontingent. Von da aus ist es verständlich, dass ein eingeschränktes Begegnungsfeld zu den Menschen beklagt wird. Insbesondere hier nutzen die Befragten in ihren Äußerungen semantisch betrachtet, die Ich- und Wir-Formen. Ein anderes Argument bezieht sich auf einen aufgabenorientierten Ansatz, der den Blick auf die Person des Menschen verstellt. Veränderungen, die Pfarrer vorschlagen, zeigen zwei Richtungen: Erstens diagnostizieren Pfarrer hinter dem mangelnden Gabenbewusstsein eine dominierende Pfarrerprofessionalität und fordern durch die Umfrage andeutungsweise die Kollegen auf, in den Aufgaben zurückzustehen,[983] damit Gemeindeglieder genügend Raum zum Ausprobieren ihrer Fähigkeiten gewinnen, bei gleichzeitigem Vertrauensvorschuss und Zulassen von Fehlern. Zweitens thematisieren Pfarrer die Frage des Beziehungsfaktors, wenn es darum geht, die Gaben der Menschen kennen zu lernen. Die Eintragungen sind differenziert formuliert und adressieren ihre Kollegen und Gemeindeglieder. Die Handlungsanweisungen reichen vom prinzipiellen Interesse am Menschen,[984] die ein Kommunizieren und aufmerksames Hinschauen in gemeinsamen Aufgaben ebenso einschließen, wie ein mutiges Ansprechen von Begabten seitens der Pfarrer und einer geistlichen Gemeindeleitung.[985] Schließlich äußern einige Pfarrer, dass sie die Gaben ihrer Gemeindeglieder nicht entdecken, bis ihre theologischen Defizite eine Klärung erhalten, nämlich das Fehlen spezieller Normen eines Gabenkanons und objektive Kriterien.

10.6.3.3 Interaktive Zugangswege

Mehrfach deuten sprachliche Doppelwendungen auf voneinander abhängige Kriterien hin, die einen nachhaltig positiven Einfluss auf das Entwickeln von Gaben ausüben. Maßgeblich gehören dazu sowohl die Paarbegriffe „Freude und Motivation" als auch „Selbst- und Fremdwahrnehmung". Intuition, die zur Initiative führt, indem Pfarrer Gemeindeglieder direkt auf ihre Begabungen ansprechen. Programmatisch ist das notwendig vorausgesetzte Fachwissen über Gaben. Inhaltsanalytisch verbinden sich in den Einzeläußerungen, insgesamt gesehen, sensorische und kognitive Wahrnehmungsformen, die zum selbstgesteuerten

---

983 Dabei wird auch die Machtfrage des Pfarrers hinterfragt.

984 Der bewusst gewählte Ausdruck der „Menschen" steht im Unterschied zu den „Gemeindegliedern."

985 Hier bedarf es einer methodischen Zwischenbemerkung. Im Prozess des Analysierens fällt teilweise ein Oszillieren der adjektivischen Voreinteilung (schwer/leicht) auf, weil unter den Antworten auf der negativen Seite positive Aussagen als Gegenbeispiele aufgeführt werden, während auf der positiven Seite (leicht erkennen) gelegentlich umgekehrt verfahren wird. Bedingt durch dieses Ausfüllverhalten lassen sich die dialektischen Vorgaben darum nicht exakt auseinanderhalten.

Handeln führen. Von da aus wird didaktisch zu fragen sein, wie es gelingt, zu einem Ineinander von Lehrvermittlung und Anwendung zu gelangen.

10.6.3.4 Gemeinschaftliche Lernprozesse

Hinzu kommen zahlreiche Äußerungen, die zum einen das prozesshafte Lernen der Gaben in den laufenden Gemeindeaufgaben ebenso hervorheben, wie zum anderen das Kennenlernen der Menschen seitens der Pfarrer und das wechselseitige Reflektieren und Ausprobieren der Gaben in der Gemeinschaft. Eher selten werden geistliche Faktoren zur Gabenförderung geäußert, wie etwa das betende Vertrauen im Achten auf Gabenhinweise oder die Unterscheidung zwischen den eigenen Wünschen und dem Reden des Heiligen Geistes. Auch beratende Faktoren werden relativ selten zum Gabenerkennen vorgeschlagen. In der Reihenfolge des Fragebogens schließt sich ein weiterer qualitativer Befund an, der nun explizit auf Erfahrungen der Pfarrer zurückgeht, indem nach den beobachtbar eingesetzten Einzelgaben in ihrer lokalen Gemeinde gefragt wird.

10.7 Wahrnehmbare EKiBa-Gaben (qualitativ)

Zu Item 5: *Welche Gaben werden bereits in Ihrer Gemeinde eingesetzt?*

Tabelle 24 (unten): Quantifizierung praktizierter Gaben in den Ortsgemeinden. Zum einen nennen Pfarrer Gaben explizit, zum anderen umschreibend in Kurzsätzen, die inhaltlich konvergieren. Beide Arten wurden unter Oberkategorien aus dem Datenmaterial extrahiert und klassifiziert. Diese wörtlichen Nennungen der Begabungen werden in Spalte 2 aufgeführt, während Spalte 1 die Rangfolge beinhaltet und Spalte 3 die schriftlichen Einzelbezeichnungen nach der Häufigkeit quantifiziert. Mit allen Wiederholungen und ähnlich formulierten Äußerungen handelt es sich um über 500 Gabenbezeichnungen, die schließlich 23 differenzierte Gaben ergeben, von denen wiederum 14 die gleiche Anzahl vorweisen. Der Befund zeigt, wie folgt, vier Auffälligkeiten.

10.7.1 Leitungs- und musische Begabungen

Als *erstes* fällt auf, dass an erster Stelle „Leitungsgaben" stehen (n=61), gefolgt von „musischen Gaben" (n=46), die aber schon einen gewissen Abstand aufweisen. Im Kontrast dazu rangieren Begabungen wie „Jugendarbeit" (n=9), „Dienen", „Helfen", „Hirtendienst" und „Prophetie" am Ende mit je 8 Nennungen am Ende der Tabelle 25. *Zweitens* stehen auf dem dritten Rang mit deutlichem Abstand zu den ersten beiden Rängen „Gebet," „Lehre" und „Verkündigung" mit je 34 Nennungen und knapp dahinter Begabungen der „Organisation" (n=31) sowie „Seelsorge" (n=27). Erstaunlich ist *drittens*, dass Begabungen wie „Besuchsdienst" und „Handwerk" (n=22), „Kinderarbeit" und „Kreativität" (n=19) in ihrer Häufigkeit wesentlich weniger als die Hälfte der von Pfarrern wahrgenommenen Gaben ausmachen. *Schließlich* bleiben Bezeichnungen, wie „Kaffeekochen" und „Stühle richten", Ausnahmedefinitionen, während „Liebe" als Gabenbezeichnung sechs Mal vorkommt.

	Begabungen	Häufigkeiten
1.	Leitung	61
2.	Musische Gaben	46
3.	Verkündigung	34
	Gebet	
	Lehre	
4.	Organisation	31
5.	Seelsorge	27
6.	Besuchsdienst	22
	Handwerk	
7.	Kinderarbeit	19
8.	Kreativität	15
9.	Gastfreundschaft	14
	Engagement	
10.	Künstlerische Gaben	13
11.	Geisterunterscheidung	11
	Unbestimmtes „Alle"	
	Diakonie	
12.	Glaube	10
13.	Jugendarbeit	9
14.	Hirtendienst	8
	Prophetie	
	Dienen	
	Helfen	

Tabelle 24: Quantifizierung praktizierter Gaben in den Ortsgemeinden (© MB)

10.7.1.1 Gabenbeobachtung mit theologischer Unsicherheit

Neben der bloßen Nennung der Gaben, kommentieren einige befragte Pfarrer ergänzend, indem sie allgemein von ihrer Landeskirche reden, in der nur „Jobs" besetzt werden können, wenn sich Gemeindeglieder dazu bereit erklären mitzuarbeiten. Zudem finden sich Hinweise, dass viele Gaben im Verborgenen oder in Gruppen existieren, was das eingeschränkte Blickfeld wahrgenommener Gaben von Seiten der Pfarrer begründet. Exklusiv ist die Erfahrung, dass in einem Gottesdienst „Prophetie" in Form von Bildern vorkommt. Die notierten Gabendefinitionen lassen rückblickend eine gewisse theologische Unsicherheit erkennen, weil zwischen Gaben im „engeren" und „weiteren Sinn", „klassischen Geistesgaben" und „natürlichen" Begabungen unterschieden wird. Insgesamt fällt auf, dass die Gabenauflistungen von jenen der Gabentests primär kaum abweichen, zusätzlich aber oft Veranstaltungen als Gabenbezeichnungen auftreten. Es folgt der Befund zur größten zusammenhängenden Abfrageeinheit, die retrospektivischen Fragen nachgeht, unter welchen genauen Umständen sich Gaben in der Gemeinde erschließen.

10.8 Zugangskonstellationen und adäquate Gabenkonkretionen (quantitativ-qualitativ)

Zu Item 5.1: *Wie wurden Gaben in Ihrer Gemeinde entdeckt ...?*

Jede der 16 Teilfragen führt einerseits eine potenzielle Gegebenheit als möglichen Gabenauslöser an, die mithilfe einer fünfstufigen Likert-Skala quantitative Daten erhebt, andererseits eröffnen qualitative Eingabefelder adäquate Begabungen. Darum verbindet der folgende Abschnitt deskriptive Häufigkeitsanalysen mit schriftlichen Äußerungen. Die methodischen Teilschritte erfolgen in ihrer Darstellung bereits systematisiert. Im Durchschnitt werden pro Item 40 Einzelgaben notiert,[986] die methodisch nach einem Extraktionsprozess in den Anmerkungen keine Mehrfachnennungen ausweisen.[987] Schließlich gilt insbesondere für die Erkennungsmodalitäten, dass selbst dann, wenn die Befragten eigenständig antworten, analog zur Fragestellung teilweise davon auszugehen ist, dass ihre Antworten auf einer vermittelten Auskunft anderer in der Gemeinde basieren.[988] Die Darstellung der Einzelbefunde folgt jeweils dem gleichen Schema: Die Diagramme visualisieren die prozentualen Häufigkeiten der quantitativen Erhebung zu den Möglichkeiten, Bedingungen und Ausführungsarten (Modalitäten) von Aufgaben und Ämtern, mit denen Gaben in der lokalen Kirchengemeinde erkannt wurden. Spezifisch zu jeder Modalität liegen konkrete Begabungen vor, die die Befragten extra eingetragen haben (qualitativ). Extrahiert schriftlich genannte Gaben[989] stehen in den Anmerkungen (Fußnoten), während die am häufigsten vorkommenden Begabungen ebenso in den laufenden Text Eingang finden wie außergewöhnliche Gabenbezeichnungen.

---

986 Zusammen über 500 Gabennennungen mit allen Doppelungen und ähnlichen Aussagen.

987 Einige Begabungen gleichen Temperamenten, während andere Grundeinstellungen und Motivationen beschreiben oder missverständlich bleiben. Zur Korrelation von „Begabung und Motivation," vgl. Joswig (1995). Er definiert Temperamente als Art und Weise des Verhaltens (:166).

988 Zur vermittelten Wahrnehmung der Wirklichkeit hat Ricoeur durch seinen Mimesisansatz Wesentliches beigetragen, vgl. Flick (2002:53-66).

989 Zu den Einzelmodalitäten liegt meistens eine Fülle von Gabenbezeichnungen vor, die sich teilweise wiederholen und Ähnliches umschreiben. Diese wurden unter Oberkategorien subsumiert und werden hier genannt.

10.8.1 Kognitive Veranstaltungen

Zu Item 5.1: *Wie wurden Gaben in Ihrer Gemeinde entdeckt ...*
   a) durch überregionale Konferenzen?
   b) durch Vorträge zur Thematik (der Gaben)?
   c) durch Seminarangebote mit Übungen?

Im Theorieteil wurde die ungerichtete Hypothese erwogen, dass Gemeindeglieder ihre Gaben auf „überregionalen Konferenzen" erkennen. Nach der formalen Überprüfung bestätigt sich diese Hypothese nicht. Auch die anderen beiden eher kognitiven Erkennungsmodi, „Vorträge zur Gabenthematik" und „Seminarangebote mit Übungen", belegen vornehmlich negative Parameter, wie Abbildung 23 ausweist. Die Befragten beschreiben die These, „Konferenzen" generierten Gaben der Gemeindeglieder, mit wenigen Ausnahmen, als überhaupt nicht zutreffend (56,7%). Pfarrer, die Gegenteiliges erfahren, identifizieren das qualitative Gabenspektrum vor allem mit leitenden und organisatorischen Gaben.[990] Zu den unüblichen Gattungen gehören: „Bereitschaft", „sich einsetzen" und „Liebe".

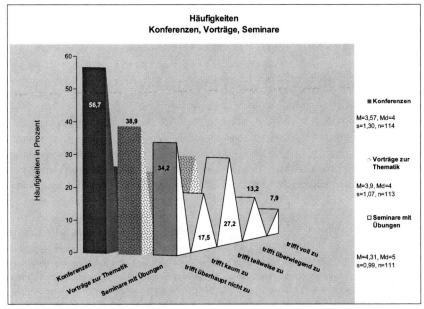

Abbildung 22: Quantitativer Befund: Erkennungsmodalitäten der Gaben durch kognitive Veranstaltungen (© MB)

---

990 Extraktion der Gaben durch Konferenzen: Diakonie, Dienen, Gabe der Gabenbestimmung, Kinderarbeit, Lehre, Leitungsaufgaben, Mitbeteiligung im Gottesdienst, Organisation, Prophetie, Schauspiel, seelsorgliche Gaben, Segnen und Salben, Sprachengabe, Theologiestudium und der Umgang mit Geld.

9,8% der positiv kumulierten Prozente[991] der Pfarrer stellen fest, dass ihre Gemeindeglieder durch Vorträge zur Gabenthematik ihre Begabungen erkennen. In den schriftlichen Zusatzäußerungen listen Pfarrer dazu konkrete Gaben auf: mehrheitlich Verkündigungs- und Leitungsgaben.[992] Ungewohnt sind Gabenbezeichnungen, wie „mit Kindern Lebenszeit gestalten", „Barmherzigkeit", „Bekräftigung in der Mitarbeit", sowie „Glaube, Hoffnung und Liebe".

Selbst wenn die Angaben zur Frage, ob Gaben durch „Seminare mit Übungen" entwickelt werden, im Ausfüllverhalten eher ablehnend belegt werden, besteht im Vergleich zu den „Konferenzen" und „Vorträgen" immerhin die höchste Zustimmung in der Prozentkulminierung von 21,1% (Abbildung 23). Gaben, die aus dieser Art von Seminaren resultieren, fallen inhaltlich vergleichbar mit den beiden gerade Genannten aus.[993] Sie beinhalten zudem unkonventionelle Gabendefinitionen, wie etwa „Baufragen aller Art", „Offenheit für Jugendliche und ihre Anliegen" und „Selbstanalyse". Durch die Vielseitigkeit der Angaben, die über Begabungen gemacht werden, sind kaum dominierende Aussagen erkennbar. Allenfalls die Begriffe „Besuchsdienst", „musische Gaben", „Seelsorge" und „Verkündigen" zeichnen sich mehrheitlich ab.

Zum Mittelwertvergleich zwischen Männern und Frauen in der Pfarrerschaft, beobachten mehr Pfarrer die Gabenfindung durch überregionale Konferenzen bei den Gemeindegliedern als ihre Kolleginnen (p=0,01).[994]

10.8.2 Kerygma generiert Verkündigungsgaben

Zu Item 5.1: *Wie wurden Gaben in Ihrer Gemeinde entdeckt ...*
d) durch Reaktion auf die Verkündigung?

Die hypothetische Grundlage, dass Gaben als Wirkung auf das Kerygma geweckt werden, kann teilweise als bestätigt gelten. Denn wie Abbildung 24 zeigt, überwiegt die neutrale Mitte mit 50,9%, was der klassischen Gauß'schen Normalverteilung entspricht (Raithel 2006:120). Das heißt, die befragten Pfarrer

---

991 Das heißt: „Trifft voll zu" und „trifft überwiegend zu".

992 Extraktion der Gaben durch Vorträge zur Gabenthematik: Besuchsdienst, Beten über und für Kranke, Diakonie, Dritte Welt, Missions-Engagement, Evangelisation, Friedenstiften, Gastfreundschaft, handwerkliche Gaben, Heilung, Lehre, Leitungsaufgaben, Mitarbeit im Kindergottesdienst, Mitarbeiten, Musikalität, ökumenische Verbundenheit, Verkündigung, Seelsorge zur Thematik Angst, Segnen, Salben und das Wort der Erkenntnis.

993 Extraktion der Gaben durch Seminare mit Übungen: Arbeit mit Senioren, Baufragen aller Art, Besuchsdienst, Dienst, Gastfreundschaft, Gebet, Fürbitte, Geisterunterscheidung, Mitarbeit, Handauflegen, Heilung, Leitungsaufgaben, Kinder- und Jugendarbeit, kindgerechte Verkündigung, Lehre, musische Gaben, öffentliches Sprechen, Organisation, pädagogische Gaben, Salben, Verkündigung und Worte der Weissagung.

994 Der Wert ist sehr signifikant. So belegt es der t-Test: Männer ($\overline{x}$ =4,16) und Frauen ($\overline{x}$ =4,65).

bekunden, dass sie in ihren Gemeinden zumindest „teilweise" Gaben als Reaktion auf die Verkündigung erleben. Außerdem belegen in den kumuliert zustimmenden Rängen immerhin 31,6% einen positiven Einfluss der Verkündigung auf das Erkennen der Gaben. Wirklich ablehnende Stimmabgaben sind gering (4,4%), während 13,2% der Befragten aussagen, dass vereinzelte Erfahrungen in dieser Richtung vorliegen. Die befragten Pfarrer führen über 70 Einzelgaben auf, unter denen „Phantasie", „Gehorsam", „Durchhaltevermögen" und „Gemeindeausschuss" zu den ungewöhnlichen Bezeichnungen gehören.[995] An der Spitze der quantifizierten schriftlichen Eintragungen steht die „Verkündigung". Damit deutet der Befund an, dass aus dem Verkündigen heraus hauptsächlich wieder Gaben der „Verkündigung" entstehen. Dabei bleibt offen, ob die Wirkung der Verkündigung vom Ortspfarrer oder anderen Mitarbeitern (Lektoren und Prädikanten) ausgeht. Die Frage, inwieweit eine Vorbild– oder Motivationswirkung zugrunde liegt, bleibt vorerst offen.

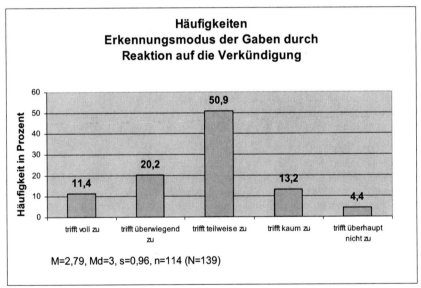

Abbildung 23: Quantitativer Befund: Entdecken der Gaben durch Reaktion auf die Verkündigung (© MB)

---

995 Gaben als Reaktion auf die Verkündigung: Verkündigung, Ältestenkreis, Besuchsdienst, diakonische Gaben, Gabe des Verstehens von Bibeltexten, Erzählen, Evangelisation, Fragen der mittleren Generation ernst nehmen, Fürbitte, Gebet, Gebet um Heilung, Glaube, Glaubensvermittlung an Kinder und Jugendliche, Handauflegen, künstlerische Gaben, Leitung, Lehre, musische Gaben, Salben, Tanz, Trost, Unterscheidung der Geister, Weisheit, Zuhören.

10.8.3 Partizipationen: Teamarbeit vor Kleingruppen

Zu Item 5.1: *Wie wurden Gaben in Ihrer Gemeinde entdeckt ...*
e) durch Mitvollziehen geistlich-pastoraler Handlungen?
g) durch gegenseitiges Ergänzen in den Aufgaben (Hauptamtliche und Mitarbeiter)?
i) durch Einüben der Gaben in Kleingruppen?

Angesichts der erhobenen Daten werden die drei potenziell partizipierenden Gabenauslöser zusammen dargestellt und in Abbildung 25 miteinander verglichen. Dazu gehören einmal „gegenseitiges Ergänzen in den Aufgaben (Hauptamtlicher und Mitarbeiter)", zum zweiten „Mitvollziehen geistlich–pastoraler Handlungen" und daneben „Einüben der Gaben in Kleingruppen". Aus Abbildung 25 geht hervor, dass die erste Variable des „gegenseitigen Ergänzens", in ihrer zustimmenden Summe aufaddiert, mit 62,6% Gaben in hohem Maße fördert. Damit ist die Hypothese bestätigt. Relativ hoch fällt das unbestimmte Mittel mit 33,9% aus, die ablehnenden Prozente sind eher unbedeutend (3,5%). Neben „Leitung" und „Beten" stechen in den Gemeinden ebenso häufig „Seelsorge" und „Musik" aus den 85 Einzelgaben hervor, welche durch gegenseitiges Ergänzen in der Mitarbeit ans Licht kommen. Auch künstlerische Gaben, wie „Dekoration", „Kostüme" herstellen, „Tänze" oder allgemein „Handwerken" werden genannt. Ein Befragter personifiziert die „Teamarbeit" als Gabe.[996]

Das „Einüben der Gaben in Kleingruppen" als zweite Variable gibt, wie in Abbildung 25 sichtbar, durch seine „breite" Normalverteilung ein undeutliches Meinungsbild ab. Diese unklare Datenlage resultiert einerseits aus der neutralen Mitte (28,1%) und andererseits aus der zustimmenden (34,2%) und ablehnenden (37,7%) Verteilung. Statistisch bewertet liegt ein negativer Befund vor. Praktisch-theologisch betrachtet ist von zwei alternativen Gemeindeerfahrungen auszugehen. Zu den meistgenannten Gaben zählen „Leitung" und variantenreiche Arten der „Kinderarbeit", wohingegen hinter „Gymnastikgruppen" wohl eine andere Gabenvorstellung steht. Insgesamt verdeutlichen die Einzelnennungen der Gaben, dass „Kleingruppen" als gemeinsames Mitarbeiten – vornehmlich

---

996 Extraktion der Gaben durch gegenseitiges Ergänzen in den Gemeindeaufgaben: Alle Gaben, Andachten halten, Besuchsdienst, Beten, diakonisches Tätigsein, Gaben des praktischen Mitwirkens, ganze Kinderarbeit, Gebet, Gebet für andere, Gebet für Erkenntnis, Gebet für Kranke, geistliche Begleitung in Jugendarbeit, Gemeindeleitung, Gottesdienst vorbereiten, Gruppe leiten, Heilung, Jugendarbeit, Jungschar, Katechese, Verkündigung unter Kindern, Kirchendienerdienste, Krankenheilung, Kunst, kybernetische Gaben, Layout Gemeindebrief, Lehre, Lehre (in Predigt), Leitungsfunktionen, Liturgie, Musikalität, Organisationstalent, Erfindungsreichtum, praktische Begabungen (etwa Technik), Prophetie, Seelsorge üben, Evangelisation, Sprachengebet, Tänze, Umgang mit Konfirmanden, Verkündigung, Verkündigungselemente im Gottesdienst und Kindergottesdienst, Wort der Weisheit und Zuhören.

von Gemeindegliedern – in Gemeindegruppen und Aktivitäten für Gemeinde-glieder verstanden werden.[997]

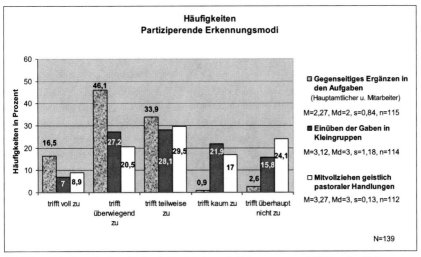

Abbildung 24: Quantitativer Befund: Partizipierende Erkennungsmodalitäten der Gaben
(© MB)

Beim Erkennungsmodus „durch Mitvollziehen geistlich-pastoraler Handlungen (Segnen, Fürbitte)" zeigt Abbildung 25 eine flache Wölbung in der Prozentver-teilung, was ein uneinheitliches Datenprofil widerspiegelt. Dominiert erneut die neutrale Mitte (29,5%), weisen die bejahenden Prozente in der Summe kumu-liert 29,4% aus. Dagegen überwiegen diejenigen Pfarrer, welche solche Erfah-rungen nicht teilen (41,1%). Die Hypothese wird damit nur partiell eingelöst. Interessant ist, dass sich über 50 Einzelgaben analog zum Erkennungsmodus auf verschiedene Gebetsarten beziehen. Eine Dominanz nehmen einerseits Gaben ein, die in Form von Sammelbegriffen beschrieben werden, wie „seelsorgerli-ches Handeln" oder auch „Mitarbeiten im Gottesdienst". Andererseits liegen Spezifizierungen vor: „Liturgisches Wirken", „Lesungen" und „kerygmatische

---

997 Extrahierte Gaben durch das Einüben in Kleingruppen: Hören, Antworten, Schweigen, Arbeit mit Kindern, Arbeit mit Jugendlichen, Begleitung Alter und Kranker, Besuchs-dienst, Dekoration, der andere Gottesdienst, Diakonie, Dienen, Einfühlungsvermögen, Evangelisation, Gastfreundschaft, Gebet, Gebet für Erkenntnis, Gebet für Kranke, Geisterunterscheidung, Gemeindekreise (aktive Mitarbeit), Gruppen leiten, Gymnastik-gruppen, Hirtendienst, Jugendarbeit, Kinderdienst, Kindergottesdienst, Konfirmanden-arbeit, Krankenheilung, kreative Gaben, Lehre in Hauskreisen, Verkündigung, Lehren, Leitungsaufgaben, Lernen, Organisation, pädagogische Gaben, Prophetie, Salben, Seel-sorge, Spielen, Sprachengebet, Theater, Verkündigen und Wort der Weisheit.

Gaben", während das „Hausabendmahl" als Gabe singulär bleibt.[998] Im Rückgriff auf die drei nahezu homogenen Gabenauslöser steht das gegenseitige Ergänzen von Hauptamtlichen und Mitarbeitern in gemeindlichen Aufgabenfeldern weit über beiden anderen Möglichkeiten und Bedingungen, wie Gaben zu gewinnen versucht werden.

10.8.4 Vakanzen und Charismen

Zu Item 5.1: *Wie wurden Gaben in Ihrer Gemeinde entdeckt ...*
f) durch Einsetzen von Gemeindegliedern, wo Mitarbeiter fehlen?

Wie im theoretischen Teil dargestellt, werden Aufgaben der Gemeindeglieder ohne Vorqualifikation partiell positiv oder negativ bewertet. Ebenso zweideutig stellt sich der Befund dar, wenn allein der Median (3,00) angesehen wird, der wesentlich durch die neutrale Mitte mit 37,9% bestimmt ist. Sie repräsentiert jene Pfarrer, die unschlüssig sind, ob Gaben tatsächlich durch das Ausüben ungewohnter Aufgaben entdeckt werden können. Ein anderes Bild entsteht durch den Mittelwert (2,56). Aufschluss gibt Abbildung 26, welches deutlich zeigt, dass die linkslastige Verteilung, aufaddiert mit ihren bejahenden Prozentwerten (47,6%), auch die unbestimmte Meinungsabgabe überragt und dass damit die rechte negative Ausprägungsskala weniger ins Gewicht fällt. Beachtenswert ist das hohe quantitative Ausfüllverhalten (n=124, N=139), was die Relevanz unterstreicht. Qualitativ ergänzen 59 Pfarrer 80 Gaben.[999] Das Gabenprimat besitzt die „Arbeit mit Kindern", gefolgt von „Leitungsaufgaben". Unkonventionell erscheint etwa das „Austragen des Gemeindebriefes".

---

998 Extrahierte Gaben durch Mitvollziehen geistlich-pastoraler Handlungen: Alle, aktive Mitarbeit, Begleitung anderer, freie Rede, Einsatz in der Mission, Feierabendmahl, für alte Menschen offen sein, Besuchsdienst, Gebet, Gebet für Erkenntnis, Gebet für Kranke, Gebete übernehmen, Gemeindeaufbau, Gottesdienst, Hausabendmahl mit Konfirmandenbegleitung, Hirtendienst, Katechese, Leitung ökumenische Andacht, Mitwirkung im Chor, öffentliche Rede, praktische Herausforderungen in der Nachbarschaftshilfe, Salben, Segnen, Trösten, Verkündigung und Weisheit.

999 Extrahierte Gaben durch Einsetzen von Gemeindegliedern in Aufgaben, in denen Mitarbeiter fehlen: aktives Zupacken, alle ehrenamtliche Tätigkeit, Begleiten, Begleitung von Senioren, Besuchsdienst, Diakonie, Dienen, Finanzausschuss der Gemeinde, Frauenarbeit, Gottesdienstteams, Gebet für Erkenntnis, Gebet für Kranke, Gemeindebrief austragen, Gemeindebrief gestalten, Gemeindebriefredaktion, Gruppe leiten, Handwerkliches, Hirtendienst, Jugendkreise, Jungscharen, Jugendarbeit: Musical, Kirchendiener, Kleingruppenleitung im Konfirmandenunterricht, Krankenheilung, Lehren, Moderation, musikalische Gestaltung, Öffentlichkeitsarbeit, Organisation, pädagogische Gaben, praktische Dienste, Rollenspiel, Seelsorge, Seminarleitung, Singstimme (Chor), Sprachengebet, Verkündigung , Unterweisung und Wort der Weisheit.

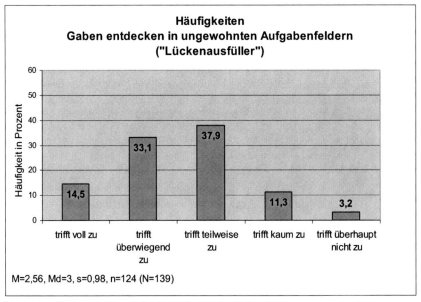

Abbildung 25: Quantitativer Befund: Entdecken der Gaben in ungewohnten Aufgaben („Lückenbüßer") (© MB)

10.8.5 Performatives Zusprechen und Beten für Gaben

Zu Item 5.1: Wie wurden Gaben in Ihrer Gemeinde entdeckt ...
h) durch Beten um Gaben?
k) durch den geistlichen Zuspruch einer Gabe?

Im Unterschied zu den vorherigen Analysen zeigen die statistischen Parameter und analog Abbildung 27 eindeutige Ergebnisse. Der erste Befund zum geistlichen Zusprechen einer Gabe fällt mit 71,6% deutlich negativ aus. Diejenigen, welche auf positive Erfahrungen zurückgreifen, sind vergleichsweise gering (12,8%) und Pfarrer, die eine vage Aussage in der neutralen Mitte vorziehen, bleiben inhaltlich unbestimmt (15,6%). Von der Pfarrerschaft, die einem Zusprechen einer Begabung zustimmen, generiert der t-Test im Mittelwertvergleich ein vorrangig affirmatives Erleben der Pfarrer gegenüber ihren Kolleginnen mit statistischer Signifikanz (p=0,41).[1000] Die Pfarrer nennen ca. 30 Gaben, die den bisher aufgeführten gleichen.[1001] Aus der Auflistung fällt die Be-

---

1000 Der t-Test belegt: Männer ($\overline{x}$ =3,85) und Frauen ($\overline{x}$ =4,19).
1001 Extrahierte Gaben durch geistliches Zusprechen einer Gabe: Prophetie, Ältestenamt, Besuchsdienst, Evangelisation, Gebet, Gebet für Kranke, Gestaltung des Gottesdienstraumes, Gottesdienst, Handauflegen, Hirtendienst, Jugendarbeit, Kindergottesdienst,

zeichnung der „Bruder- und Schwesternschaft" auf. Somit wird eine geistliche Gemeinschaft kollektiv als Gabe personifiziert.

Der zweite Befund, dass Gaben „durch Beten für Gaben" entstehen, fällt etwas positiver aus. Allerdings können immerhin 42,5% der Pfarrer diese Erfahrung nicht bestätigen, wohingegen 22,7% der aufsummierten Prozentwerte zustimmen. Ein Drittel der Befragten bleibt unschlüssig oder hält ein Gabenerkennen durch Beten zumindest „teilweise" für möglich (34.9%). In den qualitativen Zusatzäußerungen weisen Pfarrer auf erwartungsvolles Beten für Gaben hin und berichten Positives. Neben der Aufzählung der bisher bekannten Gaben fallen die Verallgemeinerungen auf.[1002]

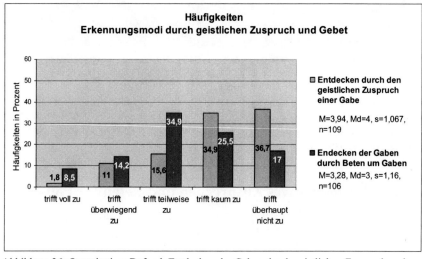

Abbildung 26: Quantitativer Befund: Entdecken der Gaben durch geistlichen Zuspruch und Gebet (© MB)

Krankenhausseelsorge, Lehren, Leiten, öffentliche Rede, Prädikantendienst, Salben, seelsorgerliches Handeln, Segnen und Theologiestudium.

1002 Extrahierte Gaben, die durch Beten zum Erkennen führen: alle gemeindlichen Arbeitsfelder, Besuchsdienst, diakonische Gaben, Friedenstiften, Fürbitte, Gebet, geistliche Angebote, Gemeindeleitung, Kinderarbeit und Jugendarbeit, Glaube, Handauflegen, Hausbesuchskreis, Kindergottesdienstarbeit, Konfirmandenunterricht, Lehre, Leitung, Menschenführung, Musik organisieren, prophetische Worte, Salben, Seelsorge, Segnen, Umgang mit Jugendlichen, Verkünden.

305

10.8.6 Erfahrungsdefizit: Charismatisch-nachahmenswerte Vorbilder

Zu Item 5.1: *Wie wurden Gaben in Ihrer Gemeinde entdeckt ...*
j) durch Lernen in der Begegnung charismatischer Personen?

Mit Abbildung 28 liegt eine klassisch rechtsschiefe Verteilung vor, was insgesamt eine deutliche Ablehnung für die Ausgangsthese mit 38,4% konstatiert: Gaben sind durch nachahmendes Modelllernen in der Begegnung mit charismatischen Personen zu lernen. Hinzu kommen zwei Befragungsgruppen, die einerseits inhaltlich zumindest einige positive Erfahrungen mit 32,1% andeuten („trifft kaum zu") sowie andererseits eine undurchschaubar neutrale Position vorziehen (17,9%). Explizite Zustimmungen sind gering und in der Summe mit 11,6% kumuliert.

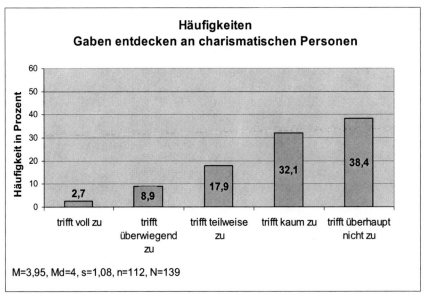

Abbildung 27: Quantitativer Befund: Entdecken der Gaben durch charismatische Personen (© MB)

Vor diesem statistischen Hintergrund, kumuliert 70,5%, beobachten Pfarrer mehrheitlich kein Erkennen der Gaben durch Nachahmungseffekte bei ihren Gemeindegliedern. Pfarrer, die hier andere Erlebnisse belegen (11,6%), notierten Einzelgaben tendenziell als kommunikative Fähigkeiten, bei denen ein

modellhaftes Lernen durch Nachahmung temporär möglich scheint.[1003] Eine
Einzelmeinung erklärt das „ehrliche Wollen" zur nachahmenswerten Gabe.

10.8.7 Einzelgespräche als Gabenauslöser

Zu Item 5.1: *Wie wurden Gaben in Ihrer Gemeinde entdeckt ...*
l) durch regelmäßige Einzelgespräche über Ämter und Aufgaben?

Tendenziell ist die Hypothese, dass durch Gespräche des Pfarrers mit seinen
Gemeindegliedern Gaben entdeckt werden, nicht bestätigt. Die Prozentwerte in
Abbildung 29 zeigen Zustimmung (22,7%), während 46% ihre Ablehnung bekunden und davon 27,3% ganz verneinen. Das unklare Gesamtbild der Verteilung ergibt sich aus der neutralen Mitte (30,9%). Der Befund zeigt, dass
verschiedene Erfahrungen der Befragten vorliegen. Dahinter stehen unterschiedliche Einflussfaktoren, die zur Zurückhaltung vor einer wertenden Einschätzung
mahnen.

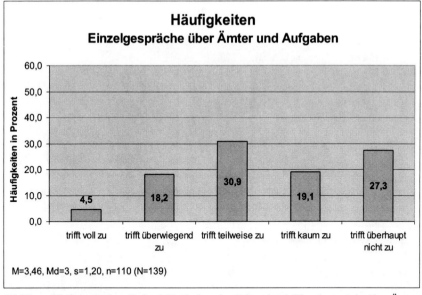

Abbildung 28: Quantitativer Befund: Entdecken der Gaben durch Einzelgespräche über Ämter und Aufgaben (© MB)

Zur Aufzählung generierter Gaben durch Einzelgespräche[1004] merkt ein Pfarrer an, dass Gespräche „unregelmäßig" angeboten werden, und zwar dann, „wenn Menschen danach fragen". Durch den persönlichen Charakter des Gesprächs werden differenzierte Gebetsgaben und verschiedene Leitungsfunktionen am häufigsten erwähnt. Letztlich ist keine eindeutige Favorisierung in den Begabungen auszumachen. Als Gaben, die aus Gesprächen resultieren, nennen die Befragten „Liebe", etwa „zu Kindern" und zur „Teambereitschaft." Die genannten „Bauanfragen" gehören semantisch wohl in eine andere Kategorie.

10.8.8 Lob- und Vertrauenskultur als universelle Gabenmotivation

Zu Item 5.1: *Wie wurden Gaben in Ihrer Gemeinde entdeckt ...*
m) durch Lob und Vertrauen?

Der Befund ist nach der ausgeprägten positiven Linksverteilung (Abbildung 30) unverkennbar: „Loben und Vertrauen" als extrinsische Faktoren fördern Gaben. Damit ist die Hypothese deutlich bestätigt. So bekunden die Befragten, in der Summe kumuliert 68,1%, ihre Erfahrungen gegenüber den aufaddiert wenigen verneinenden Stimmabgaben (5,1%). 26,7% votieren unsicher. Deutlich fallen in den qualitativen Notizen zu den Einzelgaben besonders verallgemeinernde Wendungen auf, wie etwa „alle", „alle Gaben", „diverse Arbeitsfelder", „gilt immer" oder „alle irgendwie". Dadurch wird Loben und Vertrauen als universeller Gabenauslöser umschrieben. An konkreten Gabenaufzählungen dominieren „Leitung", „Lehren" und „Verkündigen".[1005] Daneben begegnen Gabenbezeichnungen, die Haltungen, wie etwa „Verantwortungsgefühl" und „Zuverlässigkeit" ausdrücken.

1004 Extrahierte Gaben durch Einzelgespräche: Gebet für Erkenntnis, Gebet für Kranke, geistliche Begleitung, Gottesdienstmitarbeit, Hirtendienst, Jugendarbeit, kerygmatische Gabe, Kinderarbeit, Kindergottesdienst, Konfirmandenbegleitung, Krankenheilung, kreative Gaben, Lehre, Leitungsfunktionen, Mitarbeitereinsatz und Schulung, Musik, Organisieren, pädagogische Gaben, praktische Gaben (Feste, Frauenfrühstück), prophetisches Wort, Salben, Seelsorge, Sprachengebet, Verantwortung im Ältestenkreis, Verkündigung und Wort der Weisheit.

1005 Extrahierte Gaben durch Loben und Vertrauen: „Alle Gaben", Arbeit mit Kindern, diakonische Gaben, Erkenntnis, Gastfreundschaft, Gebet für Erkenntnis, Gebet für Kranke, Gebetsdienst, Gemeindebrief, Gemeindeleitung, Gottesdienst, Gruppen- und Kindergottesdienstarbeit, Hirtendienst, Jugendarbeit, Kindergottesdienst, Krankenheilung, Liturgie, Lobpreis, allgemeine Mitarbeit, Mitarbeit im Konfirmandenunterricht, Musizieren, Öffentlichkeitsarbeit, praktische Dinge, Predigtgabe einer Frau, prophetisches Wort, Rollenspiel, Seelsorge, Sprachengebet, Trost, Trösten, Umgang mit Kindern, Vertrauen, Wort der Weisheit, Zuspruch.

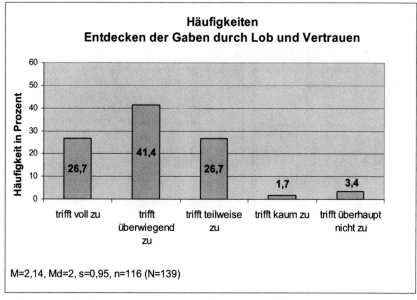

Abbildung 29: Quantitativer Befund: Entdecken der Gaben durch Lob und Vertrauen (© MB)

Im Vergleich zu allen bisherigen Gabenauslösern, nimmt der letzte Beleg den Spitzenplatz ein, gefolgt vom „gegenseitigen Ergänzen zwischen Hauptamtlichen und Mitarbeitern" mit 62,6%.

10.9 Selbsteinschätzung: Pastoral-kybernetische Notwendigkeiten (quantitativ)

Die drei folgenden Befunde beziehen sich ausschließlich auf Selbsteinschätzungen der Pfarrer und Pfarrerinnen als kybernetische Schlüsselpersonen in der Frage, welcher Gabenzugang durch pastorales Handeln eröffnet wird.

10.9.1 Affirmative Grundeinstellung zum Gemeindebild

Zu Item 5.1: *Wie wurden Gaben in Ihrer Gemeinde entdeckt ...*
n) durch das Gemeindebild, dass jeder Christ begabt ist?

Die Überprüfung der explorativen Fragestellung fällt zustimmend aus, weil Pfarrer allein durch ihre Grundhaltung, jeden Christen als begabt anzusehen, Gemeindeglieder ermutigen, ihre Gaben zu erkennen. Unverkennbar visualisiert

Abbildung 31 den Befund mit seiner linkslastigen Verteilung in der Summe, kumuliert mit 78,9%, während die unbestimmte Mitte (17,1%) sowie die verneinenden Stimmen in der rechten Ausprägungsskala kein deutliches Gegengewicht darstellen (4%). Konkrete Gaben, die aus der bejahenden Grundhaltung der Pfarrer und Pfarrerinnen bei Christen hervorgehen, wurden weder hier noch unter den beiden folgenden Modalitäten erfragt.

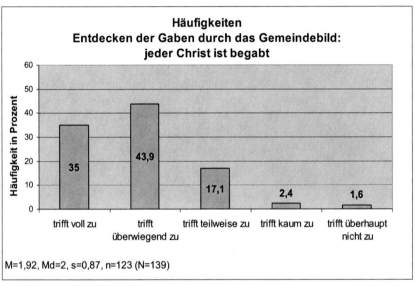

M=1,92, Md=2, s=0,87, n=123 (N=139)

Abbildung 30: Quantitativer Befund: Entdecken der Gaben durch das Gemeindebild: „Jeder Christ ist begabt" (© MB)

10.9.2 Motivierende Gemeindeziele

Zu Item 5.1: *Wie wurden Gaben in Ihrer Gemeinde entdeckt ...*
o) durch motivierende Gemeindeziele?

Das Ergebnis ist hypothesenkonform: Gemeindeglieder nehmen ihre Gaben bewusst wahr, wenn Pfarrer ihre Gemeindeziele motivierend vermitteln. Die aufsummierte Zustimmung ergibt, wie Abbildung 32 zeigt, 74,2%. Auffallend ist die geringe prozentuale Anzahl der Pfarrer, die motivierende Gemeindeziele als wenig oder überhaupt nicht wirkungsvoll in Bezug auf das Erkennen der Gaben erachtet (3,4%). Es liegt damit ein überzeugender Befund vor, wenn allein über die Hälfte der Befragten (n=124) mit 54,8% von einer überwiegend positiven Erfahrung berichten, dass ihre motivierend kommunizierten Ziele für die Gemeinde bei den Gemeindegliedern Gaben durch neue oder bestehende

310

Mitarbeit entfalten. Dieses Ergebnis widerlegt ansatzweise[1006] die These, dass es keinen Zusammenhang zwischen dem zielorientierten Planen einer Gemeinde und ihren Verhaltenseffekten gäbe, wie es Tetzlaff (2005) in ihrer empirischen Untersuchung belegt (:194f).

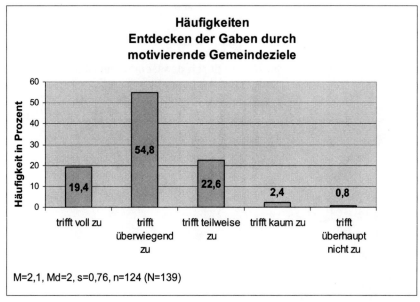

M=2,1, Md=2, s=0,76, n=124 (N=139)

Abbildung 31: Quantitativer Befund: Entdecken der Gaben durch motivierende Gemeinde-ziele (© MB)

10.9.3 Pastorale Glaubenshilfe

Zu Item 5.1: *Wie wurden Gaben in Ihrer Gemeinde entdeckt ...*
p) durch Hilfestellungen, damit Getaufte zur persönlichen
Aneignung des Glaubens gelangen?

Wie es der Normalverteilung entspricht, dominiert der Mittelwert ($\bar{x}$ =2,79), was die mittlere Ausprägung mit 42,7% zeigt (Abbildung 33). Dennoch präsentieren die zustimmenden Prozentwerte 36,8% das Meinungsbild der Befragten, die eine Glaubensvermittlung vor dem Gabenempfangen vertreten. Demgegenüber halten es 15,4% vereinzelt für denkbar („trifft kaum zu"), dass die Getauften vor

---

1006 Die Forscherin hat die gesamte EKD in ihre Untersuchung einbezogen. Von 2300 versendeten Fragebögen erreichte sie einen Rücklauf von 487 (21%) (2005:79). Der Unterschied der Untersuchung liegt im Fokus der Fragestellung. Tetzlaff fragt nach allgemeinen Effekten, die vorliegende Untersuchung gezielt nach Gaben.

der Zuteilung der Gaben eine persönliche Aneignung des Glaubens benötigen, während 5,1% der Negation ungebrochen zustimmen. Trotz der intensiv ambivalenten Aussagen (42,7%), wird im Befund deutlich, dass eine Glaubensaneignung vor dem Empfangen der Gaben, entweder aus theologischer Überzeugung oder Erfahrungswerten, für notwendig gehalten wird. Pfarrer, die diese Auffassung teilen, konzentrieren sich auf die Vermittlung des Glaubens.

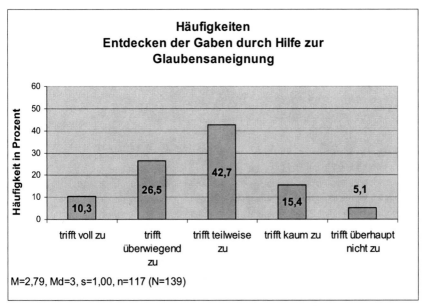

Abbildung 32: Quantitativer Befund: Entdecken der Gaben durch Hilfen zur Glaubensaneignung (© MB)

In den drei zurückliegenden Einzelergebnissen fungieren Pfarrer explizit als Handlungsträger. Sieht man vom letzten Befund ab, liegen zwei hohe Zustimmungen in den Prozentwertungen vor.

10.10 Repräsentative Spitzenwerte

Die hierarchische Auflistung resultiert aus der deskriptiven Statistik der Stichprobe. Sie zeigt mit Hilfe der Tabelle 25 welchen Stellenwert die erfragten 16 Einzelitems prozentual einnehmen. Dabei gehen die gesondert gekennzeichneten Erkennungsmodi aus dem t-Test hervor und differenzieren zwischen dem Einschätzungsverhalten der Pfarrerinnen (w) und Pfarrer (m) in ihrem retrospektiven Wahrnehmen.[1007] Wie die Befunde auf den obersten beiden Rangstufen belegen, ist es beachtenswert, dass Pfarrer und Pfarrerinnen als primäre Gabenauslöser ihrer Gemeindeglieder sich selbst ins Blickfeld rücken. Dabei geht es aber weder um einen Pfarrerzentrismus noch stehen primär pastorale Handlungen im Vordergrund. Vielmehr spiegeln die hohen Prozentwerte auf dem *ersten Rang* Grundhaltungen wider, die von einem Gemeindebild ausgehen, das zur wertschätzenden Subjektwerdung im Erkennen der Gaben beiträgt. Theologisch gesehen entspricht der statistische Befund dem theologischen Indikativ, weil der einzelne Christ in seinem Begabtsein gewürdigt wird. Auf dem *zweiten Rang* platziert sich die Erfahrung der Pfarrer, dass motiviert vermittelte Gemeindeziele, die über alle Tätigkeitsfelder hinaus größere Perspektiven anvisieren, ebenfalls Begabungen bei den Gemeindegliedern zur Mitarbeit eröffnen.

	Wie wurden Gaben ihrer Gemeindeglieder entdeckt? %	
1.	Grundhaltung zum Gemeindebild: Jeder Christ ist begabt ¶ (Pfarrer als Schlüsselpersonen)	78,9
2.	Motivierende Gemeindeziele ¶ (Pfarrer als Schlüsselpersonen)	74,2
3.	Lob und Vertrauen in der Gemeinde	68,1
4.	Gegenseitiges Ergänzen in den Aufgaben von Hauptamtlichen und Mitarbeitern	62,6
5.	Einsetzen von Gemeindegliedern, wo Mitarbeiter fehlen	47,6
6.	Hilfestellungen geben, damit Getaufte zur persönlichen Aneignung des Glaubens gelangen ¶ (Pfarrer als Schlüsselpersonen)	36,8
7.	Einüben der Gaben in Kleingruppen	34,2
8.	Reaktion auf die Verkündigung	31,6
9.	Mitvollziehen geistlich-pastoraler Handlungen (Segnen, Fürbitte)	29,4
10.	Beten um Gaben	22,7
11.	Regelmäßige Einzelgespräche über Ämter und Aufgaben	22,7
12.	Seminarangebote durch Übungen	21,1
13.	Geistlicher Zuspruch einer Gabe	12,8 m
14.	Lernen in der Begegnung charismatischer Personen	11,6
15.	Vorträge zur Thematik	9,8
16.	Überregionale Konferenzen	4,5 m

Tabelle 25: Quantitativer Befund zum Entdecken der Gaben der Gemeindeglieder (© MB)

1007 Wo keine gesonderten Angaben vorliegen, besteht kein charakteristischer Gendervergleich.

Auf der *dritten* Position steht die Lob- und Vertrauenskultur, deren Subjekt offen bleibt. Dies deutet darauf hin, dass jede wechselseitige Beziehung, in der Lob ausgesprochen und Vertrauen geschenkt wird, die Gabenentwicklung fördert. An *vierter* Stelle rangiert das partizipierende Moment des Ergänzens zwischen Mitarbeitern und Hauptamtlichen. Als überraschendes Ergebnis darf in der Prioritätenauflistung unter den ersten *fünf* Rängen das Erkennen von Begabungen der Gemeindeglieder durch provisorische Aufgaben gelten. Auf dem *sechsten* Rang, der sich zum vorherigen Rang prozentual schon distanziert, stehen Hilfestellungen zur Glaubensvermittlung, die dem Gabenerkennen als Prämisse vorausgehen. Das Einüben der Gaben in Kleingruppen zur Bewusstmachung derselben nimmt den mittleren *siebten* Platz ein, gefolgt von der Reaktion auf die Verkündigung, die noch ein Drittel aller beteiligten Stimmangaben aufweist. Prozentual knapp dahinter erscheint das Kriterium der durchgeführten geistlich-pastoralen Handlungen, in die der Pfarrer Gemeindeglieder einbezieht. Alle weiteren Gabenauslöser sind prozentual tiefer angesiedelt und spielen eine untergeordnete Rolle.

Nach der quantitativen Ergebnisdarstellung folgt die Zusatzfrage, die qualitativ prüft, was die Entfaltung der Gaben fördert und welche Erfahrungen den Pfarrern vorliegen.

10.11 Analyseverfahren: Entwicklung der Gaben (qualitativ)

Zu Item 5.1q: *Was fördert die Entfaltung der Gaben?*
Welche Erfahrungen haben Sie gemacht?

Die qualitative Zusatzfrage weist 109 einzelfallbezogene Äußerungen der befragten Pfarrer auf. Damit bestätigt sich die konzeptionelle Anlage des Erhebungsinstruments, denn im Vergleich zur Größe N (139) und besonders trotz der vorausgehenden, ausführlichen quantitativen-qualitativen Itembatterie beteiligen sich beachtliche 78%. Allein schon deshalb verdienen die Äußerungen der Pfarrer und deren Analyse hohe Aufmerksamkeit, die mittels eigens erstellter Kodiersysteme erfolgt. Angesichts des triangulären Ansatzes werden nun auch die qualitativen Daten *vollständig* ausgewertet. Welche Ausmaße die qualitative Analyse erreicht, wird anhand des Kodiersystems beschrieben.

10.11.1 Formal strukturierender Zugang

Im Unterschied zur inhaltlichen Strukturierung, die thematische Aspekte zur Forschungsfrage klärt (:85), zerlegt die formale Strukturierung die Daten in ihre grammatischen Besonderheiten. Dieses Vorgehen ist induktiver Art und offen für jegliche Beobachtungen. Mayring benennt explizit keine Gattungen.[1008] Weil in dieser Arbeit aber der institutionell-kirchliche Kontext eine Rolle spielt, ist es erforderlich, Textgattungen als sozio-kulturell verankert zu begreifen.[1009] Diese Verbindung von textlinguistischer und soziologischer Analyse leistet die Textsortenforschung und Gattungsanalyse, wie sie Günthner & Knoblauch darlegen (2000:811-819).[1010] Gerade die qualitativen Äußerungen der Befragten veranlasste dazu, methodisch nach Knoblauch & Luckmann zu verfahren (2000:538-546).[1011] Wie definieren nun aber die beiden letztgenannten Soziologen ihren Gattungsbegriff? Zunächst bezeichnen sie Gattungen als gesellschaftlich kommunikative Vorgänge, die sich „verfestigt haben" (:539). Hinter Gattungen stehen folglich Handlungen, die routiniert und wiederholt auftreten. Ihre komprimierten Sprachmuster bilden den „Orientierungsrahmen" dahinter liegender Erfahrungen (:539) und werden induktiv herausgearbeitet. Indes strukturieren Knoblauch & Luckmann ihr Gattungsverständnis auf *drei Ebenen*. Abgesehen vom Weltbildansatz und von ausführlichen Gattungsanalysen,[1012] erweisen sich die auf den drei Ebenen sozial-linguistisch gebotenen Methoden als anschlussfähig zur erkenntnisleitenden Teilfrage dieses Items.

10.11.1.1 Grammatische Binnenstruktur

Während auf der *ersten Ebene* die „Binnenstruktur" sprachlich einzelne Ausdrucksformen, etwa Redewendungen, Metaphern und stilistische Formen herausfiltert (:542), steht in einer *zweiten* „situativen Realisationsebene" (:543) das Rollenverhalten im Vordergrund. Zu fragen ist also, welche Rollen Pfarrerinnen oder Pfarrer in den Interaktionen mit ihren Gemeindegliedern einnehmen. Konkreter gefragt: Welche individuellen Züge, etwa vorbildgebender, anleiten-

---

1008 Seine semantische Analyse erreicht aber eine Tiefe, die alle Einzelworte umfasst (Mayring 2003:86-88). Auch die Kritik der Linguistikforschung, die in den Handbüchern der qualitativen Sozialforschung generell die Aufnahme der Linguistik „als angrenzende Disziplin" (Günthner & Knoblauch 2000:813) vermisst, trifft für Mayring nicht zu, vgl. seine Darstellung (2003:34-41).

1009 Mayring wendet diesen Sachverhalt auf das allgemeine Verfahren an, wenn er von der Entstehungsanalyse und erweitertem Kontext spricht (2003:47.79). In der theologischen Exegese ist die Gattungsanalyse längst etabliert, vgl. etwa Söding (1998:155-169).

1010 So auch bei Mayring (2003:50).

1011 Hermeneutisch verpflichten sich Knoblauch & Luckmann dem Wirklichkeitsverständnis von Garfinkel mit seiner Ethnomethodologie (Bergmann 2000:524-537) und im Anschluss an die Sozialphänomenologie von Schütz vertritt er den Ansatz, dass die soziale Wirklichkeit im praktischen Handeln erst konzipiert wird (Schützeichel 2004: 146-148, Schneider 2004:14f). Dieses vorausgesetzte Wirklichkeitsverständnis trifft als Teilaspekt für die vorausgesetzten Deutungsmuster der Gaben (Item 2a-d) zu, welche die Erkennungskriterien und Förderungsmaßnahmen der Begabungen beeinflussen (Item 5.1q).

1012 Vgl. Schützeichel (2004:148-168), Knoblauch & Luckmann (2000:540f).

der oder partizipierender Charakteristika, lassen sich hinsichtlich der Gaben-entfaltung zwischen Pfarrern und Gemeindegliedern beobachten?[1013] Welche kommunikativen Gattungen legen diesen Tatbestand sprachlich oder symbolhaft dar? An dieser Stelle ist auf die wechselseitige Beziehung zwischen Kognitionen und Emotionen hinzuweisen (Schwarz-Friesel 2007:116f).[1014] Die neuere Emoti-onsforschung korrigiert damit das dualistische Menschenbild.[1015] In Verbindung mit den quantitativ abgegebenen Altersstrukturierungen und Genderangaben ist deshalb der Frage nachzugehen, ob alters– und geschlechtsspezifisch wieder-kehrende Muster, etwa bestimmte „Emotionsparameter" (:55-88),[1016] im Ent-wickeln von Begabungen auftreten. Da Emotionen multikomplex vorliegen und keine gesonderte Erkenntnistheorie entfaltet wird, soll von den beiden Typo-logien „strukturorientiert" und „funktionsorientiert" die letzte nach Schwarz–Friesel (:66) richtungweisend sein, weil sie analog zu dieser Bewertungsebene nach situativen Beziehungen typisiert (:67). Dieser Datendurchgang versucht gabenauslösende Beziehungsemotionen in den erlebten Interaktionen, wie etwa „Vertrauen", aufzuspüren.[1017] Zudem ist die Korrelation zum Alter der Be-fragten insofern aufschlussreich, als so die Eingangsthese, besonders die jüngere Generation achte im Vergleich zur älteren aufgeschlossener auf Begabungen der Gemeindeglieder und suche diese zu gewinnen, geprüft werden kann. Zur *situativen Ebene* gehören nach Knoblauch & Luckmann, neben den gerade beschriebenen Interaktionsmustern, auch Beobachtungen sprachlicher Einschübe und Polarisierungen in den Satzsequenzen (2000:543). Diese Akzentuierungen zeigen sich durch Intensitätspartikel[1018] und explizit gesetzte Zeichensetzungen – Anführungszeichen[1019] und mehrfache Ausrufezeichen, die auf emphatische Emotionen hinweisen. Außer den alltagssprachlichen Kurzsätzen gilt es „phrase-

---

1013 Vgl. Nützel (1997) weist in ihrer empirisch angelegten Dissertation auf eine mangelnde Innovativkraft von Pfarrerinnen hin, die in langsamen Veränderungsprozessen begrün-det sei (:170). Aufschlussreich sei ihr Umgang mit weiblichen Gemeindegliedern (:172-174). Neben vielen Aspekten entstehen Veränderungen dort, wo Pfarrerinnen sich auf Gemeindeebene in die Gemeinschaft integrieren (:170). Ihre Träume bestehen darin, dass Frauen ihre Begabungen entwickeln (:178).

1014 Auch die Praktische Theologie differenziert zunächst zwischen Erfahrung und Gefühl, um sie dann aber konstitutiv auch für die religiöse Erfahrung zu begreifen (Ritter 2007:54.56-63).

1015 Zur Entwicklung vgl. Schwarz-Friesel (2007:89-125).

1016 Untersuchungen der Emotionsforschung zeigen, dass stereotypische Verhaltensdefini-tionen zwischen Mann und Frau in dienstleistenden Berufen vorliegen. Weibliche Fä-higkeiten werden „personenbezogen, emotiv, kommunikativ, fürsorglich" beschrieben, während Männer u.a. im organisatorischen Bereich angesiedelt werden. Wenn beruf-lich also Emotionen gefordert werden, bestehen Regeln (Rastetter 2007:42f).

1017 Vertrauen wurde bereits in Item (5.1m) quantitativ erfragt.

1018 Die Forscherin (2000) listet nach Intensivierungsgrad bestimmte Intensitätspartikel auf, die zusätzlich zur grammatischen Analyse dienen (:91-93).

1019 Nicht im üblichen Gebrauch einer wörtlichen Zitierung, sondern im Rahmen der Um-frage als Hinweiszeichen seitens der Befragten auf doppeldeutige Formulierungen.

ologische Termini" wahrzunehmen, wie sie im Standardwerk der Phraseologie, einem Teilbereich der Linguistik, beschrieben werden (Burger, Buhofer & Sialm 1982: 38). Zu denken ist an feste[1020] einzelne Institutionen oder an fachbezogene Ausdrücke innerhalb der Theologie.

10.11.1.2 Außenstruktur sozialer Zusammenhänge

Die *dritte Ebene* der sprachlichen Untersuchung umgreift die großflächige „Außenstruktur" sozialer Zusammenhänge und Institutionen (:544). Knoblauch & Luckmann sind der Ansicht, dass hauptsächlich die „religiöse Kommunikation", etwa in Gebeten und anderen kirchlichen Formen, „kanonisierte Gattungen" darstellt (:544).[1021] Unter dieser Ebene interessiert die Teilfrage, inwieweit die Dienstdauer und Mitgliederanzahl der Kirchengemeinde zum Zeitpunkt der Erhebung, hinsichtlich der Beziehungsnähe der Pfarrer zu ihren Gemeindegliedern, das Förderungsverhalten begabter Gemeindeglieder mitbestimmt. Dass hier wieder Hintergrundfaktoren mitschwingen, wie etwa die Persönlichkeit des Pfarrers und der prägende Einfluss des Vorgängerpfarrers auf die Gemeinde oder der Parochieumfang,[1022] ist bekannt und mahnt zu bedachtsamer Einschätzung. Abschließend ist zu bemerken, dass die drei Ebenen einander durchdringen und zudem die Pfarreräußerungen sowohl messbare Daten als auch praktisch-theologische implizieren und daher ein theologisches Reflektieren einschließen.

1020 Zur allgemeinen Charakteristik vgl. Burger, Buhofer & Sialm (1982:2-4).

1021 Hinter der religiösen Kommunikation steht eine Theoriebildung, die mit einem kultur- und gesellschafts-anthropologischen Religionsbegriff operiert, der in der Tradition der „phänomenologisch orientierten Wissenssoziologie" steht (Knoblauch 2007:152) und Weber, Schütz, Soeffner, Berger, Oevermann einbeziehen, vgl. Knoblauch (:151-172, Luckmann 1992:164). Ausführlich zur „Hermeneutik der Religion" (Dalferth & Stoellger 2007).

1022 Die quantitative Umfrage der beteiligten Pfarrer in ihren Parochien ergaben Mitgliederzahlen, welche von 750 bis zu einer Größenordnung von 5500 reichen. Der Median liegt bei 2260 Kirchenmitgliedern. Die Zahlen der EKiBa liegen weit über dem Bundesdurchschnitt von 1210 (Pollack, Moxter & Tanner 2003:73). Da die Zahlen der EKiBa weder zwischen den Partizipierenden und die durch Taufe zur Mitgliedschaft Gehörenden noch örtlichen Rahmenbedingungen unterscheiden, können kaum Beziehungen zur vorliegenden Gabenthematik hergestellt werden. Eines deuten diese Zahlen aber an, sie zeigen, dass der Beziehungsfaktor zu den Gemeindegliedern nur punktuell umsetzbar ist. Anders liegen die Fakten beim Sachverhalt der „harten" Daten zu den ehrenamtlich und verantwortlich Mitarbeitenden, weil davon auszugehen ist, dass ein Erkennen der Gaben zum Mitarbeiten führt. Wertende Hinweise sind dann legitim, wenn „weiche", also qualitative Ausführungen oder Memos, Anlass zu Andeutungen liefern.

10.11.1.3 Erfahrungskriterien und implizite Handlungsanweisungen

Ausgehend vom vorhergehenden Gattungsansatz werden die genannten Genres unter zwei Grundkategorien geordnet, die sich deduktiv aus der Fragestellung und induktiv aus den Daten ergeben: *Neutrale Erfahrungskriterien* (NE) und *unbewusste implizite Handlungsanweisungen* (HA). Dass mit der Grundkategorie „Erfahrung" ein herausragend theologischer und religionssoziologischer Begriff vorliegt, ist bekannt.[1023] Auf dem Theoriehintergrund dieser Arbeit bilden sich die Erfahrungskriterien im Rahmen der christlichen Kirche und den darin eingespannten Deutungsrahmen ab. Ein erster Rahmen ist die Ev. Landeskirche Baden (EKiBa) mit ihrer institutionell rahmengebenden Gesamtstruktur. Ein zweiter Rahmen besteht in der räumlich lokalen Kirchenprägung. Ein letzter Rahmen reicht bis zum kleinsten Denk- und theologischen Deutungsrahmen der Befragten. Jeder dieser Rahmen gibt einen Deutungsbereich zur wahrnehmenden Erfahrung der Gaben ab und wirkt demzufolge beeinflussend.[1024]

Wann liegen nun aber neutrale Erfahrungen in den Eintragungen vor? Was kennzeichnet die charakteristischen Unterscheidungsmerkmale zu impliziten Handlungsanweisungen? Aufnahmeregeln für ein neutrales, auf Erfahrung beruhendes Genre ist gegeben, sofern zum einen Äußerungen der Onlineerhebung durch das Indefinitpronomen „man" stellvertretend mehrere unbestimmte Personen, wie etwa Gemeindeglieder, Mitarbeiter, Älteste und andere Pfarrer, involvieren. Zum anderen fallen stichwortartige, auf Kernaussagen reduzierte Handlungen ebenso unter diese Klassifizierung.[1025]

10.11.1.3.1 Narrativ artikulierte Selbstreflexionen

Angesichts der qualitativen Fragestellung und vor allem ihrer Rahmenbedingungen sowie der aktuellen Thematik, trägt das Item zum Problembewusstsein bei und kann narrativ artikulierte *Selbstreflexionen* (SR) als *erste Grundkategorie* auslösen, welche durch Personalpronomen den Befragten repräsentieren. Einen analysierenden Beitrag dazu leistet die klassisch gewordene „Theorie des Erzählens" (2008), in welcher der Linguist Stanzel ein dreifach ideal-

---

1023 Der Erfahrungsbegriff findet sich sowohl in der praktisch-theologischen (Klein 2005: 128-135) und systematischen Theologie (Zeindler 2001, Hiller 1999, Gelder 1992, Heitmann & Mühlen 1982) als auch religionswissenschaftlichen Forschung (Huber 2003:314-316, Wolrab-Sahr, Krech & Knoblauch 1998:7-43) im charismatischen Kontext (Baumann-Neuhaus 2008, Bleick 2000, Hemminger 2000).

1024 Auch wenn nicht danach gefragt wurde, legen die telefonischen Memos und teilweise qualitativen Eintragungen offen (so in Item 7i), dass Pfarrer sowohl unter den institutionellen Rahmenbedingungen ihrer Kirche, die personelle Kürzungen vornimmt, als auch unter dem geistlichen Substanzverlust an der Basis oder den Ältestenregelungen leiden, was ihre Motivationskraft zur Gabenfindung erheblich lähmt.

1025 Sprachwissenschaftlich gehört dieses Genre zur Paraphraseologie, vgl. Burger (2007).

typisches Sprachmodell entwickelt.[1026] Dessen zweipolige „Perspektiven" tragen in seinen Ich-Erzählsituationen zur differenzierten Analyse der Selbstreflexionen bei. Zur charakteristischen „Außenperspektive" zählt der reflektierende Ich-Erzähler in seiner distanzierten Position, während die gegenpolige „Innenperspektive" denjenigen kennzeichnet, welcher an den Erfahrungen der anderen partizipiert und mithandelt (:150). Demgemäß nehmen Pfarrer in ihren Onlineeintragungen dann die Außenperspektive ein, wenn sie zwar in Ich-Form schreiben, aber distanziert reflektieren (DSR). Eine Innenperspektive liegt vor, sofern die Befragten in das Handeln eingeschlossen sind (SRH). Aus sozialwissenschaftlicher Sicht fällt diese Gattungsart unter die Biographieforschung,[1027] allerdings mit dem Unterschied, dass keine *direkte* Kommunikation in Form von verbalisierter Sprache zugrunde liegt,[1028] sondern, durch die Interneterhebung, eine *mittelbare* Kommunikation.[1029]

10.11.1.4 Implizite Handlungsanweisungen

Als zweite Grundkategorie beinhalten die Eintragungen unbeabsichtigte Handlungsanweisungen (HA).[1030] Unter diese Dimension fallen zum einen jene Bemerkungen, in denen sich Pfarrer von ihren Gemeindegliedern und Mitarbeitern abheben und eine gewisse Distanz aufweisen. Nach grammatischen Regeln betrachtet, liegen zum anderen sowohl dann Handlungsanweisungen vor, wenn partiell direktiv-appelative Verben[1031] als auch Imperativsätze[1032] sowie spezielle

---

1026 Mehr dazu vgl. Stanzel (2008:70-83).

1027 Vgl. Fuchs-Heinritz (2005), Lehmann (1997) beschreibt die Biographieforschung als „nichtfiktionaler, narrativ organisierter Text"…, „dessen Gegenstand innere und äußere Erlebnisse sowie selbst vollzogene Handlungen aus der Vergangenheit des Autors" wiedergeben. Je nach Typus handelt es sich etwa um einen rechtfertigenden oder informierenden Bericht (:169). Rosenthal (1995:11-20).

1028 Zur Diskussion einer gesprochenen und schriftlichen Grammatik vgl. Henning (2006: 16-38).

1029 Wenzel (1998) weist auf zwei Gefährdungen hin: Erstens auf die „Idealisierung … als Materialisierung postmodernen Gedankengutes" und zweitens auf ihre „Trivialisierung zu einem einfachen Werkzeug im Kontext der Schriftkultur" (:1). Richtig ist, dass „die Flüchtigkeit der Übermittlung, ihre scheinbare Immaterialität und Störanfälligkeit, … diese Form der Kommunikation in die Nähe mündlicher, technisch vermittelter Kommunikation (z.B. per Telefon) rücken" (:1).

1030 Mayring spricht von latenten Sinnstrukturen (2003:43) und die Phraseologie von „indirekter Sprechakte", Burger, Erikson, Häussermann & Buhofer (1982:112-113).

1031 Vier Merkmale müssen vorliegen: 1) bei Modalverben, wie „müssen" oder „sollen", 2) finite Verbformen, die an erster Stelle eines Satzes stehen, 3) wenn der Imperativ gebraucht wird, 4) wenn reduzierte Kernaussagen in Aufzählungen mit Ausrufezeichen (!) zur Hervorhebung abschließen (Canoo 2008). Zur Bestimmung von Aufforderungssätzen vgl. Becker-Mrotzek (1997:151-174).

1032 Vgl. Zifonun, Hoffmann & Strecker (1997:1729).

Ausdrucksformen[1033] oder Aufforderungen, wie Bitten und Ratschläge, formuliert werden.[1034] Angesichts dieser vielfältigen Möglichkeiten ist mit Unschärfen in den Zuschreibungen zwischen den Erfahrungskriterien (NE) und eingeschlossenen Anweisungen (HA) zu rechnen, weil ihre Übergänge partiell fließend sind. Für solche Fälle verbleiben die Ausführungen unter ihrer erfahrungsmäßigen Kategorie (NE), analog zur primären Frage nach den Erfahrungen der Pfarrer. Eindeutiger lassen sich schließlich *theologische Statements* zu den Gaben (ThS) herausarbeiten. Nach einem ersten Materialdurchgang, der als Probelauf verstanden wird, erfolgt mit zeitlichem Abstand ein überprüfendes Durcharbeiten, um subjektive Dispositionen zu revidieren.

10.12 Befund: Erfahrungsbezogene Gabenentfaltung (qualitativ)

Nach der oben beschriebenen Analysemethode weisen die Hauptkategorien eine Aufteilung in „neutrale Erfahrungskriterien" und „implizite Handlungsanweisungen" auf. Ihre dargestellte Reihenfolge richtet sich nach den quantifizierten freien Äußerungen zu dieser speziellen Abfrage.[1035]

10.12.1 Beziehungsemotionen: Zutrauen und Gemeinschaft

An *erster Stelle* aller Kategorien rangieren die beziehungsdynamischen Zugänge. Insbesondere sticht die Beziehungsemotion „Vertrauen" aus den Eintragungen heraus, die vorwiegend den personalen Vertrauensvorschuss in Menschen und ihre Fähigkeiten vonseiten der Pfarrer dokumentieren. Vertrauen als Gabenauslöser beginnt demnach mit einer inneren Einstellung, bleibt aber nicht dabei stehen, sondern wird zur Aktion, indem Gemeindegliedern verantwortungsvolle Aufgaben überlassen werden. Umgekehrt gesagt: Gaben werden dort evident, wo Vertrauen gewachsen ist und Pfarrer wie erfahrene Mitarbeiter bereit sind, Aufgaben abzugeben. Dieses Vertrauen fordert auf der einen Seite „loslassen", sich „zurücknehmen" und „Verantwortung aus der Hand geben"

1033 Eine Aufforderung an eine unbestimmte Gruppe, zu der der Befragte selbst gehört, verwendet häufig Konstruktionen, wie etwa: 1. Person Plural Konjunktiv und die Wir-Form. Zu den weiteren Ausdrucksmöglichkeiten gehören Sätze mit einem Infinitiv ohne Subjekt, Aufforderungen als Fragesätze oder etwa das Passiv ohne Subjekt, vgl. Canoo (2008).

1034 Nach gängigen Grammatiken, Canoo (2008), Duden (Fabricius-Hansen, Gallmann, Eisenberg & Fiehler 2005).

1035 Die Zahl am rechten oberen Rand in den Ergebnistafeln ist maßgebend.

ebenso wie auf der anderen Seite Verantwortung „übertragen".[1036] Die Gemeindeerfahrungen und zusätzlichen Handlungsanweisungen halten einander nahezu die Waage.

Die *fallbezogene Auswertung* ermöglichte einen Vergleich zwischen dem quantitativen und qualitativen Ausfüllverhalten. Abgesehen von zwei Befragten,[1037] liegt ein Zusammenhang zwischen den quantitativen Eintragungen und den schriftlichen Zusatzäußerungen vor. Denn nach der Datenanalyse wird deutlich, dass in der fünffachen Ausprägungsskala[1038] hauptsächlich die Skalierung, Gaben werden „überwiegend" durch „Lob und Vertrauen" entdeckt, angegeben. Hier einige Wendungen aus den schriftlichen Äußerungen: Die Aussagen reichen vom *„Vertrauen in die zur Mitarbeit und Verantwortung bereiten Mitarbeiter/innen,"*[1039] und dem *„Vertrauen in die begabte Persönlichkeit und ihre geistliche Begleitung"*[1040]; über die *„Wertschätzung und den Vertrauensvorschuss den Gemeindegliedern gegenüber"* bis zum latenten Handlungsaufruf, dass *„Vertrauen und die Übergabe der Verantwortung ... die Entfaltung der Gaben"* stärken.[1041]

Das soeben festgestellte Grundmuster (Grundeinstellung – Handeln) zeigt sich auch in der Unterkategorie der innergemeindlichen Beziehungen, denn aus der Grundhaltung zueinander erwächst das Miteinander in komplexen Formen

---

1036 Vgl. die SK 55 und 61 bei den Pfarrerinnen und die SK 58,91,93 bei Pfarrern.

1037 Einer der befragten Pfarrer gehört der Seniorengeneration an. Er leitet eine Gemeinde mit knapp unter 2000 Mitgliedern, die im urbanen Umfeld liegt und eine relativ geringe Mitarbeiterschaft aufweist. Auf der statistischen Skala bekundet er, dass Gaben in seiner Gemeinde „kaum" durch Vertrauen ans Licht kommen. Im freien Texteintrag scheint er zu widersprechen, weil er dort die Auffassung beschreibt, dass Gaben durch „gelebtes Vertrauen gegenüber anderen, wohlwollende kritische Begleitung, Lob und öffentliche Anerkennung" sowie „Geduld" zu erfahren sind. Bezeichnend ist das Ausfüllverhalten in Item 4a. Den begonnenen Satz: „Gaben sind schwierig zu entdecken, weil [...]" ergänzt der Befragte: Gaben „liegen selten offen erkennbar da, sondern sie setzen Geduld und Vertrauen voraus, um sie bei einem anderen Menschen zu entdecken bzw. wach zu rufen." Somit löst sich der scheinbare Widerspruch auf, indem der Befragte insgesamt in seinem Ausfüllverhalten durch das wiederkehrende Stichwort der „Geduld" auf den Zeitfaktor hinweist, weil Gaben nicht offen erkennbar sind (FZ 70-SZ 57). FZ= Fallspezifische Ziffer, SK= Subkategorie des eigens entwickelten Kodiersystems, das sich an Mayring (2003:64) anlehnt.

1038 1. „trifft voll zu", 2. „trifft überwiegend zu," 3. „trifft teilweise zu," 4. „trifft kaum zu," 5. „trifft überhaupt nicht zu."

1039 Die Bemerkung stammt von einem Pfarrer der älteren Generation. Er leitet eine relativ große Gemeinde mit über 4000 Mitgliedern und Ehrenamtlichen im mittleren oberen Bereich (FK 52-SZ 41).

1040 Diese Äußerung schrieb eine Pfarrerin der jüngeren Generation mit 50% Dienstumfang. Sie leitet eine große Gemeinde mit 3700 Mitgliedern und Ehrenamtlichen im oberen mittleren Bereich (FK 57-SZ 46).

1041 Pfarrer der jüngeren Generation, 2000 Gemeindeglieder und Ehrenamtliche im mittleren Bereich (FK 93-SZ 75).

der Gemeinschaft. In diesem Beziehungsgeflecht zwischen Pfarrern und Gemeindegliedern einerseits, sowie unter Gemeindegliedern und Mitarbeitern untereinander andererseits, werden Begabungen im natürlichen Miteinander entwickelt. Werden die qualitativen Äußerungen quantifiziert, dann liegen hier die meisten Erfahrungswerte vor, die, semantisch betrachtet, implizite Handlungsanweisungen geben wollen. Im kooperativen Zusammenarbeiten wirkt die Gruppe für den Einzelnen im Suchen seiner Gaben unterstützend. Ausdifferenziert dazu, deuten die konfliktbewältigenden Aussagen an, dass Prozesse, die zwischenmenschliche Probleme lösen, kreatives Handeln freisetzen, was Begabungen fördert. Zwei Befragte verweisen auf die missionarische Dimension beiläufiger Kontakte mit Menschen an der Peripherie der Gemeinde, aus der im Gespräch unmittelbar oder nach einiger Zeit ein Mitarbeiten erwächst und daraus wiederum Gaben zum Vorschein kommen.

10.12.2 Pädagogische Zugänge

An *zweiter Stelle* stehen pädagogische Zugänge. Aus der Vielzahl der Einzelfälle weisen sich vor allem „Loben und Anerkennen" hinsichtlich ihrer extrinsisch Gaben erkennenden Wirkung aus. Basiert dieses persönliche Respektieren der Gemeindeglieder auf Erfahrungen, enthalten Äußerungen, die das öffentliche Anerkennen der Mitarbeiter vor der Gemeinde fordern, zudem einen gewissen appellativen Charakter. Bei den zuletzt genannten Äußerungen handelt es sich also wieder um Pfarrer, die ihre Kollegen anregen wollen ihre Gemeindeglieder stärker anzuerkennen. Dieser qualitative Befund bekräftigt das gleiche quantitative Ergebnis[1042] als wertschätzende Kategorie.

Qualitativ fallbezogene und statistische Daten. Hin und wieder fällt auch eine Kluft innerhalb eines Datensatzes auf und zwar dann, wenn das statistische und qualitative Ausfüllverhalten fallbezogen verglichen wird. Dabei ergeben sich überraschende Einsichten in der Ortsgemeinde.[1043] Pfarrer erleben: Loben für erledigte Aufgaben weckt neue Gaben, während die Ermutigung zukünftiger Dienste eine gabenfördernde Wirkung besitzt. Stehen Ermutigungen oft am Ausgangspunkt zukünftiger Tätigkeiten und wirken als Gabenauslöser, so bleibt

---

1042 Im quantitativen Befund steht „Loben und Vertrauen" auf der dritten Position (von 16 Möglichkeiten).

1043 In einem Fall ist ein inkonsequentes Ausfüllverhalten zu beobachten. So markiert eine Pfarrerin im statistischen Teil des Items, dass ihre Gemeinde Loben und Vertrauen „kaum" einsetzt, um Gaben zu entdecken, während sie in ihren eigenen Anmerkungen auffallend deutlich die Entfaltung der Gaben durch „Lob und immer wieder Anerkennung und Wertschätzung" erfährt (FZ 124-SZ 100). Wie ist diese Diskrepanz zu deuten? Im Rekurs auf die qualitative Äußerung (Item 4b) ist zu lesen, dass „in einer (vom Vorgänger...) verschüchterten Gemeinde" der Grund liegt, warum in der Vergangenheit die Gemeindeglieder kaum Lob erfahren haben. Die Befragte lobt gerne, damit die Gemeindeglieder ihre Gaben erkennen und mitarbeiten.

das konkrete Ansprechen der Gemeindeglieder auf eine mögliche Mitarbeit bloße Handlungsanweisung, die Pfarrer gegenseitig von sich erwarten.

Nach den extrinsisch auslösenden Gabenfaktoren schildern die Befragten, dass sie Begabungen ihrer Gemeindeglieder auch sensorisch wahrnehmen.[1044] In den Prozess dieses Bemühens beziehen Pfarrer sowohl die Selbsteinschätzung des Betreffenden als auch die Fremdeinschätzung der Gemeindeglieder ein. Angesichts der vorherrschenden psychologischen Dispositionen, die Pfarrer beim Gabenentdecken bei ihren Gemeindegliedern diagnostizieren, ist das gehäufte Auftreten von Lob und Anerkennung zur Stärkung des Selbstvertrauens als gabenfördernde Faktoren beachtenswert.

Auffällig oft reden Pfarrer von gabenerschließenden Räumen. Die Metapher des Raumes verstehen sie in erster Linie pädagogisch als Wirkungsraum, indem vom „Einüben", „Entfalten", „Erproben" und „Experimentieren" der Gaben gesprochen wird. Dennoch schwingen in den Äußerungen räumliche Vorstellungen insofern mit, als sie eine schützende Umgrenzung einschließen, in deren Innenraum Vertrauen zur angstfreien Entwicklung der Gaben besteht. Andererseits weisen die numerisch unbestimmten Wortformen, wie etwa „viel" oder „genügend", vor den Nomen auf auszuweitende Freiräume hin. Insgesamt erwecken die mehrfach impliziten Anmerkungen den Anschein, dass mit solchen Beziehungsräumen bisher kaum Erfahrungen vorliegen, sondern vielmehr ein entsprechendes Handeln zum Schaffen solcher Gestaltungsfreiräume zur Entwicklung von Gaben gefordert wird. Das Subjekt, welches solche Räume „gewähren" oder „bieten" soll, spricht von sich entweder neutral oder allgemein von der Gemeinde als Ganzer in ihrem „offenen, vertrauensvollen Miteinander" oder offenbart sich tatsächlich als Pfarrer, der eine reflektierende Selbstaussage macht. Zusammenfassend gilt: Die Metapher der Räume repräsentiert konkrete Wirkungsräume als unreglementierte Lern- und Experimentierorte, um Gaben in Freiheit zu entfalten.[1045] Auch wenn diese Äußerungen quantifiziert im Vergleich zu den anderen am Ende stehen, tragen sie durch ihre inhaltliche Dichte charakteristisch beachtenswerte Züge.

10.12.3 Bildungszugänge

Die Äußerungen, die sich an *dritter Stelle* positionieren, fallen auf, weil sie auf semantischer Ebene überwiegend als implizite Anweisungen erfolgen und sach-

1044 Dazu gehören als Einzelnennungen: „genaues Beobachten," „gegenseitiges Zuhören," „sorgfältiges Sehen auf Ziele und Personen," „gemeinsames Einschätzen und Gespräche."

1045 Zu den wenigen Restaussagen (je zwei) gehören sowohl theologische Zugänge, die auf das Arbeiten mit der Bibel hinweisen, als auch mimetische Zugänge und Äußerungen, die das Gabenerkennen durch gemeindliche Feste erleben. Vgl. Failing (1995:37-55).

liche wie geistliche Beratung als Gabenzugang ausweisen.[1046] Außerdem halten
Pfarrer Bildungszugänge für notwendig. Curriculare Konzepte fehlen zwar im
Befund, aber Fortbildungsangebote generell und im geschützten Raum der
Gemeinde[1047] tragen zur angstfreien Kommunikation und Entwicklung der Be-
gabungen bei und werden erhofft. Zur Gabenentwicklung fordern Pfarrer vor
allem regelmäßige persönliche Gespräche mit den Gemeindegliedern und mehr
Angebote zur Weiterbildung.

Die dezidiert spirituellen Äußerungen vertiefen die oben formulierte geistliche Begleitung. Dabei treten die deskriptiven Beschreibungen gegenüber den
impliziten deutlich hervor. Insgesamt bietet die Erhebung zu diesem Aspekt
zwei Hauptergebnisse, wie begabte Gemeindeglieder, sowohl durch aktiv-geist-
liches Handeln vonseiten der Pfarrer und Gemeindeglieder als auch in einem
passiv-vertrauensvollen Warten auf Gottes Eingreifen, erkennbar werden.

10.12.4 Pastoral-kybernetische Zugänge

An *vierter Stelle* rangieren jene Notizen, die vorrangig gemeindliche Leitung
und Verantwortung zur Förderung der Gaben äußern. Hier dominieren die aus
der Erfahrung gewonnenen Handlungsanweisungen, in denen Pfarrer wie
Älteste ein herzliches Gemeindeklima schaffen. Dazu gehören Äußerungen, dass
Gaben sich dann entwickeln, wenn die Befragten sich weigern, weiter eine uni-
versale Pfarrerrolle („Allroundarbeiter") einzunehmen und gleichzeitig Verantwortung an Gemeindeglieder übertragen. Während die Einträge zur Feedback-
Kultur[1048] als Gabenzugang die mittelmäßigen quantitativen Befunde stärken,
nehmen die Vision vermittelnden Zugänge eine bestätigende Funktion ein. Dagegen akzentuieren Äußerungen zur konstruktiven Fehlerkultur einen neuen
thematischen Gesichtspunkt.

Aufgaben- und ressourcenorientierte Zugänge. An fünfter Stelle subsumieren sich jene Äußerungen, hinter denen das Erleben steht, dass durch Gemeindeaufgaben Gaben entdeckt, bestätigt und modifiziert werden. In den differenzierten Einschätzungen werden vor allem zeitlich begrenzte Ressourcen der Gemeindeglieder berücksichtigt, woraus umgekehrt zu deuten ist, dass unter Überforderung keine Gaben wahrzunehmen sind.

1046 Die Begriffe Coaching- und Mentoringkonzept dazu oszillieren, etwa Clinton (2006),
      Rauen (2003:63.69-71).
1047 So auch in der nächsten oikodomischen Kategorie.
1048 Auch nach den Lexika für Psychologie (Fröhlich 2003:180) und Pädagogik (Schaub &
      Zenke 2002:209) gehören Feedbackgespräche in den Fachbereich der Kybernetik.

10.12.5 Pastorales Engagement (Einzelfallbezogen qualitativ-quantitativ)

Die Auswertungen zur Altersstrukturierung und zum Gendervergleich sowie exemplarischer Einzelfälle runden den Befund zur erlebten Entfaltung der Gaben ab, weil sie bemerkenswerte Einsichten bieten. Alle sieben Befunde basieren auf fallbezogenen Beobachtungen.

Ein *erster* Aspekt belegt im Genre der qualitativen Äußerungen, dass ein leichter Überhang narrativer Berichte bei den Pfarrerinnen vorliegt.[1049] Ein *zweiter* Aspekt deutet an, wie sich determinierte Gabendeutungen „geistgewirkter Fähigkeiten" gegenüber der Gemeinde auswirken. *Drittens* schildern die Befragten, wie sie ihre Charismen in einer dienenden und liebenden Grundeinstellung bewusst als vorbildliches Handeln mit dem Ziel einsetzen, kirchlich interessierte Menschen als Mitarbeiter zu gewinnen und Gemeindeglieder zu einem nachahmenden Gabenentdecken zu prägen. Ein *letzter Aspekt* legt die Diskrepanz zwischen Gemeinderealität und Pfarrerwunsch nahe.

10.12.5.1 Pastorales Selbstverständnis versus gemeindliche Vorbehalte

Als erstes kommt ein charismatischer Ansatz ins Blickfeld, der von zwei zur jüngeren Generation gehörenden Pfarrerinnen vertreten wird.[1050] Dabei gelingt es der einen, ihre Gemeindeglieder als begabte Mitarbeiter zu gewinnen, indem sie Charismen strukturell als etwas „Selbstverständliches" gegenüber der „erschreckenden" Ansicht (Ängste vor Charismen) der Gemeinde etablieren will. Wenn die Daten einzelfallbezogen angesehen werden, fällt auf, dass ihr Ausfüllverhalten stringent verläuft. Denn bereits beim ersten praxisorientierten Item (1d) wählt die Theologin bei der Frage nach dem Handlungsansatz, wie Mitarbeiter zu gewinnen sind, das Kriterium: „Entdecken begabter Gemeindeglieder." Diesem gabenorientierten Ansatz misst sie die höchste Ausprägung auf der Skala zu. Das gleiche Ergebnis trifft auch für die andere Pfarrerin zu, weil sie eine ähnliche Merkmalsausprägung aufweist. Als weiteren Konsens beider Theologinnen gründet ihr praktisch-theologisches Handeln in ihrem theologischen Gabenverständnis: Ntl. Gaben sind „geistgewirkte Fähigkeiten" (Item 2c).

Berichtet die erste Pfarrerin im Genre ihrer Erfahrungen, schließt die andere zusätzlich unbewusste Handlungsimpulse ein. Zum einen kalkuliert sie vorab

---

1049   Pfarrerinnen (Subkategorie (SK: 23,29,33,36,38,55,61,77) und Pfarrer (SK: 25,52,69, 76,78,107). Bezogen auf den Gendervergleich beteiligen sich an dieser qualitativen Problemstellung (Item 5.1q) 108 der 140 beteiligten Pfarrer aus der Stichprobe, genauer sind es 28 Pfarrerinnen und 80 Pfarrer (n). Im prozentualen Verhältnis zur Stichprobe (N=Pfarrer 105 u. Pfarrerinnen 34) beteiligen sich Pfarrerinnen bei diesem Item (5.1q) mit 82,4% etwas stärker als ihre Kollegen (76,2%).

1050   Einzelfallzahl F 23 und 35, was der SK 17 und 28 entspricht.

Ausstiegsmöglichkeiten aus der Mitarbeit ein, weil sie erlebt, dass Mitarbeiter ihre Begabungen falsch einschätzen. Daher beinhaltet ihre Mitarbeiterkonzeption immer einen vorläufigen Probecharakter. Zum anderen schlägt sie zwei Grundhaltungen für die Gemeinde vor: Offenheit für gabenorientiertes Mitarbeiten und „bereit sein, dem Wirken des Geistes zu folgen."

Abschließend fällt auf, dass beide Pfarrerinnen, analog zu ihrer theologischen Prämisse, Gaben vor allem als „geistgewirkte Fähigkeiten" deuten (Item 2c) und ausdrücklich das Charismatische fördern wollen, im Gegensatz dazu aber, quantitativ nach ihrem Gemeindetypus gefragt, eine gabenorientierte Gemeindestruktur nachdrücklich verneinen.[1051] Dafür geben sie dem gottesdienstlichen Gemeindetypus ihre volle Zustimmung. Diese scheinbar widersprüchlichen Ergebnisse deuten an, dass von der Gemeinde Vorbehalte gegenüber ihren grundsätzlichen Gabenauffassungen existieren.

10.12.5.2 Nonverbal-emotionale Vorbildprägung

Zwei andere Theologinnen der mittleren Generation legen besonderen Wert auf ihr vorbildhaftes Dienen mit ihren Begabungen, denn sie sind überzeugt, dass die Gemeindeglieder ihrerseits nachahmend ihre eigenen Gaben entfalten.

Ihre emotional-reflexiven Ausdrucksformen repräsentieren nach Schwarz-Friesel (2007) die vorliegende „Situationsbeschreibung" (:178), das heißt, die beiden Pfarrerinnen beschreiben in ihrer schriftlichen Kommunikation zugleich ihre relationale Stellung zur Kirchengemeinde. Eine der Theologinnen referiert ihre eigene Lebensintensität und nutzt allumfassend Attribute, die sie zugleich unbewusst als Anspruch an ihre Kolleginnen und Kollegen vermittelt. So spricht sie von der Totalität der „*Liebe*" und Begleitung, der Zugänglichkeit „*zu allen*" und einem Mitdenken über Fragen des Gemeindeaufbaus, das „*allen Menschen*" in der Gemeinde und ihren „*Randsiedlern*" dient. Gleichzeitig beschreibt sie ihren vorbildlichen Gabeneinsatz sowohl mit einem auf Vollständigkeit zielenden Adjektiv, „*ganz natürlich / authentisch sein*", als auch mit „*echter*" Demut. Dieses Verhalten soll einen „*nonverbalen Hinweis*" auf den „*Geber der Gaben*" hinterlassen. Als Kernaussage dient abschließend der Verweis, um Gottes Handeln zu „bitten" und auf ihn zu „*vertrauen*". In der quantitativen Merkmalsintensität ordnet die Pfarrerin mit voller Zustimmung die Gemeinde dem gottesdienstzentrierten Typus zu.

Die andere Theologin kommuniziert ebenfalls mit intensiven Selbstaussagen, in denen sie von der Sache her nachhaltig über ihren Vorbildcharakter reflektiert. Dabei liegen Erfahrungskriterien und direktiv-appellative Verben, also explizite Anweisungen, verwoben ineinander. In ihren Ausführungen zieht sie insofern kausale Folgerungen, als sie in der engen Beziehung des Pfarrers zu den Menschen ebenso wie in dem Gewähren von Freiräumen zur Mitarbeit

---

1051 Quantitatives Item 8c: „trifft überhaupt nicht zu".

Faktoren sieht, durch welche mehr „*geistliche Begabungen entdeckt*" werden. Zudem plädiert sie selbstreflektierend für klare Standpunkte in Bezug auf die Praxis des Bibellesens, Spendens und der Teilnahme des Pfarrers am Gottesdienst am dienstfreien Sonntag, weil Pfarrer genau beobachtet werden. Daneben fordert sie auf, einerseits das Bibelstudium in der Gemeinde zu intensivieren und andererseits authentisch zu predigen, indem auch über eigene Schuld und Lebenswidersprüche geredet wird. Abschließend benutzt sie Metaphervariationen von einem ‚heruntergekommenen Haus', um antithetisch das oben positiv Gesagte als „häufig frequentiert und geistdurchweht" zu untermauern. Der quantitative Befund in ihrem Datensatz zum Gemeindetypus belegt vornehmlich einen missionarischen Gemeindeaufbau mit einer gabenorientierten Struktur. Wie in der Argumentation für eine eigene Vorbildhaftigkeit in den qualitativen Bekundungen, sieht sich die Theologin im quantitativen Ausfüllverhalten als Schlüsselperson, damit Gemeindeglieder ihre Gaben erkennen (Item 5.1a-p). Dementsprechend weist sie der pastoralen Grundhaltung, dass „jeder Christ begabt ist", und ihrem Vermitteln „motivierender Gemeindeziele" ebenso die volle bejahende Merkmalsausprägung zu wie den „*Hilfestellungen in der Glaubensvermittlung zur persönlichen Aneignung*".

Zusammenfassend ist festzuhalten, dass beide Theologinnen eine große Anzahl Ehrenamtlicher und Mitarbeiter in verantwortlichen Positionen dokumentieren, was ihr engagiert emotionales Vorbildkonzept in der Entfaltung der Begabungen zu bestätigen scheint. Sie selbst jedenfalls ziehen diese kausalen Schlussfolgerungen. Als Zusatzinformation beider Theologinnen weisen die demographischen Angaben zum einen eine Land- und zum anderen eine Großstadtgemeinde aus, während die Mitgliederzahlen einer mittelgroßen Parochie einander gleichen. Ausgehend von den relativ großen Gemeinden wäre anzufragen, ob die beiden Pfarrerinnen nicht allzu idealtypische Selbstansprüche zu leben versuchen und daraus unbewusste Anweisungen hinsichtlich einer umfassenden Verfügbarkeit voraussetzen. Ein Blick in die demographischen Zusatzaussagen relativieren diese Ambitionen zumindest in einem Fall, weil eine Stellenzuteilung 50% angibt.

Deutlich bleibt: Für die Gabenentwicklung der Gemeindeglieder tragen die Pfarrerinnen mit ihrer vorbildlichen Persönlichkeit sowie Offenheit und Nähe zu den Menschen und einem authentischen Predigtstil Essentielles bei.[1052] Nach Stortz (1995) geben Pfarrer, hier die beiden charismatisch geprägten Pfarrerinnen, Einblick in ihre Fähigkeiten, verbunden mit ihren inneren Qualitäten, weil sie andere inspirieren und zur Mitarbeit ermächtigen wollen (:89).

1052 Zu Aspekten einer relationalen Predigt vgl. Jakob (2006:317-321).

10.12.5.3 Gemeinderealität versus Pfarrerwunsch

Auffälligerweise zeigen sich in den einzelfallbezogenen Auswertungen zwischen den quantitativen Ergebnissen[1053] und den schriftlichen Ausführungen[1054] der Pfarrer, wie Gaben in ihrer Gemeinde zu erkennen sind, inhaltlich unterschiedliche Antworten.

Ein Pfarrer, der beispielsweise zur Frage, ob Gaben in seiner Gemeinde auch „durch regelmäßige Einzelgespräche über Ämter und Aufgaben" (Item 5.1l) entdeckt werden, in der statistischen Erhebung angibt, dass es „kaum zutrifft", drückt unmittelbar im Anschluss an die statistischen Angaben in seinen qualitativen Einträgen (Item 51q) die Bedeutsamkeit der Rückmeldungen besonders stark aus. Wie ist diese Diskrepanz einzuschätzen? Bei genauem Hinsehen wird deutlich, dass der betreffende Pfarrer auf der statistischen Seite die Gemeinderealität wiedergibt, während er auf der qualitativen Seite seiner Wahrnehmung Ausdruck verleiht, dass „*gegenseitiges Wahrnehmen und Rückmelden*" grundsätzlich wichtig sind. „*Allerdings*", so argumentiert der besagte Pfarrer weiter, kann er aus der Gemeinde „*kaum Erfahrungswerte*" heranziehen, weil „*entsprechende Mentoren*" fehlen, „*die anleiten und Rückmeldungen geben*". Angesichts seiner im oberen Bereich befindlichen Kirchenmitgliedschaft von 3800 und einer Mitarbeiterschaft von weit über 200 ist das allzu verständlich.

Ein anderer Pfarrer[1055] im kleinstädtischen Bereich, mit einer Mitgliederzahl von 1800 sowie eine Pfarrerin[1056] im urbanen Umfeld und einer Parochie mit 3100 Gemeindegliedern votieren im statistischen Teil jeweils identisch negativ, indem sie ein Entdecken der Gaben durch „regelmäßige Gespräche über Ämter und Aufgaben" als „überhaupt nicht zutreffend" bezeichnen (Item 5.1l). Demgegenüber erleben beide, der befragte Pfarrer exklusiv durch „*positive Rückmeldung und Lob*", und die Pfarrerin mittels „Begleitung, *Reflexion*, Zusammenarbeit", das Erkennen von Begabungen. Deutet die erste Abweichung im Ausfüllverhalten auf eine Diskrepanz zwischen Wunsch und Gemeindewirklichkeit hin, besteht die zweite Abweichung vermutlich im Unterschied zwischen einem institutionalisiert verstandenen Feedbackverhalten und situativem Reflektieren.[1057] Denn das zuletzt genannte gabenfördernde Nachdenken ist semantisch und daher pragmatisch in das Begleiten und Zusammenarbeiten eingebettet.

1053 Vgl. Item 5.1.a-q: „Wie wurden Gaben in Ihrer Gemeinde entdeckt?" (Vorträge zur Thematik, Beten um Gaben, Verkündigung, gegenseitiges Ergänzen, Einzelgespräche usw.).

1054 Vgl. Item 5.1q: „Was fördert die Entfaltung der Gaben? Welche Erfahrungen haben Sie gemacht?"

1055 FZ=31 zugleich Ziffer 24 der SK.

1056 FZ=59 zugleich Ziffer 48 der SK.

1057 Diese Beispiele zeigen Grenzen ausnahmslos statistischer Erhebungen für eine realitätsnahe Deutung, was erneut für einen triangulären Methodenweg spricht.

Nach diesem exkursartigen Einschub vertiefter Einsichten in gemeindelokale Gegebenheiten folgt, analog zum Ablauf des Fragebogens, der quantitative Befund zur Frage nach dem habituellen oder aktualisierenden Gabenverständnis.

10.13 Habitueller oder ereignishafter Gabenempfang (quantitativ)

Zu Item 6: *Müssen Gaben immer wieder neu empfangen werden?*
a) Amtsträger sind dauerhafte Gabenträger
b) Amtsträger müssen Gaben vor jeder Aufgabe empfangen
c) Gemeindeglieder müssen Gaben vor jeder Aufgabe empfangen

Drei Statements, die nach dem Amtscharisma habituell oder ereignishaft fragen, werden fünffachskaliert vorausgesetzt. Das erste Statement fragt nach der Auffassung, inwieweit Pfarrer als Amtsträger dauerhafte Gabenträger sind, also ein Amtscharisma besitzen, während die beiden anderen Statements, jeweils für Amtsträger wie Gemeindeglieder, das Empfangen der Gaben vor jeder Gemeindeaufgabe aktualisierend postulieren. Der auffällige Anteil der an diesen Fragen Beteiligten lässt auf eine große Relevanz schließen. Während bei der ersten Frage ein n-Wert von 129 vorliegt, ist der Anteil an den beiden pragmatischen Fragestellungen mit n=132 noch stärker (N=139).

10.13.1 Amtsträger als dauerhafte Gabenträger

Aus Abbildung 34 geht ein überwiegend unschlüssiges Antwortverhalten zur ersten Frage hervor (41,9%). Parallel dazu fällt der Mittelwert (3,16) auf, der die kumuliert zu- und ablehnenden Antworten durch ihre relativ prozentuale Nähe statistisch gedeutet fast aufhebt. Genauer betrachtet repräsentieren zwei differenzierte Gruppen ihre ernstzunehmenden Meinungen innerhalb der Stichprobe, die jeweils kumuliert mit 26,4% zum einen Amtsträger als dauerhafte Gabenträger ansehen, zum anderen diese Ansicht mit 31,8% ablehnen.

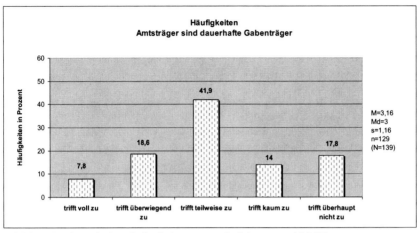

Abbildung 33: Quantitativer Befund: Amtsträger als Gabenträger (© MB)

10.13.2 Aktualisierendes Empfangen der Gaben

Die Meinungen der Pfarrer zum aktualisierenden Gabenempfangen vor jeder Gemeindeaufgabe in Abbildung 35 ergibt nach den Mittelwerten ($\overline{x}$) ein deutlich unschlüssiges Bild ($\overline{x}$ =3,42 / 3,46). Insbesondere die Säulen der unentschlossenen Mitte ragen für Amtsträger (42,4%) und Gemeindeglieder (44,6%) dominant heraus und fallen in den kumuliert ablehnenden Antworten, für Amtsträger 40,9% und Gemeindeglieder 40,8%, nahezu kongruent aus.

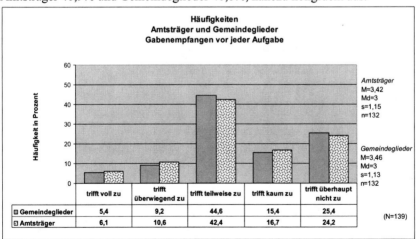

Abbildung 34: Quantitativer Befund: Aktualisierender Gabenempfang bei Amtsträgern und Gemeindegliedern (© MB)

Wenn die Aussagen der Pfarrer in Beziehung zum Pretest gesetzt werden, scheinen die stark prozentualen Neutralitäten theologischer Art zu sein. Pfarrer signalisieren damit, zur abgefragten Thematik kaum genaue Kenntnisse zu besitzen. Schließlich ist grundsätzlich festzustellen: Wenn Pfarrer die neutral gestellte Frage nach den Amtsträgern auf sich beziehen, sagen sie etwas über ihr eigenes Selbstverständnis und Erleben aus. Ausgehend vom Erkenntnisinteresse handelt es sich beim nächsten Befund um eine zentrale Fragestellung, die darum sowohl eine quantitative Form der Anfrage als auch eine freie Meinungsäußerung ermöglicht. Die Ergebnisse zeigen, welche Prüfkriterien bzw. Auswirkungen, also aus retrospektiver Sichtweise des Pfarrers, zum Erkennen der Gaben eines Gemeindegliedes in der Ortsgemeinde angelegt werden.

10.14 Erkennungsmerkmale der Gaben (quantitativ)

Zu Item 7: *Welche Kriterien (Auswirkungen) können darauf hinweisen, dass ein Gemeindeglied Ihrer Kirche eine Gabe hat?*

Zur Prüfung typischer Gabenkriterien werden den Befragten acht Fragen zweifach individuell und kollektiv partizipierend vorgegeben. Die Einzelbefunde werden dual in Diagrammen nach ihren n-Werten dargestellt, die eine vergleichbare Interpretation gewährleisten. Insgesamt fällt auf, dass außerordentlich viele Befragte an den einzelnen Fragestellungen teilnehmen.[1058]

10.14.1 Individuelle Erkennungsmerkmale (Ich-Identität)

Zu Item 7: *Welche Kriterien (Auswirkungen) können darauf hinweisen, dass ein Gemeindeglied Ihrer Kirche eine Gabe hat?*
a) Entwicklung der eigenen Identität
b) Dienstbereitschaft als Ausdruck der Hingabe an Gott
c) Wachsendes Interesse an geistlicher Gemeinschaft
d) Durch Freude an der Aufgabe

1058 „Entwicklung der eigenen Identität" (n=126), „wachsendes Interesse an Gemeinschaft" (n=126), „Dienstbereitschaft als Ausdruck der Hingabe an Gott" (n=130), „Freude an Aufgaben" (n=132), „geistliche Veränderung" (n=128), „Menschen, die zum Glauben kommen" (n=129), „seelsorgliche Stärkung Einzelner" (n=130), „Bedürfnis mitzuarbeiten" (n=132) sind Indizien, dass Gaben vorhanden sind.

10.14.1.1 Geistliche Gemeinschaft vor Identitätsbildung

Die gerichtete Hypothese gilt nahezu als bestätigt, denn während im Theorieteil ein Modus von 2,00 erwartet wurde, belegt der Befund 2,25. Im Einzelnen wird im Diagramm (3) ersichtlich, dass die aufsummierten bejahenden Antworten mit 59,5% erwartungskonform ausfallen. Demgegenüber liegen die ablehnenden Stimmen unerheblich unter der 4%-Marke. Einem unschlüssigen Meinungsbild schließen sich 36,5% der Befragten an, also immerhin über die Hälfte im Vergleich zum Anteil jener, die zustimmend votieren. Auch beim nächsten Kriterium ist die Hypothese testiert, dass Einzelne, die ein „wachsendes Interesse an geistlicher Gemeinschaft" zeigen, damit Rückschlüsse auf existente Gaben zulassen. Wie in Abbildung 36 ersichtlich, ergeben die aufaddierten Zustimmungen 61,1%. Konträr dazu verhält sich die verneinende Seite prozentual unauffällig (4,6%). Als Gegenüber zur bejahenden Gruppe zählen Befragte, die eine ambivalente Meinung vertreten (34,4%). Obwohl in der Anfrage die beiden Items nicht unmittelbar aneinander anschließen, weisen sie doch für die volle Zustimmung die gleiche Prozentzahl von 20,6% auf.

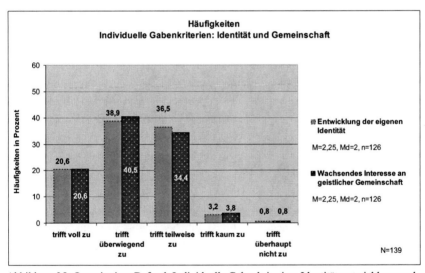

Abbildung 35: Quantitativer Befund: Individuelle Gabenkriterien: Identitätsentwicklung und Interesse an geistlicher Gemeinschaft (© MB)

10.14.1.2 Freude an Aufgaben vor Dienstbereitschaft

Pfarrer, die auf die Unterstützung der Befragten angewiesen sind, beurteilen, wie in Abbildung 37 zu sehen, die „Dienstbereitschaft", welche sich als Ausdruck „der Hingabe an Gott" äußert, mit 62,3% als Indiz, dass ein Gemeinde-

332

glied eine Gabe besitzt. Zurückhaltender antworten 33,1%, die dieses Gabenkriterium nur teilweise für möglich halten. Im Verhältnis zur linken Verteilung
sind die Verneinungen im rechten Skalenbereich bedeutend geringer und fallen
kaum ins Gewicht (unter 4%). Spielte beim vorherigen Indikator der Gendervergleich eine unwesentliche Rolle, rangieren hier die Männer statistisch
signifikant (p=0,25) vor den Frauen, indem sie das Erkennungsmerkmal der
Dienstbereitschaft als wesentliches Merkmal für vorhandene Gaben bei den
einzelnen Gemeindegliedern werten.[1059]

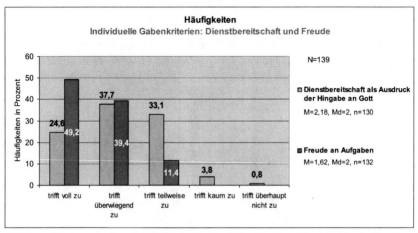

Abbildung 36: Quantitativer Befund: Individuelle Gabenkriterien: Dienstbereitschaft und
Freude (© MB)

Das Gabenkriterium der „Freude an Aufgaben" nimmt mit 49,2% den
zustimmenden Spitzenwert dieser Befragung ein (Abbildung 37). Aufaddiert mit
der „überwiegend" bejahenden Ausprägung der Stimmabgaben, ergeben sich
88,6%. Demgegenüber stehen wenige Befragte, die für eine unschlüssige Mitte
votieren (11,4%). Verneinende Befunde gibt es hier – was einzigartig ist –
überhaupt keine. Zusammengefasst zeigt der Befund insofern ein Grundmuster,
als dass individuelle Gabenkriterien außerordentlich zustimmende Häufigkeiten
ausweisen. In Relation dazu fallen die Werte auf dem rechten ablehnenden
Skalenbereich äußerst gering aus oder entfallen ganz. Herausragend ist das Ergebnis zum Kriterium der Freude, weil es im Vergleich zu den anderen Ausprägungen auf dem Skalenniveau zusätzlich kaum unsichere Mittelwerte aufweist. Im Gendervergleich differieren Männer gegenüber Frauen in der Dienst-

---

1059 Vgl. Männer ($\bar{x}$ =2,08) und Frauen ($\bar{x}$ =2,52). Die Nachweistabellen sind zu umfangreich und können auf Nachfrage eingesehen werden.

bereitschaft der Gemeindeglieder. Umgekehrt dominieren Pfarrerinnen im Mittelwertvergleich gegenüber ihren Kollegen, wenn nach dem Merkmal der Freude in Aufgaben gefragt wird. Die folgenden Passagen belegen den Befund zu den Gabenindikatoren innerhalb partizipierender Gegebenheiten.

10.14.2 Kollektive Erkennungsmerkmale (Du-Beziehungen)

Zu Item 7: *Welche Kriterien (Auswirkungen) können darauf hinweisen, dass ein Gemeindeglied Ihrer Kirche eine Gabe hat?*
e) stellen sich geistliche Veränderungen ein?
f) kommen Menschen zum Glauben?
g) erleben Einzelne seelsorgerliche Stärkung?
h) entsteht ein Bedürfnis zur Mitarbeit?

10.14.2.1 „Seelsorgerliche Stärkung" vor den „Bedürfnissen zur Mitarbeit"

Wie Abbildung 38 zeigt, basiert der erste dargestellte Teilbefund auf der theoriegeleiteten Annahme, dass geistliches Wachstum, hier als „seelsorgerliche Stärkung" in der Gemeinde spezifiziert und neutestamentlich mit dem Erbauungsbegriff belegt, auf vorhandene Gaben hindeutet. Wenn die Zustimmungen der Befragten in der linken Verteilung aufaddiert werden, ergibt sich daraus, dass 70,5% für eine „seelsorgerliche Stärkung Einzelner in der Gemeinschaft" votieren. Die unschlüssigen Antworten liegen mit 26,2% niedriger als bei der Gruppe derjenigen Pfarrer, die mit 28,5% ihre volle Zustimmung bekundet. Die ablehnenden Prozentwerte nehmen eine unübersehbar irrelevante Position ein, die unter 3% liegt.

334

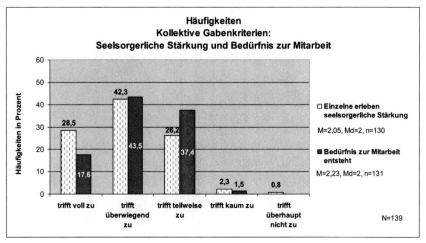

Abbildung 37:Quantitativer Befund: Kollektive Gabenkriterien: Seelsorgerliche Stärkung und „Bedürfnis zur Mitarbeit" (© MB)

Der Befund zur Frage, ob Gaben durch das „Bedürfnis zur Mitarbeit" bewusst werden, erreicht zusammen mit der vollen Zustimmung von 17,6% und denjenigen, die das besagte Kriterium „überwiegend" bejahen, einen Wert von 61,1%. Da die verneinenden Stimmabgaben mit 2% wieder unerheblich ausfallen, konzentrieren sich die übrigen Stimmen relativ hoch auf den unbestimmten Mittelwert (37,4%).

10.14.2.2 „Geistliche Veränderungen" vor dem Konvertieren

Der letzte dual ausgewiesene Befund, wie in Abbildung 39 dargestellt, weist zunächst das allgemein gehaltene Kriterium „geistlicher Veränderungen" als Indiz für Gaben in der Gemeinschaft mit kumuliert positiver Zustimmung von 63,3% aus. Im Vergleich dazu nehmen all jene, die in ihrer Stimmabgabe unschlüssig sind, etwas mehr als die Hälfte ein (35,2%), während die Negativmeinungen mit unter 1% nicht nennenswert erscheinen.

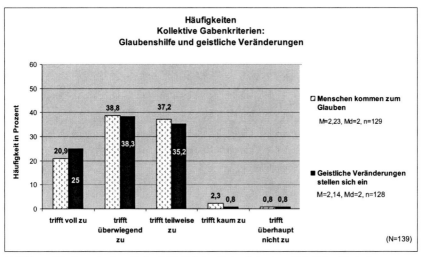

Abbildung 38: Quantitativer Befund: Kollektive Gabenkriterien: Geistliche Veränderungen und Konversionen (© MB)

Der zweite Teilbefund, wie in Abbildung 39 zu sehen, markiert mit 59,7%, dass sich dort Begabungen erschließen, wo „Menschen zum Glauben kommen" (konvertieren). Vergleichsweise hoch fällt die partiell schwankende Position mit 37,2% aus, während die negative Einschätzungsausprägung erneut unbedeutend ist (unter 1%). Eine statistische Signifikanz (p=0.21) ergibt sich zwischen Pfarrern und Pfarrerinnen nach dem t-Test. Dabei beurteilen Pfarrer das „zum Glauben Kommen der Menschen" stärker als Indiz für vorhandene Gaben in der Gemeinschaft als ihre Kolleginnen.[1060]

10.14.3   Spitzenwerte – „Freude" und „Ermutigung"

Bevor der Gesamtbefund in seiner prozentualen Reihenfolge in einer Tabelle visualisiert wird, gilt es zunächst einige Aspekte hervorzuheben. Ein *erster* Aspekt zeigt sich darin, dass im Vergleich zu allen anderen Prüfkriterien allein das Kriterium der „Freude an den Aufgaben" keine ablehnenden Aussagen aufweist. Die „geistlichen Veränderungen", die sich einstellen, wenn Gaben vorliegen, zeigen minimal verneinende Antworten. Ein *zweiter* Aspekt weist eine gewisse Dominanz des Individuums auf, weil vier Befunde davon in oberen Rängen stehen. Idealtypisch liegt ein *dritter* Aspekt im Gendervergleich vor, insofern als Pfarrerinnen mehr emotional-personale Prüfkriterien anlegen, während ihre männlichen Kollegen sich tendenziell an funktionalen Kennzei-

---

1060   Männer ($\overline{x}$ =2,13) und Frauen ($\overline{x}$ =2,55).

chen ausrichten. Dieser Befund wird in der Tabelle 26 neben den prozentualen Ergebnissen ersichtlich, indem die Abkürzungen w und m analog Pfarrerinnen und Pfarrer repräsentieren, die durch den t-Test den stärker positiven Mittelwert im Gendervergleich anzeigen, also intensiver auf das jeweilige Prüfkriterium achten.[1061] Ein *vierter* Aspekt belegt nach der Freude an Aufgaben poimenische Indizien als Primärkriterien der Begabungen. Ein *fünfter* Aspekt besteht hinsichtlich der statistischen Signifikanz im Mittelwertvergleich (t-Test), der zweimal die männlichen Pfarrer betrifft, indem sie stärker als ihre Kolleginnen die individuelle Dienstbereitschaft und das zum Glauben kommen der Menschen (missionarische Wirkung) als Gabenindiz deuten. Aus der Ergebnistabelle, die unmittelbar folgt, geht schließlich der *sechste* Aspekt hervor, dass jedes Prüfkriterium über die Hälfte der abgegebenen Stimmen aufweist und auf diese Weise im Rekurs auf die theoriegeleiteten Fragestellungen ihre Relevanz bestätigt.

Gesamtbefund: Gabenkriterien (Item 7)		%
1.	Einzelne erleben Freude an Aufgaben	88,6
2.	Einzelne in der Gemeinschaft erleben seelsorgerliche Stärkung	70,5
3.	Geistliche Veränderungen in der Gemeinschaft	63,3
4.	Dienstbereitschaft als Ausdruck der Hingabe des Einzelnen an Gott	62,3 (m)
5.	In der Gemeinschaft entsteht das Bedürfnis zur Mitarbeit	61,1
5.	Beim Einzelnen wachsendes Interesse an geistlicher Gemeinschaft	61,1
6.	Beim Einzelnen Entwicklung der eigenen Identität	59,5
7.	In der Gemeinschaft kommen Menschen zum Glauben	59,2 (m)

Tabelle 26: Quantitativer Befund – An welche Kriterien werden ntl. Gaben erkannt? (© MB)

Unter den abgefragten Dimensionen individueller und kollektiver Gabenkennzeichen nimmt die positive sichtbare Emotion der Freude in den Aufgaben den ersten Rang mit 88,6% ein. Mit einem relativ beachtlichen Abstand rangiert die poimenische Dimension der „seelsorgerlichen Stärkung" auf dem zweiten Platz mit 70,5%. Die seelsorgerliche Stärkung des Individuums ist im Erfahrungsraum der Gemeinschaft als eine für den Pfarrer identifizierbare seelsorgerliche Ermutigung am Einzelnen erkennbar. Vom zweiten bis zum dritten Rang mit 63,3%, der allgemeine „geistliche Veränderungen in der Gemeinschaft" als Indiz für vorhandene Gaben belegt, zeigt sich erneut ein gewisser Zwischenraum. Alle weiteren Plätze folgen prozentual dicht aufeinander und enden beim soter-

---

1061 Dort, wo im Gendervergleich keine nennenswerten Unterschiede vorliegen, ist nichts in der Tabelle vermerkt.

iologischen Gabenindikator, dass „Menschen zum Glauben kommen", der auf dem letzten Platz liegt (59,2%). Dazwischen liegen, inhaltlich einander ergänzend, auf den Rängen vier und fünf einerseits die „Dienstbereitschaft" des Einzelnen mit seiner geistlichen Motivation der Gotteshingabe und andererseits das „Bedürfnis zu Mitarbeit" aus der Dynamik der Gemeinschaft heraus. Letzteres Gabenkriterium und das „wachsende Interesse an geistlicher Gemeinschaft" sind prozentual doppelt belegt. Der individuelle Indikator der „Identität" nimmt anteilig den vorletzten Platz ein. Erstaunlich ist, dass alle Kriterien 50% der Stimmabgaben überschreiten.

10.14.4 Emotionen und Gemeinschaft (qualitativ)

Zu Item 7i: *Welche weiteren Kriterien haben Sie beobachtet, – die auf eine Gabe eines ihrer Gemeindeglieder hinweisen?*

Affirmative und negierende Gabenkriterien. Durch die induktive Auswertung kristallisieren sich zwei spezifische Unterscheidungsmerkmale in den Texten heraus: Affirmative und negierende Gabenkriterien. Dazu zählen emotionale Dispositionen, das Ineinander gemeinschaftlicher und geistlicher Kennzeichen. Einige wenige Aussagen formulieren ihre Kriterien auf einer dunklen Negativfolie landeskirchlicher „Systemfehler". Das folgende Kriterium schließlich stellt theologische Anfragen. *Anfragen an theologische Erkennungskriterien.* Einige Bemerkungen stellen theologische Anfragen zur Kriterienfrage.[1062] So halten einige Befragte ein kriterienbezogenes Beantworten für überflüssig, indem sie gemeinsam die theologische Überzeugung teilen, dass alle Menschen Gaben und jeder Christ Geistesgaben besitzen.[1063] Dieses eine Kriterium würde ausreichen. Aufs Ganze gesehen fallen die theologischen Kriterien in den schriftlichen Äußerungen durch ihre kleine Anzahl auf. Schließlich enthält der Befund Kriterien, die auf einem negierenden Hintergrund entweder kurz angerissen werden oder in einem narrativen Stil ausführlicher berichten. Ihre Formulierungen enthalten indirekte Aussagen, aber auch offene Kritik an der Kirche als Institution.[1064]

1062 Zwei Pfarrer notieren, dass sie nichts sagen können. Im quantitativen Item (7a-h) füllen beide die Kriterien zustimmend aus.

1063 Ein Pfarrer äußert sich kritisch: „Seltsame Frage!! Gaben empfängt man nicht, weil man besonders fromm ist!!! Gaben sind auch kein Selbstzweck. Gaben werden gebraucht, wenn Gott uns gebraucht!!! Liegt also in seinem Interesse!" So auch ein anderer Pfarrer: „Bitte vergessen Sie obige [quantitativen] Bewertungen [...] – Ich kann mit den Fragen nicht viel anfangen. Gaben hat jedes Gemeindeglied. Geistesgaben hat jedes Gemeindeglied, das Christ ist."

1064 So wird etwa der „dramatische Substanzverlust" ... „in kirchlichen Gremien" in der Wahl und Zusammensetzung der Kirchenältesten beklagt, weil wenig auf „geistliche und menschliche Qualität" geachtet werde. Daraus diagnostiziert der Befragte die

338

An dieser Stelle der empirischen Erhebung erwachsen diskussionswürdige Fragen, die ein grundsätzliches Problem anschneiden: Gibt es überhaupt empirisch eindeutig definierte, in sich scharf abgegrenzte Prüfkriterien? Wo liegen die Grenzen zwischen dogmatisch-theologischen Normen und Kriterien und einem praktisch-theologischen Erleben der Gaben? Gerade wenn zwischen Schöpfungsgaben, die alle Menschen besitzen, und Charismen ein fließender Übergang besteht, ist dann eine Trennung nach Kriterien überhaupt angemessen?

Emotionale Äußerungen und Ausstrahlungskraft. Die zeigt den Befund dualistisch: In Sammelergebnissen, die nahezu stringente Äußerungen enthalten und Einzelergebnisse, welche größere Variationen aufweisen. In den Sammelergebnissen werden Attribute in der Art und Weise, wie Aufgaben erfüllt werden, als Erkennungskriterien gedeutet.

Zu den *Sammelergebnissen* gehören etwa: Mit „Aufmerksamkeit" defizitäre Situationen in der Gemeinde wahrnehmen, „bereitwillig" und „lernfähig" Aufgaben übernehmen und in Tätigkeiten eine beeindruckende „Ausstrahlung" hinterlassen. Ein wesentliches Charakteristikum, um normales Mitarbeiten von einem gabenorientierten Mitarbeiten zu unterscheiden, liegt in emotionalen Dispositionen, wie es in den Eintragungen eines „brennenden Herzens" der „Freude" und „Sensibilität" zum Ausdruck kommt. Ein Befragter sieht Gaben dort als evident vorhanden, wo sich Gemeindeglieder durch die Gabe des Mitarbeiters gut geleitet wissen, wenn „Dank und Frieden spürbar" wird. Weitere identische Notizen deuten Gabenkriterien nicht in ihrem habituell dauerhaften Gabengebrauch („Gaben sind nicht konservierbar"), sondern postulieren ein geistliches Aktualisieren der Gaben für jede Aufgabe.

Drei Resultate aus den *Einzeläußerungen* verdienen eine exemplarische Beachtung. Zum einen halten Pfarrer ihr eigenes Zutrauen in ihr Begabtsein, verbunden mit der gottesdienstlichen Beauftragung und Erwartung an die Hilfe des Geistes für den begabten Menschen, als Evidenz für vorhandene Gaben. Zum anderen deuten Pfarrer schöpferische Ideen von Seiten der Gemeindeglieder als Gabenindikator. Eine letzte Aussage betont die Freude der Gemeindeglieder, gebraucht zu werden. Wer Freude ausstrahlt, wird als Gabenträger identifiziert.

Liebe, Offenheit, Einheit. Ein weiteres Hauptkriterium zeigt eine homogene Charakteristik im gemeinschaftlichen und geistlichen Interesse im Leben der Gemeinde. Beide geistlichen Darstellungsweisen durchdringen einander. Manifeste Gaben deuten Pfarrer etwa dort, wo gegenseitige Liebe und Offenheit füreinander und für Gott sichtbar werden. Hinzu kommen Kennzeichen der bewahrten Einheit im Heiligen Geist und dort, wo Verantwortungsbewusstsein für die Gemeinde zum Ausdruck kommt.

„Krise des Ehrenamtes". Implizit wird damit die Auskunft gegeben, dass es in einer derartigen Lage keinen Wert hat, Gabenkriterien anzulegen.

10.15 Status quo der Gemeindetypen (quantitativ) Wir-Gestalt

Zu Item 8: *Unsere Gemeinde ist schwerpunktmäßig ...*
  a) vom Gottesdienst (Wort und Sakrament)
  b) vom missionarischen Gemeindeaufbau
  c) von einer gabenorientierten Gemeindestruktur
  d) von einer Kleingruppenstruktur ... geprägt

10.15.1 Präferenz: Gottesdienstzentrierter Gemeindeaufbau

Zur Gemeindeprägung wurde der Status quo ermittelt. Wie erwartet dominiert der deskriptive Häufigkeitsbefund mit seinem gottesdienstzentrierten Gemeindeaufbau, den Abbildung 40 im Vergleich zum missionarischen Gemeindetypus darstellt. Allein 40,1% schätzen ihre Gemeinde als total gottesdienstzentriert ein und Kirchen, die „überwiegend" den Gottesdienst als Mitte ihrer Gemeindeprägung ansehen, belaufen sich auf 41,6%. Wenn also die zustimmenden gottesdienstlichen Gemeindetypen kumuliert werden, weisen sie zusammen 81,7% der Stichprobe auf, was allein schon durch die knapp 100% Teilnahme (n=137, N= 139) an der Fragestellung für eine aussagekräfte Priorisierung spricht. Einige Pfarrer ordnen ihre Kirchen auch anderen Gemeindetypen zu, indem sie für eine mittlere Ausprägung votieren (15,3%), die differenzierte Varianten repräsentiert. Gemeinden ohne einen gottesdienstlichen Ansatz sind für die Stichprobe nicht belegt. Es finden sich aber Pfarrer, die ihren kirchlichen Gesamttypus nur mit 2,9% als gottesdienstzentriert ausweisen.

10.15.2 Sekundär: Missionarischer Gemeindeaufbau

Konträr zum gottesdienstzentrierten Befund zeigt Abbildung 40 den missionarischen Gemeindeaufbau, dem 9,2% der Befragten die völlige Priorität einräumen, während 20,6% der Ortsgemeinden „überwiegend" einem missionarischen Gemeindetypus angehören. Insgesamt können aber die aufaddierten Zustimmungen von 29,5% nicht darüber hinwegtäuschen, das die Prozentwerte, die *keinen* missionarischen Gemeindetypus repräsentieren, kumuliert mit 37,4% überwiegen (29,8% + 7,6%). Die Daten in der Mitte der Skala geben an, dass 32,8% der befragten Pfarrer eine Kirche leiten, die eine komplementäre Prägung zwischen missionarischen und anderen Gemeindetypen darstellt.

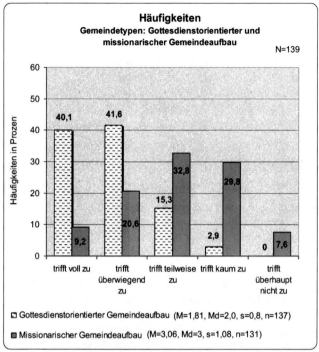

Abbildung 39: Quantitativer Befund: gottesdienstzentrierte und missionarische Gemeinde-typen (© MB)

10.15.3 Präferenz: Gabenorientierte Strukturierung

Nach diesen beiden Ergebnissen gottesdienstzentrierter und missionarischer Gemeindetypen fällt der Blick auf Abbildung 41, die sowohl die gabenorientierte als auch kleingruppenorientierte Strukturierung darstellt und eine homogene Beteiligung (n=132/131) zeigt. Ihre beiden hohen Mittelwerte der gabenorientierten (43,2%) und kleingruppenorientierten (50,4%) Strukturierung lassen vermuten, dass sie einander nicht alternativ gegenüberstehen, sondern einander wechselseitig überschneiden. Die Aufsummierung der positiven Antworten belegt für die gabenorientierte Strukturierung 30,3%, während die andere Seite aufaddiert einen Negativbefund von 26,5% ergibt. Vergleichbar fällt das Ergebnis zur kleingruppenorientierten Gemeindestruktur aus, insofern die aufaddierte Zustimmung 25,6% aufweist, während Kleingruppen bei 24% kaum eine Rolle spielen. Es bestehen also zwei unterschiedliche Ansätze. Im Vergleich beider innergemeindlichen Strukturen ist nun fassbar: Die gabenorientierte Gemeindestruktur nimmt eine höhere Akzeptanz bei den Gemeinden der Stichprobe ein.

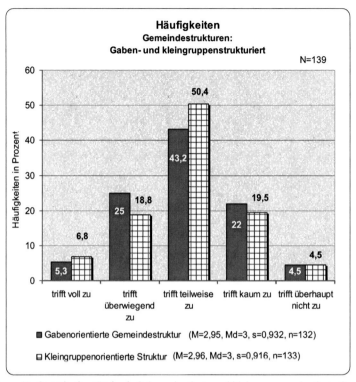

Abbildung 40: Quantitativer Befund: Gabenorientierte und kleingruppenorientierte Gemeindestruktur (© MB)

10.15.4 Missionarischer Gemeindetypus und gabenorientierte Gemeindestruktur

Kommen deskriptiv Häufigkeitsmessungen nicht über Einzelfakten hinaus, kann die Korrelationsmethode den Befund durch ihre zusammenhängenden Berechnungen zweier Variablen ergänzen. Daraus ergibt sich eine sehr signifikante (1%-Niveau) Überschneidung zwischen dem missionarischen Gemeindetypus zur gabenorientierten Gemeindestruktur mit einer korrelierenden Ausprägung von r=.33. Ebenso besteht eine Integration der kleingruppenstrukturierten Gemeindeform (r=.20, Sig. 0,1%). Die Korrelationen zeigen Abbildung 42. Das Ergebnis legt eine einseitige, zugunsten des missionarischen Gemeindetypus ausfallende Überschneidung nahe.[1065]

1065 Zusätzlich belegt die Faktorenanalyse diesen Befund.

342

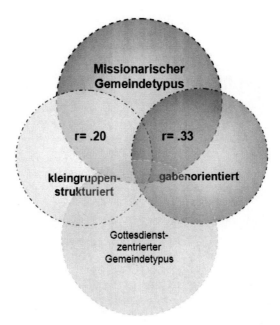

Abbildung 41: Konvergierende Gemeindetypen und Gemeindestrukturen (© MB)

10.15.5 Gottesdienstorientierte Exklusivität

Dass sich in den gottesdienstorientierten Gemeindetypus keine der beiden Strukturelemente eingliedert, lässt Fragen offen. Bei genauem Hinsehen zeigt zumindest der mittlere Wert der deskriptiven Statistik (Häufigkeiten) von 15,3% der Befragten, dass Pfarrer sich dem gottesdienstorientierten Ansatz verpflichtet wissen, aber partiell noch andere Prägungen existieren. Worin diese anderen Gemeindeprägungen bestehen, ist statistisch nicht zu sagen.[1066]

Über Korrelationsberechnungen, die sich weiter unten extra der analytischen Statistik widmen, ist zu prüfen, inwieweit eine gottesdienstzentrierte Gemeindeprägung dennoch Zusammenhänge zu einzelnen Erkennungsmodalitäten der Gaben aufweist, ohne explizit dem zugeschriebenen Label eines gabenorientierten Ansatzes zu folgen.

1066 So bleibt das Schaubild, das den gottesdienstlichen Gemeindetypus mit seinen Schnittmengen zeigt, eine ungeprüfte Annahme, die einer anderen empirischen Forschung vorbehalten bleibt, die nicht nur durch analytische Korrelationen, sondern durch gezielte Fragen deskriptive bzw. normative Zusammenhänge zu ergründen versucht.

10.16 Gaben entdecken und Gemeindestruktur (quantitativ)

Zu Item 8e: *Das Entdecken der Gaben hängt wesentlich von der Gemeindestruktur ab.*

Angesichts des Gemeindetypus und strukturellen gaben- und kleingruppenorientierten Gewichtungen interessiert die Frage, inwieweit Gabenentdecken „wesentlich" von der Gemeindestruktur abhängt. Da dieser Zusammenhang explizit abgefragt wurde, handelt es sich um einen evidenten Befund den Abbildung 43 darstellt. Aufsummierte 47,2% der Befragten sind der Ansicht, dass die Gemeindestruktur wesentlich zum Entdecken der Gaben beiträgt. Die Erfahrungen dieser Gruppe von Pfarrern decken sich hypothesenkonform. Demgegenüber stehen 17,2% der aufaddierten Prozentwerte, die diese Erfahrung nicht teilen. 31,4% antworten unbestimmt, indem eine ursächliche Verbindung zwischen der Gemeindestruktur und dem Erkennen der Gaben bestehen soll.

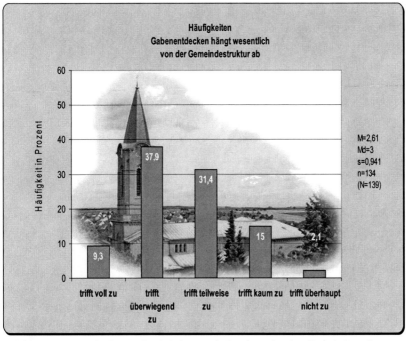

Abbildung 42: Quantitativer Befund: Gaben entdecken benötigt eine Gemeindestruktur
(© MB)

10.16.1 Marginale Anwendung empirischer Gabentools

Zu Item 9: *Zur Entdeckung der Gaben setze ich sog. „Gabentests"ein.*
  a) D.I.E.N.S.T.-Programm (B. Hybels)
  b) „Die drei Farben deiner Gaben" (C. A. Schwarz)
  c) Ich kenne „Gabentests nur vom Hörensagen

Der Befund, ob die Gabentools von B. Hybels (WCCC) und C. Schwarz in der Gemeindearbeit eingesetzt werden, zeigt allein schon am Median einen drastisch ablehnenden Befund, weil mehr als 70% der Befragten Gabentests, wie es die nachfolgende Abbildung 44 zeigt, nicht einsetzen.[1067] Zusätzlich fällt auf dieses Ergebnis noch ein anderes Licht, wenn die Erfahrungen in den qualitativen Zusatzaussagen berücksichtigt werden.[1068]

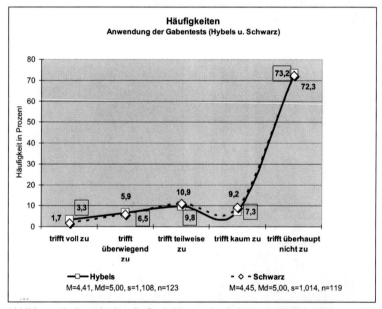

Abbildung 43: Quantitativer Befund: Einsatz der Gabentests (Hybels / Schwarz) (© MB)

1067 Ausgehend von der Altersstruktur gehören 59% zur mittleren und älteren Generation (41-60-Jährige).

1068 Quantitativ gefragt, ob Gabentests nur vom Hörensagen her bekannt sind, antworten 42,9% zustimmend. Ebenso viele Pfarrer kennen Gabentests (43%).

10.17 Gabentests: dialektische Reaktionen (qualitativ)

Zu Item 9e: *Welche Erfahrungen haben Sie damit (Gabentests) gemacht?*
Zunächst belegen die schriftlichen Äußerungen auch für die von der EKiBa herausgegebenen Gabentests ein ähnliches Meinungsbild. Rigoros negative Äußerungen zu den Gabentests liegen aber kaum vor, mehrheitlich kombinieren die Eintragungen positive Erlebnisse und kritische Anfragen.

Insgesamt präsentiert der Befund ambivalente Erfahrungen: Einerseits werden Gabentests dann für sinnvoll erachtet, wenn sie als empirische Hilfsmittel in die Gemeindearbeit integriert werden. Zudem liegen die Vorteile der Gabentests auf ihrem stark ermutigenden Charakter, weil sie ressourcenorientiert beim Einzelnen ansetzen. Andererseits bemängeln kritische Äußerungen ihre ungenügende Effektivität, weil die langjährigen Mitarbeiter in der Regel um ihre Gaben wissen oder mit Beziehungen zu anderen Mitarbeitern in ihre Begabungen hineinwachsen. Weitere individuelle Vorbehalte wurzeln im egozentrischen Verhalten der Mitarbeiter, die ihre Gaben für eigene Ziele missbrauchen. Grundsätzlich befremden Gabentests, weil ihre Sprache nicht dem landeskirchlichen Umfeld entspricht, eine theologische Engführung aufweisen und methodisch instrumentalisieren.

Nach dem vorwiegend deskriptiven Befund wechselt die Auswertung zur analytischen Statistik. Alle bivariaten Zusammenhänge, die darin vorkommen, tragen im Rückblick auf die normative Statistik einen stärker explorativen Charakter. Zunächst wird geklärt, inwieweit die theologischen Vorverständnisse der Gabedefinitionen (Item 2) die Deutung in der Frage nach dem Erstempfang der Gaben und ihrem wiederholten Zuteilen in der Lebensbiographie beeinflussen.

11 Explorativ analytische Statistik

11.1 Korrelierende Wirkungszusammenhänge

Wie im Theorieteil dargestellt, kommt dem Gabenbegriff als theologische Prämisse eine programmatische Bedeutung zu. Darum gelten die Gabenansätze statistisch ausgedrückt als unabhängige Variablen (Raithel 2006:137), von denen einerseits das Ausfüllverhalten der Befragten hinsichtlich der Gabenzuteilung abhängt (Item 3) und andererseits, was hier primär von Interesse ist, dass das Wahrnehmen der Begabungen entweder unbewusst oder geplant abzuleiten ist (abhängige Variablen). Der dreifache Gabenbegriff wird, mit der Variablen in der Frage nach ihrer Gabenerstzuteilung, mit der Methode des t-Tests in Beziehung gesetzt. Der Maßstab zur Präsentation ist der statistisch signifikante und

überwiegend zustimmende Befund.[1069] Das Vorgehen des t-Tests zur nachfolgenden Aufgabenstellung wird zur Sicherstellung der wissenschaftlichen
Transparenz exkursartig erläutert.

11.1.1 Verfahren des t-Tests für unabhängige Stichproben

Wie bereits durchgeführt, eignet sich der t-Test für unabhängige Stichproben.[1070]
Er prüft Mittelwerte auf statistisch signifikante Unterschiede (Raithel 2006:137).
Obwohl der t-Test eine Normalverteilung voraussetzt, ist diese nicht immer vorhanden, darum wird der gängige Levene-Test zur Prüfung der Varianzhomoge-
nität eingesetzt (Zöfel 2002:92-94), den SPSS stets mit ausführt (:101f). Ziel der
Prüfung ist es herauszufinden, welche Gabenverständnisse (Item 2a-d) die Befragten primär auswählen (unabhängige Variable) und zu welchen der sechsfa-
chen Anlässe der Gabenzuteilung (Item 3: Geburt, Taufe, Bekehrung, Gemeindeaufgaben, geistliches Erlebnis, Geistestaufe) diese in Beziehung stehen
(abhängige Variable).

Methodisch-didaktisch helfen Datendiagramme die Befundlage zu erschließen, indem sie die negativen und positiven Mittelwerte durch Balken heraushe-
ben. Analog bilden die Balkendiagramme zum anderen links die ablehnenden
und rechts zustimmenden Antworten der Befragten (n) mit ihren Standardab-
weichungen (s) zu den Zusammenhängen ab. An der Abkürzung Sig. sind die
Signifikanzen des t-Tests abzulesen. Während die Merkmalsausprägungen in
Item 2 fünffach likertskaliert kodiert sind, werden Mehrfachantworten in Item 3
mit der statistisch dichotomen Methode analysiert (Bühl & Zöfel 2005:263).[1071]

Mit der Absicht, einen didaktisch verständlicheren Zugang zur Qualität der
folgenden Zusammenhänge und ihrer Ausprägungsstärken (r) zu ermöglichen,
sorgen teilweise visualisierte Korrelationsnetze. Von ihrer zentralen Netzmitte,
die jeweils die entscheidende Variable darstellt, zeigen die nach außen expandierenden Netze die immer stärker werdenden Einflüsse (Korrelationen) auf bestimmte Beziehungsvariablen, etwa Erkennungsmodalitäten und Gabenkriterien.

1069 Weil diese Gegebenheiten für die Variablen „Taufe", „Bekehrung", „Geistestaufe",
      „ein geistliches Erlebnis" und „vor einer Aufgabe in der Gemeinde" fehlen, unterbleibt
      ihre Präsentation. Ihre Befunde liegen aber vor.
1070 Verglichen werden Item 2 und 3. Item 3 wurde nach der Erhebung in eine ordinal-
      skalierte Skala mit Ja- und Nein-Angaben umcodiert.
1071 Zur Kodierung: Eine zustimmende Antwort wird mit dem Wert 1 – „trifft voll zu",
      also Ja – kodiert, während ein Ignorieren für Nein – „trifft überhaupt nicht zu" – mit
      einer 0 verschlüsselt wird.

11.2 Wirkungszusammenhänge: Gabendeutungen und Gabenerkennen

11.2.1 Vorbemerkungen zur Korrelationsmethode

Für die Korrelationsbefunde ist in der Regel[1072] anzunehmen, dass sie keine zwingend determinierten Absichten der Befragten aufweisen, sondern ein unbewusstes Ausfüllverhalten zu Tage treten lassen. Wissenschaftlich redlich ist es darauf hinzuweisen, dass der Zusammenhang eines rein rechnerischen Korrelationskoeffizient (r) keine Aussage zu einer kausalen Einflussrichtung angeben kann. Der Koeffizient zeigt lediglich eine Wechselbeziehung zwischen zwei Variablen an, mehr nicht. Ob und in welche Richtung eine kausale Verbindung weist, klären ausschließlich theoretische Überlegungen, hier der praktisch-theologische Theorieteil mit seinem Forschungsfeld.

Unter diesen Umständen ist es angezeigt, die im weiteren Verlauf erklärten Korrelationen als Erklärungsmodelle zu verstehen. Ein Modell dieser Untersuchung nimmt an, dass auf Grund des im Theorieteil Gesagten eine tendenzielle Einwirkung vom jeweiligen Gabenbegriff als theologische Grundprämisse zu den Erkennungsmodalitäten und Gabenkriterien besteht. Zu beachten ist aber, wie es die deskriptive Statistik belegt, dass in der Regel keine einseitige Gabendeutung als Ausgangspunkt vorliegt, sondern Mischdefinitionen existieren.[1073] Neben diesen Einwirkungen, die von den Gabendefinitionen ausgehen, ist auch eine Korrelation zwischen dem Handlungsansatz „Gebet bei der Mitarbeitergewinnung" und Gabenkriterien belegt, der zunächst dargestellt wird. Grundsätzlich steht hinter den nachfolgenden Fremdwahrnehmungsweisen der Befragten stets das eigene theologische Vorverständnis der Begabungen.

11.2.2 Heuristik des Betens

Im Zentrum der Abbildung 45 steht das „Beten um rechte Leitung" in der Mitarbeitersuche (Item 1)[1074] zu den beiden Gabenkriterien (Item 7): „Dienstbereitschaft als Ausdruck der Hingabe an Gott" und „wachsendes Interesse an geistlicher Gemeinschaft" sowie „Menschen kommen zum Glauben" in Beziehung. Beide Korrelationen fallen sehr signifikant aus (1%).

1072 Der Pretest zeigte, dass es analog zur Persönlichkeit der Befragten ein bewusst prämissengesteuertes Ausfüllen gibt.

1073 Nach dem statistischen Theorieteil werden Störeffekte in Form einer dritten Variablen einkalkuliert und, wenn bekannt, benannt. Bei Unsicherheiten bleiben die statistisch errechneten Wechselwirkungen unbeachtet, werden aber in der Universitätsfassung der Dissertation als Output nachgewiesen.

1074 Zudem korrelieren zwei weitere Gabenkriterien zur „Freude an Aufgaben" und ‚Menschen kommen zum Glauben', auf einem Signifikanzniveau von 5%.

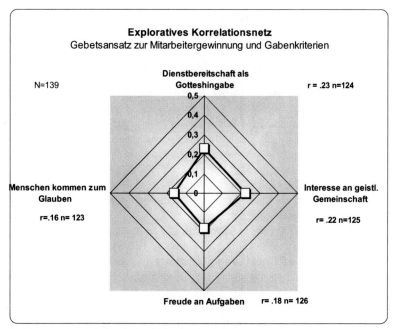

Exploratives Korrelationsnetz
Gebetsansatz zur Mitarbeitergewinnung und Gabenkriterien

Abbildung 44: Korrelationsbefund: Gebetsansatz bei der Mitarbeitergewinnung und Wirkungszusammenhang auf die Gabenkriterien (© MB)

Der Befund deutet an, dass der Handlungsansatz im Beten um rechte Leitung bei der Suche nach Mitarbeitern in Beziehung zum Gaben erkennen - soziologisch ausgedrückt - als „heuristisches Instrument" gelten kann (Witte 2006:186f). Die theologische Deutung des Ergebnisses wird später in der Diskussion der empirischen Ergebnisse und theologischen Vorgaben aufgenommen und weitergeführt. Weiter belegt die Korrelationsanalyse, dass ein Zusammenhang zwischen den Erkennungsmodalitäten der „motiviert kommunizierten Gemeindeziele" (r=.22) und dem „geistlichen Zusprechen *einer* Gabe" (r=.25) existiert, der statistisch gesichert werden konnte (1%-Niveau). Das Zusprechen einer Gabe ist unter dieser Kategorie schlüssig, denn all jene Befragten, die um Mitarbeiter beten, gehören nach ihrem Ausfüllverhalten überdies zu denen, die eine Gabe im Gebet dem anderen zusprechen oder in einer Gemeinde leben, in der sich durch Konventionen die Praxis des Zusprechens von Gaben ereignet.

11.2.3 Schöpfungstheologischer Gabenansatz und Erkennungsmodalitäten

Aus Abbildung 46 mit seinem schöpfungstheologischen Gabenansatz und Erkennungsmodalitäten lassen sich fünf positive Einflusswirkungen mit überwiegend mittleren[1075] Zusammenhangsstärken entnehmen (Sig. 1%-Niveau). Dazu zählen das Erleben, dass Gaben „durch Einüben in Kleingruppen" entdeckt werden, gefolgt von „Lob und Vertrauen" und der generell positiven Grundeinstellung der Pfarrer hinsichtlich ihres „Gemeindebildes, dass jeder Christ[1076] begabt" ist, sowie das „gegenseitige Ergänzen haupt- und ehrenamtlicher Mitarbeiter" im Gemeindealltag. Relativ gering korreliert schließlich die Praxis, dass Gemeindeglieder auch ihre Gaben erkennen, selbst wenn sie in „ungewohnte Aufgaben" aufgrund fehlender Mitarbeiter quasi als „Lückenausfüller" eingesetzt werden.

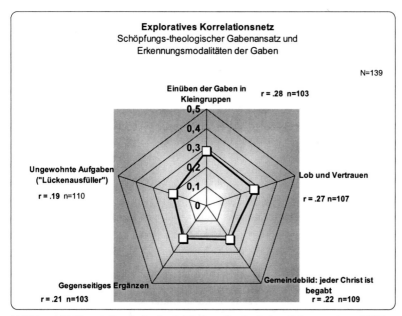

Abbildung 45: Korrelationsbefund – Schöpfungstheologischer Gabenansatz und Wirkungszusammenhang auf die Erkennungsmodalitäten (© MB)

1075 Vgl. Kühnel & Krebs (2006:404f).
1076 Im Nachhinein wird deutlich: Die Reduktion auf „Christen" bedarf bei einer weiteren empirischen Forschung einer Ausweitung auf alle Menschen, analog zur schöpfungstheologischen Dimension der Gaben.

Als Schlussfolgerung zeichnet sich ab, dass Befragte, die vornehmlich den schöpfungstheologischen Gabenansatz vertreten, von diesem unbewusst in ihrer Fremdwahrnehmung bestimmt werden. Darum richten sie ihre Aufmerksamkeit auf Lob und Vertrauen, das ihnen bei ihren Gemeindegliedern entgegenkommt, und das sie sensibel wahrnehmen und dadurch verstärken.[1077] Für die theologische Bewertung deutet sich an, dass Pfarrer mit einem schöpfungstheologisch weiten Gabenbegriff ebenso ein universelles Gemeindebild vertreten. Schließlich liegt die Vermutung nahe, dass der vertretene schöpfungstheologische Gabenansatz intensiver diese fünf gabengenerierenden Faktoren beachten lässt.

11.2.3.1 Pneumatologischer Gabenansatz und geistgewirktes Handeln

Interessant sind Einflüsse, die sich zwischen einer profiliert geistgewirkten Gabendeutung und den Erkennungsmodalitäten beobachten lassen. Pfarrer mit dieser tendenziell theologischen Vorprägung richten ihr Wahrnehmen nach dem Befund auf die Erkennungsmodalität: „Beten für Gaben" (r=.23). Dabei liegt die Irrtumswahrscheinlichkeit bei 0,1% und ist darum signifikant. Eine weitere Facette abhängiger Verbindungen erfasst der Befund zur Begegnung mit charismatischen Personen, durch welche Gaben wahrgenommen werden (r=.22).

Theologisch ebenso aufschlussreich ist der Zusammenhang zum abgefragten Statement, dass Gaben wesentlich durch die Gemeindestruktur (Item 8e) zu erkennen sind (r=.19). Geistwirkung und Gemeindestrukturierung, also strategisch-planvolles Arbeiten mit dem Ziel, Gaben zu erkennen, ist demzufolge für die Stichprobe und darüber hinaus von Bedeutung und bestätigt die Hypothese der Theorie. Eine Signifikanz liegt für die korrelierende Beziehung zu Vorträgen zur Gabenthematik vor, die Gaben zu erkennen geben (r=.18).[1078] Eine Übersicht aller Teilbefunde weist höchstwahrscheinlich auch theologisch auf innere Verbindungen in der Weise hin, dass diejenigen Befragten, welche verstärkt unter dem Einfluss geistgewirkter Gabendeutungen stehen, grundsätzlich Geistgewirktem vertrauen.

11.2.4 Gabendeutungen und Erkennungsmerkmale

Mit der Teilfrage nach den Gabenkriterien befindet sich die Arbeit zentral an ihrer primären Forschungsfrage, wie Gaben entdeckt werden und welche Prüfkriterien die Befragten zugrunde legen. Tabelle 27 präsentiert die dreifachen Gabenbegriffe in ihrem Wirkungszusammenhang zu den charakteristischen Kri-

---

1077 Als dritte Variable und demnach Störeffekt des Modells ist darauf hinzuweisen, dass etwa eine gewisse Persönlichkeitsstruktur des Hauptamtlichen grundsätzlich eine positive Grundhaltung bei den Mitarbeitern wahrnimmt und hervorruft.

1078 Mit einer Signifikanz (5% Niveau) liegt eine negative Korrelation (-.16) zur Erkennungsmodalität der provisorischen Aufgaben vor (Lückenbüßer).

terien der Gaben.[1079] Dahinter steht die Frage, inwieweit Gabendeutungen der Befragten ihre Beurteilung, ob ein Gemeindeglied eine Gabe besitzt, entscheidend bestimmen.

Gabendeutungen	r=	p=	(N=139)	Gabenkriterien
Schöpfungstheologisch	.27	.001	n=111	Identitätsentwicklung
	.19	.02	n=115	
Natürliche Anlagen und Geistwirken	.22	.007	n=117	Einzelne erleben seelsorgliche Stärkung in der Gemeinschaft
Geistgewirkte Fähigkeiten	.29	.001	n=115	Dienstbereitschaft als Ausdruck der Hingabe an Gott
	.20	.02	n=116	Wachsendes Interesse Einzelner an geistlicher Gemeinschaft

Tabelle 27: Korrelationsbefund – Gabendeutungen und Wirkungszusammenhang auf die Gabenkriterien (© MB)

Wer schwerpunktmäßig einen schöpfungstheologischen Gabenansatz vertritt, beachtet Gemeindeglieder wesentlich darauf hin, ob ihre „Identität" entwickelt ist. Der hypothesenkonforme Wirkungszusammenhang belegt mit r=.27 eine mittlere Stärke, während eine hohe Signifikanz und damit Wahrscheinlichkeit vorliegt (0,1%).

Das Ausfüllverhalten ist aus theologischer Sicht schlüssig, weil diejenigen, welche den schöpfungstheologischen Gabenansatz voraussetzen, von ihm bestimmt werden, indem sie eine sich entwickelnde Identität des Menschen als Indiz werten, dass Gaben vorliegen. Gleiches trifft für Pfarrer zu, die in ihrer theologischen Grundüberzeugung für die komplementäre Gabendeutung (Anlagen und Geistwirkung) votierten, was der Befund bekundet, wenn auch insgesamt mit schwächerem Zusammenhang. Eine hohe Signifikanz besteht zudem für das Gabenkriterium, dass dann, wenn Gemeindeglieder „seelsorgerliche Stärkung in der Gemeinschaft" erleben, Gaben existieren.

Wenn alle Zusammenhänge (r-Werte) verglichen werden, ergibt sich der höchste Einfluss zwischen einem Ausfüllverhalten der Befragten, die intensiviert geistgewirkte Gabendeutung und zugleich die „Dienstbereitschaft als Ausdruck der Hingabe an Gott" als Gabenkriterium wählen. Demgegenüber besteht ein geringer Zusammenhang zwischen einem „wachsenden Interesse Einzelner an geistlicher Gemeinschaft". Nichtsdestoweniger belegen alle zurückliegenden Korrelationen eine statistische Signifikanz.

Im nächsten Modell der Korrelationen stehen die Gemeindetypen im Zentrum. Dabei geht es um die Frage, welche Erkennungsmodalitäten und Gaben

---

1079 Spalte 1: Gabenbegriffe, Spalte 2: Zusammenhangsstärken (r), Spalte 3: Signifikanz (p), Spalte 4: Teilnehmer (n), Spalte 5: Gabenkriterien.

sich vorzugsweise in welchem der beiden Gemeindegrundtypen und ihren inneren gaben- oder kleingruppenorientierten Strukturen herausbilden.

11.2.5 Gottesdienstorientierter Gemeindetypus und Erkennungsmodi

Unter dem gottesdienstlichen Gemeindetypus, wie es Abbildung 47 darstellt, zeichnen sich vier Zusammenhänge mit geringer bis mittlerer Effektstärke ab, deren Signifikanzniveaus bei 5% liegen. Demnach werden Gaben bei den Gemeindegliedern dadurch ausgelöst, dass Pfarrer ihre wertschätzende Gemeindeakzeptanz, dass jeder Christ begabt ist, durch ihre Haltung widerspiegeln und außerdem ihre Gemeindeziele motivierend kommunizieren. Hypothesenkonform erkennen Gemeindeglieder ihre Gaben als „Reaktion auf die Verkündigung". Ein letzter Wirkungszusammenhang zeigt sich im Hinblick auf den Erkennungsmodus „Lob und Vertrauen".

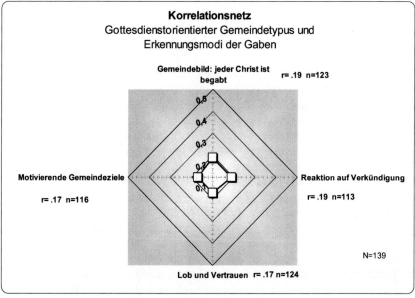

Abbildung 46: Korrelationsbefund – Gottesdienstlicher Gemeindetypus und Wirkungszusammenhang auf Erkennungsmodalitäten der Gaben (© MB)

Zu den positiven Korrelationskoeffizienten lassen sich auffälligerweise auch negative belegen. Negative Zusammenhänge weisen nachdrücklich auf nicht korrelierende Beziehungen hin. Dazu gehören vier Erkennungsmodalitäten.[1080] Gaben entdecken vor allem durch bildungsfördernde Veranstaltungen und in persönlichen Begegnungen:

1. Überregionale Konferenzen, 2. Vorträge zur Thematik, 3. Seminare mit Übungen

4. Lernen in der Begegnung mit charismatischen Personen

Es fragt sich, ob hinter den explizit verneinenden kognitiven Erkennungsmodalitäten, mit ihrer programmatischen Didaktik zur Gabenthematik (Übungen, formelles und informelles Lernen), gewisse Aversionen stehen. Gegenüber diesen Konkretionen akzentuiert der Befund im gottesdienstlichen Gemeindetypus eher weite umfassende Grundeinstellungen, die vom Pfarrer ausgehen und sich außerdem sowohl in einem generellen Wertschätzen der Gemeinde und ihrer Ziele als auch im Verkündigen, Loben und Vertrauen in der Gemeinde untereinander gabenfördernd niederschlagen. Dass alle kooperativen Erkennungsmodalitäten fehlen, ist bemerkenswert.

11.2.6 Missionarischer Gemeindetypus und Erkennungsmodi der Gaben

Im Vergleich zum gottesdienstlichen Gemeindetypus belegen die Daten zum missionarischen Gemeindetypus im Zusammenhang zu den Erkennungsmodalitäten gegenteilige Ergebnisse: „Konferenzen" (r=.40) und „Vorträge zur Thematik" (r=.31). Diese beiden Korrelationen tragen, aufs Ganze der Umfrage bezogen, relativ ausgeprägte Effektstärken, sind sehr signifikant und mit hoher Wahrscheinlichkeit bedeutsam (0,1%). Alle weiteren Wechselbeziehungen, wie in Abbildung 48 nachgewiesen, besitzen ein Signifikanzniveau von 1%. Zu den genannten kognitiven Gabenauslösern gehören zudem „Reaktionen auf die Verkündigung" und „Seminare mit Übungen", weil auch sie, wie die nächsten beiden Erkennungsmodalitäten, mit dem missionarischen Gemeindetypus korrelieren. Dazu gehören „Beten um Gaben" und, programmatisch zur missionarischen Zielsetzung, die „Hilfen zur Glaubensaneignung".

1080 Entdecken durch Konferenzen (r=-.22, Sig. 1%, n=110), Vorträge zur Thematik (r=.15, ohne Sig. n=113), Seminar mit Übungen (r=-.12, ohne Sig., n=114) und durch Lernen in der Begegnung mit charismatischen Personen (r=-.13, ohne Sig. n=109).

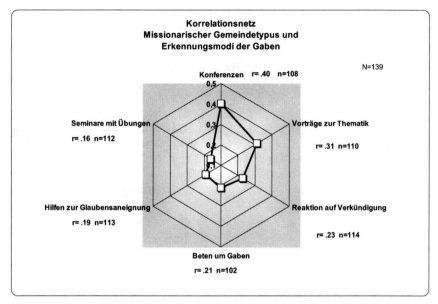

Abbildung 47: Korrelationsbefund – Missionarischer Gemeindetypus und Wirkungszusammenhang auf Erkennungsmodalitäten der Gaben (© MB)

11.2.7 Gaben- und kleingruppenorientierte Gemeindestruktur und Erkennungsmodi

Der Befund belegt vier primäre Vorgehensweisen, wie Gaben in Gemeinden, mit einer gabenorientierten Gemeindestruktur, wahrgenommen werden. Zunächst ergeben sich zwei Erkennungsmodalitäten: „Einüben erkannter Gaben in Kleingruppen" sowie das wertschätzend vermittelte „Gemeindebild, dass jeder Christ begabt ist". Beide Gabenauslöser weisen hohe Signifikanz (1%) auf und korrelieren in einer mittleren Ausprägungsstärke. Eine Signifikanz von 5% besteht schließlich im Zusammenhang zur „Hilfestellung, damit Getaufte zu einer persönlichen Aneignung des Glaubens gelangen", was in gleichem Maße für „regelmäßige Einzelgespräche über Ämter und Aufgaben" vorliegt und Gaben in der gabenorientierten Gemeindestruktur generiert.

Mit dem charakteristischen Ergebnis, dass in kleingruppenorientierten Gemeinden eine signifikante Korrelation mit 1% zum „Einüben der Gaben in Kleingruppen" vorliegt, wird zugleich ein stringentes Ausfüllverhalten der Pfarrer dokumentiert, das für die innere Validität der Onlineumfrage spricht. Ebenso korreliert die Erfahrung, dass gerade in dieser Gemeindestruktur durch „Mitvollziehen geistlich-pastoraler Handlungen", also im kooperativen Arbeiten, Gaben der Gemeindeglieder evident werden. Nennenswert zeigen sich zwei signifikante Zusammenhänge (5%) zwischen der Kleingruppenstruktur und „Seminaren mit Übungen" sowie „Vorträgen zur Thematik". Praktisch-theologisch gewertet ist anzunehmen, dass gegenüber dem gottesdienstlich geprägten Gemeindetypus in einer kleingruppenstrukturierten Gemeinde eine größere Vertrauensbasis besteht und damit eine didaktische Ausgewogenheit von kognitiven und erlebnisorientierten Ansätzen möglich ist, um Gaben kennen zu lernen.

11.3 Ergebnissicherung der EKiBa-Pfarrerbefragung (quantitativ / qualitativ)

Angesichts der eingangs skizzierten kirchlich-offiziellen Zurückhaltung gegenüber Charismen, zeigt der empirische Befund innerhalb der EKiBa nicht ein hohes Reflexionsbewusstsein, sondern lässt erkennen, dass Pfarrern sehr viel daran gelegen ist, Mitarbeiter für die komplexen Gemeindeaufgaben zu gewinnen. Insbesondere in den schriftlichen Äußerungen teilen Pfarrer ihre theologischen Auffassungen mit und legen ihre praktisch-theologischen Erfahrungen im Detail dar. Ihr hohes Interesse an der Thematik, wie die Begabungen der Gemeindeglieder zu entdecken sind, äußert sich zudem in den impliziten Handlungsanweisungen, die sie an ihre Kollegen richten, wie auch in den konstruktiv-kritischen Passagen, die an die Kirchenleitung adressiert sind.

Auf der Grundlage des hypothesengeprüften und explorativen Befundes zur Frage nach der Gabendefinition und dem Entdecken der Gaben bei Gemeindegliedern lässt sich nun ein Gesamtbild zeigen. Das vielschichtige qualitative Meinungsbild benötigt keine Wiederholung, sondern konzentriert sich komprimiert auf Hauptergebnisse in der Zusammenschau mit den statistisch erhobenen Befunden. Alle weiteren Details präsentiert der Rückgriff auf die Teilanalysen. Erst im Schlussteil dieser Untersuchung werden die empirischen Ergebnisse, zusammen mit den noch ausstehenden qualitativen Erhebungen der Gemeindeglieder, in einem Dialog mit den referierten Teilbereichen des Theorieteils (Kap. 1-3) diskutiert und interpretiert.

- *Beschreibung der Stichprobe.* Zur Erhebung wurde ein triangulärer (quantitativ/qualitativ) Onlinefragebogen eingesetzt. Die Befragten 139 Pfarrer bestehen prozentual aus 76,1% Pfarrern und 23,9% Pfarrerinnen. Die stärkste Beteiligung bei der Umfrage besteht unter Pfarrern in der Altersklasse zwischen 41-50 Jahren mit 54 Teilnehmern (24,1% Pfarrerinnen und 75,9% Pfarrer) gefolgt von den 31-40-Jährigen mit 42 Befragten (38,1% Pfarrerinnen und 61,9% Pfarrer). Während sich die 51-60-Jährigen an der Onlineumfrage mit 22 Teilnehmern beteiligten, sind es bei den über 60-Jährigen immerhin noch 17. Auffällig: Es beteiligen sich nur 3 Pfarrer in der Altersklasse der 20-30 Jährigen. Zu den Standorten: 73% der Parochien liegen im kleinstädtischen Umfeld (bis zu 20.000 Einwohner) und 43,8% weisen eine Einwohnerzahl von unter 10.000 Einwohner auf. 15% der Parochien liegen in urbanen

Ballungszentren bis zu 100.000 Einwohnern und 16,1% über eine Million Einwohner.

- *Programmatischer Gabenbegriff.* Die programmatische Frage, was unter Charismen zu verstehen ist, setzt den theologischen Ausgangspunkt für die primäre Forschungsfrage, wie Charismen - hier kontextualisiert als neutestamentliche Gaben bezeichnet - zu begreifen sind. In den qualitativen Äußerungen nutzen Pfarrer in ihrer Sprachgestalt keine statischen Begrifflichkeiten, sondern beschreiben ein dynamisches Beziehungsverhältnis von Seiten des Menschen vornehmlich zum Hl. Geist und Schöpfer. Zusammen mit dem statistischen Befund bestätigt sich dieses Bild, indem Charismen mehrheitlich komplementär als Schöpfungsgaben und Geistwirkungen interpretiert werden, die in ihrer Zielsetzung eine ekklesiologische Funktion aufweisen. Analog zum schwerpunktmäßig gedeuteten Gabenbegriff gehört auch das mehrheitlich abgegebene Statement, dass Charismen erstmals bei der Geburt geschenkt werden.

- Dass Charismen mit der *Berufung* zusammenfallen, wird nur vereinzelt in den qualitativen Passagen erwähnt – und wenn, dann im Zusammenhang mit einem dynamischen, auf Wachstum angelegten Gabenverständnis. Die christologische Charakteristik fällt singulär und rudimentär aus. Gelegentlich erwähnen Pfarrer die doxologische Bestimmung der Gaben und äußerst selten definieren sie die Gaben mit tauftheologischen Aussagen, was angesichts der evangelischen Tauftheologie bemerkenswert erscheint.

- Der *dynamisch beschriebene Gabenbegriff* – als eine Beziehung zwischen den Menschen und dem Gott, der Gaben schenkt – schlägt sich indirekt in den konkreten Antworten nieder, die der Frage nachgehen, ob Gaben habituell oder aktualisierend gegeben werden. Ein unschlüssiges Meinungsbild existiert bei Amtsträgern. Die konkrete Frage, ob Gaben vor jeder Gemeindeaufgabe für Amtsträger wie Gemeindeglieder neu zu empfangen sind, wird mehrheitlich ablehnend beantwortet. Eine weitere Gruppe verbleibt in einer unklaren Mittelposition.

- *Einflüsse und Wirkungszusammenhänge.* Die empirische Erhebung kann zahlreiche Zusammenhänge zwischen den Gabendeutungen und der Art, wie Charismen von den Gemeindegliedern wahrgenommen und durch die Fremdbewertung des Pfarrers gesehen werden, aufzeigen. Das theologische Grundverständnis hat demnach erwartungskonformen Einfluss auf die Gemeindeentwicklung, d.h. der Frage, wie Gemeindeglieder ihre Charismen entdecken und was für den Pfarrer zu wesentlichen Erkennungsmodalitäten der Gaben gehört. Beispielhaft zeigt sich, dass Pfarrer, die schwerpunktmäßig von einem schöpfungstheologischen, weiten Gabenansatz ausgehen, ihre Aufmerksamkeit analog auf universell angelegte Erkennungsbedingungen richten. Sie vertreten u.a. das Gemeindebild, jeder Christ sei begabt. Lob und Vertrauen prägen den Umgang. Wie die positiven Korrelationen belegen, liegt das gleiche Schema bei Pfarrern vor, die einen geistgewirkten Gabenbegriff bevorzugen. Sie achten prämissenkonform auf charismenspezifische Erkennungsmodalitäten, so u.a. auf Beten für Gaben, Lernen in der Begegnung mit charismatischen Personen, Vorträge zur Gabenthematik.

- Außerdem lassen sich *Einflüsse* der drei unterschiedlichen Gabenbegriffe zu den gottesdienstorientierten (Wort und Sakrament) und missionsorientierten Gemeindetypen belegen. Zwei Beispiele sollen genügen: Der Zusammenhang zwischen dem gottesdienstlichen Gemeindetypus und der gabenauslösenden „Reaktion auf die Verkündigung" zeigt, dass Pfarrer analog zu ihrem primären Gemeindekonzept in ihrer Gabenwahrnehmung latent geleitet werden. Die kognitiven Veranstaltungen („Seminare mit Übungen", „Vorträge zur Thematik", „überregionale Konferenzen") und das charismatische Vorbild verzeichnen dagegen ausdrücklich keine Wirkung.

- Im Rahmen des *missionarischen Gemeindetypus* basieren die korrelierenden Erkennungsmodalitäten auf höchstem statistischem Signifikanzniveau (0,1%). Diese Zusammenhänge weisen eine programmatische Charakteristik auf, weil im missionarischen Gemeindeaufbau die „Hilfen zur Glaubensaneignung" als Voraussetzung gelten, um Gaben zu erkennen. Erstaunlich ist ebenfalls, dass alle weiteren Erkennungsmodalitäten („Überregionale Konferenzen", Vorträge zur Gabenthematik", „Reaktion auf Verkündigung", „Beten für Gaben", Seminare mit Übungen") in Gemeinden, die sich einem missionarischen Gemeindetypus verpflichten, auf einem Signifikanzniveau von 1% liegen.

- Sieht man einmal von diesen Korrelationen ab, so belegt der Befund in seiner deskriptiven Statistik erwartungsgemäß, dass die befragten Pfarrer vor allem dem *gottesdienstorientierten Gemeindetyp* und nicht dem missionsorientierten Gemeindetyp vorstehen. Pfarrer des letzteren Typs organisieren ihre Gemeinden gaben– und kleingruppenstrukturiert. Dazu passt der explorative Befund, der für alle Gemeindetypen gilt, dass Gemeindeglieder in strukturierten Gemeinden ihre Charismen eher ergründen. Gabentests werden dazu selten verwendet. Die wenigen Pfarrer, die sie einsetzen, berichten von konträren Erfahrungen. Während die ermutigende und motivierende Seite der Gabentests hervorgehoben wird, liegen die Vorbehalte in ihrer unkontextualisierten kirchenfernen Terminologie und ihrem instrumentalisierten Umgang mit den Menschen.

- *Deutungsmuster im Gabenerkennen.* Eines der dominantesten Deutungsmuster schildert die Erfahrung von psychischen Blockaden bei Gemeindegliedern, hinter denen verzerrte Selbstkonzepte stehen. In eine ähnliche Richtung weisen Deutungsmuster, die einseitige Denkansätze bezüglich des Gabenverständnisses zeigen und darum zu festgefahrenen Verhaltensweisen führen. Darüber hinaus diagnostizieren Pfarrer ein Deutungsmuster genereller Verweigerungen zur Aufgaben- und Gabenannahme, denen sie das pro-aktive Ansprechen, das kooperative Arbeiten und das wechselseitige Einschätzen in der Gemeinschaft als Hilfe gegenüberstellen.

- *Selbstkritische pfarrerspezifische Handlungsanweisungen.* Einige Deutungsmuster richten sich durch implizite Handlungsanweisungen selbstkritisch an die Kollegen. Einem ersten Deutungsmuster liegt die Beobachtung zugrunde, Pfarrerzentrierung verhindere die Gabenentwicklung der Gemeindeglieder, was allein durch einen gabenorientierten Ansatz zu überwinden sei. Das zweite Deutungsmuster beschreibt mehrfach den dauerhaften Leistungsdruck ihrer Dienstexistenz, der die Begegnung mit den Menschen erheblich einschränke und eine Gabenunterstützung verhindere. Der Perspektivenwechsel dazu besteht in einer theologischen und ekklesiologischen Antwort, die entlastet, da einerseits Gott selbst im Erkennungsprozess Gaben schenkt und andererseits die Gemeinde zur Mitverantwortung aufgerufen wird.

- *Gabenauslöser in der Lokalkirche.* Von den 16 erfahrungsbezogenen Möglichkeiten, wie Charismen in der Gemeinde entdeckt werden, werden die ersten fünf Ergebnisse angezeigt. Nach der Selbsteinschätzung der Pfarrer rangieren diejenigen Gabenauslöser an der Spitze, bei denen sie selbst die Rolle von Schlüsselpersonen einnehmen. Dabei steht auf der *ersten Stelle* keine Handlung, sondern eine pastorale Grundhaltung, nämlich die, dass Pfarrer ein Gemeindebild vertreten, nach dem jeder Christ begabt ist (79%). Diese wertschätzende Haltung rechnet mit Begabungen der Gemeindeglieder und löst sie aus. Auf der *zweiten Stelle* fungieren Pfarrer als Handlungsträger, indem sie die Gemeindeziele motivierend kommunizieren (74%). An *dritter Stelle* stehen Lob und Vertrauen (68%) in der Gemeinde. Durch anerkennende Aufmerksamkeit und wechselseitiges Loben unter den Gemeindegliedern und Hauptamtlichen, werden den Gemeindegliedern ihre Begabungen bewusst. Die Vielzahl an Gabenkonkretionen bewirkt eine universelle Gabengenerierung, weil in keinem anderen Ergebnis der schriftlichen Äußerungen so oft semantisch verallgemeinernde Gabenumschreibungen laut werden. Mit prozentual relativ geringem Abstand folgt das sich gegenseitige Ergänzen von Hauptamtlichen und Mitarbeitern, die auf Augenhöhe miteinander arbeiten an der *vierten Stelle* (63%). Zu den beachtenswerten Ergebnissen dieser Studie gehört auch die *fünfte Stelle* (48%), die besagt, dass Charismen in Situationen entwickelt werden, die aus einer gemeindlichen Notlage herrühren, nämlich der, dass Gemeindeglieder Aufgaben erfüllen, die vakant sind. Ganz am Ende der Rangliste gruppieren sich Bildungsangebote, wie etwa Seminare (21%) und Vorträge (10%) zur Gabenthematik. Überregionale Konferenzen scheinen fast keine Rolle zu spielen (4,5%).

- *Wirkungsvolle Vorbilder.* Auch wenn die Datenbasis der fallspezifischen Vorgehensweise vergleichsweise gering ausfällt, enthalten diese Belege vertiefte Einblicke in realitätsbezogene Einzelwahrnehmungen. Wirkungsvoll setzen einige Befragte ihre engen Beziehungen zu ihren Gemeindegliedern ein und leben auf diese Weise ihre Gaben mit emotionalem Engagement bewusst vor. Ihre Ausführungen zeigen, dass im vorbildlichen Vorleben der Gaben zugleich eine Liebesintensität zu den Menschen eingeschlossen ist. Der Befund deutet an: Die authentisch und leidenschaftlich vorgelebten Gaben der Pfarrerinnen inspirieren und ermächtigen andere, ihre Charismen zu entdecken und einzusetzen. Eine andere vorbildhafte Wirkung wird aus der methodischen Verbindung der qualitativen und schriftlichen Erhebung offenkundig: Aus der Verkündigung erwachsen Gaben der Verkündigung. Offen bleibt, ob die Wirkung der Verkündigung vom Ortspfarrer oder Prädikanten ausgeht. Jedenfalls deuten sich Vorbild- oder zumindest Motivationswirkungen für den Verkündigungsbereich an.

• *Marginale Erfahrungen und wirkungsvolle Anwendung.* Hypothesenkonform erleben Pfarrer der Stichprobe mehrheitlich weder den Empfang von Gaben, indem *eine* spezielle Gabe zugesprochen noch indem dafür gebetet wird. Wenn das Gebet für Gaben zum gezielten Gabenerkennen doch eingesetzt wird, dann resultieren daraus zum einen Begabungen für bestimmte feste Ämter und allgemeine Aufgaben. Zum anderen werden beim Zusprechen einer Gabe oder eines Gebets für Gaben allgemeine Variationen seelsorgerlichen Handelns bewusst. Im Gendervergleich, dass Gaben durch Zusprechen einer Gabe Gemeindegliedern bewusst werden, liegen die Pfarrer in der statistischen Einschätzung signifikant vor ihren Kolleginnen.

• *Leitende und musische Gabenwahrnehmung.* Der Befund dokumentiert die Frage, welche Gaben in der Gemeinde bereits eingesetzt werden. Die Stichprobe der EKiBa Pfarrer registriert im freien Eintragen einer halboffenen Frage hauptsächlich leitende und musische Gaben, während Dienen und Helfen sowie Hirtendienst und Prophetie in der Beobachtung der Pfarrer eine sehr begrenzte Bedeutung einnehmen. Verkündigung, Gebet, Lehre und Organisation liegen im Mitelfeld.

• *Gabenentwicklung.* In der Auseinandersetzung mit der Frage, was Gaben fördert und welche Erfahrungen bereits vorliegen, überwiegen - neben den erfahrungsbezogenen Eintragungen - implizite Handlungsanweisungen. Das heißt, was Pfarrer äußern, wollen sie verwirklicht sehen. Die zahlreichen schriftlichen Äußerungen vertiefen, ergänzen und bekräftigen den statistischen Befund. Die Aussagekraft der vielschichtigen Statements visualisiert Abbildung 49 in quantifizierter Weise. An *erster Stelle* rangiert „Vertrauen", das seitens der Pfarrer hauptsächlich in Form von Vertrauensvorschuss in die Fähigkeiten der Gemeindeglieder gefordert wird. Dieses Zutrauen schließt gleichzeitig die Konsequenz ein, dass Pfarrer Verantwortung abgeben. Der beziehungsdynamische Gabenzugang erfährt außerdem seine nachhaltige Wirkung in abwechslungsreichen Gestaltungsformen der gemeinschaftlichen Begegnung. Dabei steht die beziehungsdynamische Kategorie mit 68% an oberster Stelle. Merklich tiefer mit 45%, aber auf dem *zweiten Rang*, formieren sich die Erfahrungen der Pfarrer, dass Lob, Anerkennung, Ermutigung und öffentliche Wertschätzung, die hier unter die pädagogische Kategorie subsumiert werden, Gemeindegliedern helfen, ihre Begabungen wahrzunehmen. Prozentual nahezu gleichwertig (44%) schätzen Pfarrer die persönliche Begleitung (fachlich und geistlich) und Fortbildungskurse für Gemeindeglieder und Mitarbeiter ein, weil auf diese Weise ihre Gaben bewusst werden und auch weiter gefördert werden. Bildung und Begabungen hängen für Pfarrer aufs Engste zusammen. Beides ist offensichtlich kaum vorhanden, denn die qualitativen Äußerungen sind mehrheitlich als implizite Handlungsanweisungen formuliert. Nach diesem *dritten Rang* folgt auf dem *vierten Rang* mit 37% die pastoral-kybernetische Kategorie, zu deren Hauptdimensionen gehört, dass Pfarrer in impliziten Handlungsanweisungen das Abgeben der Verantwortung an Mitarbeiter angeben und zugleich die Feedback- und Fehlerkultur positiv erleben. Auch die Vermittlung der Gemeindevision wird hier als gabenfördernd betont und unterstreicht den statistischen Befund. Dass Gaben in der Aufgabendurchführung, unter Rücksicht der individuellen und gemeindlichen Ressourcen, mit einem funktionalen Ansatz entwickelt werden, nimmt im Vergleich einen niedrigen Prozentsatz der Ausführungen ein (21%) und steht bereits auf dem *fünften Rang*. Wie hier unmittelbar zu sehen, befinden sich die beiden Kategorien dezidiert spiritueller Gabenzugänge und die zu schaffenden Erfahrungsräume am Ende der quantifizierten Notizen (17% und 15%).

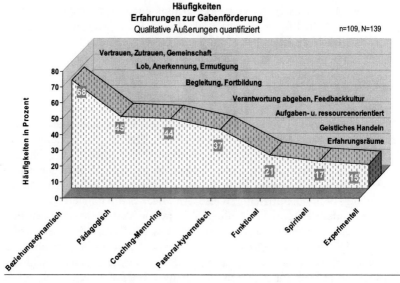

Abbildung 48: Qualitativer Befund quantifiziert: Äußerungen zur Gabenförderung (© MB)

• *Erkennungsmerkmale der Charismen*. Beachtlich ist die fast 100%ige Beteiligung zur quantitativen Frage nach den Gabenkriterien.[1081] Folgende Befunde liegen vor:

	%
Einzelne: Freude an der Aufgabe	89
Emotionale schriftliche Zusätze (brennende Herzen, Sensibilität, spürbarer Friede, Liebe untereinander und Einheit im Hl. Geist) dienen als Merkmale, um normales Teilnehmen an Gemeindeaufgaben von einem gabenorientierten Mitarbeiten zu unterscheiden.	
Einzelne in der Gemeinschaft erleben seelsorgerliche Stärkung	71
Geistliche Veränderungen in der *Gemeinschaft* stellen sich ein	63
Einzelne: Dienstbereitschaft als Ausdruck der Hingabe an Gott	62
In der *Gemeinschaft* entsteht das Bedürfnis zur Mitarbeit	61
Einzelne: Wachsendes Interesse an geistl. Gemeinschaft	61
Einzelne entwickeln ihre Identität	60
In der *Gemeinschaft* kommen Menschen zum Glauben	59

1081 Der Gendervergleich (im t-Test) deutet an, dass Pfarrerinnen mehr individuell emotional-personale Erkennungsmerkmale wählen (Identität, Freude), während Pfarrer sich tendenziell nach funktional geistlich-kollektiven Merkmalen der Unterscheidung richten. Eine statistische Signifikanz liegt nicht vor.

Teil 2: Analyse und Befund – Gemeindegliederbefragung

12 Lutherisch-unierter und charismatisch-pentekostaler Referenzrahmen

Die Intention des folgenden Abschnitts ist zum einen es herauszufinden, inwieweit die Fremdwahrnehmung der Pfarrer durch die onlinebasierte Hauptbefragung und die Selbstwahrnehmung der EKiBa-Gemeindeglieder in der Frage, wie Gaben zu erkennen sind, Unterschiede oder Übereinstimmungen aufweisen. Während die Pfarrerbefragung aus quantitativen und qualitativen nonreaktiven Daten besteht (Online-Erhebung), nutzt die ergänzende Erhebung unter den Gemeindegliedern qualitativ geführte Leitfadeninterviews.[1082] Letzterer Befund enthält übereinstimmende tiefe Einsichten zum prozesshaften Wahrnehmen der Charismen. Zusätzlich wird eine charismatische Freikirche durch Leitfadeninterviews in die Datenerhebung einbezogen, die im Einzugsbereich der EkiBa liegt und erheblichen Zulauf auch von Gemeindegliedern der umliegenden Ev. Kirchengemeinden in Baden verzeichnet. Hier geht es um die Nebenfrage, wie Gemeindeglieder aus beiden Referenzrahmen ihre Charismen deuten und wahrnehmen.

12.1 Vorgehensweise

Wie die übrige Arbeit, verpflichtet auch die qualitative Forschungsethik zur Anonymität (Gläser & Laudel 2004:45-47.271f).[1083] Darum kann zur Auswahl der Gesprächspartner nur so viel gesagt werden, dass hauptamtliche Pfarrer und Gemeindediakone der jeweiligen Ortsgemeinden potenzielle Interviewpartner anfragten, ob sie für Interviews zur Thematik der gottgeschenkten Gaben zur Verfügung stünden. Ausgewählt wurden Gemeindeglieder, die bereits in der Ortsgemeinde mitarbeiten. Die fünf ausgewerteten Interviewten der EKiBa stammen aus verschiedenen Parochien.[1084] In der Datenerfassung bildet die Freikirche eine Ausnahme, da auch der Pastor in die kommunikativ-qualitative Erhebung einbezogen wird. Außerdem findet ein charakteristisches Gottesdiensterlebnis skizzenhaft Eingang in die Erhebung. Beides, das Interview des Pastors, sowie das Gottesdiensterlebnis dienen dem Ziel, ein geschlosseneres Bild des freikirchlichen Gemeindetypus zu erhalten, um die drei Interviews der

---

1082 Aufgrund des Ergänzungscharakters darf der Vergleich der Daten zwischen dem Befund der Pfarrerbefragung und den Ergebnissen aus den Interviews der Gemeindeglieder nicht überbewertet werden.

1083 Nähere Angaben bleiben anonym. Die fingierten Namen stammen aus einer Namensdatenbank. Zur Forschungsethik vgl. „Policy of Research Ethics" (Unisa:2007).

1084 Nord- und Südbaden, Stadt- und Landgemeinde.

Gemeindeglieder in ihrem Deutungsrahmen zu verstehen. Demzufolge liegen nuancierte Interviewarten in der Freikirche vor: Eine für Experten[1085] und eine für Gemeindeglieder.[1086] Der entwickelte Interviewleitfaden formulierte Haupt- und Alternativfragen.[1087] Nach einer Phase vertrauensbildender Konversation fand sich die Erzählmotivation des Interviews in der Erstfrage wieder, wie Gemeindeglieder zur Mitarbeit in der Gemeinde gelangten. Folgende Fragen leiteten zur Thematik über, inwieweit Mitarbeiten und Gaben zusammenhängen und welche Wahrnehmungsformen vorliegen. Außerdem gehören zum Untersuchungsinteresse die Fragen: Wie deuten die Befragten Gaben generell? Inwieweit kennen sie Gaben? Inwieweit fördern die Verantwortlichen der Gemeinde (Pfarrer, Kirchenälteste, Mitarbeiter) die Gaben der Gemeindeglieder? Die Analyse der transkribierten Interviews ist inhaltsanalytisch unabhängig von der primären Pfarrerbefragung der EKiBa erarbeitet.

Sie erfolgt explorierend, um relativ unvoreingenommen die Kriterien[1088] im Deutungsrahmen der Befragten zu registrieren. Gleiches gilt für die Einzelfallstudien im freikirchlichen Kontext. Angesichts ihres ergänzenden Charakters, nimmt die Analyse einen sekundären Stellenwert ein. So reicht eine geringere Anzahl von Befragungen, deren Verschriftung inhaltsanalytisch in einer weiterentwickelten Methodik ausgewertet wird. Vom Leitfadeninterview bis zum vorliegenden Befund benötigt das Verfahren mehrere Schritte.[1089] Die Modifizierung besteht darin, dass die für die qualitative Inhaltsanalyse typische und frühzeitige Extraktion vermieden wird. Nach dem 7. Analyseschritt folgen zwei

---

1085 Der Leitfaden für den Pastor der Freikirche steht im Anhang. Zum Experteninterview vgl. den Theorieteil und Gläser & Laudel (2004).

1086 Um die kommunikative Distanz zu beiden zu verringern, wurden Interviewübungen als Pretests durchgeführt.

1087 In der Regel dauerten die Interviews zwischen 60 und 90 Min.

1088 In Anlehnung an Mayring (2003), abgewandelt ohne vorherige Festlegung skalierter Merkmalsausprägungen, ähnlich wie Gläser & Laudel (2004:199).

1089 1. Festlegung von Transkriptionsregeln (nach Mayring 2002:92 in modifizierter Version), 2. Interviewführung mit Tonbandaufnahmen, 3. Transkription mit anschließender Bearbeitung (Glättung des Dialekts, Anonymisierung), 4. mehrfaches Lesen der transkribierten Interviews, 5. unter der Voraussetzung der Forschungsfrage und speziellen Erkenntnisinteresses (drei Kriterien: pastorale bzw. gemeindliche Unterstützung bei der Gabenentfaltung, Gabendeutung und Wahrnehmen des Befragten) werden, je nach Länge des Interviews, Analyseeinheiten festgelegt. 6. In Anlehnung an Mayring (2003) erfolgt eine Extraktion zunächst in seinen generalisierten Kernaussagen mittels Analysetabellen zu den drei Einzelkriterien, bis eine Versiertheit dieser Vorgehensweise eintritt. 7. Für alle weiteren Interviews sieht die Modifizierung der qualitativen Methodik, wie sie Gläser & Laudel (2004:194) zusammenfasst, so aus, dass der inhaltstragende Text nicht mehr in Analysetabellen extrahiert wird, sondern im Text markiert im Gesamtgefüge der Verschriftung verbleibt, damit stets auf den bestehenden Kontext prüfend zurückgegriffen werden kann. Die generalisierten Gesprächsauszüge und wörtlichen Zitate in diesem Verfahren werden unmittelbar in die Arbeit übernommen und fallbezogen interpretiert.

weitere, bei denen die fallbezogenen Befunde der Gemeindeglieder in ihrem jeweiligen Referenzrahmen (pentekostal-charismatisch und landeskirchlich) fallübergreifend im 8. Schritt ausgewertet und im 9. Schritt miteinander verglichen werden. Darüber hinaus führt der letzte, 10. Schritt zu einer Kontrastierung zwischen dem EKiBa-Befund der Gemeindeglieder und Pfarrer. Hilfreich werden die Postulate des qualitativen Denkansatzes, wie sie Mayring referiert (2002:24-29). Über den anonymisierten Einzelinterviews stehen typische Namenslabel, welche die charakteristischen Züge der Befragten repräsentieren.[1090] Die grau unterlegen Textpassagen präsentieren Zitatauszüge, erklärendes Kommentieren und umsichtige Interpretationen. Danach folgen komprimierte Zusammenfassungen.

Es folgt nun zunächst eine kombinierte Teildarlegung zwischen Analyse und Befund der charismatischen Freikirche. Immer, wenn Äußerungen der Befragten gezeigt werden, beinhalten sie sowohl wörtliche und zusammengefasste Aussagen der Interviewten als auch kürzere Kommentierungen aus der im Hintergrund stehenden Zusammenfassenden Inhaltsanalyse und Interpretationen. Die im landeskirchlichen und charismatischen Rahmen geführten Interviews benutzen den anschließenden Leitfaden. In der kommunikativen Interviewsituation reichen die Fragestellungen oft über den vorher entwickelten Leitfaden (Anhang) hinaus, weil es darum ging sich ganz auf die Befragten einzustellen.

12.2 Charismatisch-pentekostaler Referenzrahmen

12.2.1 Heilungsgottesdienst

Mit der Absicht, die spezielle charismatische Sozialisation der ev. Freikirche kennenzulernen, besuchte ich neben den Interviewpartnern zugleich ihre Gottesdienste. Auch wenn die teilnehmende Beobachtung zum qualitativen Methodenrepertoire zählt,[1091] reicht es hier angesichts der Konzentration auf die Leitfadeninterviews aus, zunächst exemplarisch ein Element eines der Heiligungsgottesdienste skizzenhaft zu schildern,[1092] um danach die Gesamtkonzeption der Gemeinde vorzustellen.

Nach der ausgedehnten Anbetungszeit und Predigt forderte der Verkündiger einen Mitarbeiter auf, die Kiste zu holen. Sie enthielt kleine weiße Tücher, etwa in Taschentuchgröße, die mit Gebetsanliegen – wohl mehrheitlich mit konkreten

---

1090 So „die Liebesbedürftige", „der Transzendenz-Erspürer", „der organisierte Gabenanreger", „die forschende Erkennerin", „die leidenschaftlich Liebende", „die spontan Reaktive", „der analysierende Denker" und „die sensible Prophetin".

1091 Vgl. etwa Atteslander (2006:88-100), Bortz & Döring (2006:267-274).

1092 Eine Würdigung ähnlich charismatischer Gottesdienste schildert Kern (1997) unter soziologischer Perspektive in seiner Dissertation „Zeichen und Wunder" (301-338).

Krankheiten der Gottesdienstbesucher – beschrieben waren. Nachdem der Verkündiger einige Tücher aus der Kiste herausgegriffen hatte, streckte er die Hand mit den Tüchern aus, um mit der anderen Hand, auf die Tücher zeigend, im Gebet den Heiligen Geist in die Tücher zu manifestieren. Jeder Kranke wurde danach ermutigt, die Tücher nach dem Gottesdienst abzuholen, um sie zu Hause auf die kranke Stelle zu legen, um - so Gott will - gesund zu werden.[1093] Aufschlussreich ist, dass diese publikumswirksame Handlung gelegentlich Heilung bewirkt. Die Gemeindeverantwortlichen weisen theologisch auf Apg 19 zurück.[1094] Neben der durchaus positiven Wirkung zeichenhafter Handlungen, die dem sozialen Milieu der Besucher entgegenkommen,[1095] wäre kritisch nachzufragen, ob nicht ein magisches Verständnis vermittelt und richtungsweisend gefördert wird.[1096] Zum Vorgehen der Heilung mit Schweißtüchern leitet das US-amerikanische Ehepaar Hunter (2000) in ihrem Buch an, das seit 1981 immer wieder neu aufgelegt wird (:108-114).

12.2.2 Hauszellenstrukturierter Gemeindetypus

Ingesamt setzt die Gemeinde an den Bedürfnissen des modernen Menschen an, was die Vielzahl der über 60 individuellen Kleingruppen (Hauszellen)[1097] begründet, in denen Gemeindeglieder intensive Gemeinschaft erleben. Dieses spezielle Gemeindekonzept fördert das geistliche Wachstum, sowie die Mitarbeit und integriert das Kennenlernen der eigenen Begabungen auf organische Weise. Der evangelistische Gemeindeaufbau ist mit sozial-diakonischem Engagement verbunden. Im Ganzen gehören diese beiden Schwerpunkte in das vierfach strukturierte Jüngerschaftskonzept, wie Abbildung 50 veranschaulicht.

1093   Diesem Teil schlossen sich freie Erlebnisberichte von Heilungen an und die Einladung, Segnungen und Heilungen nun unmittelbar zu erfahren, wozu das Gebetsteam nach vorne gerufen wurde. Während der Gebete, Heilungen und Segnungen fielen Menschen auch um, die von den bereitstehenden Mitarbeitern aufgefangen wurden.

1094   So die Erläuterung im Interviewnachgespräch (Memo: Pastor). Vgl. Ludwig (2008/7:2).

1095   Psychisch Kranke, homosexuelle und lesbische Personen (Z3m=704). Zeichenerklärung: Z= Zeile in der Transkription, Zahl= Zeilennummer, m= männlich, w= weiblich.

1096   Auch wenn Paulus in die „gefährliche Nähe der Magie rückt" (Heininger 2005:284), so ist es allein der dreieinig wirkende Gott, der Heilungen durch ihn und die anderen Apostel wirkt (vgl. Apg 3,12). Vgl. Rebell (1991:33-35). Viehhauser vertritt die These, dass bei Paulus nirgends einer Person das Chrisma der Heilung durch Vollmacht zum Heilen eines Kranken gegeben wird. Vielmehr seien die Charismen bereits „die Ergebnisse der Heilungen selbst" (2009:169).

1097   Näheres zur lebensverändernden Kraft der Hauszellen der anglikanischen Kirche, vgl. Potter (2006) und im charismatischen Umfeld, Kern (1997:197f).

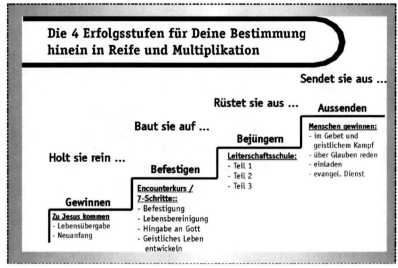

Abbildung 49: Stufenkonzeption der befragten Freikirche (© Freikirche)

In ihrer charismatischen Frömmigkeit erwarten die Gemeindeleiter von den Gemeindegliedern, dass sie die Stufenkonzeption im Alltag umsetzen. Dazu gehört das Erleben von Prophetie, Heilung und Glossolalie, die Erfahrung von geistlicher Erneuerung und persönliches Wachstum, sowie die Befreiung der Gemeindeglieder von unterschiedlichen Bindungen. Zu den zentralen Elementen der Gottesdienste gehören Verkündigung, Anbetung und Praktizierung der aufgeführten Charismen.[1098] Vor diesem Hintergrund sind die verschriftlichten Informationen der Interviews einzuordnen. Als erste Informationsquelle erläutert Pastor Ruh[1099] die Begabungen unter den charismatischen Rahmenbedingungen der Gemeinde. Zur ihrer Charakteristik zählen auch Heilungsgottesdienste.

12.2.3 Verlangen nach Übernatürlichem

In diesem Zusammenhang besteht das Erkenntnisinteresse in der Frage, wie die Gabe der Heilung beim Durchführenden empfangen und erkannt wurde. Entgegen der Einschätzung, dass Heilungsgaben übernatürlich qualifiziert werden, deutet Pastor Ruh ihr Auftreten nicht exklusiv oder habituell als innewohnende Gabe, sondern als Augenblicksgeschehen, das sich im Hören auf Gott und im Gebet ereigne. Dieser Ereignischarakter eröffne den Zugang zur Heilungsgabe für *jeden* Christen. Metaphorisch nimmt Pastor Ruh die Worte seines

---

1098 Inzwischen gibt es Akzentverschiebungen im Zeitpunkt der Heilungsangebote (2009).
1099 Anonymisierter Name.

Pastorenkollegen zum Heilungsvorgang auf, wenn er den, der die Heilungsgabe erwartet, als einen *„Briefträger, der nur etwas ausliefert"* oder einen *„Kanal"* bezeichnet (Z1m=158.162). Weiter berichtet Pastor Ruh, sein Pastorenkollege schreibe den Impuls, die Heilungsgabe bei sich zu erkennen, seinem dringlichen Verlangen zu, auch in Deutschland *„mehr Übernatürliches zu sehen"* (Z1m= 177).[1100] Dieser innere Antrieb sei durch einen prophetischen Zuspruch[1101] von außen richtungweisend vergewissert worden (Z1m=184-190). Auf Dienstreisen habe sein Pastorenkollege zwar vermehrt Heilungen erlebt, in der eigenen Gemeinde aber erst, als er den Eindruck gewonnen habe, dass Gott ihn intensiver zur Heilungsthematik führe. Daraufhin habe er sich unter dieser Perspektive dem Schriftstudium gewidmet (Z1m=198-200). Nach Pastor Ruh sei die Gabe der Heilung bei seinem Pastorenkollegen immer schon latent vorhanden, aber eben nicht zielgerichtet auf den Gottesdienst oder die Heilungsveranstaltung in der eigenen Gemeinde ausgerichtet. Vorbereitend auf Heilungen stehe die Suche durch persönliche Heiligung zu Gott durchzudringen, was ebenso einen Wachstumsprozess in der Gemeinde ausgelöst habe. Danach sei eine *„Zunahme an Heilungen"* registriert worden, die auch auf die vermehrte Gebetsarbeit der Gemeinde zurückzuführen sei (Z1m=201-204). Pastor Ruh erklärt: *„Wir nennen das die Salbung"* oder anders ausgedrückt, den *„Mantel der göttlichen Vollmacht"* und eine *„Verstärkung geistlicher Autorität"* (Z1m=205-206).

12.2.4 Jüngerschaftsorientierter Lernort

Nach dem exklusiven Zugang zur Heilungsgabe folgt der generelle Entdeckungsprozess der Gaben, den die Gemeindeleitung lehrmäßig als Hineinwachsen in die persönliche *„Berufung"* vermittelt (Z1m=95f).[1102] Berufung und Dienst hängen nach den Äußerungen von Pastor Ruh ebenso untrennbar zusammen, wie Gaben und *„Frucht"* im Sinne einer sichtbar sozialen Auswirkung.[1103] Neben speziellen Gabenkursen, zielt der hauszellenstrukturierte Gemeindetypus durch seine *„persönlichen Ebene automatisch"* auf das Anwenden der Gaben (Z1m=98). Dazu schaffen die Hauskreisleiter eine natürliche *„Lernatmosphäre"*: Die Teilnehmer sollen zunächst das geistliche Handeln der Leiter sehen und dabei passiv lernen. Später folgt in diesem *„jüngerschaftsorientierten Umfeld"* der Ansporn, selbst zu agieren, indem man z. B. für andere betet, eine Lehre oder prophetische Eindrücke weitergibt (Z1m=105-107).

1100 Pastor Ruh: „Von der Bibel her (ist es) ja völlig normal ... und in der ersten Gemeinde auch..., aber hier unter dem Deckmantel des Rationalismus und moderner Theologie... bis in die christlichen Kreise... (wird) eigentlich (alles) zur Seite geschoben" (Z1m=169-171). Zur Heilungssehnsucht vgl. Werner (2007:25f).

1101 Besuch eines internationalen Prophetenteams.

1102 Z1= Transkriptionszeile des Interviews. Die Zahlen unterscheiden die Interviews. Der Kleinbuchstabe markiert das Geschlecht (m=männlich; w=weiblich).

1103 Z1m =38-42.

12.2.5 Charakter und Charisma

Dagegen werden Menschen die am Anfang des Glaubens stehen, in „*sogenannte Encounterkurse*" eingeladen (Z1m=109), um ihr Leben zu bereinigen, Schuld abzuladen, Befreiung von okkulten Bindungen und innere Heilung zu erleben. Diese Kurse besitzen einen unerlässlichen Platz innerhalb der vierfachen Stufenkonzeption (Abbildung 50), damit sich ein gesundes Christsein entwickelt und Gaben auf einem soliden Fundament stehen. Denn wenn „*Charakter und Charisma nicht in Balance*" sind, sieht die Gemeindeleitung davon ab, jemandem eine Aufgabe zu übertragen.[1104] Die Charismen selbst unterteilt der Gemeindepastor am Anfang[1105] des Interviews nur bedingt in natürliche und übernatürliche Gaben, denn „*wenn man vom Heiligen Geist erfüllt ist als wiedergeborener Christ*", werden alle Gaben zum Aufbau der Gemeinde „*kanalisiert*" (Z1m=23). Entscheidend ist für den Hauptamtlichen bei der Gabensuche, neben geistlichen Motiven, das Mitteilen von Neigungen und Wünschen, wobei der Einzelne fragen soll, wo Gott ihn gebrauchen will. Da Gemeindedienste im Vordergrund stehen, besteht, neben dem Verlangen Übernatürliches zu erleben, ein real aufgabenorientierter Ansatz (mit Aufgabenlisten), der Schulungen mit Gemeindeaufgaben verbindet. Wichtig ist zudem, dass die „*ganze Gabengeschichte*" durch Predigten flankiert wird (Z1m=149ff).

12.2.6 Pastorale Selbstdeutung

Nach seinen eigenen Gaben und ihrem Erkennen gefragt, nennt Pastor Ruh die „*Lehrbegabung*", die er nach 1Kor 12 in Form von „*Worten der Weisheit... sehr oft in persönlichen Gesprächen*" für Menschen hilfreich erfährt, indem diese in ihre „*Situationen hineinsprechen*" (Z1m=53-54). Demnach zeigen sich geistliche Gaben nach der Deutung von Pastor Ruh an ihrer Wirkung. Als zweite ausgeprägteste Gabe nennt er „*eine gewisse Form von Leiterschaftsbegabung*", die er in einer Entwicklungsphase erlernt hat. Seine Gaben bildeten sich durch natürliche Fähigkeiten und Erfahrungen und – metaphorisch ausgedrückt –

1104 Z1m=118f. Nach ergänzenden Begriffen gefragt, bezieht Pastor Ruh Charakter auf Verhaltensweisen und grenzt sie von der Persönlichkeit ab, weil sie keine Wertung umgreifen (Z1m=123-129). Auch den Einfluss der Persönlichkeit auf die Gaben erklärt er unabhängig voneinander. Entscheidend sei es, ob sich jemand Gott zur Verfügung stellt. Rastor Ruhs Ansicht beruht auf einer empirischen Untersuchung, die in acht Ländern 700 Hauszellenleiter befragt, um herauszufinden, inwieweit Charismen und Persönlichkeit eines Leiters das Wachstum von Hauszellen beeinflussen. Befund: Hauszellen wachsen auch ohne bestimmte Charismen und Persönlichkeitsmerkmale der Leiter (Z1m=66-81). Vgl. die angeführte Dissertation von Comiskey (1998:28-32). Nach Comiskey finden sich wachsende Kleingruppen dort, wo die Charismen der Teilnehmer einer Kleingruppe eingesetzt werden.

1105 Z1m=11f.22f. Im Verlauf des Interviews wird die Trennung zwischen natürlichen und übernatürlichen Gaben deutlicher artikuliert, vgl. Z1m=37-41.

durch Herausforderungen heraus, indem er „*ins kalte Wasser hineingeschmissen*" wurde (Z1m=57f.). Auf diese Weise berichtet Pastor Ruh von seinen Gaben, die ohne übernatürliche Begabungen „*einfach*" durch neue Aufgaben evoziert wurden. In dieser Redesequenz dominiert fünf Mal das Abtönungspartikel „*einfach*", durch das er ein erfassbares Erkennen und schlichtes Entstehen seiner Charismen erklärt (Z1m=53.54.58.60.61).

12.2.7 Befund und kritische Würdigung

Zusammenfassend ist festzustellen, dass die charismatische Freikirche ihren Schwerpunkt auf den systematisiert vierstufigen Entwurf legt. Die unterste und oberste Stufe gleichen einander, weil es darum geht, zunächst Menschen für Jesus neu oder wiederholt zu gewinnen, um diese schließlich, selbst begabt und bevollmächtigt, auszusenden. Damit liegt das Erkennen und Einüben der Gaben als Interimsphase zwischen beiden Polen und erhält eine missionarische Dimension. Ihr jüngerschaftsorientierter Lernort findet in der Hauszelle seinen primären Platz. Hier werden Begabungen im Vorbild-Nachahmungskonzept im Kleinen eingeübt. Lehrmäßig konzeptionell fällt auf, dass das Streben nach Heiligung und Bereinigung des Charakters dem Empfangen der Charismen vorausgehen muss, wie es die Stufenleiter visualisiert (Abbildung 50). Angesichts der biblisch-theologischen Auffassung der freien Zuteilung der Charismen und ihrem souveränen Geschenkcharakter (1Kor 12,11) läge nahe, dass die Lehrmeinung der freien charismatischen Gemeinde dem Empfangen von Charismen geistlich-ethisch realisierbare Voraussetzungen einräumt. Das Verlangen, Übernatürliches zu erfahren, gibt Heilungsveranstaltungen einen hohen Rang. Die Gabe selbst wird dabei durch ihren ereignishaften Charakter, im unmittelbaren Wahrnehmen als Augenblicksgeschehen interpretiert und in diesem Vorleben der Gemeinde kommuniziert. Es wird also vermittelt, die Heilungsgabe könne von jedem angewendet werden (Z1m=158-169). Ähnlich wie bei Wimbers (2002) Ansatz ist zu fragen, inwieweit hier die individuelle Charismenzuteilung (1Kor 12,29f) zu einem pauschal zugänglichen und vollmächtigen Heilungshandeln eingeebnet wird.

Welche Indizien sprechen für das tatsächliche Vorliegen von Gaben? Die Analyse von Seiten der Pastoren zeigt, dass Begabungen hauptsächlich von ihrer *Wirksamkeit* her, also erst im Nachhinein feststellbar werden,[1106] während Gaben wie prophetische Worte in Gesprächssituationen unmittelbar *im Vollzug* deutlich werden. Ähnlich entfaltet sich die Leiterbegabung mit dem Unterschied, dass dem Erkennen ein längerer Zeitraum vorausgeht und auf natürliche Weise in den vorhandenen Fähigkeiten und durch ungesuchte Anforderungen in den Aufgaben deutlich wird. Unter den Bedingungen der jüngerschaftsorien-

---

1106 Bei Heilungen zeigen sich die Wirkungen oft erst nach Monaten, wenn der Betreffende sich meldet.

tierten und kleingruppenstruktuierten Gemeindekonzeption, sehen Gemeinde-glieder Charismen zunächst an ihren Leitern, die sie dann selbst im Nachvoll-ziehen bei sich erkennen.

12.3 Äußerungen charismatischer Gemeindeglieder

Die Äußerungen des Pastors, sowie die Schilderungen der Gemeindeglieder er-klären sich wechselseitig. Der qualitative Befund gliedert sich bei den inter-viewten Gemeindegliedern dreifach: Zum einen geht es um Gabendeutungen, zum anderen um Kriterien, Gaben zu erkennen und außerdem um kyber-netisches Handeln der Gemeindeverantwortlichen.

Die Interviews in der charismatischen Freikirche tragen neben kürzeren Antworten vor allem narrative Züge, die, notwendig durch den biographischen Gesamteindruck, die speziellen Zugangswege ihrer Begabungen erschließen hel-fen. Zunächst fällt bei den drei Befragten – von Nuancen abgesehen – auf, dass die empfangenen Charismen organisch an die Lebensbiographie anschließen und demzufolge personenbezogen Typisches aufweisen. Die dahinterliegenden Er-fahrungen, mit ihren teilweise krisenhaften Situationen und Brüchen, greifen auf den Zeitraum *vor* dem Besuch der charismatischen Gemeinde zurück.

Alle grau unterlegten Textabschnitte, die mit einer Eigenschaftstypologie überschrieben sind, beinhalten nicht nur wörtliche Äußerungen der Befragten, sondern unmittelbare Interpretationen spezifischer Interviewpassagen.

12.3.1 Die Liebesbedürftige

Eine Befragte berichtet zunächst von ihrem Bekehrungserlebnis, das sie als Kontrasterfahrung ihren begeisterten Freundinnen schildert. Dieses Erlebnis aus ihrer Jugend geschah im Rah-men der evangelikalen Szene der EKiBa. Sie hat einfach nur mitgemacht, was sie selbst als „*Untergang*" bezeichnet. In der Folge wäre daraus ein pflichtbewusstes Christsein entstanden (Z2w=3-12.256-263). Erst im charismatischen Umfeld der hier vorgestellten Gemeinde hat sie die Liebe Gottes und ihre persönliche Annahme erfahren. Als tiefgehendes Erlebnis schil-dert sie ihre krankhafte Essstörung, die bis zur künstlichen Ernährung führte (Z2w=30.277-284). Auf Initiative des Gemeindeleiters wurde für sie gebetet und gefastet mit dem Resultat, dass sie auf einer Heimfahrt vom Gemeindezentrum unterwegs anhielt, weil sie erstmals eine tiefe, gefühlsbetonte Berührung der Liebe Gottes verspürte, der sie sich nun öffnen und von da aus sich schrittweise aus ihrer Vermauerung lösen konnte (Z2w=285-301).

Dieser Hintergrund scheint die von ihr gedeuteten Gaben zu bestimmen, denn die innige Beziehung zu Gott im intensiven Gebetsleben, die ihre Liebes- und Beziehungsbedürftigkeit ausdrückt, zeigt sich im Sprachengebet, das ihr niemand beigebracht hat, wie sie ausdrücklich betont. Gott hätte ihr diese Gabe innerlich bestätigt (Z2w=11-122). Hinzu kommt das prophe-tische Gebet, indem sie mit den richtigen Anliegen für Menschen unter einem gewissen Ein-druck betet. Die positiven Reaktionen der Menschen bestätigen diese Gabe (Z2w=140-145).

Als weitere Begabung berichtet die Befragte, wie sie den Menschen in der Gemeinde zur *„Lebensübergabe"* zu Gott hilft und im Gebet begleitet. Wiederholt kontrastiert die Befragte die Pflicht mit dem momentanen freiwilligen Bedürfnis zur Mitarbeit.

Auf die Frage, welche Unterstützung die Gemeinde zum Entdecken der Gaben bietet, wird die subjektive Deutung ihrer ausschlaggebenden Lebensprägung offensichtlich. *„Auf keinen Fall"* würden Gaben zum Gemeindekonzept gehören (Z2w=174). Demgegenüber redet sie emotional bewegt vom Wirken der Liebe Gottes, die es für die vielen psychisch Kranken in der Gemeinde zu erleben gibt, und das starke Angenommensein durch die Gemeindeglieder. Alles entscheidend sei diese Liebe (Z2w=203-209). Als Primärgaben der Gemeinde beobachtet sie: Heilung, Prophetie, Eindrücke, Sprachen, Sprachengebet (Z2w=165-174). Für sie sind Gaben dort vorhanden, wo Gott in eine Aufgabe hineinführt.

12.3.1.1 Befund– Psychische Ersatzhandlungen

Es ist auffällig, dass die biographischen Defiziterfahrungen,[1107] die die Befragte als verkrampftes Christsein beschreibt, zu einem Mangel an erlebter Annahme und Liebe führen und bis hinein ins Somatische ihre Auswirkungen zeigen. Dass dahinter noch andere Negativerfahrungen stehen, ist anzunehmen. Mehr als die Symptome (Essstörungen, innere Vermauerung) wird aber von der Befragten nicht berichtet.

Bedeutsam, hinsichtlich der vorliegenden Fragestellung nach den Kennzeichen der Charismen, ist die Tatsache, dass die Befragte entsprechend ihrer biographischen Defizite Charismen für sich genau dort wahrnimmt, wo ihr psychischer Zentralmangel liegt. Das heißt, dass das Empfangen der Charismen ihre Liebes- und Beziehungsbedürftigkeit ausfüllt. Für die Befragte jedenfalls gehören zu ihren gedeuteten Gaben ein intensives Gebetsleben, das Sprachengebet, das prophetische Beten und die Gabe, Menschen so zu begleiten, dass sie Jesus annehmen. Die Deutung, dass es sich um Geistesgaben handelt, zeigt sich für die Befragte in der inneren Bestätigung durch Gott im Gebet und durch Rückmeldungen anderer auf ihre prophetisch wirksamen Worte. Gaben zeigen sich für sie generell in den Aufgaben.

Der Zugang der geistlichen Selbstbeobachtungen und die Bestätigung durch andere bestimmen also den Deutungsrahmen der empfangenen Charismen.

1107 Nach diesem Interview wurde die Möglichkeit erwogen, die subjektiven Selbstdeutungen der Charismen mit Hilfe einer graphischen „Lebenslinientechnik" (Mayring 2002:86) zu ermitteln. Experimente wurden im Rahmen der Landeskirche bei Probeinterviews durchgeführt. Dieses Erhebungsmittel wurde aber nicht weiter verfolgt, weil die Ergebnisse äußerst komplexe entwicklungspsychologische Zusammenhänge zu Tage förderten.

12.3.2 Der Transzendenz-Erspürer

Ein anderer Befragter schildert in einer ausführlichen Sequenz seine Beziehungskrisen, Alkohol- und Krankheitsprobleme ebenso wie lebenszerstörende Phänomene an der Peripherie zum Okkulten. Seiner Konversionsphase zu Jesus liegen prä-charismatische Erlebnisse in der Gruppe der Anonymen Alkoholiker[1108] und intensives Bibellesen zugrunde. Eine bewusste Suche nach Gaben gab es nicht, sie seien *„einfach"* während der Bekehrungsphase *„irgendwie"* da gewesen (Z3m=321-324). Primär nennt der Interviewte das Evangelisieren, weil er viel von Jesus redet (Z3m=278-297). Außerdem führt er die Unterscheidung der Geister an, die ihm nach seinen Angaben das *„Gespür"* für dämonische Kräfte und Menschen geben, die aus der Drogenszene kommen. Mehrfach spricht der Befragte *„vom sensiblen Erspüren der unsichtbaren Wirklichkeit"* wie er die Gabe der Unterscheidung erlebt (Z3m=300-305.328). Zudem deutet er an, dass dieses Erspüren der Atmosphäre vorher *„irgendwie"* zu *„trainieren"*, auszuleben und auszubauen sei (Z3m=318). Erste Anhaltspunkte dieser Gaben hat er selber erfasst und später durch den Gabentest von C. A. Schwarz bekräftigend ermittelt. Zudem wurde ihm seine Primärgabe in der charismatischen Freikirche nochmals prophetisch vom Pastor und im Hauskreis versichert (Z3m=450-462).

Auf die Frage, welchen Stellenwert die Gemeinde den Gaben einräumt, rekurriert er zunächst detailliert im Unterschied zur vorher befragten Frau („Die Liebesbedürftige") auf die vierstufige Gemeindevision, wie sie oben der Gemeindepastor darlegt (Z3m=485-492). Nach seiner Beobachtung konzentriert sich die Gemeindearbeit nicht mehr auf das Entdecken neuer Geistesgaben, sondern auf ihre Gemeindeintegration, damit die Gemeinde innerlich wächst (Z3m=494-504). *„Das Ziel"*, so der Befragte, *„ist jetzt halt eben auf Menschen bezogen,* dass diese *Gaben einfach hilfreich sind."* Damit meint er die Seelsorge, indem die Gaben der Weisheit, Erkenntnis und das prophetische Wort *„irgendwie produktiv dann weiterführen"* (Z3m=507-513).

12.3.2.1 Befund– Erspüren von Atmosphären

Für den „Transzendenz-Erspürer" stellen sich die Gaben selbst ein ohne, dass er bewusst danach gesucht hätte. Seine Gabe der Evangelisation diagnostiziert er deshalb, weil er in seiner Bekehrungsphase gerne über Jesus redete, während sich ihm die Gabe der Geisterunterscheidung durch seine Emotionalität des Erspürens negativ-dämonischer Atmosphären erschließt. Auch wenn der Befragte explizit darüber nicht reflektiert, scheint ein Zusammenhang zwischen seinem gegenwärtigen atmosphärischen Erspüren und früheren Erfahrungen okkulter Machtbereiche zu bestehen. Nun aber steht sein phänomenologisches Gefühl unter einem seit der Bekehrung zu Jesus geprägten Leben. Faktisch formuliert der Befragte, dass er die gefühlsbestimmte Wahrnehmungsfähigkeit „irgendwie" trainieren und ausbauen will. Den Zugang zu dieser speziellen Gabendimension

---

1108 „Anonyme Alkoholiker" (eine weltweite Gruppe) geben zu, Alkoholiker zu sein und helfen einander, „trocken" zu bleiben.

öffnet ihm also auch die innere Bejahung und Zulassung einer derartigen Sensibilität.

12.3.3 Der organisierte Gabenanreger

Ein weiterer Befragter berichtet, dass er sich „irgendwie bekehrt" hat und dann das „Bedürfnis" zur Mitarbeit entwickelte (Z4m=8). Seine Mitarbeit motivierte ein zweifach konkretes Angesprochenwerden, zunächst zu einer Aufgabe, in der er sein Hobby einbringen konnte. Danach wurde er zu einer für ihn herausfordernden Aufgabe angefragt, nämlich die Leitung der Jugendhauszelle zu übernehmen. Diese Anfrage deutet der Befragte als ein „einschneidendes Erlebnis" (Z4m=17). Nach der Übernahme und dem Wachstum der Hauszelle motivierten ihn vor allem geistliche Zusagen. Eine Motivation bestand in der Ansage eines Freundes, die Nachbarn für Jesus zu „erobern", eine andere ging von der Vision in der charismatischen Gemeinde mit ihrem vierfachen Multiplikationsprinzip aus, die auch er im Interview wörtlich explizierte (Z4m=65.72-84). Der Befragte stellt fest, dass er während dieser Zeit fünf Jahre erfolglos nach seinen Gaben Ausschau hielt, um dann in einer anderen Gemeinde bei einem Gabentest festzustellen, dass er die Gabe eines „einfachen" Organisators besitze (Z4m=151-147).

Aus seinem Tonfall klingt eine gewisse Enttäuschung. Zugleich erklärt der Befragte, dass er diese Gabe nicht wahrhaben wollte, damit ihn in der weiteren Suche keine Fremdbestimmung beherrsche. Zum Zeitpunkt des Interviews bestätigte er aber die Gabe des Organisators. War er nach eigenen Angaben zu Beginn seiner Leitungsübernahme ein verkrampfter Leiter, so würden jetzt andere in seine Hauszelle geführt, die er nach seiner Deutung, „durch den Heiligen Geist zum Dienen auffordert" (Z4m=204-227). Auf die Frage, ob sein konkretes Appellieren anderen hilft, ihre Gaben zu entdecken, berichtet er, wie die Begabungen, „*geistliche Bilder und Engel zu sehen*" sowie „*prophetisches Reden und Heilung in der Hauszelle*" auftreten. Als Ziel strebt er eine Teamleitung an, in der alle nötigen Gaben vorkommen (Z4m=181-193). Auf die Frage, inwieweit Gaben und Persönlichkeit zusammengehören, berichtet der Befragte seine Beobachtungen und kommt zum Schluss, dass keine Verbindungen bestehen. Bei sich selbst würde aber der Befragte viel in diese Richtung nachdenken und sehen, was zu ihm passt (Z4m=246-256).

Die Frage, wie die Gemeinde Gaben fördert, beantwortet der Interviewte mit einer dreifachen Anweisung. Erstens werden die Gemeindeglieder durch die Pastoren für Gaben sensibilisiert und zwar mit der Aufforderung, in sich hinein zu hören (Z4m=289-294). Zweitens erzählen diejenigen, welche Gaben bereits empfangen haben, was sie dadurch gelernt haben. Der Befragte fügt pointiert hinzu, dass auch das Wort Gottes Auskunft gibt, wie man heilt, die Gaben dazu aber nicht jeder empfängt. Daher wäre letztlich die offizielle Lehransicht entlastend, dass jeder eine Gabenauswahl erhält, von der sich eine nach Jahren herauskristallisiert. In den Heilungsgottesdiensten sollte jeder, der die Gabe der Heilung nicht besitzt, gehorsam dabei sitzen und andere unscheinbare Gaben wahrnehmen und einsetzen (Z4m=296-303).

Nach dem Interview ohne Aufnahmegerät (Memo) erzählt der Befragte, dass Mitarbeiter der Gemeinde in einem Kurs das Sprachengebet vermitteln. Es

wurden einzelne Silben vorgesprochen, die die Teilnehmer nachsprechen sollten. Zu Hause galt es, weiter zu üben. Der Interviewte berichtet, dass er bisher
nur selten bei dieser Art des Sprechens Freude empfunden hätte. Daraus folgerte
er unaufgefordert, die Gabe der Sprachenrede nicht zu besitzen.

12.3.3.1 Befund– Enttäuschte Erwartungen

Das Interview zeigt, was geschieht, wenn aufgrund der speziellen Gabenrelevanz der Gemeinde typisch charismatische Erscheinungsformen nicht erwartungsgemäß eintreten. Der Befragte gerät in eine Krise. So führt die für ihn allzu
einfache Gabe der Organisation zunächst zur Enttäuschung. Das empfundene
Defizit an spektakulären Gaben wird unbewusst in der Weise kompensiert, dass
der Befragte bei anderen Zellgruppenteilnehmern versucht Gaben- und Offenba-
rungserlebnisse, wie etwa prophetisches Reden und Bilder sowie die Fähigkeit,
Engel zu sehen, bei anderen auszulösen. Zudem kann der Befragte andere Haus-
zellmitglieder zum Dienen führen, was er als bestätigende Wirkung seines
Charismas interpretiert.

Nach Auskunft des Befragten hilft die Gemeindeleitung die Gaben der Gemeindeglieder zu entdecken, indem sie einerseits die Anweisung zum inneren
Hören und zur gemeindlichen Kommunikation über den Lernprozess beim Ga-
benendecken ausgibt. Hinzu kommt der Hinweis, dass sich Gaben über Jahre
hinweg herauskristallisieren. Zum anderen führt die Gemeinde Seminare durch,
um das Sprachengebet zu erlernen. Neben dem Gemeindeangebot das
Sprachengebet zu erlernen, beobachtet der Befragte, dass ihm in der Praktizierung die Freude fehlt, was er als Indiz wertet, diese Gabe nicht empfangen zu
haben.

Lebensbiographie bestimmt		
	Konversion	
Bedürfnis zur Mitarbeit	Geistliches Erlebnis	Begabungen stellen sich ein
Bewusstes Ansprechen für Tätigkeiten		Geistliche Motivationen (einprägsame Gemeindevision)
Affirmationen		Unterstützende Schulungen
Gaben sind unverfügbar		Erlernte und entwickelte Gaben
Gabenkombination und ihr Erkennen		

Abbildung 50: Lebensbiographie und Begabungen (© MB)

12.3.4 Befund: Charismatische Gabenzugänge

Aus der Zusammenschau der Einzelinterviews ergeben sich grundsätzliche Beobachtungen: Eine *erste* Beobachtung ist, dass alle Befragten zwar individuelle Biographien aufweisen, im Sachwissen und Erleben ihrer Gaben aber faktisch Stereotypen auftreten, die dem charismatischen Deutungsrahmen entsprechen. So reduzieren die Interviewten die vielfältigen Gabenarten fast ausnahmslos auf diejenigen, die der charismatischen Gemeindeleitung besonders plausibel sind: Heilung, Prophetie, Glossolalie, Erkenntnis, Visionen.[1109] Unauffällige Dienste stehen im Hintergrund und benötigen darum eine gehorsame Haltung. *Zweitens* lässt sich beobachten, dass die Befragten keinerlei Verbindungen zwischen Begabung und Persönlichkeit erkennen, weder in ihrer Selbst- noch in der Fremdwahrnehmung anderer Gemeindeglieder. Fakt ist aber, dass der Zusammenhang in ihrer Biographie deutlich zu Tage tritt. *Drittens* erklären die Befragten, analog zur erkennbar offiziellen Lehrmeinung ihrer Freikirche, die unauflösliche Einheit zwischen persönlicher Berufung zu einem speziellen Dienst einerseits und ihren Begabungen andererseits. Die jeweiligen Erkennungsprozesse zur Berufung und Begabung beeinflussen einander. Wer also seine Berufung sucht, findet seine Gaben und umgekehrt.

12.3.4.1 Selbstevidenz der Charismen und Motivation

Auch die Gabenzugänge weisen Gemeinsames auf, die insgesamt, wie Abbildung 51 andeutet, in unabgeschlossenen Reflexionsprozessen parallel verlaufen. Das heißt: Nach dem Erleben der Konversion, konkret der Bekehrung zu Jesus oder einem geistlich eindrucksvoll empfundenen Erlebnis, stellt sich das grundsätzliche Bedürfnis zur Mitarbeit ein, während Begabungen wie von selbst hervortreten und eine Selbstevidenz erhalten. Gabentests und Ermutigungen anderer tragen damit eher einen affirmativen Charakter. Schritte zum bewussten Erkennen der Gaben, die in Kombinationen genannt werden, führen hauptsächlich über die Mitarbeit. Sobald aber der Befragte in der charismatischen Gemeinde konkret zur Mitarbeit angefragt wird, kommt es zu einer inneren Zäsur. War das Mitarbeiten vorher autark, sehen sich die Befragten durch die verantwortungsvolle Aufgabe geistlich herausgefordert. In dieser neuen Disposition entsteht die Suche und Sensibilisierung für geistliche Motivationen, die, wie etwa durch Bibellesen oder durch den Drang, anderen geistliche Erfahrungen weiterzugeben, erlebt werden. Gleichzeitig gewinnen die prägnant formulierte Gemeindekonzeption (Abbildung 50: befestigen, bejüngern, aussenden), die Schulungen und Seminare, sowie der Besuch des Gottesdienstes geistlich motivierende Bedeutung.

1109 Obwohl die Erhebung beispielhaften Charakter trägt, spiegelt speziell die Gabenrelevanz die Forschungen zur charismatischen Bewegung wider, etwa Zimmerling (2009), Kern (1997).

12.3.4.2 Wirksame Mitarbeit und sensorische Bewertungskriterien

Zur Deutung der Gaben ist evident: Auch wenn die charismatische Freikirche ein großes Spektrum an Aufgaben aufweist und individuelle Berufungen zum Dienst mit den entsprechenden Gaben lehrt, nehmen die Gemeindeglieder besonders die Begabungen wahr, welche ihnen als übernatürlich bezeichnete Gaben anschaulich präsentiert werden. Damit gewinnen sichtbare, publikumswirksame Gaben im Rahmen der Gemeinde Einfluss auf die eigene Wertigkeit und Selbstdeutung der Charismen. Angesichts ihres übernatürlichen Charakters der Charismen ist es auffällig, dass diese Begabungen, die Glossolalie eingeschlossen, Lernprozesse benötigen. Hier gilt, wie bei anderen Gaben, die Freude und innere Vergewisserung durch Gott während ihres Praktizierens als entscheidendes Kriterium. Zur kriteriologischen Grundstruktur zählt ebenso das Angewiesensein auf die Bestätigung Dritter in das handlungswirksame Mitarbeiten, denn diese Form der Anerkennung kann sich kein Mensch selbst zusprechen. Auch sensorische Faktoren für transzendente Wirklichkeiten und Hintergründe werden als Merkmal einer Gabe angeführt und als Wahrnehmungserfahrung trainiert und weiterentwickelt. Schließlich deutet der Befund an, dass die Lebensbiographien mit ihren Brüchen und Widerfahrnissen, sowie menschlichen und geistlichen Schlüsselerfahrungen, sowohl die Gabenkombination als auch die Art und Weise ihres Erkennens beeinflussen, wenn nicht sogar mitkonstituieren.

Nach den Ergebnissen im charismatisch freikirchlichen Referenzrahmen wendet sich die Untersuchung dem landeskirchlichen Rahmen und darin den Gemeindegliedern zu.

12.4 Äußerungen landeskirchlicher Gemeindeglieder

Die landeskirchlichen Rahmenbedingungen benötigen keine weiteren Ausführungen. Es genügt zu wissen, dass die ersten Interviews dörflichen Kirchengemeinden zuzuordnen sind und die letzte Befragte einer städtischen Gemeinde angehört. Während die Äußerungen der ersten Befragten ausführlicher dargestellt und kommentiert werden, tragen die nachfolgenden, sofern inhaltlich keine abweichenden Gesprächssituationen vorliegen, ergänzenden Charakter.

12.4.1 Die forschende Erkennerin

Die erste Befragte berichtet, wie sie nach ihrer Konfirmandenzeit drei Jahre lang den Jugendkreis besuchte und dann aufgrund einer personellen Veränderung zur Mitarbeit im Leitungsteam des Jugendkreises angefragt wurde. Sie wollte es ausprobieren (Z5w=5-13). Altersbedingt und durch ihre Heirat hörte ihre Mitarbeit auf. In dieser Zeit fragte sie der Pfarrer, ob sie im Redaktionskreis des Gemeindeboten mitarbeiten wolle. Sie sagte zu, weil sie *„schon immer gern geschrieben"* hat (Z5w=29). Im Reden interpretiert sie ihr Verhalten selbst, indem sie zum Ausdruck bringt, dass ihr Mitarbeiten nie von ihr aus geplant war, sondern nur zustande kam, wenn sie gefragt wurde oder es sich ergeben hat. Als Grund nennt sie ihre frühere Schüchternheit und mangelndes Selbstvertrauen. Betont fügt sie hinzu, dass sie *„aus der Reserve gelockt werden"* muss (Z5w=36-39).

Auf die Frage, ob ihre Aufgaben, die sie schon immer gerne durchführte, etwas mit Gaben zu tun hätten, stimmt sie sofort zu. Gaben liegen ihrer Deutung nach vor, wenn sie das Gefühl hat, dass die gewünschten Aufgaben bewältigt werden können (Z5w=53-55). In der Rückfrage, ob sie die berichteten Gaben als natürliche Begabungen verstehe, legt sie eine längere Definition ihres Gabenverständnisses dar. *„Fähigkeiten oder Interessen und Vorlieben"* bezeichnet sie als Gaben, *„die so im Menschen drin"* liegen (Z5w=58). Wenn sie von den anderen Gaben spricht, redet sie merklich zurückhaltend von den *„Dingen"*, die vom Glauben her kommen. Auch das unbestimmte Adverb *„man"* verdeutlicht ihre Distanz zu dieser Art von Gaben, die sie auf Gott zurückführt, ohne den sie nichts tun könne. Ohne Aufforderung rekurriert die Befragte beispielhaft auf ihre Zeit als Jugendkreis- und Jungscharleiterin, worüber sie vorher eher beiläufig berichtete. Angesichts ihrer Selbstzweifel bestehen die Kriterien für die anderen Gaben gerade darin, zu merken, dass *„da irgendwie doch Gott dahinter steckt"*, weil sie im Erzählen von biblischen Geschichten Selbstvertrauen gewinnt, indem sie *„die richtigen Worte findet"*. Dieses Erleben schreibt sie dem Heiligen Geist zu (Z5w=58-68).

Es ist auffällig, dass sie auf Fragen, wie Gaben wahrzunehmen sind, nicht beim Deuten nach den Erlebnissen ansetzt, sondern beim Beten vor ihrem Mitarbeiten. Das Gebet beinhaltet die Bitte um einen Erzählstil, der eine geistliche Dimension aufweist. Für die Befragte genügt es nicht, dass das Erzählen gut *„rüber kommt"*, denn in der Erzählsituation achtet sie auf ihre Gefühle und spürt, wie flüssig sie erzählen kann und ob die Kinder aufpassen. Genau hier liegt für die interviewte Frau das Unterscheidungskriterium: Qualitatives Erzählen ist noch keine Gabe. Eine Gabe liegt vor, wenn die biblischen Geschichten in die Situation der Kinder hineinsprechen. Diese Erzählweise schreibt die Befragte dem Führen des Heiligen Geistes und dem Wirken Gottes zu (Z5w=77-81). Eine weitere Deutung: Geistesgaben benötigen den Glauben des Menschen (Z5w=84-86). Auf die Nachfrage, wann die Interviewte meint, „Geistesgaben" empfangen zu haben, weist sie auf ihre Entscheidung *„mit Jesus zu leben"* als Wendepunkt und zugleich Ausgangspunkt für den Wachstumsprozess der Gaben hin. Die Befähigung würde ihr situationsbedingt zuwachsen, aber keinen Automatismus darstellen, vielmehr ginge es darum, für die Gabe zu beten (Z5w=88-94). Weitere Kriterien für Gaben sieht sie nachhaltig in der Bibel gegeben. Erneut benutzt sie unter emotionaler Erregung den Begriff der *„Dinger"*, wie der Gesprächsauschnitt illustriert:

„Ja, in der Bibel stehen ja auch einige Geistesgaben, ja allein von der Bibel, dass man einfach die Dinger (Befragte lacht aufgeregt), die Gaben, durchgeht und sich überlegt, ja, ob man das an sich schon mal entdeckt hat oder gefunden hat" (Z5w=100-102).

In dieser Gesprächssequenz präzisiert die Befragte, was sie unter den „*Dingern*" versteht, nämlich Gaben. Die Art ihres erregten Lachens deutet darauf hin, dass ihr die biblischen Gaben, wie sie diese selektiert und erfasst, ungewohnt erscheinen. Dennoch kontrolliert sie retrospektiv Gabe für Gabe, ob sie diese schon einmal bei sich entdeckt hat. Weiter erzählt sie, wie sie mit dieser Art des entdeckenden Bibellesens umgeht. Es fällt ihr beim Lesen schwer, bestimmte Gaben „*genau*" für sich zu erkennen. Bei der Gabe der Prophetie allerdings hat sie den Eindruck, dass es teilweise zutrifft. Zweimal betont sie aber, dass die Gabe nie augenblicklich (2x=„*zack*") beim Erkennen bereits da ist, sondern sie zunächst lieber dafür betet, dass Gott die Gabe bestätigt. Zudem soll Gott sie so führen, dass sie die Gabe „*praktisch*" einsetzen kann, wie Gott es will (Z5w=108-113).

Auf die Frage, um welche Gaben sie betet, fällt auf, dass ihr die „*Gabe der Unterscheidung*" bedeutsam ist, damit sie vor schädlichen Einflüssen, was ihren Glauben betrifft, bewahrt bleibt. Diese Gabe bezeichnet sie als „praktisch". Während sie erneut unsicher lacht, erwähnt sie, dass ihr „*Prophetie …nicht so ganz geheuer ist.*" Einerseits erkennt sie die Gabe der Prophetie ansatzweise,[1110] andererseits bekundet die Befragte, dass sie die beiden Gaben „*Prophetie und Zungenrede*" immer verunsichern (Z5w=130). In einer grammatischen Kausalkette schlussfolgert die Befragte ihr Nichtwahrnehmen vierfach in einer semantischen Inklusion:

- weil „*nur ganz außergewöhnliche Leute*" diese Gaben erhalten
- weil „*sie nicht oft vorkommt*"
- weil es „*zumindest in unserer Landeskirche nicht so häufig*" zu erleben ist
- weil diese Gaben nur „*ganz, ganz hoch Geistige*" erhalten (Z5w=130-135)

Im Grunde schiebt die Befragte, wie sie selbst betont, die Gabe der Prophetie weg und indem sie zum Ausdruck bringt, dass sie eher die „*praktischen Sachen*" sucht, interpretiert sie die Prophetie als etwas Nebulöses (Z5w=143-147). Gaben hält die Befragte im Gemeindeaufbau für bedeutsam. Im Mitarbeiterkreis wurde zwar die Thematik kurz angesprochen und einzelne Kreise hätten einen Gabentest mit dessen Billigung, aber ohne den Pfarrer durchgeführt. Letztendlich kam es aber zu keiner Veränderung. Der Wunsch der Interviewten: Die unterschiedlichen Gaben sollten durch verschiedene Gemeindeglieder erkannt werden. Zudem plädiert sie für eine gabenorientierte Mitarbeit, statt einer bloßen Mitarbeit, nur um die Arbeit aufrechtzuerhalten. Nach ihrem Eindruck wäre eine Gabensuche im „*großen Stil*" durchzuführen, anstatt wie die Gemeindeleitung und der Pfarrer bis dato mehr im Verborgenen zu agieren (Z5w=175-199). Konkret:

- Ansprechen der Gemeindeglieder und den Gabeneindruck mitteilen
- Predigtreihe über die Einzelgaben
- Persönlichkeitsgemäße Gabensuche: persönliche Gespräche, Predigt, Bibelstudium, Gabentest (Z5w=288-300)

1110 Generell kennt die Befragte folgende Gaben: „Prophetie, Zungenrede, Erkenntnis, Geisterunterscheidung, Predigt, Verkündigung." Bei der Diakonie als tätige Liebe ist sie unsicher (Z5w=298-300).

Zur Frage, was zu den Geistesgaben gehört, zählt die Befragte einige auf: Prophetie, Zungenrede, Erkenntnis, Geisterunterscheidung, Predigen oder Verkündigen, Lehren, Diakonie und die Liebe zu den Nächsten. (Z5w=309-313).

Die Befragte selbst hat bereits zwei Gabentests durchgeführt, den von Christian Schwarz (Z5w=208.315-321) und momentan den speziellen Gabentest, der zwischen Geistesgaben und „*Motivationsgaben*" trennt und nach ihren Angaben mehr auf das Praktische abzielt. Nach ihrer Erklärung wird von praktischen Verhaltensweisen auf die Gabe geschlossen. Die *Motivationsgaben* versteht die Befragte in Verbindung zur *Persönlichkeit*, während Gaben von Gott kommen und daher die Persönlichkeit nicht integrieren (Z5w=218-238).

Nach der Auswertung der *Motivationsgaben* konnte sich die Befragte „total" mit den Ergebnissen identifizieren. Auch ihr Ehemann bestätigte ihr den zutreffenden Befund. Durch diesen Test begreift sich die Interviewte als „*Erkennerin*" und gewinnt durch das geführte Interview einen Erkenntniszuwachs, dass zwischen der Befragten und der Gabe der Prophetie eine Verbindung besteht. Prophetie in Form von Zukunftsaussagen ist ihr „*nicht so ganz geheuer*", aber als Sichtweise (Z5w=127.357), die Motive der Menschen zu erkennen, so wie sie es erlebt, ist es für sie akzeptabel (Z5w=340-351).

In den letzten Redesequenzen äußert sich die Befragte nochmals zur Prophetie und wie Gott mit Gaben überraschen kann. Indem die Befragte von der Möglichkeit spricht, diese Gaben abzublocken und die prophetische Gaben nicht zu entdecken, wechselt sie das Personalpronomen und spricht allgemein im Wir-Stil. Auf die sachliche Schlussfrage reagiert sie wieder persönlich und reflektiert unter Umständen eine „*Gefahr*", wenn sie Gottes Gabe nicht annehmen kann: „*Ich kann nun mal nicht über meinen Schatten springen*". Die Befragte schließt, indem sie von Gott eine Führung erwartet, dass sie bereit wird, auch solche Gaben zu entdecken und anzuwenden (Z5w=356-372).

12.4.1.1 Befund– Geistlich-sensibles Reflektieren

Gabendeutung. Im Duktus der Argumentation präsentiert die Befragte einen grundlegenden Unterschied zwischen den Fähigkeiten, die im Menschen angelegt sind, und den Gaben, die vom Heiligen Geist und Gott empfangen werden und Glauben erfordern. Nach ihren Erklärungen ist zu vermuten, dass im Hintergrund der angelesene Ansatz der Motivationsgaben steht. Im Hauskreis jedenfalls hat die Gruppe diesen Gabentest intensiv durchgearbeitet.

Selektives und distanziertes Wahrnehmen. Sicher ist aber, dass Ängste und Unsicherheiten bezüglich ihres selektiven Wahrnehmens neutestamentlicher Charismen vorliegen und sie diese demzufolge, nach eigenen Angaben, weder entdecken kann, noch sich auf sie einlassen will. Dabei fällt auf, wie ihr festgelegter Denkrahmen ihre Ausdrucksweise bestimmt,[1111] wenn sie distanziert von den ihr fremden Gaben spricht und sie als „*Dinger*" bezeichnet. Ihren Verdrängungsmechanismus diesen Gaben gegenüber begründet die Befragte, indem

---

1111 Auf diesen Zusammenhang weist der Ethnologe Käser hin (1997:179-190).

sie auf das seltene Vorkommen in der Landeskirche verweist und diese speziellen Gaben grundsätzlich eher für besonders geistliche Christen reserviert sieht. *Lernprozesse: Geistlich-sensibles Reflektieren und Handeln.* Auf der anderen Seite stellt die Interviewte selbst fest, dass sie ansatzweise die Gabe der Prophetie empfangen hat, in der Begrifflichkeit zieht sie aber die Erklärung der Motivationsgaben[1112] vor („Erkennerin"). Überraschenderweise schildert die Frau detaillierte Prüfkriterien, wie sie bloße Qualifikationen der Mitarbeit vom Mitarbeiten als Geistesgabe unterscheidet. Ihre Deutung beginnt zwar explizit während der Wahrnehmung von Gemeindeaufgaben bzw. rückblickend auf sie, wesentlich ist ihr jedoch das vorausgehende Gebet um Gottes Hilfe. Zu den Kennzeichen, die auf gottgegebene Gaben hindeuten, nennt die Befragte zusätzlich folgende Aspekte:

- das situative sensorische Gespür, wenn Beiträge in die Situation hineinsprechen und die Zuhörer (Kinder) aufmerksam dabei sind
- den Eindruck, dass sie in ihrer Performance Selbstvertrauen gewinnt (Identität)
- das Bibellesen, indem jede ntl. Gabe unter reflektierendem Nachdenken auf das eigene Leben hin befragt wird
- das Erkennen im Bibellesen nicht als Augenblicksgeschehen, sondern prozesshaft im rezeptiven Gebet, damit Gott die Gaben bestätigt
- im praktischen Einsatz, wie Gott es für richtig hält
- Gabenempfangen, das bei der Konversion für Jesus beginnt und einem stetigen Wachstumsprozess unterliegt

Status quo wichtiger als Gabenentwicklung. Nach Einschätzung der Interviewten, sprechen die Verantwortlichen in der Gemeinde eher sporadisch über Gaben. Aus diesem Grund würden die Gaben der Mitarbeiter wirkungslos bleiben. Demgegenüber besäßen Gemeindeaufgaben den Vorrang, damit die Gemeindearbeiten aufrecht erhalten werden könnten. Im Ganzen ist festzustellen, dass normale Gaben dann als geistgewirkt qualifiziert werden, wenn die Befragte verändernde Wirkungen ihrer handlungsbetonten Darbietungen bei den anderen und bei sich feststellen kann. Dazu schließt sie biographische Persönlichkeitsmerkmale in ihrer Veränderung ebenso ein, wie das wechselseitige Ineinander von geistlich rezeptiver Ansprache auf der einen Seite und aktiver vertrauender Annahme auf der andern Seite. Wichtig ist der Interviewten, dass Verantwortliche der Gemeinde für konkrete Aufgaben anfragen, um sie aus der Reserve zu locken. Strukturierte Gemeindeprogramme zur Gabenentwicklung werden nicht angeboten. Dagegen wäre der Status quo den Verantwortlichen der Gemeinde wichtiger.

1112 Vgl. dazu die Darstellung des Gabentests zu den Motivationsgaben, Kap. II (Teil 2).

12.4.2 Die leidenschaftlich Liebende

Eine andere Befragte berichtet, dass ihre Mitarbeit in der Konfirmandenarbeit auf der Anfrage des Pfarrers beruht und es ihr „unheimlichen Spaß" bereitet. Darüber hinaus gründete sie mit den jungen Konfirmanden einen neuen Jugendkreis (Zw6=10-14) und umsorgt die jungen Leute bis in ihre Freizeit hinein mit viel Engagement und berät sie in Lebensfragen (Zw6=51). Auf die Frage, ob ihr leidenschaftlicher Einsatz für diese jungen Menschen eine Geistesgabe sein könnte, wehrt sie ab: „Ich glaube nicht, das hat mehr mit dem Herzen zu tun, glaube ich, als mit dem Geist. Natürlich will ich ihnen Jesus beibringen, das ist wichtig für mich. Aber ich denke, die meisten *von ihnen sind schon mit Jesus.*" (Zw6=75f).

Einerseits differenziert die Befragte, indem sie ihr leidenschaftliches Mitarbeiten als eine Sache des *„Herzens"* vom *„Geist"* trennt, andererseits ist es auffällig, dass sie mit der Wendung *„natürlich will ich ihnen Jesus beibringen"* implizit das zielorientierte von Jesus-Weitersagen als Geistesgabe qualifiziert.

In der Anschlussfrage, was sie explizit unter Geistesgaben verstehe, definiert sie zunächst den göttlichen Geschenkcharakter der Gabe (Zw6=94f). Mit einem *„aber"* kontrastiert die Befragte ihre Aussage und trennt Gaben vom *„Verstand"*. Diese Folgerung leitet sie von ihrem eigenen Verhalten ab, weil sie *„schon ein bisschen verrückt sei"* (Zw6=99). Sie präzisiert ihr Verrücktsein als Ausdruck der *„Liebe"*. Ihre Liebe schildert sie metaphorisch als großes *„Herz"* (Zw6=107).

Nach ihrer Einschätzung kann die Befragte *„immer mehr Leute lieben"*. Diese Liebe wird auch registriert (Zw6=108). Auf Rückfrage nach den Gaben des Heiligen Geistes bleibt die Befragte beharrlich bei ihrer Definition, dass ihr die kolossale Liebe und Geduld als Gabe von Gott gegeben sei (Zw6=136-141).

Diese Art helfender Liebe ist ein wesentlicher Bestandteil ihres Lebens, denn die Befragte berichtet biographisch, dass sie diese Liebe schon immer hatte: „Ich habe immer helfen müssen, auch wenn die Sachen mich nichts angehen (sie seufzt). Ich weiß auch nicht. Ich habe eine strenge Erziehung gehabt" (Zw6=164-153). In den weiteren emotionalen Ausführungen erzählt sie unter Seufzen aus ihrer Kinderzeit und ihrem beständigen Helfen-müssen und über die negativen Auswirkungen in ihrer Familie bis heute.

Auf die Frage, wie die Befragte ihre Geistesgaben biographisch erlebte, erzählt sie wie sie vom Ausland kommend in die EKiBa hineingewachsen ist. Bei einer Autofahrt zusammen mit einer Freundin, sagte sie zu Jesus, dass sie mit ihm leben wolle (Zw6=187-191). Rückblickend berichtet sie, dass sie schon als Jugendliche jeden in den Arm genommen hat – und auch heute noch junge Männer in den Arm nimmt, obwohl sie verheiratet sei. Schon immer hätten das die anderen missverstanden. Sie selbst interpretiert dies „einfach" als besondere „Freundlichkeit". Nun seit sie mit Jesus lebt, ist ihr klar geworden, dass sie für diese Art ihrer Freundlichkeit beten muss, damit es nicht falsch verstanden wird (Zw6=168-212) Offensichtlich versteht die Befragte diese Freundlichkeit als Geistesgabe.

Nach weiteren Gaben gefragt, antwortet sie ganz persönlich und führt das Gebet an. Sie betet gerne. Außerdem bezeichnet sie der Ortspfarrer als „gute Beterin" (Zw6=217.226). Sie berichtet von einer Frau, die unter Depressionen und Ängsten litt und wie sie Gott bat, ihr ein bisschen von den Lasten der Frau auf sich zu übertragen, damit die Frau es leichter hätte. Sofort überfiel sie panische Angst, die aber nach ihrer Abwehr gleich wieder verschwand. Dieses Übertragungsphänomen der emotionalen Betroffenheit lässt sich durchaus psychologisch erklären, die Befragte deutet es aber als Schlüsselerfahrung, um weiter mit „Begeisterung zu beten" (Zw6=228-232).

Schließlich schildert die interviewte Frau noch vom „Gebetsseminar" und Konfirmandenunterricht, in denen der Pfarrer und seine Mitarbeiter „über diese Geistesgaben gesprochen" haben (Zw6=260-269).

Auf die Frage, was sich die Befragte vom Pfarrer und den verantwortlichen Mitarbeitern
wünscht, um Gaben zu erkennen, weist sie ausdrücklich auf das Verhalten der Gesamtgemeinde hin. Hier vermisst sie enge Gemeinschaft untereinander und das Mitarbeiten der Gemeindeglieder. Sie schlägt vor, öfter Veranstaltungen anzubieten (Gemeindefeste, gemeinsames Essen), die alle Gemeindeglieder und unterschiedliche Gruppen zusammenführt. Appel-
lativ bringt es die Befragte auf den Punkt: „Die Gemeinde ändert sich bloß, wenn man etwas
macht" (Zw6=308-336).

Persönlichkeit und Gaben gehören für die Befragte bei ihr persönlich untrennbar
zusammen. Ihre Begründung trägt einen schöpfungstheologischen Charakter. Außerdem führt
sie ihre Lebensführung und den momentanen Ort auf das determinierte Handeln des
Schöpfers zurück (Zw6=365-373.390).

12.4.2.1 Befund– Emotionale Gabenzugänge

Gabendeutung. Die Befragte erläutert den göttlichen Geschenkcharakter der
Gaben und trennt dabei zugleich ihr vom Verstand gesteuertes Verhalten ab.
Ihre außergewöhnliche Liebe, Freundlichkeit und Geduld für Menschen defi-
niert die Interviewte selbstreferentiell als Gabe.

Emotionale Gabenzugänge. Im Anschluss an dieses Interview scheint die
berichtete Liebe der Befragten zwanghaft übertriebene Züge zu tragen, denn dafür sprechen auch ihre stetigen Lautäußerungen (seufzen). Die Ursache ihrer
Liebe und ihr leidenschaftlicher Einsatz in der Jugendarbeit sind zunächst nicht
bei den Gaben des Geistes zu suchen, sondern wurzeln vielleicht in ihrer früheren Kindheitsproblematik. Zur Thematik trägt die Befragte dennoch mit ihren
impliziten Äußerungen bei, indem sie das lehrmäßig ausgerichtete Weitersagen
des Evangeliums als Geistesgabe umschreibt. Alles entscheidend ist für sie aber
die Emotionalität, die sich bei ihr in einer großen Hilfsbereitschaft, Freundlichkeit bis zur körperlichen Nähe von Umarmungen ausdrückt, die sie als gott-
geschenkte Geistesgaben deutet. Auch ihr Beten mit ihrer emotionalen Betroffenheit einer Schmerzübertragung interpretiert sie als gottgegebenes Schlüs-
selerlebnis. Aufgrund dieser Erlebnisphänomene, gehören für die Befragte Persönlichkeit und Geistesgaben untrennbar zusammen. Dahinter steht eine determinierte Vorstellung von Gott, als demjenigen, der alles in ihrer Biographie
lenkt.

Insgesamt wird deutlich: Wie bei einer anderen Befragten,[1113] so stellen
auch hier biographische Defiziterfahrungen die Weichen für die sich selbst bestätigenden Gaben.

1113 Vgl. die „Liebesbedürftige".

12.4.3 Die spontan Reaktive

Für eine weitere Befragte ist eine Gabe gleichbedeutend mit der Aufgabe. Persönlich definiert sie Gaben als etwas, was einem liegt (Zw7=26.27). Zudem erwähnt sie, ohne darauf angesprochen zu werden, dass Gaben an den Aufgaben, auch ohne Gabentest, wachsen würden und Fähigkeiten an den Aufgaben zu entdecken seien (Zw7=31-34). Das würde sie faszinieren.

Früher hätte sie sich nie getraut, vorne im Gottesdienst zu stehen, aber heute ist sie Kirchenälteste und liest sogar gerne Bibeltexte vor. Auf die Frage, was Geistesgaben sind, differenziert die Befragte ihre bisherige Grunderklärung. „Dass man da eingesetzt wird, wo man Gaben bekommen hat" (Zw7=55f). Das Eingesetztwerden für bestimmte Aufgaben sei ein wesentliches Kennzeichen für das Vorhandensein von Gaben. In Stimme und Gestik der jungen Frau zeigt sich Unsicherheit. In der Nachfrage bestätigt sie ihre Bedenken, denn sie wüsste oft nicht, wo sie sich einsetzen sollte (Zw7=62f).

Mit dem zweimaligen Indefinitpronomen „man" wechselt die Befragte in eine unbestimmte Redeform, sie schließt sich aber ggf. selbst ein. Auch wenn sie das Wort „Gaben" nicht verwendet, sondern vom Einsetzen in eine Aufgabe spricht, umschreibt sie ihre Assoziationen zu den Begabungen, denn danach wurde sie gefragt. Es gehe darum, geistlich angesprochen zu werden, entweder in einer „Predigt" oder in einem „persönlichen Gespräch". Dieses geistliche Angesprochenwerden könne in vielen Variationen auftreten (Zw7=65f). Die Befragte bekräftigt zunächst, dass es wichtig sei zu vertrauen. Nahtlos wechselt sie zum Personalpronomen in die erste Person und spricht unsicher davon, dass sie „es falsch angehen" könne „und ... alles kaputt mache" (Zw7=67). In der Reflexion stellt die Befragte dann aber fest, dass das von ihr Gesagte doch richtig war (Zw7=69f).

Indirekt interpretiert sie ihr emotionales Reden doch als Gabe. Diese Auffassung wird insbesondere unter der weiterführenden Frage deutlich, ob Persönlichkeit und Gaben zusammenhängen. Die Befragte vergleicht ihr impulsives Temperament mit der Vorgehensweise des Paulus. Daraus zieht die Befragte den Schluss, dass Paulus dabei gefühlsmäßig spontan handelte und sich mit seinen entsprechenden Gaben am rechten Platz einsetzen ließ. Dies ermutigt sie, dass Gleiches auch für sie gilt (Zw7=111-117). Von daher gehören Persönlichkeit und Gaben für sie zusammen. Bei andern in der Gemeinde kann sie das so bestimmt nicht sagen.

Auf die Frage, wie Menschen Gaben zugeteilt werden, weist die Befragte zunächst darauf hin, dass jeder Gaben empfangen hat. Nahtlos wechselt die Befragte das Personalpronomen und spricht sie in metaphorischer Weise von sich, „dass der Heilige Geist einfach noch ein paar ausgräbt, die ich selber noch nicht entdecken würde" (Zw7=73-75).

Auf die Rückfrage, welche Hilfestellungen die Gemeinde für das Entdecken der Gaben anbietet, berichtet sie, dass der Impuls Gaben zu erkennen nicht von der örtlichen Gemeinde ausging, sondern bei der Visitation ihrem Kirchgemeinderat gegeben wurde (Zw7=81f).

Das eigene Wahrnehmen der Gaben versteht die Befragte als Auseinandersetzung mit der Gabenthematik (Zw7=93f), indem in der Bibel nachzusehen wäre, wie die Menschen damals ihre Gaben entdeckt haben, um sie im Umkehrschluss ins eigene Leben zu übertragen. Da die Befragte ausschließlich in der Möglichkeitsform redet, basieren ihre Vorschläge nicht auf eigenen Erfahrungen. Deutlich spricht die Befragte hier von ihrem „Manko". (Zw7=96-101).

12.4.3.1 Befund– Psychische Dispositionen und Spiritualität

Überwindung von Hemmungen. Analog zur Gleichsetzung von Gaben und Aufgaben werden für die Befragte Fähigkeiten durch das Ausüben von Aufgaben entdeckt. Nach ihrer Überzeugung besitzen alle Menschen Gaben. Anscheinend kennt die Interviewte die Gabentests, denn ohne Aufforderung betont sie, dass ein Wachsen der Gaben auch ohne Gabentest möglich sei, und gerade dieser Tatbestand fasziniere sie. Ihre gegenwärtige Mitarbeit als Kirchenälteste betrachtet sie im Rückblick auf ihre Jugendzeit: Die Befragte deutet die Tatsache, dass sie ihre Hemmungen überwunden hat, öffentlich im Gottesdienst aufzutreten, als ein Erkennungsmerkmal, Gaben empfangen zu haben.

Geistlich Angesprochenwerden. Ein entscheidendes Merkmal des Gabenerkennens liegt außerdem darin, dass die befragte Frau sich ihre Aufgaben nicht selbst sucht, sondern eine Aufgabe übernimmt, weil sie geistlich angesprochen wurde. Dies führt dann zum entsprechenden Gabenempfang. Dieses „geistliche Angesprochenwerden" könne für die Befragte in vielfältigen Formen geschehen, etwa durch eine Predigt oder in persönlichen Gesprächen. Gerade in diesen rezeptiven Vorgängen erkennt sie aber ihre Gefährdung, durch vorschnelles impulsives Reden unangemessen zu reagieren. Indem die Befragte genau hier die Notwendigkeit des Vertrauens ins Spiel bringt, will sie vielleicht andeuten, dass unangemessenes Antworten auf einen geistlichen Impuls neue Aufgaben und Gaben verhindert.

Neue Gaben. Neben diesem Ineinander von rezeptiven Vorgängen und Vertrauen, verweist die Befragte auf die Möglichkeit durch Bibellesen Gaben zu erkennen. Auf diese Erfahrungen kann sie aber selbst nicht zurückgreifen. Ein Empfangen neuer Gaben hält die Befragte für denkbar. Sie beschreibt dieses Geschehen metaphorisch als ein „Ausgraben" durch den Hl. Geist und zwar zu einem Zeitpunkt, an dem sie diese Begabungen selbst noch nicht entdeckt hat.

Erkennungskriterien. Auf die Frage, inwiefern die Gemeinde helfen würde, Gaben zu erkennen, berichtet die Befragte, dass der Impuls, sich mit den Gaben zu beschäftigen, durch die Visitation ausgelöst worden sei. Charismen zeichnen sich für die interviewte Frau durch die nachfolgenden Kennzeichen oder Gegebenheiten aus:

- Gaben zeigen sich generell in den Aufgaben

- Gaben sind auf Wachstum angelegt

- Begabungen schenken ein sicheres Auftreten in der Öffentlichkeit (Selbstsicherheit, Überwindung von Hemmungen)

- Gaben werden durch Ja-Sagen bei Aufgabenanfragen gegeben; dazu ist Vertrauen nötig

- Begabungen benötigen die geistliche Auseinandersetzung durch Bibelstudium, durch Nachschauen, wie die Menschen damals ihre

Gaben entdeckt haben, um sie im Umkehrschluss ins eigene Leben zu übertragen. Wer mitarbeitet findet seine Gaben.

Insgesamt wird die Wahrnehmung und Deutung von Gaben als Prozess beschrieben, der die Veränderung biographischer Persönlichkeitsmerkmale ebenso einbezieht wie das Ineinander von geistlich rezeptiver Ansprache und aktiver vertrauender Annahme der Aufgabe. Eine Hilfestellung seitens der Gemeinde zum Gabenentdecken wird nicht gesehen.

12.4.4 Der analysierende Denker

Ein anderer Befragter spricht zunächst von seiner christlichen Sozialisation. Er arbeite in dem örtlich kirchlichen Jugendkreis mit, nicht weil er es selbst gewollt hätte, sondern weil es einfach so gekommen sei.

Auf die Frage, ob er seine Aufgaben als Geistesgabe ansehen würde, kann er ohne Nachdenken zustimmen: „Die Aufgaben, die ich mache, sind Geistesgaben" (Zm8=19). Dennoch ist der Befragte hinsichtlich seiner Gaben unsicher, weil er keine genaue Kenntnis besitzt, was „eine Geistesgabe" (Zm8=20) ist. Er beruft sich auf die Bibel, dass Gaben bei der Entscheidung für Jesus gegeben werden. Die Unkenntnis besteht für ihn darin, dass ihm nicht deutlich ist, welche Gaben er „da bekommen" hat: Ist es „normales Talent oder eher Berufung" (Zm8=23f)?

Nach der Bekehrung zu Jesus sagen ihm andere, dass er „praktische" Geistesgaben hätte, welche dies sind, wurde ihm nicht mitgeteilt. Geistesgaben definiert er als Gaben, die bei der Bekehrung gegeben werden und dem Reich Gottes dienen. Gaben, die vorher gegeben werden – also „als nicht gläubiger Mensch" (Zm8=54) – kann er nicht konkret von den Geistesgaben auseinanderhalten. Hier ist der Befragte unsicher, denn durch das Konjunktionaladverb „auch" verbindet er die Gaben, die er vor seiner Bekehrung erlebte, mit denen, die er auch heute erlebt und nennt beispielhaft: ein „Herz für Jugendliche haben" (Zm8=56).

Auf die Frage, welche Geistesgaben er heute bei sich kenne, antwortet er spontan: ein guter Umgang mit Jugendlichen oder mit ihnen „in Kontakt kommen" (Zm8=65f). Der Befragte will seine Gaben kennenlernen, aber es fehlt ihm die Sachkenntnis. Auf Nachfrage definiert er: Geistesgaben sind auch gottgegebene Aufgaben für eine bestimmte Platzanweisung (Zm8=78f).

Bei anderen kann der Befragte keine Geistesgaben wahrnehmen, weil er nach seiner Ansicht den Unterschied zwischen Gaben und Geistesgaben nicht kennt. Auf die Nachfrage mit der gleichen Fragestellung, aber der Bezeichnung „Gaben" statt „Geistesgaben" kann der Befragte vieles berichten: mit Leuten „ins Gespräch kommen", „ziemlich schnell im seelsorgerlichen Bereich über Probleme sprechen" oder gut strukturierte Lehren oder Predigten (Zm8=94-97).

Auf die Frage, wie andere Gemeindeglieder ihre Gaben finden können, geht der Befragte auf seine Trägheit und Zuschauermentalität sowie die seiner Gemeindeglieder ein. Konkret gibt er den Vorschlag, die Leute anzusprechen, ob sie mitarbeiten wollen. Wichtiger seien aber die Mitarbeiterbetreuung und Anleitung (einen an die Aufgabe heranführen) (Zm8=111-117).

Zur Frage, ob Gaben andauernd gegeben oder temporal seien, meint der Befragte, dass die Gaben zwar mit der Berufung zusammenhängen, aber auch der Lebenssituation / dem Lebensalter entsprächen und daher dann wieder andere Begabungen wichtig würden, einige aber sicher ein Leben lang bestanden (Zm8=131-137). Er nennt zwei Beispiele: Die Gabe der

Seelsorge erklärt er generationenübergreifend, während die Gabe der Jugendarbeit mit der „Altersspanne" wechsle (Zm8=155-160). Persönlichkeit und Geistesgaben sieht der Befragte bei sich und anderen als zusammengehörig an (Zm8=162-171).

Auf die Frage, welche gottgegebenen Gaben der Befragte kenne, verweist er auf das NT und zählt einige auf: „Lehre", „andere Leute anleiten… ihr Christsein zu leben", „andere Leute zu Jesus zu rufen, anzusprechen, was wir jetzt bei uns als Evangelisation bezeichnen und Mission", einfach auf andere Leute zuzugehen und das Evangelium zu erzählen". Die sozialen, also praktischen Gaben setzt er etwas ab und nennt hier auch Gaben, die weniger mit Gott zu tun hätten, etwa „Leib, den Körper, wo es dann um das Menschliche geht, … also um etwas zu essen oder zu trinken" (Zm8=187-193).

Die Lehre über Gaben sieht der Befragte in der Gemeinde „unterbelichtet", Zungenrede wird „total ausgelassen" und Prophetie würde es ja nicht mehr geben (Zm8=226f). Beim Sprechen über diese klassisch paulinischen Gaben (Zungenrede und Prophetie) lacht er immer wieder unsicher. Nach Ansicht des Befragten fehlt die „Anleitung" dazu (Zm8=234f). Konkret denkt der Interviewte daran, die „Sensibilität" für diese Gaben zu „wecken, einfach zunächst einmal ansprechen" (Zm8=250f). Die Predigt würde die Möglichkeit bieten hier offen über Gaben zu reden.

12.4.4.1 Befund– Kommunikation und Lehrunterweisung

Altersspezifische Gabendeutung. Der Befragte ist einerseits überzeugt, Gaben zu besitzen und definiert sie als gottgegebene Aufgaben mit einer bestimmten Platzanweisung. Zudem interpretiert er Gaben als altersspezifisch und dem damit verbundenen Zugang zu einer bestimmten Generation. Andererseits ist er aber verunsichert, weil ihm sachlich nicht deutlich ist, welche Gaben er *vor* der Bekehrung zu Jesus bekommen hatte.

Coaching, Kommunikation und Lehrunterweisung. Biographisch stellt er fest, dass die Gabe, ein „Herz für Jugendliche zu haben", *vor* und *nach* der Konversion gleichbleibend bei ihm vorhanden ist. Bei der Bewertung der Konversion im Hinblick auf seine Gaben ist der Befragte aber letztlich unsicher, ob er Talente empfangen hat oder eher eine Berufung. Der Befragte kann die Gaben der anderen in der Gemeinde nicht wahrnehmen, weil ihm die nötige Kenntnis fehle, insbesondere zwischen Geistesgaben und Gaben zu unterscheiden. Wenn er sie aber als Gaben bezeichnet, kann er viele aufzählen. Nach seiner Einschätzung würden andere in der Gemeinde ihre Gaben deshalb nicht erkennen, weil sie entweder träge in ihrem Mitarbeiten seien oder eine Zuschauerhaltung einnähmen. Der Befragte plädiert für eine Mitarbeiterbetreuung, in der Gemeindeglieder an Aufgaben herangeführt werden und in der Lehrunterweisungen und offene Kommunikation über Gaben erfolgt, die in der Landeskirche nicht benannt werden (Zungenrede und Prophetie). Es folgt die letzte Darstellung und Feinanalyse einer Befragten, die eine Ev. Landeskirche in einer Stadt besucht und dort mitarbeitet.

12.4.5 Die sensible Prophetin

Die Befragte kommt aus dem Ausland und ist in der Ev. Landeskirche vor Ort zur „bekennenden Christin" (Zw9=3) geworden und danach durch persönliche Kontakte in die örtliche Landeskirche gekommen und in die Mitarbeit „hineingerutscht". Sie betreut Kleinkinder, hilft in der Jugendarbeit und im Alphakurs. Ihre Aufgaben bezeichnet sie als „Helferrollen" (Zw9=22).

Nach der Frage, ob ihr Mitarbeiten mit Gaben in Verbindung zu bringen sei, antwortet die Befragte dahingehend, dass ihr die Aufgaben jetzt nach Jahren Freude bereiten. Vorher sei sie unsicher gewesen, denn „ich bin ein sehr unsicherer Mensch" (Zw9=47). Sie berichtet weiter, dass sie vor zwei Jahren ein Gabenseminar besuchte. Darin wurden die Gaben des Helfens bestätigt. Ebenso wurde die „Gabe der Geistesunterscheidung" neu bekräftigt. Sie ergänzt, dass es dazu aber nicht viel Praktisches zu erzählen gäbe. Dann hätte sie „noch ein bisschen … in Richtung Hirtendienst und Erkenntnis" bei sich entdeckt (Zw9=53f). Nach dem Gabenseminar wurde der Befragten erst richtig bewusst, dass diese Gaben von Gottes kämen.

Auf die Nachfrage nach Erlebnissen zu den Einzelgaben schildert die Frau Erlebnisse zur Gabe der Geisterunterscheidung. Sie spürt, ob das, was einer sagt oder das, was sie gerade liest, eine negative oder positive Absicht verfolgt. „Oft sind das sogar Personen, die, die mir dann unheimlich werden" (Zw9=63-78). Die Frau berichtet, dass sich ihr Gespür im Nachhinein, wenn sie mehr Informationen über diese Person erhält, oft bestätigt (aber auch nicht immer). Mit dem Verstand kann sie sich dieses Phänomen auch nicht erklären. Wenn sie derartiges wahrnimmt, betet sie viel und in Form von Lesehinweisen oder durch Bibelverse erhält sie bestätigende Antworten (Zw9=67-77).

Nach dem Beten, so schildert die Befragte weiter, könnte es auch sein, dass sie jemandem begegnet, der ihr etwas in dieser Richtung erzählt, was ihr weiterhilft. In der Anfangszeit solcher Erlebnisse dachte die Befragte stets an Zufall, doch gerade in letzter Zeit würde sie merken, dass es kein Zufall ist (Zw9=74-78).

Mehr noch, sie hat den Eindruck, dass „es manchmal ein bisschen in Richtung Prophetie geht" (Zw9=78f). Sie würde aber nicht prophetisch in die Zukunft sehen können, sondern erzählt, dass ihr beim Beten „ein Vers oder irgend so was in der Richtung" gegeben wird". Die Befragte ist zunächst misstrauisch, dass sie zuerst, bevor sie zu dem Betreffenden geht, ein Gemeindeglied mit der „Gabe der Auslegung" befragt oder zu einem der Kirchenältesten in der Gemeinde geht, denn sie wolle keinen Fehler begehen (Zw9=80-84). Vor Monaten, so berichtet die Befragte, hätte sie noch Angst gehabt, nun aber könnte sie Gott für „*die Sache*" danken.

Dass die Befragte hier die Gaben nicht benennt, sondern von „*der Sache*" redet, scheint zu zeigen, dass ihr die als Gabe gedeuteten Erlebnisse immer noch fremd erscheinen. Sie unterstreicht am Ende ihrer Schilderung, dass diese Erfahrungen nicht täglich vorkommen.

Sodann berichtet sie über ihre Gabe des Helfens und wie sie diese Gaben wahrnimmt. Es ging darum, dass jemand schlicht Hilfe benötigt. Sie würde dann „immer so einen Drang" bekommen, „das auch zu machen". Teilweise korrigiert sie sich dabei selbst, um nicht dem Helfersyndrom zu verfallen. Die Befragte drückt es so aus: „wobei ich mich da manchmal auch ein bisschen schützen muss, sonst bin ich überall dabei" (Zw9=92f). Wenn sie diese Arbeit aber wirklich tun will, hat die Befragte „Spaß" daran (Zw9=95).

Auf die Nachfrage, wie das normale Helfen vom Helfen als Geistesgabe zu unterscheiden sei, berichtet die Befragte ausführlich über ihr Ergehen. Zunächst berichtet sie, dass sie schon immer gerne anderen geholfen hat und meint, dass dies ihre „natürliche Gabe" sei (Zw9=110f). Bei der Geistesgabe läge der Unterschied in einer anderen Herangehensweise, indem sie dafür betet und keine so große Belastung verspüre. Zudem führt sie die praktischen Arbeiten mit der Überzeugung durch, dass dies nun ihr Platz sei. Auch bei Zeitknappheit bete sie vorher bereits zu Hause. Die Deutung, dass es sich um eine Geistesgabe handelt, beruht für die Befragte auf der Erfahrung von Erfolg und der Abwesenheit von Panik und, dass es „einfach" trotzdem gelungen ist (Zw9=111-116).

Die weiteren zwei Fragen nehmen die Gemeinde ins Blickfeld. Die Interviewte beantwortete die Frage, inwiefern die Gemeinde sie in ihren Geistesgaben bestätige. Sie berichtet, dass sie immer noch mit ihren Prophetien unsicher sei, und zwar in der Weise, dass sie sich stets frage, ob es von Gott komme oder von ihr. Im Unterschied zu früher sei sie jetzt aber schon sicherer. Im Hauskreis und in Kleingruppen würde sie beten und danach still hören. Die Befragte berichtet, dass dann, wenn sie vorsichtig etwas gesagt habe, oft die Reaktion kommt: „das stimmt total, also es ist total in unsere Situation" (Zw9=122f). Die Befragte schließt diesen Part ab, indem sie nochmals auf den Gabentest Bezug nimmt, der ihr für ihre bereits genannten Gaben eine große Bestätigung war (Zw9=124)

Auf die Frage, welche Bedeutung den Gaben allgemein in der Gemeinde zu kämen, antwortet sie, dass nicht nur innerhalb der Alphakurse, sondern regelmäßig an die Geistesgaben erinnert werde.

Auf die Frage, ob sie einen Zusammenhang zwischen den Gaben und ihrer Persönlichkeit sehen könne, berichtet sie aus ihrer Kindheit. Ihre Mutter hätte schon immer zu ihr gesagt, dass sie den „siebten Sinn" habe (Zw9=135), so eine Art prophetischer Fähigkeit. Die Befragte lebte nach ihren eigenen Aussagen, ihre früheren Fähigkeiten eher im Hintergrund analog zu ihrer Persönlichkeit. Gleiches würde gegenwärtig auch auf die Gabe der Prophetie zutreffen. Eine leichter Veränderung könne sie aber dennoch bemerken (Zw9=139-147).

In einem Nachtrag drängte die Frau darauf, noch einen für sie sehr bedeutsamen Beitrag zu speziell zur prophetischen Gabe zu geben. Sie erklärte, sie habe mit der Zeit gemerkt, dass sie immer erst dann, wenn sie ihre Schuld im Gebet bekannte, einen „direkten Draht zu Gott kriegt" (Zw9=153f) und Bilder im Gebet spürt und sieht. Mit dieser kausalen Verbindung von Beichte und Charismengewissheit im prophetischen Reden endet das Gespräch. Allein sprachlich zeigen die wiederholt eingesetzten Ausdrücke „ein bisschen" oder „so in die Richtung", dass die Befragte nicht vollmundig von ihren Begabungen spricht, sondern eher bescheiden, unsicher und mit einer gewissen Fremdheit.

12.4.5.1 Befund–Psychische Balance und Gottesbeziehung

Auf dem Hintergrund der Analyse, lassen sich die Wahrnehmungs– und Deutungsschemata zum Erkennen der Geistesgaben extrahieren.

Erlebnisbezogene Gabendeutung:

- Die Geistesgaben bilden eine *Verlängerung der biographischen Anlagen* bzw. bauen darauf auf.

- Von außen ist *kaum ein gravierender Unterschied* zwischen den Gaben *vor* der Bekehrung und den von der Befragten gedeuteten Geistesgaben ersichtlich (Gabe des Helfens, Prophetie: als Wort in die Situation).

- Nach der Bekehrung deutet die Befragte ihre Gaben unter den *biblischen Kriterien* und denen, die im Alphakurs und Gemeindegabenseminar vermittelt werden.

- Die Bekehrung ist ein Wendepunkt für einen neuen Deutungsrahmen der Gaben.

Erkennungsmerkmale konkreter Gaben:

- *Prophetisches Reden*: Beten, Bibellesen, Beichten stellen kontinuierliche Interpretationshilfen der empfangenen Gaben dar.

- *Unterscheidung der Geister:* Erspüren positiver oder negativer Absichten, Vergewisserungen durch persönliche Gespräche und Kleingruppen.

- *Gabe des Helfens*: Emotional-psychische Dispositionen wie etwa Abwesenheit von Zeitnot und Panik, Entspannung in Unsicherheit, Freude und Spaß an Aufgaben.

  Helfersyndrom. Das Empfangen der Gaben ist kein punktuelles Geschehen, sondern hängt für die Befragte von der intensiven Gottesbeziehung ab. Ihre psychisch-unsichere Disposition birgt die Gefährdung in sich, dem Helfersyndrom zu verfallen, was die Interviewte aber selbst reflektiert. Den Unterschied zwischen dem Drang zu helfen und der Gabe des Helfens liegt an der Herangehensweise im vorhergehenden Gebet sowie der Abwesenheit emotional-psychologischer Spannungen.

- *Sensorische Wahrnehmungsfähigkeit und Offenheit* (Sensibilität, Intuition, Emotionen). Gelingen, Erfolg und Veränderungen stellen sich im Nachhinein ein. Gabentests nehmen eine vergewissernde Funktion ein.

Nach den Einzeldarstellungen folgt eine Zusammenschau charakteristischer Merkmale, wie Gemeindeglieder in der Volkskirche ihre Gaben erkennen.

12.4.6 Befund: Landeskirchliche Gabenzugänge

Mangelnde Erwachsenenbildung. In der Tat lassen sich in den einzelfall-bezogenen Interviewtypen gemeinsame Schwierigkeiten der Wahrnehmungs-schemata der Gaben feststellen, obwohl die Befragten in unterschiedliche volks-kirchliche Frömmigkeitsmilieus eingebunden sind. Mit Ausnahme des kirch-lichen Rahmens der „sensiblen Prophetin" zeigt sich bei allen anderen Befragten das gleiche Bild in Form unsicherer Reaktionen in der Interviewsituation und zwar stets dann, wenn die drei klassischen paulinischen Begabungen (Heilung, Zungenrede und Prophetie) im Gespräch tangiert werden. Während diese Irrita-tionen emotional ein verlegenes Lachen auslösen oder sprachliche Formulierungen die innere Distanz zu den Gaben signalisieren,[1114] erklärten die Befragten ihre Ängste und Gehemmtheiten kognitiv damit, dass diese Gaben für die Landeskirche sehr ungewöhnlich seien, selten oder nie vorkämen. In diesem Zusammenhang wurde die mangelnde Unterweisung in der örtlichen Landeskirche beklagt. Wenn Gaben in der Ortsgemeinde angesprochen werden, kämen die Anstöße und Informationen dazu von außerhalb der Gemeinde oder das Thema werde in den Kleingruppen ohne eine theologisch fachkundige Person behandelt. Hier liegen auch die Wurzeln der kommunikativen Hemmungen über Gaben zu sprechen und dies hat die fehlende Selbst- und Fremdwahrnehmung der Begabungen zur Folge.

Angesichts dieser Befunde zeigen sich kontextunabhängige Einflüsse, die eine Gabenentwicklung begünstigen, auch wenn die Befragten ihre Gaben fast ohne kirchlich strukturierte Unterstützung wahrnehmen. Zur Frage, wie Charismen zu erkennen sind, reicht es aus, die aus den Interviews gewonnenen Einzelaspekte zusammenzufassen.

Kollektive Unterstützung. Gaben werden am Wendepunkt der Bekehrung zu Christus eher verstärkt, aber nicht ganz neu wahrgenommen, weil eine Kontinuität der Gaben beobachtet wird. Im neuen Deutungsrahmen der Kirche, mehr aber in den entsprechenden Kleingruppen von Christen oder durch Gabentests, erhalten die bisher beobachteten Gaben nun eine andere Deutung. Ein auffälliger Gesichtspunkt besteht in der sich ambivalent auswirkenden Unterstützung der Gemeinschaft: Dienen die Gesprächspartner wesentlich als Ermutigungs- und Motivationsgeber, so lässt sich auch genau das Gegenteilige beobachten, nämlich dass die begriffliche Neueinordnung von natürlichen Fähigkeiten und Geistesgaben zu Unsicherheit beitragen. Zudem werden nun aus konkreten Fähigkeiten, etwa dem „siebten Sinn", prophetische Worte. Gemeindeglieder, die ihre Gaben entdecken wollen oder bereits praktizieren, sind in hohem Maße von Gruppen und Kommunikationspartnern zur Bestätigung und Ermutigung in ihrer Gabenentwicklung abhängig.

Spirituelle Unterstützung. Ohne theologische Begleitung versuchen die Befragten nach vergewissernden Anhaltspunkten für ihre wahrgenommenen Gaben zu forschen. Dabei lässt sich beobachten, dass es nach der Bekehrung zu einer intensiv gestalteten Gottesbeziehung in der Privatsphäre kommt, aus der heraus Gaben erwartet, erbeten und dialogisch im Gespräch mit Gott reflektiert werden. Kurz gesagt: Beten bewirkt Erkennen. Eine nicht zu unterschätzende Rolle spielt beim Bibellesen die Suche nach biblischen Personen, deren Gaben sich zur Identifikation eignen. Die Wirkung einer Gabe zeigt sich, im Unterschied zur „normalen Mitarbeit", zeitlich in zweifacher Hinsicht: Vor einer Gemeindeaufgabe, in einer erwartungsvollen Haltung, von Gott gebraucht zu werden und nach der Dienstsituation, in entsprechenden geistlich positiven Reaktionen der Zuhörer.

1114   Gaben werden als „Dinger" oder Sache" benannt.

Emotional-psychische Selbstdeutungen. Der Reflektion der psychischen Verfassung kommt eine sehr hohe Bedeutung zu. Der entscheidende Erkennungsmaßstab für Geistesgaben liegt für die Befragten in der inneren Balance, die während ihrer Performance vorhanden war. Insgesamt zeigen sich ambivalente Erfahrungen im psychischen Bereich, die entweder blockierend wirken oder zur befreienden Deutung führen, dass es sich um gottgegebene Gaben handelt.

12.5 Gabenzugänge im Vergleich: landeskirchlich und pentekostal-charismatisch

12.5.1 Gemeindekonzepte

Als gravierender Kontrast zwischen Ev. Landeskirche und pentekostal-charismatischer Freikirche fällt der Blick auf die unterschiedlichen Gemeindekonzeptionen. Während die örtlich Verantwortlichen die Begabungen der Gemeindeglieder innerhalb der Ev. Landeskirche in der Regel noch nicht hinreichend berücksichtigen, ist die Gabenthematik in der pentekostal-charismatischen Freikirche fester Bestandteil ihrer Grundkonzeption. Die Charismen werden in dieser Freikirche zum einen nach außen eingängig visualisiert und kommuniziert, zum anderen in den öffentlichen Veranstaltungen praktiziert und in Kleingruppen eintrainiert. Insbesondere die Kleingruppenstruktur der Gemeinde bildet den konzeptionellen Nährboden, um Gaben im Vorbild anderer Begabter kennenzulernen und selbst auszuprobieren. Ein weiterer Kontrast ergibt sich aus der Fokussierung der Gemeindeleitung, die besonders die publikumsansehnlichen Gaben hervorhebt und so einseitig das Wahrnehmungsschema ihrer Gemeindeglieder prägt. Bei der pentekostal-charismatischen Freikirche nehmen die Charismen eine missionarische Dimension ein. Im Zusammenhang damit fällt auf, dass das Gabenentdecken in der didaktischen Lehrvermittlung nicht im Fokus steht, vielmehr basiert das Zuteilen der Begabungen auf dem Grundgedanken der Berufung als Lebensbestimmung. Zuletzt zeigt sich aus der Perspektive der landeskirchlichen Gemeindeglieder ein Defizit in ihrem theologischen Fachwissen und fehlender Praxisanleitung in den Gaben. Charismatische Gemeindeglieder hingegen, die gabenorientierte Kleingruppen- und Schulungsarbeit sowie eine auf außergewöhnliche Gaben fokussierte Gemeinde erleben, äußern kein Bedürfnis, die ganze Gabenvielfalt kennenzulernen.

12.5.2 Gabenrepertoire und Wahrnehmungsstrukturen

Aufschlussreich belegt der Befund: Auch wenn im charismatischen Deutungsrahmen vorwiegend ein anderes Gabenrepertoire von den Interviewten gesucht

oder praktiziert wird, zeigen beide Gemeindeglieder aufs Ganze gesehen überraschenderweise die gleichen Deutungs- und Handlungsschemata, um Charismen zu erkennen. Dabei stoßen beide in ihrem deskriptiven Berichten auf Grenzen ihrer alltäglichen Sprachkompetenz und weichen dann auf eine metaphorische Redeweise aus. Daraus wird ersichtlich, dass das Wahrnehmen der Gaben
eine menschlich unzugängliche Dimension eröffnet, die empirisch schwer zu
fassen ist.

In beiden Deutungsrahmen, dem der EKiBa und dem der charismatischen
Freikirche, zeigen sich weitere vier typische Wahrnehmungsstrukturen im Erkennen der Gaben. Eine erste Wahrnehmungsstruktur markiert kommunikativ-
reflektierende Gebetsformen und reflektierende Bibellektüre. Diese rezeptive
erwartungsvolle Haltung zu Gott vor durchzuführenden Aufgaben ist ein starker
Hinweis, dass die Befragten ihre Gaben in der Abhängigkeit von Gott stets neu
mit geistlichen Auswirkungen erwarten. Eine zweite Wahrnehmungsstruktur
besteht in der individuellen Analyse, sowohl des eigenen Erlebens (Introspek-
tionen) in den Aufgabenfeldern der Gemeindearbeit als auch aktueller wie biographischer Veränderungen einer sich entwickelnden Identität. An dieser Stelle
zeigt sich zudem eine fast einheitlich negative Struktur, indem mangelndes
Selbstvertrauen und ein verzerrtes Selbstbild der Befragten das Entdecken der
Charismen verhindert. Beim Einsetzen, Unterscheiden und Reflektieren der Begabungen spielen Sensibilität und intuitives Erspüren eine wesentliche Rolle.

Die dritte Struktur zeigt sich in der Abhängigkeit von Ansprechpersonen
und Kleingruppen, die als hermeneutische Gemeinschaft die Gaben deuten und
bestätigen. Beide zuletzt genannten Strukturen werden von den Befragten geistlich als göttliche Ansprache gedeutet. Die vierte strukturelle Gemeinsamkeit
zeigt sich in der Durchführung eines Gabentests, der meist keine neuen Erkenntnisse eröffnet, sondern einen bestätigenden Charakter trägt, was aber im Laufe
der Biographie im prozesshaften Entdecken der Gaben immer wieder nötig ist.
Ein weiterer Konsens besteht in der Beobachtung, dass die Bekehrung zu Jesus
Christus das Bedürfnis zur Mitarbeit weckt und sich in der Regel keine völlig
neuen Charismen einstellen, sondern die längst bekannten Gaben - wenn auch
unter einer neuen Einordnung und Deutung - kontinuierlich fortsetzen. Letztere
Erfahrungen weisen auf eine Habitualisierung der Charismen hin, nicht zuletzt
deshalb, weil die psychischen Mangel- und Defiziterscheinungen der Befragten
bereits vor der Bekehrung vorhanden waren und nun die Begabungen integrieren
und dies nach der Bekehrung - nun aber unter einem anderen Vorzeichen -
weiterführen.

12.6 Gegenseitige Erwartungen: Pfarrer und Gemeindeglieder (EKiBa-Stichprobe)

Als Abschluss der empirischen Forschung folgt ein Vergleich zwischen der Pfarrerbefragung und der Befragung der Gemeindeglieder. Beide Seiten, Pfarrer und Gemeindeglieder, berichten zugleich von ihren gegenseitigen Erwartungen, wie Gaben hilfreich gefördert werden können. Angesichts der relativ kleinen Datenbasis der Gemeindegliederinterviews im Vergleich zu den Daten der Pfarrerbefragung, könnte der Einwand erhoben werden, dass der Befund in seiner Wertigkeit über einen tendenziellen Charakter nicht hinaus kommt. Kelle & Kluge (1999) halten Einzelfallanalysen in einem gewissen Maße für charakteristisch, wenn Idealtypen vorliegen (:94-97). In diesem Zusammenhang fällt zu den vorliegenden qualitativen Daten auf, dass sie trotz ihrer relativ schmalen Datenbasis im Befund der pentekostal-charismatischen Interviews nach der einschlägigen Literatur typische Deutungsmuster dieser Szene widerspiegeln.[1115] Zudem finden die Ergebnisse zugleich, was hier besonders erstaunt, in den Wahrnehmungsstrukturen der Gemeindeglieder im landeskirchlichen Deutungsrahmen einen vergleichbaren Anhalt.

12.6.1 Mangelnde Kommunikationsfähigkeit

Von daher ist eine generalisierende Gegenüberstellung zur Pfarrerbefragung möglich, selbst wenn der Befund der Gemeindeglieder vergleichsweise elementarisierende Züge trägt. Markante Einzelkontrastierungen und Gemeinsamkeiten bilden sich heraus. Es ist aber zu beachten, dass die Kontrasterwartungen mehrheitlich, was die Pfarrerseite betrifft, innerhalb der Pfarrerschaft bleiben. Das heißt, wenn dort implizite Erwartungen oder Handlungsanweisungen geäußert werden, sind nicht die Gemeindeglieder als Adressaten im Blick, sondern die Pfarrerkolleginnen und Pfarrerkollegen oder die Kirchenleitung.

Eine wesentliche Ausnahme bildet der Hinweis, dass die ganze Gemeinde aufgerufen sei, die Gaben der Gemeindeglieder zu entdecken. Interessant ist darum die indirekte Aufforderung der Pfarrer an die Kolleginnen und Kollegen, Gabenkurse und biblisch-theologische Unterweisungen anzubieten. Genau dieses Defizit beklagen auch die Gemeindeglieder und erwarten zudem eine offene Kommunikation über die, im landeskirchlichen Rahmen ungewohnten, paulinischen Gaben. Den Pfarrern wiederum fehlt das offene Gespräch über die eigenen Gaben in den Gemeinden, was eine Hilfe sein könnte, um Gaben wahrzunehmen. Hier tritt eine ambivalente Spannung zwischen Pfarrern und Gemeindegliedern zu Tage. Die schriftlichen Äußerungen in der Pfarrerbefragung geben aber näheren Aufschluss: Die verweigerte Kommunikation liegt entweder

---

1115 Vgl. Nestler (1998:228-230), Kern (1997:188-191).

an einer falschen Demutshaltung, determinierter Gabendeutungen oder einem grundsätzlichen Mangel an Selbstvertrauen. Die ambivalente Stellung gegenüber den Gabentests wird von beiden Seiten geteilt, aber jeweils anders begründet, was hier nicht mehr wiederholt werden soll. Gesagt sei nur soviel, dass Gabentests sowohl im pentekostal-charismatischen als auch landeskirchlichen Rahmen mehrheitlich ein bestätigend flankierendes Hilfsmittel darstellen.

12.6.2 Charismen vor der Konversion

Zu den Deutungsmustern zur Gabendefinition gehen die Meinungen der Pfarrer und Gemeindeglieder auseinander. Bedingt durch ihre theologische Ausbildung, besitzen Pfarrer ein Expertenwissen und belegen, insgesamt gesehen, ein klares Meinungsbild über Charismen, während Gemeindeglieder Irritationen aufweisen. Gehört die Kombination zwischen natürlichen Fähigkeiten und geistgewirkten Begabungen zum Wesen der Charismen bei Pfarrern, können Gemeindeglieder kognitiv dazu nichts aussagen, affektiv erleben sie aber genau diese theologisch mehrheitlich gewählte Disposition der komplementären Gaben. Dass Gemeindeglieder ihre Gaben im reflektierenden Bibellesen erkennen, scheint Pfarrern in ihrer Fremdwahrnehmung allerdings nicht so bewusst zu sein.

Die homogenen Deutungs- und Wahrnehmungsmuster zwischen Pfarrern und Gemeindegliedern zeigen als Nebeneffekt, dass zumindest die in der Stichprobe befragten Pfarrer insgesamt eine gute Menschenkenntnis besitzen. Zu den Übereinstimmungen zählen: Charismen schließen organisch an normalen Fähigkeiten aus der Zeit *vor* der Bekehrung an, Gaben wachsen prozesshaft und werden anlog dazu erkannt, Gaben werden sensorisch wahrgenommen und hauptsächlich durch Aufgaben erkannt. Ein weiterer Konsens besteht darin, dass Gaben durch ihre Wirkung und die Freude an den Aufgaben erkennbar werden.

Kapitel V: Empirische Befunde im Dialog mit den praktisch-theologischen Kategorien und Konsequenzen

13 Auswertung und Interpretation

13.1 Der zurückgelegte Weg

Auf dem zurückgelegten Weg liegen vier unterschiedliche Vorarbeiten zu den theologischen Kategorien vor, wie Charismen zu entdecken sind: 1) eine historische Untersuchung fundamentaler Typologien des Gabenverständnisses, 2) eine Auswertung der praktisch-theologischen Literatur und gegenwärtiger sozialwissenschaftlicher Erhebungen zu Teilfragen, 3) eine Reflexion der angrenzenden theologischen Hauptfelder und einer eigenen systematisch-theologischen Weiterentwicklung. Aus den Arbeitsabschnitten 1-3 entwickelte sich ein theologisches Grundmodell: Ich-Identität, Du-Beziehungen und Wir-Gestalt in der Charismenoffenbarung und 4) eine kritische Analyse von im kirchlichen Raum häufig verwendeten Gabentests. Die Ergebnisse der vier Abschnitte werden jeweils an deren Ende zusammengefasst und bilden damit die Kategorien zur empirischen triangulären (qualitativ und quantitativ) Befragung der Pfarrer, die den Hauptteil der Arbeit bildet. Ergänzt wurde diese Befragung durch Interviews von landeskirchlichen und pentekostal-charismatisch geprägten Gemeindegliedern. Auf diese Weise schränken sich die Fragestellung und der Befund nicht allein auf die Fremdwahrnehmung der Pfarrer ein.

Gerade die bisher in der Praktischen Theologie vernachlässigte Spezialfrage nach dem Erkennen der Charismen deckt die dahinterliegende theologische Problematik auf, dass das Charismenverständnis sowohl unter den Befragten als auch in der Fachliteratur uneinheitlich ausfällt. Methodisch bestätigen sich die sozialwissenschaftlichen Analyseverfahren für die Praktische Theologie, da einige der Hypothesen verifiziert werden. Andere explorative Befunde kommen neu hinzu und können statistisch allgemeingültigen Anspruch erheben. Deshalb erfordert der empirische Befund einen Dialog mit Teilbereichen der theologischen Kategorien (Kap. I - II). Außerdem lenken die qualitativen Erhebungen innerhalb der statistischen Befunde und Interviews auf unbeachtete praktisch-theologische Felder.

Auch wenn empirische Ergebnisse in der Regel Momentaufnahmen darstellen, legt dieser Befund aufgrund seiner fundamental- und praktisch-theologischen Grundlegung sowie gegenwartsanalytischen Untersuchungen im Theorieteil (Kap. I - II) charakteristische Erkennungsmerkmale der Charismen vor, die im Ergebnis nicht nur in Baden, sondern für die EKD generell von Bedeutung sein dürften.

Die Ergebnisse sind derart komplex, dass nicht alle dargestellten Befunde aus Kap. IV in die interpretierende Auswertung einfließen.[1116] Am Ende jeder partiellen Interpretation folgen konkrete Thesen (grau unterlegt). Darüber hinaus will ein sich anschließender Ausblick das Bewusstsein für einen missionarischen Gemeindeaufbau anregen, der die trinitarische Dimension der Charismen berücksichtigt. Die daraus ableitbaren Konsequenzen wollen zur aktuellen Diskussion in der Frage nach einer gabenorientierten Mitarbeit einen Beitrag leisten.

13.2 Charismenempfang am Lebensbeginn

Ein wichtiger empirischer Ertrag ist das quantitativ einheitliche Meinungsbild der *Pfarrer*, dass Charismen zuerst bei der leiblichen Geburt empfangen werden. (62,1%). Dieses Ergebnis steht in einem gewissen Kontrast zur theologischen Lehrauffassung der EKD-Studie „Die Taufe. Eine Orientierungshilfe zu Verständnis und Praxis der Taufe in der evangelischen Kirche" (2008:20.34), nach der Geistesgaben bei der Taufe empfangen werden. In der Pfarrerbefragung rangiert die Taufe weit hinter der Auffassung der leiblichen Geburt als Erstempfang der Charismen mit 27,9%. Dahinter steht der programmatische Befund, dass Charisma überwiegend als Geistwirken und Anlage verstanden wird (76,6%). Diese theologische Überzeugung deckt sich mit den biographischen Erfahrungen der landeskirchlichen Gemeindeglieder.[1117]

Mit welchem Grundverständnis der Charismen die Ansicht der *Pfarrer* unterlegt ist, bleibt theologisch gesehen offen. Der empirische Befund deckt sich weitgehend mit den theologischen Ansätzen von Moltmann und Welker. Beide setzen sowohl ein schöpferisches als auch ein pneumatologisches Weltwirken des Geistes voraus, indem sie die Geistausgießung von Pfingsten und die Charismen weltumspannend und kulturübergreifend allen Menschen zusprechen und annehmen, dass dieses von Geburt anhaftet. Die Suche und das Erkennen von Charismen reichen bei ihnen bis in die gesellschaftlichen Strukturen hinein und stellen den genuinen Entfaltungsort der Charismen dar. Anders gesagt: Überall dort, wo die freiwillige „Selbstzurücknahme" zugunsten der Selbstentfaltung anderer im gegenseitigen Handeln in Liebe und Einheit gelebt wird, sind Charismen evident. Die Kriterien für sich genommen sind durchaus richtig. Kritisch ist aber anzufragen, ob Welker nicht die soteriologische Heilsbedeutung Jesu Christi in seiner Pneumatologie auflöst. Es ist anzunehmen, dass Welker durch seine Geist- und Charismenauffassung die gesellschaftlichen Verhältnisse zu

---

1116 Es lohnt sich, die qualitativen und quantitativen Analysen im jeweiligen Kapitel im Rückgriff zu studieren. Vgl. auch die Ergebnissicherung (Kap. IV, 11.2).

1117 Gleiches berichten die Gemeindeglieder der charismatisch-pentekostalen Gemeinde.

erneuern versucht, indem er die Leib-Glied-Metapher (1Kor 12) in soziologische
Bedingungen transzendiert.

Nach dieser möglichen Erklärung des empirischen Befunds in der „inklusi-
vistisch-soziologischen Dimension" der Charismen[1118] wäre zum anderen die
„dialektisch-fragmentarische Dimension"[1119] denkbar, insofern sich Schöpfung
und Erlösung auf die Charismen beziehen. Der Erstempfang der Charismen
beruht hier nicht allein auf der Geburt, sondern bindet folgerichtig auch die
Konversion mit ein, die in der personalen Umkehr zu Jesus Christus besteht.
Dieser Dimension der Charismen liegt der Ansatz der trinitarischen Vorstellungen zugrunde und werden darum prozesshaft vermittelt und erkannt. An dieser
Stelle kann also die These festgehalten werden:

1. Eine Kirche des Wortes Gottes, wie es die Ev. Landeskirche für sich pro-
   klamiert, benötigt in ihrer Argumentation ein theologisch verantwortbares
   Verständnis der Charismen, das vor allem trinitarisch begründet sein
   sollte.

13.3 Charismenempfang im Konversionsgeschehen

Die Konversion, die theologisch eindeutig als Bekehrung zu Jesus Christus in
der Umfrage vorgegeben war, steht in der statistischen *Pfarrerbefragung* mit
weitem Abstand, hinter der Geburt als Erstempfang der Charismen (62,1%), an
zweiter Position (30%). Prozentual knapp dahinter folgt die Taufe (27,9%) und
fast linear die Aussage, dass Charismen zusätzlich auch vor einer Gemeindeaufgabe (26,4%) oder in einem geistlichen Erlebnis (25,7%) erstmals empfangen
werden können.[1120] Ansatzweise korrespondiert diese Auffassung mit der im
theologiegeschichtlich herausgearbeiteten Teil dieser Untersuchung, „relationalen Typologie."[1121] Ihre prozesshafte Struktur im Gabenempfangen bei Geburt,
Taufe und Konversion basiert auf dem erwähnten trinitarischen Ansatz der Charismen. Diese typisch trinitarische Charakteristik versteht das Charismenverständnis dynamisch, was eine breite Vorprägung in den Typologien und theologischen Hauptfeldern belegt. Ihre exegetische Präzision findet sich zusammen
mit der elementarisierten systematisch-theologischen Weiterentwicklung dieser
Untersuchung, wenn hier von Schöpfungs-, Geistes-, und Kyrios- bzw. Christusgaben ausgegangen wird.[1122]

1118 Vgl. Kap. II (3.1.3)
1119 Vgl. Kap. II (3.1.2).
1120 Die Geistestaufe rangiert mit 7,9% auf dem letzten Rang.
1121 Vgl. Kap. I (3.).
1122 Vgl. Kap. II (4.)

Der empirische Befund zeigt: Die Konversion als Voraussetzung für Charismen besitzt in der Pfarrerschaft keinen prominenten Stellenwert, was im übrigen noch weniger für die Taufe gilt. Theologiekritisch ist anzufragen, ob womöglich die Pfarrerausbildung es versäumt, die Konversion zu Jesus Christus in Verbindung mit dem Geistwirken und den Charismen als eine zentrale theologische Erkenntnis zu vermitteln. Anders berichten es die *Gemeindeglieder* in beiden Referenzrahmen (landeskirchlichen und pentekostal-charismatisch geprägten Gemeindegliedern): Sie erklären die Konversion als Wendepunkt in ihrem Leben und beschreiben in ihrer Konversionsphase ein verstärktes Wahrnehmen ihrer Charismen. Mehr noch – und das sollte in der gegenwärtigen Diskussion der Reformprozesse durchaus reflektiert werden: Nach dem Erleben der Konversion oder einem geistlich eindrucksvoll empfundenen Erlebnis stellt sich das generelle Bedürfnis zur Mitarbeit wie von selbst ein. Gabenorientierte Mitarbeit wird damit geistlich motiviert.

Die letzten Ergebnisse der Gemeindeglieder bedürfen gegenüber der *Pfarrer* einer umsichtigen Deutung, weil im Unterschied zur repräsentativen Pfarrerbefragung die Interviews lediglich einen exemplarischen Charakter tragen.[1123] Immerhin bestätigen ein Drittel der Pfarrerschaft diese Erfahrungen. Bei aller Umsicht der Datenlage ist darauf hinzuweisen, dass nahezu alle Typologien, praktisch-theologischen Dimensionen der Charismen in den theologischen Hauptfeldern wie der ntl. Texte festhalten: Charismen werden als vom Geist vermittelte Begabungen durch Geistwirkungen als solche wahrgenommen.

Charismen im Bezug zur Taufe werden bei den *Gemeindegliedern* nie erwähnt. Dagegen diskutiert die ntl. Exegese die Frage kontrovers, ob der Hl. Geist und durch ihn die Charismen in der Taufe oder Konversion erstmals zugeteilt werden. Aktuelle Untersuchungen, vor allem aus dem anglo-amerikanischen Bereich, zeigen, dass es nicht möglich ist, den Geistempfang ausschließlich an die Taufe zu binden, sondern man den ntl. Texten eher gerecht wird, wenn vom Geistempfang im Prozess von "conversion-initiation" gesprochen wird.[1124] Insgesamt ist in der Diskussion zu beachten, dass das NT kaum etwas zum Zeitpunkt und der Form der Taufe aussagt, aber vor allem die theologische inhaltliche Bedeutung herausstellt. Aus dem Gesagten ergibt sich die These:

1123 Es ist anzunehmen, dass die Mehrzahl der nominellen Mitglieder der Badischen Landeskirche anders geantwortet hätte.

1124 Vgl. Rabens (2010:96-120). Er argumentiert mit anderen für eine „conversion-initiation" (:98), die einer Kombination aus Bekehrung und Taufe gleichkommt. Dieser Ansicht ist laut Wolter (2011:98f) mit „allergrößter Zurückhaltung" zu begegnen. Ähnlich Avemarie (2002:434). Schnabel plädiert ausschließlich für die Bekehrung (2006:728-730). Praktische Theologie: Muther (2010: 115f) und Obenauer (2009:101) sprechen sich exklusiv für die Taufe aus.

2. Eine Kirche, die sich auf die reformatorische Tradition beruft, sollte die Charismen in ihrem prozesshaften Empfangen vermitteln und die Zäsur zwischen den Schöpfungsgaben einerseits und Geistes- und Christusgaben andererseits in der Konversionsphase postulieren.

13.4 Wahrnehmende Gleichförmigkeit versus theologische Aufspaltung

Im qualitativen Praxisbefund der *Gemeindeglieder* spielen die theoretisch diskutierten Kategorien der sogenannten natürlichen Fähigkeiten gegenüber den übernatürlichen Geistesgaben keine Rolle. Anthropologische und pneumatologische Aufspaltungen heben sich in der Praxisanwendung der Gemeindeglieder auf. Die Gemeindeglieder realisieren aber die Zäsur im christusgemäßen Einsatz der Charismen. Darum besitzt die Gottesbeziehung in der stetigen Erneuerung des Glaubens und betenden Erwartungshaltung in beiden gemeindlichen Referenzrahmen eine dominierende Stellung. Allerdings bleiben Gemeindeglieder in der Ev. Landeskirche gravierend irritiert, weil die biblisch-theologische Lehre zu den Charismen auch und besonders zu dieser Fragestellung in den Ortsgemeinden fehlt.[1125] Außerdem tragen die Materialien der Gabentests dazu bei, dass das Pragmatische vor den theologischen Fakten einen starken Einfluss ausübt. Alle Gabentests verstehen die Übergänge vom Status der natürlichen Fähigkeiten zu den pneumatischen Gaben als Veredelung oder Umwandlung oder vertreten radikale Trennungen, wie etwa alle jene Gabentests, die vom Konzept der Motivationsgaben ausgehen. Schöpfung und Erlösung (Gnade) werden für bestimmte Charismen getrennt. Selbst wenn der vorgebildete „Transformations-Typus"[1126] für eine Umwandlung des natürlich Vorhandenen durch die Gnade Gottes in einen höheren Status argumentiert, besitzt das Geschöpfliche einen habituellen Charakter in den Charismen. Auch in der Praktischen Theologie wird dieser Typus vielfach rezipiert, wie etwa in der „dialektischfragmentarischen Dimension".

Als theologisch hilfreich erweist sich in der Frage nach den scheinbar unattraktiven Fertigkeiten und spektakulären Geistesgaben die Dimension der „zirkulären Erkenntnisprozesse" und Erkenntnisse aus der Exegese zu 1Kor 12,22.[1127] Hier werden Charismen in ihrer sozialen minderwertigen Hintergrundsgestalt in der Gemeindearbeit wahrgenommen, erfahren dann aber im

---

1125 Allein die Erwähnung der typisch charismatisch-pentekostalen Charismen (Heilung, Prophetie, Glossolalie) der Befragten löste körperlich unsichere Gesten aus, gepaart mit einer erregten Stimmlage.
1126 Vgl. Kap. I (2.2)
1127 Vgl. Kap. II (4.2.5.2).

Licht des offenbarmachenden Hl. Geistes und analog zur Kreuzesgestalt Jesu ihre Umbewertung. Insofern kommen diese Charismen gerade in ihrer scheinbaren Schwäche durch die Kraft Gottes im gegenseitigen Dienen zum Tragen. Insgesamt kennt das NT nach der Konversion keine Aufteilungen von natürlichen Fertigkeiten und supranaturalen Begabungen,[1128] unterscheidet aber die Qualität der Charismen nach ihrem selbstlosen und liebenden Gebrauch (Heiligung). Zusammenfassend ergeben sich zwei Thesen:

3. Eine Kirche, die programmatisch eine gabenorientierte Mitarbeit wünscht, darf ihre Gemeindeglieder mit ihren theologischen Fragestellungen und pragmatisch ausgerichteten Gabentests nicht sich selbst überlassen. Eine „Kirche als Lerngemeinschaft" nimmt die theologische Unsicherheit der Gemeindeglieder ernst und integriert sie in ihren Bildungsauftrag zur Entwicklung des Ehrenamtes.

4. Eine Kirche, die von der trinitarischen Dimension der Charismen ausgeht und der ntl. Exegese folgt, wird für Jesusnachfolger keine Unterschiede zwischen den kategorialen natürlichen und übernatürlichen Begabungen postulieren. Vielmehr werden die ethischen Kriterien und der christusgemäße Gebrauch der Charismen zum Aufbau der Gemeinde betont.

13.5 Habituelle und spirituell-aktualisierende Dialektik

Das typisch Relationale im Anwenden der Charismen geschieht aus der unmittelbaren Gottesbeziehung *vor* oder *in* Gemeindeaufgaben. Diese weithin theologisch vertretene Überzeugung teilt die *Pfarrerschaft* der EKiBa-Stichprobe nicht nur tendenziell weniger, sondern beurteilt sie empirisch ambivalent.[1129] Dagegen lassen die Beschreibungen der *Gemeindeglieder* im landeskirchlichen und charismatisch-pentekostalen Rahmen in eindrücklicher Weise keine anderen Schlussfolgerungen zu, als dass Charismen aktualisierend von einer Aufgabe zur anderen durch Gott zwar nicht neu zugeteilt werden, aber in ihrer Wirkung geistlich zu erbeten sind und prozesshaft und rezeptiv zum Tragen kommen. Spiritualität und Erfahrung der Charismen hängen zusammen.

Die *ntl. Texte* stützen die empirischen Beobachtungen der Gemeindeglieder: Neben dem Geschenkcharakter der Charismen werden die Charismen immer wieder aktualisierend zugeteilt (1Kor 12,11) und es gilt, stetig nach Charismen in der kommunikativen Gemeinde zu eifern (1Kor 12,31, 14,1). Der individuelle

---

1128 Vgl. Kap. II (Teil 2, 4.2).
1129 Vgl. Kap. IV (Teil 1, 10.13).

Anteil geschieht in der rezeptiven Haltung des Gebets im kommunikativen Dialog mit Gott und im kerygmatischen Handeln sowie in der Inanspruchnahme der Kraft Gottes im sozial-diakonischen Einsatz zur Ehre Gottes (1Petr 4,11).[1130] Charismen erschließen sich zwar sichtbar soziologisch-kommunikativ, durchdringen aber in ihrem göttlichen, unverfügbaren Wirken die sichtbaren Faktizitäten und reichen doxologisch und soteriologisch über sie hinaus. Nach den Beobachtungen der *Pfarrer* entdecken Gemeindeglieder ihre Charismen auch durch die Verkündigung im Gottesdienst.

Die aktualisierende Charakteristik ist theologisch gefährdet, wenn *alle* Charismen *jedem* zustehen sollen, sobald der Erbittende überdurchschnittlich erwartungsvoll mit den vorwiegend als übernatürlich eingestuften Charismen rechnet, wie es die qualitative Analyse im charismatisch-pentekostalen Rahmen nahe legt. Für diese Lehrauffassung stehen analog Vertreter der „extraordinären Dimension."[1131] Richtig ist dagegen die Auffassung, die mehrheitlich auch in den traditionsgeschichtlichen Typologien vorliegt, dass Charismen grundsätzlich von Gott erwartungsvoll erbeten werden.

Konträr zur aktualisierenden Eigenart der Charismen stehen all jene *ntl. Belege*, die durch ihre substantivischen Begrifflichkeiten, etwa dem Lehrer, Propheten, Wundertäter oder Hirten (1 Kor 12,28, Eph 4,11) auf personalisierte und kybernetische Dienstfunktionen deuten. Auch beim ‚Amtscharisma' liegt kein statisches Charismenverständnis vor, weil sich das Habituelle allein auf die regelmäßig ausgeübte Dienstfunktion bezieht,[1132] was einer inneren Trennung zwischen Amt und Person gleichkommt.[1133] Amtsträger bleiben wie generell im geistlichen beziehungsbezogenen Leben vom spirituell-aktualisierenden Aneignen der Charismen im Vertrauen auf den dreieinigen Gott abhängig. Insofern würde die praktisch-theologische Literatur zu Recht von „Gabenträgern" sprechen, wenn sie - was aber oft nicht explizit geschieht - diese Differenzierungen erläutert.[1134] Tendenziell argumentieren alle Gabentests für einen habituell-statischen Charismenbesitz.[1135]

Aus Sicht der befragten *Gemeindeglieder* zeigen Charismen eine lebensgeschichtliche Kontinuität und tragen habituelle Züge. Dieser empirische Befund

1130 Vgl. Kap. II (4.2.4)

1131 Vgl. Kap. II (3.1.4).

1132 Johannes Chrysostomus sieht im öffentlichen Bereich beim Einsetzen der Bischöfe in der praktischen Anwendung von Eph 4,11 „in den kirchlichen Wahl- und Weihehandlungen die Ordination als Empfang der Gabe Gottes" an. Er schränkt aber ein, dass die Ordination nicht als Garantie anzusehen sei, dass sich „unweigerlich (ex opere operato) das göttliche Charisma herabsenke" (Ritter 1972:112.124).

1133 Vgl. die personal-relationale Typologie (Kap. I, 2.3).

1134 Es stellt sich die Frage, ob die speziellen charismatischen Dienstfunktionen zwingend ordinierte Pfarrer exklusiv für sich in Anspruch nehmen können oder anachronistisch-kontextgebundene Überlegungen die ntl. Interpretation beeinflussen.

1135 Vgl. Kap. II (5.)

bestätigt die systematisch-theologische Grundlage der trinitarischen Dimension der Charismen.[1136]

5. Der wissenschaftlichen Praktischen Theologie als Theorie der Praxis innerhalb der Oikodomik obliegt die Verantwortung aufgrund der trinitarischen Dimension der Charismen, die verschiedenen Zugangsweisen stärker zu profilieren. Auch das dialektische Charismenverständnis (habituell und aktualisierend) gilt es, in den praktisch-theologischen Handbüchern unter Berücksichtigung empirischer Befunde und ntl. Exegese aufzunehmen.

6. Eine Beteiligungskirche wird das in der Vergangenheit stärker akzentuierte habituelle Charismenverständnis ausgewogen durch den ebenso bedeutsamen aktualisierenden Ansatz erweitern.

7. Eine Beteiligungskirche wird ihre Gemeindeglieder herausfordern in sozialdiakonischen und missionarischen Handlungsfeldern, aber auch im persönlichen Umfeld, das Wort Gottes und seine Kraft in Anspruch zu nehmen, damit das dem anderen helfende Charisma wahrgenommen wird.

8. Da die charismatisch-dynamische Spiritualität der Heiligung zuzuordnen ist, gilt es, nicht allein die Ehrenamtlichen, sondern alle Gemeindeglieder darin einzuweisen.

13.6 Revitalisierung der Berufung Begabter

Das Verhältnis von Berufung und Charisma trägt eine über die Zeit dauernde Charakteristik, wenn es um die Frage eines speziellen Amtes und einer zu bestätigenden Befähigung durch die Gemeinde geht. Neben der individuellen Begegnung mit Gott und seiner subjektiven Erfahrung (vocatio interna) prüft die Gemeinde die Charismen durch ihr vermittelndes Berufungsgeschehen (vocatio mediata). Reduziert die „relationale Typologie"[1137] ihre Berufungen exklusiv auf das heilwirkende Predigtamt, weiten andere Typologien[1138] die Berufung auf weitere Charismen und Aufgabenfelder aus.

Diese Ausweitung der Berufung deckt sich mit dem empirischen Befund unter den *Gemeindegliedern*, die sich wünschen, für konkrete Aufgaben angesprochen zu werden und umschreiben damit den Grundgedanken der Berufung.[1139] Der qualitative Befund zeigt, dass Gemeindeglieder auf Bestätigungen

---

1136 Vgl. die Typologien Kap. I, die Dimensionen der theologischen Hauptfelder (Kap. II) und den systematisch-theologischen Teil (Kap. II, 4).

1137 Vgl. Kap. I (2.3).

1138 Vgl. etwa Kap. I (2.7).

1139 Vgl. die Leit- u. Richtlinien der EKiBa für die ehrenamtlich Mitarbeitenden (2000:1).

angewiesen sind, die sie aber nicht exklusiv vom *Pfarrer*, sondern auch von den Ältesten oder anderen verantwortlichen Mitarbeitern erbitten. Im Gegensatz dazu stehen die kirchlichen Verlautbarungen, die einen individuellen Ansatz aufweisen, weil sie generell den Fokus auf Pfarrer als Gabenentdecker *par excellence* ausrichtet.

Aus der Tatsache, dass im charismatisch-pentekostalen Bereich die Berufung im Gemeindekonzept ähnlich integriert ist wie im Gabentest des „kybernetischen Modells",[1140] ergibt sich einerseits ein Berufungsverständnis, das alle Gemeindeglieder einschließt. Indes wird die Berufung wie das Entdecken der Charismen als Lebensprozess aufgefasst und miteinander verbunden. Andererseits erhalten Berufung und Charismen eine missiologische Begründung. Insbesondere die ntl. Texte lassen erkennen, dass Charismen an den Orten reichlich geschenkt werden, wo das Zeugnis von Christus hörbar wird und sich das Evangelium in den Menschen verwurzeln kann (1Kor 1,4-9).

Konform zu den Typologien[1141] schließt die charismatisch-pentekostale Gemeindekonzeption längere Erschließungsprozesse als Teil des geistlichen Reifens im Erkennen der Charismen notwendig ein und berücksichtigt menschliche Dispositionen. Mit dem empirischen Befund zum Bedeutungsgehalt der Berufung im Verhältnis zu den Charismen kann die *ntl. Exegese* auf zwei Belegstellen in 1Tim 4,14 und 2Tim 1,6ff verweisen,[1142] in der durch die Anamnese im Sinne einer realen Vergegenwärtigung das vernachlässigte Charisma an das Berufungsereignis erinnert. Die Reichweite der Charismen sprengt hier die binnengemeindlichen Aufgabenfelder und schließt die missionarische Berufung in das Charisma ein. Die personale Anamnese der Berufung besitzt damit eine elementare Gemeinderelevanz.[1143]

9. Wer eine Beteiligungskirche will, beruft in öffentlichen Veranstaltungen Gemeindeglieder für kirchliche Handlungsfelder. Kirchenrechtlich ist nicht an den Status einer festen Ordination gedacht, zumal die Aufgabenstellungen einen temporalen Projektcharakter tragen, um die beobachteten Charismen zunächst auszuprobieren.

10. Trotz aller grundsätzlichen Unterschiede aus dem charismatisch-pente-

---

1140 Vgl. zum charismatisch-pentekostalen Bereich (Kap. IV, 12.2), kybernetisches Modell (Kap. II, 5.5).

1141 Vgl. Kap I (2.). Auch Bohren (1979:135f) verbindet Charisma und Berufung als Auftrag der seelsorgerlichen Gemeinde, die er theologisch aus 1Kor 12 ableitet.

1142 Vgl. Kap. II (4.). Zum Verhältnis von Berufung und Charisma liegt meines Wissens gegenwärtig keine exegetische Monographie im deutschsprachigen Raum vor.

1143 Die kath. praktisch-theologische Studie zur Berufung als „pastorale Grunddimension" kommt über Andeutungen nicht hinaus (Feeser-Lichterfeld 2005). Schneider & Lehnert (2011) sowie Böhlemann & Herbst (2011) bieten hier für den ev. Pfarrer als geistlichen Leiter mehr Anregungen.

kostalen Referenzrahmen regt die konzeptionelle Berufungs- und Charismenkonzeption zum Transfer in die Landeskirche an.

11. Das kirchlich primäre Aufgabenprofil postuliert den Pfarrer als Gabenentdecker, was ihn überfordert und dem Ziel einer Beteiligungskirche einseitig widerspricht. Hier muss im Reformprozess zur Beteiligungskirche die Korrektur ansetzen.

12. Eine Beteiligungskirche benötigt einen speziellen Personenkreis, der sich aus unterschiedlichen Generationen zusammensetzt und als „Entdeckerteam" der Charismen fungiert, um in Kooperation mit dem Pfarrer und den Ältesten begabte Gemeindeglieder aufzuspüren und geistlich zu begleiten.

13. Konsequenterweise setzt die Konzeption einer gabenorientierten Kirche eine spezifische Ausbildung der Pfarrer voraus. Darauf hat die Pfarrerausbildung zu reagieren: Kybernetische und praktisch-theologische Fähigkeiten sind erforderlich, die sich realistisch an den empirischen Gegebenheiten ausrichten.

13.7 Sensorische Prozesse

Die „imaginär-mystische Typologie",[1144] die aus Beobachtungen visionär-prophetischer Charismatiker entstanden ist, kommt den empirischen Beschreibungen der Gemeindeglieder am nächsten, wenn sie von Momenten ihrer tiefen Gottesbeziehung und gleichzeitiger Eindrücke gewisser prophetischer Weisungen berichten.

Beide Erfahrungen finden sich nicht nur im charismatisch-pentekostalen, sondern auch im landeskirchlichen Referenzrahmen. Für die Befragten erscheinen derartige Vorgänge unerklärlich – in diesem Sinne mystisch – und hinterlassen eine unsichere Gefühlslage. Das Erkennen der schwer zugänglichen Charismen erfordert ein intensives Hören in der Stille (kontemplatives Beten) vor Gott und bedarf wiederholter Zusicherungen anderer, das die Gemeindeglieder wiederum als Rede von Gott interpretieren. Die „imaginär-mystische Typologie" erweist sich als hilfreiches Deutungsschema, weil sie das Ineinander psychologisch-geistlicher Dimensionen als Offenbarungsweise Gottes erklärt, der durch alles Geschöpfliche hindurch im Geist wirkt und vorläufig die prophetisch-sensorisch erspürten Charismen zugesteht, bis es zu einer legitimierenden Approbation, also dem geprüften Anerkennen der Charismen innerhalb der Kirche kommt. Als weitere Typologie und Deutungsmuster zählen die relativ zahlreichen zirkulären Erkennungsmodelle innerhalb der praktischen Theologie

---

1144 Vgl. Kap. I (6.)

und ntl. Exegese, die von der Selbstevidenz der Charismen durch Charismen oder der inneren erspürten Geistwirkung ausgehen.[1145] Auch Pfarrer berichten von einem Ineinander sensorischer Wahrnehmungsprozesse. Ihr Erleben ist am besten mit einem intuitiven Vorgang zu umschreiben, indem das „genaue Beobachten", „gegenseitiges Zuhören", „sorgfältiges Sehen auf Ziele und Personen" und „gemeinsames Einschätzen" komplementär mit geistlichem Assoziieren zusammenfällt.[1146] Konform belegen die anthropologischen Begrifflichkeiten im Zusammenhang mit den Charismen im AT und NT das unteilbare Ineinander von Verstand (Planen, Denken, Urteilsvermögen) und psychischer Dispositionen (Emotionalität, sensorische Wahrnehmungen, Sensibilität). Charismen offenbaren sich durch die Person bzw. Persönlichkeit.[1147] Von daher liegen auch die Gabentests richtig, wenn sie denjenigen, die ihre Gaben suchen, auffordern, hinzuhören, was ihr „Herz wünscht" oder fragen, welche „Neigungen" und „Leidenschaften" sie bestimmen.

14. Die geistlich-sensorischen Prozesse im Wahrnehmen der Charismen sind lehrmäßig als eine partielle Art der Offenbarung Gottes zu vermitteln, damit die Gemeindeglieder ihre individuellen Frömmigkeitserlebnisse artikulieren lernen und seelsorgerliche Charismen erkennen und untereinander einsetzen.

13.8 Fragmentierte Identitätsbildung und Charismeneinschätzungen

Eines der frappierendsten qualitativen Ergebnisse stellen die inhaltlich nahezu parallel laufenden Fremdwahrnehmungen der Pfarrer[1148] *und* Selbstbeobachtungen der landeskirchlichen und charismatisch-pentekostalen Gemeindeglieder analog zum theoretischen Rahmen dar, was auf ihre Relevanz hindeutet. So diagnostiziert die Pfarrerschaft in ihren schriftlichen Äußerungen die psychischen Brüche und unabgeschlossene Identitätsbildung der Gemeindeglieder als größte Hindernisse zum Erkennen der Charismen. Ihre Beschreibungen fallen recht detailliert aus und geben ein wirklichkeitsnahes Bild. Während die Pfarrerschaft Überheblichkeitsdenken der Gemeindeglieder in unterschiedlichen Ausprägungen - auch in ihren Charismenvorstellungen - als wesentlichen Grund dafür nennt, dass sich keine Mitarbeiter für die situativ eingeschränkten Gemeinde-

---

1145 Vgl. Kap. I (2.3.19:„personal-relationale Typologie") u. Kap. II (3.1.8). u. Kap. II (4.).
1146 Vgl. Kap. IV (8.2.26.3). Ähnlich handeln Pfarrer, wenn sie Mitarbeiter suchen (Kap. IV (10.2.4).
1147 Vgl. Kap. I (2.4 2.4: „synergetische Typologie") und Kap. II (4.1).
1148 Vgl. die „fallbezogene Deutungsmuster im Perspektivenwechsel" (Kap. IV (10.2.9).

406

aufgaben gewinnen lassen, erlebten sie auf der anderen Seite psychische Fragmentierungen - mit dem gleichen Negativeffekt - als ausgeprägte Minderwertigkeitsgefühle verschiedenster Art.

In vergleichbarer Weise bringt der qualitative Befund der Gemeindeglieder aus ihrer selbstreflektierenden Perspektive seelische Instabilitäten zum Ausdruck, allerdings von außen betrachtet, einseitig auf das zuletzt von den Pfarrern ausgesagte Minderwertigkeitsgefühl reduziert. Dem entsprechen die belegten Einzelphänomene all jener Befragten, in denen Gemeindeglieder analog zu ihren persönlichen Mangelerscheinungen insbesondere *die* Charismen entdecken und einsetzen, die ihre Defizite subjektiv auffüllen. Die bedürfnisorientierte Suche nach Charismen hängt mit der Identitätsfrage zusammen.

Der empirische Befund einer fragmentierten Identitätsbildung wird auf breiter Front typologisch sowohl in der Theologiegeschichte als auch in empirisch-gesellschaftlichen Gegenwartsanalysen und humanwissenschaftlichen Forschungen vorreflektiert. Die „synergetische Typologie"[1149] leistet insofern einen charakteristischen Beitrag, weil sie einen Lösungsansatz bietet, wie es dem gebildeten Label des „Synergetischen", also dem Zusammenwirken zweier Faktoren entspricht: Frömmigkeits-psychologisches Selbstbewusstsein und Gemeinschaftsbewusstsein. Anders gesagt: Im Zusammenspiel von Individualität und Sozialität, also Kommunikation, prägt der Hl. Geist die Identität des Einzelnen. Identitätsbildung entsteht, wenn sich das Individuum mit seinen Charismen in die Gemeinschaft einbringt und ein Bewusstsein für die Gemeinschaft entwickelt. Indem der Einzelne so seine charismatische Einmaligkeit und Fähigkeit in der Gemeinschaft einsetzt, bewirkt er eine Geistbewegung in der Gemeinschaft, die umgekehrt wieder von der Gemeinschaft auf den Einzelnen identitätsstiftend zurückwirkt. Die „synergetische Typologie" setzt zugleich wirklichkeitsnah und problembewusst an den psychischen Defiziten und dem hybriden Frömmigkeitsbewusstsein einer sich auf dem Weg befindlichen Identität einer Person an. Ihr grundsätzlich gemeinschaftlicher Ansatz zieht den Einzelnen in ein zirkuläres Miteinander: Zusammenfassend erklärt die „synergetische Typologie" die qualitative Problemanalyse dadurch, dass jeder in den zirkulierenden Beziehungen zwischen der momentan vorhandenen Identität und der Gemeinschaft eine Weiterentwicklung seiner Identität erlebt und daraus zusehends seine Charismen entdeckt.

Eine weitere theologiegeschichtliche prägnante Typologie ist mit der „Konvergenz-Typologie"[1150] gegeben. Nicht zuletzt deshalb, weil sie im Gegensatz zur vorherigen Typologie nicht religionspsychologisch argumentiert, sondern den Gemeingeist christologisch akzentuiert. So wird das Wirken des Geistes in den Charismen offenbarungstheologisch erst durch Christus nutzbringend erfahrbar. Differenzierend wird die wertschätzende Identitätsentwicklung von

---

1149 Vgl. Kap. I (2.4).
1150 Vgl. Kap. I (2.7).

Mann und Frau hervorgehoben, die zusammen mit der Charismenentwicklung in überschaubaren Gruppen entsteht, in welchen eine kollektive Identität besteht. Einer der theologisch repräsentativen Aussagen dieser Typologie besagt, dass die zugesprochene Wertschätzung Charismen hervorruft.

In den gegenwärtigen theologischen Hauptfeldern erläutern vor allem zwei typische Dimensionierungen innerhalb der Praktischen Theologie die analysierte Problemstellung: Die „dialektisch-fragmentarische Dimension"[1151] und die „christozentrisch-heiligende Dimension".[1152] Hier werden Charismen dialektisch verstanden, weil ökonomisch heilsgeschichtlich eine kontinuierliche Verbindung von Schöpfung und Erlösung vorausgesetzt ist. Insofern konstituieren sich Charismen, offenbarungstheologisch betrachtet, durch den dreieinigen Gott und bilden das biographische Gewordensein, die Persönlichkeitsstrukturen und emotionalen Ausprägungen ab, selbst durch die Erfahrungen der Gebrochenheit des Lebens. Auch die institutionalisierten Gemeindemilieus und religiöse Sozialisation spielen eine prägende Rolle. Von einem übervereinfachten Ansatz alles prägender Dispositionen in der charismatischen Identitätsbildung ist aber nicht auszugehen, weil die anthropologischen Dispositionen den Einzelnen nicht determinieren, sondern er mit ihnen interagiert.[1153] Im Rekurs auf die beiden Typologien entwickeln sich Charismen in kommunikativen Beziehungen, die den Resonanzboden der Offenbarung Gottes bilden.

Die unabgeschlossene Identitätsbildung, wie sie partiell durch die empirischen Primärkonflikte deutlich werden und sich hemmend auf das Erkennen und den Einsatz der Charismen in der Gemeinde auswirkt, ist zusätzlich aus der zweiten „christozentrisch-heiligenden Dimension" zu verstehen. Hier werden die Charismen christologisch von der Lehre der Rechtfertigung - ohne menschliche Leistung als Geschenk der Gnade Gottes - und gleichzeitig unter dem hamartiologischen Gesichtspunkt auf dem Weg zur Vollendung (eschatologischer Vorbehalt) verstanden. Damit gehört das Fragmentarische, theologisch gewertet, unweigerlich zum Leben dazu und gibt dem qualitativen Befund bzw. beiden Seiten, der Pfarrerschaft und den Gemeindegliedern, eine realistische Deutung im Umgang mit den Charismen: Es geht darum, in der Entwicklung der Charismen die unabgeschlossenen Identitäten mit allen Ausprägungen zu akzeptieren. Das heißt aber nicht, dabei resigniert stehen zu bleiben, sondern die im empirischen Befund zu Tage getretenen Fragmentierungen in den Prozess der Heiligung einzubeziehen.

Auch die *ntl. Exegese* stellt fest, dass innerhalb der paulinischen Leib-Metaphorik (1Kor 12,15-27) die beiden determinierenden Primärkonflikte des empirischen Befundes, die Tendenz sich über den anderen zu erheben oder sich selbst minderwertig einzustufen als Fehleinschätzung der Charismen problema-

---

1151 Vgl. Kap. II (3.1.2).
1152 Vgl. Kap. II (3.1.5).
1153 Ähnlich, aber in einem anderen Kontext (H. Luther 1992:161).

tisiert (1Kor 12,22). An dieser Stelle dient die Liebe Christi in den Beziehungen der Gemeinde als zentrales Korrektiv und Mittel in der Anwendung.[1154] Im Hintergrund steht die Entfremdung in der horizontalen Gottesbeziehung und vertikalen Gemeindebeziehungen. Identitätsbildung im Erkennen der Charismen entsteht darum nicht in der Isolation der Ich-Zentrierung, sondern, wie die Exegese in Röm 1,11 zeigen konnte, im Erfahrungsraum der Gemeinde, die sich gegenseitig im Glauben stärkt.[1155] Der *Gabentest* der EKiBa ist hier positiv zu würdigen, weil er ausdrücklich auf die Entwicklung der Identität bei Jugendlichen eingeht, insofern er die Entdeckung der Gaben in seiner Vorläufigkeit deutlich zum Ausdruck und analog didaktisch gestaltet.[1156]

15. Der poimenischen Diszplin der Praktischen Theologie ist die Aufgabe zugewiesen, Fachliteratur für Pfarrer und engagierte Ehrenamtliche zu entwerfen, die hilft, psychische Blockierungen der Gemeindeglieder im Umgang mit ihren Charismen und hinsichtlich ihrer determinierten Charismenverständnisse für die Mitarbeit in der Kirche zu lösen.

16. Destruktiv-emotionale Phänomene, die zusammen mit den Charismenfragen auftreten, sind nicht zu verdrängen. Vielmehr erfordert es, anthropologisch-psychologische Gesichtspunkte zusammen mit den paränetischen Textpassagen des NT aufzuarbeiten. Dieser Lern- und Kommunikationsprozess schließt das Tabuthema Kooperation und Konkurrenz ein. Der Zugang zu den Charismen setzt Gemeinschaftsfähigkeit voraus.

17. Es gilt Gemeinschaftsformen zu fördern, in welchen Gemeindeglieder aufmerksam aufeinander achten lernen und dem anderen mitteilen, was er zum Glaubensleben braucht. In diesem Klima gegenseitiger Wertschätzung entwickeln sich Identitätsbildung und Charismen.

18. Eine charismatische Beteiligungskirche ist eine seelsorgerlich kommunizierende und lehrende Kirche, die auch die „heiligen Risse" der Charismen ihrer Glieder wahrnimmt.

1154 Vgl. Bittner (1976) spricht vom „Anwendungsprinzip" der Liebe (:88). Liebe ist aber kein Prinzip im Sinne einer grundlegenden Gesetzmäßigkeit, sondern eine Beziehung.

1155 Vgl. Kap. II, 4.2.3.1. Vgl. die ntl. Texte, in denen die Individualität (Ich-Identität) und Sozialität (Du-Beziehungen und Wir-Gestalt) zusammen mit den Charismen vorkommen (Kap. II (4.).

1156 Vgl. Kap. II (5.3).

13.8.1 Sinnstiftendes Mitarbeiten

Schließlich bildet der empirische Befund zur unabgeschlossenen Identitätsbildung auch die neue Motivationslage für das ehrenamtliche gesellschaftliche Engagement des „Freiwilligensurveys" ab, der die Selbstverwirklichung mit einer attraktiven und sinnvollen Arbeit für das Gemeinwohl verbindet. Hier erhält die oft negativ gedeutete Individualisierung der Gesellschaft eine bedeutsame positive Perspektive – auch für die vorliegende Frage nach dem Umgang mit Charismen in der Kirche: Der postmoderne Mensch sucht in seinem tendenziell subjektorientierten Leben Identität durch Bindung an eine Gemeinschaft. Auf diesem gesellschaftlichen Hintergrund eröffnet sich durch die schöpfungstheologische Deutung der Charismen ein weiter Rahmen hinsichtlich der Suche nach begabten Mitarbeitern, die unter Kirchenmitgliedern, aber auch unter Menschen, die am Rande des kirchlichen Lebens stehen, erfolgen kann.

Angesichts der typologischen Vorgaben und schriftlichen Beobachtungen der *Pfarrerschaft* liegt ihr quantitativer Befund zur Identitätsbildung als Kriterienfrage der Charismen unter dem Durchschnitt. Dabei sehen Pfarrer die „*Entwicklung* der Identität" – und nicht einen idealisierten und ideologischen Perfektionismus – als Erkennungsindiz für das Vorhandensein von Charismen bei Gemeindegliedern gegeben.[1157]

19. Das sinnstiftende Bedürfnis nach Mitarbeit schlägt eine Brücke zum säkular-postmodernen Menschen mit seinen Charismen, die unter der Deutung des Schöpfungsrahmens die Chance eröffnen, Menschen, die am Rande der Kirche leben, zur Mitarbeit in kirchliche Aufgabenfelder einzuladen.

13.9 Bildungsangebote und Charismenentwicklung

Der Ausgangspunkt dieses empirischen Teilbefundes geht der explorativen Frage nach, inwieweit die Identifikation von Begabungen, wie sie im aktuell gesellschaftlichen Bildungsdiskurs geschieht,[1158] auch für den landeskirchlichen Rahmen im Blick auf die Charismen gilt. Das Resultat zeigt zwei konträre Ergebnisse: Die eine empirische Analyse stammt aus den exklusiven *Pfarrerdaten*, eine andere aus der Fremd- und Selbsteinschätzung der Gemeindeglieder. Die befragten *Gemeindeglieder* aus der EKiBa wünschen sich im Rahmen des Gottesdienstes lehrhafte Predigten zu den Charismen.

1157 Zu den ideologischen Fehlentwicklungen vgl. H. Luther (1992:155-165).
1158 Vgl. die Einleitung (1.1.5.2).

410

Der gegenläufige interne Befund unter den *Pfarrern* stellt einen scheinbaren Widerspruch dar, denn er dokumentiert quantitativ – mit Ausnahme der „Seminare mit Übungen", die eine gewisse Zustimmung bestätigen (21,1%) – lediglich sehr vereinzelte Erfahrungswerte, wie durch kirchliche Bildungsveranstaltungen mit kognitiv-sozialen Lernprozessen (Vorträge zur Thematik, überregionale Konferenzen) Gemeindeglieder ihre Charismen erschließen.[1159] Infolgedessen scheint es verständlich, wenn Pfarrer in ihren schriftlichen Eintragungen mit mehrheitlich impliziten Anweisungen an ihre Kollegen, aber auch an die Adresse der Kirchenleitung, für unterschiedliche Formen der Weiterbildungsangebote innerhalb der EKiBa eintreten. Neben Schulungen und Seminaren schlagen Pfarrer ein geistliches und fachliches Coaching und Mentoring vor. Bildung ist für die Pfarrerschaft offensichtlich etwas anderes als bloße Wissensvermittlung über Charismen, sondern zielt auf die ganze Person des Menschen und integriert die Beziehung zu Gott, wie dies bereits für die Gottesebenbildlichkeit begründet wurde.[1160]

Die empirische Analyse zeigt: Aufs Ganze gesehen fehlt den *Pfarrern* zur geforderten Charismenentwicklung der Kirche ein entsprechender Bildungsentwurf der EKD. Angesichts der vorgegebenen konvergierenden Typologien und praktisch-theologischen Vorgaben unterschiedlich konzeptioneller Bildungsaufträge zur Entwicklung von Charismen besteht hier eine offensichtliche Leerstelle. Denn bereits die genuin zur landeskirchlichen Vorprägung gehörende „relationale Typologie" legt ansatzweise auf die Bildungsarbeit für Theologen unter dem Aspekt der Charismen ebenso wert wie für die Ausbildung Jugendlicher zur Evangeliumsverkündigung. Dabei nennt die „relationale Typologie" Befähigungskriterien, die Eltern anreizen, bei ihren Kindern Charismen zu entdecken und durch ihre erzieherische Verantwortung die Heranwachsenden für die theologische Ausbildung freizugeben.[1161] Ähnlich, aber für die Charismen umfassender, entwickelt Wichern eine pädagogische Bildungskonzeption. Sein Ansatz setzt gesellschaftsrelevant an der Not und Bedürftigkeit der Menschen an und verleiht den Charismen damit eine sozial–missionarische Dimension. So versucht Wichern, Charismen bei Kindern und Jugendlichen unter der Mithilfe von Eltern, Schule, Lehrer und Kirche bewusst aufgaben- und bedürfnisorientiert herauszubilden.[1162]

Innerhalb der Praktischen Theologie liegt für Pfarrer bereits ein vor Jahrzehnten entfaltetes Ausbildungsprogramm zur Entwicklung von Charismen vor.[1163] Da der konzeptionelle Ausgangspunkt aber vom amerikanisch modularen Ausbildungssystem ausgeht und eine landekirchliche Kontextualisierung fehlt, blieb die Aufnahme in Deutschland ohne Resonanz, während das Bil-

---

1159 „Vorträge zur Thematik" (9,8%) und „überregionale Konferenzen" (4,5%).
1160 Vgl. Kap. II (4.1)
1161 Vgl. Kap. I (2.3.1.11).
1162 Vgl. Kap. II (3.1.4.4).
1163 Vgl. Wagner (1993:85-101).

dungsprogramm von M. Herbst in der Neuauflage seiner Dissertation für den landeskirchlichen Rahmen in Zukunft an Einfluss gewinnen könnte.[1164] Angesichts der vielen Leitungsaufgaben, die *Pfarrer* in ihren Gemeinden zu delegieren haben und in einer notwendigen Beteiligungskirche zukünftig eine noch größere Rolle spielen werden, ist die ntl. Exegese zu 1Tim 4,14 und 2Tim 1,6f für verantwortliche Mitarbeiter und *Kirchenälteste* an der Basis als auch für die *Kirchenleitung* in den konzeptionellen Überlegungen bedeutsam. Zu sagen ist hier[1165] nur so viel, dass sich die Berufung zur verantwortlichen Mitarbeit mit einem spezifischen Auftrag und Charisma auf eine Einzelperson konzentriert, der Vorgang des zum Dienst berufenden Charismas aber von den Ältesten als einheitlich geistlicher Impuls im prophetischen Handeln ausgeht und kommunikative Entscheidungsprozesse voraussetzen. Auch vernachlässigte Charismen werden nicht stillschweigend hingenommen, sondern performativ und mit einem verheißungsvollen Zusprechen der Geistesgegenwart wieder zum leidenschaftlichen Ausführen angeregt. Denn das empfangene Charisma ist kein Privatbesitz, sondern soll vor dem öffentlichen Forum der Gemeinde praktiziert werden. Der Bildungsansatz stellt das Charisma unter den Beobachtungshorizont der Gemeinde. Alle sollen sehen, wie das Charisma sich im Einüben entfaltet.

20. Eine Kirche, die ausdrücklich eine Beteiligungskirche anstrebt und die aktive Beteiligung der Gemeindeglieder ohne kontinuierliche Ausbildung forciert, überfordert ihre ehrenamtlichen Mitarbeiter.

Eine Beteiligungskirche benötigt ein ganzheitliches Bildungskonzept, das Wissensvermittlung und geistliche Begleitung einschließt und von Schlüsselpersonen in den Ortsgemeinden katechetisch-didaktisch vermittelt wird.

Kompetenzen als Charismen. Aktuell bedeutsam ist bildungstheologisch gesehen auch die Professionalisierung der Praktischen Theologie in ihren Handlungsfeldern und dem darunter inflationär verwendeten humanwissenschaftlichen Begriff der „Kompetenz", der sich in der empirischen wie allgemeinen Literatur der Praktischen Theologie an die Stelle der Charismen gesetzt hat.[1166] Umso erstaunlicher ist der empirische Befund dieser Untersuchung, dass die Terminologie der Kompetenz nur singulär auftaucht. Er kann aber insoweit durchaus als moderner Übersetzungsbegriff für Charisma gelten, als er unter der hier verstandenen trinitarischen Dimension der Charismen interpretiert

---

1164 Vgl. Herbst (2010:327-338).
1165 Vgl. Kap. II (4.2.3.3).
1166 Vgl. zur terminologischen Unschärfe des Charismenbegriffs (Einleitung, 1.1.6).

wird.[1167] Charismen als Kompetenzen bilden eine vermittelnde Einheit zwischen sozialwissenschaftlich erworbenen Qualifikationen und dem Wissen um die Abhängigkeit zum dreieinigen Gott und seinem unverfügbaren Wirken für den Aufbau der Gemeinde Jesu. Eine profesionelle Ausbildung für Ehrenamtliche ersetzt keine Charismen, aber ausgebildete Kompetenzen helfen Charismen zu kultivieren.

Dialektischer Befund zu den Gabentests. Die Gabenseminare werden im empirischen Befund unterschiedlich eingeschätzt. *Pfarrer* stufen explizit die Kurse von Hybels und Schwarz und mehrheitlich alle Gabentests als Randerscheinung ein und begründen ihre Vorbehalte schriftlich, indem sie diese etwa als instrumentalisierend kritisieren. *Gemeindeglieder* dagegen – zumindest diejenigen, welche sich in Kleingruppen organisieren – probieren im Laufe ihrer Gruppenzugehörigkeit oder eigenständig unterschiedliche Gabenkurse aus, die sie in ihrem Denken prägen und darüber hinaus oft unbeantwortete theologische Fragestellungen hinterlassen. Eine Befragte ist exemplarisch anzuführen: Sie wünscht eine Gabensuche im *„großen Stil"*, anstatt dass die Gemeindeleitung und der Pfarrer wie bisher mehr im Verborgenen agieren, um begabte Gemeindeglieder zur Mitarbeit zu rekrutieren.[1168] Weiter plädiert sie für Gabentests auf *„breiter Front"* in der Kombination mit persönlichen Gesprächen, Predigt und Bibelstudium. Interessant ist die Beobachtung der *Gemeindeglieder* in beiden Referenzrahmen (landeskirchlichen und pentekostal-charismatisch geprägten Gemeindegliedern), die den Gabentests letztlich „nur" einen affirmativen Charakter zubilligen, weil sie Charismen bestätigen, die den Gemeindegliedern längst in ihrem Nutzen für andere freigelegt wurden.

Generell lässt sich sagen, dass Gabenkurse noch nicht als methodisches Arbeitsmittel im Bildungsauftrag zur Entwicklung von Charismen in der Ev. Landeskirche bzw. in den Ortsgemeinden gesehen werden. Abgesehen vom gemeinsamen Wunsch von *Gemeindegliedern* und *Pfarrern*, dass in der Tendenz nicht vorhandene regionale und überregionale Bildungsangebote zur Charismenentwicklung ausgebaut werden, erkennen Pfarrer zwar die dringende Notwendigkeit, sehen aber zugleich das Dilemma, weil ihnen auch kirchenrechtlichstrukturell die erforderliche Zeitkapazität fehlt.[1169]

21. Einer Beteiligungskirche liegt daran, Material und entsprechende Kursmodule zur Entdeckung der Charismen unter gemeindepädagogischen Gesichtspunkten generationsspezifisch zu entwickeln. Eine Zusammenarbeit zwischen der wissenschaftlichen Praktischen Theologie und Ev. Kirche wäre wünschenswert.

1167 Vgl. Kap. II, 4.2.6. Ergänzend dazu: die „dialektisch-fragmentarische" (Kap. II, 3.1.2) und christologisch-heiligende" Dimension (Kap. II, 3.1.5).
1168 Vgl. Kap. IV (12.4.1).
1169 Vgl. auch die Einleitung: 1.1.5.4 „Erste Annäherung subjektiver Einzelstimmen."

22. Von zwei Seiten ist eine kritische Reflexion angezeigt: Die Ev. Kirche im Allgemeinen ist aufgefordert, Pfarrern die nötigen strukturellen Freiräume in Verwaltungsaufgaben zu ermöglichen, um ihrer Aufgabenstellung einer gabenorientierten Gemeindearbeit nachzukommen. Die Kirchengemeinden im Besonderen sollten ihre additive Vorgehensweise im Angebotsspektrum, die Pfarrer und Gemeindeglieder gleichermaßen strapazieren, überdenken.

13.10 Gemeindetypen und Gabenentfaltung

Wie hypothetisch erwartet, bestätigen sich zwei Ergebnisse. Pfarrer leiten in der EKiBa-Stichprobe im prozentuellen Vergleich zum missionarischen Gemeindetypus (29,5%) weit mehr als doppelt so viele gottesdienstorientierte Gemeinden mit 81,7% (Wort und Sakrament).

13.10.1 Narrativ-biographische Homiletik

Ebenfalls erwartungskonform besteht ein Zusammenhang zwischen dem gottesdienstlichen Gemeindetypus und Gemeindegliedern, denen als „Reaktion auf die Verkündigung" ihre Charismen bewusst werden. Gleiches trifft mit einem geringfügig stärkeren Wirkungszusammenhang für den missionsorientierten Gemeindetypus zu.[1170] Praktisch-theologisch lässt sich daraus der Schluss ziehen, dass Charismen von einem der konstantesten Elemente des Gottesdienstes, der Verkündigung, hervorgerufen werden. Ausgehend von der Wort-Gottes-Theologie ist, speziell für den Verkündiger, Gottes Wirken einerseits unverfügbar und souverän, andererseits wird vom Zuhörer ein aufmerksames und reflektierendes Hören verlangt, damit ihm seine Charismen bewusst werden.

Welchen Inhalt die Verkündigung hat, wird im empirischen Befund der Pfarrer quantitativ nicht erfragt und in den qualitativen Äußerungen liegen keine Anhaltspunkte vor. Dass die Verkündigung jedoch das Charisma der Verkündigung bei Gemeindegliedern weckt, ist erstaunlich und belegt ansatzweise die im Gabentest des „kybernetischen Modells"[1171] vertretene These, dass jeweils die personal begabten Funktionsträger aus Eph 4,11 (Lehrer, Evangelisten...) insbesondere die Charismen in der Gemeinde hervorrufen, die sie selbst darstellen. Im Hinblick auf die Charismen wünschen sich die landeskirchlichen Gemeindeglieder entsprechende Lehrpredigten im Gottesdienst. Vor dem Hin-

---

1170 Vgl. Kap. IV (11.1.3.1 und 11.1.3.2). Welche konkreten Charismen damit entdeckt wurden, ist in der Datenanalyse nachzulesen. Vgl. „Zugangskonstellationen und adäquate Gabenkonkretionen" (Kap. IV, 10.2.12.).
1171 Vgl. Kap. II (5.6.6).

tergrund der „Vorbild-Nachahmungs-Typologie"[1172] und der ntl. Exegese (Eph 4,7-16) stellt sich zum einen die Anfrage, ob die Gemeindepredigt, Lehrunterweisung und missionarische Rede inhaltlich und homiletisch-gestalterisch den Zuhörern die Charismen narrativ-biographisch nahe bringt. Angesichts der gesellschaftlichen Analysen zur Postmoderne mit der von Lyotards bekanntgewordener These vom Ende der „großen Erzählungen" mit der er die „unhinterfragbaren Überzeugungen" meint,[1173] fragt es sich, ob nicht gerade hier ein Ansatz zum postmodernen Lebensgefühl vorliegt. Wenn also Erzählungen in Form geistlicher Richtigkeiten nicht mehr bedeutsam erscheinen, dann kann neben der Evangeliumsverkündigung andererseits nochmals die „Vorbild-Nachahmungs-Typologie" mit ihrer biographischen Kleinerzählung des Verkündigers einen gangbaren Weg zu den Charismen der Menschen beschreiten. Die provokative Verkündigung, mit der aus der biographischen Erinnerung aktualisierend und pneumatisch verheißungsorientiert Charismen erwartet werden, ist nicht nur ein narrativ–homiletisches Stilmittel, sondern eine Herausforderung an den Glauben, die damals von Gott erhört wurde. Die Kraft der Nachahmung ist also keine Einbildungskraft, sondern eine gegebene Gotteskraft im Hl. Geist.

23. Eine Kirche des Wortes in der Postmoderne, die verheißungsorientiert an die Charismen glaubt und die trinitarische Selbstoffenbarung Gottes in der Geschichte voraussetzt, predigt narrativ-biographisch und nimmt Vorbilder in der Verkündigung auf, um zum Empfangen der Charismen im Glauben anzureizen.

13.10.2 Gottesdienstorientierter Gemeindetypus

Die korrelativen Befunde im gottesdienstorientierten Gemeindetypus enthalten vier bemerkenswerte Ergebnisse. Erstens hängen in den wechselseitigen Beziehungen der Gemeinden dieses Typus die kognitiv-sozialen Veranstaltungen als Gabenauslöser ausdrücklich unter einer statistisch negativen Wertigkeit zusammen, d. h., dass diese Veranstaltungsarten ausdrücklich als nicht wirksam zurückgewiesen werden. Zweitens fehlen die kooperativen Formen der Zusammenarbeit, was die Hypothese der praktisch-theologischen Vorgaben eingegrenzt auf den Gottesdienst nicht bestätigt.[1174]

Dieser Befund lässt aber auch andere Rückschlüsse zu: Es könnte nämlich sein, dass Pfarrern die Wahrnehmungsmechanismen ihrer Gemeindeglieder zum Erkennen der Charismen im gottesdienstorientierten Gemeindetypus verborgen

---

1172 Vgl. Kap. I (2.8).
1173 Vgl. Kurz (2007:16).
1174 Vgl. Kap. I (2.7.7.5).

bleiben, weil sich - wie es einige qualitative Äußerungen angeben -, die „Berührungspunkte" zu den Gemeindegliedern weithin auf gottesdienstliche und kasuale Veranstaltungen beschränken und darum die Möglichkeit vertiefter Beziehungen eingeschränkt bleiben. Drittens bemerken Pfarrer, dass Charismen hervorgerufen werden, wo sie begabten Gemeindegliedern vorbehaltlos und mit Wertschätzung begegnen und die Gemeindeglieder untereinander eine Lob- und Vertrauenskultur in der Gemeinde prägen. Dazu gehören viertens die attraktiv vermittelten Zielvorgaben für die Gemeinde. Was für die Gemeinden in der EKiBa-Stichprobe gilt, trifft im gesellschaftlichen Rahmen auf die veränderte Motivlage für das ehrenamtliche Engagement zu, bei dem sinnvolle Perspektiven einer Organisation die Motivation zur Mitarbeit erhöhen.

13.10.3 Missionsorientierter Gemeindetypus

Im Gegensatz zum gottesdienstorientierten Gemeindetypus ist festzustellen, dass im missionsorientierten Gemeindetypus sich fast genau das umgekehrte empirische Ergebnis im Blick auf die Charismen präsentiert. Gerade die kognitiv-sozialen Veranstaltungen, die dort zurückgewiesen wurden, zeigen hier den stärksten Wirkungszusammenhang des ganzen EKiBa-Befundes und sind mit hoher statistischer Wahrscheinlichkeit ebenso bedeutsam wie die folgenden Befunde. Zweifellos stehen hinter dieser hypothesenkonformen Analyse zahlreiche gabenorientierte Anregungen, die von den Kongressbesuchen bei Willow Creek ausgehen,[1175] wozu in Folge entsprechende Seminare mit Übungen und Vorträgen zur Gabenthematik gehören. Bemerkenswert stringent ist, dass Pfarrer, die von ihrer typischen Profilbildung in ihrer Gemeinde missionarisch ausgerichtet agieren, sich dem Einzelnen missionarisch zuwenden: Getaufte werden zum Glauben an Jesus geführt, woraus die Einsicht erwächst, dass dadurch das Charismenbewusstsein wesentlich gefördert wird. Auch das Gebet um rechte Leitung bei der Mitarbeitergewinnung erleben Pfarrer dieses Gemeindetypus als erschließende Zugangsmöglichkeit. Offen bleibt, ob dahinter die Prägung der aufgeführten Traditionen aus dem Theoriehintergrund steht.[1176]

Die *ntl. Texte* bestätigen den empirischen Befund einer missionierenden Kirche, denn dort, wo das Evangelium laut wird, schenkt Gott durch Christus seine Charismen (1Kor 1,6-7). Es gilt auch das Umgekehrte: Wenn Gemeindeglieder in gottesdienstähnlichen Veranstaltungen ihre Charismen in selbstloser Liebe strukturiert und für kirchenferne Menschen verständlich kommunizieren, erleben gerade diese Menschen tiefe Erfahrungen der Gegenwart Gottes, die als

---

1175 Im Nachhinein bestätigt die Heidelberger Untersuchung „Wachsen gegen den Trend" den EKiBa-Befund, was die Impulse durch Willow Creek angeht (Härle & Augenstein u. a. 2008:310-313).

1176 Vgl. Kap. III (2.7.7.8).

Konversionen gedeutet werden können (1Kor 14).[1177] Diese Grundwahrheit hat die charismatisch-pentekostale Freikiche programmatisch in ihre Gemeindearbeit integriert.

24. Eine Beteiligungskirche kultiviert nicht nur ihre Binnenkultur, sondern lässt das Zeugnis von Christus, dem Gekreuzigten und Auferstandenen, in vielfältigen Ausdrucksformen hörbar werden. Eine missionierende Kirche, in der sich Christus verwurzeln kann, ist eine charismatische Kirche.

13.10.3.1 Publizitätskriterium

Ausgehend vom obigen korrelativen Befund des gottesdienstorientierten Gemeindetypus und des missionsorientierten, ist das begrenzte Wahrnehmen der Charismen, im Rückbezug auf die theologischen Hauptfelder und dort unter dem „extraordinären Dimension" vergebenen Label des „Publizitätskriteriums"[1178] für Charismen aufzunehmen und zu interpretieren. Diesem Kriterium zum Erkennen von Charismen liegt ein theologischer Ansatz zugrunde, der zwischen anerkannten öffentlich-auftretenden Charismen und Charismen, die einem geistgewirkten Leben zuzuordnen sind, unterscheidet. Analog dazu könnten im landeskirchlichen Rahmen aber ohne die spezifischen charismatisch-pentekostalen Vorverständnisse die wahrnehmbaren Charismen mit der öffentlichen Publizität zusammenhängen. Verstärkt werden also in den Begegnungszeiten und gemeinsamen Veranstaltungen von Pfarrern und Gemeindegliedern diejenigen Charismen wahrgenommen, die eine exponierte Rolle spielen. Damit ist erklärbar, warum Pfarrer in der EKiBa-Stichprobe – weit vor allen anderen – die leitenden und musischen Charismen wahrnehmen, denen gegenüber aber z. B. Dienen, Hirtendienst und Helfen am unteren Ende rangieren. Daraus ergibt sich die Schlussfolgerung, die schon der qualitative Befund zwar nur andeutet aber richtungsweisend belegt, dass *Pfarrer* nicht allein für die Entdeckung der Charismen zuständig sein können, sondern vor allem die Ältesten und Mitarbeiter, aber letztlich die *ganze Gemeinde* in diesen Prozess des Erkennens einbezogen werden muss. Dass neben den leitenden Charismen gerade die musischen Charismen wahrgenommen werden, ist angesichts der musikalisch gestalteten Gottesdienste und kirchlichen Feiertage offensichtlich. Von wenigen Ausnahmen in den qualitativen Äußerungen der Pfarrerschaft abgesehen, kommt die doxologische Funktion der Charismen selten zum Ausdruck, die aber gerade mit den musischen Charismen durch das Lob Gottes in den Vordergrund rückt.

1177 Vgl. Kap. II (Teil 2, 4.2.5).
1178 Vgl. Kap. I (1.2.3.2).

Insbesondere in der „Konvergenz-Typologie"[1179] nehmen die musischen Charismen einen prominenten Platz in der Gemeinde ein, fördern Gemeinschaft und wecken neue charismatische Ausprägungen. Eine ähnliche oikodomische Wirkung wird in den ntl. Texten transparent (1Kor 14,26; Eph 5,19; Kol 3,16).

Entstanden die vorhergehenden Ergebnisse unter einer qualitativ offenen Abfrage, so antworten Pfarrer weitaus differenzierter, wenn Charismen in Verbindung mit konkreten Gemeindesituationen erfragt werden. Das heißt: Die Intensität der Gabenwahrnehmung nimmt zu, je konkreter Pfarrer die Aufgabenfelder reflektieren.

25. Neben den publikumswirksamen Charismen der Mitarbeiter gilt es, die im Hintergrund arbeitenden Gemeindeglieder gebührend zu würdigen.

13.10.3.2 Innere Gemeindestrukturen

Von der inneren Planungsstruktur her gesehen, lässt sich statistisch signifikant der gabenorientierte Gemeindeaufbau nachweisen, aber auch der kleingruppenstrukturierte Gemeindeaufbau zeigt eine wesentliche Überschneidung zum missionsorientierten Gemeindetypus. Alle Konstellationen, die Charismen auslösen und Pfarrer wahrnehmen, brauchen nicht mehr eigens aufgeführt werden. Es genügt die Korrelationen zu nennen. Mit der höchsten Bedeutung ist das „Einüben erkannter Gaben in Kleingruppen" in beiden inneren Formen strukturell schlüssig belegt. Die Erfahrung, dass „regelmäßige Einzelgespräche über Ämter und Aufgaben" helfen, Gaben zu entdecken, wird in gabenorientierten Gemeindestrukturen vom *Pfarrer* angeboten und erlebt, während das „Mitvollziehen geistlich-pastoraler Handlungen" zu kleingruppenorientierten Gemeinden gehört.

Praktisch-theologisch gewertet spiegelt die Analyse der inneren Organisationsformen zunächst ein recht unterschiedliches Erscheinungsbild in den Gemeinden wider. Faktisch eröffnen kleingruppen- und gabenstrukturierte Gemeinden den Gemeindegliedern eine didaktische ausgewogene Angebotspalette kognitiv-sozialer, erlebnisorientierter und emotionaler Lernstrukturen, die neben den Gottesdiensten gemeinschaftsbildende Begegnungen ermöglichen und dadurch die Vertrauensbasis des Miteinanders wesentlich stärken, um Charismen kennen und einüben zu lernen. Sicher trägt die enge Beziehungsarbeit auch dazu bei, regelmäßige Einzelgespräche über die Dienste und Ämter in Beziehung zu Charismen offen zu führen und zusammen mit den Hauptamtlichen zu arbeiten.

1179 Vgl. Kap. I (2.7).

26. Gemeinden, die neben den traditionellen Veranstaltungen und Gottes-
dienstenen kleingruppenstrukturierte gemeinschaftsbildende Begegnungs-
räume anbieten, fördern gegenseitiges Vertrauen. In diesem Schutzraum
können auch ungewohnte Charismen kennengelernt und eingeübt werden.

13.11 Partizipation und Kommunikation

Die empirische Analyse zeigt hinsichtlich der Partizipation ein geteiltes Bild.
Zunächst besteht eine weit über dem Durchschnitt liegende Zustimmung für das
„gegenseitige Ergänzen in den Aufgaben zwischen Mitarbeitern und Hauptamtlichen" (62,6%). Die wechselseitige Zusammenarbeit auf Augenhöhe im
partizipierenden Mitgestalten und Mitbestimmen generiert weitaus mehr Charismen als das „Mitvollziehen geistlich-pastoraler Handlungen" (29,4%), in denen
stärker ein hierarchisches Gefälle besteht. Im Hintergrund dieser Ergebnisse stehen vor allem die Typologien, welche die Ekklesiologie in den Vordergrund
stellen. Besonders das metaphorische Bild des einen Leibes Christi mit seinen
unterschiedlichen Gliedern (1Kor 12) ist eine deutliche Bestätigung einer gleich-
wertigen Zusammenarbeit.[1180]

27. Erst das realistische Eingeständnis und Einverständnis gottgewollter Grenzen und ihre daraus wesenhafte Ergänzungsnotwendigkeit der Charismen
hilft, eine kollegiale Kooperation und offene Kommunikation in einer
Beteiligungskirche zu entwickeln.
28. Eine Kirche, die eine partizipatorische Mitarbeiterkultur zu ihrer elemen-
taren Handlungsmaxime bestimmt, wird Mitarbeiter gewinnen.

Nach der EKiBa-Stichprobe beobachten *Pfarrer* mehrheitlich keine Erfahrungen
im Erkennen der Charismen durch charismatische Personen bei ihren Gemeinde-
gliedern (70,5%), während 11,6% der Befragten positive Erlebnisse registrieren.
Die dahinterstehende Hypothese ist falsifiziert, bestätigt sich also nicht. Dieses
Ergebnis erstaunt angesichts des mangelnden Zeitkontingents der Pfarrerschaft
nicht, die, wie in anderen Erhebungen, eine maßgebliche Rolle spielt. Die
Pfarrerschaft generell hat also in der Regel weder Zeit selbst charismatische
Prägeperson zu sein noch andere dahingehend zu beobachten.
   Anders zeigt es sich in den ergänzenden qualitativen Äußerungen. Hier
werden zustimmende Erfahrungen notiert. Zugrunde liegen zwei Beziehungs-
arten. In der ersten Beziehungsart, von welcher ausnahmslos *Pfarrerinnen* be-

---

1180 Vgl. zu den Typologien Kap. (I, 2.4 und 2.7) und zur Exegese Kap. II (4.2.6).

richten, werden Charismen von den Gemeindegliedern herausgelockt, indem die Theologinnen unter dem bewussten Gesichtspunkt Charismen vorleben, eine möglichst große Nähe zu den Gemeindegliedern suchen. Rückschlüsse auf Genderunterschiede deuten sich an (→13.14.5). Im Vorbild begegnet Gemeindegliedern ein „Angebot an Charisma."[1181] Bei der zweiten Beziehungsstruktur beobachtet die *Pfarrerschaft* mit dem höchsten Konsens[1182] in den qualitativen Äußerungen (auf die Frage, wie Charismen gefördert werden), dass gemeinschaftsbildende Formen unter den Gemeindegliedern essentiell zur Entwicklung der Charismen beitragen.

Die Frage nach dem *partizipierenden Lernen* in der Begegnung mit charismatischen Personen ist in den Typologien dadurch gekennzeichnet, dass ein Leiter und seine Gemeinde oder die Gemeindeglieder untereinander in eine enge Beziehung treten und dadurch, ähnlich wie in der soziologischen „beziehungsphänomenologischen Typologie" aber mit dem göttlichen Offenbarungsgeschehen, zum charismatischen Medium werden und auf diese Weise Charismen prägend vermitteln.[1183] Das vorbildprägende Befähigungsprinzip der Charismen vertreten die Typologien und insbesondere die pragmatische Konzeption im Gabentest des „kybernetischen Modells". Dieses Vorbildmodell geht von den Funktionsträgern (Eph 4,11f) in der Gemeinde und speziell von der Teamleitung aus und besitzt heute eine breite Rezeption bis zu den jüngst veröffentlichten volkskirchlichen Varianten.[1184]

Der genuine Ort charismatischer Personen (Ich-Identität) ist den EKiBa-Gemeinden (Wir-Gestalt), durch die Gott in den wechselseitigen Du–Beziehungen seine Charismen offenbart. Dabei wirkt der Modus der Offenbarung im Medium zwischen den charismatischen Gemeindegliedern aufeinander: ergänzend, aufbauend, korrigierend und deutend in der Selbst- und Fremdwahrnehmung, was heute für eine organisiert kommunikative Gemeinde spricht und gleichzeitig die Pfarrer vom Anspruch als Gabentrainer par excellence entlastet.

29. Eine Beteiligungskirche wird variantenreiche Begegnungsformen schaffen und umsorgen, weil hier der entscheidende Mutterboden zur Entfaltung der Charismen liegt.

30. Eine zukunftsfähige Kirche, die einen missionarischen Gemeindeaufbau wünscht, fördert neben den Hauptamtlichen zusätzliche Leiter, die ihre Charismen zur Ausbildung und Entwicklung der Gemeindeglieder einsetzen.

1181 So Bohren (1993:397).
1182 Qualitative Äußerungen werden quantifiziert, woraus 68% der Befragten (n=109) zustimmen.
1183 Vgl. vor allem die „Konvergenz-Typologie" (Kap. I, 2.7) und zur „beziehungsphänomenologischen Typologie" Kap. I (2.5).
1184 Vgl. Anm. 1143 und den EKiBa-Gabentest (Kap.II, 5.5).

13.12 Geistlich-kybernetisches Handeln

Auch wenn die Ev. Landeskirche angesichts ihrer Umstrukturierung den Pfarrer-zentrismus abschwächen will, ergeben sich neben den vielfältigen schriftlichen Antworten gegenläufige Spitzenwerte aus dem empirischen Befund.

13.12.1 Mitarbeitergespräche

Die Umstrukturierung scheint an der Basis kaum angekommen zu sein. So gehen aus dem qualitativen Befund von Seiten der *Pfarrer* zwar vielschichtige innovative Anregungen hervor, wie Gemeindeglieder mehr in die Mitarbeit durch eine entsprechende Gabensuche einbezogen werden könnten. Ihre Aussagen enthalten aber mehrheitlich ein in futurischer Form vorgetragenes kybernetisches Handeln, das den Kollegen empfohlen wird. Lediglich ansatzweise berichten Pfarrer von ihrer pastoralen Wirklichkeit, wie sie über Feedbackgespräche Charismen der Gemeindeglieder tatsächlich herauslocken. Komplementär dazu steht der quantitative Befund, der regelmäßige Gespräche über Ämter kaum als gabenauslösend erfährt (22,7%). Damit stellen sich die Vorgaben in der Praktischen Theologie mit ihren hilfreichen Materialien als Idealisierung heraus.[1185] Von einer flächendeckenden Anwendung der Mitarbeitergespräche (Feedbackkultur) im Sinne einer durchorganisierten Personalentwicklung, wie es kirchliche Verlautbarungen propagieren, ist die Realität in der EKiBa-Stichprobe weit entfernt.

> 31. Eine Beteiligungskirche formuliert Aufgabenprofile, organisiert regelmäßige individuelle und teambezogene Mitarbeitergespräche, um den bisherigen Gabeneinsatz zu reflektieren und den zukünftigen zu planen.

13.12.2 Wertschätzende Grundeinstellung

Kybernetisch bedeutsam ist der quantitative Spitzenbefund, in dem *Pfarrer* sich in ihrer Selbstwahrnehmung weiterhin eine führende Schlüsselrolle zuweisen. Die *höchste Zustimmung* (78,9%) aus einer umfangreichen Abfrageeinheit findet die auf Erfahrung basierende Grundhaltung des Pfarrers, dass das Anerkennen von begabten Gemeindegliedern zu weiteren Charismen führt. Es ist aufschlussreich, dass Pfarrer der EKiBa-Stichprobe, über die theoretischen Verlautbarungen der Kirchenleitung hinaus, auf dem Bewusstsein, dass Gott die Gemein-

---

1185 Vgl. ergänzend den empirischen Befund zu den Ansätzen einer handlungsorientierten Mitarbeitergewinnung (Kap. III, 10.2.4).

deglieder grundsätzlich begabt hat, Wertschätzung und Entdecken der Charismen erfahrungsbezogen verbinden.

Nach dieser statistischen Frage folgte die Bitte, zusätzlich schriftlich auf die Frage zu antworten, was Gaben fördert und welche Erfahrungen bereits vorliegen. Die hohe schriftliche Beteiligung[1186] veranlasste ein umfangreiches inhaltsanalytisches Verfahren anzuwenden, das eigens dafür entwickelt wurde. So werden sowohl erfahrungsbezogene Eintragungen als auch implizite Handlungsanweisungen berücksichtigt. Im Befund überwiegt die zuletzt genannte Kategorie, in der *Pfarrer* beim Ausfüllen eher unbewusste Anweisungen an ihre Kollegen und Kolleginnen richten. Nach dem ersten Rang (vgl. → 13.12.4) der schriftlichen Zusatzäußerungen auf die Frage, was Gaben fördert und welche Erfahrungen bereits vorliegen, rangieren die „pädagogischen" Gabenzugänge auf dem zweiten Rang (45%). Aus der Vielzahl der Einzelfälle weisen vor allem „Loben und Anerkennen" wie „Ermutigung und öffentliche Wertschätzung" hinsichtlich ihrer extrinsischen motvierten Gaben eine erkennende Wirkung aus.[1187]

---

32. Eine Kirche, die auf Beteiligung ihrer Gemeindeglieder setzt, ist gerade auf die vom professionell ausgebildeten Theologen wertschätzende Haltung angewiesen, um neue Charismen zu entwickeln.

Die extrinsische Motivation der pädagogischen Mittel (Lob, Ermutigung, Anerkennung, Wertschätzung) ist bewusst in die Mitarbeiterbegleitung Ehrenamtlicher einzuplanen.

13.12.3 Innere Achtung und handelnde Konsequenz

Neben dieser ersten Analyse zur inneren wertschätzenden Einstellung (→ 13.12.2) äußern *Pfarrer* ergänzend, welche verbalen Ausdrucksmittel und Handlungen das Erkennen der Charismen fördern: Vertrauen, Zutrauen und öffentliches Anerkennen. Außerdem fordern diese individuellen und gemeinsamen Formen ausgedrückter Wertschätzung hinsichtlich ihrer Gabenzugänge eine handelnde Konsequenz der Pfarrer: im Zutrauen Aufgaben abzugeben! Statt von der individuellen Erfahrung zu berichten, trägt die Analyse der schriftlichen Äußerungen einen dialogischen Charakter. Das heißt, Pfarrer geben ihren *Kollegen* hauptsächlich implizite Anregungen. Daraus lässt sich schließen, dass Vertrauen eine kybernetische Aufgabe darstellt, die bewusst gewollt und aufgebaut sein will. Wer begabte Gemeindeglieder in seiner Grundhaltung wert achtet, vertraut

---

1186 Vgl. das Analyseverfahren (Kap. IV, Teil 1, 10.11).
1187 Vgl. im Überblick (Kap. IV, Teil 1, 11.3).

ihnen Aufgaben an, gibt selbst Verantwortung ab und begleitet sie in ihren Ämtern bzw. Diensten.

Die vorprägenden Typologien („synergetische" - und „Konvergenz-Typologie")[1188] erklären insgesamt die empirische Analyse, indem sie den Menschen als soziales Wesen beschreiben, der nach dem Bedürfnis strebt, auch als Einzelperson wahrgenommen zu werden und dadurch sowohl im persönlichen Zuspruch als auch in gemeinschaftlichen Begegnungen seine Identität und seine Charismen entdeckt. Hinzu kommen strukturell charakteristische Begegnungsformen der Praktischen Theologie, die einen Dreiklang des Vertrauens auch als Grundzug des Gemeindebaufbaus begründen.[1189] Ausgehend vom Gottvertrauen über das Selbstvertrauen und durch das Zutrauen in den Aufgabenfeldern der Nächsten, empfängt der Einzelne sein Lob, und in diesem Ineinander entwickeln sich Charismen. Diese Vorgaben bestätigen den empirisch explorativen Befund, dass Wertschätzung eine pastorale kybernetische Primäraufgabe darstellt.

33. Eine Kirche, die auf Beteiligung ihrer Gemeindeglieder setzt, ist gerade auf die vom professionell ausgebildeten Theologen wertschätzende Haltung angewiesen, um neue Charismen zu entwickeln.

34. Pfarrer, die Gemeindeglieder in die gabenorientierte Mitarbeit einladen, verzichten auf eine autonome Arbeitsweise und überwachende Kontrolle. Vielmehr arbeiten Pfarrer respektvoll auf gleicher Augenhöhe mit den Gemeindegliedern zusammen.

13.12.4 Lob- und Vertrauenskultur

Nach Einschätzung der *Pfarrer* bezieht die Wertschätzung in hohem Maße auch die Gesamtgemeinde in ihrem Miteinander ein (68,1%), denn eine gemeindliche Atmosphäre gegenseitiger Lob- und Vertrauenskultur beflügelt Gemeindeglieder und lässt sie im Mitarbeiten freier agieren, was einen leichteren Zugang zu den Charismen ermöglicht. Pfarrer bestätigen dies durch ihre ergänzend schriftlich fixierten Charismen, die zur Frage der Lob- und Vertrauenskultur ein umfassendes Gabenrepertoire für alle Handlungsfelder kirchlicher Arbeit belegen.

Nach der Quantifizierung der schriftlichen Äußerungen ergeben auf dem *ersten Rang* mit 68% die „beziehungsdynamischen" Gabenzugänge. Unter dieses explorativ generierte Label gehören als Differenzierung: Vertrauen, Zutrauen und unterschiedliche Gemeinschaftsformen. Innerhalb dieser Kategorie nimmt das Zutrauen als konkreter Vertrauensvorschuss in die Fähigkeiten der

---

1188 Vgl. Kap. I (2.4 und 2.7).
1189 Vgl. Kap. II (3.1.3).

Gemeindeglieder den höchsten Rang ein. Die Konsequenz wird im oberen Abschnitt erläutert (→ 13.12.3).

35. Die Lob- und Vertrauenskultur in der Gemeinde beflügelt das Mitarbeiten und lässt infolge Charismen leichter wahrnehmen.

13.12.5 Institution und Charismenentwicklung

Zum kybernetischen Gemeindeaufbau gehören Strukturfragen. Die *Pfarrerschaft* bestätigt mit 47,2% (n=134, N=139), dass eine Gemeindestruktur wesentlich hilft, um die Charismen der Gemeindeglieder zu entdecken. Dieser Befund ist in der „Konvergenz-Typologie"[1190] vorgeprägt, indem die ganze Gemeinde gruppenstrukturell organisiert ist und sich die Gemeindeleitung in diesen Rahmenbedingungen speziell auf den trinitarischen Gott und die erlösende Beziehung zu Christus konzentriert. Von da aus werden insbesondere auch die Frauen als charisamtisch begabt gewürdigt und als Multiplikatorinnen zusammen mit anderen Leitern profilbildend in der Gemeinde eingesetzt. In diesem Zusammenhang ist auch die „synergetische Typologie" anregend,[1191] die an das paulinische Bild des organischen Leibes Christi (1Kor 12) anknüpft und eine relative Gemeindeordnung für notwendig hält, da kein Charisma das „Maximum ihrer Wirksamkeit" ohne Institution erreichen könne. Charismen entfalten sich also im Rahmen inspirierender Gemeindeleiter, die eine Kommunikation im Geist der Liebe Christi fördern.[1192] Charismen und struktuiertes Planen bilden eine komplementäre Einheit, wie die *atl. und ntl. Texte* zeigen.[1193]

36. Auch wenn die Zuteilung der Charismen dem pneumatologischen Willen vorbehalten bleibt, begünstigen struktuierte Rahmenbedingungen die Entdeckung der Charismen.

Eine Kirche, die Ehrenamtliche verstärkt gewinnen will, braucht inspirierende und profilgebende Leiter, die situative und soziokulturelle Strukturen innerhalb der Gemeinde berücksichtigt und von da aus neue Formen atmosphärisch offen und motivierend gestaltet.

1190 Vgl. Kap. I (2.7)
1191 Vgl. Kap. I (2.4).
1192 Charismen verfallen ohne Institution ins Chaos; die Institution ohne Charismen erstarrt. Vgl. Cantalamessa (2007:217).
1193 Vgl. Kap. II (Teil 2, 4).

13.12.6 Erkennungserschließendes Beten

Auch wenn in den weiteren schriftlichen Äußerungen zur Frage, wie Charismen entwickelt werden können, eine geistliche Begleitung implizit von den *Pfarrkollegen* gefordert wird, scheint angesichts der theoretischen Vorgaben gesamthaft ein geistliches Profilierungsdefizit bezüglich der Fürbitte für Charismen in der EKiBa-Stichprobe vorzuliegen. Ähnlich fällt der Befund zur Einstiegsfrage aus: „Wo setzen Sie bei der Gewinnung von Mitarbeitern an?" Die Auswertung zeigt prozentual zwei fast gegenteilige Erfahrungen. Während die einen „um rechte Leitung" bei der Mitarbeitersuche beten (59,2%), stellt es für die anderen keinen Zugang dar (52,3%). Die erste Alternativgruppe erfährt darüber hinaus das Beten für Mitarbeiter als reziprokes Erkennungsgeschehen. Wie die Typologien so betonen die theologischen Hauptfelder des Forschungsstandes das Vertrauen auf Gottes Wort und sein gnadenhaftes Eingreifen. Daneben stellt die Bevollmächtigung zum Einsetzen der Charismen ebenso eine Herausforderung gegenüber den stärker akzentuierten zwischenmenschlichen Anerkennungs– und Vertrauensbekundungen in der EKiBa-Stichprobe dar.

An dieser Stelle kann von den charismatisch-pentekostalen Theologen und analog vorgefundenen Praxisform der untersuchten Freikiche die intensive Erwartungshaltung und Fürbitte zur Erfahrung der Charismen als Ansporn übernommen werden, ohne die theologisch einseitige Begründung extraordinärer Charismen zu integrieren. Die geistliche Erwartungshaltung an den dreieinigen Gott ist übrigens fast durchgehend in den Typologien vorzufinden. Auch die ntl. Exegese unterstreicht eine gemeinsame leidenschaftliche Suche nach Charismen, die Beten einschließt.[1194]

13.12.6.1 Geistlich reziprokes Erkennungsgeschehen

Es fällt auf, dass die nahezu deckungsgleichen Indizien, einmal der geistlich motivierten „Dienstbereitschaft als Ausdruck der Hingabe an Gott" und zum zweiten des allgemeinen „Bedürfnisses zur Mitarbeit" als Kriterium für Charismen, im Vergleich zu den anderen Kriterien, bei der *Pfarrerschaft* nicht so hoch eingeschätzt werden. Zur Erklärung der geringer ausfallenden Einordnung des ersten Beurteilungskriteriums ist anzunehmen, dass die Pfarrerschaft die empirisch unzugänglichc Motivation geistlicher Hingabe zur Dienstbereitschaft der Gemeindeglieder in ihrer Vermischung von idealtypischer Selbstlosigkeit und Selbstliebe realisieren. Die Hypothese[1195] rechnet diese Problematik ein, denn angesichts der „dialektisch-fragmentarischen und christologisch-heiligenden Dimension", die als Kriterium angesetzt wurde, gehört die Dialektik von Selbstliebe und Gotteshingabe untrennbar zusammen.

1194 Vgl. das „beziehungserschließendes Erkennen" (Kap. II, 4.2.4.1), die „potenzierte Erwartungshaltung" (Kap. II, 3.1.4.1).
1195 Vgl. Kap. III (2.7.10.2).

Bemerkenswert ist der Zusammenhang der Handlungsansätze von „Gebet um rechte Leitung" - wie Pfarrer Mitarbeiter zu gewinnen suchen - und den Erkennungskriterien der Charismen, die eine offensichtliche transzendente Dimension enthalten.[1196] So korreliert mit einer statistisch gesehen sehr hohen Wahrscheinlichkeit das „Gebet um rechte Leitung" mit dem Kriterium zur Charismenerkennung der „Dienstbereitschaft als Ausdruck der Hingabe an Gott". Theologisch bildet sich durch die kommunikative Bewegung zwischen Gott und Mensch im Gebet ein tieferes Erkenntnisgeschehen aus, das sich bei den Pfarrern bewährt hat. Dieses an Glaube und Gebet orientierte Erkennen der Charismen findet sich hauptsächlich in den theologischen Vorgaben der „zirkulär-erkennenden Dimension",[1197] dessen Vertreter von der Ohnmacht des eigenen rationalen Handeln wissen und auf das Licht des Hl. Geistes hoffen. Zwei Aspekte greifen ineinander: Gott sensibilisiert Pfarrer für ein geistlich situationsbezogenes Handeln. Pfarrer sehen in den von ihnen zur Mitarbeit anvisierten Personen nicht bloß die Bereitwilligkeit mitzuarbeiten, sondern nehmen bei den Gemeindegliedern, neben den und durch die mitschwingenden ich-bezogenen Motive, die dominierende auf Gott ausgerichtete Motivation wahr.

Die geistgewirkte Dienstbereitschaft der Gemeindeglieder und das Beten der Pfarrer hängen zusammen. Praktisch-theologisch gesagt ereignen sich zwei Handlungsweisen gleichzeitig: Ohne ein entgegenkommendes sich zur Verfügung stellen der Gemeindeglieder, das geistlich motiviert ist und andere mitwirkende Faktoren einschließt, bleiben Pfarrer ohne Mitarbeiter, und Gemeindeglieder ohne ausreichende Erkenntnis ihrer Charismen. Das Erkennen der Charismen ist also in ein geistlich reziprokes Geschehen eingebunden.

37. Eine Beteiligungskirche ist eine betende Kirche. Wer eine Beteiligungskirche will, wird nicht allein auf die Außenperspektive der Mitarbeitenden achten, sondern zugleich auf der Grundlage der unverfügbaren Charismen auf das offenbarende Eingreifen des dreieinigen Gottes vertrauen und für geeignete Mitarbeiter beten.

13.12.7 Dynamische Trias der Gemeindeziele

Die zweite quantitative Spitzenanalyse bildet, mit einem hohen prozentualen Wert (74,2%), das Erleben der *Pfarrer* ab, nach dem motiviert kommunizierte Gemeindeziele wesentlich Charismen der Gemeindeglieder hervorrufen. Damit

---

1196 Vgl. die Erkennungskriterien: „Wachsendes Interesse an geistlicher Gemeinschaft" und „Menschen kommen zum Glauben".
1197 Vgl. Kap. I (2.3.1.9) und Kap. II (3.1.8).

ist die Hypothese der praktisch-theologischen Gemeindeliteratur nun auch empirisch belegt und die empirische Forschungsarbeit von Tetzlaff (2005) zumindest für diesen Teilbereich widerlegt. Zusammenfassend belegt der Befund die additive und zirkuläre Trias: Gemeindeziele bzw. Visionen veranlassen Motivationen. Motivationen bilden Mitarbeiter und in der Mitarbeit – sowie prozesshaft in allen drei Faktoren – entwickeln sich Charismen. Die durchdacht vorgetragene Vorschau der Gemeindeziele bedarf einer theologischen Begründung, damit die Motivation nicht in bloßes Management abgleitet, sondern in den Verheißungen Gottes gründet.

38. Eine Beteiligungskirche, die Charismen hervorbringt, braucht zur Identifikation und Motivation ihrer Gemeindeglieder nicht nur Leitsätze, sondern verheißungsorientierte Gemeindeziele, die öffentlich kontinuierlich und theologiebegründet vermittelt werden. Solche vorausschauenden Gemeindebilder bestimmen die Gegenwart.

13.13 Vakanzzeiten als geistliche Herausforderung

Zu einem weiteren Teilbefund zählt das über dem Durchschnitt liegende quantitative Ergebnis (47,6%), dass in vakanten Aufgabenfeldern Gemeindeglieder ohne eine entsprechende Qualifikation dennoch Charismen entdecken. Anscheinend hat die *Pfarrerschaft* Gemeindeglieder im Blickfeld, die sich nicht wie Handlanger des Pfarrers oder Lückenbüßer vorkommen. Auffällig ist das Ergebnis deshalb, weil die Gemeindeliteratur der Praktischen Theologie die Mitarbeit in einer Vakanzzeit eher negativ einstuft.[1198] Demgegenüber bekräftigen die zahlreichen Aussagen der Pfarrer, dass Gemeindeglieder ihre Charismen experimentell, also in einer befristeten Aufgabenstellung, erkennen. Nach vielen Negativerfahrungen wendet sich Hybels neuerdings von einem zu schnellen Einsatz von Gabentests ab und plädiert ebenfalls für eine probeweise Mitarbeit auf Zeit.[1199]

Ergänzend weisen die Interviewanalysen in die gleiche Richtung. So bemerkt ein Befragter, dass er seine Charismen dadurch gefunden habe, weil man ihn *„ins kalte Wasser hineingeschmissen"* habe.[1200] Ein anderer Interviewpartner empfand die konkrete Anfrage zu einer Aufgabe als *„einschneidendes Erlebnis"*,[1201] das ihn geistlich stark herausgefordert hätte und er schließlich auf diese Weise eines seiner Charismen gefunden habe. Schließlich ist noch eine Inter-

---

1198 Vgl. Kap. III (8.1.1.5.5).
1199 Vgl. Kap. II (Teil 2).
1200 Vgl. die „pastorale Selbstdeutung" (Kap. IV).
1201 So beim „organisierten Gabenanreger" (Kap. IV, 12.3.3).

viewpartnerin anzuführen, die explizit betont, dass man sie stets *„aus der Reserve locken"[1202]* müsse, um sie überhaupt zur Mitarbeit zu bewegen. Es spricht vieles dafür, den empirischen EKiBa-Befund ernst zu nehmen und gerade Phasen unbesetzter Aufgabenfelder als Chance zu nutzen, um Gemeindeglieder geistlich anzuregen und herauszufordern, Neues im Vertrauen auf Gott zu wagen und darin die potenziell angelegten Charismen zu entwickeln.

39. Neben der Orientierung auf Charismen bilden die aufgabenorientierten Erfordernisse der Gemeinde angesichts des ntl. Kernkriteriums der Auferbauung, in der Sorge um andere, eine bedeutsame Stellung. Beides gilt es praktisch-theologisch auszugleichen. Das Mitarbeiten und Erkennen der Charismen hängt nicht ausschließlich von Spaßmentalität oder Vorqualifikationen ab.

13.14 Erkennungskriterien für Charismen

Die folgenden empirischen Ergebnisse belegen, inwieweit das Wesen der ntl. Auferbauung (οἰκοδομή) (Wir-Gestalt) wechselseitig von Individualität (Ich-Identität) und Sozialität (Du-Beziehungen) als entscheidendes Erkennungskriterium der theoretischen Vorgaben, insbesondere in den theologischen Hauptfeldern des Forschungsstandes, Rückschlüsse auf vorhandene Charismen gibt.

13.14.1 Emotionalitäten versus klassischer Modalitäten

Auch wenn die Typologien die Freude und Emotionalitäten als Erkennungsmerkmale für vorhandene Charismen bestätigen, liegt der Stellenwert der Freude hinter der Beziehung zu Christus. Als Beispiel kann auf die „Konvergenz-Typologie" verwiesen werden. Hier rangiert der Grundton der Freude, der christologisch von der Erlösung ausgeht, an erster Stelle, während Emotionalitäten aller Art bis hinein ins Sensorische im Gebrauch und Entdecken der Charismen einen breiten Raum in den Gemeindeveranstaltungen einnehmen, die nicht nur gewährt, sondern bewusst gewollt werden. Auch die „Imaginär-mystische Typologie" priorisiert zunächst die christologischen Kriterien und spricht sich erst danach für das individuelle Prüfmerkmal speziell bei prophetisch-visionären Charismen aus: Es handelt sich um innere und äußere Erregungen. Auch die zahlreichen Vertreter in den theologischen Hauptfeldern zeigen eine deutliche Zurückhaltung gegenüber dem Stellenwert, der dem Kennzeichen der Freude gegeben wird. Bei ihnen überwiegen die klassischen christo-

---

1202 Vgl. die „forschende Erkennerin" (Kap. IV, 12.4.1.).

logischen (Jesus als Herrn bekennen, Kreuzesgestalt), ekklesiologischen (Auferbauung) und ethischen Modalitäten (Liebe, Einheit).

Hybels und Schwarz kombinieren die Kennzeichen der Freude und Auferbauung in ihren Gabentests, differenzieren aber das Erleben der Freude gegenüber einem Dienen als Verpflichtung, das dauerhaft zur Erschöpfung führe.[1203] Darüber hinaus setzt sich Schwarz realistisch ab, insofern er beim Einsetzen der Charismen auch Krisen und Unlust einkalkuliert.

Neben den genannten Kriterien thematisieren die ntl. Texte die Freude als Einzelauswirkung des Hl. Geistes im Anwenden der Charismen. Es ist also keine Frage, dass in der Freude der Geist emotional fassbar wird. In der Wirkung der Charismen steht aber die funktionale Zielsetzung der Auferbauung für den Nächsten und den Gemeindeaufbau im Zentrum.

Aufs Ganze gesehen besteht also kein Konsens zwischen der wertenden Einschätzung der *Pfarrer* zum Kriterium der Freude (88,6%) im Vergleich zu den theologisch-typologischen und theologischen Hauptfeldern, weil die Freude hinter den klassischen Kriterien deutlich zurücksteht. Im Gegensatz zur Pfarrerschaft akzentuieren Gemeindeglieder zwar ebenfalls ihre Emotionen, formulieren aber in ihren Erfahrungsberichten stärker die christologischen Kriterien.

40. Wer Charismen fördern will, wird darauf achten, dass Gemeindeglieder Freude an ihren Aufgabenfeldern erleben, weil positive Emotionen Lern- und Denkprozesse optimieren und den kreativen Umgang in der Gemeinde und Familie erheblich erleichtern.[1204]

41. Die soteriologischen und christologischen Kernkriterien spielen in den schriftlichen Statements eine deutlich untergeordnete Rolle.

13.14.2 Oikodomische Kriterien

Über dem Durchschnitt, aber in einem relativ großen Abstand zum Kriterium der Freude (88,6%), liegt das Erleben „der seelsorgerlichen Stärkung des Einzelnen" (70,5%) als Indiz, dass im kollektiven Rahmen der Gemeinschaft entsprechende seelsorgerliche Charismen bei den Gemeindegliedern vorliegen. Das Kriterium der „geistlichen Veränderungen in der Gemeinschaft" rangiert mit 62,3% dahinter. Beide Kriterien entsprechen in hohem Maße den Ergebnissen der theologischen Hauptfelder sowie der ntl. Exegese und gehören zum zentralen oikodomischen Kriterium (οἰκοδομή). Die seelsorgerliche Stär-

---

1203 Vgl. Kap. I (2.11).
1204 Zu den positiven Auswirkungen der Freude in der Lernpsychologie und psychosomatischen Medizin vgl. Monika Schwarz-Friesel (2007:114f).

kung kann einerseits punktuell durch den Ratsuchenden in oder direkt nach der konkreten Gesprächssituation artikuliert werden und gibt dem Mentor die unmittelbare Gelegenheit, daraus ein mögliches Charisma zu deuten.

Andererseits ist an Situationen zu denken, in denen die poimenischen Charismen erst nach einem längeren Zeitraum erkennbar werden und zwar erst dann, wenn derjenige, welcher die seelsorgerliche Stärkung erlebt hat, seine geistlich erlebten Veränderungen in die Gemeinschaft zurückspiegelt. Charismen erschließen sich ähnlich wie in den „geistlichen Veränderungen der Gemeinschaft" zunächst latent. Oft - wie beim letzten Kriterium - können die differenzierten Charismen sehr schwer einzelnen Personen zugeordnet werden, weil sich die Auswirkungen der Charismen gesamthaft erstmals wesenhaft als göttliche Gnadenwirkungen erweisen, wenn empirisch-geistliche Veränderungen deutlich werden. Nach den Erfahrungen der Pfarrer erkennen sie Charismen an geistlichen Erneuerungen individueller oder gemeinschaftlicher Art.

42. Pfarrer geben den augenblicklichen emotionalen Erkennungskriterien der Charismen einen weitaus höheren Stellenwert als den ausdifferenzierten ntl. ekklesiologischen Kriterien, deren Evidenz erst im Nachhinein und individuell kaum identifizierbar erscheinen.

13.14.3 Erziehungs- und Glaubensbiographie

Die Befragung der *Pfarrerschaft* deutet einen Zusammenhang zwischen Charismen und Biographie nur an, während die Gemeindeglieder diese Zusammenhänge durchweg reflektieren. Abgesehen von der „extraordinären Dimension der Charismen"[1205] in den theologischen Hauptfeldern und der Gabenkonzeption, die auf die Verbindung zwischen Familie und Charismen eher tangierend eingehen, stellt der pädagogische Aspekt ein kirchliches Desiderat dar.[1206] Charismen sind entwicklungspsychologisch vermittelt und altersspezifisch zugeteilt, was genuin der trinitarischen Dimension entspricht und kontinuierlich vor und nach der Konversion bestehen bleibt.

Auf diesem Hintergrund liegt es nahe, wenn für die Gemeindeglieder und ihre Charismen generationsgemäße Zugänge entwickelt werden, was im EKiBa-Kursmaterial und im „Explorativen Modell"[1207] berücksichtigt wird. Auch wenn der dreieinige Gott in seinen geschenkten Charismen das Biographische integriert und eine spannungsvolle Polarität beinhaltet, übersteigt die göttliche Wirkung der Charismen zugleich das Geschöpfliche mit seinem Ewigkeitswert.

1205 Vgl. Kap. II (2.1.4.3).
1206 Vgl. die Bedürfnisse der Familien gegenüber der Kirche (Domegen2007:350-365).
1207 Vgl. Kap. II (Teil 3, 5.6.4).

Aus dieser Perspektive definiert ein Teil der „extraordinären Dimension"[1208] durchaus etwas Richtiges, indem auch die unscheinbaren Charismen stets als geistgewirkt übernatürlich qualifiziert werden. Eine weitere Beobachtung zeigt das NT (1Tim 1,5f): Die Wiederbelebung vernachlässigter Charismen wird auch biographisch-pädagogisch mit dem aktualisierten Glauben neu angestoßen.

43. Die volkskirchliche Unterstützung der Charismen in der Familie stellt ein Desiderat dar. Die Praktische Theologie ist herausgefordert, entsprechende pädagogische Konzepte zu entwickeln.

   Wenn die Ev. Kirche die „Gemeinde als Lernort" propagiert und eine Beteiligungskirche im Gemeindeaufbau anstrebt, gehören unter die gemeindepädagogische Perspektive auch Familien. Das Entfalten der Charismen vor und nach der Konversion ist im Schnittfeld von Gemeinde und Familie den persönlichkeits- und generationsspezifischen Entwicklungen anzupassen.

13.14.4 Milieuspezifische und prämissenabhängige Deutungsmuster

Die Basis der empirischen Analyse und biographischen Selbstäußerungen innerhalb der theologischen Hauptfelder unterstreicht, dass der individuelle und kollektive Zugang zu den Charismen stets vom jeweiligen christlichen Referenzrahmen oder Gemeindemilieu abhängt. Während sich das Charismenspektrum der charismatisch-pentekostalen Gemeindeglieder fast habituell homogen auf die typologisch pentekostalen Gaben fixiert (Prophetie, Glossolalie, Heilungen) und damit das Werte- und Deutungsmuster ihres Milieus abbildet, kennen landeskirchliche Gemeindeglieder mehr Charismen. Allerdings trägt ihr Berichten vergleichsweise unsichere Züge, was nicht weiter verwundert, weil im landeskirchlichen Bereich weithin der sprachliche und lehrhafte Referenzrahmen fehlt. Der Modus der Wahrnehmung mit seinen sensorischen Begleitphänomenen liegt in beiden Frömmigkeitsmilieus nahezu gleich vor: Emotionen, Intuitionen und biblische Reflexionen liegen wechselseitig ineinander. Hinzu kommt der Bestätigungswunsch von außen. Milieuunabhängig tritt eine metaphorische Sprache zu Tage, die in Bildworten die geistlich-psychischen Zugänge zu den Charismen in Worte zu fassen sucht. Theologisch beurteilt drängt sich die Einsicht auf, dass die Offenbarungsweise der Charismen von milieuspezifischen sozialisatorischen Vorprägungen abhängt. Wenn Veränderungen registriert werden, handelt es sich um Umdeutungen seitens des Menschen, der

---

1208 Vgl. Kap. II (Teil 1, 3.1.4).

seine Begabungen oder die anderer nun im christlichen Bezugssystem erklärt. Bei derartigen Zuschreibungen spielen, wie die empirischen Nachfragen zeigen, Stereotypen im Deutungsrahmen des Frömmigkeitsmilieus eine ebenso ausschlaggebende Rolle wie hermeneutische Prämissen der Charismen.[1209]

Hinzu kommt schließlich der Befund, dass die theologischen Prämissen der Pfarrer zur Gabendeutung einen Einfluss auf ihre Fremdwahrnehmung in der Kriterienfrage der Charismen ausüben.[1210]

44. Eine postmodern plurale Beteiligungskirche ist darauf angewiesen, den theologisch traditionellen Referenzrahmen zu übersteigen und unterschiedliche Frömmigkeitsmilieus bestimmter Charismenverständnisse ihrer Ehrenamtlichen positiv aufzunehmen und praktisch-theologisch zu reflektieren (auch Prophetie, Heilungen ...).

13.14.5 Wahrnehmungsdifferenzen von Mann und Frau

Als Nebenfrage entwickelte sich die explorative Frage, ob zwischen Pfarrern und Pfarrerinnen eine differenzierte Wahrnehmung der Charismen besteht. Im Hintergrund stand die klischeehafte Vorstellung, dass Pfarrerinnen bei der Suche der Charismen eher die Nähe zu den Gemeindegliedern durch Begegnungen betonen und zudem die emotionalen-sozialen Erkennungsmodi und Erkennungskriterien gegenüber den kognitiven bevorzugen. Zunächst zeigt sich, dass Pfarrerinnen für die Mitarbeitergewinnung eine ressourcenbezogene und soziale Herangehensweise in ihren schriftlichen Äußerungen favorisieren.[1211] Dieser Teilbefund setzt vertrauensvolle Beziehungen zu Gemeindegliedern voraus, was in den exemplarischen Einzelfallanalysen bestätigend zum Ausdruck kommt.

Der quantitative Befund berücksichtigt ausschließlich Werte, die eine statistische Signifikanz aufweisen. Pfarrerinnen weisen in der Tat mehr emotional-personale Erkennungsmerkmale auf, während ihre männlichen Kollegen sich mehr an der Dienstbereitschaft orientieren. Außerdem beobachten Pfarrer gegenüber ihren Kolleginnen deutlicher, dass ihre Gemeindeglieder durch überregionale Konferenzen ihre Charismen entdecken. Auch beim Zusprechen einer Gabe liegt die Präferenz bei den Pfarrern. Mit sorgfältig gebotener Umsicht zeigt der Befund: Pfarrerinnen der EKiBA-Stichprobe suchen stärker nach Beziehungen, um die Charismen ihrer Gemeindeglieder wahrzunehmen.

1209 So belegt es die qualitative Analyse dieser Erhebung unter landeskirchlichen und pentekostal-charismatischen Gemeindegliedern.

1210 Vgl. Kap. IV (Teil 1, 11.2.4).

1211 Vgl. Kap. III (10.2.4).

45. In der Suche nach Mitarbeitern und ihren Charismen sind gemischte Teams von Männern und Frauen vorzuziehen, um verschiedene Perspektiven der Wahrnehmung zu realisieren.

46. Eine Kirche der Zukunft hält die dialektische Spannung aus, indem sie einerseits in den postmodernen Megatrends nicht aufgeht, sondern sich an der exklusiven Zäsur der Charismenfrage in der Konversion zu Jesus Christus profiliert. Andererseits wird die Kirche in der Suche nach einer gabenorientierten Mitarbeit das Bedürfnis der postmodernen Menschen nach spirituellem Erleben proaktiv aufnehmen und über die trinitätstheologische Dimension der Charismen kerygmatisch-kognitiv und emotional-didaktisch informieren und parallel diakonisch-soziale Möglichkeiten und experimentelle Erfahrungsräume bieten.

14 Entwurf einer trinitarischen Dimension der Charismen im missionarischen Gemeindeaufbau

14.1 Fragestellung

Der empirische Gesamtbefund zeigt eine Vielzahl konstruktiver und blockierender Zugänge zu den Charismen der Gemeindeglieder, die teilweise mit den typischen Vorgaben der theologischen Theorien korrespondieren. Auch wenn der gerade vorgelegte Dialog mit den empirischen Daten und die Interpretation dazu etliche konkrete Impulse für das Erkennen der Charismen durch Pfarrer und Gemeindeglieder anregten, fehlt ein trinitarischer Entwurf, der Charismen im Kontext einer Gemeindekonzeption darstellt. Dass sich zum Teil christologische, pneumatologische oder schöpfungstheologische Einseitigkeiten schon als eingefahrene Grundmuster in den Gemeinden vorfinden oder die Vielfalt der göttlichen Trias in den vielschichtigen Handlungsfeldern der Gemeinde aus dem Blick geraten, ist verständlich.

Der folgende Entwurf fokussiert seine Aufmerksamkeit nicht auf die komplexen Arbeitsbereiche der Gemeinde, sondern nimmt auf dem Hintergrund der trinitarischen Charismenoffenbarung auch kirchenferne Menschen mit ihren Begabungen ernst. Gerade auch sie werden als bereits Begabte promissional angesprochen. Sie sollen in ihrer Identität begleitet und durch die Du-Beziehungen zur Wir-Gestalt der Gemeinde, das heißt zur Kommunikation des Glaubens, geführt werden. Dabei geht es um die Frage, wie postmoderne charismatische Menschen, die noch in einem distanzierten Verhältnis zu Glaube und Kirche stehen oder in der Gemeinde wenig Berührungspunkte finden, missionarisch zu gewinnen sind. Die beiden strukturellen Modelle der Ev. Landeskirche öffnen so das parochiale Modell der traditionellen Ortsgemeinde. Die an die pluralistische Gesellschaftsstruktur angepasste offene Parochie erhält auf diese Weise positive Zugänge, die Charismen der Menschen in die Gemeindearbeit zu integrieren.[1212]

14.1.1 Trinitarische Analogie: Dynamik der Charismen und Gemeindeaufbau

Die christliche Existenz und der Gemeindeaufbau bewegen sich wechselseitig zwischen Sammlung und Sendung, was vielfach erkannt wird.[1213] Die Reflexion

---

1212 Zur aktuellen Debatte vgl. Pohl-Patalong (2004), Lehmann (2002).

1213 Die Doppelbewegung von Sammlung und Sendung zeigt sich dreifach: 1) analog zum intensiven und extensiven Gemeindewachstum (Herbst 2010:70), 2) unter dem Aspekt

über die Frage, wie säkulare Menschen ihre Charismen im schöpfungs-theologischen Deutungsrahmen erkennen und diese Selbsterkenntnis zum missionarischen Gemeindeaufbau beitragen kann, scheint bisher kaum durchdacht. Die trinitarische Dimension der Charismen bietet dazu schlüssige Argumente, um zunächst ein Problembewusstsein zu schaffen und darüber hinaus einen Entwurf vorzulegen, der an dieser Stelle nicht umfassend entfaltet werden kann. Entscheidend ist, dass der unter dem schöpfungstheologischen Horizont der Charismen stehende postmoderne Mensch innerhalb und außerhalb der verfassten Kirche missionarisch in den Blick kommt. Dabei beruht die Einsicht der menschlichen Subjektwerdung bzw. Identitätsbildung auf der Gottesebenbildlichkeit, was den Menschen generell als vielfältig begabtes Wesen bestimmt, wie es die exegetischen Skizzen zeigen.[1214] Der postmoderne Mensch ist darum auch ohne ausdrücklichen Gottesbezug ernst zu nehmen, ohne damit sein ethisches Verhalten pauschal zu rechtfertigen.

14.1.1.1   Symbiose: Freiwilliges Engagement und Selbstentfaltung

Soziologische Großuntersuchungen der letzten Jahre, die im Auftrag des Bundesministeriums für Familie, Senioren, Frauen und Jugend durchgeführt wurden,[1215] haben darauf aufmerksam gemacht, dass der postmoderne Mensch seine Begabungen (Wissen und Können) gerne dort einbringen will, wo er seine Identität in einer sinnvollen Aufgabe weiterentwickeln kann. Er will die Gesellschaft mitgestalten, weil sich zu dieser Aufgabe kaum jemand findet. Vor allem suchen die freiwillig Mitarbeitenden in ihren Tätigkeiten Spaß und wollen sympathische Menschen kennen lernen.[1216] Inhaltlich deckt sich der Befund ansatzweise mit den Beobachtungen der Pfarrerschaft der hier erhobenen EKiBa-Daten, insofern sinnstiftende Gemeindeziele die Bereitschaft mitzuarbeiten erheblich fördern und Gemeindeglieder ihre Charismen erkennen.[1217] Zu einem ähnlichen Befund kommt der Freiwilligensurvey, wenn das Mitarbeiten durch „informelles Lernen" Begabungen hervorbringt.[1218] Als weiteres auf-

---

zu Nutzung und Erhalt kirchlicher Gebäude (Beckmann 2007:42), 3) in ihrer Wechselseitigkeit (Gründig 2006:210).

1214 Vgl. Kap. II (Teil 2).

1215 Die repräsentative telefonische Umfrage umfasste rund 15.000 Bürger ab dem 14. Lebensjahr. Baden-Württemberg liegt deutlich mit ihrer Sonderauswertung über dem Bundesdurchschnitt der freiwillig Mitarbeitenden. Vgl. Kap. III (8.1.8.1) und Hoch, Klie, Wegner (2006:13).

1216 So zeigt es in verstärktem Maße der kontinuierlich durchgeführte Freiwilligensurvey (Gensicke & Geiss 2009:16, Gensicke, Picot & Geiss 2004, 1999).

1217 Vgl. Kap. IV (10.9.2).

1218 Vgl. Gensicke & Geiss (2009:35). Dazu gehören neben „Fachwissen, [...] und Führungsqualitäten" auch persönlichkeitsentwickelnde Dispositionen wie „Belastbarkeit". Die aus der Erziehungswissenschaft stammende Definition des informellen Lernens kommt dem gleich, was Pfarrer in ihren schriftlichen Äußerungen beobachten (vgl.

schlussreiches Ergebnis zeigt die Studie zum bürgerschaftlichen Engagement, dass das freiwillige Mitarbeiten selbst dann erhalten bleibt, wenn es mit „belastenden Erfahrungen" verbunden ist.[1219] Neben der älteren Generation[1220] findet sich das höchste gesellschaftliche Engagement bei Eltern mit Kindern, weil sie einerseits in die Aktivitäten der Kinder hineingezogen werden, andererseits steigt bei Kindern und Jugendlichen das Interesse mitzuarbeiten, weil es ihnen viele Möglichkeiten bietet. Das freiwillige Engagement bei Familien im Alter von 35 – 44 Jahren gilt es zu beachten, denn es signalisiert die Bedeutung der Familien.[1221] Natürlich wirkt sich die Belastung von Beruf und Familie auf das Zeitbudget aus. Angesichts dieser zeitlichen Einschränkungen belegt die Studie zum bürgerschaftlichen Engagement erstaunlicherweise kein projektorientiertes Mitarbeiten, sondern hebt ein wöchentlich relativ hohes und vor allem kontinuierliches Mitarbeiten hervor.[1222]

Vor diesem Hintergrund scheinen die Befunde den postmodernen Trendanalysen des sogenannten „Soft-Individualismus" zu widersprechen.[1223] Auf den zweiten Blick stellt sich aber heraus, dass gegenwärtig beides, die Selbstbezogenheit und das freiwillige Engagement, zum Wohl der anderen eine neue Symbiose eingehen. So leben die Engagierten allgemein und besonders in der jüngeren Generation nicht auf Kosten anderer und gestalten ihr Leben dennoch ausgeprägt selbstbestimmt, suchen aber gleichzeitig nach netzwerkartigen Beziehungen, was ein flexibles Engagement ermöglicht. In der Folge verliert die ehrenamtliche Tätigkeit ihren verpflichtenden Charakter, was mit dem Wertewandel von der Selbstaufopferung zur Selbstentfaltung und Selbstsuche zu tun hat.[1224] Während im Befund des bürgerschaftlichen Freiwilligensurveys für das Engagement ein zeitlich hoher Einsatz tendenziell kontinuierlich belegt wird, neigen empirische Studien, die das freiwillige Mitarbeiten in der Ev. Landeskirche erheben und interpretieren, zu terminierten Projektarbeiten.[1225] An dieser Stelle setzt der niederschwellige missionarische Ansatz an, indem die Menschen mit ihren Charismen zur partizipierenden Mitarbeit eingeladen werden.

Kap. IV 11.3), wie Charismen gefördert werden: „Lernen von Mentoren, Coaching, Netzwerklernen, Lernen aus Fehlern, Lernen durch Versuch und Irrtum" (Overwien :42f).

1219 Vgl. Gensicke & Geiss (2009:12).
1220 Vgl. Gensicke & Geiss (2009:20).
1221 Einzelergebnis: „Je größer die Familien, desto umfassender ihre Aktivitäten" (Gensicke & Geiss 2009:17).
1222 Vgl. Gensicke & Geiss 2009:31-33).
1223 Vgl. Kap. II (5.1.3).
1224 Vgl. Kap. II (Teil 3, 5.1), Enquete-Kommission (2002:123).
1225 Vgl. Kurz (2007:261-277), Piroth (2004:300), Enquete-Kommission (2002:176).

14.1.2 Charismatische Partizipation

Mit der Partizipation liegt ein konzeptioneller Entwurf vor, der ansatzweise in anderen Kontexten unter dem Begriff der Konvivenz diskutiert wird.[1226] Konkret geht es darum, begabte Menschen mit ihren Ressourcen und Kompetenzen zur ergänzenden Zusammenarbeit, sowohl außerhalb als auch an den Rändern der Kirchengemeinde, und, wenn der prozesshafte Kontakt gewachsen ist, auch in innergemeindliche Veranstaltungsangebote einzubeziehen.[1227] Von den festen Mitarbeitern der Gemeinde erfordert dies eine spezielle missionarische Grundhaltung einer offenen Kommunikation, die den anderen weder normativ noch biblizistisch einengt, sondern seine Denkansätze interessiert aufnimmt und die Arbeitsgemeinschaft mit ihm teilt. Das Gemeindeglied betreibt also keine aufdringliche Mission, sondern versteht sich als missionarisch Gesandter, der durch seine Existenz bereits missionarisch wirkt.

Im Hintergrund dieses Ansatzes steht eine großangelegte empirische Erhebung in Europa, die von den Religionssoziologen Halman & Draulans (2004) durchgeführt wurde und zu einer These führt, die tendenziell für alle westlichen Gesellschaften gilt: „Belonging without believing" (:310). Bezogen auf das Entdecken der Charismen wird deutlich: Diese postmoderne Lebenseinstellung weckt gegenüber der Kirche kaum negative Konnotationen, sondern baut eine Brücke. Im Blick auf die begabten Menschen lautet nun die umformulierte Kurzformel: *Belonging and being endowed with charisms before believing.* Dazu bieten Einzelne oder bewegliche Teams der Gemeinde offene und wertschätzende Kommunikations- und Entfaltungsräume an, damit Menschen ohne Christusglauben mit ihren Charismen ausdrücklich in ihre Projektarbeit einbezogen werden. Von der Gemeinde erfordert dies eine einladende Durchlässigkeit ihrer internen Gemeinschaft.

Wie die vorliegende Untersuchung zeigen konnte, entwickeln sich die Charismen des Menschen in kommunikativen Beziehungen. Auf diesem Hintergrund schwingt in der Kooperation mit Christen, die mit ihren Charismen die Gnade Gottes in Wort und Tat repräsentieren, eine geistliche Dimension mit. Soziologisch betrachtet agieren sie als Medium, um eine charismatische Beziehungsatmosphäre zu vermitteln.[1228] Konkret: Christen teilen in zeitlich über-

---

1226 Aus missiologischer Perspektive geht es um folgendes: Wenn ein Missionar mit seinen Kompetenzen in sein Einsatzland kommt, aber keine Sprachkompetenz für das jeweilige Land mitbringt, lernt er von einem Einheimischen. Umgekehrt profitiert der Einheimische von den Begabungen des Missionars. In diesem respektvollen Ergänzen entwickelt sich eine wechselseitige Annäherung an ethnische und soziale Fremdheiten (Konvivenz). In dieser reziproken Zusammenarbeit und Kommunikation wird christlicher Glaube prozesshaft vermittelt. Die kommunikative Konvivenz beinhaltet: 1. Hilfsbereitschaft, 2. Lern- , 3. Festgemeinschaft, vgl. Sundermeier (1996:190-192).

1227 Vgl. das Konzept der „Gemeinde als Herberge" (2004) geht ohne den Charismenansatz partikular ähnliche Wege (113-124).

1228 Vgl. Kap. I (2.5).

schaubaren Beziehungen ihr Leben mit Menschen, die ihre Begabungen einbringen wollen. Primär geht es unter hermeneutischen Gesichtspunkten darum, über die Schnittfläche der Arbeitsinteressen (Hobby), über gemeinsame Gesprächsthemen, einschließlich angrenzender Lebensfragen und gesellschaftsrelevanter Probleme, auf natürliche Weise zu kommunizieren, einander verstehen und respektieren zu lernen.[1229] Auf diesem Weg temporärer Zeitphasen gemeinsamer Arbeit und inklusiver einkalkulierter Unterbrechungen der Zusammenarbeit kann sich eine Transformation bei den Menschen auf den christlichen Glauben hin ereignen. Die Öffnung für den Glauben vertieft sich, wenn im Laufe der Zeit weitere, unter Umständen andersartige, Projekte hinzukommen. Zusätzlich kommt es durch flankierende Begegnungen im gemeindlichen Rahmen zu Berührungspunkten zwischen dem säkular-begabten Menschen und Gemeindegliedern, wie Abbildung 52 zeigt. In dieser Phase ist es zudem sinnvoll, ein erfahrungsorientiertes kommunikationsauslösendes Gabenseminar[1230] anzubieten, das durch die trinitätstheologische Dimension der Charismen modifiziert durchgeführt wird oder einen aus dem Handbuch der EKD empfohlenen missionarischen Glaubenskurs milieuentsprechend auszuwählen.[1231] Beide Kursarten stellen keine Alternativen dar, sondern kommen je nach situativer Bedürfnislage und Einschätzung zum Einsatz. Die Einladung zu Kursen eignet sich für alle *in* und *außerhalb* der Gemeinde, denn nach dem empirischen Befund der vorliegenden Erhebung fehlt es sowohl den Gemeindegliedern als auch den bereits über Jahre treu Mitarbeitenden an theologischem Grundlagenwissen, was den Glauben und besonders die Charismen betrifft. Diese sukzessiven Prozesse gemeinsamer Projektarbeit und Bildung kann Menschen von den Rändern kirchlicher Mitarbeit bis in die Mitte der Gemeinde mit dem Ziel einer Konversion zu Jesus Christus führen. Unabhängig davon, ob sich die Konversion, wenn sie sich ereignet, prozesshaft oder partiell vollzieht, findet eine Zäsur statt, indem die bisherigen schöpfungsbegründeten Charismen zwar kontinuierlich weiterbestehen, aber die qualitative Dimension der Christus- und Geistesgaben, ebenso wie die göttlich geschenkte Liebe und ein engerer Gemeindebezug hinzu kommen.

Dass es zu einer generellen Mitarbeit nicht automatisch kommt, dürfte deutlich sein. Darum ist die passive Form des Wartens durch eine dialogfähige werbende Einladung und Information zu ersetzen, die weniger allein dem

---

1229 Solche Projektarbeiten gehören nach Härle (2008) typisch zu Gemeinden die wachsen (331f). Die zugrunde liegende empirische Erhebung aus dem Jahre 2006 erfasst 34 Gemeinden, von denen vier zur EKiBa gehören: Heidelberg (Kappelgemeinde), Graben-Neudorf, Neuenburg, Rastatt (Thomasgemeinde). Die drei zuletzt genannten Orte (Gemeinden) sind selber ein Teil der 139 Kirchengemeinden dieser Untersuchung.

1230 Vgl. die Darstellung und Evaluation Kap. II (Teil 3, 5.1-7).

1231 Vgl. das Handbuch zu den Glaubenskursen erläutert, wie die Kurse an verschiedenen Lernorten angemessen auf dem Hintergrund der SINUS-Milieustudie® zum Einsatz kommen (AMD der EKD 2011).

Hauptamtlichen obliegt, als vielmehr den bereits verantwortlichen Mitarbeitenden oder besser noch einem Team von Gemeindegliedern, die den Menschen an den Rändern der Gemeinde ohnehin näher stehen. Der realitätsbezogene empirische wie theologische Befund widerlegt die immer noch steilen kirchlichen Verlautbarungen des neu geforderten Pfarrerbildes, dass insbesondere Pfarrer die „vorhandenen Charismen entdecken, sichten, zu aktivieren und zu koordinieren" haben.[1232] Angesichts des Menschen, der gerne zu Aufgaben angefragt sein will,[1233] gilt es Beziehungsfelder über eine sinnvolle Mitarbeit aufzubauen. Eine ausschließlich auf das Erkennen von Charismen fixierte Mitarbeitergewinnung stellt jedoch eine Illusion dar. Vielmehr benötigen die Menschen innerhalb der Gemeinde und an der Peripherie kirchlicher Veranstaltungen das Angebot konkreter Aufgabenfelder, die innerhalb der Gemeinde wahrzunehmen sind. Menschen sollen auch von den Aufgaben und nicht nur von den Gaben zur Mitarbeit eingeladen werden.

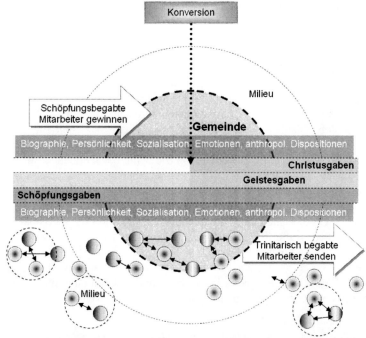

Abbildung 51: Trinitarische Analogie: Charismen und Gemeindeaufbau (© MB)

1232 Vgl. Kap. I. So etwa Lehner (2004:131).

1233 Vgl. Kap. IV (12.4). Diese Aussagen decken sich mit der Sonderauswertung des Freiwilligensurveys (2004) in Baden-Württemberg: „Je jünger ein Engagierter ist, desto stärker beruht seine freiwillig gewählte Tätigkeit auf Eigeninitiative, und, je älter er ist, desto wahrscheinlicher wird, dass er für sein Engagement geworben wurde" (Hoch, Klie & Wegner 2006:40).

14.1.3 Sammlungsorte in pluralen Milieus

Nach dieser ersten Perspektive, die eine dynamische Sammelbewegung auf dem Weg in die Kirche in den Blick genommen hat, orientiert sich die zweite Perspektive auf Sammelorte außerhalb kirchlicher Gebäude, um die „Anknüpfungschancen" durch unterschiedliche Orte mitten im Leben unter den Menschen zu erhöhen. Dabei geht es um Orte, in denen Christen präsent sind.[1234] Zu denken ist sowohl an Orte, die vom familiären,[1235] diakonischen oder nachbarschaftlichen Handeln über kommunale Angebote, wie etwa Volkshochschulen, bis hin zu pädagogischen Einrichtungen, der Freizeitwelt oder dem Arbeitsplatz reichen. An diesen Orten überschneiden sich die Charismen der Gemeindemitglieder mit denen des postmodernen Menschen. Es finden wechselseitige Hilfestellungen begabter Menschen gleichsam wachstümlich statt, die über Beziehungen Kontakte knüpfen und zur Mitarbeit im unmittelbaren Umfeld einladen. Es kann auch vorkommen, dass durch Events der örtlichen Gemeinde Menschen zunächst als Quereinsteiger eingeladen werden. Gerade weil diese personenbezogene Arbeit viel Zeit beansprucht, gilt es eine strukturelle Anbindung der Gemeindeglieder an die Kerngemeinde[1236] aufrechtzuerhalten, damit sie in ihrem Sendungsauftrag evangeliumsorientiert bleiben und geistliche Motivation erhalten. Ein kirchliches Gebäude ist nicht zwingend erforderlich; auch netzwerkartig aufgebaute Kleingruppen in unterschiedlichen Milieus, die in der Rückbindung an die ganze Gemeinde organisiert sind, können mit ihrem partikularen Auftrag der Gemeinde helfen, als Inseln in der pluralistischen Gesellschaft geistliche Sammelorte zu bilden. So können neben der Kerngemeinde auch solche Sammelorte aus ihrer geistlichen Mitte (koinonia) ihrerseits Mitarbeiter berufen. Mit den ihnen zugesprochenen Charismen können sie in der verheißenen Vollmacht des dreieinigen Gottes - auch unter Handauflegung und Gebet - zu den Menschen in ihre Alltagsfelder gesandt werden. Solche Kleingruppen erweisen sich als geistlich dynamische Lernorte, die in ihrer charismatischen Sammlung erneut zur missionalen Sendung führen. Aus diesem Prozess gehen wiederum charismatisch geistlich mündige Mitarbeiter hervor (Eph 4,11-16).

1234 Vgl. Ebertz (2004:7-12). Die Anglikanische Kirche praktiziert die vielfältigen Sammelorte, um kirchenferne Menschen mit dem Evangelium zu erreichen (vgl. Cray 2009), nicht aber wie in dem vorliegenden Ansatz, um die Menschen mit ihren Charismen in die Mitarbeit einzuladen.

1235 Nach Pollack (2006) liegt in „*der Stärkung der Familie* [...] ein *wesentlicher Anknüpfungspunkt für die Verbesserung der Wirkungsmöglichkeiten in der Kirche.*" Das zeigt die vierte EKD-Erhebung „*mit schlagender Deutlichkeit*" (:133, kusiv MB).

1236 Nach Abraham (2007) ist es eine empirische Tatsache, dass der Gottesdienst nicht mehr die Kerngemeinde darstellt. Vielmehr gehören zur Kerngemeinde diejenigen, welche sich in irgendeiner Gemeindeform engagieren (:485f).

15 Anhang

15.1 Online-Fragebogen

1. Wo setzen Sie bei der Gewinnung von Mitarbeitern an?

Bitte nach Prioritäten ordnen, indem Sie die Zahlen 1 – 6 auswählen.
1 (= oberste Priorität)
6 (= niedrigste Priorität)

Denken Sie an Aufgaben.

- bei den Aufgaben
- bei der Dienstbereitschaft der Gemeindeglieder
- beim Gebet um rechte Leitung
- beim Entdecken begabter Gemeindeglieder
- beim Nachdenken über eine Gemeindestruktur

- Sonstiges (bitte nennen): ....

2. Neutestamentliche Gaben sind...

a) Schöpfungsgaben, die jeder Mensch in allen Kulturen besitzt
trifft voll zu   O   trifft überwiegend zu   O   trifft teilweise zu   O
trifft kaum zu   O   trifft überhaupt nicht zu   O

b) natürliche Anlagen und vom Heiligen Geist gegebene Fähigkeiten
trifft voll zu   O   trifft überwiegend zu   O   trifft teilweise zu   O
trifft kaum zu   O   trifft überhaupt nicht zu   O

c) geistgewirkte Fähigkeiten
trifft voll zu   O   trifft überwiegend zu   O   trifft teilweise zu   O
trifft kaum zu   O   trifft überhaupt nicht zu   O

d) Neutestamentliche Gaben sind meiner Meinung nach: (freie Texteingabe)

3. Wann empfängt ein Mensch Ihrer Meinung nach erstmals eine Gabe?
  (Mehrfachauswahl möglich)

bei der Geburt	O	in der Taufe	O	bei der Bekehrung zu Jesus Christus	O
vor einer Aufgabe in der Gemeinde	O	in einem geistlichen Erlebnis	O	in der Geistestaufe	O

4. Bitte ergänzen Sie einen der drei angefangenen Sätze zum Erkennungs-prozess

a) Gaben sind schwierig zu entdecken,...

```
┌─────────────────────────────────────────────────────┐
│                                                     │
│                                                     │
└─────────────────────────────────────────────────────┘
```

b) Gaben sind nur teilweise festzustellen,...

```
┌─────────────────────────────────────────────────────┐
│                                                     │
│                                                     │
└─────────────────────────────────────────────────────┘
```

b) Gaben sind leicht zu erkennen,...

```
┌─────────────────────────────────────────────────────┐
│                                                     │
│                                                     │
└─────────────────────────────────────────────────────┘
```

5. Welche Gaben werden bereits in ihrer Gemeinde eingesetzt?

```
┌─────────────────────────────────────────────────────┐
│                                                     │
│                                                     │
└─────────────────────────────────────────────────────┘
```

5.1 Wie wurden Gaben in Ihrer Gemeinde entdeckt?

a) durch überregionale welche Gabe war es?
    Konferenzen   Texteingabe: ....

trifft voll zu	O	trifft überwiegend zu	O	trifft teilweise zu	O
trifft kaum zu	O	trifft überhaupt nicht zu	O		

b) durch Vorträge zur   welche Gabe war es?
    Thematik   Texteingabe: ....
trifft voll zu   O   trifft überwiegend zu   O   trifft teilweise zu   O
trifft kaum zu   O   trifft überhaupt nicht zu   O

c) durch Seminarangebote   welche Gabe war es?
    mit Übungen   Texteingabe: ....
trifft voll zu   O   trifft überwiegend zu   O   trifft teilweise zu   O
trifft kaum zu   O   trifft überhaupt nicht zu   O

d) durch Reaktion auf die   welche Gabe war es?
    Verkündigung   Texteingabe: ....
trifft voll zu   O   trifft überwiegend zu   O   trifft teilweise zu   O
trifft kaum zu   O   trifft überhaupt nicht zu   O

e) durch Mitvollziehen   welche Gabe war es?
    geistlich-pastoraler   Texteingabe: ....
    Handlungen (Segen,
    Fürbitte ...)
trifft voll zu   O   trifft überwiegend zu   O   trifft teilweise zu   O
trifft kaum zu   O   trifft überhaupt nicht zu   O

f) durch Einsetzen von   welche Gabe war es?
    Gemeindegliedern, wo   Texteingabe: ....
    Mitarbeiter fehlten
trifft voll zu   O   trifft überwiegend zu   O   trifft teilweise zu   O
trifft kaum zu   O   trifft überhaupt nicht zu   O

g) durch gegenseitiges   welche Gabe war es?
    Ergänzen in den Aufgaben Texteingabe: ....
    (Hauptamtliche/Mitarbeiter)
trifft voll zu   O   trifft überwiegend zu   O   trifft teilweise zu   O
trifft kaum zu   O   trifft überhaupt nicht zu   O

h) durch Beten um Gaben   welche Gabe war es?
                             Texteingabe: ....
trifft voll zu   O   trifft überwiegend zu   O   trifft teilweise zu   O
trifft kaum zu   O   trifft überhaupt nicht zu   O

i) durch Einübung der   welche Gabe war es?
    Gaben in Kleingruppen   Texteingabe: ....
trifft voll zu   O   trifft überwiegend zu   O   trifft teilweise zu   O
trifft kaum zu   O   trifft überhaupt nicht zu   O

j) durch Lernen in der welche Gabe war es?
    Begegnung Texteingabe: ....
    charismatischer Personen

trifft voll zu O trifft überwiegend zu O trifft teilweise zu O
trifft kaum zu O trifft überhaupt nicht zu O

k) durch den geistlichen welche Gabe war es?
    Zuspruch einer Gabe Texteingabe: ....
trifft voll zu O trifft überwiegend zu O trifft teilweise zu O
trifft kaum zu O trifft überhaupt nicht zu O

l) durch regelmäßige welche Gabe war es?
    Einzelgespräche über Texteingabe: ....
    Ämter und Aufgaben
trifft voll zu O trifft überwiegend zu O trifft teilweise zu O
trifft kaum zu O trifft überhaupt nicht zu O

m) durch Lob und welche Gabe war es?
    Vertrauen Texteingabe: ....
trifft voll zu O trifft überwiegend zu O trifft teilweise zu O
trifft kaum zu O trifft überhaupt nicht zu O

n) durch das Gemeindebild, dass jeder Christ begabt ist
trifft voll zu O trifft überwiegend zu O trifft teilweise zu O
trifft kaum zu O trifft überhaupt nicht zu O

o) durch motivierte Gemeindeziele
trifft voll zu O trifft überwiegend zu O trifft teilweise zu O
trifft kaum zu O trifft überhaupt nicht zu O

p) durch Hilfestellungen, damit Getaufte zur persönlichen Aneignung
    (Gewissheit) des Glaubens gelangen
trifft voll zu O trifft überwiegend zu O trifft teilweise zu O
trifft kaum zu O trifft überhaupt nicht zu O

q) Was fördert die Entfaltung der Gaben? Welche Erfahrungen haben Sie gemacht?

6. Müssen Gaben immer wieder neu empfangen werden?

a) Amtsträger sind dauerhafte Gabenträger
trifft voll zu O trifft überwiegend zu O trifft teilweise zu O
trifft kaum zu O trifft überhaupt nicht zu O

a) Amtsträger müssen Gaben vor jeder Aufgabe empfangen

trifft voll zu   O   trifft überwiegend zu   O   trifft teilweise zu   O

trifft kaum zu   O   trifft überhaupt nicht zu   O

a) Gemeindeglieder müssen Gaben vor jeder Aufgabe empfangen

trifft voll zu   O   trifft überwiegend zu   O   trifft teilweise zu   O

trifft kaum zu   O   trifft überhaupt nicht zu   O

7. Welche Kriterien (Auswirkungen) können darauf hinweisen, dass ein Gemeindeglied Ihrer Kirche eine Gabe hat?

Beim Einzelnen

a) Entwicklung der eigenen Identität

trifft voll zu   O   trifft überwiegend zu   O   trifft teilweise zu   O

trifft kaum zu   O   trifft überhaupt nicht zu   O

b) Dienstbereitschaft als Ausdruck der Hingabe an Gott

trifft voll zu   O   trifft überwiegend zu   O   trifft teilweise zu   O

trifft kaum zu   O   trifft überhaupt nicht zu   O

c) wachsendes Interesse an geistlicher Gemeinschaft

trifft voll zu   O   trifft überwiegend zu   O   trifft teilweise zu   O

trifft kaum zu   O   trifft überhaupt nicht zu   O

d) durch Freude an den Aufgaben

trifft voll zu   O   trifft überwiegend zu   O   trifft teilweise zu   O

trifft kaum zu   O   trifft überhaupt nicht zu   O

In der Gemeinschaft ...

e) stellen sich geistliche Veränderungen ein

trifft voll zu   O   trifft überwiegend zu   O   trifft teilweise zu   O

trifft kaum zu   O   trifft überhaupt nicht zu   O

f) kommen Menschen zum Glauben

trifft voll zu   O   trifft überwiegend zu   O   trifft teilweise zu   O

trifft kaum zu   O   trifft überhaupt nicht zu   O

g) erleben Einzelne seelsorgerliche Stärkung

trifft voll zu O trifft überwiegend zu O trifft teilweise zu O
trifft kaum zu O trifft überhaupt nicht zu O

h) entsteht ein Bedürfnis zur Mitarbeit

trifft voll zu O trifft überwiegend zu O trifft teilweise zu O
trifft kaum zu O trifft überhaupt nicht zu O

i) Welche weiteren Kriterien haben Sie beobachtet?

8. Unsere Gemeinde ist schwerpunktmäßig ... geprägt

a) vom Gottesdienst (Wort und Sakrament)

trifft voll zu O trifft überwiegend zu O trifft teilweise zu O
trifft kaum zu O trifft überhaupt nicht zu O

b) vom missionarischen Gemeindeaufbau

trifft voll zu O trifft überwiegend zu O trifft teilweise zu O
trifft kaum zu O trifft überhaupt nicht zu O

c) von einer gabenorientierten Gemeindestruktur

trifft voll zu O trifft überwiegend zu O trifft teilweise zu O
trifft kaum zu O trifft überhaupt nicht zu O

d) von einer Kleingruppenstruktur

trifft voll zu O trifft überwiegend zu O trifft teilweise zu O
trifft kaum zu O trifft überhaupt nicht zu O

e) Das Entdecken der Gaben hängt von der Gemeindestruktur ab

trifft voll zu O trifft überwiegend zu O trifft teilweise zu O
trifft kaum zu O trifft überhaupt nicht zu O

9. Zur Entdeckung der Gaben setze ich die sog. „Gabentests" ... ein

a) D.I.E.N.S.T.-Programm („Dienen im Einklang von Neigungen, Stärken und Talenten", B. Hybels u.a.)

trifft voll zu O trifft überwiegend zu O trifft teilweise zu O
trifft kaum zu O trifft überhaupt nicht zu O

b) „Die drei Farben deiner Gaben" („Wie jeder Christ seine geistlichen Gaben entdecken und entfalten kann", C. A. Schwarz)

trifft voll zu   O   trifft überwiegend zu   O   trifft teilweise zu   O

trifft kaum zu   O   trifft überhaupt nicht zu   O

c) den Gabentest von ....

d) ich kenne „Gabentests" nur vom Hörensagen

trifft voll zu   O   trifft überwiegend zu   O   trifft teilweise zu   O

trifft kaum zu   O   trifft überhaupt nicht zu   O

e) Welche Erfahrungen haben Sie damit gemacht?

---

10. Demographische Daten (Füllen Sie bitte alles aus, was auf Sie zutrifft.)

Alter: 20-30   O   31-40   O   41-50   O   51-60   O   60+   O

Geschlecht: männlich   O   weiblich   O

Dienstjahre in dieser Kirchengemeinde:

0-5   O   6-15   O   16-25   O   26-35   O   36+

Anzahl Ihrer Kirchengemeindeglieder: ....

Stellenzuteilung:

100%   O   75%   O   %.......   %.......   mit Ehepartnern oder ....

Anzahl der Mitarbeiter:

...ehrenamtliche   0-20   O   21-40   O   41-60   O   61-100   O   101-150

                                                                                       O   200+

...ehrenamtlich in   0-20   O   21-40   O   41-60   O

verantwortlichen   andere   ....

Positionen

...vertragliche   0   O   1   O   2-3   O

(Diakon...)   andere   ....

Name Ihres Kirchenbezirks:

Pfarrer / Pfarrerin der Evangelischen Landeskirche in:

Multiplikator(in) der Evangelischen Landeskirche in:

Einwohner an Ihrem Ort:

unter 2.000	O	unter 10.000	O	bis 20.000	O	bis 50.000	O	bis 100.000	O	100.000 +	O

15.2 Leitfaden der qualitativen Interviews

Der Leitfaden ist bewusst auf wenige Fragen beschränkt, um offen zu sein für den lebendigen Gesprächsverlauf und situationsentsprechende Ad hoc-Fragen.

Frageart	Items
Einstiegsfrage	• Wie sind sie zum Mitarbeiter in der Gemeinde / Kirche geworden?
Überleitungsfrage	• Haben die Aufgaben, die sie in der Gemeinde / Kirche durchführen etwas mit Gaben zu tun, die Gott schenkt?
Alternativfrage	• Was fällt Ihnen ein, wenn sie das Wort „Geistesgaben" hören?
Zentrale Frage	• Wie haben sie ihre Gaben (Geistesgaben) wahrgenommen?
Weiterführende Frage	• Welche Unterstützung erhalten sie von ihrer Gemeinde (verantwortliche Mitarbeiter / Pfarrer), um ihre Gaben zu entdecken?
Alternativfrage	• Welche Bedeutung haben Geistesgaben in ihrer Gemeinde?
Erwartungen	• Was würden sie von den verantwortlichen Mitarbeitern / Pfarrer an Unterstützung wünschen, dass sie ihre Gaben erkennen?

Tabelle 28: Leitfaden der qualitativen Interviews

15.3 Exemplarische Darstellung der Analyseverfahren

15.3.1 Komplexer Kodiervorgang

Die Pfeile visualisieren den komplexen Kodiervorgang, welche nach einem 5-fachen Kodierprozess in Subkategorien (Sp. 7) münden. Diese wiederum bilden noch nicht die Haupt- und damit Endkategorien. Erst ein zweiter Kodierleitfaden führt zu diesem Ziel. Es folgt zunächst die Beschreibung der ersten Analysetabelle. Wie in Kodiersystem 1 zu sehen (Tabelle 29), schließen die Paraphrasen (Sp. 4) die teilweise reduzierten Einzeläußerungen (Sp. 1) der Befragten ein und berücksichtigen dabei zugleich die formalen Strukturierungen (Sp. 3). Mithilfe der grammatischen Strukturierungen filtern die Ausprägungen (Sp. 5) aus den Einzeläußerungen (Sp. 2), soweit enthalten, vier spezielle Komponenten heraus: Gabenbegriffe, Handlungsvorgänge, Kausalitäten der Gaben und metaphorisch ausgedrückte Gabenkonzeptionen. Aus allen Teilergebnissen zusammen (Sp. 1,2,3,4,5) ergeben sich die Subkategorien. Zu den Metaphern ist noch zu sagen, dass es sich bei ihnen nach der Sprachwissenschaftlerin Schwarz-Friesel (2007) primär nicht um sprachliche Manifestationen handelt, sondern um dahinterliegende Konzepte (:201f), die konventionalisiert aus dem landeskirchlichen Kontext resultieren.

1-2-3-4-5

1. Kodierleitfaden zur Frage nach dem Deutungs- und Gabenkonzept

F	Vollständige Einzeläußerungen Spalte 2	Formale Strukturierung Spalte 3	Paraphrase (1. Reduktion) Spalte 4	Ausprägungen Spalte 5	SK	Subkategorie (2. Reduktion) Spalte 7
6	Berufung durch Gemeinde, Gott. Beauftragung	• Die modale Präposition „durch" beschreibt, die Art der Berufung.	Ntl. Gaben geschehen in Berufungen durch Gemeinde. Gott beauftragt	Vorgänge: Gemeinde beruft Gott beauftragt	1	Berufungen der Gemeinde und Gott beauftragt
7	auch - nicht nur - "erlernbar" in dem Sinne: dass sie IN DER GEMEINDE - und da v. a. "unter der Kanzel" , d.h. im GOTTESDIENST - "gelernt" werden (können)	• Die erste Konjunktion „auch" ist eine verkürzte Form von „sondern auch" und steht eigentlich hinter der zweiten, Konjunktion „nicht nur". Beide führen das halbe Statement fort. • v. a. = vor allem (Steigerung) • „können" drückt auch eine "Möglichkeit" im Sinne einer "Vermutung" aus. • Kanzel = Verkündigung	Gaben sind 1) in der Gemeinde erlernbar 2) vermutlich insbesondere im Gottesdienst unter der Verkündigung erlernbar 3) implizit ausgedrückt: Gaben werden ohne Lernen erworben	Vorgänge: - lernbar im Hören - lernbar im Miteinander - passiv erworben	2	Gaben sind nicht nur im Hören der Verkündigung und in der Gemeinde erlernbar
11	Es gibt geistliche Gaben, die an natürliche Begabungen anknüpfen und geistliche Gaben, die nichts mit den vorhandenen natürlichen Begabungen zu tun haben. Geistlich sind nur Gaben in der Verbindung mit Jesus Christus. Der Heilige Geist wirkt allerdings auch schon im Schöpfungsbereich!	• Die Negation „nichts" zeigt an, dass es Gaben ohne natürliche Anteile gibt. • Das Fokuspartikel „nur" lenkt die Aufmerksamkeit auf die kausale Herkunft. • Das Adverb „schon" ist zeitlich verstanden. • Die Konjunktionaladverbien „allerdings auch" besitzen eine verbindende Funktion (kopulativ).	1) Einerseits gibt es geistliche Gaben, die an natürliche Begabungen anschließen, andererseits bestehen sie auch ohne natürliche Anteile, sie müssen aber mit Jesus Christus verbunden sein. 3) Im Schöpfungsbereich wirkt der Heilige Geist. Implizit wird angedeutet, dass der Geist auch im Schöpfungsbereich Gaben wirkt. (Abduktives Schließen)	Begriffe: - Gaben - Begabungen Vorgänge: - wirkt der Hl. Geist (passiv) Kausale Herkunft: - Hl. Geist - Jesus Christus - (Schöpfer) Metapher: - anknüpfen	3	Geistliche Gaben können an natürliche Begabungen anknüpfen, aber auch von ihnen getrennt sein. Aber geistliche Gaben sind exklusiv an Christus gebunden. Auch Schöpfungsgaben sind geistgewirkt.
12	die in der damaligen Zeit unter den	• Zu beachten ist die lokale	Ntl. Gaben sind, die im ntl. Zeit unter	Begriffe	7	kontextgebundene erkennbare

Tabelle 29: Kodierleitfaden 1 zum Deutungskonzept der Gaben (1. Teil)

Der zweite Kodierleitfaden (Tabelle 30) schließt mit den Hauptkategorien (3. Reduktion) unmittelbar an das erste hellgrau unterlegte Kodiersystem an (Spalte 8 u. 9). Zur dritten Reduktion, also dem Herausarbeiten der Hauptkategorien, gilt die Regel, dass die grammatisch zusammenhängenden Subkategorien nicht aufgeteilt, sondern unter eine passende Hauptkategorie subsumiert werden. Dieses erstellte Vorgehen ist theologisch verantwortet, denn oft weisen geäußerte Gabendefinitionen zusammenhängende Gedankengänge auf, indem dogmatisch-theologische oder erfahrungsbezogene Dimensionen aufeinander bezogen sind. Ein Auseinanderreißen dieser theologischen Teilaspekte würde damit der Intension des Befragten zuwiderlaufen. Von daher ist es methodisch nötig, gleiche Subkategorien wiederholt, aber in unterschiedlicher Akzentuierung unter anderen Hauptkategorien zu ordnen. Wenn jedoch mehrere Gabendefinitionen in der ersten Reduktion (Paraphrasen) sprachlich bereits explizit getrennt voneinander vorliegen, ist eine Teilextraktion möglich. Es hat sich als vorteilhaft in diesem Prozess der Erarbeitung erwiesen, immer wieder kontrollierende Rückbezüge auf die wörtlichen Einzeläußerungen, Paraphrasen und Ausprägungen des 1. Kodierleitfadens einzuschieben.

In einem der letzten Analyseschritte wurden die Hauptkategorien (Spalte 8) aus den Ausprägungen und Subkategorien generiert. Sobald diese Subkategorien unter eine braun markierte Hauptkategorie einsortiert wurden, erfolgte zur besseren Orientierung die graue Unterlegung des Textes (Spalte 7), um einen wiederholten Gebrauch zu vermeiden. Auch diese Phase des Kategorisierens erforderte einen dynamischen Rekurs auf das Vorhergehende zur überprüfenden Revision und Präzisierung. Neuformulieren von Hauptkategorien auf ein höheres Abstraktionsniveau ist die Folge. Schließlich beinhaltet Spalte 9 Spezifizierungen, wie etwa sprachliche Beobachtungen und Erkennungsvorgänge der Gaben, die wiederum aus den Hauptkategorien sowohl im induktiven Modus herausgefiltert als auch nach Heimbrock & Dinter (2007:316-318) teilweise abduktive Schlüsse beinhalten. Zwischen dem zweiten Kodierleitfaden mit seinen Hauptkategorien und der Ergebnisdarstellung hat es sich als sinnvoll erwiesen, minimale kategorisierende Korrekturen oder geeignete Umformulierungen vorzunehmen.

2. Kodierleitfaden zur Frage nach Deutungs- und Gabenkonzepte

Paraphrase Spalte 4 (1. Reduktion)	Ausprägungen Spalte 5	SK	2. Generalisierung (Spalte 7) (SK= Subkategorie)	K	3. Reduktion (K = Hauptkategorie) Spalte 8	Spezifizierungen Spalte 9
vgl. Gaben geschehen in Berufungen durch Gemeinde, Gott beauftragt	Vorgänge: - Gemeinde beruft - Gott beauftragt	1	Berufungen der Gemeinde und Gott beauftragt (6)	1	Berufungsgeschehen und Gabenempfang - Gaben sind sichtbare Berufungen der Gemeinde (1), also ein Berufungsgeschehen (46) unter Gottes Beauftragung (Leitung) - Gaben, die durch das Geistwirken in den neuen Kontext des Dienstes gelangen und das Berufungsgeschehen implizieren. (47) - Gaben sind an die Taufe gebunden, um sie im Glauben für die individuelle Berufung in der christlichen Gemeinde zu entdecken. (51) - Gaben sind freie Geschenke, die Gott austeilt, damit der Mensch für seine Berufung vorbereitet wird. (57)	Wechselseitiger Erkennungsvorgang der Gaben • Transzendenz - durch den Geist im Menschen aktiviert, berührt, erzeugen eine Bereitschaft (12, 22, 25) - im Glauben zu erkennen, entdecken (13,49,51) - nach Geistempfang und Bekehrung erschließen sich die Gaben (auch übernatürliche) (22,32,40,45) - Voraussetzung: Gaben erweisen sich erst durch eine positive Beziehung zum Hl. Geist als aufbauend. (27)
Gaben sind 1) in der Gemeinde erlernbar 2) vermutlich insbesondere im Gottesdienst unter der Verkündigung erlernbar 3) implizit ausgedrückt: Gaben werden ohne lernen	Vorgänge: - lernbar im Hören - lernbar in Gemeinde - passiv erworben	2	Gaben sind nicht nur im Hören der Verkündigung in der Gemeinde erlernbar	2	Gemeinde als Lerngemeinschaft - Gaben sind neben dem Hören der gottesdienstlichen Verkündigung (2) auch in der Gemeinde erlernbar	• Immanenz - in der Anwendung, im Dienst (12, 13, 22,42,47,50) - durch natürliche

Tabelle 30: Kodierleitfaden 2 zum Deutungskonzept der Gaben (2. Teil)

16 Literatur

Die Gabentests und Glaubenskurse mit integrierter Gabenthematik werden ebenso gesondert dargestellt wie die Zusatzinformationen, die über Mailanfragen ermittelt wurden.

Abraham, M. 2007. Evangelium und Kirchengestalt. Reformatorisches Kirchenverständnis heute. *TBT* 140. Berlin: Walter de Gruyter.

Abromeit, H.-J. 2006. Leiten in der Kirche – ein noch nicht geschriebenes Kapitel der Praktischen Theologie. In: Abromeit, H.-J., Classen, C. D., Harder, H.-M., Ohlemacher, J. & Onnasch, M. (Hg.). Leiten in der Kirche. Rechtliche, theologische und organisationswissenschaftliche Aspekte. *GThF* 13. Ohlemacher, J. (Hg.). Frankfurt: Peter Lang, 15-30.

Abromeit, H.-J., Böhlemann, P., Herbst, M. & Strunk, K.-M. (Hg.). 2001. *Spirituelles Gemeindemanagement*. Göttingen: Vandenhoeck & Ruprecht.

Adai, J. 1984. Der heilige Geist als Gegenwart Gottes in den einzelnen Christen, in der Kirche und in der Welt. Studien zur Pneumatologie des Epheserbriefes. *Regensburger Studien zur Theologie* 31. Frankfurt: Peter Lang.

Adam, G. & Lachmann, R. (Hg.). 2008. *Neues Gemeindepädagogisches Kompendium*. Göttingen: Vandenhoeck & Ruprecht, Unipress.

AMD, Projektbüro (Hg.). 2011. *Erwachsen glauben. Missionarische Bildungsangebote. Grundlagen – Kontexte – Praxis*. Gütersloh: Gütersloher Verlagshaus.

ADM; ASI; BVM; D.G.O.F. (Hg.). 2001. *Mehrwert durch Qualität. Standards zur Qualitätssicherung für Online-Befragungen*. http://www.adm-ev.de/pdf/Online-standards_D.PDF [3. Oktober 2006].

Aker, B. C. 2002. Charismata: Gifts, Enablements, or Ministries? *JPT* 11:53-69.

Akusutat, K. 2009. *Gemeinde nah am Menschen: Praxisbuch Mitgliederorientierung*. Göttingen: Vandenhoeck & Ruprecht.

Aland, K. & Köster B. (Hg.). [3]2005. Pia Desideria. Deutsch-Lateinische Studienausgabe. In: *Den Werken Philipp Jakob Speners 1: Grundschriften*. Gießen: Brunnen.

Albers, S., Klapper, D., Konradt, U., Walter, A. & Wolf, J. (Hg.). [2]2007. *Methodik der empirischen Forschung*. Wiesbaden: Gabler.

Albrecht, C. 2003. *Bildung in der Praktischen Theologie*. Tübingen: Mohr.

Albrecht, C. 2006. Kasualtheorie. Geschichte, Bedeutung und Gestaltung kirchlicher Amtshandlungen. *PThGG* 2. Tübingen: Mohr.

Albrecht, D. 1999. *Rites in the Spirit. A Ritual Approach to Pentecostal. Christamatic Spirituality*. Sheffield: Sheffield Academic Press.

Alemann, H. v. 1996. Brauchen wir eine charismatische Soziologie? *Sozialwissenschaften und Berufspraxis* 19/2:135-140.

Alkier, S. 2001. Wen wundert was? Einblick in die Wunderauslegung von der Aufklärung bis zur Gegenwart. *ZNT* 4/7:2-15.

Alkier, S. 2001b. „Sind alle Wundertäter?" Das Verhältnis von Wunder und Charisma. In: Alkier, S. Wunder und Wirklichkeit in den Briefen des Apostels Paulus. Ein Beitrag zu einem Wunderverständnis jenseits von Entmythologisierung und Rehistorisierung. *WUNT* 13. Habilitation. Tübingen: Mohr Siebeck, 191-205.

Allolio-Näcke, L. 2007. Zwischen Person und Kollektiv, Freiheit und Zwang. Beobachtungen zur Identität aus (kultur)psychologischer Sicht. In: Deeg, A., Heuser, S. & Manzeschke, A. (Hg.). Identität. Biblische und theologische Erkundungen. *BThS* 30. Göttingen: Vandenhoeck & Rupprecht, 236-256.

Althaus, P. [6]1983. *Die Theologie Martin Luthers*. Gütersloh: Gütersloher Verlagshaus Mohn.

454

Ammermann, N. 1997. Empirische Theologie und interdisziplinärer Diskurs. In: *Subjekt, Logik, Empirie. Grundlegung und Möglichkeiten empirischer Theologie als Erforschung subjektiver Theorien.* Frankfurt: Peter Lang, 261-275.

Anderson, A., Bergunder, M., Droogers, A. & Van der Laan, C. 2010. Studying Global Pentecostalism. Theories and Methods. *The Anthropology of Christianity* 10. West Sussex: University of California Press.

Anselm, R. 2004. Zweireichelehre. I. Kirchengeschichtlich. *TRE* 36:776-784.

Arzt-Grabner, P. 2010. Paul's Letter Thanksgiving. In: Paul and the Ancient Letter Form. *Pauline Studies* 6. Leiden: Brill, 129-158.

Aschoff, F., Toaspern, P. Dow, G. [2005] 22007. Prophetie. Sprachengebet. Heilung. *GGE-thema*. Hamburg: GGE.

Asendorf, U. 1998. *Die Theologie Martin Luthers nach seinen Predigten.* Göttingen: Vandenhoeck & Ruprecht.

Asendorf, U. 2004. *Heiliger Geist und Rechtfertigung.* Göttingen: Vandenhoeck & Ruprecht-Unipress.

Atteslander, P. [1969] [11]2006. *Methoden der empirischen Sozialforschung.* Berlin: Erich Schmidt.

Audretsch, J. 2002. Erfahrung und Wahrheit. Überlegungen eines Physikers. In: Audretsch, J. & Nagorni, K. (Hg.). Was ist Erfahrung? Theologie und Naturwissenschaft im Gespräch. *Herrenalber Forum* 32. Karlsruhe: Evangelische Akademie Baden, 9-33.

Avemarie, F. 2002. Die Tauferzählungen der Apostelgeschichte. Theologie und Geschichte. *WUNT* 139. Habilitationsschrift an der Evangelisch-Theologischen Fakultät Tübingen. Tübingen: Mohr Siebeck.

Axt-Piscalar, C. 2007 Religion als Prinzip von Gesellschaft. Individuum und Gemeinschaft als Thema der christlichen Theologie. *Pastoraltheologie* 96:334-349.

Baker, R. P., Crawford, S. & Swinehard, J. 2004. Development and Testing of Web Questionnairs. In: Stanley Presser u.a. (Hg.). *Methods for Testing and Evaluating Survey Questionnaires.* West Sussex: Wiley-Interscience, 361-384.

Balder, H. 2007. *Glauben ist Wissen. Soteriologie bei Paulus und Barth in der Perspektive der Wissenstheorie von Alfred Schütz.* Dissertation an der Kulturwissenschaftlichen Fakultät der Universität Bayreuth 2006. Neukirchen-Vluyn: Neukirchener.

Bandilla, W. & Bosnjak, M. 2000. Online Surveys als Herausforderung für die Umfrageforschung: Chancen und Probleme. In: Mohler, P. Ph. & Lüttinger, P. (Hg.). Festschrift für Max Kaase. Mannheim: *ZUMA*, 10-27. Jetzt auch unter: http://www.gesis.org/Publikationen/Aufsaetze /ZUMA/ documents/pdfs/2bandilla-bosnjak.pdf, 1-28. [Zugriff: 6. Juli 2006].

Bandilla, W. & Hauptmanns, P. 1998. Internetbasierte Umfragen als Datenerhebungstechnik für die Empirische Sozialforschung? *ZUMA-Nachrichten* 43:35-54.

Bandura, A. 1994. *Lernen am Modell. Ansätze zu einer sozial-kognitiven Lerntheorie.* Stuttgart: Klett-Cotta.

Barbour, I. G. [1999] [2]2006. Kapitel 5: Modelle und Paradigmen. In: Barbour, I. G. *Wissenschaft und Glaube. Historische und zeitgenössische Aspekte.* Aus dem Amerikanischen von Floer, S. und Starke-Perschke, S. *RThN* 1. Göttingen: Vandenhoeck & Ruprecht, 151-194.

Barié, H. 2005. Kriterien zum Umgang mit charismatischen Gruppen und Gemeinden außerhalb der Mitgliedskirchen der ACK. Handreichung für die Mitgliedskirchen der ACK in Baden-Württemberg. *EZW Materialdienst* 5.

Barrenstein, P. 2006. Situation und Verbesserungsansätze in kirchlicher Leitung – Überlegungen aus externer Sicht. In: Abromeit, H.-J., Classen, C.-D., Harder, H.-M., Ohlemacher, J. & Onnasch, J. (Hg.). Leiten in der Kirche. Rechtliche, theologische und organisationswissenschaftliche Aspekte. *GThF* 13. Ohlemacher, J. (Hg.). Frankfurt: Peter Lang, 95-107.

455

Bartelborth, T. 1999. Verstehen und Kohärenz. Ein Beitrag zur Methodologie der Sozialwissenschaften. *Analyse & Kritik* 21:97-116.

Bartels, M. & Reppenhagen, M. (Hg.). 2006. Gemeindepflanzung - ein Modell für die Kirche der Zukunft? *BEG*, 4. Herbst, M., Ohlemacher, J. & Zimmermann, J. (Hg.). Neukirchener: Neukirchener.

Barth, H. 1999. Prophetie und Weisheit und kirchliche Äußerungen. In: Baldermann, I, Dassmann, E. & Fuchs, O. (Hg.). Prophetie und Charisma. *JBTh* 14. Neukirchen-Vluyn: Neukirchener, 257-274.

Barth, H.-M. 1988. "Allgemeines Priestertum der Gläubigen" nach Martin Luther. *Una Sancta* 43:331-342.

Barth, H.-M. 1990. Charismatische Begründung. Einander Priester sein. Allgemeines Priestertum in ökumenischer Perspektive. *Kirche und Konfession* 29. Göttingen: Vandenhoeck & Ruprecht, 202-207.

Barth, K. 2007. § 17 Gottes Offenbarung als Aufhebung der Religion. KD I,2 (§§ 13–24). *The Digital Karl Barth Library. Theologischer Verlag Zürich (TVZ) and Princeton Theological Seminary, Alexander Street Press. http://solomon.dkbl.alexanderstreet.com.proxy. nationallizenzen. de/cgi-bin/asp/philo/dkbl/getobject.pl?c.4581:1:1:2:1.barth. 12501. 12512. [05. Mai 2011].*

Barth, K. 2007. § 77 Eifer um die Ehre Gottes. In: Das christliche Leben 1959-1961. GA II.7. *The Digital Karl Barth Library. Theologischer Verlag Zürich (TVZ) and Princeton Theological Seminary, Alexander Street Press. http://solomon.dkbl.alexanderstreet.com. proxy.nationallizenzen.de/cgi-bin/asp/philo/dkbl/ contextualize.pl ?p .1608.barth.21161 [11. August 2010].*

Barth, K. 2008. § 72 Der Heilige Geist und die Sendung der christlichen Gemeinde. KD IV,3 (§§ 69-73). *The Digital Karl Barth Library. Theologischer Verlag Zürich (TVZ) and Princeton Theological Seminary, Alexander Street Press. http://solomon.dkbl. alexanderstreet.com.proxy. National lizenzen.de/cgi-bin/asp/philo/dkbl/ getobject.pl? p.4364:204.barth [11. August 2010].*

Batinic, B. [2001] ²2003. Datenqualität bei internetbasierten Befragungen. In: Theobald, A., Dreyer, M. & Starsetzki, T. (Hg.). *Online-Marktforschung. Theorethische Grundlagen und praktische Erfahrungen.* Wiesbaden: *VS*, 143-160.

Batinic, B. 2001. *Fragebogenuntersuchungen im Internet.* Dissertation der Universtität Erlangen. Nürnberg: Shaker.

Baumann-Neuhaus, E. 2008. *Kommunikation und Erfahrung. Aspekte religiöser Tradierung am Beispiel der evangelikal-charismatischen Initiative Alphalive.* Dissertation an der Theologischen Fakultät der Universität Zürich in Religionswissenschaft 2007. Marburg: diagonal.

Baumert, M. 1995. *Mimeomai. Exegetisch-systematische Analyse im Kontext der urchristlichen Gemeindesituation.*(Unveröffentlichte M.A.-Arbeit). Columbia/Korntal: Archiv der Akademie für Weltmission.

Baumert, M. 1996. Nachahmung – ein vergessenes Thema? Exegetisch-systematische Analyse im Kontext der urchristlichen Gemeindesituation. *JETh* 10:33-86.

Baumert, M. 2003. Rezionsion zu: Walter, M. Gemeinde als Leib Christi: Untersuchungen zum Corpus Paulinum und zu den „Apostolischen Vätern". NTOA 49. Göttingen: Vandenhoeck & Ruprecht. *JETh* 17:253-255.

Baumert, M. 2008. Rezension zu: Baumert. N. 2007. Sorgen des Seelsorgers: Übersetzung und Auslegung des ersten Korintherbriefes. *Paulus neu gelesen* 1. Würzburg: Echter. *JETh* 22:217-219.

Baumert, M. 2008a. Rezension zu: Dinter, A., Heimbrock, H.-G & Söderblom, K. (Hg.). 2007. Einführung in die Empirische Theologie. Gelebte Religion erforschen. *UTB* 2888. Göttingen: Vandenhoeck & Ruprecht. *JETh* 22:353-356.

Baumert, M. 2011. Auch Heiden haben Geistesgaben. *Jahrbuch des Martin-Luther-Bundes* 58, Erlangen: Martin-Luther-Verlag, 31-68.

456

Baumert, N. [1991] ²1993. *Frau und Mann bei Paulus: Überwindung eines Mißverständnisses.* Würzburg: Echter.

Baumert, N. 1986. *Gaben des Geistes Jesu. Das Charismatische in der Kirche.* Köln: Styria.

Baumert, N. 1990. Das Fremdwort "Charisma" in der westlichen Theologie. *ThPh* 65:395-415.

Baumert, N. 1990a. Zur Begriffsgeschichte von charisma im griechischen Sprachraum. *ThPh* 65:79-100.

Baumert, N. 1991. "Charisma" - Versuch einer Sprachregelung. *ThPh* 66:21-48.

Baumert, N. 1998. Charismata – Versuch einer Sprachregelung. In: Wenzelmann, G. u. A., (Hg.). *Geist und Gemeinde. Beiträge zu Charismata und Theologie.* Hamburg: GGE, 11-45.

Baumert, N. 2001. *Charisma – Taufe – Geisttaufe 1: Entflechtung einer semantischen Verwirrung.* Würzburg: Echter.

Baumert, N. 2001a. *Charisma – Taufe – Geisttaufe 2: Normativität und persönliche Berufung.* Würzburg: Echter.

Baumert, N. 2003. Koinonein und Metechein. - synonym? Eine umfassende semantische Untersuchung. *SBB* 51. Stuttgart: Kath. Bibelwerk.

Baumert, N. 2004. 'Charism' and 'Spirit-Baptism': Presentation of an Analysis. *JPT* 12/2:147-197.

Baumert, N. 2007. *Sorgen des Seelsorgers. Übersetzung und Auslegung des ersten Korintherbriefes. Paulus neu gelesen.* Würzburg: Echter.

Baumert, N. 2008. Prüft alles. Aktuelle Prophetie auf dem Prüfstand. *Charisma-Come* 144:33.

Baumgartner, K. 1997. Charismen in der Gemeinde - Apostolat für die Welt. In: Schifferle, A. (Hg.). *Pfarrei in der Postmoderne? Gemeindebildung in nachchristlicher Zeit.* Freiburg: Herder, 63-74.

Bayer, O. [2003] ³2007. *Martin Luthers Theologie. Eine Vergegenwärtigung.* Tübingen: Mohr.

Bayer, O. 2007. Dritter Teil. Wort und Sein. In: Bayer, O. *Zugesagte Gegenwart.* Tübingen: Mohr, 181-205.

Beck, U. [1986] ³2003. *Risikogesellschaft. Auf dem Weg in eine andere Moderne.* Suhrkamp.

Becker, D. & Dautermann, R. (Hg.). 2005. Berufszufriedenheit im heutigen Pfarrberuf. Ergebnisse und Analysen der ersten Pfarrzufriedenheitsbefragung in Korrelation zu anderen berufssoziologischen Daten. *EuKP* 1. Dahm, K-W., Höhmann, P. & Becker, D. (Hg.). Frankfurt: AIM-Verl.-Haus.

Becker, D. 2005. Potenziale für Pfarrerberufe. In: Becker, D. & Dautermann, R. (Hg.). Berufszufriedenheit im heutigen Pfarrberuf. Ergebnisse und Analysen der ersten Pfarrzufriedenheitsbefragung in Korrelation zu anderen berufssoziologischen Daten. *EuKP* 1. Dahm, K-W., Höhmann, P. & Becker, D. (Hg.). Frankfurt: AIM-Verl.-Haus, 193-216.

Becker, D. 2008. Pfarrberufe zwischen Praxis und Theorie. Untertitel Personalplanung in theologisch-kirchlicher und organisationsstrategischer Sicht. *EuKP* 3. Dahm, K-W., Höhmann, P. & Becker, D. (Hg.). Frankfurt: AIM-Verl.-Haus.

Becker-Mrotzek, M. 1997. *Schreibentwicklung und Textproduktion. Der Erwerb der Schreibfertigkeit am Beispiel der Bedienungsanleitung.* Radolfzell: Verlag für Gesprächsforschung. Das PDF-Dokument aus dem Jahr 2004 ist identisch mit der Buchausgabe 1997. http://www.verlag-gespraechsforschung.de/2004pdf/ schreiben.pdf [8. August 2008].

Bedford-Strohm, H. 1999b. Viele Gaben – ein Geist (1. Kor 12). In: ders. Gemeinschaft aus kommunikativer Freiheit: sozialer Zusammenhalt in der modernen Gesellschaft. Ein theologischer Beitrag. *Öffentliche Theologie* 11. Gütersloh: Kaiser, 346-351.

Bedford-Strohm, H. 1999c. Pluralismus und Identität aus theologischer Sicht. In: Schneider, D. 1992. *Der Geist, der Geschichte macht. Geisterfahrungen bei Lukas.* Neukirchen-Vluyn: Neukirchener, 1-16.

457

Behrens, U. [1997] ³2000. Die Stichprobe. In: Wosnitza, M. & Jäger, R. S. Daten erfassen, auswerten und präsentieren - aber wie? *FSM* 1. Landau: *VS*, 43-71.

Beißer, F. 2006. Die Taufe (volkskirchlich). Herrmann, C. (Hg.). Wahrheit und Erfahrung - *Themenbuch zur Systematischen Theologie 3: Heiliger Geist, Sakramente, Neuschöpfung.* Gießen: Brunnen, 247-258.

Berding, K. 2000. "Confusing word and concept in spiritual gifts." Have we forgotten J. Barr's exhortations? *JETS* 43/1:37-51.

Berding, K. 2006. *What Are Spiritual Gifts? Rethinking the Conventional View.* Grand Rapids: Kregel Publications.

Bergem, W. 2005. Identitätsformationen in Deutschland. *Forum Politik.* Wiesbaden: VS.

Berger, D. 2003. Die Thomistische Analektik und das Menschenbild des hl. Thomas von Aquin. CONGRESSO TOMISTA INTERNAZIONALE Roma settembre 2003. *INSTITUTO UNIVERSITARIO VIRTUAL SANTO TOMÁS.* Fundación Balmesiana – Universitat Abat Oliba CEU, 2-16.

Berger, K. [1983] ²1992. charisma. *EWNT* 3:1102-1105.

Berger, K. [1991] ³1995. Historische Psychologie des Neuen Testaments. *SBS* 146/147. Stuttgart: Katholisches Bibelwerk.

Berger, K. [1994] ²1995. Charismen. In: Berger, K. Theologiegeschichte des Urchristentums. Theologie des Neuen Testaments. *UTB für Wissenschaft: Grosse Reihe.* Tübingen: Francke, 399-404.

Berger, K. [2002] ³2008. Begabt mit Charisma. In: Berger, K. Paulus. *Beck`sche Reihe* 2197. München: Beck, 54-57.

Berger, K. 1991. Heiliger Geist und Charisma. In: Berger, K. Historische Psychologie des Neuen Testaments. *SBS* 146/147. Merklein, H. & Zenger, E. (Hg.). Stuttgart: Kath. Bibelwerk, 240-248.

Berger, P. L. & Luckmann, T. [1966] ¹⁶1999. Die gesellschaftliche Konstruktion der Wirklichkeit. Eine Theorie der Wissenssoziologie. *Fischer-Taschenbücher 6623: Sozialwissenschaft.* Frankfurt am Main: Fischer.

Bergmann, J. R. 2000. Konversationsanalyse. In: Flick U., Kardorff, E. v. & Steinke, I. (Hg.). Qualitative Forschung. Ein Handbuch. *Rowohlts Enzyklopädie*; Nr. 55628. Hamburg: RoRoRo, 524-537.

Bergunder, M. 2006. Pfingstbewegung, Globalisierung und Migration. In: Haustein, J. & Bergunder, M. *Migration und Identität. Pfingstlich-charismatische Migrationsgemeinden in Deutschland.* Frankfurt: Lembeck, 155-169.

Betz, O. 1990. Der biblische Hintergrund der paulinischen Gnadengaben. In: Betz, O. Jesus. Der Herr der Kirche. Aufsätze zur biblischen Theologie II. *WUNT* 1/52:252-274.

Beyreuther, E. [1962] ²2000. Studien zur Theologie Zinzendorfs. Gesammelte Aufsätze. 2. mit Nachbemerkungen und Register versehene Aufl. *Zinzendorfs Schriften* 31. Hildesheim: Olms.

Beyreuther, E. ²2002. Nachwort für die Leser. In: Zimmerling, P. *Gott in Gemeinschaft. Zinzendorfs Trinitätslehre.* Hildesheim: Olms, 295-296.

Biemann, T. [2006] ²2007. Logik und Kritik des Hypothesentestens. In: Albers, S., Klapper, D., Konradt, U., Walter, A. & Wolf, J. (Hg.). *Methodik der empirischen Forschung.* Wiesbaden: Gabler, 151-168.

Biernath, A. 2005. *Missverstandene Gleichheit. Die Frau in der frühen Kirche zwischen Charisma und Amt.* Dissertation an der Fakultät für Geschichtswissenschaft an der Ruhr-Universität Bochum. Stuttgart: Franz Steiner.

Bittlinger, A. ²2004. *Wie es begann. Die Vorgeschichte der Charismatischen Erneuerungsbewegung im deutschen Sprachraum.* Kindhausen: Metanoia.

458

Bittner, W. J. & Utsch, M. [1986]. ⁴2007. Heilung - Zeichen der Herrschaft Gottes. *Paraklesis* 18. (Hg.). Evangelische Communität und Geschwisterschaft Koininia von Schurig, B., Kiubig, W., Neukirchen-Vluyn: Neukirchener.

Bittner, W. J. 1995. Betreuungskirche - oder Beteiligungskirche? Zum notwendigen Gestaltwandel unserer Kirchen in einer veränderten Zeit. *ThBeitr* 26/6:326-349.

Bittner, W. J. 2003. Kirche - das sind wir! Von der Betreuungs- zur Beteiligungskirche. *Paráklesis. Schriften zum geistlichen Leben in der Kirche.* 6. (Hg.). Evangelische Communität und Geschwisterschaft Koinonia Hermannsburg. Neukirchen-Vluyn: Aussaat.

Blackaby, H. 2004. *What's So Spiritual about Your Gifts?* Oregon: Multnomah.

Bleick, G. 2000. *Religion als Erlebnis. Geschichte, Lehren und Struktur einer christlich - charismatischen Gemeinde.* Books on Demand.

Böckel, H. 1999. *Gemeindeaufbau im Kontext charismatischer Erneuerung. Theoretische und empirische Rekonstruktion eines kybernetischen Ansatzes unter Berücksichtigung wesentlicher Aspekte selbstorganisierender sozialer Systeme.* Dissertation. Leipzig: EVA.

Boff, L. [1985] ⁶1990. *Kirche: Charisma und Macht. Studien zu einer streitbaren Ekklesiologie.* Düsseldorf: Patmos.

Bogner, A. & Menz, W. [2002] ²2005. Das theoriegenerierte Experteninterview. Erkenntnisinteresse, Wissensformen, Interaktion. In: Bogner, A., Littig, B. & Menz, W. *Das Experteninterview. Theorie, Methode, Anwendung.* Leverkusen: Leske & Budrich, 33-70.

Bogner, A. & Menz, W. [2002] ²2005. Expertenwissen und Forschungspraxis: die modernisierungstheoretische und die methodische Debatte um die Experten. In: Bogner, A., Littig, B. & Menz, W. *Das Experteninterview. Theorie, Methode, Anwendung.* Leverkusen: Leske & Budrich, 7-29.

Böhlemann, P. 2006. *Wie die Kirche wachsen kann und was sie davon abhält.* Göttingen: Vandenhoeck & Ruprecht.

Bohnsack, R. [1993] ⁵2003. Dokumentarische Methode. In: Bonsack, R. Rekonstruktive Sozialforschung. *UTB* 8242. Weinheim: Beltz, 31-68.

Bohnsack, R. [1993] ⁵2003. Rekonstruktive Sozialforschung. Einführung in qualitative Methoden. *UTB* 8242 *Erziehungswissenschaft, Sozialwissenschaften.* Opladen: Leske + Budrich.

Bohren, R. [1960] ⁹1979. Unsere Kasualpraxis - eine missionarische Gelegenheit? *Theologische Existenz heute* 147. München: Kaiser.

Bohren, R. [1980] ⁶1993. Predigtlehre. *EETh* 4. München: Kaiser.

Bohren, R. 1975. Dass *Gott schön werde. Praktische Theologie als theologische Ästhetik.* München: Kaiser.

Bohren, R. 1979. *Geist und Gericht. Arbeiten zur praktischen Theologie.* Neukirchen-Vluyn: Neukirchener.

Bonhoeffer, D. 1987. Sanctorum Communio. Eine dogmatische Untersuchung zur Soziologie der Kirche. Soosten, J. v. (Hg.). *Bonhoeffers Werke* 1. Berlin: EVA.

Bonsen, M. & Maleh, C. 2003. *Appreciative Inquiry. Der Weg zu Spitzenleistungen.* Weinheim: Beltz.

Borg, J. & Gabler, S. 2002. Zustimmungsnachteile und Mittelwerte von Likert-skalierten Items. *ZUMA-Nachrichten* 50/26:7-25.

Bormann, C. v. 1986. Hermeneutik. I. Philosophisch-theologisch. *TRE*, 15:108-137.

Bortz, J. & Döring, N. [1984] ³2002. *Forschungsmethoden und Evaluation für Human-Sozialwissenschaftler.* Heidelberg: Springer.

Bortz, J. [1977] ⁶2005. *Statistik: Für Human- und Sozialwissenschaftler.* Berlin: Springer.

Boss, G. 2005. *Verlust der Natur? Studien zum theologischen Naturverständnis bei Karl Rahner und Wolfhart Pannenberg.* Dissertation Theologischen Fakultät der Universität Freiburg, Schweiz. Jetzt auch unter: http://ethesis.unifr.ch/theses/downloads.php?file =BossG.pdf [Zugriff: 9. Juli 2006.].

Böttrich, C. 1999. Gemeinde und Gemeindeleitung nach Epheser 4. *ThBeitr* 30/3:137-150.

Braun, M. W. 2003. *Genauigkeit der Selbsteinschätzung beim Erwerb neuer Kompetenzen in Abhängigkeit von Kontrollmeinung, Erfahrung, Selbstaufmerksamkeit, Ängstlichkeit und Geschlecht.* Dissertation an der Philosophisch-historischen Fakultät der Universität Bern. http://edudoc.ch/record/17440/files/zu07066.pdf [1. Dezember 2006].

Brecht, M. 1995. Geistliche Gemeindeerneuerung und Geistesgaben - ihre Beurteilung in der evangelischen Kirche Deutschlands vom 16. bis zur Mitte des 19. Jahrhunderts. In: Brecht, M. *Ausgewählte Aufsätze 1: Reformation.* Stuttgart: Calwer, 148-163.

Brecht, V. 2006. Die Missiologische Relevanz der Gemeindeberatung. Kommunikative Theologie - interdisziplinäre Communicative Theology - *Interdisciplinary Studies* 6. (Hg.). Hilberath, B. J., Hinze, B. E. & Scharer, M. Dissertation an der University of South Africa. Münster: LIT.

Brehm, C. 2003. *Der Einfluss von leistungsunabhängigem Lob auf Arbeitsprozess und Problemlöseleistung. Eine experimentelle Untersuchung.* Diplomarbeit im Fachbereich Psychologie. Universität Konstanz.

Breit-Keßler, S. & Vorländer, M. 2008. Ehrenamtliche Mitarbeiter. In: Adam G. & Lachmann, R. (Hg.). *Neues Gemeindepädagogisches Kompendium.* Göttingen: Vandenhoeck & Ruprecht, Unipress, 111-128.

Brockhaus, U. [1972] [3]1987. Charisma und Amt. Die paulinische Charismenlehre auf dem Hintergrund der frühchristlichen Gemeindefunktionen. *Wissenschaftliche Taschenbücher* 8. Wuppertal Brockhaus.

Brosius, H.-B., Koschel, F., Haas, A. [2001] [3]2005. *Methoden der empirischen Kommunikationsforschung. Eine Einführung. Studienbücher zur Kommunikations- und Medienwissenschaft.* Wiesbaden: VS.

Browning, D. S. & Campbell, A. [1989] [2]2003. Identität. *EKL* 2:599-601.

Brummer, A. & Freund, A. 2008. Freiwilliges Engagement: Motive – Bereiche – klassische und neue Typen. Hermelink, J. & Latzel, T. (Hg.). *Kirche empirisch. Ein Werkbuch. Ein Werkbuch zu vierten EKD-Erhebung über Kirchenmitgliedschaft und zu anderen empirischen Studien.* Gütersloh: Güthersloher, 351-373.

Bryant, C. V. [1991] [8]2002. *Rediscovering our spiritual gifts: building up the body of Christ through the gifts of the Spirit.* Nashville: Upper Room Books.

Buchegger, J. 2003. Erneuerung des Menschen. Exegetische Studien zu Paulus. *TANZ* 40. Berger, K. (Hg.). Dissertation 2001 an der European School of Evangelical Theologly (ESET), Leuven. Tübingen: Francke.

Bucher, A. A. 1994. *Einführung in die empirische Sozialwissenschaft. Ein Arbeitsbuch für TheologInnen.* Stuttgart: Kohlhammer.

Bucher, A. A. 2008. Frauen wollen ihre Charismen leben. Ein quantitative Untersuchung von den Charismen von kfd-Frauen. In: Katholische Frauengemeinschaft Deutschlands (kfd) (Hg.). *Eine Jede hat ihre Gaben. Studien, Positionen und Perspektiven zur Situation von Frauen in der Kirche.* Ostfildern: Schwabenverlag, 34-63.

Bucher, R. 2002. Über die Stärken und Grenzen der „Empirischen Theologie" *ThQ* 2:128-154.

Bugbee, B. [1995] 1996. *Auf mich kannst Du bauen.* Wuppertal: Brockhaus.

Bühler, A. [10]2006. *SPSS 14. Einführung in die moderne Datenanalyse.* München: Pearson Studium.

Bühner, M. 2004. *Einführung in die Test- und Fragebogenkonstruktion.* München: Pearson Studium.

Buller, J. & Logan, R. E. 2002. Der Gemeindegründer Werkzeugkasten. So gründen Sie eine Zellgemeinde. *Edition: ACTS.* Würzburg: CoachNet.

Burger, H. 2007. Handbuch der Phraseologie. Eine Einführung am Beispiel des Deutschen. *Grundlagen der Germanistik* 36. Berlin: Schmidt.

460

Burger, H., Eriksson, B., Häusermann, J. & Buhofer, A. Indirekte Sprechakte. In: Burger, H., Buhofer, A. & Sialm, A. (Hg.). 1982. *Handbuch der Phraseologie*. Berlin: Walter de Gruyter, 112-113.

Burgess, S. M. (Ed.) 2006. Encyclopedia of Pentecostal and Charismatic Christianity. *Routledge Encyclopedias of Religion & Society*. Florence: *Routledge*.

Burkhardt, A. 2000. Semiotik. II. Philosophisch-linguistisch. *TRE* 31:116-134.

Burkhardt, H. 2009. Bibelische Grundlagen der Trinitätslehre. In: Beyerhaus, P. P. J. (Hg.). *Das Geheimnis der Dreieinigkeit im Zeugnis der Kirche. Trinitarisch anbeten - lehren - leben. Ein bekenntnis-ökumenisches Handbuch*. Nürnberg: VTR, 35-51.

Busch, A. S. B.1996. Zwischen Berufung und Beruf. Ein Beitrag zur Stellung des Pfarrers in unserer Zeit. München, Univ., Diss., 1994. Leipzig: EVA.

Bush, B. E. 2004. *Equipping a selected group of believers at Latta Baptist Church in Latta, South Carolina, to utilize their spiritual gifts*. New Orleans: New Orleans Baptist Theological Seminary.

Butzer-Strothmann, K. 2001. Muss das Marketing vor der Kirchentür Halt machen? Spirituelles Gemeindemanagement aus betriebswirtschaftlicher Sicht. In: Abromeit, H.-J., Böhlemann, P., Herbst, M. & Strunk, K.-M. (Hg.). 2001. *Spirituelles Gemeindemanagement*. Göttingen: Vandenhoeck & Ruprecht, 31-41.

Cantalamessa, R. [1999] [3]2007. *Komm, Schöpfer Geist: Betrachtungen zum Hymnus Veni Creator Spiritus*. Übersetzt von Ingrid Stampa. Vorwort v. J. Ratzinger. Freiburg: Herder.

Carraway, B. 2005. *Spiritual Gifts: Their Purpose & Power*. Dissertation at Fuller Theological Seminary. Enumclaw: WinePress.

Cartledge, M. J. (Hg.). 2006. *Speaking in Tongues: Multi-disciplinary Perspectives*. Cumbria: Paternoster.

Cartledge, M. J. 1996. Empirical Theology: Towards an Evangelical-Charismatic Hermeneutic. *JPT* 9:115-126.

Cartledge, M. J. 1998. Interpreting charismatic experience. Hypnosis, altered states of consciousness and the Holy Spirit? *JPT* 13:117-132.

Cartledge, M. J. 1999. Empricial theology: inter- or intra-disciplinary? *JBV* 20:98-104.

Cartledge, M. J. 2002. Charismatic glossolalia: An empirical-theological study. In: *Ashgate new critical thinking in theology & biblical studies*. Aldershot: Ashgate.

Cartledge, M. J. 2002a. Practical theology and charismatic spirituality. Dialectics in the Spirit. *JPT* 10/2:93-109.

Cartledge, M. J. 2003. Practical Theology: Charismatic and Empirical Perspectives. *Studies in Pentecostal and Charismatic Issues*. Carlisle: Paternoster.

Cartledge, M. J. 2004. Trinitarian theology and spirituality. An empirical study of charismatic Christians. *JET* 17/1:76-84.

Cartledge, M. J. 2006. The Practise of Tongues-Speech as a Case Study. A Practical Theology Perspective. In: Cartledge, M. J. (Hg.). *Speaking in Tongues: Multi-disciplinary Perspectives*. Cumbria: Paternoster, 206-234.

Cartledge, M. J. 2008. Practical Theology in the Context of Pentacostal-Charismatic Studies. *Jahrestagung des GloPent vom 31.01.-02.02.2008*. Universität Heidelberg. Unveröffentlichtes *Konferenzpapier*, 1-23.

Chadwyck-Healey, C. E. H., Böhlaus, H. & ProQuest Information and Learning Company (Hg.). 2000-2001. Luther, Martin 1483–1546. Clemen, O. D. *Martin Luthers Werke. Kritische Gesamtausgabe. Briefwechsel*. 11. Band. Weimar: Hermann Böhlaus Nachfolger 1948. *Full-Text Database*. Cambridge.

Chadwyck-Healey, C. E. H., Böhlaus, H. & ProQuest Information and Learning Company (Hg.). 2000-2001. Schriften, 9. Band, Schriften und Predigten 1509/21 (Nachträge und Ergänzungen zu Bd. 1-8). Luthers Werke von 1883. *Full-Text Database*. Cambridge.

Chadwyck-Healey, C. E. H., Böhlaus, H. & ProQuest Information and Learning Company (Hg.). 2000-2001. Schriften, 10. I. 2. Band, Adventspostille 1522; Roths Sommerpostille 1526. Luthers Werke von 1883. *Full-Text Database*. Cambridge.

461

Chadwyck-Healey, C. E. H., Böhlaus, H. & ProQuest Information and Learning Company (Hg.). 2000-2001. Schriften, 2. Band, Schriften 1518/19 (einschl. Predigten, Disputationen). Eyn Sermon von dem gepeet und procession yn der Creutz wochen D. Martini Luther Augustiner zu Wittenbergk. Luthers Werke von 1883. *Full-Text Database.* Cambridge.

Chadwyck-Healey, C. E. H., Böhlaus, H. & ProQuest Information and Learning Company (Hg.). 2000-2001. Schriften, 10. I. 1. Band, Weihnachtspostille 1522. Karl Drescher. [Joh. 1, 1-14]. Das Euangelium ynn der hohe Christmesß auß S. Johanne am ersten Capitel. *Full-Text Database.* Cambridge.

Chadwyck-Healey, C. E. H., Böhlaus, H. & ProQuest Information and Learning Company (Hg.). 2000-2001. Schriften, 10. I. 1. Band, Weihnachtspostille 1522. Die dreytzehend: [Sir. 15,6] Und wirt yhn erfullen mit dem geyst der weyßheyt und vorstands. *Full-Text Database.* Cambridge.

Chadwyck-Healey, C. E. H., Böhlaus, H. & ProQuest Information and Learning Company (Hg.). 2000-2001. Schriften, 10. II. Band, Betbüchlein. 1522, Beicht- und Betformeln. *Full-Text Database.* Cambridge.

Chadwyck-Healey, C. E. H., Böhlaus, H. & ProQuest Information and Learning Company (Hg.). 2000-2001. Schriften, 10. I. 2. Band, Adventspostille 1522; Roths Sommerpostille 1526. Karl Drescher. [LXXVv] Ein ander Sermon, auff den Fünften Sontag nach Ostern Von dem gebet. *Full-Text Database.* Cambridge.

Chadwyck-Healey, C. E. H., Böhlaus, H. & ProQuest Information and Learning Company (Hg.). 2000-2001. Schriften, 16. Band, Reihenpredigten über 2. Mose 1524/27 P. Pietsch. [Einleitung] 1899. *Full-Text Database.* Cambridge.

Chadwyck-Healey, C. E. H., Böhlaus, H. & ProQuest Information and Learning Company (Hg.). 2000-2001. Schriften, 59. Band, Nachträge zu Bd. 1-57 und zu den Abteilungen 'Deutsche Bibel' und 'Tischreden IV'. Zur Vorgeschichte der Franziskanerdisputation. 1. Franziskanische Unionsversuche und das sächsische Provinzialkapitel vom 4. Oktober 1519. *Full-Text Database.* Cambridge.

Chadwyck-Healey, C. E. H., Böhlaus, H. & ProQuest Information and Learning Company (Hg.). 2000-2001. Schriften, 54. Band, Schriften 1543/46. Karl Drescher. Wider das Bapstum zu Rom vom Teuffel gestifft. Mart. Luther D. 1545. *Full-Text Database.* Cambridge.

Chalmers, A. F. [1986] [6]2006. *Wege der Wissenschaft. Einführung in die Wissenschaftstheorie.* Bergemann, N. & Altstötter-Gleich, C. (Hg.). Berlin: Springer.

Charmaz, K. C. 2006. *Constructing Grounded Theory: A Practical Guide Through Qualitative Analysis.* Thousand Oaks: Sage.

Charpentier, J.-M. 2004. Vertrauen. 2. Sozialwissenschaftlich. *EKL*[4] 11:1171-1173.

Chiu, J. E. A. 2007. 1. Cor 12-14. Literary Structure and Theology. *AnBib* 166. Rom: Editrice Pontificio Instituto Biblico.

Choi, S. B. 2007. Geist und christliche Existenz. Das Glossolalieverständnis des Paulus im Ersten Korintherbrief (1Kor 14). *WMANT* 115. Dissertation an der Kirchlichen Hochschule Bethel 2005/2006. Neukirchen-Vluyn: Neukirchener.

Christenson, 2002. L. Lutheran Charismatics. *DPCM*, 562-565.

Christenson, L. 1989. *Komm Heiliger Geist. Informationen, Leitlinien, Perspektiven zur Geistlichen Gemeindeerneuerung.* Metzingen: Ernst Franz. (Welcome Holy Spirit. A Study of Charismatic Renewal in the Church, Minneapolis 1987).

Christoph, M. 2005. Pneuma und das neue Sein. *EH,* Reihe 23, Theologie 813. Diss. Evangelisch-Theologische Fakultät der Universität München 2004. Frankfurt: Peter Lang.

Church of England (Hg.). 2000. [4]2004. *A Time to Heal: A Contribution Towards the Ministry of Healing.* London: Church House Publishing.

Claußen, C. 2001. Die Frage nach der "Unterscheidung der Geister". *ZNT,* Heft 8:25-33.

Clinton, J. R. [1988]. [3]2006. *Der Werdegang eines Leiters. Lektionen und Stufen in der Entwicklung zur Leiterschaft.* Ruswil: Profilbooks.

462

Cole, N. & Logan, R. E. [2]2001. Mehr und bessere Leiter. Strategien zur Leiterausbildung, die funktionieren. *Edition: ACTS*. Würzburg: CoachNet.

Comiskey, J. 1998. *Explosion der Hauszellgruppen. Wie Deine kleine Gruppe wachsen und sich vervielfältigen kann.* Erbach: Barnabas Edition.

Congar, Y. 1982. *Der Heilige Geist.* Freiburg: Herder.

Cooper, S. E. & Blakemann, S. D. 1994. Spiritual Gifts: A Psychometric Extension. *JPTh* 22/1:39-44.

Corbin, J. & Strauss, A. L. 1999. *Grounded Theory: Grundlagen Qualitativer Sozialforschung.* Psychologie Verlagsunion.

Cordes, P. J. 1990. *Den Geist nicht auslöschen. Charismen und Neuevangelisierung.* Freiburg: Herder.

Cornelius-Bundschuh, J. 2001. Die Kirche des Wortes. Zum evangelischen Predigt- und Gemeindeverständnis. *APTh* 39. Göttingen: Vandenhoeck & Ruprecht.

Couper, M. P. & Coutts, E. 2006. Online-Befragung. Probleme und Chancen unterschiedlicher Arten von Online-Erhebungen. In: Diekmann, A. Methoden der Sozialforschung. *KZfSS* 44. Wiesbaden: VS, 217-234.

Cox, H. 2006. I. Spirit of Globalization: Pentecostalism and Experiential Spiritualities in a Global Era. In: Starlett, Sturla, J (Ed.). *Spirits of Globalization. The Growth of Pentecostalism and Experiential Spiritualities in a Global Age.* London: Smc press, 11-22.

Cray, G. [2004]. [2]2009. *Mission-shaped Church.* London: Church House.

Cross, T. L. 1993. Toward a Theology of the Word and the Spirit: a Review of J. Rodman Williams's Renewal Theology. *JPTh* 1/3:113-135(23).

Dabney, D. L. 1997. Die Kenosis des Geistes. Kontinuität zwischen Schöpfung und Erlösung im Werk des Heiligen Geistes. *Neukirchener Beiträge zur systematischen Theologie* 18. Huber, W. u.a. (Hg.). Neukirchen-Vluyn: Neukirchener.

Daiber, K.-F. 1995. Review of Practical Theology. An Empirical Approach by Johannes van der Ven. *The Journal of Religion*, 75:438-439.

Dalferth, I. U. & Stoellger, P. (Hg.). 2007. Hermeneutik der Religion. *RPTh* 27. Tübingen: Mohr, 151-172.

Dautzenberg, G.1975. Urchristliche Prophetie. Ihre Erforschung, ihre Voraussetzungen im Judentum und ihre Struktur im ersten Korintherbrief, *BWANT* 6 Heft 4. *Der ganzen Sammlung* Heft 104. Würzburg, Univ., Habil.-Schr. Stuttgart: Kohlhammer.

De Wet, C. L. 2007. *The homilies of John Chrysostom on 1 Corinthians 12. A model of Antiochene exegesis on the charismata.* MA (Ancient Languages and Cultures Studies). *University of Pretoria.* Pretoria. http://upetd. up.ac.za /thesis/available/etd-07222008-165019/unrestricted/dissertation.pdf [*15. Dez. 2008*].

Deere, J. [1993] [2]2005. *Überrascht von der Kraft des Geistes. Ein Theologieprofessor gerät in das Spannungsfeld von Theologie und Erfahrung.* Wiesbaden: Projektion J.

Deere, J. [1996] [2]2005. *Überrascht von der Stimme Gottes. Wie Gott auch heute noch durch Träume, Visionen und Prophetie spricht.* Asslar: Gerth Medien.

Degen, R. & Foitzik, K. 2004. Christliche Gemeinde als Lernprozess: gemeindepäda-gogische Entwicklungen und Perspektiven. In: Elsenbast, V., Pithan, A., Schreiner, P. & Schweitzer, F. (Hg.). *Wissen klären - Bildung stärken. 50 Jahre Comenius-Institut.* Münster: Waxmann, 203-218.

Degen, R. & Steinhäuser, M. (Hg.). 2000. *Im Leben glauben lernen. Beiträge zur Gemeinde- und Religionspädagogik. Mit Beiträgen von Henkys, J.* Berlin: Waxmann.

Degen, R. 2000. Die Funktion von Gemeindepädagogik angesichts gegenwärtiger Herausforderungen - am Bespiel von Menschen ohne kirchliche Tradition. In: Degen, R. & Steinhäuser, M. (Hg.). *Im Leben glauben lernen. Beiträge zur Gemeinde- und Religionspädagogik.* Berlin: Waxmann, 152-166.

Degen, R. 2000. Gemeindepädagogik und Bildungsmitverantwortung in der Kriche - jetzt. In: Degen, R. & Steinhäuser, M. (Hg.). *Im Leben glauben lernen. Beiträge zur Gemeinde- und Religionspädagogik.* Berlin: Waxmann, 204-217.

463

Degen, R. 2000. Was verändert Gemeindepädagogik? In: Degen, R. & Steinhäuser, M. (Hg.). *Im Leben glauben lernen. Beiträge zur Gemeinde- und Religionspädagogik.* Berlin: Waxmann, 167-180.

DellaVecchio, D. & Winston, B. E. 2004. A Seven-Scale Instrument to Measure the Romans 12 Motivational Gifts and a Proposition that the Romans 12 gift Profiles Might Apply to Person-Job Fit Analysis. *Working Paper.* Oktober 2004. School of Leadership Studies. Virginia Beach. VA: Regent University, 1-16. http://www.regent. edu/acad/global/ publications/ working/DellaVecchio-Winston manuscriptdv.pdf. [14. 01. 2007].

DellaVecchio, D. 2000. *Development and Validation of an Instrument to Measure Motivational Gifts.* Dissertation. Virginia Beach: Regent University.

Denzin, K. N. & Lincoln, Y. S. [2000] [3]2005. *Handbook of Qualitative Research.* Thousand Oaks: Sage.

Deppermann, A. & Spranz-Fogasy, T. (Hg.).[2003] [2]2006. *be-deuten. Wie Bedeutung im Gespräch entsteht.* Tübingen: Stauffenburg Verlag Brigitte Narr.

Deppermann, A. [2003] [2]2006. Von der Kognition zur verbalen Interaktion: Bedeutungskonstitution im Kontext aus Sicht der Kognitionswissenschaft und der Gesprächsforschung. In: Deppermann, A. & Spranz-Fogasy, T. (Hg.). *be-deuten. Wie Bedeutung im Gespräch entsteht.* Tübingen: Stauffenburg Verlag Brigitte Narr, 11-33.

Deuser, H. 1983. Gott - Realität und Erfahrung. *Überlegungen im Anschluss an die Religionsphilosophie von Charles S. Peirce. Neue Zeitschrift für systematische Theologie und Religionsphilosophie* 25/3:290-312.

Deuser, H. 1993. Gott: Geist und Natur. Theologische Konsequenzen aus Charles S. Peirce Religionsphilosophie. *TBT* 56. Berlin: Walter de Gruyter.

Deuser, H. 2004. Gottesinstinkt. Semiotische Religionstheorie und Pragmatismus. *Religion in philosophy and theology* 12. Tübingen: Mohr Siebeck.

Deuser, H. 2006. Religionsphilosophie. Max-Weber-Kolleg der Universität Erfurt (Hg.). Nachrichten. Max-*Weber-Kolleg für kultur- und sozialwissenschaftliche Studien* 7. Frankfurt: Max-Weber-Kolleg für kultur- und sozialwissenschaftliche Studien der Universität Erfurt, 2-3.

Diederich, M. 1999. Schleiermachers Geistverständnis. Eine systematisch-theologische Untersuchung seiner philosophischen und theologischen Rede vom Geist. *FSÖTh* 88. Pannenberg, W., Slencka, R. & Wenz, G. (Hg.). Göttingen: Vandenhoeck und Ruprecht.

Diekmann, A. (Hg.). 2006. Methoden der Sozialforschung. *KZfSS* 44. Wiesbaden: *VS*

Diekmann, A. [1995] [13]2006. *Empirische Sozialforschung. Grundlagen, Methoden, Anwendungen.* Hamburg: Rowohlt.

Diekmann, A. 2002. Soziologie und empirische Sozialforschung - Von den siebziger Jahren bis heute. In: Van Deth, J. *ZUMA-Nachrichten Spezial* 8. Mannheim: *ZUMA*, 43-50.

Dieterich, J. (Hg.) 1999. Streiflichter zur Wissenschaftstheorie. Drei Aufsätze zur Theorie der Sozialwissenschaften, der Theologie und dem Wesen der Wahrheit. *Hochschulschriften IPS der Theologischen Hochschule Friedensau* 6. Freudenstadt: Theologische Hochschule Friedensau.

Dieterich, J. (Hg.) 1999a. Über Wissen und Wahrheit in Bezug auf die Frage nach der Kompatibilität sozialwissenschaftlicher Erkenntnissystema mit christlicher Erkenntnis und Ethik. In: Streiflichter zur Wissenschaftstheorie. Drei Aufsätze zur Theorie der Sozialwissenschaften, der Theologie und dem Wesen der Wahrheit. *Hochschulschriften IPS der Theologischen Hochschule Friedensau* 6. Freudenstadt: Theologische Hochschule Friedensau, 19-101.

Dieterich, M. [1996] [2]2003. *Der Persönlichkeits-Struktur-Test PST: Ein förderdiagnostisches Konzept zur Beratung und Therapie.* Freudenstadt: *IPS*.

Dieterich, M. 1997. Persönlichkeitsdiagnostik. Theorie und Praxis in ganzheitlicher Sicht. In: *Hochschulschriften IPS der Theologischen Hochschule Friedensau* 1. Wuppertal: Brockhaus.

464

Dieterich, M. 1997a. In: Persönlichkeitstests für die christliche Gemeinde. Dieterich, M. Persönlichkeitsdiagnostik. Theorie und Praxis in ganzheitlicher Sicht. In: *Hochschulschriften IPS der Theologischen Hochschule Friedensau* 1. Wuppertal: Brockhaus, 78-92.

Dieterich, M. 2002. Von der Auslese- zur Förderdiagnostik. *Seelsorge* 5/2:44-53.

Dieterich, M. 2006. Wer bin ich? Wer sind die Anderen? Selbst-Du-Fremdwahrnehmung. Eine Einführung für Berater, Seelsorger und Therapeuten. *HS von IPS und IPP*, Freudenstadt: *IPS*.

Dietrich, H.-E. 2006. Amtsverständnis und Pfarrerdienstrecht der protestantischen Kirchen in Deutschland. *DtPfBl* 6 http://www.pfarrverband.de/pfarrerblatt/archiv.html [1. Juni 2008].

Dietz, T. 2009. Der Begriff der Furcht bei Luther. *BHTh* 147. Tübingen: Mohr.

Dillman, D. A. [1999] [2]2006. *Mail and Internet Surveys. The Tailored Design Method 2007. Update with New Internet, Visual, and Mixed-Mode Guide.* Weinheim: John Wiley & Sons Inc, Subjects.

Dinter, A., Heimbrock, H.-G & Söderblom, K. (Hg.). 2007. Einführung in die Empirische Theologie. Gelebte Religion erforschen. *UTB* 2888. Göttingen: Vandenhoeck & Ruprecht.

Dittmar, N. [2002] [2]2004. Transkription. Ein Leitfaden mit Aufgaben für Studenten, Forscher und Laien. *QS* 10. Wiesbaden: *VS*.

Dolderer, M. 2002. Ehrenamt: Nur etwas für Egoisten? Welche Motive haben Menschen, die sich für die Gemeinschaft engagieren? *PH* 5:8.

Domsgen, 2007. Welche Kirche braucht die Familie? Ansprüche und Bedürfnisse von Familien gegenüber Kirche. *PTh* 96/9:350-365.

Donnelly, D. (Hg.). 1999. *Retrieving Charisms for the Twenty-First Century.* Collegeville: Liturgical Press.

Döring, N. [1999] [2]2003. *Sozialpsychologie des Internets. Die Bedeutung des Internets für Kommunikationsprozesse, Identitäten, soziale Beziehungen und Gruppen.* Göttingen: Hogrefe.

Dornseiff, F. [8]2004. *Der deutsche Wortschatz nach Sachgruppen.* Berlin: Walter de Gruyter.

Douglass, K & Pompe, H.-H. (Hg.). 2004. *Arbeitsbuch: Die neue Reformation. 12 Schritte für eine zukunftsfähige Gemeinde.* Wuppertal: Amt für Gemeindeentwicklung und Missionarische Dienste.

Douglass, K. [3]2001. *Die neue Reformation. 96 Thesen zur Zukunft der Kirche.* Stuttgart: Kreuz.

Drehsen, V. 2007. Praktische Theologie. Praxis und Theorie / Wahrnehmung / Reflexionskultur gelebter Religion / Religion als Beruf. In: Gräb, W. & Weyel, B. (Hg.). *Handbuch Praktische Theologie.* Gütersloh: Gütersloher Verlagshaus,174-187.

Dreyer, J. S. 1998. The Researcher. Engaged Participant or Detached Observer? A Reflection on the Methodological Implications of the Dialectics of Belonging and Distanciation for Empirical Research in Practical Theology. *JET* 11/2:5-22.

Dreyer, J. S. 2002. Theological normativity: Ideology or utopia? Reflections on the possible contribution of empirical research. *Praktiese teologie in Suid-Afrika* 17/2:1-20.

Dreyer, J. S. 2004. Theological normativity: ideology or utopia? Reflections on the possible contribution of empirical research. In: Van der Ven, J. A. & Scherer-Rath, M. (Ed.). *Normativity and empirical research in theology.* Leiden: Brill, 3-16.

Dreyer, J. S. 2004a. *Tutorial letter: Community Ministry – The Research Charllenge: Doing Empirical Research in Theologie – CMM305-X.* Department of Pratical Theology. University of South Africa.

Dreyer, J. S. 2007. Participation and distanciation in the study of religion. In: Heimbrock, H.-G. & Scholtz, C.P. (Ed.) Religion: Immediate experience and the mediacy of research. Göttingen: Vandenhoeck & Ruprecht, 189-211.

465

Dreyer, M. 2008. *Dona et virtutes* im Früh- und Hochmittelalter. Erkenntnis als Gnadengabe oder dianoetische Tugend. In: Rychterová, P., Seit, S. & Veit, S. (Hg.). Das Charisma - Funktionen und symbolische Repräsentationen. Historische, philosophische, islamwissenschaftliche, soziologische und theologische Perspektiven. *BHK* 2. Hg. HKFZ. Berlin: Akademie-Verl., 255-273.

Dreytza, M. [1990] [2]1992. Der theologische Gebrauch von Ruah im Alten Testament. Eine wort- und satzsemantische Studie. Basel, Univ., Diss., 1989. *TVG*. Giessen: Brunnen.

Dubben, H.-H. & Beck-Bornholdt, H.-P. 2006. Die Bedeutung der statistischen Signifikanz. In: Diekmann, A. (Hg.). Methoden der Sozialforschung. *KZfSS* 44. Wiesbaden: *VS*, 61-74.

Duden, K. [1963] [4]2007. Talent. Der Duden 7: *Das Herkunftswörterbuch. Die Etymologie der deutschen Sprache*. Bibliographisches Institut. Mannheim: Dudenverlag.

Duffield, G. P. & Nathaniel, M. v. C. 2003. *Grundlagen pfingstlicher Theologie*. Solingen: G. Bernhard.

Dunn, J. D. G. [1975] [2]1997. *Jesus and the Spirit. A Study of the Religious and Charismatic Experience of Jesus and the First Christians as Reflected in the New Testament*. Grand Rapids: Eerdmans.

Dunn, J. D. G. [1983] [2]2003. The Gifts of the Spirit. *SCM Dictionary of Christian Spirituality*. 173-174.

Dunn, J. D. G. [1997] [2]2006. *The Theology of Paul the Apostle*. Grand Rapids: Eerdmans.

Dunn, J. D. G. [1997] [2]2006a. Charismatic community. In: Dunn, J. D. G. *The Theology of Paul the Apostle*. Grand Rapids: Eerdmans, 552-561.

Dunn, J. D. G. [1997] [2]2006b. The body of Christ. In: Dunn, J. D. G. *The Theology of Paul the Apostle*. Grand Rapids: Eerdmans, 533-564.

Dunn, J. D. G. [1997] [2]2006c. Charism and Office. In: Dunn, J. D. G. *The Theology of Paul the Apostle*. Grand Rapids: Eerdmans, 566-571.

Dunn, J. D. G. [1997] [2]2006d. § 21. Ministry and authority. In: Dunn, J. D. G. *The Theology of Paul the Apostle*. Grand Rapids: Eerdmans, 594-598.

Dunn, J. D. G. 1979. Discernment of Spirits - A Neglected Gift. In: Harrington, W. (Ed.). Witness to the spirit. Essays on Revelation, Spirit, Redemption. *Proceedings of the Irish Biblical Association* No.3. Dublin: S.79-96.

Dunn, J. D. G. 1985. Ministry and the Ministry: The Charismatic Renewal's Challenge to Traditional Ecclesiology. In: Robeck, C. M. jr. (Ed.). *Charismatic Experiences in History*. Peabody, 81-101.

Dunn, J. D. G. 1987. Prophetic 'I'-Sayings and the Jesus Tradition: The Importance of Testing Prophetic Utterances within Early Christianity. *NTS* 24:175-198.

Dunn, J. D. G. 1993. Baptism in the Spirit. A Response to Pentecostal Scholarship on Luke-Acts. *JPT* 3:3-27.

Dunn, J. D. G. 1998. Vol. 2. *Pneumatology*. Edingburgh: T & T. Clark.

Dunn, J. D. G. 1999. Who did Paul think he was? A Studiy of Jewish-Christian Identity. *NTS* 45: 174–193.

Dunn, J. D. G. 2006e. Towards the Spirit of Christ. The Emergence of the Distinktive Features of Christian Pneumatology. In: Welker, M. (Ed.). *The Work of the Spirit. Pneumatology and Pentecostalism*. Eerdmans: Grand Rapids, 3-26.

Dunn, J. D. G.1983. The Responsible Congregation (I Cor 14,26-40). In: Lorenzi, L. D. Charisma und Agape (I Kor 12-14). *Monographische Reihe von "Benedictina"* 7. Rom: 201-236.236-269.

Dürr, H.-P. 2000. *Das Netz des Physikers. Naturwissenschaftliche Erkenntnis in der Verantwortung*. München: Deutscher Taschenbuch Verlag.

Dzeyk, W. [2005] [2]2006. *Vertrauen in Internetangebote. Eine empirische Untersuchung zum Einfluss von Glaubwürdigkeitsindikatoren bei der Nutzung von Online-Therapie- und Online-Beratungsangeboten*. Universität Köln: Psychologisches Institut. Dissertation. Saarbrücken: Vdm Verlag.

466

Ebeling, G. 1975. Die Klage über das Erfahrungsdefizit in der Theologie als Frage nach ihrer Sache. In: Ebeling, G. *Wort und Glaube* 3: Beiträge zur Fundamentaltheologie, Soteriologie und Ekklesiologie. Tübingen: Mohr, 3-27.

Ebeling, G. 1975. *Wort und Glaube.* Bd. 3: Beiträge zur Fundamentaltheologie, Soteriologie und Ekklesiologie. Tübingen: Mohr.

Ebeling, G. 1990. Das Sein des Menschen als Gottes Handeln an ihm. In: Heubach, J. (Hg.). Anthropologie und Christologie. *VL-A* 15. Erlangen: Martin-Luther-Verlag, 23-68.

Ebeling, G. 1990. Heiliger Geist und Zeitgeist. Identität und Wandel in der Kirchengeschichte. *ZThK* 87:185-205.

Ebertz, M. N. [1990] [2]2005. *Charisma. Lexikon neureligiöser Gruppen, Szenen und Weltanschauungen. Orientierungen im religiösen Pluralismus.* Baer, H., Gasper, H., Müller, J. & Sinabell, J. (Hg.). Freiburg: Herder, 181-186.

Ebertz, M. N. [1997] [2]1998. Erosion der Gnadenanstalt? Zum Wandel der Sozialgestalt von Kirche. Freiburg: Herder.

Ebertz, M. N. [1997] [4]2002. *Kirche im Gegenwind. Zum Umbruch der religiösen Landschaft.* Freiburg: Herder.

Ebertz, M. N. [1999]. 2002a. Die Dispersion des Religiösen. In: Kochanek, H. (Hg.). *Ich habe meine eigene Religion. Sinnsuche jenseits der Kirchen.* Düsseldorf: Benziger, 20–23.

Ebertz, M. N. 1987. Das Charisma des Gekreuzigten. Zur Soziologie der Jesusbewegung. *WUNT* 45. Tübingen: Mohr.

Ebertz, M. N. 1999. Gesellschaftliche Bedingungen für prophetisch-charismatische Aufbrüche. In: Baldermann, I. & Dassmann, E. u.a. Prophetie und Charisma. *JBTH* 14. Neukirchen-Vluyn: Neukirchener, 237-255.

Ebertz, M. N. 1999a. Gesellschaft. In: Haslinger, H. (Hg.). Die wissenschaftstheoretische Frage nach der Praxis. In: Haslinger, H. *Handbuch Praktische Theologie 1: Grundlegungen.* Mainz: Matthias-Grünewald, 333-342.

Ebertz, M. N. 1999b. Charisma. I. Religionswissenschaftlich. *RGG*[4] 2:112-113.

Ebertz, M. N. 1999c. Charisma. II. Neues Testament und älteres Christentum. *RGG*[4] 2:113-115.

Ebertz, M. N. 2002b. Optionen für die kirchliche Erwachsenenbildung – eine Aufgabe der neuen Seelsorgeeinheiten. In: *Freiburger Materialdienst für Gemeindepastoral – Kirchliche Erwachsenenbildung 2:11-15.*

Ebertz, M. N. 2002c. Charisma - Gnade, Herrschaft, Protest. soziologische Perspektiven. *Denken und Glauben. Zeitschrift der Katholischen Hochschulgemeinde für die Grazer Universitäten* 119:25-28.

Ebertz, M. N. 2004. Neue Orte braucht die Volkskirche. Lebenszusammenhänge wahrnehmen – Kirche differenziert gestalten. In: Pohl-Patalong, U. (Hg.). *Kirchliche Strukturen im Plural. Analysen, Visionen und Modelle aus der Praxis.* Schenefeld: EB, 101-112.

Ebertz, M. N. 2004a. Ehrenamtliches (Laien-) Engagement. Einsichten und Anstöße. In: Hunstig, H.-G., Bogner, M. & Ebertz, M. N. *Kirche lebt. Mit uns. Ehrenamtliches Laienengagement aus Gottes Kraft.* Düsseldorf: Klens, 142-175.

Ebertz, M. N. 2005. *Das religiöse Gesicht der Postmoderne.* Kirchensynode Zürich. http://zh. ref.ch/content/e6 /e73/ index_ger.html [3. Dez. 2008].

Ebertz, M. N. [2]2002d. Urchristentum zwischen Charisma und Institution. In: Krüggler, M., Gabriel, K. & Gebhardt, W. *Institution, Organisation, Bewegung.* Wiesbaden: Leske + Budrich.

Ebertz, M. N. [2]2008. Hinaus in alle Milieus. Zentrale Ergebnisse der Sinus-Milieu-Kirchenstudie. In: Ebertz, M. N. & Hunstig, H.-G (Hg.). *Hinaus ins Weite - Gehversuche einer milieusensiblen Kirche.* Im Auftrag des Arbeitskreises "Pastorale Grundfragen" des Zentralkomitees der deutschen Katholiken (ZdK). Würzburg: Echter, 18-34.

Eckstein, H.-J. 2006. Die Anfänge trinitarischer Rede von Gott im Neuen Testament. In: Welker, M. & Volf, M. (Hg.). *Der lebendigen Gott als Trinität*. Gütersloh: Gütersloher, 85-113.

Eggers, U. 2005. *Kirche neu verstehen. Erfahrungen mit Willow Creek. Inkl. CD-Rom*. Holzgerlingen: Hänssler.

Ego, B. & Merkel, H. 2005. Religiöses Lernen in der biblischen, frühjüdischen und frühchristlichen Überlieferung. *WUNT* I/180. Tübingen: Mohr.

Eickhoff, K. 1992. *Gemeinde entwickeln. Für die Volkskirche der Zukunft. Anregungen zur Praxis*. Göttingen: Vandenhoeck & Ruprecht.

Einstein, M. 2007. Brands of Faith: Marketing Religion in a Commercial Age Religion, *Media and Culture Series*. London: Taylor & Francis Routledge.

Eisenlöffel, L. D. 2006. Freikirchliche Pfingstbewegung in Deutschland. Innenansichten 1945–1985. In: *Kirche – Konfession – Religion* 50. Göttingen: Vandenhoeck & Rruprecht unipress.

EKD. 2001. Kirchengemeinschaft nach evangelischem Verständnis. Ein Votum zum geordneten Miteinander bekenntnisverschiedener Kirchen, *EKD-Texte* 69. Hannover: Kirchenamt.

EKD. 2008. *Die Taufe. Eine Orientierungshilfe zu Verständnis und Praxis der Taufe in der evangelischen Kirche*. Gütersloh: Gütersloher Verlagshaus.

Ekem, J. D. 2004. "Spiritual gifts" or "spiritual persons"? 1 Corinthians 12:1a revisited. *Neotestamentica* 38/1:54-74.

EKU und VELKD (Hg.). [1999]. [2]2001. *Evangelisches Gottesdienstbuch. Agenden für die Evangelische Kirche der Union EKU und für die Vereinigte Evangelisch-Lutherische Kirche Deutschlands VELKD. Verlagsgem. Evangelisches Gottesdienstbuch*. Berlin: Verlagsgemeinschaft Evangelisches Gottesdienstbuch, Evangelische Haupt-Bibelgesellschaft und von Cansteinsche Bibelanstalt.

Elliott, J. H. 2008. God – Zealous or Jealeous but Never Envious. The Theological Consequences of Linguistic and Social Distinctions. In: Dietmar Neufeld (Hg.). The Social Sciences and Biblical Translation. *Symposium Series*. Atlanta: Society of Biblical Literature, 79-96.

Ellis, E. E. [1989]. [3]2005. *Pauline theology. Ministry and Society*. Eugene: Wipf & Stock Publishers.

El-Menouar, Y. & Blasius, J. 2006. Abbrüche bei Onlinebefragungen. Ergebnisse einer Befragung unter Medizinern. *ZA-Informationen* 59. http://www.gesis.org/Publikationen/Zeitschriften/ZA_Information/Ausgaben /index.htm [23. März 2007].

Engler, S. [1997] [2]2003. Zur Kombination von qualitativen und quantiativen Methoden. Friebertshäuser, B., Prengel, A. (Hg.). *Handbuch Qualitative Forschungsmethoden in der Erziehungswissenschaft*. Weinheim: Juventa, 118-130.

Enquêtekommission. 2002. Kirchen und Religionsgemeinschaften. In: *Bericht der Enquête-Kommission. „Zukunft des Bürgerschaftlichen Engagements"*, Drucksache 14/8900 – 3. Juni 2002. Berlin: Deutscher Bundestag, 81-86. http://dip.Bundestag.de/btd/14/089/1408900.pdf [Zugriff: 6. April 2004].

Enquêtekommission. 2002a. Bericht der Enquete-Kommission „Zukunft des Bürgerschaftlichen Engagements". Bürgerschaftliches Engagement: auf dem Weg in eine zukunftsfähige Bürgergesellschaft. *Schriftenreihe* Bd. 4. Opladen: Leske + Budrich.

Erne, T. 2005. *Berufung oder Profession? Wozu ein Pfarrer im Pfarramt Theologie braucht?* Akademischer Vortrag zur Semestereröffnung Kirchliche Hochschule Bethel WS05/06. http://www.kiho-bethel.de/boprof.pdf [22. Mai 2007].

Ernst, S. 2005. Die entscheidende Rolle der Demut. Christliche und philosophische Grundhaltungen in der speziellen Tugendlehre. In: Speer, A. (Hg.). *Thomas von Aquin. Summa theologiae. Werkinterpretationen*. Berlin: Walter de Gruyter, 343-376.

Erpenbeck, J., Rosenstiel, L. v. (Hg.). [2003] [2]2007. *Handbuch Kompetenzmessung: Erkennen, verstehen und bewerten von Kompetenzen in der betrieblichen, pädagogischen und psychologischen Praxis.* Stuttgart: Schäffer-Poeschel.

Erzen, T. 2005. Evangelical Healing and the Rise of Twelve-Steps Recovery. In: Barnes, L. L. & Sered, S. S. (Hg.). *Religion and healing in America.* Oxford: Oxford University Press, 269-270.

Escher, C. & Rothmund, J. 2005. Werbewirkungsforschung im Online-Zeitalter. Vor- und Nachteile von Online-Methoden in der Werbewirkungsforschung anhand von drei Praxisbeispielen. *planung & analyse* 2:40-44.

Escher, C. u.a. [1999] [5]2005. eMafo-Almanach - Das Taschenlexikon der Online-Marktforschung. In Zusammenarbeit mit *planung & analyse.* Köln: dimensional GmBH.

Evangelische Landeskirche Baden. 2003. Professionell, einladend, freundlich: Willow Creek-Dokumentation einer Studienreise. http://ekiba.de/glaubeakt_1815.htm [21. April 2006].

Evangelischer Oberkirchenrat Baden. 2000. *Leit- und Richtlinien für ehrenamtliches Engagement in der Evangelischen Landeskirche in Baden (Fassung 22. Febr.).* Karlsruhe: Evangelischer Oberkirchenrat.

Evangelischer Oberkirchenrat Baden. 2010. Fortbildung 2010 für die haupt- und ehrenamtlichen Mitarbeiterinnen in der Evangelischen Landeskirche in Baden und Mitarbeiter in Kirche und ihrer Diakonie. *Personalförderung. Kompetenzen: erhalten, vertiefen, erweitern.* Karlsruhe: Evangelischer Oberkirchenrat.

Evangelisches Medienhaus (Hg.). 2003. Ehrenamt fördern – Zusammenarbeit. Ehrenamt – Hauptamt gestalten. *Praxisimpulse* 5. Im Auftrag der Projektstelle PINW beim Personaldezernat des Evangelischen Oberkirchenrats, Stuttgart. Stuttgart: Evangelisches Medienhaus.

Evers, D. 2004. Das Verhältnis von physkalischer und theologischer Kosmologie als Thema des Dialogs zwischen Theologie und Naturwissenschaft. In: Hübner, I.-O. J. & Weber, D. Theologie und Kosmologie. Geschichte und Erwartungen für das gegenwärtige Gespräch. *RuA* 11. Tübingen: Mohr, 43-57.

Fabricius-Hansen, C., Gallmann, P., Eisenberg, P. & Fiehler, R. [7]2005. Grammatik der deutschen Gegenwartssprache. *Duden 04.* Mannheim: Bibliographisches Institut.

Faes de Mottoni, B. 1987. Thomas von Aquin und die Sprache der Engel. Zimmermann, A. Thomas von Aquin. Werk und Wirkung im Licht neuerer Forschungen. *Miscellanea Mediaevalia* 19. Berlin: Walter de Gruyter, 140-155.

Failing, W.-E. & Heimbrock, H.-G. 1998. *Gelebte Religion wahrnehmen. Lebenswelt – Alltagswelt – Religionspraxis.* Stuttgart: Kohlhammer.

Failing, W.-E. 1995. Gemeinde als symbolischer Raum. Die Gemeindepädagogik in der Phase ihrer Systematisierung. *JRP* 11 (1994). Neukirchen-Vluyn: Neukirchner, 37-55.

Faix, T. 2007. Gottesvorstellungen bei Jugendlichen. Eine qualitative Erhebung aus der Sicht empirischer Missionswissenschaft. *ET* 16. Dissertation an der University of South Africa 2006. Münster: Lit.

Famos, C. R. 2005. Kirche zwischen Auftrag und Bedürfnis. Ein Beitrag zur ökonomischen Reflexionsperspektive in der Praktischen Theologie. *Religions Recht im Dialog* 3. Univeristät Zürich Habilitationsschrift 2005. Münster: Lit.

Fee, G. [1992] [2]1994. *God's Empowering Presence. The Holy Spirit in the Letters of Paul.* Peabody: Hendrikson.

Fee, G. 2005. *Der Geist Gottes und die Gemeinde. Eine Einladung, Paulus ganz neu zu lesen.* A. d. Amerik. übersetzt von Reimer Dietze. [1996]. Metzingen: Eugen Franz.

Feeser-Lichterfeld, U. & Feiter, R. (Hg.). 2006. Dem Glauben Gestalt geben. Festschrift für Walter Fürst. *Theologie: Forschung und Wissenschaft* 19. Münster: Lit.

Feeser-Lichterfeld, U. 2005. Berufung. Eine praktisch-theologische Studie zur Revitalisierung einer pastoralen Grunddimension. *TuP* 26. Dissertation an der Universität Bonn 2004. Münster: Lit.

Feige, A. & Lukatis, I. 2004. Empirie hat Hochkonjunktur. Ausweitung und Differenzierung der empirischen Forschung in der deutschen Religions- und Kirchensoziologie seit den 90er Jahren – ein Forschungsbericht. *PTh* 39/1:12-39. Aktualisiert: http://www.ekd.de /download/emp-1990-b.pdf [11. Oktober 2006].

Feiter, R. 2002. Antwortendes Handeln. Praktische Theologie als kontextuelle Theologie. Theologie und Praxis. Münster: Lit.-Verlag.

Fischer, I. & Heil, C. 2011. Geistbegabung als Berufung für Ämter und Funktionen. In: Frey, J. & Sattler, D. (Hg). Heiliger Geist. *JBTh* 24. Neukirchen-Vluyn: Neukichener, 53-92.

Fischer, C., Mönks, F. J. & Grindel, E. (Hg.). 2004. Curriculum und Didaktik der Begabtenförderung. Begabungen fördern, Lernen individualisieren. *Begabungsforschung - Schriftenreihe des ICBF*. Münster: Lit.

Fischer, C., Mönks, F. J. & Westphal, U. (Hg.). 2008. Individuelle Förderung: Begabungen entfalten - Persönlichkeit entwickeln. Fachbezogene Forder- und Förderkonzepte. *Begabungsforschung - Schriftenreihe des ICBF*. Münster: Lit.

Fischer, D. & Elsenbast, V. (Hg.). 2007. *Stellungnahmen und Kommentare zu "Grundlegende Kompetenzen religiöser Bildung"*. Münster: Comenius-Institut.

Fischer, E. P.[2001] [3]2004. *Die andere Bildung. Was man von den Naturwissenschaften wissen sollte*. Berlin: Ullstein Hc.

Fischer, H. (Hg. u.a.). 2003. Friedrich Daniel Ernst Schleiermacher. Kritische Gesamtausgabe. In: Schäfer, R. *Der christliche Glaube nach den Grundsätzen der evangelischen Kirche im Zusammenhang dargestellt*. Teilband: 1, zweite Auflage (1830/31). Berlin: Walter de Gruyter.

Fischer, H. (Hg. u.a.). 2003. Friedrich Daniel Ernst Schleiermacher. Kritische Gesamtausgabe. In: Schäfer, R. *Der christliche Glaube nach den Grundsätzen der evangelischen Kirche im Zusammenhang dargestellt*. Teilband: 2, zweite Auflage (1830/31). Berlin: Walter de Gruyter.

Fischer, J. 2004. Über die Kommunikationsprobleme zwischen Theologie und Naturwissenschaft. In: Hübner, J. Stamatescu, I.-O. & Weber, D. Theologie und Kosmologie. Geschichte und Erwartungen für das gegenwärtige Gespräch. *RuA* 11. Tübingen: Mohr, 255-372.

Fischer, K., 1992. Karl Rahner. *PLSp*,1027-1030.

Fischer, U. 2001. Exzellente Arbeit mit Begeisterung für die Sache Jesu Christi. Bericht von einer Studienreise zu *Willow Creek*. *WillowNetz* 4:22-26.

Fischer, U. 2005. Sonderseiten Wiedereintrittsstudie. *EKiBa intern*. 1:I-VII.

Fischer, U. Aufnahme von Impulsen aus der Willow-Creek-Community Church für unsere Landeskirche und ihre Gemeinden. *EKiBa aktuell* (27.08.2004).

Flick, U. [1995] [6]2002. Qualitative Sozialforschung. Eine Einführung. *Rowohlts Enzyklopädie*. König, B. (Hg.). Hamburg: RoRoRo.

Flick, U. 2004. Triangulation. Eine Einführung. *QS* 12. Berlin: *VS*.

Flick, U. [4]2005a. Triangulation in der qualitativen Forschung. In: Flick U., Kardorff, E. v. & Steinke, I. (Hg.). Qualitative Forschung. Ein Handbuch. In: *Rowohlts Enzyklopädie*; Nr. 55628. Hamburg: RoRoRo, 309-318.

Flick, U., Kardorff, E. v. & Steinke, I. (Ed.). 2004. *A Companion to Qualitative Research*. London: Sage.

Flick, U., Kardorff, E. v. & Steinke, I. (Hg.). [2000] [4]2005. Qualitative Forschung. Ein Handbuch. *Rowohlts Enzyklopädie*; Nr. 55628. Hamburg: RoRoRo.

Flückiger, F. 1997. *Die protestantische Theologie des 19. Jahrhunderts*. In: Flueckiger, F. & Anz, W. *Theologie und Philosophie im 19. Jahrhundert*. Göttingen: Vandenhoeck & Ruprecht, 1-98.

Foitzik, K. 1998. *Mitarbeit in Kirche und Gemeinde. Grundlagen, Didaktik, Arbeitsfelder*. Stuttgart: Kohlhammer.

Foitzik, K. *Gemeindepädagogik. Problemgeschichte eines umstrittenen Begriffs*. Dissertation an der Universität München 1991. Gütersloh: Mohn.

470

Föller, O. [1994] ³1997. Charisma und Unterscheidung. Systematische und pastorale Aspekte der Einordnung und Beurteilung enthusiastisch-charismatischer Frömmigkeit im katholischen und evangelischen Bereich. In: *TVG*: Monographien und Studienbücher. Heidelberg, Univ., Diss. 1993. Wuppertal: Brockhaus.

Föller, O. 1997. Pietismus und Enthusiasmus – Die Einordnung und Beurteilung enthusiastisch-charismatischer Frömmigkeit im klassischen Pietismus an ausgewählten Beispielen. In: Hille, R., Stadelmann, H., Weber, B., Eber, J. & Gebauer, R. (Hg.). *JETh* 11:105–141.

Föller, O. 1998. Pietismus und Enthusiasmus-Streit unter Verwandten: geschichtliche Aspekte der Einordnung und Beurteilung enthusiastisch-charismatischer Frömmigkeit. *Kirchengeschichtliche Monographien* 4 TVG: Monographien und Studienbücher Wuppertal : Brockhaus.

Föller, O. 1999. Dritter Teil: Der Heilige Geist in der Geschichte der Kirche. In: Großmann, S. (Hg.). *Handbuch Heiliger Geist*. Wuppertal, 113-167.

Föller, O. 2005. 2.6. Charismatische Bewegung. In: Hempelmann, R. u.a. (Hg.). *Panorama der neuen Religiosität. Sinnsuche und Heilsversprechen zu Beginn des 21. Jahrhunderts.* Im Auftrag der *EZW*. Gütersloh: Gütersloher Verlagshaus, 480-509.

Föller, O. 2006. Charismenlehre. In: Herrmann, C. (Hg.). *Wahrheit und Erfahrung - Themenbuch zur Systematischen Theologie 3: Heiliger Geist, Sakramente, Neuschöpfung.* Gießen: Brunnen, 203-212.

Fowler, J. A. 1999. Charismata: Rethinking the so-called "Spiritual Gifts". A study of the Biblical references to "charismata" with theological explanation therof. Fallbrook: Christ in You Ministries. http://www.christinyou.net/pages/articles.html [27. Mai 2006].

Fraas, H.-J. 2000. *Bildung und Menschenbild in theologischer Perspektive.* Göttingen: Vandenhoeck & Ruprecht.

Franke, C. & Wald, A. 2006. Möglichkeiten der Triangulation quantitativer und qualitativer Methoden in der Netzwerkanalyse. In: Hollstein, B. & Straus, F. (Hg.). *Qualitative Netzwerkanalyse. Konzepte, Methoden, Anwendungen*. Wiesbaden: *VS*, 153-176.

Franke, E. 1999. *Die Göttin neben dem Kreuz. Zur Entwicklung und Bedeutung weiblicher Gottesvorstellungen bei kirchlich-christlich und feministisch geprägten Frauen in der Bremischen Evangelischen Kirche.* Dissertation Fakultät für Geistes- und Sozialwissenschaften der Universität Hannover.

Frenschkowski, M. 1995 Urchristliche Systematisierungen der Offenbarungsmodi: Die Charismenlehre des Paulus. Offenbarung und Epiphanie. Band: 1. Grundlagen des spätantiken und frühchristlichen Offenbarungsglaubens. *WUNT* 2/79. Dissertation an der Johannes-Gutenberg Universität Mainz. 1994. Tübingen: Mohr, 335-348.

Fretheim, T. E. 2005. *God and World in the Old Testament: A Relational Theology of Creation.* Nashville: Abinome.

Friederichs, J. [1978] ¹⁴1990. Methoden empirischer Sozialforschung. *WV Studium* 28. Opladen: Westdeutscher Verlag.

Friedrich, J. 2006. *„Ordnungsgemäß berufen". Eine Empfehlung der Bischofskonferenz der VELKD zur Berufung zu Wortverkündigung und Sakramentsverwaltung nach evangelischem Verständnis.* Ahrensburg: EKD.

Fries, N. 2007. Die Kodierung von Emotionen in Texten. Teil 1: Grundlagen. *JLT* 2007 1/2.http://www2.hu-berlin.de/linguistik/institut/syntax/docs/fries2007a.pdf.

Friesen, E. 1999. *The History of the seven gifts. In: Erika Friesen. The seven gifts of the Holy Spirit, ten anonymous 13th century French sermons.* Electronic thesis or dissertation. Library and Archives Canada Electronic Theses Repository. Dissertation University of Toronto, 38-42. [17. Okt. 2006].

Fritsche, U. 1985. Heilung/Heilungen. II. Kirchengeschichtlich/Ethisch/Praktisch-theologisch *TRE* 14:768-774.

Fröhlich, W. D. 2003. Identität. WB Psych. ²⁴2002. *Digitale Bibliothek* 83. Berlin: Directmedia, 233.

Fröhlich, W. D. 2003. WB Psych. [24]2002. *Digitale Bibliothek* 83. Berlin: Directmedia.

Früh, D. 2000. Online-Forschung im Zeichen des Qualitativen Paradigmas. Methodologische Reflexion und empirische Erfahrungen [104 Absätze]. *FQS* (Online-Journal), 1(3). Verfügbar über: http://www.qualitative-research.net/fqs/fqs.htm [4. Oktober 2006].

Fuchs, O. 2000. Wie funktioniert die Theologie in empirischen Untersuchungen? *Theologische Quartalsschrift* 180 3:191-210.

Fuchs, O. 2002. Komparative Empirie in theologischer Absicht. *Theologische Quartalsschrift* 2:167-188.

Fuchs-Heinritz, W. [1984] [3]2005. *Biographische Forschung. Eine Einführung in Praxis und Methoden.* Opladen: VS.

Fuchs-Heinritz, W. [1984] [3]2005. Biographische Forschung. Eine Einführung in Praxis und Methoden. *Hagener Studientexte zur Soziologie.* Wiesbaden: *VS.*

Fürst, W. 2002. *Pastoralästhetik. Die Kunst der Wahrnehmung und Gestaltung in Glaube und Kirche.* Freiburg: Herder.

Gabriel, K. 2003. (Post-)Moderne Religiosität zwischen Säkularisierung, Individualisierung und Deprivatisierung. In: Waldenfels, H. (Hg.). *Religion. Entstehung – Funktion – Wesen.* Freiburg: Herder, 109-132.

Gäckle, V. 1992. Gottesebenbildlichkeit. c) theologiegeschichtlich. *ELThG* 2:1323.

Gäckle, V. 2004. Die Starken und die Schwachen in Korinth und in Rom. Zu Herkunft und Funktion der Antithese in 1Kor 8,1-11,1 und in Röm 14,1-15,13. *WUNT* 2/200. Dissertation an der Ludwig-Maximilians-Universität München 2004. Tübingen: Mohr.

Gadamer, H.-G. [1960] [6]1990. *Wahrheit und Methode. Grundzüge einer philosophischen Hermeneutik.* Bd. 1: Hermeneutik. Tübingen: Mohr.

Gadenne, V. 2006. Wissenschaftstheoretische Grundlagen. Empirische Forschung und normative Wissenschaftstheorie. Was bleibt von der Methodologie des kritischen Rationalismus? In: Diekmann, A. Methoden der Sozialforschung. *KZfSS* 44. Wiesbaden: VS,33-48.

Gaffin, R. B. 1979. *Perspectives on Pentecost. Studies in New Testament teaching on the gifts of the Holy Spirit.* Phillipsburg, NJ: Presbyterian and Reformed Publ. Co.

Galliker, M. 1998. Von der manuellen zur elektronischen Datenerhebung. Informationsquellen und Textanalysen. *ZUMA*-Nachrichten. 43:54-72.

Gantert, N. & Gantert, G. 2005. Kinder durch Kreativität fördern – Evangelische Kirchengemeinde in Neuenburg am Rhein. In: Eggers, U. *Kirche neu verstehen. Erfahrungen mit Willow Creek.* Inkl. CD-Rom. Holzgerlingen: Hänssler, 126-138.

Garz, D. [1997] [2]2003. Die Methode der Objektiven Hermeneutik – Eine anwendungsbezogene Einführung. In: Friebertshäuser, B., Prengel, A. (Hg.). *Handbuch Qualitative Forschungsmethoden in der Erziehungswissenschaft.* Weinheim: Juventa, 535-543.

Gay, F. [37]2008. *Das persolog® DISG-Persönlichkeits-Profil. Persönliche Stärke ist kein Zufall.* Heidesheim: Gabal.

Gebauer, R. 1997. Paulus als Seelsorger: ein exegetischer Beitrag zur praktischen Theologie. In: *Calwer theologische Monographien: A, Bibelwissenschaft* 18. Stuttgart: Calwer.

Gebauer, R. 1999. Verschiedene Dienste: Ämter und Charismen. *Una Sancta* 54:177-264.

Gebauer, R. 2000. Charisma und Gemeindeaufbau. In: Karrer, M., Kraus, W. & Merk, O. (Hg.). *Kirche und Volk Gottes. Festschrift für Jürgen Roloff zum 70. Geburtstag.* Neukirchen-Vluyn: Neukirchener, 132-148.

Gebhardt, W. [1999] [2]2002. Kirche zwischen charismatischer Bewegung und formaler Organisation. In: Krüggler, M., Gabriel, K. & Gebhardt, W. (Hg.). *Institution, Organisation, Bewegung. Sozialformen der Religion im Wandel.* Wiesbaden: Leske+Budrich, 101-119.

Gee, D. 2004. The Initial Evidence of the Baptism of the Holy Spirit. In: Kay, K. & A. E. Dyer. Pentecostal and Charismatic Studies. London: SCM, 94-99.

Geier, J. G. 1989. *Personality Analysis.* Aristos Pub House.

472

Gelder, K. 1992. Glaube und Erfahrung. Eine kritische Auseinandersetzung mit Gerhard Ebelings "Dogmatik des christlichen Glaubens" im Kontext der gegenwärtigen evangelisch-theologischen Diskussion *NBST* 11. Dissertation an der Universität Erlangen-Nürnberg 1989. Neukirchen-Vluyn: Neukirchener.

Gennerich, C. 2000. Vertrauen. Ein beziehungsanalytisches Modell - untersucht am Beispiel der Beziehung von Gemeindegliedern zu ihrem Pfarrer. *Psychologie-Forschung*. Dissertation Universität Göttingen. Bern: Huber.

Gensicke, T. & Geiss, S. (Hg.) 2010. *Freiwilliges Engagement in Deutschland 1999 – 2004 – 2009. Ergebnisse der repräsentativen Trenderhebung zu Ehrenamt*. Freiwilligenarbeit und bürgerschaftlichem Engagement durchgeführt im Auftrag des Bundesministeriums für Familie, Senioren, Frauen und Jugend. München: TNS Infratest Sozialforschung.

Gensicke, T., Picot, S. & Geiss, S. (Hg.) 2005. Freiwilliges Engagement in Deutschland 1999–2004. Ergebnisse der repräsentativen Trenderhebung zu Ehrenamt. *Freiwilligenarbeit und bürgerschaftlichem Engagement durchgeführt im Auftrag des Bundesministeriums für Familie, Senioren, Frauen und Jugend*. München: TNS Infratest Sozialforschung.

Gerl-Falkovitz, H.-B. 2007. *Vortrag am Samstag, 29. September „Wiederkehr der Religionen Ermutigung aus ungewohnter Sicht"*. Marburg: Studenten Mission Deutschland (SMD)-Konferenz.

Gerloff, R. 2004. *Die Bedeutung der pfingstlich-charismatischen Bewegung für Identitätsbildung, Mission und Kontextualität von Gemeinde und Verkündigung afrikanischer Diasporagemeinden in Europa*. Papier zur wissenschaftlichen Tagung Migration und Identität. Pfingstlich-charismatische Gemeinden fremder Sprache und Herkunft in Deutschland. Religionsgeschichte und Missionswissenschaft, Theologische Fakultät, Universität Heidelberg: Wissenschaftliche Tagung, 11.-12. Juni 2004. http:// www. glopent.net/iak-pfingstbewegung/Members/RoswithGerloff [13. Februar 2008].

Gese, M. 1997. Das Vermächtnis des Apostels: Die Rezeption der paulinischen Theologie im Epheserbrief. *WUNT* 2. Tüningen: Mohr.

Gielen, M. 2009. Löscht den Geist nicht aus, verachtet prophetische Reden nicht! (1Thess 5,19f). In: Gielen, M. Paulus im Gespräch: Themen paulinischer Theologie. BWANT, Zehnte Folge, 186. Stuttgart: Kohlhammer, 131-158.

Zur Grundlegung einer christlichen Spiritualität bei Paulus

Giesriegl, R. 1989. Die Sprengkraft des Geistes. Charismen und apostolischer Dienst des Paulus im 1. Korintherbrief. *HSF* 2. Thaur: Kulturverl.

Glaser, B. G. & Strauss, A. L. [1998] [2]2005. *Grounded Theory. Strategien qualitativer Forschung*. Bern: Huber.

Gläser, J. & Laudel, G. [2004] [2]2006. *Experteninterviews und qualitative Inhaltsanalyse als Instrumente rekonsturierender Untersuchungen*. Wiesbaden: *VS*.

Gläser, J. & Laudel, G. [2004] [2]2006. Wissenstheoretische, methodologische und ehtische Grundlagen. In: Gläser J. & Laudel, G. *Experteninterviews und qualitative Inhaltsanalyse als Instrumente rekonstruierender Untersuchungen*. Wiesbaden: VS,21-57.

Gläser, J. & Laudel, G. 1999. Theoriegeleitete Textanalyse? Das Potential einer variablenorientierten qualitativen Inhaltsanalyse. Veröffentlichungsreihe der Arbeitsgruppe Wissenschaftstransformation des WZB, P 99-401. Berlin: Wissenschaftszentrum Berlin für Sozialforschung(*WZB*). Jetzt auch unter: http://skylla.wz-berlin.de/pdf/1999/p99-401.pdf [12. Juli 2006].

Godina, B. 2002. Persönlichkeitsdiagnostik in der Gemeindearbeit. *Seelsorge* 5/2:39-43.

Goertz, H. [1995] [2]1997. Charismen bei Luther. In: Goertz, H. Allgemeines Priestertum und ordiniertes Amt bei Luther. *MThS* 46. Heidelberg, Univ., Diss., 1996. Marburg: Elwert, 241-252.

Goltz, D. v. d. 1999. *Krankheit und Heilung in der neutestamentlichen Forschung des 20. Jahrhunderts*. Mikrofiche-Ausg. Erlangen-Nürnberg, Univ., Diss.

Goppelt, L. 1978. Der erste Petrusbrief. *KEK* 12/1. Göttingen: Vandenhoeck & Ruprecht.

473

Gräb, W. & Weyel, B. (Hg.). 2007. *Handbuch Praktische Theologie*. Gütersloh: Gütersloher Verlagshaus.

Gräb, W. [1998] [2]2000. *Lebensgeschichten, Lebensentwürfe, Sinndeutungen. Eine Praktische Theologie gelebter Religion*. Gütersloh: Kaiser.

Gräb, W. 2003. Der Gottesdienst in der Kultur der Gegenwart. *Arbeitsstelle Gottesdienst* 17:5-16.

Gräb, W. 2007. Religion und Religionen. Transzendenz und Immanenz / Unbedingte Sinnbedeutung / Deutungssysteme / Symbole und Rituale. In: Gräb, W. & Weyel, B. (Hg.). *Handbuch Praktische Theologie*. Gütersloh: Gütersloher Verlagshaus,188-199.

Grau, F. 1946. *Der neutestamentliche Begriff Charisma. Seine Geschichte und seine Theologie*. Diss. an der Gerhard-Karl Universität Tübingen [microform].

Green, M. 2005. *Understanding the Fivefold Ministry*. Lake Mary: Strang Communications Co. Charima House.

Greinacher, N. 1974. Das Theorie-Praxis-Problem in der Praktischen Theologie. Klostermann, F. & Zerfaß, R. (Hg.). *Praktische Theologie heute*. München: Kaiser, 103-118.

Grethlein, C. & Meyer-Blanck, M. (Hg.). [1999].[2]2000. *Geschichte der praktischen Theologie. Dargestellt anhand ihrer Klassiker*. Leipzig: EVA.

Grethlein, C. & Ruddat, G. 2003. *Liturgisches Kompendium*. Göttingen: Vandenhoeck & Ruprecht.

Grethlein, C. & Schwier, H. (Hg.). 2007. *Praktische Theologie. Eine Theorie- und Problemgeschichte. Arbeiten zur Praktischen Theologie*. Leipzig: EVA.

Grethlein, C. 2003. Taufe. In: Grethlein, C. & Ruddat, G. *Liturgisches Kompendium*. Göttingen: Vandenhoeck & Ruprecht, 305-328.

Grethlein, C. 2007. Gemeindeentwicklung. Gemeindeaufbau. Church Growth. Gemeindeleben. In: Gräb, W. & Weyel, B. (Hg.). *Handbuch Praktische Theologie*. Gütersloh: Gütersloher Verlagshaus, 494-506.

Grethlein, G. 1999. Pfarrersein heute. Zwischen „Führer" ins Heilige und „intellektuellem Amt". *DtPfBl* 1 http://www.pfarrverband.de/pfarrerblatt/archiv.html [1. Juni 2008].

Greverus, I.-M. 1995. Die anderen und ich. Vom Sich Erkennen, Erkannt- und Anerkanntwerden. *Kulturanthropologische Texte*. Darmstadt: Wiss. Buchgesellschaft.

Grosse, H. W. [2]2006. *Freiwilliges Engagement in der Evangelischen Kirche hat Zukunft. Ergebnisse einer neuen empirischen Studie. Sozialwissenschaftliches Institut der Evangelischen Kirche in Deutschland*. Hannover.

Großmann, S. (Hg.). 1999. *Handbuch Heiliger Geist*. Wuppertal: Brockhaus.

Großmann, S. 1990. *Der Geist ist Leben. Hoffnung und Wagnis der charismatischen Erneuerung*. Wuppertal: Brockhaus.

Großmann, S. 1995. *Weht der Geist, wo wir wollen? Der „Toronto-Segen" und der Weg der charismatischen Bewegung*. Wuppertal: Brockhaus.

Großmann, S. 2004. 40 Jahre charismatischer Aufbruch: Rückblick, Analyse und Ausblick. *Freikirchenforschung* 14:127-142.

Grözinger, A. & Pfleiderer, G. (Hg.). 2002. Gelebte Religion als Programmbegriff Systematischer und Praktischer Theologie. In: *Christentum und Kultur. Basler Studien zu Theologie und Kulturwissenschaft des Christentums* 1. Hg. Grözinger, A., Pfleiderer, G. & Stegemann, E. W. Zürich: Theologischer Verlag Zürich.

Grudem, W. A. (Ed.). 1996. *Are Miraculous Gifts for Ty? Four Views*. Grand Rapids:

Grudem, W. A. [1988] [2]1994. *Die Gabe der Prophetie im Neuen Testament und heute*. Nürnberg: Immanuel.

Grünwaldt, K. 2004. *Allgemeines Priestertum, Ordination und Beauftragung nach evangelischem Verständnis. Eine Empfehlung der Bischofskonferenz der VELKD*. Hannover: EKD.

474

Gunkel, H. [1899] ³1909. *Die Wirkungen des Hl. Geistes nach der populären Anschauung der apostolischen Zeit und nach der Lehre des Apostels Paulus.* Dissertation an der Universität Göttingen 1888. Göttingen: Vandenhoeck & Ruprecht.

Günthner, S. & Knoblauch, H. 2000. Textlinguistik und Sozialwissenschaften (Text Linguistics and the Soical Sciences). In: Brinker, K., Antos, G. & Heinemann, W. (Hg.). Text- und Gesprächslinguistik / Linguistics of Text and Conversation: Text- u. Gesprächslinguistik. Ein internationales Handbuch zeitgenössischer Forschung. An International Handbook of Contemporary Research. *HSK* 16/1. Berlin: Walter de Gruyter, 811-819.

Guttenberger, G. & Husmann, B. (Hg.). 2007. *Begabt für Religion. Religiöse Bildung und Begabungsförderung.* Göttingen: Vandenhoeck & Ruprecht.

Haacker, K. 1996. Exegetische Bemerkungen zum Thema „Charismen". *ThBeitr* 2/27:77-83.

Haacker, K. ²1985. *Neutestamentliche Wissenschaft. Eine Einführung in Fragestellungen und Methoden. Monographien und Studienbücher.* Wuppertal : Brockhaus.

Haase, I. 1996. Über den Zusammenhang von geistlichem Aufbruch, Beziehungen und gabenorientierter Mitarbeiterschaft. Interview mit P. Wenz. *Praxis / Kirche für Morgen* 3:8-9.

Haasen, J. 2004. Gemeinde als Herberge. Eine Vision aus den Niederlanden. In: Pohl-Patalong, U. (Hg.). Kirchliche Strukturen im Plural. Analysen, Visionen und Modelle aus der Praxis, Schenefeld: *EB*, 113-124.

Hafner, J. E. 2004. Individualisierbarkeit des Religiösen? Die Pflege religiöser Grammatik als Aufgabe einer missionarischen Kirche. Sellmann, M. (Hg.), Deutschland Missionsland. Zur Überwindung eines pastoralen Tabus. *Quaestiones Disputatae* 206. Freiburg: Herder, 146-177.

Hahn, F. [1974] ²1982. Das biblische Verständnis des Heiligen Geistes. Soteriologische Funktion und „Personalität des Heiligen Geistes". In: Heitmann, C. & Mühlen, H. (Hg.). *Erfahrung und Theologie des Heiligen Geistes.* München: Kösel, 131-147.

Hahn, F. [2002] ²2005. *Theologie des Neuen Testaments.* Bd. 2: Theologie des Neuen Testaments. Thematische Darstellung. Tübingen: Mohr Siebeck.

Hailer, M. 2006. Systematische Theologie. Warum Theologie ein positionelles Geschäft ist. Vorüberlegungen zur Systematischen Theologie. In: Becker, E.-M. & Hiller, D. (Hg.). Handbuch Evangelische Theologie. Ein enzyklopädischer Zugang. *UTB* 8326. Tübingen: Francke, 215-219.

Hainz, J. [1974] ²1982. "Kirche" als Gemeinschaft bei Paulus. *BU*, Bd. 16. München, Univ., Habil.-Schr. Regensburg: Pustet.

Hainz, J. [1981] ²1992. κοινωνία. *EWNT* 2:749-755.

Halisch, F. 1984. Vorbildeinfluss und Motivationsprozesse. Ein Beitrag zu einer Motivationstheorie der Vorbildwirkung. *EH* 6: Psychologie 120. Frankfurt: Lang.

Halm, H. 2008. Das Charisma der Imane. In: Rychterová, P, Seit, S. & Veit, S. (Hg.). Das Charisma - Funktionen und symbolische Repräsentationen. Historische, philosophische, islamwissenschaftliche, soziologische und theologische Perspektiven. *BHK* 2. Hg. HKFZ. Berlin: Akademie-Verl, 449-455.

Halman, L. & Draulans, V. 2004. Religious beliefs and practices in contemporary Europe. In: European Values at the Turn of the Millennium. Ed. Wil Arts and Loek Halman. European Values Studies 7. Leiden. Brill.

Hamon, B. 2000. *Apostel & Propheten. Die kommenden Bewegungen Gottes.* Rinteln: Jesus!Gemeindeverlag.

Hansberger, A. [2003] ²2007. Deduktion. *LPhTh*, 69.

Hansberger, A. [2003] ²2007. Induktion. *LPhTh* 207-209.

Hansen, K. 2005. *Evangelische Kirchen in ländlichen Räumen. Ein Raumblick über Geschichte und Gegenwart.* Dissertation an der Theol. Fakultät der C.-Albrecht-Universität Kiel 1004. Schenefeld: Eb-Verlag.

Harbison, J. H. 2001. Finding your place in ministry: discovering how your God-given passion, spiritual gifts and personality style equip you for ministry. St. Louis: Covenant Theological Seminary.

475

Härle, W. (Hg.). [2000] ³2007. *Dogmatik*. Berlin: Walter de Gruyter.

Härle, W. (Hg.). 2007. *Grundtexte der neueren evangelischen Theologie*. Berlin: EVA.

Härle, W. 1989. Kirche, VII. Dogmatisch. *TRE* 18:277–317.

Härle, W., Augenstein, J., Rolf, S. & Siebert, A. 2008. *Wachsen gegen den Trend. Analysen von Gemeinden, mit denen es aufwärts geht*. Leipzig: EVA.

Hartlieb, E. 2007. Soziale Geschlechterkonstruktion / Genderbewusste Theologie / Symbolische Ordnungen / Geschlechtergerechtigkeit. In: Gräb, W. & Weyel, B. (Hg.). *Handbuch Praktische Theologie*. Gütersloh: Gütersloher Verlagshaus, 300-309.

Hasenhüttl, G. 1969. *Charisma Ordnungsprinzip der Kirche, ÖF.E 5*. Freiburg: Herder.

Haslinger, H., Bundschuh-Schramm, C., Fuchs, O. & Karrer, L. (Hg.). 1999. *Handbuch: Praktische Theologie 1: Grundlegungen*. Mainz: Matthias-Grünewald.

Haslinger, H., Bundschuh-Schramm, C., Fuchs, O. & Karrer, L. (Hg.). 2000. *Handbuch Praktische Theologie 2: Durchführungen*. Mainz: Matthias-Grünewald.

Haubeck, W. & Siebenthal, H. v. 1994. *Neuer sprachlicher Schlüssel zum griechischen Neuen Testament. 2: Römer-Offenbarung*. Gießen.

Haudel, M. 2006. *Die Selbsterschließung des dreieinigen Gottes. Grundlage eines ökumenischen Offenbarungs-, Gottes- und Kirchenverständnisses. FsöTh 110*. Göttingen: Vandenhoeck & Ruprecht.

Haughey, J.C. 1999. In: Charisms: An Ecclesiolocial Exploration. In: Donnelly, D. (Ed.). *Retrieving Charisms for the Twenty-First Century*. Collegeville: Liturgical Press, 1-16.

Hausammann, S. 2001. Alte Kirche. Zur Geschichte und Theologie der ersten vier Jahrhunderte. *Frühchristliche Schriftsteller 1*. Neukirchen-Vluyn: Neukirchener.

Hauschildt, E. & Schwab, U. (Hg.). 2002. *Praktische Theologie für das 21. Jahrhundert*. Stuttgart: Kohlhammer.

Hauschildt, E. 2004. Kirche verändert. Die gegenwärtigen Krisen und ihre Reformpotenziale. In: Pohl-Patalong, U. (Hg.). 2004. *Kirchliche Strukturen im Plural. Analysen, Visionen und Modelle aus der Praxis*. Schenefeld: Eb-Verlag, 15-27.

Häuser, G. 2004. *Einfach vom Glauben reden. Glaubenskurse als zeitgemässe Form der Glaubenslehre für Erwachsene*. Dissertation an der Ruprecht-Karls-Univeristät Heidelberg 2002/03. Neukirchen-Vluyn: Neukirchener.

Häuser, G. 2004a. Nicky Gumbel: Der Alpha-Kurs. In: Häuser, G. *Einfach vom Glauben reden. Glaubenskurse als zeitgemäße Form der Glaubenslehre für Erwachsene*. Dissertation an der Ruprecht-Karls-Univeristät Heidelberg 2002/03. Neukirchen-Vluyn: Neukirchener, 123-150.

Hausin, M. 2005. McGavran, Donald Anderson. *BBKL XXV*. Sp.: 920-923.

Heckel, G. 1984. Luthers Spiritualität. Heubach, J. & Förster, H. (Hg.). *Zugänge zu Luther. VL-A, 6*. Erlangen: Martin-Luther-Verlag, 55-95.

Heckel, U. 1992. Paulus und die Charismatiker. Zur theologischen Einordnung der Geistesgaben in 1Kor 12-14. *ThBeitr* 3/23:117-138.

Heckel, U. 2002. Der Segen im Neuen Testament. Begriff, Formeln, Gesten. Mit einem praktisch-theologischen Ausblick. *WUNT 150*. Univ., Habil.-Schrift. Tübingen. Tübingen: Mohr Siebeck.

Heckmann, H.-J. & Nyree, N. 2005. Mitarbeiter finden und fördern. Evangelische Kirchengemeinde Heiden und Wald im Appenzeller Land. In: Eggers, U. *Kirche neu verstehen. Erfahrungen mit Willow Creek. Inkl. CD-Rom*. Holzgerlingen: Hänssler, 53-60.

Heimbrock, H.-G. & Dinter, A. 2007. Der Beitrag Empirischer Theologie zur Theologie als Erfahrungswissenschaft und kirchlichen Praxis. In: Dinter, A., Heimbrock, H.-G. & Söderblom, K. (Hg.). Einführung in die Empirische Theologie. Gelebte Religion erforschen. *UTB 2888*. Göttingen: Vandenhoeck & Ruprecht, 310-318.

Heimbrock, H.-G. & Meyer, P. 2007. Einleitung: Im Anfang ist das Staunen. In: Dinter, A., Heimbrock, H.-G. & Söderblom, K. (Hg.). Einführung in die Empirische Theologie. Gelebte Religion erforschen. *UTB 2888*. Göttingen: Vandenhoeck & Ruprecht, 11-16.

476

Heimbrock, H.-G. & Meyer, P. 2007. Praktische Theologie als Empirische Theologie. In: Dinter, A., Heimbrock, H.-G. & Söderblom, K. (Hg.). Einführung in die Empirische Theologie. Gelebte Religion erforschen. *UTB* 2888. Göttingen: Vandenhoeck & Ruprecht, 17-59.

Heimbrock, H.-G. 1993. Empirische Hermeneutik in der Praktischen Theologie. In: Van der Ven, J. A. & Ziebertz, H.-G. (Hg.). *Paradigmenentwicklung in der Praktischen Theologie.* Weinheim, 49-67.

Heimbrock, H.-G. 2007. Empirische Theologie als Erforschung gelebter Religion. In: Dinter, A., Heimbrock, H.-G. & Söderblom, K. (Hg.). Einführung in die Empirische Theologie. Gelebte Religion erforschen. *UTB* 2888. Göttingen: Vandenhoeck & Ruprecht, 72-83.

Heinbokel, A. 2001. (Hg.). *Hochbegabung im Spiegel der Printmedien seit 1950. Vom Werdegang eines Bewusstseinwandels.* Gutachten im Auftrag Bundesministerium für Bildung und Forschung (*BMBF*). Bonn: *BMBF*.

Heine, S. 2007. Religionspsychologie. Empirismus. Religiosität. Natur. Psychoanalyse. In: Gräb, W. & Weyel, B. (Hg.). *Handbuch Praktische Theologie.* Gütersloh: Gütersloher Verlagshaus, 783-795.

Heininger, B. 2005. Im Dunstkreis der Magie: Paulus als Wundertäter nach der Apostelgeschichte. In: Becker, E.-M. & Pilhofer, P. Biographie und Persönlichkeit des Paulus. *WUNT* 187. Tübingen: Mohr Siebeck, 269-291.

Heitmann, C. & Mühlen, H. (Hg.). [1974] [2]1982. *Erfahrung und Theologie des Heiligen Geistes.* München: Kösel.

Heller, D. 1992. Baden, Ev. Landeskirche in. *ELThG* 1:169-170.

Hemminger W. & Hemminger, H. 2006. *Wachsen mit weniger. Konzepte für die Evangelische Kirche von morgen.* Gießen: Brunnen.

Hemminger, H. (Hg.). 1998. Ekstase, Trance und Gabe des Geistes. *HS-IPS* 5. Freudenstadt: Theologische Hochschule Friedensau.

Hempelmann, H. 1996. Einheit und Vielfalt. Wahrheitspluralismus als Integrationskonzept für die Kirchen in der Postmoderne. *ThBeitr,* 4/27:197-213.

Hempelmann, H. 1999. Erkenntnis des Glaubens. In: Dieterich, J. (Hg.). Streiflichter zur Wissenschaftstheorie. Drei Aufsätze zur Theorie der Sozialwissenschaften, der Theologie und dem Wesen der Wahrheit. *Hochschulschriften IPS der Theologischen Hochschule Friedensau* 6. Freudenstadt: Theologische Hochschule Friedensau, 203-239.

Hempelmann, H., von Lüpke, J. & Neuer, W. 2006. *Realistische Theologie. Hinführung zu Adolf Schlatter.* Gießen: Brunnen.

Hempelmann, R. 2005. Geistestaufe und pfingstlerische Identität. *EZW-Materialdienst* 5. Berlin: *EZW*.

Hempelmann, R. [2]2005. Sehnsucht nach Gewissheit - neue christliche Religiosität. In: Hempelmann, R. u.a. (Hg.). *Panorama der neuen Religiosität. Sinnsuche und Heilsversprechen zu Beginn des 21. Jahrhunderts. Im Auftrag der EZW.* Gütersloh: Gütersloher, 411-479.

Hennig, M. 2006. Sprache, Schrift und Skriptizismus. In: *Grammatik der gesprochenen Sprache in Theorie und Praxis.* Dissertation an der Universität Kassel 2006. Kassel: University Press, 16-38.

Henning, C. 2000. *Die evangelische Lehre vom Heiligen Geist und seiner Person: Studien zur Architektur protestantischer Pneumatologie im 20. Jahrhundert.* Gütersloh: Kaiser.

Henning, E. 2004. *Finding Your Way in Qualitative Research.* Pretoria: Van Schaik.

Henning, L. 1992. *Religion und Alltag. Bausteine zu einer Praktischen Theologie des Subjekts.* Stuttgart: Radius.

Hentschel, A. 2007. Die Wortverwendung in den Charismenkatalogen. In: Hentschel, A. Diakonia im Neuen Testament. Studien zur Semantik unter besonderer Berücksichtigung der Rolle von Frauen. Dissertation an der Friedrich-Alexander Universität Erlangen 2005. *WUNT* 2/226. Tübingen: Mohr, 138-146.

477

Herbst M. 2008. *Wachsende Kirche. Wie Gemeinden den Weg zu postmodernen Menschen finden kann*. Kirche lebt - Glaube wächst. Hempelmann, H., Peter, D. & Sachs, M. (Hg.). Gießen: Brunnen.

Herbst, M. & Böhlemann. P. 2011. *Geistlich leiten. Ein Handbuch*. Göttingen: Vandenhoeck & Ruprecht.

Herbst, M. [1987] [3]1996. Missionarischer Gemeindeaufbau in der Volkskirche. *AzTh* 76. Erlangen, Nürnberg, Univ., Diss., 1985. Stuttgart: Calwer.

Herbst, M. [1987] [4]2010. Missionarischer Gemeindeaufbau in der Volkskirche. *BEG* 8. Erlangen, Nürnberg, Univ., Diss., 1985. (Zusatz: 4. Teil: Es hat sich viel getan: Missionarischer Gemeindebau in spätvolkskirchlicher Zeit) Neukirchen-Vluyn: Neukichener.

Herbst, M. 2001. *"Und sie dreht sich doch!" Wie sich die Kirche im 21. Jahrhundert ändern kann und muss*. Asslar: Projektion J.

Herbst, M. 2001a. Gemeindeaufbau im 21. Jahrhundert. Kybernetik - Where Learning Leads to Mission In: Lämmlin, G. & Scholpp, S. (Hg.). *Praktische Theologie der Gegenwart in Einzeldarstellungen*. Tübingen: A. Francke, 369-387.

Herbst, M. 2001b. Kirche wie eine Behörde verwalten oder wie ein Unternehmen führen? Zur Theologie des spirituellen Gemeindemanagements. In: Abromeit, H.-J. u.a. (Hg.). *Spirituelles Gemeindemanagement*. Göttingen: Vandenhoeck & Ruprecht, 82-110.

Herbst, M. 2006. II. Was ist Church Planting in der Anglikanischen Kirche? In: Bartels, M. & Reppenhagen, M. (Hg.). Gemeindepflanzung - ein Modell für die Kirche der Zukunft? *BEG* 4. Herbst, M., Ohlemacher, J. & Zimmermann, J. (Hg.). Neukirchen-Vluyn: Neukirchener, 52-67.

Herbst, M. 2007a. *Deine Gemeinde komme: Wachstum nach Gottes Verheißungen*. Holzgerlingen: Hänssler.

Herbst, M., Ohlemacher, J. & Zimmermann, J. (Hg.). 2005. Missionarische Perspektiven für eine Kirche der Zukunft. *BEG* 1. Herbst, M., Ohlemacher, J. & Zimmermann, J. (Hg.). Neukirchen-Vluyn: Neukirchener.

Hering, T. 2002. Eine pneumatologische Polemik zur Auseinandersetzung mit den Thesen zu einer Kirchenreform in Ostdeutschland. „Löscht den Geist nicht aus!" *DtPfBl* 2 http://www.pfarrverband .de/ pfarrerblatt/archiv.html *[23. April 2008]*.

Hermans, C. A. M. 2003. Deduktiv, induktiv, abduktiv. In: Ziebertz, H.-G., Heil, S. & Prokopf, A. (Hg.). Abduktive Korrelation. Religionspädagogische Konzeption, Methodologie und Professionalität im interdisziplinären Dialog. *ET* 12. Van der Ven, J. A., Ziebertz, H.-G. & Bucher, A. A. (Hg.). Münster: Lit, 33-51.

Hermeling, J. 2006. Einführung: Die IV. Mitgliedschaftsuntersuchung der EKD im Blickfeld kirchlicher und wissenschaftlicher Interessen. In: Huber, W., Friedrich, J. & Steinacker, P. (Hg.). *Kirche in der Vielfalt der Lebensbezüge. Die vierte EKD-Erhebung über Kirchenmitgliedschaft*. Gütersloh: Gütersloher Verlagshaus Mohn, 15-39.

Herrmann, C. 2005. Wahrheit und Erfahrung. Themenbuch zur Systematischen Theologie 2: Christologie, Anthropologie, Erlösung, Heilung. *STM* 13. Gießen: Brunnen.

Heubach, J. 1990. Der Heilige Geist im Verständnis Luthers und der lutherischen Theologie. *VL-A*, Bd. 17. Erlangen: Martin Luther Verlag.

Heyl, A. v. 2003. *Zwischen Burnout und spiritueller Erneuerung: Studien zum Beruf des evangelischen Pfarrers und der evangelischen Pfarrerin*. Neuendettelsau, Augustana-Hochsch., Habil.-Schr., 2003. Frankfurt: Peter Lang.

Heynes, L. M. & Pieterse, H. J. C. 1999. The Relationship between Theory and Praxis in

Hiebsch, S. 2002. Figura ecclesiae. Lea und Rachel in Martin Luthers Genesispredigten. *AHSTh* 5. Dissertation an der Universität Amsterdam 2000. Münster: Lit.

Hill, P. B. 2004. Wissenschaftstheoretische Kontroverse. In: Schnell, R., Hill, P. B. & Esser, E. *Methoden der empirischen Sozialforschung*. München: Oldenbourg, 83-88.

Hille, R. (Hg.). 2007. Wer ist Gott? Unser Glaube an den Vater, den Sohn und den Heiligen Geist. *Beiträge aus dem Albrecht-Bengel-Haus*. Wuppertal: Brockhaus.

478

Hille, R. 1999. Von der Moderne zur Postmoderne - Bilanz am Ende des Jahrhunderts. In: Klement, H. (Hg.). *Theologische Wahrheit und die Postmoderne: Bericht von der 11. Theologischen Studienkonferenz des Arbeitskreises für Evangelikale Theologie (AfeT), 5.-8. Sept. 1999 in Bad Blankenburg.* Wuppertal: Brockhaus, 9–45.

Hille, R. 2000. Der moderne Individualismus - seine philosophischen Grundlagen und seine theologische Kritik. In: Hahn, E. (Hg.). *Was hält Christen zusammen? Die Herausforderung des christlichen Glaubens durch Individualismus und Erlebnisgesellschaft. Beiträge aus dem Albrecht-Bengel-Haus,* Tübingen. Wuppertal: Brockhaus, 47-84.

Hiller, D. 1999. Konkretes Erkennen. Glaube und Erfahrung als Kriterien einer im Gebet begründeten theologischen Erkenntnistheorie. *NThDH* 22. Dissertation an der Friedrich-Schiller-Univerität Jena 1997. Neukirchen-Vluyn: Neukirchener.

Hoch, H., Klie, T. & Wegner, M. (Hg.). 2006. *Bürgerschaftliches Engagement in Baden-Württemberg. Landesauswertung zu den Ergebnissen des 2. Freiwilligensurvey 2004.* Studie im Auftrag des Ministeriums für Arbeit, Soziales und des Ministeriums für Kultus, Jugend und Sport des Landes Baden-Württemberg. Freiburg: Zentrum für zivilgesellschaftliche Entwicklung.

Hofius, O. 2010. Die Ordination zum Amt der Kirche und die apostolische Sukzession nach dem Zeugnis der Pastoralbriefe. *ZThK* 107/3:261-284.

Hofmann, B. & Denzler, D. 2005. (K)ein Programm für die Volkskirche. 30 Jahre Willow Creek. *Nachrichten der Evangelisch-Lutherischen Kirche in Bayern* 60/10:319-322.

Hofmann, B. 2009. „Ehrenamtliches Engagement in Kirche und Gesellschaft" *2. Tagung der 11. Synode der Evangelischen Kirche in Deutschland in Ulm 25. bis 29. Oktober 2009.* Geschäftstelle der Synode. http://www .ekd.de/download/referat_schwerpunktthema_ hofmann.pdf [13. August 2010].

Höher, F. & Höher, P. 1999. *Handbuch Führungspraxis Kirche: Entwickeln, Führen, Moderieren in zukunftsorientierten Gemeinden.* Gütersloh: Gütersloher Verlagshaus.

Höhn, H-J. 1999. Erlebnisgesellschaft! - Erlebnisreligion? Die Sehnsucht nach dem frommen Kick. In: Hofmeister, K. & Bauerochse, L. (Hg.). *Die Zukunft der Religion. Spurensicherung an der Schwelle zum 21. Jahrhundert.* Würzburg: Echter 11-22.

Hollenweger, W. J. [1988] ²2002. Gift of the Spirit: Natural and Supernatural. *IDPCM,* 667-668.

Hollenweger, W. J. [1997] ²2002. *Charismatisch-pfingstliches Christentum. Herkunft, Situation, ökumenische Chancen.* Göttingen: Vandenhoeck & Ruprecht.

Hollenweger, W. J. [1997] ²2002a. 3. Natürlich und übernatürlich. In: *Charismatisch-pfingstliches Christentum. Herkunft, Situation, ökumenische Chancen.* Göttingen: Vandenhoeck & Ruprecht, 250-255.

Hollenweger, W. J. 1988. Geist und Materie. *Interkulturelle Theologie* 3. München: Kaiser.

Hollenweger, W. J. 2002. Charismatische Bewegung. *TRT* 1:243-246.

Hollis, J. L. 2005. Healing into Wholeness in the Episcopal Church. In: Barnes, L. L. & Sered, S. S. (Hg.). *Religion and healing in America.* Oxford: Oxford University Press, 89-101.

Hollstein, B. & Straus, F. (Hg.). 2006. *Qualitative Netzwerkanalyse. Konzepte, Methoden, Anwendungen.* Wiesbaden: VS.

Hollweg, A. [1971] ²1974. *Theologie und Empirie. Ein Beitrag zum Gespräch zwischen Theologie und Sozialwissenschaften in den USA und Deutschland.* Stuttgart: EVA.

Holm, B. K. 2006. Gabe und Geben bei Luther. Das Verhältnis zwischen Reziprozität und reformatorischer Rechtfertigungslehre. *TBT* 134. Dissertation. Berlin: Walter de Guyther.

Holthaus, S. 1998. *Trends 2000. Der Zeitgeist und die Christen.* Gießen: Brunnen.

Holthaus, S. 2005. Heil - Heilung - Heiligung. Die Geschichte der deutschen Heiligungs- und Evangelisationsbewegung (1874-1909). *KGM* 14. Wuppertal: Brunnen.

Hölzl, M. 2004. Gemeinde für andere. Die Anwendbarkeit der Willow Creek Gemeindeaufbauprinzipien für den Aufbau neuer freikirchlicher Gemeinden im deutschen Kontext. *BS* 4. Kassel: Oncken.

479

Hong-Hsin, L. [1990] 1998. Die Person des Heiligen Geistes als Thema der Pneumatologie in der reformierten Theologie. In: *Internationale Theologie* 4. Moltmann, J., Schweiker, W. & Welker, M. (Hg.). Frankfurt am Main: Peter Lang.

Hopko, T. 2009. Die spirituelle Verwurzelung der orthodoxen Trinitätslehre. In: Beyerhaus, P. P. J. (Hg.). *Das Geheimnis der Dreieinigkeit im Zeugnis der Kirche. Trinitarisch anbeten - lehren - leben. Ein bekenntnis-ökumenisches Handbuch.* Nürnberg: VTR, 77-85.

Horn, F.-W. 1992. Das Angeld des Geistes. Studien zur paulinischen Pneumatologie. Göttingen, Univ., Habil.-Schr., 1989/90. *FRLANT* 154. Göttingen: Vandenhoeck & Ruprecht.

Horst, U. 2001. Die Gaben des Heiligen Geistes nach Thomas von Aquin. *Veröffentlichungen des Grabmann-Institutes zur Erforschung der Mittelalterlichen Theologie und Philosophie,* Bd. 46. Münchener Universitäts-Schriften. Katholisch-Theologische Fakultät. Schmaus, M. u. a.(Hg.). Berlin: Akad.-Verl.

Horwitz, C. 2002. Geistesgaben in der Gemeinde. Theologisch und praktisch gesehen. *Lutherische Beiträge* 7:3-14.

Horx, M. [1995] [3]1999. *Trendbuch 2. Megatrends für die späten neunziger Jahre.* München: Econ.

Horx, M. [2000] 2002. *Die acht Sphären der Zukunft. Ein Wegweiser in die Kultur des 21. Jahrhunderts.* Hamburg: Signum.

Huber, S. 2003. Zentralität und Inhalt. Ein neues multidimensionales Messmodell der Religiosität. *Veröffentlichung der Sektion Religionssoziologie* 9. Der Deutschen Gesellschaft für . Erziehungswissenschaft. Gärtner, C. u.a. (Hg.). Verlag für Sozialwissenschaften (*VS*). Opladen: *VS*, Leske + Budrich.

Huber, W. (Hg.) 2006. Kirche der Freiheit. Perspektiven für die evangelische Kirche im 21. Jahrhundert. *Ein Impulspapier des Rates der EKD.* Hannover.

Huber, W. 2003. Volkskirche. I. Systematisch-theologisch. *TRE* 35,249-254.

Huber, W. 2006. "Tätiges Leben – Teilhabechancen für alle Lebensalter" - Vortrag bei dem Symposion "Platz für Potenziale? Partizipation im Alter zwischen alten Strukturen und neuen Erfordernissen" in Hannover. Hannover: Copyright © EKD. Ralf-Peter Reimann & Hannes Schoeb. http://www.ekd.de/vortraege/ 060607_ huber_hannover. html [17. Juli 2007].

Huber, W. 2007. Schlusswort des Ratsvorsitzenden der EKD zum Zukunftskongress. 27. Juni 2007. Wittengerg. http://www.ekd.de/presse/pm12_2007_schlusswort_kdf.html

Huber, W. 2009. Schlusswort des Vorsitzenden des Rates der Evangelischen Kirche in Deutschland, Bischof Dr. Wolfgang Huber, zum Zukunftskongress der Evangelischen Kirche in Deutschland. *EKD-Orginaltext* 12. Pressestelle der Evangelischen Kirche in Deutschland (*EKD*) (Hg.). Hannover: Pressestelle der EKD, 1-5.

Huber, W., Friedrich, J. & Steinacker, P. (Hg.). 2006. *Kirche in der Vielfalt der Lebensbezüge. Die vierte EKD-Erhebung über Kirchenmitgliedschaft.* Gütersloh: Gütersloher Verlagshaus Mohn.

Hubmer, F. 1972. *Zungenreden, Weissagung - umkämpfte Geistesgaben.* Wuppertal-Elberfeld : Verlag und Schriftenmission der Evangelischen Gesellschaft für Deutschland.

Hübner, E. 1985. *Theologie und Empirie der Kirche. Prolegomena zur praktischen Theologie.* Neukirchen-Vluyn: Neukirchener.

Hübner, H.1983. πλήρωμα, *EWNT* 3:262-264.

Hübner, K. [2001] [2]2004. *Glaube und Denken. Dimensionen der Wirklichkeit.* Tübingen: Mohr Siebeck.

Hundertmark, P. 2000. Gemeindeanalyse: Instrumente und Methode. *EH.* Reihe 23, Theologie 702. Frankfurt: Peter Lang.

Hunstig, H.-G., Bogner,M. & Ebertz, M. N. 2004. *Kirche lebt. Mit uns. Ehrenamtliches Laienengagement aus Gottes Kraft.* Düsseldorf: Klens.

Hunt, S. 2004. Chapter 3: The Charismatic Movement and its Significant of Alpha. In: Hunt, S. *The Alpha Enterprise: Evangelism in a Post-Christian Era: Evangelism in a Post-Christian Age.* Farnham: Ashgate, 43-55.

Hunter, J. & C. [1981] 2000. *How to heal the sick.* New Kensington: Whitaker Distributors.

Hunze, G. & Feeser, U. 2000. Von der Normativität zur Generativität des "Faktischen". Plädoyer für empirisch-kritische Denk- und Arbeitsweisen innerhalb der Theologie. Religionspädagogische Beiträge 45:59-68. http://www.pastoraltheologie.uni-bonn.de/ (Seitenangabe 1-8) [21.09.2003].

Hurrelmann, K. [1985] [9]2007. *Lebensphase Jugend: Eine Einführung in die sozialwissenschaftliche Jugendforschung.* Weinheim: Juventa.

Hurrelmann, K., Grundmann, K. & Walper, S. [1980] [7]2008. Zum Stand der Sozialisationsforschung. In: Hurrelmann, K., Grundmann, K. & Walper, S. (Hg.). *Handbuch Sozialisationsforschung.* Weinheim: Beltz, 14-31.

Hüser, G. 2005. *Medienumbrüche Kontext des technischen Wandels.* Diss. Univerisität Siegen. Aachen: Shaker.

Husmann, B. 2007. Pädagogische Perspektiven für die Begabtenförderung im Fach Evangelische Religion. In: Guttenberger, G. & Husmann, B. (Hg.) *Begabt für Religion. Religiöse Bildung und Begabungsförderung.* Göttingen: Vandenhoeck & Ruprecht, 120-135.

Hybels, B. [2002]. [4]2005. *Mutig führen. Navigationshilfen für Leiter.* Asslar: Gerth Medien.

Hybels, B. 2005. *Die Mitarbeiter-Revolution. Begeistert in der Gemeinde mitarbeiten.* Asslar: Gerth Medien.

Hybels, B., Bugbee, B. & Cousins, D. 1994. *Network Implementation Guide. The Right People... In the Right Places... For the Right Reasons.* Grand Rapids: Zondervan.

Iber, G. 1963. Zum Verständnis von 1. Kor 21,31. *ZNW*, 43-52.

Ising, D. 2002. *Johann Christoph Blumhardt: Leben und Werk.* Göttingen: Vandenhoeck & Ruprecht.

Jackisch, J. G. 2003. *Der Geist, Christus und die Kirche. John Zizioulas, Georges Florovsky, Martin Luther und Johannes Calvin im Dialog.* Dissertation. Hamburg/Norderstedt: Books on Demand.

Jäger, L. 2007. Wissenschaft ohne Gott? Zum Verhältnis zwischen christlichem Glauben und Wissenschaft. *Christliche Philosophie heute / Christian Philosophy Today* 7. Bonn: Verlag für Kultur und Wissenschaft.

Jäger, R. S. [3]2000. Deskriptive Statistik und statistische Auswertung. In: Wosnitza, M. & Jäger, R. S. Daten erfassen, auswerten und präsentieren - aber wie? *FSM* 1. Landau: Verl. Empirische Pädagogik, 115-151.

Janowski, B. & Krüger, A. 2011. Gottes Sturm und Gottes Atem. In: Frey, J. & Sattler, D. (Hg). Heiliger Geist. *JBTh* 24. (2009) Neukirchen-Vluyn: Neukichener, 3-29.

Janssen, J. & Laatz, W. [1994] [6]2007. *Statistische Datenanalyse mit SPSS für Windows: Eine Anwendungsorientierte Einführung in das Basissystem und das Modul exakte Tests.* Berlin: Springer.

Josuttis, M. [1982] [3]1987. *Der Pfarrer ist anders.* München: Kaiser.

Josuttis, M. 1997. *"Unsere Volkskirche" und die Gemeinde der Heiligen. Erinnerungen an die Zukunft der Kirche.* Gütersloh: Kaiser.

Josuttis, M. 2002. *Religion als Handwerk. Zur Handlungslogik spiritueller Methoden.* Gütersloh: Kaiser.

Josuttis, M. 2004. *Heiligung des Lebens. Zur Wirkungslogik religiöser Erfahrung.* Gütersloh: Kaiser, Gütersloher Verl.-Haus.

Josuttis, M.[1996]. [2]2004. *Die Einführung in das Leben: Pastoraltheologie zwischen Phänomenologie und Spiritualität.* Gütersloh: Kaiser, Gütersloher Verl.-Haus.

Josuttis, M.[2000] [2]2002b. *Segenskräfte. Potentiale einer energetischen Seelsorge.* Gütersloh: Kaiser.

Joswig, H. 1995. *Begabung und Motivation.* Frankfurt: Lang.

481

Jüngel, E. 1968. Das Verhältnis der theologischen Disziplinen untereinander. In: Jüngel, E., Rahner, R. & Seitz, M. Die Praktische Theologie zwischen Wissenschaft und Praxis. Studien zur praktischen Theologie 5. München: Kaiser, 11-45.

Junker, R. [1993] ²1994. Leben durch Sterben? Holzgerlingen: Hänssler.

Junker, R. 2004. Das Forschungsprogramm-Konzept von Lakatos: Wissenschaft ist ein Wettstreit von Forschungsprogrammen. In: "Harter Kern" und Hilfshypothesen von Forschungsprogrammen in der Schöpfungsforschung. Fachgruppe Wissenschaftstheorie. http://www.wort-und-wissen.de, 2-6.

Kahl, W. 2007. Jesus als Lebensretter. Westafrikanische Bibelinterpretationen und ihre Relevanz für die neutestamentliche Wissenschaft. New Testament Studies in Contextual Exegesis – Neutestamentliche Studien zur kontextuellen Exegese 2. Beutler, J., Schmeller, T. & Kahl, W. (Hg.), Frankfurt: Peter Lang.

Kaledewey, J. 2001. Die Starke Hand Gottes. Der fünffältige Dienst. Oberweningen: Koinonia.

Kärkkäinen, V.-M. (Ed.) 2009.The Spirit in the World: Emerging Pentecostal Theologies in Global Contexts. Grand Rapids: Eerdmans.

Kärkkäinen, V.-M. [2002] ⁴2008. Pneumatology. The Holy Spirit in Ecumenical International and Contextual Perspektive. Grand Rapids: Baker Books.

Kärkkäinen, V.-M. 2008. Pentecostal Pneumatologies in the Matrix of Contemporay Theologies of the Spirit. Jahrestagung des European Research Network on Global Pentecostalism (GloPent) vom 31.01.-02.02.2008. Unveröffentlichtes Konferenzpapier. Universität Heidelberg: Abteilung für Religionswissenschaft und Missionswissenschaft. Theologische Fakultät.

Karle, I. [2001] ⁴2008. Der Pfarrberuf als Profession. Eine Berufstheorie im Kontext der modernen Gesellschaft. Bonn, Univ., Habil.-Schr., 2000. PThK 3. Gräb, W. & Meyer-Blanck, M. (Hg.). Gütersloh: Kaiser.

Karle, I. 2000. Pastorale Kompetenz. PTh 89/12:508-523.

Karle, I. 2003. Pfarrerinnen und Pfarrer in der Spannung zwischen Professionalisierung und Professionalität. DtPfBl 103:629-634.

Karle, I. 2004. Volkskirche ist Kasualien- und Pastorenkirche. DtPfBl 12:626.

Käsemann, E. [1956/1965] 2004. Geist, IV. Geist und Geistesgaben im NT. RGG³ 2:1272-1279.

Käsemann, E. [1960] ⁶1970. Amt und Gemeinde im Neuen Testament. In: Käsemann, E. Exegetische Versuche und Besinnungen 1. Göttingen: Vandenhoeck & Ruprecht, 109-134.

Käser, L. 1997. Fremde Kulturen. Einführung in die Ethnologie. Bad Liebenzell: Liebenzeller Mission.

Kassner, K. & Wassermann, P. [2002] ²2005. Nicht überall, wo Methode darauf steht, ist auch Methode drin. Zur Problematik der Fundierung von Experteninterviews. In: Bogner, A. Das Experteninterview. Theorie, Methode, Anwendung. Leverkusen: Leske & Budrich, 95-112.

Kauffeld, S. 2005. Fachliche und überfachliche Weiterbildung. Welche Investitionen zahlen sich für die berufliche Handlungskompetenz aus? In: Frey, A., Jäger, R. S. & Renold, U. (Hg.). Kompetenzdiagnostik – Theorien und Methoden zur Erfassung und Bewertung von beruflichen Kompetenzen. Berufspädagogik; Bd. 5. Landau: VEP, 57-75.

Kay, W. K. & Dyer, A. E. (Ed.). 2004. A Reader in Pentecostal and Charismatic Studies, London: SCM.

Kay, W. K. 2003. Empirical Theology: A Natural Development? HeyJ 44/2:167-181.

Kay, W. K. 2006. The Mind, Behavor and Glossolalia. Cartledge, M. J. (Ed.). Speaking in Tongues: Multi-disciplinary Perspectives. Sparkford: Paternoster, 174-205.

Kay, W. K. 2007. Apostolic Networks in Britain: New Ways of Being Church. Studies in Evangelical History and Thought. Notingham: Paternoster.

Kay, W. K. 2007a. Church Groth and Charismata. In: Kay, W. K. Apostolic Networks in Britain: New Ways of Being Church. *Studies in Evangelical History and Thought.* Notingham: Paternoster, 313-326.

Kay, W. K. 2008. Apostolic Networks in Britain: An analytic overview. *Transformation* 25/1:32-42.

Kecskes, R. & Christof, W. 1996: *Konfession, Religion und soziale Netzwerke. Zur Bedeutung christlicher Religiosität in personalen Beziehungen.* Opladen: Leske + Budrich.

Keener, C. S. [2001] ^{2}2002. *Gift and Giver: The Holy Spirit for Ty.* Grand Rapids: Baker.

Kehl, M. 1992. *Die Kirche: eine katholische Ekklesiologie.* Würzburg: Echter.

Kelle, U. & Erzberger, C. 2000. Qualitative und quantitative Methoden: kein Gegensatz. In: Qualitative Forschung (Hg.). Ein Handbuch. *Rowohlts Enzyklopädie*; Nr. 55628. Hamburg: RoRoRo, 299-309.

Kelle, U. & Kluge, S. 1999. Vom Einzelfall zum Typus: Fallvergleich und Fallkontrastierung in der qualitativen Sozialforschung. *QS* 4. Bonsack, R., Lüder, C. & Rechertz, J. (Hg.). Opladen: Leske & Budrich.

Kelle, U. 2000. Computergestützte Analyse qualitativer Daten. In: Flick, U., Kardoff, E. v. & Steinke, I. (Hg.). *Qualitative Forschung. Ein Handbuch.* Hamburg: RoRoRo, 485-502.

Kelle, U. 2001. Sociological Explanations between Micro and Macro and the Integration of Qualitative and Quantitative Methods *FQS* 2/1:1-43 Absätze. http://www.qualitative-research.net/fqs-texte/1-01/1-01kelle-e.htm [5. Mai 2004].

Kelle, U. 2003. Entdeckung und Entwicklung kausaler Hypothesen in der qualitativen Sozialforschung. Methodologische Überlegungen zu einem häufig vernachlässigten Aspekt qualitativer Theorie- und Typenbildung. *ZDM* 35/6:232-246.

Kelle, U. 2003a. Abduktion und Interpretation. Die Bedeutung einer "Logik der Entdeckung" für die hermeneutische Sozialforschung In: Ziebertz, H.-G., Heil, S. & Prokopf, A. (Hg.). Abduktive Korrelation. Religionspädagogische Konzeption, Methodologie und Professionalität im interdisziplinären Dialog. *ET* 12. Van der Ven, J. A., Ziebertz, H.-G. & Bucher, A. A. (Hg.). Münster: Lit, 109-124.

Kelle, U. 2007. *Die Integration qualitativer und quantitativer Methoden in der empirischen Sozialforschung. Theoretische Grundlagen und methodologische Konzepte.* Wiesbaden: VS.

Keller, R. 2007. Vom Wirken des Heiligen Geistes im Verständnis Luthers. In: Lutherische Kirche in der Welt. *Jahrbuch des Martin-Luther-Bundes* 54:37-56.

Kellner, D. 2011. *Charisma als Grundbegriff der Praktischen Theologie. Die Bedeutung der Charismenlehre für die Pastoraltheologie und die Lehre vom Gemeindeaufbau.* Dissertation an der Universtität Leipzig 2009. Zürich: TVZ.

Kerl, G. 2003. Mitwirken im Gottesdienst. In: Grethlein, C. & Ruddat, G. *Liturgisches Kompendium.* Göttingen: Vandenhoeck & Ruprecht, 213-231.

Kern, T. 1997. *Zeichen und Wunder - Enthusiastische Glaubensformen in der modernen Gesellschaft.* Diss. an der Otto-Friedrich Universität in Bamberg 1996. Frankfurt: Peter Lang.

Kern, U. 2001. Liebe als Erkenntnis und Konstruktion von Wirklichkeit. "Erinnerung" an ein stets aktuales Erkenntnispotential. *TBT* 109. Berlin: Walter de Gruyter.

Keupp, H. 2002. *Identitäten in der postmodernen Gesellschaft.* www.ipp-muenchen.de/texte/identitaeten.pdf [4. Dez. 2008].

Keupp, H. 2004. Das leere Selbst. *Junge World* 32/04, 5. August. http://jungle-world.com/artikel/2004 /32/1343 2.html [4. Dez. 2008].

Keuth, H. (Hg.). ^{11}2005. Nachwort des Herausgebers. In: Popper, K. 1934. *Logik der Forschung.* Tübingen: Mohr Siebeck.

Kimball, D. 2005. *Emerging Church. Die postmoderne Kirche - Spiritualität und Gemeinde für eine neue Generation.* Gerth Medien.

Kirchenamt der EKD (Hg.). [3]2005. *Maße des Menschlichen. Evangelische Perspektiven zur Bildung in der Wissens- und Lerngesellschaft. Eine Denkschrift der EKD. Im Auftrag des Rates der Evangelischen Kirche in Deutschland.* Gütersloh: Gütersloher Verlagshaus Mohn.

Kirchenamt der EKD (Hg.). 2006. Freiheit und Dienst. Eine Argumentationshilfe der Evangelischen Kirche in Deutschland zur Frage einer allgemeinen Dienstpflicht und zur Stärkung von Freiwilligendiensten. *EKD-Texte* 84. Hannover: Kirchenamt der EKD.

Kirchenamt der EKD (Hg.). 2003. *Kirche. Horizont und Lebensrahmen. Vierte EKD-Erhebung über Kirchenmitgliedschaft.* Hannover: Kirchenamt der EKD.

Kirchhoff, S. u.a. (Hg.). [1999] [3]2003. Fragebogen. Datenbasis, Konstruktion, Auswertung. *UTB für Wissenschaft* 2245. Opladen: Leske + Budrich.

Kistner, P. 2006. Glaubenspluralität – Glaubenswahrheit. Zur Frage eines theologischen Wahrheitskriteriums. *Theologie*. Münster: Lit.

Kittel, G. & Schrage, W. 2001. Bildung als Verwandeltwerden in das Bild Christi. Die Bild-Chiffre bei dem Apostel Paulus und der philosophisch-pädagogiosche Bildungsbegriff. In: Ochel. J. (Hg.). *Bildung in evangelischer Verantwortung auf dem Hintergrund des Bildungsverständnisses von F.D.E. Schleiermacher. Eine Studie des Theologischen Ausschusses der Evangelischen Kirche der Union.* Göttingen: Vandenhoeck & Ruprecht, 123-150.

Klappenecker, G. 1998. Glaubensentwicklung und Lebensgeschichte: eine Auseinandersetzung mit der Ethik J. W. Fowlers, zugleich ein Beitrag zur Rezeption von H. Richard Niebuhr, Lawrence Kohlberg und Erik H. Erikson. *PThe* 36. Heidelberg, Univ., Diss., 1997. Stuttgart: Kohlhammer.

Klatt, W. 1997. Gunkel, H. *FRLANT* 100. Käsemann, E. & Würthwein, E. (Hg.). Göttingen: Vandenhoeck & Ruprecht.

Klein, S. 1999, Subjekte und Ort der Praktischen Theologie. In: Haslinger, H., Bundschuh-Schramm, C., Fuchs, O. & Karrer, L. (Hg.). *Handbuch: Praktische Theologie 1: Grundlegungen.* Mainz: Matthias-Grünewald, 50-67.

Klein, S. 2005. Erfahrung - (auch) eine kritische Kategorie der Praktischen Theologie. In: Nauer, D., Bucher, R. & Weber, F. (Hg.). Praktische Theologie. Bestandsaufnahme und Zukunftsperspektiven. Ottmar Fuchs zum 60. Geburtstag. In: *PThe* 74. Stuttgart: Kohlhammer, 128-135.

Klein, S. 2005. *Erkenntnis und Methode in der Praktischen Theologie.* Kath. Fakultät der Johannes Gutenberg-Universität als Habilitationsschrift 2002. Stuttgart: Kohlhammer.

Klein, S. 2008. „Jede hat ihre Gnadengabe von Gott, die eine so, die andere so" (1 Kor 7,7). Die Charismen der Frauen. Eine qualitativ-empirische Studie. In: Katholische Frauengemeinschaft Deutschlands (Hg.). *Eine Jede hat ihre Gaben. Studien, Positionen und Perspektiven zur Situation von Frauen in der Kirche.* Ostfildern: Schwabenverlag, 64-123.

Klessmann, M. 2001. *Pfarrbilder im Wandel. Ein Beruf im Umbruch.* Neukirchen-Vluyn: Neukirchener.

Klessmann, M. 2004. *Pastoral-Psychologie. Ein Lehrbuch.* Neukirchen-Vluyn: Neukirchener.

Klimkeit, H. J. 1985. Charisma und Institution im neueren Hinduismus. In: Rendtorff, T. *Charisma und Institution.* Gütersloh: Gütersloher Verlagshaus, 502-518.

Klumpp, M. & Dehlinger, F. 2002. L E I T F A D E N. Für benachbarte Kirchengemeinden zur Gestaltung von verbindlich geordneter gemeindeverbindender Zusammenarbeit. In: *Praxisimpulse 1. Evangelisches Medienhaus* (Hg.). Im Auftrag der Projektstelle PiNW beim Personaldezernat des Evangelischen Oberkirchenrats, Stuttgart. Stuttgart: Evangelisches Medienhaus.

Knauber, B. E. 2006. Liebe und Sein. Liebe als fundamentalonotologische Kategorie. Dissertation an der University of South Africa, Pretoria. *TBT* 133. Berlin: Walter de Gruyter.

Knecht, A. 2007. Gottesdienst und Gemeinde. In: Dinter, A., Heimbrock, H.-G. & K. Söderblom (Hg.). Einführung in die Empirische Theologie. Gelebte Religion erforschen. *UTB* 2888. Göttingen: Vandenhoeck & Ruprecht, 103-118.

Knieling, R. 2000. Konkurrenz in der Kirche als theologische und geistliche Herausforderung. *ThBeitr* 31/3:117-124.

Knieling, R. 2006. *Konkurrenz in der Kirche. Praktisch-theologische Untersuchungen zu einem Tabu.* Habilitaion Hochschule Wuppertal. Neukirchen-Vluyn: Neukirchener.

Knight, K. 2003. *The Summa Theologica of St. Thomas Aquinas.* Second and Revised Edition, 1920. Literally translated by Fathers of the English Dominican Province. Online Edition: http://www.newadvent.org/summa/ [04 December 2008].

Knoblauch, H. & Luckmann, T. 2000. Gattungsanalyse. In: Flick U., Kardorff, E. v. & Steinke, I. (Hg.). Qualitative Forschung. Ein Handbuch. *Rowohlts Enzyklopädie* 55628. Hamburg: RoRoRo, 538-546.

Koldau, L. M. 2005. *Frauen – Musik – Kultur. Ein Handbuch zum deutschen Sprachgebiet der Frühen Neuzeit.* Wien: Böhlau.

Kölsch, S. 2001. *Der soziale Umgang mit Fähigkeit. Die geschlossene Gesellschaft und ihre Freunde.* Wiesbaden: Dareschta.

Kopfermann, W. 1984. Die Geister unterscheiden. Systematische und pastorale Erwägungen aus evangelischer Sicht *GGE* 21/4:19-24.

Kopfermann, W. 1994. *Macht ohne Auftrag. Warum ich mich nicht an der "geistlichen Kriegsführung beteilige".* Emelsbüll: C&P.

Kordowski, C. 1999. Zur Genese der sozialen Eindrucksbildung. Situative und generalisierte Selbst- und Fremdkonzepte als Phänomene interpersoneller Wahrnehmung. *EH* 6: *Psychologie* Bd. 626. Dissertation Universität Göttingen 1998. Frankfurt: Lang.

Körnlein, J. 2005. *Gottesdienste in einer komplexen Welt: Eine praktisch-theologische Untersuchung von Gottesdiensten im Zusammenspiel kirchlicher und gesellschaftlicher, individueller und kollektiver Faktoren.* (Mikrofiche-Ausg. 1999, Internetfassung 2005). Neuendettelsau: Diss. Augustana-Hochschule. http://www.augustana.de/ahs-0/ahs-0-h-4.htm. [11. Januar 2006].

Körtner, U. H. J. 2003. Ethik des Helfens – aus theologischer Sicht. *ThBeitr* 34/6:306-322.

Kraft, C. H. 1991. *Abschied vom aufgeklärten Christentum. Von der Natürlichkeit des Übernatürlichen,* Lörrach: Wolfgang Simson.

Krämer, P. 1994. Philosophie und Theologie. *ELThG* 3:1565-1569.

Krämer, W. [1991] [6]2007. *Statistik verstehen – Eine Gebrauchsanweisung.* München: Piper.

Kraus, D. 2001. Zur Psychodynamik der Bindung an neureligiöse Bewegungen. B*ayreuther Beiträge zur Religionsforschung,* 4. Nov, 1-47.

Kraus, H.-J. 1983. *Systematische Theologie im Kontext biblischer Geschichte und Eschatologie,* Neukirchen-Vluyn: Neukirchener.

Kraus, W. [1996]. 2004. Das Volk Gottes. Zur Grundlegung der Ekklesiologie bei Paulus. *WUNT* I 85. Unveränderte Studienausgabe. Habilitationsschrift an der Univerität Erlangen-Nürnberg 1994. Tübingen: Mohr.

Krause, B. 2005. *Reizwort "Bekehrung"- Einladung zur Umkehr in volkskirchlichem Kontext.* http://www.ekir.de/gmd/ download/bekehrung.pdf [2. Juli 2005].

Krause, B. 2008. Nur gemeinsam sind wir stark. Zum künftigen Verhältnis von haupt- und ehrenamtlichen Diensten in der Kirche. In: Winterhoff, B., Klinkenborg, K. & Zeipelt, S. (Hg.). Atem und Herzschlag der Kirche. Missionarische Gemeindearbeit in der Praxis. *BEG-Praxis.* Neukirchen-Vluyn: Neukirchener, 179-186.

Krause, H. 1996. Heims Beitrag zur Weltbildfrage. In: Schwarz, H. (Hg.). Glaube und Denken. *Jahrbuch der Karl-Heim-Gesellschaft* 9. Frankfurt: Peter Lang, 79-106.

Krause, W. 2004. Das Volk Gottes. Zur Grundlegung der Ekklesiologie bei Paulus. *WUNT* 85. Tübingen: Mohr.

Krech, V. 2002. Berufung - Beruf - Profession. Empirische Beobachtungen und systematische Überlegungen zur Entwicklung des Pfarrerhandelns. Lehmann, M. (Hg.).

Parochie. Chancen und Risiken der Ortsgemeinde. Leipzig: EVA, 115-129.

Kremer, J. 1980. „Eifert aber um die größten Charismen" (1Kor 12,31). *Theol.-Prak. Quartalsschrift* 128:325-335.

Kremer, J. 1997. Der erste Brief an die Korinther. *RNT*. Hg. Jost Eckert. Regensburg: Pustet.

Kretzschmar, G. 2004. Mit der Theorie der mediatisierten Kommunikation auf der ,Suche nach dem Religiösen'. *PTh* 39/1:42-47.

Kretzschmar, G. 2007. Kirche und Gemeinde. Milieu / Typologien der Kirchenmitgliedschaft / Theologie und Empirie. In: Gräb, W. & Weyel, B. (Hg.). *Handbuch Praktische Theologie*. Gütersloh: Gütersloher Verlagshaus,77-88.

Kretzschmar, G. 2007. Kirche und Gemeinde. Milieu / Typologien der Kirchenmitgliedschaft. Theologie und Empirie. In: Gräb, W. & Weyel, B. (Hg.). 2007. *Handbuch Praktische Theologie*. Gütersloh: Gütersloher, 77-89.

Kretzschmar, G. 2007. Kirchenbindung. Praktische Theologie der mediatisierten Kommunikation. Bonn, Universität, Habil-Schrift, 2006. *APTLH* 53. Göttingen: Vandenhoeck & Ruprecht.

Krieger, W. & Sieberer, B. (Hg.). 2009. *Ämter und Dienste. Entdeckungen – Spannungen – Veränderungen*. Linz: Wagner.

Krippendorff, K. 2004. *Content analysis. An Introduction to Its Methodology*. Newbury Park: Sage.

Krokoch, N. 2004. *Ekklesiologie und Palamismus. Der verborgene Stolperstein der katholisch-orthodoxen Ökumene*. Dissertation an der Ludwig-Maximilians-Universität München 2004. http://edoc.ub.uni-muenchen de/4005/1/Krokoch_Nikolai.pdf [13. Dezember 2006].

Kromrey, H. [1980] [8]1998. Empirische Sozialforschung. Modelle und Methoden der standardisierten Datenerhebung und Datenauswertung. *UTB* 1040. Stuttgart: Lucius & Lucius.

Kronast, M., Griesel, S. & Nethöfel, W. 2005. Pfarrberuf zwischen Selbststeuerung und Organisation. Die Daten der Pastorinnen- und Pastorenbefragung in der Evangelisch-lutherischen Landeskirche Hannovers erlauben einen detaillierten und neu geschärften Blick auf das pastorale Selbstverständnis. *DtPfrBl* 10:525-530.535.

Krüger, G. 1969. Lebensformen christlicher Gemeinschaften. Eine pädagogische Analyse. *Beiträge zur praktischen Theologie* 7. Heidelberg: Quelle & Meyer.

Kubsch, R. 2005. Der Mensch – ein Ebenbild Gottes „Staub und Majestät – wie kann das sein?" In: Herrmann, C. *Wahrheit und Erfahrung 2 - Themenbuch zur Systematischen Theologie, Christologie, Anthropologie, Erlösung, Heilung*. Gießen: Brunnen, 127-143.

Kuckartz, U. [2005] [2]2007. *Einführung in die computergestützte Analyse qualitativer Daten*. Wiebaden: *VS*.

Kuckartz, U., Grunenberg, H. & Dresing, T. [2]2007. *Qualitative Datenanalyse: computergestützt. Methodische Hintergründe und Beispiele aus der Forschungspraxis*. Wiesbaden: *VS*.

Kuen, A. [1980] [2]1987. *Der Heilige Geist. Biblische Lehre und menschliche Erfahrung*. Wuppertal: Brockhaus.

Kuen, A. 1976. *Die charismatische Bewegung. Versuch einer Beurteilung*. Wuppertal: Brockhaus.

Küenzlen, G. 2000. Das funktionale Religionsverständnis. Grenzen und Gefahren. Hempelmann, R. & Dehn, U. (Hg.). Festschrift für Reinhart Hummel. Dialog und Unterscheidung. Religionen und neue religiöse Bewegungen im Gespräch. *EZW* 151. Berlin: *EZW*, 89-97.

Kühnel, S. M. & Krebs, D. [2001] [3]2006: *Statistik für die Sozialwissenschaften. Grundlagen, Methoden, Anwendungen*. Hamburg: RORORO.

Kumlehn, M. 2000. Kirche im Zeitalter der Pluralisierung von Religion. Ein Beitrag zur praktisch-theologischen Kirchentheorie. *PThK* 1. Bochum, Univ., Diss. 1991. Gütersloh: Kaiser, Gütersloher Verlagshaus.

486

Kümmel, F. 2006. Zum Verhältnis von geisteswissenschaftlich-hermeneutischen und logisch-empirischen Methodologien. In: K. Giel (Hg.). 1976. *Studienführer Allgemeine Pädagogik.* Freiburg: Herder, 107-112. http://www.friedrich-kuemmel.de/doc/ PGeisteswissEmpir.pdf [Zugriff: 29. Juni 2006.].

Kümmel, W. [21]1983. *Einleitung in das Neue Testament.* Heidelberg: Quelle & Meyer.

Kunstmann, J. 2007. Was ich geworden bin – was ich sein könnte. In: Deeg, A., Heuser, S. & Manzeschke, A. (Hg.). Identität. Biblische und theologische Erkundungen. *BThS* 30. Göttingen: Vandenhoeck & Ruprecht, 213-235.

Kunz, J. 2006. *Strategiefindungen von Non-Profit-Organisationen.* Universität St. Gallen Dissertation 2005. http://www.unisg.ch/www/edis.nsf/wwwPubMitarbeiterGer/ D9535D6 C980_ 544C3C12571260026013F. [Zugriff: 25. Januar 2007].

Kunz-Herzog, R. 1997. 2.3. Max Weber: „Charisma." In: Kunz-Herzog, R. *Theorie des Gemeindeaufbaus. Ekklesiologische, soziologische und frömmigkeitstheoretische Aspekte.* Theologische Fakultät Zürich, Univ., Diss., 1997. Zürich: *TVZ,* 218-246.

Kunz-Herzog, R. 1997. *Theorie des Gemeindeaufbaus. Ekklesiologische, soziologische und frömmigkeitstheoretische Aspekte.* Theol. Fakultät Zürich, Univ., Diss. Zürich: *TVZ.*

Küppers, B.-O. 2006. Wir müssen wissen. Wir werden wissen. In: Lederhilger, S. J. (Hg.). *Mit Gott rechnen. Die Grenzen von Naturwissenschaft und Theologie* 7. Ökumenische Sommerakademie Kremsmünster 2005 Reihe: *LPTB* 13. Frankfurt: Peter Lang, 75-98.

Kurfess-Thiesbonenkamp, M. 1992. Die Gemeinschaft von Frauen und Männer in der Kirche. Ökumenischer Impuls zur Ekklesiologie. *Die Kirche im Wort. Arbeitsbuch zur Ekklesiologie.* Neukirchen-Vluyn: Neukirchener.

Kürschner, M. J. 2000. „Wegbereiter der Pfingstbewegung? – John Wesleys Begegnung mit charismatischen Phänomenen. Eine historische Untersuchung". In: Hille, R., Stadelmann, H., Weber, B., Eber, J. & Gebauer, R. (Hg.). *JETh* 14:135–156.

Kurz, A. 2007. Zeitgemäß Kirche denken: Analysen und Reflexionen zu einer postmodernen kirchlichen Erwachsenenbildung. *Praktische Theologie heute* 86. Stuttgart: Kohlhammer.

Kurz, C. 2002. Der Kompetenzbegriff. In: Innovation und Kompetenzen im Wandel industrieller Organisationsstrukturen. *MittAB* 35/4:603-605.

Kurzdörfer, K. 2000. *Rezension zu Ammermann, N.* 1997. Subjekt, Logik, Empirie. Grundlegung und Möglichkeiten empirischer Theologie als Erforschung subjektiver Theorien. Frankfurt. *ZPTEE* 4/52:459-460.

Kusch, A. 2007. Christliche Entwicklungsprojekte als Anbetung Gottes. Auf dem Weg zu einem ganzheitlichen Verständnis christlicher Entwicklungszusammenarbeit. *em* 23/1:16-30.

Lakatos, I. 1974. Falsifikation und die Methodologie wissenschaftlicher Forschungsprogramme. In: Lakatos, I. & Musgrave, G. (Hg.). Kritik und Erkenntnisfortschritt. Abhandlungen des internationalen Kolloquiums über Philosophie der Wissenschaft. Wissenschaftstheorie. *Wissenschaft und Philosophie* 9. Braunschweig: Vieweg, 89-189.

Lämmermann, G. 2001. *Einleitung in die praktische Theologie : Handlungstheorien und Handlungsfelder.* Stuttgart: Kohlhammer.

Lämmlin, G. & Scholpp, S. 2001. Praktische Theologie der Gegenwart in Selbstdarstellungen. *UTB* 2213. Stuttgart: UTB.

Lamnek, S. [1988] [3]1995. Qualitative Sozialforschung *1: Methodologie.* Weinheim: Beltz.

Landau, R. 1981. Charisma. V. Praktisch-theologisch. *TRE* 7:693-698.

Lange, B. 2005. Zum inhaltsanalytischen Verfahren. In: Mayring, P. & Gläser-Zikuda, M. (Hg.). Die Praxis der qualitativen Inhaltsanalyse. *UTB* 8269: *Pädagogik, Psychologie.* Weinheim: Beltz, 51-52.

Lange, D. 1982. Eine Predigt Martin Luthers, dass man Kinder zur Schule halten solle. 1530. In: Bornkamm, K., Ebeling, G. & Lange, D. (Hg.). 1982. *Kirche, Gottesdienst, Schule. Martin Luther. Ausgewählte Schriften* 5. Frankfurt: Insel, 90-139.

Lanninger, T. [2001] [2]2003. Ein Erhebungsinstrument auf dem Prüfstand. In: Theobald, A., Dreyer, M. & Starsetzki, T. (Hg.). Online-Marktforschung. Theorethische Grundlagen und praktische Erfahrungen. Wiesbaden: VS, 187-202.

Lauterburg, M. 1898. Der Begriff des Charisma und seine Bedeutung für die praktische Theologie [microform]. Beiträge zur Förderung christlicher Theologie Reihe 1; 2,1. Gütersloh : Bertelsmann.

Lederle, H. I. 1988. Treasures Old and New: Interpretations "Spirit-Baptism" in the Charismatic Renewal Movement: Interpretations of "Spirit-Baptism" in the Charismatic Renewal Movement. Peabody: Hendrickson.

Lederle, H. I. 2010. Theology with Spirit: The Future of the Pentecostal & Charismatic Movements in the Twenty-first Century. Tulsa: Word & Spirit.

Lee, L.-C. 2007. Hermeneutische Theologie in einer pluralistischen Welt. EH 23: Theologie 840. Dissertation an der Theol. Fakultät der Johann Wolfgang Goethe Universität Frankfurt/Main. Frankfurt: Peter Lang.

Lehmann, J. 1997. Autobiographie. RDLW I:169-173.

Lehmann, M. (Hg.). 2002. Parochie. Chancen und Risiken der Ortsgemeinde. Leipzig: Evang. Verl.-Anst.

Lehmkühler, K. 1996. 2.2 Das Urteil der religionsgeschichtlichen Schule. 2.2.1 Konflikt zwischen Dogmatik und Exegese bei Gunkel. In: Lehmkühler, K. Kultus und Theologie. Dogmatik und Exegese in der religionsgeschichtlichen Schule. FsöTh 76. Göttingen: Vandenhoeck & Ruprecht, 186-200.

Lehmkühler, K. 2004. Inhabitatio. Die Einwohnung Gottes im Menschen. FsöTh 104. Göttingen: Vandenhoeck & Ruprecht.

Lehnert, V. A. 2004. Amt und Dienst – vom Einzelkampf zur Charismenkoordination. Zur aktuellen Pfarrbilddiskussion. ThBeitr 35/3:125-139.

Lehnert, V. A. 2007. Die charismatische Frage. In: Lehnert, V. A. Exegetisch Kirche leiten. Klaus Haacker als Lehrer der Kirche. ThBeitr 4/5:244-247.

Leipold, A. 1997. Volkskirche. Die Funktionalität einer spezifischen Ekklesiologie in Deutschland nach 1945. APTh 31. Heidelberg, Univ., Diss., 1995. Göttingen: Vandenhoeck & Ruprecht.

Lenze, M. 2002. Postmodernes Charisma. Marken und Stars statt Religion und Vernunft. Dissertation Universität GHS Essen 2001. Wiesbaden: Deutscher Univeritätsverlag.

Leonhardt, R. [2001] [2]2004. Grundinformation Dogmatik. Ein Lehr- und Arbeitsbuch für das Studium der Theologie. UTB für Wissenschaft 2214: Theologie, Religion. Göttingen: Vandenhoeck & Ruprecht.

Lepp, S. 2005. Förderung von Schlüsselqualifikationen an Fachhochschulen. Eine Herausforderung für Professorinnen und Möglichkeiten ihrer Bewältigung. Advancement of key-competencies in higher education. A challenge for teachers in higher education and options of coping. Dissertation an der Fakultät für Sozial- und Verhaltenswissenschaft. Institut für Erziehung. Tübingen. 2005. http://tobias-lib.ub.uni-tuebingen.de/volltexte/2006/2553/ [20. Mai 2007].

Leuninger, E., Eckart, A. & Eckart, J. 2001. Gemeinde - Basisfeld kirchlichen Arbeitens. Theologische Grundlegung und pastorale Praxis. I Theologische Grundlegung. Vallendar: Philosophisch-Theologische Hochschule.

Levison, J. R. 2009. Filled wit the Spirit. Grand Rapids: William B Eerdman.

Liebelt, M. 2000. Allgemeines Priestertum, Charisma und Struktur: Grundlage für ein biblisch-theologisches Verständnis geistlicher Leitung. In: STM 5. Univ. Louvain-Héverlé, Diss., 1999. Wuppertal: Brockhaus.

Lindemann, W. B. 2005. Dienen die Konzilsdekrete über Ausbildung und Dienst der Priester dem Gemeindewachstum? Theologisches. Katholische Monatsschrift. 35/12:793-816.

Lips, H. v. 1979. Das Ordinationsverständnis der Pastoralbriefe. In: Lipps, H. v. Glaube - Gemeinde - Amt. Zum Verständnis der Ordination in den Pastoralbriefen. FRLANT 122. Göttingen: Vandenhoeck & Ruprecht, 183-278.

488

Lissmann, U. [3]2000. Forschungsmethoden – Ein Überblick. In: Wosnitza, M. & Jäger, R. S. *Daten erfassen, auswerten und präsentieren - aber wie? FSM* 1. Landau: Verl. Empirische Pädagogik, 5-42.

Loach, J. F. 2003. *Equipping God's people to serve using their gifts: a study in spiritual gifts and Myers-Briggs personality type among the elders of St. Andrew's Presbyterian Church, Windsor.* Ontario. Ashland: Ashland Theological Seminary.

Logan, R. & Buller, J. 2002. *Der Gemeindegründungs-Werkzeugkasten für Zellgemeinden.* Würzburg: Edition ACTS.

Long, N. 2001. *Development Sociology: Actor Perspectives.* Hampshire: Thomson Publishing Services.

Luckmann, T. 1992. *Theorie des sozialen Handelns.* Berlin: Walter de Gruyter.

Lüders, C. & Meuser, M. 1997. Deutungsmusteranalyse. In: Hitzler, R. & Honer, A. (Hg.). Sozialwissenschaftliche Hermeneutik. Eine Einführung. *UTB 1885: Sozialwissenschaften.* Opladen: Leske + Budrich, 57-79.

Lüders, C. 2000. Beobachten im Feld und Ethnograpie. In: Flick, U.& Kardorff, E. v. u.a. (Hg.). In: *Qualitative Forschung. Ein Handbuch.* Rowohlts Enzyklopädie; Nr. 55628. Hamburg: RoRoRo, 384-401.

Ludwig, M. 2008. Heilungserweckung in Jerusalem und Asien! *Gemeinderundbrief Jesus-Zentrum* 7:2.

Ludwig-Mayerhofer, W. 1999a. Objektive Hermeneutik. *ILMES.* Siegen: Universität - FB 1 – Soziologie.

Luther, H. 1992. *Religion und Alltag. Bausteine zu einer praktischen Theologie des Subjekts. Radius-Bücher: Identität und Fragment.* Stuttgart: Radius.

Luther, M. 1544. Kirchweihpredigt Martin Luthers zur Einweihung der Schlosskirche Torgau am 5.10.1544. In: Meyer-Blanck, M. 2001. Liturgie und Liturgik: Der evangelische Gottesdienst aus Quellentexten erklärt. *Theologische Bücherei* 97. Studienbücher Gütersloh: Kaiser, 29-31.

Luther, M. 1544. Schriften 21. *Roths Winterpostille 1528; Crucigers Sommerpostille.*

Luther, M. 1968. Martin Luthers Epistel-Auslegung 2: *Die Korintherbriefe.* Ellwein, E. (Hg.). Göttingen: Vandenhoeck & Ruprecht.

Luther, M. 2008. *Luther deutsch. Die Werke Martin Luthers in neuer Auswahl für die Gegenwart.* 1.–10. Bd. 1656. Aland, K. (Hg.). Registerband, bearbeitet von Welte, M. 1991. Berlin: Directmedia Publishing.

Luther, R. [18]1976. Neutestamentliches Wörterbuch: Eine Einführung in Sprache und Sinn der urchristlichen Schriften. In: *Stundenbücher* 27. Delling, G. & Wallis, G. (Hg.). Hamburg: Furche-Verlag.

Luther. M. [3]2005. *Der Große Katechismus.* Gütersloh: Gütersloher Verlagshaus Mohn.

Luz, U. 1989. Charisma und Institution in neutestamentlicher Sicht. *EvTh.* 49:76-94.

Macchia, F. D. 1994. Revitalizing Theological Categories: A Classical Pentecostal Response to J. Rodman Williams's Renewal Theology. *PNEUMA* 16/2:293-304.

Macchia, F. D. 2002. Salvation and Spirit Baptism: Another Look at James Dunn's Classic. *Pneuma* 24/1:1-6.

Maiello, C. 2007. Messung und Korrelate von Religiosität. Beziehungen zwischen Glaubensintensität und psychologisch, pädagogisch, soziologisch sowie medizinisch relevanten Variablen. Dissertation Universität Fribourg 2007. *Internationale Hochschulschriften* 474. Münster: Waxmann.

Markschies, C. 1999. Luther und die altkirchliche Trinitätslehre. In: Markschies, C. & Trowitzsch, M. (Hg.). *Luther - Zwischen den Zeiten. Eine Jenaer Ringvorlesung.* Tübingen: Mohr, 37-85.

Markschies, C. 2002. Das Trinitätsdogma der antiken Christenheit: seine Entstehung und Bedeutung in der Gegenwart. Glaube und Lernen. Theologie interdisziplinär und praktisch. 17/1:24-40.

489

Marston, W., M. [1928, 1989] [6]2002. *Emotions of Normal People*. Oxford: Routledge, Taylor & Francis Group.

Martens, J. [2001] [2]2003. *Statistische Datenanalyse mit SPSS für Windows*. München: Oldenbourg.

Maschwitz, R. & Maschwitz, A. 2010. Die Bildungsfunktion des kirchlichen Ehrenamts. Welche Rolle spielen im Ehrenamt der evangelischen Kirche (informell) erworbene Kompetenzen für den individuellen Bildungsverlauf? Bildungsforschung 1:78-97.

Masters, P. & Whitcomb, J. C. [2]1989. The Charismatic Phenomenon. London.

Mauerhofer, A. 1998. *Gemeindebau nach biblischem Vorbild*. Holzgerlingen: Hänssler.

Maurer, E. 2007. Die Bedeutung des Intellekts in der christlichen Anthroplogie. In: Guttenberger, G. & Husmann, B. (Hg.). *Begabt für Religion. Religiöse Bildung und Begabungsförderung*. Göttingen: Vandenhoeck & Ruprecht, 94-105.

Maurer, W. 1976. Geistliche Leitung der Kirche. In: Maurer, W. Die Kirche und ihr Recht. Gesammelte Aufsätze zum evangelischen Kirchenrecht. *JusEccl* 23. Müller, G. & Seebaß, G. (Hg.). Tübingen: Mohr Siebeck, 99-134.

May, M. 1999. Die Kontextabhängigkeit kausaler Erklärungen. In: May, M. & Oestermeier, U.

Mayer, S. & Völzke, R. 2006. *Talentkompass*. Hagen: Landesinstitut für Qualifizierung NRW.

Mayring, P. & Gläser-Zikuda, M. (Hg.). 2005. Die Praxis der qualitativen Inhaltsanalyse. *UTB* 8269: *Pädagogik, Psychologie*. Weinheim: Beltz.

Mayring, P. [1983] [8]2003. Qualitative Inhaltsanalyse. Grundlagen und Techniken. *UTB* 8229. Weinheim: Beltz.

Mayring, P. 1999. Zum Verhältnis qualitativer und quantitativer Analyse. In: Bolscho, D. & Michelsen, G. (Hg.). *Methoden der Umweltbildungsforschung*. Opladen: Leske & Budrich, 13-25.

Mayring, P. 2000. Qualitative Inhaltsanalyse. In: Flick, U., Kardorff, E. v. & Steinke, I. (Hg.). Qualitative Forschung: Ein Handbuch. *Rowohlts Enzyklopädie*; Nr. 55628. Reinbek: Rowohlt, 468-475.

Mayring, P. 2003a. Kombination und Integration qualitativer und quantitativer Analyse *FQS* 2/1:1-31 Absätze. http://www.qualitative-research.net/fqs-texte/1-01/1-01mayring-d.htm [5. Mai 2004].

Mayring, P. [5]2002. *Einführung in die qualitative Sozialforschung. Eine Anleitung zu qualitativem Denken*. Weinheim: Beltz.

McGavran, D. A. [1970] 1990. *Gemeindewachstum verstehen. Eine grundlegende Einführung in die Theologie des Gemeindebaus*. Lörrach: Wolfgang Simson Verlag.

Meckenstock, G. 2000. Liebe – VII. Neuzeit. *TRE* Studienausgabe 21:156-170.

Meinhold, P. & Brakelmann, G. (Hg.). 1980. Johann Heinrich Wichern. Sämtliche Werke 1: Die Kirche und ihr soziales Handeln. *Grundsätzliches und Allgemeines* Hamburg: Lutherisches Verlagshaus.

Menzies. W. W. & Menzies, R. P 2001. *Pfingsten und die Geistesgaben. Eine Jahrhundertfrage im Horizont zeitgemäßer Auslegung. Ein theologischer Brückenschlag zwischen Pfingstbewegung und Evangelikalen*. Metzingen: Frank.

Merk, O. 1968a. 3. Kap. 12-14. In: Merk, O. Handeln aus Glauben. Die Motivierungen der Paulinischen Ethik. *MThS* 5. Dissertation an der Universität Marburg 1966. Marburg: Elwert, 141-148.

Merz, D. H. 1866. Die evangelische Missionsgeschichte zu Basel. In: Theologische Studien und Kritiken. *Zeitschrift für das ganze Gebiet der Theologie 39/1/4:783-850.*

Mette, N. 1999. Trends in der Gesellschaft. In: Haslinger, H., Bundschuh-Schramm, C., Fuchs, O. & Karrer, L. (Hg.). *Handbuch: Praktische Theologie 1: Grundlegungen*. Mainz: Matthias-Grünewald, 75-90.

Meusel, M. & Nagel, U. [1997] [2]2003. Das Experteninterview – Wissenssoziologische Voraussetzungen und methodische Durchführung. In: Friebertshäuser, B., Prengel, A. (Hg.). *Handbuch Qualitative Forschungsmethoden in der Erziehungswissenschaft*. Weinheim: Juventa, 481-491.

490

Meyer, P. 2007. Typen Empirischer Theologie – Forschungsansätze, Kontroversen und Einträge. Ein Forschungsgeschichtlicher Exkurs. Dinter, A., Heimbrock, H.-G & Söderblom, K. (Hg.). Einführung in die Empirische Theologie. Gelebte Religion erforschen. *UTB* 2888. Göttingen: Vandenhoeck & Ruprecht, 26-40.

Meyer-Blanck, M. & Weyel, B. 1999. *Arbeitsbuch praktische Theologie. Ein Begleitbuch zu Studium und Examen in 25 Einheiten.* Gütersloh: Kaiser.

Michael, H. 2006. Postmoderne Lebensentwürfe – Ich-AG oder Beziehungs-GmbH. *Psychotherapie & Seelsorge* 3:4-12.

Michel, O. [5]1978. Der Brief an die Römer. *KEKNT* 4. Hahn, F. (Hg.). Göttingen: Vandenhoeck & Ruprecht.

Mikoteit, M. 2004. Theologie und Gebet bei Luther. Untersuchungen zur Psalmenvorlesung 1532-1535. Münster, Univ., Diss., 2003. *TBT* 124. Berlin: Walter de Gruyter.

Missong, M. [1993] [7]2005. *Aufgabensammlung zur deskriptiven Statistik. Mit ausführlichen Lösungen und Erläuterungen.* München: Oldenbourg Wissenschaftsverlag.

Möller, C. [1983]. [3] 2003. Zur Entdeckung der Ortsgemeinde als charismatischer Gemeinde. In: *Seelsorglich predigen.* Göttingen: Vandenhoeck & Ruprecht, 127-138.

Möller, C. [1987] [3]1991. Lehre vom Gemeindeaufbau, Bd. 1: *Konzepte. Programme. Wege.* Göttingen: Vandenhoeck & Ruprecht.

Möller, C. [1988]. [2]1990. *Gottesdienst als Gemeindeaufbau. Ein Werkstattbericht.* Göttingen: Vandenhoeck & Ruprecht.

Möller, C. [1988]. [2]1990b. II. Dimensionen. 1. Die charismatische Dimension. In: *Gottesdienst als Gemeindeaufbau. Ein Werkstattbericht.* Göttingen: Vandenhoeck & Ruprecht, 53-69.

Möller, C. 1985. Charisma als Begeisterung für das Alltägliche. In: Rendtorff, T. (Hg.). *Charisma und Institution.* Gütersloh: Güthersloher Verlagshaus, 452-466.

Möller, C. 1987. Liebe und Planung. Hochgerechnete Volkskirche und Geheimnis der Gemeinde. *EK* 20:76-80.

Möller, C. 1988. Die Geistesgaben im Gottesdienst. *Evkomm* 21/10:565-570. (Im Original: Erbauung durch Geistesgegenwart. Gottesdienst als Einstimmung in die Wirklichkeit des Heiligen Geistes.)

Möller, C. 1989. Gemeindeaufbau. 1. Volkskirche. *EKL*[3] 2:64f.

Möller, C. 1990c. *Lehre vom Gemeindeaufbau 2: Durchblicke. Einblicke. Ausblicke.* Göttingen: Vandenhoeck & Ruprecht.

Möller, C. 2001. Auf den Grenzen. Wie sich mein Verständnis von Praktischer Theologie gebildet hat. In: Lämmlin, G. & Scholpp, S. Praktische Theologie der Gegenwart in Selbstdarstellungen. *UTB* 2213. Tübingen: Francke, 90-109.

Möller, C. 2003. *Der heilsame Riss. Impulse reformatorischer Spiritualität.* Stuttgart: Calwer.

Möller, C. 2004. Einführung in die Praktische Theologie. *UTB* 2529. Tübingen: Francke.

Möller, F. (Hg.). 2004. *Charismatische Führer der deutschen Nation.* München: Oldenbourg.

Moltmann, J. [1975]. [2]1989. *Kirche in der Kraft des Geistes. Ein Beitrag zur messianischen Ekklesiologie,* München: Kaiser.

Moltmann, J. 1991. *Der Geist des Lebens. Eine ganzheitliche Pneumatologie.* München: Kaiser.

Moltmann, J. 1991. Die charismatischen Kräfte des Lebens. In: ders. *Der Geist des Lebens. Eine ganzheitliche Pneumatologie,* München: Kaiser, 195-210.

Moltmann, J. 1999. Die Fülle der Geistesgaben und ihre christliche Identität. *Concilium* 35:33-37.

Mönks, F., Ziegler, A. & Stöger, H. 2003. Identifikation von Begabungen. *Journal für Begabtenförderung. Identifikation von Begabungen* 1. Innsbruck: Studien-Verlag, 4-7.

Moran, M. 2008. *Internationales Kolloquium zum Thema Charismen in Rom* (Vatikan: 2.-6. April 2008). http://www.erneuerung.de/index [16. Sep. 2008].

Morand, G., Scheunemann, K. & Wiedekind, A. 2002. *Entdecke dein Potenzial. Das Geheimnis begeisterter Mitarbeiter.* Asslar: Schulte und Gerth.

491

Morgner, C. 2000. Geistliche Leitung als theologische Aufgabe. Kirche - Pietismus – Gemeinschaftsbewegung. In: *Calwer theologische Monographien*: Reihe C Praktische Theologie und Missionswissenschaft. Bd. 30. Stuttgart 2000.

Morgner, C. 2005. Jakob Philipp Spener und sein Reformprogramm. Eine Orientierung. *ThBeitr* 6:315-326.

Mostert, W. 1990. Hinweise zu Luthers Lehre vom Heiligen Geist. In: Heubach, J. Der Heilige Geist im Verständnis Luthers und der lutherischen Theologie. *VL-A* 17. Erlangen: Martin Luther Verlag, 15-45.

Mouton, J. [2001]. [6]2004. *How to succeed in your Masters and doctoral studies*. Pretoria: Van Schaik Publishers.

Mühlen, H. [1988] [5]2001. *Der Heilige Geist als Person. In der Trinität bei der Inkarnation und im Gnadenbund. Ich – Du – Wir*. Münster: Aschendorff.

Mühlenfeld, H.-U. 2004. *Der Mensch in der Online-Kommunikation*. Dissertation Universität Bremen 2004. Wiesbaden: Deutscher Universitätsverlag (DVU).

Mühling-Schlapkohl, M. 1999. Charisma. III. Systematisch-theologisch. *RGG*[4] 2:113-115.

Munzinger, A. 2007. Discerning the Spirits. Theological and Ethical Hermeneutics in Paul. *Society for New Testament. Studies Monograph Series* 140. Dissertation Brunel-University, London 2004. Cambridge: University Press.

Muther U.-U. 2010. Paulinische Ökonomie: Der Effizienzbegriff in 1. Korinther 12 und seine Bedeutung für die Gemeindekonzeption. *Religion in der Öffentlichkeit* 11. Frankfurt: Peter Lang.

Nachtigall, C., Steyer, R. & Wüthrich-Martone, O. 1999. Kausale Effekte in der empirischen Sozialforschung. In: May, M. & Oestermeier, U. (Hg.). Workshop. Kausalität. 4. Fachtagung der Gesellschaft für Kognitionswissenschaft an der Universität Bielefeld 28. September - 1. Oktober 1999. *GMD-report* 60. Sankt Augustin: Gesellschaft für Mathematik und Datenverarbeitung, 44-49.

Najda, A. J. 2004. Der Apostel als Prophet. Zur prophetischen Dimension des paulinischen Apostolats. *Europäische Hochschulschriften*, Reihe 23: Theologie 784. Frankfurt: Peter Lang.

Nauer, D. 2001. Charismatische Seelsorge. In: Nauer, D. Seelsorgekonzepte im Widerstreit. Ein Kompendium. *PThe* 55. Stuttgart: Kohlhammer, 65-83.

Neander, A. J. W. [5]1862. Ausbildung der Gemeindeverfassung und des kirchlichen Lebens unter den Heiden. Die Charismen. In: Neander, A. J. W. *Geschichte der Pflanzung und Leitung der christlichen Kirche durch die Apostel*. Gotha: Friedrich Anderas Perthes, 177-191.

Neebe, G. 1997. Apostolische Kirche. Grundunterscheidungen an Luthers Kirchenbegriff unter besonderer Berücksichtigung seiner Lehre von den notae ecclesiae. *TBT* 82. Bayer, O., Härle, W. & Müller, H.-P. (Hg.). Berlin: Walter de Gruyter.

Nerdinger, F. W. 2007. Wie motiviert man Mitarbeiter? *PH* 8:76-81.

Nestler, E. 1998. Pneuma. Außeralltägliche religiöse Erlebnisse und ihre biographischen Kontexte. *Passagen & Transzendenzen* 3. Habilitation Universität München. Konstanz: Universitätsverlag.

Nestvogel, W. 1999. Zeichen und Wunder: Zeichen und Wunder der apostolischen Zeit - Maßstab für heute? *Gemeindegründung* 60/4:14-22.

Nethöfel, W. & Grunwald, K. D. (Hg.) 2005. Kirchenreform jetzt! Projekte - Analysen – Perspektiven. *Netzwerk Kirche* 1. Schenefeld: *EB*-Verlag.

Nethöfel, W. & Grunwald, K. D. 2005. Einleitung. Aggiornamento im Reformbetrieb. In: Nethöfel, W. & Grunwald, K. D. (Hg.). Kirchenreform jetzt! : Projekte - Analysen – Perspektiven. *Netzwerk Kirche* 1. Schenefeld: *EB*-Verlag, 9-38.

Neudorfer, H.-W. 2004. Der erste Brief des Paulus an Timotheus. *HTA*. Wuppertal: Brockhaus.

Neuer, W. 2009. ‚Geist' und ‚Heiliger Geist' im Horizont des christlich-trinitarischen Gottesbegriffs. In: Düsing, E., Neuer, W. & Klein, H-D. (Hg.). *Geist und Heiliger Geist: philosophische und theologische Modelle von Paulus und Johannes bis Barth und Balthasar*. Würzburg: Königshausen & Neumann, 7-21.

Neuer, W. 2009. Die altkirchliche Trinitätslehre und Harnacks Hellenisierungsthese. In: Beyerhaus, P. P. J. (Hg.). *Das Geheimnis der Dreieinigkeit im Zeugnis der Kirche. Trinitarisch anbeten - lehren - leben. Ein bekenntnis-ökumenisches Handbuch*. Nürnberg: VTR,:86-91

Neuer, W. 2009. Jürgen Moltmanns trinitarische Pneumatologie. In: Beyerhaus, P. P. J. (Hg.). *Das Geheimnis der Dreieinigkeit im Zeugnis der Kirche. Trinitarisch anbeten - lehren - leben. Ein bekenntnis-ökumenisches Handbuch*. Nürnberg: VTR, 233-245.

Neuer. W. 1986. Der Zusammenhang von Dogmatik und Ethik bei Adolf Schlatter.:Eine Untersuchung zur Grundlegung christlichen Ethik. Marburg, Univ., Diss., 1983. *TVGMS*. Basel: Brunnen.

Neugebauer, B. 2004. *Persönlichkeitsstruktur - Begabung – Charisma. Eine kritische Untersuchung neuerer Gabentests im deutschsprachigen Raum aus theologischer und förderdiagnostischer Perspektive*. Cardliff: University of Wales.

Neumeier, K. 2005. Entwicklung und Aufbau der Evangelischen Christuskirchengemeinde in Bad Vibel. Nethöfel, W. & Grunwald, K. D. (Hg.). Kirchenreform jetzt! *Projekte - Analysen – Perspektiven. Netzwerk Kirche* 1. Schenefeld: *EB*-Verlag, 105-127.

Neumeier, K. 2006. Kirche 2030. Die Ortsgemeinde als Chance für die Zukunft des Glaubens. Glashütten: C & P.

Nicol, M. 2000. Grundwissen praktische Theologie. Ein Arbeitsbuch. Stuttgart: Kohlhammer.

Niehüser, I. 2007. Frauen wollen ihre Gaben leben können. Ergebnisse der Befragung z. kfd-Prozess. „Charismen leben – Kirche sein". *Info-Dienst - theologische Erwachsenenbildung* 2/44:13-14.

Niemann, H.-J. 2005. 70 Jahre Falsifikation: Königsweg oder Sackgasse? *Zeitschrift für freies Denken und humanistische Philosophie*. 2/24. http://www.gkpn.de/Niemann_Falsifikation.pdf [5. Mai 2008].

Niemann, U. & Wagner, M. 2005. *Visionen - Werk Gottes oder Produkt des Menschen? Theologie und Humanwissenschaft im Gespräch*. Regensburg: Pustet.

Njiru, P. K. 2002. Charisms and the Holy Spirit's activity in the body of Christ. An exegetical-theological study of 1 Corinthians 12,4-11 and Romans 12,6-8. *Tesi gregoriana: Serie Teologia* 86. Roma: Ed. Pontif. Univ. Gregoriana.

Noack, W. 2007. *Anthropologie der Lebensphasen: Grundlagen für Erziehung, soziales Handeln und Lebenspraxis*. Berlin: Frank & Timme.

Noll, M. u.a. 1999. „Evangelikale Theologie heute: Eine Standortbestimmung". In: Hille, R., Stadelmann, H., Weber, B., Eber, J. & Gebauer, R. (Hg.). *JETh* 13:77-80.

Noss, M. [1999]. [2]2002. *Aufbrechen, verändern, gestalten. Auf dem Weg zu einer einladenden Gemeinde*. Kassel: Oncken.

Noss, P. 1994. Paul Ricoeur. *BBKL*. VIII:261-299. http://www.bautz.de/bbkl/r/ricoeur _p.shtml [12. Februar 2005].

Nowoltka, D. 2007. *Ehre, wem Ehre gebührt: Erfolgreich Ehrenamtliche leiten*. Kassel: Oncken.

Nüchtern, M. 2006. Vorwort. In: Obenauer, S. *Mitarbeiten am richtigen Platz. Gabenorientiertes Mitarbeiten in der Gemeinde. Heft für Teilnehmerinnen und Teilnehmer*. Unter Mitarbeit von Jörg Seiter. Karlsruhe: Evangelischer Oberkirchenrat Karlsruhe, 3.

Nüchtern, M. 2003. *Profil, Projekt, Produktvertrauen. Pastorale Konsequenzen aus der Veränderung der religiösen Landschaft*. Dokument. Karlsruhe: Evangelischer Oberkirchenrat.

Nüchtern, M. 1991. Kirche bei Gelegenheit. Kasualien - Akademiearbeit – Erwachsenenbildung. *PTHe* 4. Stuttgart: Kohlhammer.

Nützel, G. U.1997. *Die Kontextualität der Theologinnenarbeit. Dargestellt am Beispiel der Entwicklung in den lutherischen Kirchen Bayerns, Mecklenburgs und Brasiliens.* Dissertation an der Theologischen Fakultät der Humboldt-Universität zu Berlin 1996. http://edoc.hu-berlin.de/dissertationen/theologie/nuetzel-gerda/HTML/ [24. November 2006].

Obenauer, S. 2009. Vielfältig begabt. Grundzüge einer Theorie gabenorientierter Mitarbeit in der evangelischen Kirche. Dissertation Universität Heidelberg 2009. *HSPTh* 14. Hg. Dechsel, W., Lienhard, F. & Möller u.a. Münster: Lit.

Obenauer, S. 2010. Gottes bunte Gnade. Plädoyer für die Wiederentdeckung der Gaben in der Kirche. *Theologische Plädoyers*. Münster: Lit.

Oertel, H. 2004. Aufgewachsen in der Spätmoderne. In: Oertel, H. „Gesucht wird: Gott?" Jugend, Identität und Religion in der Spätmoderne. *PThK* 14. Bonn, Univ., Diss., 2002. Gütersloh: Kaiser, 39-51.

Oestermeier, U. 1999. Die Mathematisierung der Wissenschaften und die Beobachtbarkeit von Kausalrelationen. In: May, M. & Oestermeier, U. (Hg.). Workshop Kausalität. 4. Fachtagung der Gesellschaft für Kognitionswissenschaft Universität Bielefeld 28. Sept. - 1. Okt. 1999. *GMD-report* 60. Sankt Augustin: Gesellschaft für Mathematik und Datenverarbeitung, 50-57.

Oevermann, U. 2001. Zur Analyse der Struktur sozialer Deutungsmuster. *Sozialer Sinn* 1:3-33.

Oswald, F. 2003. „Identifikation" von Begabungen – die Suche nach verborgenen Qualitäten. *Journal für Begabtenförderung. Identifikation von Begabungen.* 1. Heft. Innsbruck: Studien-Verlag, 59-62.

Ott, B. 2005. Herausforderungen charismatischer Frömmigkeit aus täuferisch-mennonitischer Sicht. In: Martin Forster, M. & Jecker, H. (Hg.). Faszination Heiliger Geist. Herausforderungen charismatischer Frömmigkeit. *Edition Bienenberg*. Schwarzenfeld: Neufeld, 182-190.

Ott, B. 2007. Theoria: Denken, Erkenntnis und Wissenschaft. In: Ott, B. *Handbuch Theologische Ausbildung. Grundlagen - Programmentwicklung – Leitungsfragen.* Haan: Brockhaus, 210-226.

Otto, G. 1974. Praktische Theologie als Kritische Theorie religiös vermittelter Praxis - Thesen zum Verständnis einer Formel. In: Klostermann, F. & Zerfaß, R. (Hg.). *Praktische Theologie heute*. München: Kaiser, 195-205.

Overwien, B. [2006] [2]2007. Informelles Lernen – zum Stand der internationalen Diskussion. T. Düx, W. & Sass, E. *Informelles Lernen im Jugendalter: Vernachlässigte Dimensionen der Bildungsdebatte*. Weinheim: Juventa, 35-62.

Pannenberg, W. [1956/1965] 2004. Thomas von Aquino. II. Theologie. *RGG*[3] 6:859-863.

Pannenberg, W. [1974]. [2]1982. Ekstatische Selbstüberschreitung als Teilhabe am göttlichen Geist. In: Heitmann, C. & Mühlen, H. (Hg.). *Erfahrung und Theologie des Heiligen Geistes*. München: Kösel, 176-191.

Pannenberg, W. 1961. Dogmatische Thesen zur Lehre von der Offenbarung. In: Pannenberg, W., Rendtorf, T., Wilckens, U. *Offenbarung als Geschichte*. Göttingen: Vandenhoeck & Ruprecht.

Pannenberg, W. 1983. *Anthropologie in theologischer Perspektive*. Göttingen: Vandenhoeck und Ruprecht.

Pao, D. W. 2010. Gospel within the Constraints of an Epistolary Form: Pauline Introductory Thanksgivings and Paul's Theology of Thanksgiving. In: Paul and the Ancient Letter Form. *Pauline Studies* 6. Leiden: Brill, 101-127.

Park, H.-W. 1992. Die Kirche als Leib Christi. *TVG*. Dissertation an der Evangelischen-theologischen Fakultät der Eberhard-Karls-Universität Tübingen. Gießen: Brunnen.

Peirce, C. S. 1883. *Studies in Logic*. Toronto: University of Toronto.

Perkinson, N. L. 2006. *The Routinization of the Charismata, The Commodification of Grace: The Negative Effects of Spiritual Gift Assessment Instruments on Community.* Doctor of Ministry at University of Dubuque Theological Seminary. Dubuque. ProQuest.

Peters, A. 1991. *Kommentar zu Luthers Katechismen.* Band 2: Der Glaube – Das Apostolikum – Seebaß, G. (Hg.). Göttingen: Vandenhoeck & Ruprecht.

Petry, B. 2001. Leiten in der Ortsgemeinde. Allgemeines Priestertum und kirchliches Amt - Bausteine einer Theologie der Zusammenarbeit. *LLG - Leiten. Lenken. Gestalten* 9. Gütersloh: Kaiser.

Pfadenhauer, M. [2002] [2]2005. Auf gleicher Augenhöhe reden. Das Experteninterview zwischen Experte und Quasi-Experte. In: Bogner, A. *Das Experteninterview. Theorie, Methode, Anwendung.* Leverkusen: Leske & Budrich, 113-116.

Pfammatter, J. [1981] [2]1992. οἰκοδομὴν. *EWNT* 2:1211-1218.

Philipp, W. 1959. *Die Absolutheit des Christentums und die Summe der* Anthropologie. Heidelberg: Quelle & Meyer.

Picot, A. & Fischer, T. (Hg.). 2005. *Webblogs professionell: Grundlagen, Konzepte und Praxis im unternehmerischen Umfeld.* Heidelberg: dpunkt.Verlag.

Picot, S. 2006. Ein zivilgesellschaftlicher Generationenvertrag im Spiegel des Freiwilligensurveys. Im Auftrag von TNS Infratest Sozialforschung München. In: Klein, L. (Hg.). Bürgerschaftliches Engagement - Ressource für die Zivilgesellschaft? *Dokumentation. Fachtagung zum 2. Freiwilligensurvey am 2. Sep. 2006.* Frankfurt: Institut für Sozialarbeit und Sozialpädagogik e.V.,15-32.

Piroth, N. 2004. Gemeindepädagogische Möglichkeitsräume biographischen Lernens. Eine empirische Studie zur Rolle der Gemeindepädagogik im Lebenslauf. *Schriften aus dem Comenius-Institut* 11. Münster: Lit.

Plock, W. 2004. Gott ist nicht pragmatisch. Wie Zweckmäßigkeitsdenken die Gemeinde zerstört. Oberlinghausen: Betanien.

Pöhlmann, H. G. 1998. *Heiliger Geist: Gottesgeist, Zeitgeist oder Weltgeist? Anstöße zu einer neuen Spiritualität. Apologetische Themen,* Bd. 10. Neukirchen-Vluyn: Bahn.

Pohl-Patalong, U. (Hg.). 2004. *Kirchliche Strukturen im Plural. Analysen, Visionen und Modelle aus der Praxis.* Schenefeld: Eb-Verlag.

Pohl-Patalong, U. [2004]. [2]2006. *Von der Ortskirche zu kirchlichen Orten. Ein Zukunftsmodell.* Göttingen: Vandenhoeck & Ruprecht.

Pohl-Patalong, U. 2003. *Ortsgemeinde und übergemeindliche Arbeit im Konflikt.* Göttingen: Vandenhoeck & Ruprecht.

Pohl-Patalong, U. 2003. Praktische Theologie interreligiös? Die Vielfalt der Religionen als Herausforderung und Chance für praktisch-theologisches Denken. *PTh* 2:96-108.

Pohl-Patalong, U. 2004. Kirchliche Orte. Jenseits von Ortsgemeinde und übergemeindlicher Arbeitsformen. In: Pohl-Patalong, U. (Hg.). *Kirchliche Strukturen im Plural. Analysen, Visionen und Modelle aus der Praxis.* Schenefeld: *EB,* 133-146.

Pokes, W. 1996. Paränese und Neues Testament. *SBS* 168. Stuttgart: Kath. Bibelwerk.

Pola, T. 1998. Ekstase im Alten Testament. In: Hemminger, H. (Hg.). Ekstase, Trance und Gabe des Geistes. *HS-IPS* 5. Freudenstadt: Theol. Hochschule Friedensau, 117–207.

Pola, T. 2004. Leben im Alten Testament. *ZAW* 116:251-252.

Pola, T. 2007. *Gott fürchten und lieben. Studien zur Gotteserfahrung im Alten Testament.* Neukirchen-Vluyn: Neukirchener.

Pollack, D. 2006. Kommentar: Was tun? Ein paar Vorschläge trotz unübersichtlicher Lage. In: *EKD* (Hg.). *Kirche. Horizont und Lebensrahmen. 4. Erhebung zur Kirchenmitgliedschaft.* Hannover: Kirchenamt,129-133.

Pollack, D. 2003. Wandel im Stillstand. Eine traditionale Institution wandelt sich und bleibt doch dieselbe. In: *EKD* (Hg.). *Kirche. Horizont und Lebensrahmen. 4. Erhebung zur Kirchenmitgliedschaft.* Hannover: Kirchenamt, 71-75.

495

Pollack, D., Moxter, M. & Tanner, K. 2003. Inszenierung einer Kontroverse. Deutungsalternativen. In: Kock, M., Friedrich, J. & Steinacker, P. Kirchenamt *EKD* (Hg.). *Kirche. Horizont und Lebensrahmen. Vierte EKD-Erhebung über Kirchenmitgliedschaft.* Hannover: Kirchenamt, 71-75.

Popp-Baier, U. 1998. Das Heilige im Profanen. Religiöse Orientierung im Alltag. Eine qualitative Studie zu religiösen Orientierungen von Frauen aus der charismatisch-evangelikalen Bewegung. In: International Series in the Psychology of Religion, Bd, 8. Belzen, J. A. & Van der Lans, J. M. (Hg.). Amsterdam: Rodopi B.V.

Popp-Baier, U. 2003. Bekehrung als Gegenstand der Religionspsychologie. In: Henning, C., Murken, S. & Nestler, E. (Hg.). Einführung i. d. Religionspsychologie. *UTB* 2435. Paderborn: Schönigh, 94-117.

Popper, K. R. [1934] [11]2005. *Logik der Forschung.* Hg. Keuth, H. Tübingen: Mohr Siebeck.

Popper, K. R. 2001. Gesammelte Werke. *Das offene Universum* 8. Bartley, W. W. (Hg.). Übers. v. Schiffer, E. Tübingen: Mohr.

Potter, P. 2006. Zell-Gruppen - Bausteine für eine lebendige Gemeinde. *BEG-Praxis.* Neukirchen-Vluyn: Neukirchener.

Potter, R. 2006. Thomas Aquinas. Prophecy and Other Charisms: 2a2ae. 171-178: Prophecy and Other Charisms v. 45. In: *Summa Theologiae.* Cambridge: Cambridge University Press.

Preul, R. 1997. Kirchentheorie. Wesen, Gestalt und Funktionen der Evangelischen Kirche. Walter de Gruyter *Studienbücher.* Berlin: Walter de Gruyter.

Preuß, M. 2001. *Jesus und der Geist. Grundlagen einer Geist-Christologie.* Heidelberg, Univ., Diss., 2001. Neukirchen-Vluyn: Neukirchener.

Printz, M. 1996. Grundlinien einer bibelorientierten Gemeindepädagogik. Pädagogische und praktisch-theologische Überlegungen. *Monographien und Studienbücher* 414. Dissertation an der Universität Halle-Wittenberg 1995. Wuppertal: Brockhaus.

Prüfer, P. & Rexroth, M. 1996. Verfahren zur Evaluation von Survey-Fragen. Ein Überblick. *ZUMA-Nachrichten* 39:95-116.

Pückler, T. v. 1999. *Peirce und Popper über Hypothesen und ihre Bildung.* http://user.uni-frankfurt.de/%7 Ewirth/index.html [19. September 2005].

Puzicha, M. 2004. Benedikt von Nursia - Ein Vater der Kirche. In: Arnold, J., Berndt, R. & Stammberger, R. M. W. (Hg.). *Väter der Kirche. Ekklesiales Denken von den Anfängen bis zur Gegenwart.* Festgabe für Hermann-Josef Sieben zum 70. Geburtstag. Paderborn: Schönigh, 501-520.

Raatz, B. 1991. *Kirche als Gestaltwerdung der Koinonia im Heiligen Geist. Aspekte einer ekklesiologischen Pneumatologie und deren Konsequenzen für einen geistlichen Gemeindeaufbau.* Dissertation Jena (unveröffentlicht).

Rabens, V. 2010. The Holy Spirit and Ethics in Paul. Transformation and Empowering for Religious-Ethical Life PhD thesis in Middlesex University. *WUNT* II. Tübingen: Mohr.

Rabens, V. 2010a. Geistes-Geschichte: Die Rede vom Geist im Horizont der griechisch-römischen und jüdisch-hellenistischen Literatur. *ZNT* 25:46-55.

Raffelt, A. 1982. Interesse und Selbstlosigkeit. In: *Christlicher Glaube in moderner Gesellschaft* 16. Freiburg: Herder, 129-159.

Rahner, K. [1958] [2]1989. *Visionen und Prophezeihungen. Zur Mystik und Transzendenz-erfahrung.* Sudbrack, J. (Hg.). Freiburg: Herder.

Rahner, K. [1974]. [2]1982. Das enthusiastisch-charismatische Erlebnis in Konfrontation mit der gnadenhaften Transzendenzerfahrung. Heitmann, C. & Mühlen, H. (Hg.). *Erfahrung und Theologie des Heiligen Geistes.* München: Kösel, 64-80.

Rahner, K. 1957. Charisma, III. Das Charismatische in der Kirche. LThK[2] 2:1027-1030.

Raithel, J. 2006. *Quantitative Forschung. Ein Praxiskurs.* Wiesbaden: *VS.*

Rastetter, D. 2007. *Zum Lächeln verpflichtet: Emotionsarbeit im Dienstleistungsbereich.* Frankfurt: Campus.

Rat der Evangelischen Kirche in Deutschland. 2008. Die Taufe als Begabung mit dem Heiligen Geist. In: Rat der Evangelischen Kirche in Deutschland (Hg.). *Die Taufe. Eine Orientierungshilfe zu Verständnis und Praxis der Taufe in der evangelischen Kirche.* Gütersloh: Gütersloher Verlagshaus, 31-32.

Ratschow, C. H. 1981. Charisma, I. Zum Begriff in der Religionswissenschaft. *TRE* 7:681f.

Rauen, C. [1999] ³2003. *Coaching. Innovative Konzepte im Vergleich.* Göttingen: Hogrefe.

Rea, J. 1998. *Charisma's Bible handbook on the Holy Spirit.* Orlando: Creation House.

Rebell, W. 1986. *Gehorsam und Unabhängigkeit. Eine Sozialpsychologische Studie zu Paulus.* Dissertation an der Ruhr-Universität Bochum 1982. München: Kaiser.

Rebell, W. 1988. Gemeinde als Missionsfaktor im Urchristentum. 1. Kor 14,24f als Schlüsselsituation. *ThZ* 44:117-134.

Rebell, W. 1989. *Alles ist möglich dem, der glaubt. Glaubensvollmacht im frühen Christentum.* München: Kaiser.

Rebell, W. 1990. Zum neuen Leben berufen. Kommunikative Gemeindepraxis im frühen Christentum. *KT* 88. München: Kaiser.

Rebell, W. 1991. *Erfüllung und Erwartung, Erfahrungen mit dem Geist im Urchristentum.* München: Kaiser.

Rebell, W. 1993. Urchristentum und Pädagogik. *AzTh* 74. Stuttgart: Calwer.

Redaktion des RGG⁴ (Hg.). 2007. *Abkürzungen Theologie und Religionswissenschaft nach RGG⁴.* Tübingen: Mohr Siebeck.

Rehberg, K.-S. 2005. Grundlagenreflexionen. Realisierungsschicksal und Charisma-Sehnsucht. Anmerkungen zur ‚Außeralltäglichkeit' institutionellen Analyse. In: Andenna, G., Breitenstein, M. & Melville, G. (Hg.). Charisma und religiöse Gemeinschaften im Mittelalter. Akten des 3. Internationalen Kongresses des "Italienisch-deutschen Zentrums für Vergleichende Ordensgeschichte". *Vita regularis – Abhandlungen.* Münster: Lit., 3-24.

Reich, H. K. 1998. Wie rational ist Wissenschaft? Rationalitätskriterien in Wissenschaftstheorie und Wissenschaftspraxis des 20. Jahrhunderts. In: Schwarz, H. (Hg.). Glaube und Denken. *Jahrbuch der Karl-Heim-Gesellschaft* 11. Frankfurt: Peter Lang, 57-66.

Reichertz, J. 1999. Gültige Entdeckung des Neuen? Zur Bedeutung der Abduktion in der qualitativen Sozialforschung. *ÖZS* 24:47-64. Jetzt auch unter: Reichertz, J. 2007. *Gültige Entdeckung des Neuen? Zur Bedeutung der Abduktion in der qualitativen Sozialforschung.* http://user.uni-frankfurt.de/~wirth/texte/reich.htm [11. April 2007].

Reichertz, J. 2000. Objektive Hermeneutik und hermeneutische Wissensoziologie. In: Flick U., Kardorff, E. v. & Steinke, I. (Hg.). Qualitative Forschung. Ein Handbuch. *Rowohlts Enzyklopädie.* Nr. 55628. Hamburg: RoRoRo, 514-524.

Reichertz, J. 2003. Die Abduktion in der qualitativen Sozialforschung. *QS* 13. Wiesbaden: VS.

Reichman, O. 2002. barmherzigkeit-bezwüngnis. Bd. 3 In: Anderson, R.R., Goebel, U. & Reichmann, O. (Hg.). *Frühneuhochdeutsches Wörterbuch.* 12 Bde. Berlin: Walter de Gruyter.

Reimer, J. 2004. *Leiten durch Verkündigung. Eine unentdeckte Dimension.* AcF-Edition 7. Akademie für christliche Führungskräfte (Hg.). Gießen: Brunnen.

Reimer, J. ²2010. Die fünf Gaben Gottes. In: *Gott in der Welt feiern: Auf dem Weg zum missionalen Gottesdienst.* Schwarzenfeld: Neufeld, 72-87.

Rein, M. 2009. „Besser, wirkungsvoller, nutzbringender". Theologische Anmerkungen zum ekklesiologischen Ansatz der Gemeindeberatung. *DtPfBl* 2 http://www.pfarrverband. de/pfarrerblatt/archiv.html [26. Februar 2009].

Reinhardt, W. 1995. *Das Wachstum des Gottesvolkes. Untersuchungen zum Gemeindewachstum im lukanischen Doppelwerk auf dem Hintergrund des Alten Testaments.* Kirchliche Hochschule Wuppertal, Univ., Diss, 1992. Göttingen: Vandenhoeck & Ruprecht.

Rendtorff, R. (Hg.). [1985] ²1988. *Charisma und Institution.* Gütersloh: Mohn.

Reppenhagen, M. & Herbst, M. (Hg.). 2008. Kirche in der Postmoderne. *BEG* 6. Neukirchen-Vluyn: Neukirchener.

Resane, K. T. 2008. *The Ecclesiology Of The Emerging Apostolic Churches – Fivefold Ministry.* Dissertation University of Pretoria. Pretoria *http://upetd.up.ac. za/thesis/available/etd-11042008-160311/unrestricted /00front.pdf [15. 01. 2009].*

Reventlow, H. Graf. 2001. Die Religionsgeschichtliche Schule. In: Reventlow, H. Graf. 2001. Von der Aufklärung bis zum 20. Jahrhundert. *Epochen der Bibelauslegung* 4. München: Beck, 325-346.

Richter, G. 2005. Oikonomia im Neuen Testament. In: Richter, G. Oikonomia. Der Gebrauch des Wortes Oikonomia im Neuen Testament, bei den Kirchenvätern und in der theologischen Literatur bis ins 20. Jahrhundert. *Arbeiten zur Kirchengeschichte* 90. Albrecht, C., Markschies, C., & Müller, G. (Hg.). Berlin: Walter de Gruyter, 33-92.

Richter, M. 2007. Kirchenrecht. Kirchenverfassung. Kirchenordnung. Mitgliedsrecht. Kirchliches Dienstrecht. In: Gräb, W. & Weyel, B. (Hg.). *Handbuch Praktische Theologie.* Gütersloh: Gütersloher Verlagshaus, 113-125.

Richter, T. [2003] ²2007. *Epistemologische Einschätzungen beim Textverstehen.* Dissertation an der Universität Köln. Psychologisches Institut Lehrstuhl Allgemeine Psychologie. Lengerich: Pabst Science Publishers.

Rieger, H.-M. 2002. Grenzen wissenschaftlicher Rationalität, Relativismus und Gottesglaube. *ThBeitr* 33/6:334–354.

Riesner, R. 1997. Wenn sich pneumatische Exegese beim Geist widerspricht. In: *Dein Wort ist die Wahrheit. Festschrift für Gerhard Maier. Beiträge zu einer schriftgemäßen Theologie.* Hahn, E., Hille, R. & Neudorfer, H.-W. (Hg.). Wuppertal: Brockhaus, 113–132.

Riss, R. M. [1988] ²2002. Latter Rain Movement. *IDPCM*, 830-833.

Ritter, A. M. 1972. Charisma im Verständnis des Johannes Chrysostomus und seiner Zeit. Ein Beitrag zur Erforschung der griechisch-orientalischen Ekklesiologie in der Frühzeit der Reichskirche. *FKDG* 25, Habilitation Theologische Fakultät Göttingen 1970/71. Göttingen: Vandenhoeck & Ruprecht.

Ritter, A. M. 1993. Charisma und Caritas. *Aufsätze zur Geschichte der Alten Kirche.* Hg. Dörfler-Dierken, A., Hennings, R. & Kinzig, W. unter Mitarbeit von & Wittmann, S. (Hg.).Göttingen: Vandenhoeck & Ruprecht.

Ritter, W. H. 2007. Erfahrung. Religiöse Erfahrung / Erleben / Gefühl / Deutung. In: Gräb, W. & Weyel, B. (Hg.). *Handbuch Praktische Theologie.* Gütersloh: Gütersloher Verlagshaus, 52-63.

Röhser, G. 1996. Übernatürliche Gaben? Zur aktuellen Diskussion um die paulinische Charismen-Lehre. *ThZ* 52/3:243-265.

Roloff, J. 1988. Der erste Brief an Timotheus. *EKK.* 15. Hg. J. Blank, J. u. a. Zürich: Benziger.

Roloff, J. 1993. Amt / Ämter / Amtsverständnis, IV.Neues Testament. *TRE* 2:509-533.

Roloff, J. 1993. Die Kirche im Neuen Testament. Grundrisse zum Neuen Testament 10. *NTD.* Hg. Roloff, J. Göttingen: Vandenhoeck & Ruprecht.

Rommen, E. [1987] ²1994. Die Notwendigkeit der Umkehr. Missionsstrategie und Gemeindeaufbau in der Sicht evangelikaler Missionswissenschaftler Nordamerikas. *TVG Monografien.* München, Univ., Diss., 1986. Gießen: Brunnen.

Roschke, V. 2005. Gemeinde pflanzen: Zehn Modellgemeinden gesucht. In: Nethöfel, W. & Grunwald, K. D. Kirchenreform jetzt! Projekte. *Analyse. Perspektiven. Netzwerk Kirche* 1. Schenefeld: Eb-Verlag, 128-150.

Rosenbladt, B. v. (Hg) 2002. Bericht der Enquete-Kommission „Zukunft des Bürgerschaftlichen Engagements" - Bürgerschaftliches Engagement auf dem Weg in eine zukunftsfähige Bürgergesellschaft. *Drucksache 14/8900. Deutscher Bundestag,* 1-105.

498

Rosenbladt, B. v. [2]2001. Freiwilliges Engagement in Deutschland. Freiwilligensurvey 1999. Ergebnisse der Repräsentativerhebung zu Ehrenamt, Freiwilligenarbeit und bürger-schaftlichem Engagement. Gesamtbericht 1, *Schriftenreihe des Bundesministeriums für Familie, Senioren, Frauen und Jugend* 194/1. Stuttgart: Kohlhammer.

Rosenthal, G. 1995. Erlebte und erzählte Lebensgeschichte. Gestalt und Struktur biographischer Selbstbeschreibungen. Frankfurt: Campus.

Roser, T. & Zitt, R. 2006. Praktische Theologie, Religions- und Gemeindepädagogik. In: Becker, E.-M. & Hiller, D. (Hg.). Handbuch Evangelische Theologie. Ein enzyklopädischer Zugang. *UTB* 8326. Tübingen: Francke, 301-362.

Rössler, D. [1986] [2]1994. *Grundriss der praktischen Theologie.* Berlin: Walter de Gruyter.

Rost, J. 2003. Zeitgeist und Moden emprischer Analysemethoden. In: Van Deth, J. *ZUMA-Nachrichten Spezial 8.* Mannheim: ZUMA, 21-31.

Roth, M. 2002. Gott im Widerspruch? Möglichkeiten und Grenzen der theologischen Apologetik. *TBT* 117. Habilitationsschrift an der Universität Bonn 2000. Berlin: Walter de Gruyter.

Rother, B. 2005. *Kirche in der Stadt. Herausbildung und Chancen von Urbanen Profilgemeinschaften.* Dissertation an der Theologischen Fakultät der F.-Alexander-Universität Erlangen. Neukirchen-Vluyn: Neukirchener.

Royappa, S. J. 2002. *Empowering the laity for effective ministry.* Asbury: Asbury Theological Seminary.

Rüegg, D. 2006. Der sich schenkende Christus. Adolf Schlatters Lehre von den Sakramenten. *STM,* Bd. 15. London, School of Theology, Diss., 2004. Gießen: Brunnen.

Ruhbach, G. 1996. *Geistlich leben. Wege zu einer Spiritualität im Alltag.* Gießen: Brunnen.

Runyon, T. 2005. *Die neue Schöpfung. John Wesleys Theologie heute.* Aus d. Amerik. von Manfred Marquardt. Göttingen: Vandenhoeck & Ruprecht.

Rychterová, P., Seit, S. & Veit, S. (Hg.). 2008. Das Charisma - Funktionen und symbolische Repräsentationen. Historische, philosophische, islamwissenschaftliche, soziologische und theologische Perspektiven. *BHK* 2. (Hg.) HKFZ. Berlin: Akademie-Verl.

Saarinen, R. 2003. I. Fundamentalismus. *RGG*[4] 6:103-109.

Saarinen, R. 2003. Natur und Übernatur. *RGG*[4] 6:103-109.

Samra, J. G. 2006. *Being Conformed to Christ in Community. A Study of Maturity, Maturation, and the Local Church in the Undisputed Pauline Epistles.* Dissertation at the University of Oxford 2004. London: T & T Clark.

Sauer, E. [1937] [6]1976. *Das Morgenrot der Welterlösung. Ein Gang durch die alttestamentliche Offenbarungsgeschichte.* Wuppertal: Brockhaus.

Sauer, G. [1974]. [2]1982. Ekstatische Gewissheit oder vergewissernde Sicherung. Zum Verständnis von Geist und Vernunft. In: Heitmann, C. & Mühlen, H. (Hg.). *Erfahrung und Theologie des Heiligen Geistes.* München: Kösel, 192-213.

Sautter, J. M. [2005]. [2]2007. Spiritualität lernen. Glaubenskurse als Einführung in die Gestalt christlichen Glaubens. *BEG* 2. Neukirchen-Vluyn: Neukirchener.

Schäfer, K. H. 2005. Ehrenamtsgesetz und Ehrenamtsakademie. In: Nethöfel, W. & Grunwald, K. D. (Hg.). Kirchenreform jetzt! Projekte - Analysen – Perspektiven. *Netzwerk Kirche 1.* Berlin: EB-Verlag, Dr. Brandt e.K.

Schaible, G. [1988] [2]1991. *Perspektiven gewinnen. Geistliche Ermutigungen zum Dienst in Kraft und Vollmacht.* Neukirchen-Vluyn: Aussaat.

Schalk, C. 2007. Gabentest ist nicht gleich Gabentest. In: *Mehr-und-bessere-Gemeinden-net* 11. http://ncdnet.blogs.com/mbg/2007/11/gabentest-ist-n.html [20. November 2008].

Scharfenberg, J. 1959. *Blumhardt und die kirchliche Seelsorge heute.* Göttingen: Vandenhoeck & Ruprecht.

Scharfenberg, R. 2005. *Die nicht geschehene Heilung. Eine Darstellung und Prüfung ihrer theologischen Einordnung vonseiten der Heilungsvertreter.* Diss. Theologische Fakultät Leuven. Nürnberg: VTR.

499

Schatzmann, S. 1981. *The Pauline Concept of Charismata in the Light of recent critical Literature*. Dissertation Texas: Forth Worth. Southwestern Baptist Theological Seminary.

Schaub, H. & Zenke, K. G. 2002. Identität. *WB Päd.* [4]2000. *Digitale Bibliothek* 65, Berlin: Directmedia, 265.

Schaub, H. & Zenke, K. G. 2002. Kompetenz. *WB Päd.* [4]2000. *Digitale Bibliothek* 65, Berlin: Directmedia

Scheilke, C. T. 2003. Von Religion lernen heute. *Schriften aus dem Comenius-Institut* 6. Münster: Lit.

Scherz, F. 2005. Kirche im Raum. Kirchliche Raumplanung zwischen theologischer Reflexion und konkreter Gestaltung. *LLG* 17. Gütersloh: Gütersloher.

Scheuer, M. 2001. Weiter-Gabe: Heilsvermittlung durch Gnadengaben in den Schriftkommentaren des Thomas von Aquin. In: *Studien zur systematischen und spirituellen Theologie* 32. Freiburg i. B., Univ., Habil.-Schr 1999. Greshake, G., Kehl, M. & Löser, W. (Hg.). Würzburg: Echter.

Scheunemann, D. [1999] [2]2000. *Wo Gottes Feuer brennt. Elemente der Erweckung.* Wuppertal: Brockhaus.

Scheunemann, D. [7]2000 „Und führte mich hinaus ins Weite..." Studien über das Wirken des Heiligen Geistes in Indonesien und anderswo. *ABC-Team 216 Christsein heute.* Wuppertal: Brockhaus.

Schimank, U. 2004. Das globale Ich. In: Nollmann, G. & Strasser, H. (Hg.). *Das individualisierte Ich in der modernen Gesellschaft.* Frankfurt: Campus, 45-68.

Schindehütte, M. 2005. Theologische Überlegungen zum Thema Personalentwicklung. In: Nethöfel, W. & Grunwald, K. D. (Hg.). Kirchenreform jetzt! Projekte - Analysen – Perspektiven. *Netzwerk Kirche* 1. Schenefeld: *EB*-Verlag, 334-348.

Schlatter, A. 1897. Der Dienst des Christen in der älteren Dogmatik. In: Neuer, W. (Hg.). 1991. *Der Dienst des Christen. Beiträge zu einer Theologie der Liebe.* Gießen: Brunnen,19-93.

Schlatter, A. 1905. Noch ein Wort über den christlichen Dienst. In: Neuer, W. (Hg.). 1991. *Der Dienst des Christen. Beiträge zu einer Theologie der Liebe.* Gießen: Brunnen, 94-121.

Schlatter, A. 1929. Die Dienstpflicht des Christen in der apostolischen Gemeinde. In: Neuer, W. (Hg.). 1991. *Der Dienst des Christen. Beiträge zu einer Theologie der Liebe.* Gießen: Brunnen, 122-135.

Schlatter, A. 1969. Paulus. *Der Bote Jesu. Eine Deutung seines Briefes an die Korinther.* Stuttgart: Valwer.

Schleiermacher, F. [1999] [2]2001. *Über die Religion. Reden an die Gebildeten unter ihren Verächtern (1799).* Meckenstock, G. v. (Hg.). Berlin: Walter de Gruyther.

Schleiermacher, F. [1999]. [2]2008. Der christliche Glaube: Nach den Grundsätzen der evangelischen Kirche im Zusammenhang dargestellt ([2]1830/31). Studienausgabe der Schleiermacher. *Kritische Gesamtausgabe KGA.* Abt. 1. Bd. 13/1+2. Berlin: Walter de Gruyter.

Schleiermacher, F. [[2]1831]. [7]1960. *Der christliche Glaube nach den Grundsätzen der evangelischen Kirche im Zusammenhang dargestellt* 2. Redeker, M. (Hg.). Berlin: Walter de Gruyter.

Schleiermacher, F. 1850. *Friedrich Schleiermacher's sämmtliche Werke.* Berlin: Reimer.

Schleiermacher, F. 1889a. *Der christliche Glaube nach den Grundsätzen der evangelischen Kirche im Zusammenhang dargestellt.* I. Teil. Gotha: Friedrich Andreas Berthes.

Schleiermacher, F. 1889b. *Der christliche Glaube nach den Grundsätzen der evangelischen Kirche im Zusammenhang dargestellt.* II. Teil. Gotha: Friedrich Andreas Berthes.

Schleiermacher, F. 1889c. *Der christliche Glaube nach den Grundsätzen der evangelischen Kirche im Zusammenhang dargestellt.* III. Teil. Gotha: Friedrich Andreas Berthes.

Schleiermacher, F. 1889d. *Der christliche Glaube nach den Grundsätzen der evangelischen Kirche im Zusammenhang dargestellt.* IV. Teil. Gotha: Friedrich Andreas Berthes.

500

Schleiermacher, F. 2003. Der christliche Glaube nach den Grundsätzen der evangelischen Kirche im Zusammenhang dargestellt. Zweite Auflage (1830/31). Teilband 1: Schriften und Entwürfe 13,2. Birkner, H.-J. (Hg.). *Kritische Gesamtausgabe.* Fischer, H., Barth, U., Cramer, K., Meckenstock, G. & Selge, K.-V. (Hg.). Berlin: Walter de Gryther.

Schleiermacher, F. D. E. Kritische Gesamtausgabe. 1830/31. In: Schäfer, R. *Der christliche Glaube nach den Grundsätzen der evangelischen Kirche im Zusammenhange dargestellt.* Teilband: 1, zweite Auflage (1830/31). Berlin: Walter de Gruyter.

Schlenke, D. 1999. Geist und Gemeinschaft. Die systematische Bedeutung der Pneumatologie für F. Schleiermachers Theorie der christlichen Frömmigkeit. Dissertation Universität Mainz 1996. *TBT* 86. Berlin: Walter de Gruyter.

Schlette, M. 2005. Die Selbst(er)findung des Neuen Menschen. Zur Entstehung narrativer Identitätsmuster im Pietismus. *Forschungen zur systematischen und ökumenischen Theologie* 106. Frankfurt/Main, Univ., Diss., 2002. Göttingen: Vandenhoeck & Ruprecht.

Schlütz, D. & Möhring, W. 2003. Die Befragung in der Medien- und Kommunikations-wissenschaft. Eine praxisorientierte Einführung. *Studienbücher zur Kommunikations- und Medienwissenschaft.* Wiesbaden: Westdeutscher Verlag.

Schmeller, T. 1989. Brechungen. Urchristliche Wandercharismatiker im Prisma soziologisch orientierter Exegese. *SBS* 136. Stuttgart: Kath. Bibelwerk.

Schmid, D. 2002. *Schleiermacher, F. Kurze Darstellung des theologischen Studiums zum Behuf einleitender Vorlesungen (1811/1830).* Berlin: Walter de Gruyter.

Schmid, P. F. 1994. Personzentrierte Gruppenpsychotherapie in der Praxis. Ein Handbuch, Bd. I: *Solidarität und Autonomie.* Köln: Edition Humanistische Psychologie.

Schmid, P. F. 1998. *Im Anfang ist Gemeinschaft. Personzentrierte Gruppenarbeit in Seelsorge und Praktischer Theologie. Beiträge zu einer Theologie der Gruppe.* Stuttgart: Kohlhammer.

Schmid, P. F. 2004. Beratung als Begegnung von Person zu Person. Zum Verhältnis von Theologie und Beratung. In: Nestmann, F., Engel & Frankl Sickendiek, U. (Hg.). Das Handbuch der Beratung. Band 1: *Disziplinen und Zugänge.* Tübingen: dgvt, 155-169.

Schmidgall, P. 2005. Geistestaufe nach Lukas oder Paulus? Eine pfingstliche Fallstudie zur biblischen Hermeneutik. *Theologisches Gespräch. Freikirchliche Beiträge zur Theologie* 1:3-19.

Schmidgall, P. 2008. *Hundert Jahre Deutsche Pfingstbewegung: 1907 – 2007.* Studienaus-gabe. Nordhausen: T. Bautz.

Schmidgall, P. 2011. Geistestaufe aus pfingstlerischer Sicht. In: Frey, J. & Sattler, D. (Hg). Heiliger Geist. *JBTh* 24 (2009). Neukirchen-Vluyn: Neukichener, 311-337.

Schmidt, H. P. 1974. Scheidung der Geister. *DtPfrBl*, Sonderausgabe zum Deutschen Pfarrertag, Nov.1974:813-818.

Schmieder, L. (OSB). 1982. Geisttaufe. Ein Beitrag zur neueren Glaubensgeschichte, *PaThSt* 13. Dissertation an der Theologischen Fakultät Paderborn 1981/1982. Paderborn: Schöningh.

Schnabel, E. J. 1998. Urchristliche Glossolalie. *JETh* 12:77–99.

Schnabel, E. J. 2006. Der erste Brief des Paulus an die Korinther. *HTA.* Hg. Meier, G. u.a. Wuppertal: Brockhaus.

Schnabel, W. 1990. *Grundwissen zur Theologie- und Kirchengeschichte. Die Neuzeit. Eine Quellenkunde* 4. Gütersloh: Mohr.

Schneider, G. [1980] [2]1992. δωρεα. *EWNT* 3:880-882.

Schneider, G. [1983] [2]1992. ὡς. *EWNT* 3:1216-1217.

Schneider, H. 2006. Philadelphische Brüder mit einem lutherischen Maul und einem mährischen Rock. Zu Zinzendorfs Kirchenverständnis. In: Brecht, M. & Peucker, P. Neue Aspekte der Zinzendorf-Forschung. *AGP* 47. Göttingen: Vandenhoeck & Ruprecht, 11-36.

Schneider, N. & Lehnert, V. A. [2009] [2]2011. *Berufen - wozu?: Zur gegenwärtigen Diskussion um das Pfarrbild in der evangelischen Kirche.* Neukirchen-Vluyn: Neukirchener.

Schneider, W. L. [2002] ²2005. *Grundlagen der soziologischen Theorie. 2. Garfinkel - RC - Habermas – Luhmann. Lehrbuch.* Wiesbaden: VS.

Schneider, W. L. 2004. Grundlagen der soziologischen Theorie. Bd. 1: *Weber, Parsons, Mead, Schütz. Lehrbuch.* Wiesbaden: VS.

Schneider, W. L. 2004a. Grundlagen der soziologischen Theorie. Bd. 3: *Sinnverstehen und Intersubjektivität - Hermeneutik, funktionale Analyse, Konversationsanalyse und Systemtheorie. Lehrbuch.* Wiesbaden: VS.

Schnell, R., Hill, P. B. & Esser, E. 2004. *Methoden der empirischen Sozialforschung.* München: Oldenbourg.

Schnelle, U. 2003. Charisma und Amt. In: Schnelle, U. *Paulus. Leben und Denken.* Berlin: Walter de Gruyter, 656-665.

Scholz, S. 2007. Christliche Identität im Plural. Ein neutestamentlicher Vergleich gemeindlicher Selbstverständnisse. In: Deeg, A., Heuser, S. & Manzeschke, A. (Hg.). Identität. Biblische und theologische Erkundungen. *BThS* 30. Göttingen: Vandenhoeck & Ruprecht, 66-94.

Schöneck, N. M. & Voß, W. 2005. *Das Forschungsprojekt. Planung, Durchführung und Auswertung einer quantitativen Studie.* Wiesbaden: VS.

Schrage, W. 1991. Der Erste Brief an die Korinther. *EKK* VII/1. Göttingen: Vandenhoeck & Ruprecht.

Schrage, W. 1999. Der Erste Brief an die Korinther. *EKK* VII/3. Göttingen: Vandenhoeck & Ruprecht.

Schröder, A.-K. 2010. Auf Wissen *und* Erfahrung kommt es an – Neue Argumente für die Debatte um Bildung und Mission aus der empirischen Religionspsychologie. In: Zimmermann, J. Darf Bildung missionarisch sein? Beiträge zum Verhältnis von Bildung und Mission. *BEG* 16. Neukirchen-Vluyn, 224-244.

Schrodt, C. 2008. Geist und Gebet. *STM* 21 Dissertation an der Friedrich-Alexander Universität Erlangen-Nürnberg 2006/07. Wuppertal: Brockhaus.

Schröer, H. 1974. Forschungsmethoden in der Praktischen Theologie. In: Klostermann, F. & Zerfaß, R. (Hg.). *Praktische Theologie heute.* München: Kaiser, 206-224.

Schröer, H. 1997. Praktische Theologie. *TRE* 27:190-220.

Schröer, H. 2002. Theorie und Praxis. *TRE* 33:375-388.

Schulz, C. 2006. Wie Lebensstile die Kirchenmitglieder bestimmen. Das Bedürfnis nach Gemeinschaft und das Interesse an Mitarbeit als Beispiel für lebensspezifische Differenzen. In: Huber, W., Friedrich, J. & Steinacker, P. (Hg.). *Kirche in der Vielfalt der Lebensbezüge. Die vierte EKD-Erhebung über Kirchenmitgliedschaft.* Gütersloh: Gütersloher Verlagshaus Mohn,263-272.

Schulze, G. ²2005. Die Erlebnisgesellschaft. Kultursoziologie der Gegenwart. Frankfurt: Campus.

Schutty, R. 2004. *Gaben und Dienste.* Essen: T.A.U.B.E. e.V. Lebensdienst.

Schutty, R. ²2004a. *Entfache Gottes Gaben in Dir.* Essen: T.A.U.B.E. e.V. Lebensdienst.

Schütz, A. 1972. *Gesammelte Aufsätze II: Studien zur soziologischen Theorie.* Den Haag: Martinus Nijhoff.

Schütz, A. 2000. *Psychologie des Selbstwertgefühls. Von Selbstakzeptanz bis Arroganz.* Stuttgart: Kohlhammer.

Schützeichel, R. 2004. Kommunikative Gattungen. In: Schützeichel, R. Soziologische Kommunikationstheorien. *UTB* 2623. Konstanz: Verlagsgesellschaft, 152-157.

Schwab, U. 2002. Wahrnehmen und Handeln. Praktische Theologie als subjektorientierte Theorie. In: Hauschildt, E. & Schwab, U. (Hg.). *Praktische Theologie für das 21. Jahrhundert.* Stuttgart : Kohlhammer.

Schwark, C. 2005. *Gottesdienste für Kirchendistanzierte in der Volkskirche – Konzepte und Perspektiven.* Theologische Fakultät der Ernst-Moritz-Arndt-Universität Greifswald Diss. 1994. Wupperal: Brockhaus.

Schwark, C. 2006. *Gottesdienste für Kirchendistanzierte in der Volkskirche – Konzepte und Perspektiven.* Theologische Fakultät der Ernst-Moritz-Arndt-Universität Greifswald Diss. 1994. Wuppertal: Brockhaus.

Schwarz, C. A. [1993] ²2001a. *Die Dritte Reformation. Paradigmenwechsel in der Kirche.* Neukirchen-Vluyn: Aussaat.

Schwarz, C. A. [1996] ²2005. *Farbe bekennen mit natürlicher Gemeindeentwicklung. Wie kann ich mein Christsein kraftvoll leben und entfalten?* Emmelsbüll: C & P.

Schwarz, C. A. 1987. *Praxis des Gemeindeaufbaus. Gemeindetraining für wache Christen.* Neukirchen-Vluyn: Aussaat.

Schwarz, C. A. 2002. *Konzept zur Lizenzierung für Berater und Beraterinnen der natürlichen Gemeindeentwicklung.* Gießen: Institut für natürliche Gemeindeentwicklung Deutschland.

Schwarz, C. A. 2005. *Wie „funktionieren" Gottesdienste in Willow Creek?* http://www.baden-evangelisch.de/[2. Nov. 2007].

Schwarz, F. & Schwarz, C. A. [1984]. ³1987. *Theologie des Gemeindeaufbaus. Ein Versuch.* Neukirchen-Vluyn: Aussaat.

Schwarz, F. & Schwarz, C. A. 1982. Überschaubare Gemeinde Bd. 2: *Die Praxis.* Gladbeck: Aussaat und Schriftenmission.

Schwarz-Friesel, M. 2007. Sprache und Emotion. *UTB* 2939. Tübingen: Francke.

Schweitzer, F. 2003. *Postmoderner Lebenszyklus und Religion. Eine Herausforderung für Kirche und Theologie.* Gütersloh: Chr. Kaiser.

Schweitzer, F. 2007. Pädagogik. Erziehungswissenschaft / Religionspädagogik / Bildung / Interkulturelles Lernen. In: Gräb, W. & Weyel, B. (Hg.). *Handbuch Praktische Theologie.* Gütersloh: Gütersloher Verlagshaus, 760-769.

Schweizer, E. [1952] ³1962. Geist und Gemeinde im Neuen Testament und heute, *TEH NF* 32, München.

Schweizer, E. 1946. Das Leben des Herrn in der Gemeinde und ihren Diensten. Eine Untersuchung der neutestamentlichen Gemeindeordnung, *AThANT* 8. Zürich: Zwingli.

Schweizer, E. 1985. Konzeptionen von Charisma und Amt im Neuen Testament. In: Rendtorff, T. (Hg.). *Charisma und Institution.* Gütersloh: Mohn, 316-334.

Schweizer, E. 2000. Glaubensgrundlage und Glaubenserfahrung in der Kirche des allgemeinen Priestertums: 1. Petr 2,1-10. In: Karrer, M., Kraus, W. & Merk, O. *Kirche und Volk Gottes. Festschrift für Jürgen Roloff zum 70. Geburtstag.* Neukirchen-Vluyn: Neukirchener, 272-283.

Schweizer, E. ²1962. Gemeinde und Gemeindeordnung im Neuen Testament, *AThANT* 35. Zürich: Zwingli.

Schweizer, F. 1993. Empirische Hermeneutik in der Praktischen Theologie. In: Van der Ven, J. A. & Ziebertz, H.-G. (Hg.). *Paradigmenentwicklung in der Praktischen Theologie.* Weinheim,19-47.

Schweizer, F. 2000. Gemeinde – Ort des Lernens? „Das ganze Gefüge stimmt nicht mehr!" oder Gibt es eine Krise der Gemeindepädagogik? *ZPTEE* 4/52:347–355.

Schwertner, S. M. ²1992. *Internationales Abkürzungsverzeichnis für Theologie und Grenzgebiete (IATG 2: Zeitschriften, Serien, Lexika, Quellenwerke mit bibliographischen Angaben (International glossary of abbreviations for theology and related subjects).* Berlin: Walter de Gruyter.

Schweyer, S. 2007. *Kontextuelle Kirchentheorie. Eine kritisch konstruktive Auseinandersetzung mit dem Kirchenverständnis neuerer praktisch-theologischer Entwürfe.* Dissertation. Zürich: Theologischer Verlag.

Schwier, H. 2007. Praktische Theologie und Bibel. In: Grethlein, C. & Schwier, H. (Hg.). *Praktische Theologie. Eine Theorie- und Problemgeschichte. Arbeiten zur Praktischen Theologie.* Leipzig: *EVA*, 237-287.

Schwindt, R. 2002. Das Weltbild des Epheserbriefes. Eine religionsgeschichtlich-exegetische Studie. *WUNT* 148. Tübingen: Mohr.

Schwöbel, C. 2002. *Gott in Beziehung - Studien zur Dogmatik.* Tübingen: Mohr.

503

Sedmak, C. 2001. Sozialtheologie. Theologie, Sozialwissenschaft und der „Cultural Turn".
LPTB 4. Frankfurt: Peter Lang.

Sedmak, C. 2003. Erkennen und Verstehen. Grundkurs Erkenntnistheorie und Hermeneutik.
Innsbruck: Tyrolia.

Seibert, D. 2003. Glaube, Erfahrung und Gemeinschaft. Der junge Schleiermacher und
Herrnhut. FSÖTh 102. Dissertation evangelische Fakultät Heidelberg 2001. Göttingen:
Vandenhoeck & Ruprecht.

Seiferlein, A. ²1996. Projektorientierter Gemeindeaufbau. Gütersloh: Güthersloher Verlag.

Seit, S. 2008. Charisma oder Recht? Webers Charisma-Konzept und das Bild der Kirche in
Rudolf Sohms Interpretation des Ersten Clememsbriefs. Vorüberlegungen zu einem
schwierigen Begriff. In: Rychterová, P, Seit, S. & Veit, S. (Hg.). Das Charisma -
Funktionen und symbolische Repräsentationen. Historische, philosophische,
islamwissenschaftliche, soziologische und theologische Perspektiven. BHK 2. (Hg.)
HKFZ Berlin: Akademie-Verl., 13-56.

Seiter, J. & Lindner, H. 2005. Nach vorne schauen. Die Visitationsordnung der
Evangelischen Landeskirche in Baden. In: Nethöfel, W. & Grunwald, K. D. (Hg.).
Kirchenreform jetzt! Projekte - Analysen – Perspektiven. Netzwerk Kirche 1. Schenefeld:
EB-Verlag, 249-373.

Seitz, M. [1985] ²1991. Erneuerung der Gemeinde. Gemeindeaufbau und Spiritualität.
Göttingen: Vandenhoeck & Ruprecht.

Skottene, R. 2008. Grace and Gift. An Analysis of a Central Motif in Martin Luther's Rationis
Latomianae Confutatio. Frankfurt: Lang.

Slenczka, N. 2007. Das Wunder des Durchschnittlichen. Die systematisch-theologische
Reflexion der lutherischen. Pneumatologie angesichts charismatischer Bewegungen.
Lutherische Kirche in der Welt. Jahrbuch des Martin-Luther-Bundes 54. Erlangen: Martin
Luther Verlag, 57-77.

Slenczka, N. 2007. Phänomenologie. Lebenswelt. Wirklichkeit. Gott. Religiöses Bewusstsein.
In: Gräb, W. & Weyel, B. (Hg.). Handbuch Praktische Theologie. Gütersloh: Gütersloher
Verlagshaus, 770-782.

Slenczka, R. 2009. Die Selbstoffenbarung und die Gegenwart des Dreieinigen Gottes. In:
Beyerhaus, P. P. J. (Hg.). Das Geheimnis der Dreieinigkeit im Zeugnis der Kirche.
Nürnberg: VTR, 52-65.

Slenczka, R. 1990. Die Erkenntnis vom Geist, die Lehre vom Geist und die Unterscheidung
der Geister. In: Heubach, J. Der Heilige Geist im Verständnis Luthers und der
lutherischen Theologie. VL-A 17. Erlangen: Martin Luther Verlag, 75-104.

Söding, T. 1998. Wege der Schriftauslegung. Methodenbuch zum Neuen Testament.
Freiburg: Herder.

Sommerlath, E. [1956/1965] 2004. Taufe. IV. Dogmatik. RGG³ 6:646f.

Speck, P. [2004] ³2008. Employability - Herausforderungen für die strategische
Personalentwicklung. Konzepte für eine flexible, innovationsorientierte Arbeitswelt von
morgen. Wiesbaden: Gabler.

Speer, A. 2005. Die Summa theologiae lesen. In: Speer, A. (Hg.). Thomas von Aquin.
Summa theologiae. Werkinterpretationen. Berlin: Walter de Gruyter, 1-28.

Spornhauer, D. 2001. Die Charismatische Bewegung in der Bundesrepublik Deutschland.
Ihre Geschichte und Theologie. Ökumenische Studien 18. Becker, U., u. a. (Hg.).
Münster: Lit.

Spornhauer, D. 2004. Charismatische Bewegung - Dritte Welle - Neue Gemeinden?
Entwicklungslinien und Tendenzen. Freikirchenforschung 14:118-126.

Spornhauer, D. 2005. Die Pfingstbewegung als ökumenischer Partner. In: Gemeinhardt, A.
F. Die Pfingstbewegung als ökumenische Herausforderung. Bensheimer Hefte 103. Hg.
Evangelischer Bund. Göttingen: Vandenhoeck & Ruprecht, 141-158.

504

Stadelmann, H. 1993. Neue Praktiken innerhalb der pfingstlich-charismatischen Bewegungen. Eine Problemanzeige zu Entwicklungen innerhalb der letzten 30 Jahre. *IDEA-Dokumentation* 1/93: Möglichkeiten, Grenzen und Schwierigkeiten in der Zusammenarbeit zwischen der evangelikalen und charismatischen Bewegung in Deutschland, 6-12.

Stanzel, F. K. [1979] [8]2008. *Theorie des Erzählens*. Göttingen: Vandenhoeck & Ruprecht.

Starlett, S. J. (Ed.). 2006. *Spirits of Globalization. The Growth of Pentecostalism and Experiential Spiritualities in a Global Age*. London: Smc press.

Steck, W. 1991. Die Privatisierung der Religion und die Professionalisierung des Pfarrerberufs: einige Gedanken zum Berufsblld des Pfarrers. *PH* 80/6:306-322.

Steck, W. 2000. Praktische Theologie. Horizonte der Religion. Konturen des neuzeitlichen Christentums. Strukturen der religiösen Lebenswelt, Bd. 1. In: *Theologische Wissenschaft* 15. Andersen, C. u.a. (Hg.). Stuttgart: Kohlhammer.

Steffe, H.-M. 2006. Vorwort. In: Obenauer, S. *Mitarbeiten am richtigen Platz. SMS. So macht Mitarbeiten Spaß. Arbeitshilfe für Gemeinde und Seminarleiter/innen*. Hg. Amt für missionarische Dienste der Evangelischen Landeskirche in Baden. Karlsruhe: Evangelischer Oberkirchenrat Karlsruhe, 3.

Steffel, W. 2002. *Identität im Glauben. Eine systematisch-theologische Reflexion auf die Subjektkonstitution von Jugendlichen in der Postmoderne*. Dissertation 2001/2002 von der Eberhard-Karls-Universität der Kath. Theol. Fakultät Tübingen. Stuttgart: Kath. Bibelwerk.

Steiger, J. A. 2005. Taufe. III. Kirchengeschichtlich. 3. Evangelisch. a) Lutherisch. *RGG*[4] 8:72-74.

Steyer, R. 2004. Was wollen und was können wir durch empirische Kausalforschung erfahren? In: Erdfelder, E. & Funke, J. (Hg.). *Allgemeine Psychologie und deduktivistische Methodologie*. Göttingen: Vandenhoek & Ruprecht, 127-147.

Stockstill, L. [1998]. 1999. *Die Zellgemeinde - Gemeinde der Zukunft*. Asslar: Projektin J.

Stolle, V. [1977] [2]1997. καρδία *ThBLNT* 1:948-953.

Stortz, M. E. 1995. *PastorPower. Macht im geistlichen Amt*.). Aus d. Amerikan. übers. von Stegemann, W. Nashville: Abingdon Press, 1993). Stuttgart: Kohlhammer.

Strauss, A. L. & Corbin, J. [1996] [2]1998. Grundlagen Qualitativer Sozialforschung. Bern. Huber.

Strauss, A. L. & Corbin, J.1996. *Grounded Theory: Grundlagen Qualitativer Sozialforschung*. Weinheim: Beltz.

Strübing, J. 2002. Just do it? Zum Konzept und Herstellung von Qualität der grounded theory-basierten Forschungsarbeiten. *KZfSS* 54:318–342.

Strübing, J. 2002. *Pragmatische Heuristik. Interaktionistische Beiträge zur Erforschung von Technik und Wissenschaft als Arbeit*. Habilitationsschrift. Berlin: Freie Universität.

Strübing, J. 2004. Grounded Theory. Zur sozialtheoretischen und epistemologischen Fundierung des Verfahrens der empirisch begründeten Theoriebildung. *QS* 15. Berlin: VS.

Strunk, K.-M. 2001. Marketing-Orientierung in der Gemeindearbeit. In: Abromeit, H.-J. u.a. (Hg.). *Spirituelles Gemeindemanagement*. Göttingen: Vandenhoeck & Ruprecht, 42-81.

Strunk, R. [1985] [2]1987. Vertrauen. Grundzüge einer Theologie des Gemeindeaufbaus. Stuttgart: Quell.

Stuhlmacher, P. 2002. Zur hermeneutischen Bedeutung von 1. Korinther 2,6-16. In: Biblische Theologie und Evangelium: Gesammelte Aufsätze. *WUNT* 146. Tübingen: Mohr, 145-166.

Suarsana, Y. A. 2007. *Die Pfingstbewegung im Kontext von Globalisierung und Migration*. Seminar für Religionswissenschaft und Missionswissenschaft. Wissenschaftliche Arbeit für die Zulassung zum ersten Staatsexamen. Heidelberg: Theologische Fakultät der Universtät Heidelberg. http://www.glopent.net/iak-pfingstbewegung/Members/ysuarsana/pfingstbewegung_globalisierung_migration.pdf/view [13. Februar 2009].

505

Suarsana, Y. A. 2010. *Christentum 2.0? Pfingstbewegung und Globalisierung.* Zell am Main/Würzburg: Religion & Kultur.

Sullivan, F. A. 1986[2]. Die Charismatische Erneuerung. Die biblischen und theologischen Grundlagen. Graz/Wien/Köln S.7-15.

Sundén, H. 1966. *Die Religion und die Rollen. Eine psychologische Untersuchung der Frömmigkeit.* Berlin: Toepelmann.

Sundermeier, T. 1996. *Den Fremden verstehen. Eine praktische Hermeneutik.* Göttingen: Vandenhoeck & Ruprecht.

Swanson, D. M. 2003. Bibliography of Works on Cessationism. *TMSJ* 14/2:311-327.

Tanner, K. 2005. Grundlagenreflexionen. Die Macht des Unverfügbaren. Charisma als Gnadengabe in der Thematisierung von Institutionalisierungsprozessen im Christentum. In: Andenna, G., Breitenstein, M. & Melville, G. (Hg.). Charisma und religiöse Gemeinschaften im Mittelalter. Akten des 3. Internationalen Kongresses des "Italienisch-deutschen Zentrums für Vergleichende Ordensgeschichte". *Vita regularis – Abhandlungen.* Münster: Lit., 25-44.

Tanner, K. 2003. Analyse als Resistenzkraft. Einen Kurs steuern im Wandel. In: Kock, M., Friedrich, J. & Steinacker, P. (Hg.). Kirchenamt EKD. *Kirche. Horizont und Lebensrahmen. Vierte EKD-Erhebung über Kirchenmitgliedschaft.* Hannover: Kirchenamt, 77-79.

Tashakkori, A. & Teddlie, C. (Hg.). [1998] [3]2003. *Handbook of Mixed Methods in Social & Behavioral Research.* London: Sage Publications.

Tetzlaff, A.-S. 2005. Führung und Erfolg in Kirche und Gemeinde. Eine empirische Analyse in evangelischen Gemeinden. *LLG* 16. Gütersloh: Gütersloher Verlagshaus.

Theile, M. 2000. *Geistesgaben und „Salbung". Offen und Verbindlich. Glaubensanstöße aus dem Denken Zinzendorfs.* Herrnhut: Friedrich-Reinhardt Comenius-Buchhandlung, 70-73.

Theißen, G. & Merz, A [1996] [3]2001. *Der historische Jesus. Ein Lehrbuch.* [C. Burchard zum 65. Geburtstag]. Göttingen: Vandenhoeck & Ruprecht.

Theißen, G. [1983] [2]1993. Psychologische Aspekte paulinischer Theologie. *FRLANT,* Bd. 131. Göttingen: Vandenhoeck & Ruprecht.

Theologischer Ausschuss der Charismatischen Erneuerung (CE) in der Katholischen Kirche (Hg.). [2]2005. *Zu auffallenden körperlichen Phänomenen im Zusammenhang mit geistlichen Vorgängen.* Karlsruhe: CE.

Theron, J. P. J. 1999. Towards a practical theological theory for the healing ministry in Pentecostal churches. *JPT.* 14:49-64.

Thiele, C. 2005. Taufe. VII. Rechtlich. *RGG*[4] 8:85-87.

Thiselton, A. C. 2000.The First Epistle to the Corinthians: A Commentary on the Greek Text. *NIGTC.* Grand Rapids: Eerdmans.

Thiselton, A. C. 2007. *The Hermeneutics of Doctrine.* Grand Rapids: Eerdmans.

Thomas, R. L. 2003. The Hermeneutik of Noncessationism. *TMSJ* 14/2:287-310.

Tibbs, C. 2007. Religious experience of the pneuma. Communication with the spirit world in 1 Corinthians 12 and 14. *WUNT* 2/230. PhD at the Catholic University of America, Washington 2006. Tübingen: Mohr Siebeck.

Tillich, P. [8]1984. *Systematische Theologie I: Vernunft und Offenbarung - Sein und Gott.* Stuttgart.

Tillich, P. [8]1984. *Systematische Theologie III: Das Leben und der Geist - Die Geschichte und das Reich Gottes.* Frankfurt.

Tiwald, M. 2002. Wanderradikalismus. Jesu erste Jünger - ein Anfang und was davon bleibt. *ÖBS* 20. Kath.-Theol. Fakultät, Diss. 2001. Frankfurt: Lang.

Toaspern, P. 1982. Leben in den Gaben des Geistes - Geschenk und Aufgabe. Biblische Aussagen und Gegenwartserfahrungen. *Fundamentum.* FETA 2:31-50.

Track, J. 1993. Erfahrung. III/2. Neuzeit. *TRE* 10:116-128.

506

Tschackert, P. [1910] [2]1979. *Die Entstehung der lutherischen und der reformierten Kirchenlehre samt ihren innerprotestantischen Gegensätzen.* Göttingen: Vandenhoeck & Ruprecht.

Turner, M. [1996] [2]1999. *The Holy Spirit and Spiritual Gifts: Then and Now.* Carlisle: Paternoster.

Turner, M. [1996] [2]2000. Power from on High: The Spirit in Israel's Restoration and Witness in Luke-Acts. *Journal of Pentecostal Theology. Supplement Series* 9. Sheffield: Continuum International.

Turner, M. 1994. The Spirit of Prophecy and the Religious, Ethical Life of the Christian Community. In: Wilson, M. W. (Ed.). *Spirit and Renewa. Essays in Honor of J. Rodman Williams.* Sheffield: SAP, 166-190.

Turner, M. 1995. *The Sense of χάρισμα(τα) (charisma[ma]) in Paul.* In: *Modern Linguistics and the New Testament.* In: Green, J. B. (Ed.). *Hearing the New Testament.* Carlisle: Paternoster, 155-174.

Turner, M. 1997. The Spirit of Prophecy and the Religious, Ethical Life of the Christian Community. *Vox evangelica* 27:75-101.

Turner, M. 2000. Spiritual Gifts. Exploring the Unity & Diversity of scripture. *NDBT.* T. Desmond, A., Rosner, B.S., Carson, D.A. & Goldsworthy, D. (Ed.). Illinois. Downers Grove: InterVarsity Press, 789-796.

Turner, M. [2]1998a. *The Holy Spirit and Spiritual Gifts: In the New Testament Church and Today.* Peabody: Hendrickson.

Unisa (Ed.). 2007. *Policy of Research Ethics.* Pretoria: Unisa.

Utsch, M. [2]2005. Psychoszene als Ort der Selbstinszenierung und -vergewisserung. In: Ganzheit, Erfolg, Erneuerung, Orientierung – vier Versprechen der Psychoszene. In: Hempelmann, R. u.a. (Hg.). *Panorama der neuen Religiosität. Sinnsuche und Heilsversprechen zu Beginn des 21. Jahrhunderts.* Im Auftrag der EZW. Gütersloh: Gütersloher Verlagshaus,107-111.

Van der Ven, J. A. [1990] [2]1994. Entwurf einer Empirischen Theologie. *Theologie und Empirie* 10. Kampen/The Netherlands.

Van der Ven, J. A. 2005. Unterwegs zu einer vergleichenden empirischen Theologie. In: Nauer, D., Bucher, R. & Weber, F. (Hg.). Praktische Theologie. Bestandsaufnahme und Zukunftsperspektiven. Ottmar Fuchs zum 60. Geburtstag. *PTHe* 74. Stuttgart: Kohlhammer, 244-254.

VELKD (Hg.). 2000. Bilaterale Arbeitsgruppe der Deutschen Bischofskonferenz und der Kirchenleitung der Vereinigten Evangelisch-Lutherischen Kirche Deutschlands, Communio Sanctorum. Die Kirche als Gemeinschaft der Heiligen. Paderborn: Bonifatius.

VELKD (Hg.). 2001. Der gemeinsame Auftrag der haupt- und ehrenamtlichen Mitarbeiterinnen und Mitarbeiter. Vorbereitungstexte und Beiträge zum Schwerpunktthema der Generalsynode 2000 in Schneeberg. *VELKD*-Texte 101. Hannover: Krichenamt.

Verweyen, H. [1986] 2005. Rahner, K. Anthropologie, Existenzial. Institut für Systematische Theologie DNB-Sachgruppe: Christliche Religion Dokumentart: Aufsatz Quelle: *Trierer theologische Zeitschrift* 95:115-131. Jetzt auch unter: http://www.*freidok*.uni-freiburg.de/volltexte/2139/ [Zugriff: 9. Juli 2006.].

Viehhauser, G. 2009. Theologie der Charismen in der Hermeneutik der Erfahrung auf der Grundlage von 1 Kor 12-14. Stationen der kirchlichen Rezeption bis heute. *STS* 36. Dissertation an der Katholisch-Theologischen Fakultät der Paris-Lodron-Universität Salzburg im Fachbereich Bibelwissenschaft und Kirchengeschichte 2008. Innsbruck: Tyrolia.

Vielhauer P. 1979. Oikodome. Das Bild vom Bau in der christlichen Literatur vom Neuen Testament bis Clemens Alexandrinus. In: Vielhauer, P. Oikodome. Aufsätze zum Neuen Testament 2. *Theologische Bücherei* 65. München: Kaiser, 1-168.

Volf, M. 1987. Arbeit und Charisma. *ZEE* 31:411-433.

507

Volf, M. 1988. Zukunft der Arbeit - Arbeit der Zukunft. Der Arbeitsbegriff bei Karl Marx und seine theologische Wertung. Tübingen, Univ., Diss., 1986. *Fundamentaltheologische Studien* 14. München: Kaiser.

Volf, M. 1996. Charismen und Mitwirkung. In: Volf, M. *Trinität und Gemeinschaft. Eine ökumenische Ekklesiologie.* Habilitationsschrift an der Universität Tübingen 1993. Neukirchen-Vluyn: Neukirchener, 213-224.

Volz, R. & Nüchtern, M. (Hg. Kurzfassung). 2005. *Massenhaft unbekannt – Kircheneintritte. Forschungsbericht über die Eintrittsstudie der Evangelischen Landeskirche in Baden.* Karlsruhe: Evangelischer Oberkirchenrat.

Vonholdt, C. R. 2007. Gender Mainstreaming und die Genderideologie. *Brennpunkt Seelsorge* 3:90-93.

Vorgrimler, H. 1997. Rahner, K. (1904–1984). *EKL* 5:501-503.

Voss, K. P. 1990. *Der Gedanke des allgemeinen Priester- und Prophetentums. Seine gemeinde-theologische Aktualisierung in der Reformationszeit.* Göttingen, Univ. Diss., 1987/88. Wuppertal/Zürich.

Vukits, S. Hg. 2001. AA-LA. Lumen gentium: Dogmatische Konstitution über die Kirche. *Dokumente des II. Vatikanischen Konzils.* URL: http://www.stjosef.at/index.htm?konzil/konzil.php~mainFrame [24. Juni 2011].

Wagner, C. P. (Ed.). 2000a. *The New Apostolic Churches.* Ventura: Gospel Light.

Wagner, C. P. [1979]. [5]1993. *Die Gaben des Geistes für den Gemeindeaufbau. Wie Sie Ihre Gaben entdecken und einsetzen können.* Neukirchen-Vluyn: Neukirchener.

Wagner, C. P. 1995. *Engaging the Enemy How to Fight and Defeat Territorial Spirits.* Ventura: Gospel Light.

Wagner, C. P. Church Growth. *DPCM,* 180-195.

Wagner, C. P. Third Wave. *DPCM,* 843f.

Wagner, H.-J. 1999. *Rekonstruktive Methodik.* Leverkusen: Leske & Budrich.

Wagner, K. [1999.] [2]2005. Berufung - Zurück zur Herrlichkeit Gottes. *IGNIS-Akademie.* Erzhausen: IGNIS-Edition.

Wagner, P. C. 2000. Vorwort. In: Hamon, B. *Apostel & Propheten. Die Kommenden Bewegungen Gottes.* Rinteln: Jesus!Gemeindeverlag, 19-21.

Wagner, R. G. 1986. Charismatische Bewegung, 1. Religionswissenschaftlich. *EKL*[3] 1:644-646.

Wagner-Rau, U. 2007. Therapiekultur. Gesundheit. Krankheit. Körper. Psychotherapie. In: Gräb, W. & Weyel, B. (Hg.). *Handbuch Praktische Theologie.* Gütersloh: Gütersloher Verlagshaus, 406-418.

Wahlrab-Sahr, M. 2007. Religionssoziologie. Religionsbegriff. Säkularisierung. Institutionalisierung. Methoden. In: Gräb, W. & Weyel, B. (Hg.). *Handbuch Praktische Theologie.* Gütersloh: Gütersloher Verlagshaus, 796-807.

Währisch-Oblau, C. 2006. Die Spezifik pentekostal-charismatischer Migrationsgemeinden in Deutschland und ihr Verhältnis zu den „etablierten" Kirchen. In: Bergunder, M. & Haustein, J. (Hg.). Migration und Identität. Pfingstlich-charismatische Migrationsgemeinden in Deutschland. *Beiheft der Zeitschrift für Mission* 8. Frankfurt: Lembeck, 10-39.

Währisch-Oblau, C. 2009. The Missionary Self-Perception of Pentecostal/Charismatic Church Leaders from the Global South in Europe. Dissertation Universität Heidelberg 2008. *Global Pentecostal and Charismatic Studies* 2. Davies, A. & Kay, W. (Ed.). Leiden: Brill.

Walldorf, J. 1999. Realistische Philosophie. Der philosophische Entwurf Adolf Schlatters. *FSÖTh* 9. Pannenberg, W., Slenczka, R. & Wenz, G. (Hg.). Göttingen: Vandenhoeck & Ruprecht.

Walldorf, J. 2002. Adolf Schlatters Erkenntnistheorie und ihre gegenwärtige Bedeutung. In: Hille, R., Stadelmann, H., Weber, B., Eber, J. & Gebauer, R. (Hg.). *JETh* 16:175–181.

508

Walldorf, J. 2002. Aspekte einer realistischen Philosophie. Einführung in das Denken Adolf Schlatters. *ThBeitr* 33/2:62–85.

Walldorf, J. 2005. Gott und die Philosophen. Christliche Philosophie im englischen Sprachraum seit Anfang des 20. Jahrhunderts. Ein Überblick. *TB* 36:238-253.

Wallmann, J. [1990] [2]2005. Der Pietismus. *UTB* 2598. Göttingen: Vandenhoeck & Ruprecht.

Wallraff, M. 2005. Taufe. III. Kirchengeschichtlich. 1. Alte Kirche u. Mittelalter. *RGG*[4] 8:59-62.

Walther, M. 2001. Gemeinde als Leib Christi. Untersuchungen zum Corpus Paulinum und zu den "Apostolischen Vätern". *NTOA* 49. Göttingen: Vandenhoeck & Ruprecht.

Warner, R. 1999. Kirche im 21. Jahrhundert. Wer will, dass die Kirche bleibt, wie sie ist, will nicht, dass sie bleibt. *Edition: Kirche mit Vision.* Asslar: Projektion J.

Warren, C. A. B. 2003. After the Interview. *Qualitative Sociology* 26/1:93-110.

Warren, R. [1998] [2]2003. *Kirche mit Vision.* Asslar: Gerth Medien.

Weber, M. [[4]1956] 2001. § 2. Entstehung und Umbildung der charismatischen Autorität. In: Wirtschaft und Gesellschaft. Grundriss der verstehenden Soziologie. Gesammelte Werke. Mit der Biographie „Max Weber. Ein Lebensbild" von Marianne Weber. Winckelmann, J. (Hg.). *Digitale Bibliothek* 58. Berlin: Directmedia, 661-681.

Weber, M. [[5]1980] 2001. Prophet. In: Weber, M. Gesammelte Werke. Mit der Biographie „Max Weber. Ein Lebensbild" von Marianne Weber. Winckelmann, J. (Hg.). *Digitale Bibliothek* 58. Berlin: Directmedia, 268-275.

Weber, M. [[5]1980]. 2001. Politik als Beruf. Zweiter Vortrag im Rahmen einer Vortragsreihe „Geistige Arbeit als Beruf", gehalten im Revolutionswinter 1918/19 vor dem Freistudentischen Bund in München. Ausarbeitung des Verfassers auf Grund einer stenographischen Nachschrift, im Druck erschienen im Oktober 1919. Gesammelte Werke. *Digitale Bibliothek* 58. Berlin: Directmedia.

Weber, M. [[6]1985] 2001.Die drei reinen Typen der legitimen Herrschaft. Max Weber: Gesammelte Werke. Winckelmann. J. (Hg.). Gesammelte Werke. *Digitale Bibliothek* 58. Berlin: Directmedia, 475-488.

Weber, S. & Brake, A. 2005. Internetbasierte Befragung. In: Kühl, S., Strodtholz, P. & Taffertshofer, A. (Hg.). *Quantitative Methoden der Organisationsforschung. Ein Handbuch.* Wiesbaden: VS, 59-84.

Wegner, G. 2000. "Niemand kann aus seiner Haut". Zur Milieubezogenheit kirchlichen Lebens. *PTh* 89:53-70.

Weidermann, O. 2005. *Die Evangelische Landeskirche in Baden.* http://www.ekiba.de.

Weimer, M. 2004. Vertrauen. 1. Psychologisch, theologisch. *EKL* 4/11:1169-1171.

Weischer, C. 2004. Das Unternehmen "Empirische Sozialforschung". Strukturen, Praktiken und Leitbilder der Sozialforschung in der Bundesrepublik Deutschland. Ordnungssysteme. *Studien zur Ideengeschichte der Neuzeit* 14. Bochum, Univ., Habil.-Schr., 2001. München: Oldenbourg.

Weiser, A. 2003. Der zweite Brief an Timotheus. *EKK* 16. Regensburg. Patmos.

Welker, M. [1992] [4]2010. *Gottes Geist. Theologie des Heiligen Geistes.* Neukirchen-Vluyn: Neukirchener.

Welker, M. & Volf, M. 2006, *Der lebendige Gott als Trinität.* Jürgen Moltmann zum 80. Geb. Hg. Welcher, N. & Volf, M. Gütersloh: Gütersloher.

Welker, M. & Wenzel, O. (Hg.). 2007. Online-Forschung. Grundlagen und Fallstudien. *Neue Schriften zur Online-Forschung* 1. D.G.O.F. (Hg.). Köln: Herbert von Halem.

Welker, M. [1981] [2]1988. Universalität Gottes und Relativität der Welt. Theologische Kosmologie im Dialog mit dem amerikanischen Prozessdenken nach Whitehead. *NBST* 1. Neukirchen-Vluyn: Neukirchener.

Welker, M. [1992] [3]1993. *Gottes Geist. Theologie des Heiligen Geistes.* Neukirchen-Vluyn: Neukirchener.

Welker, M. [1995] [2]2000. Kirche im Pluralismus. *KT* 136. Gütersloh: Gütersloher.

Welker, M. 1995. Schöpfung und Wirklichkeit. Biblische contra natürliche Theologie. *NBST* 13. Neukirchen-Vluyn: Neukirchener.

Welker M.1995. Schöpfung und Wirklichkeit. *NBST* 13. Neukirchen-Vluyn: Neukirchener.

Welker, M., u. a. (Hg.). 2007. *9th General Online. Research Conference 26th – 28th March 2007. Program & Abstracts.* Leipzig: stoff media.

Welker, M., Werner, A. & Scholz, J. 2005. *Online-Research. Markt- und Sozialforschung mit dem Internet.* Heidelberg: dpunkt.verlag.

Wells, D. F. 2005. *Above All Earthly Pow'rs: Christ in a Postmodern World.* Grand Rapids: Eerdmans.

Welsch, M. 2005. Ihr aber seid der Leib Christi. In: Becker, D. & Dautermann, R. (Hg.). Berufszufriedenheit im heutigen Pfarrberuf. Ergebnisse und Analysen der ersten Pfarrzufriedenheitsbefragung in Korrelation zu anderen berufssoziologischen Daten. *EuKP* 1. Dahm, K-W., Höhmann, P. & Becker, D. (Hg.). Frankfurt: AIM-Verl.-Haus, 217-227.

Welsch, W. [1987] [8]2008. Unsere postmoderne Moderne. *Acta humaniora.* Berlin: Akademie-Verlag.

Welsch, W. 1999. Moderne und Postmoderne. In: Pechmann, R. & Reppenhagen, M. *Mission im Widerspruch.* Neukirchen-Vluyn: Aussaat, 39–45.

Wendel, U. 2000. *Die erstrebenswerte Gabe. Prophetie in der christlichen Gemeinde heute - neutestamentliche Erkundungen.* Neukirchen-Vluyn: Aussaat.

Wenzelmann, G. 2003. *Innere Heilung. Theologische Basis und seelsorgerliche Praxis.* Wuppertal: Brockhaus.

Wenzelmann, G. 1999. Zweiter Teil: Der Heilige Geist im Alten und Neuen Testament. In: Großmann, S. (Hg.). *Handbuch Heiliger Geist.* Wuppertal: Brockhaus, 52-112.

Wenzelmann, G. & A. (Hg.).1998. *Geist und Gemeinde. Beiträge zu Charismata und Theologie.* Hamburg: GGE.

Werner, D. 2007. Heilungssehnsucht in der säkularen Gesellschaft. Lernchancen im Dialog mit der britischen Heilungsbewegung. In: Deutsches Institut für Ärztliche Mission e.V. (Difäm) - Gesundheit in der Einen Welt (Hg.). Die heilende Dimension des Glaubens. Antworten auf eine wachsende Sehnsucht. *Studienheft* Nr. 5. Tübingen: Deutsches Institut für Ärztliche Mission e.V. / German Institute for Medical Mission, 25-31.

Wesseling, K.-G. 1998. Zinzendorf, N. L., Reichsgraf. *BBKL* 14:509-547. http://www.bbkl. de/z/zinzendorf_n_l.shtml [20. Jan. 2007].

Wettach, S. 2006. *Die Geschichte der Umfrageforschung von den 1930er bis in die 1970er Jahre.* Universität Konstanz. http://w3.ub.uni-konstanz.de/v13/volltexte/2006/1873//pdf/ Diplomarbeit _Sven_Wettach.pdf [24. November 2006].

Weyel, B. 2007. Pfarrberuf. Amt. Amtsverständnis. Profession. Pastoraltheologisches Leitbild. In: Gräb, W. & Weyel, B. (Hg.). *Handbuch Praktische Theologie.* Gütersloh: Gütersloher, 639-649.

Wichmann, M. 1999. *Das Verhältnis von Theorie und Praxis als wissenschaftstheoretische Grundfrage Praktischer Theologie.* Freiburg, Universtät. Diss. 1999. http://www.freidok. uni-freiburg.de/voll texte /6/ [7. Mai 2005].

Wilckens, U. 2010. Wie ist der drei-eine Gott als der eine Gott zu verstehen? In: Wilckens, U. *Standpunkte. Grundlegende Themen biblischer Theologie.* Neukirchen-Vluyn: Neukirchner, 83-100.

Wilckens, U. 2003. Der Sohn Gottes und seine Gemeinde. Studien zur Theologie der Johanneischen Schriften. *FRLANT* 200. Göttingen: Vandenhoeck & Ruprecht.

Wilckens, U. 2005. Theologie des Neuen Testamentes, Bd. I: Geschichte der urchristlichen Theologie. Teilband 3: Die Briefe des Urchristentums: Paulus und seine Schüler, Theologen aus dem Bereich judenchristlicher Heidenmission. Neukirchen-Vluyn: Neukirchener.

510

Williams, G. 2009. *The Spirit World in the Letters of Paul the Apostle: A Critical Examination of the Role of Spiritual Beings in the Authentic Pauline Epistles. FRLANT* 231. Göttingen: Vandenhoeck & Ruprecht.

Williams, R. J. 1996. *Renewal Theology: Systematic Theology from a Charismatic Perspective.* Three Volumes in One. Grand Rapids: Zondervan.

Wimber, J. & Springer, K. [1986] ²2002. Vollmächtige Evangelisation. Zeichen und Wunder heute. Asslar: Gerth Medien.

Windolph, J. 1997. Engagierte Gemeindepraxis. Lernwege von der versorgten zur mitsorgenden Kirchengemeinde. *PTHe* 32. Stuttgart: Kohlhammer.

Wingens, M. 2002. Einführung: Wissensgesellschaft - ein tragfähiger Leitbegriff der Bildungsreform? In: Wingens, M. & Sackmann, R. *Bildung und Beruf.* Weinheim: Juventa, 9-22.

Winkler, E. 1996. Pfarrer II. Evangelisch. *TRE* 26:360-374.

Winkler, E. 1997. *Praktische Theologie elementar. Ein Lehr- und Arbeitsbuch.* Neukirchen-Vluyn: Neukirchener.

Winkler, E. 1998. *Gemeinde zwischen Volkskirche und Diaspora. Eine Einführung in die praktisch-theologische Kybernetik.* Neukirchen-Vluyn: Neukirchener.

Winkler, E. 2006. Wohin steuert die Praktische Theologie? *ThBeitr* 37/1:26-41.

Winter, J. 2007. Gesetz zur Neufassung der Grundordnung der Evangelischen Landeskirche in Baden. *Gesetzes- und Verordnungsblatt* 7:81-104. Karlsruhe: Evangelischer Oberkirchenrat.

Wippel, J. F. 2005. Natur und Gnade. In: Speer, A. (Hg.). *Thomas von Aquin. Summa theologiae. Werkinterpretationen.* Berlin: Walter de Gruyter, 246-270.

Wirth, U. 1995. Abduktion und ihre Anwendungen. *Zeitschrift für Semiotik.* 17:405-424.

Wirth, U. 2003. Die Phantasie des Neuen als Abduktion. *DVjs.* 77/4:591-618.

Wischeropp, G. 1998. Das neue Selbstbewusstsein der Helfer. *PH* 05:62-71.

Witham, L. 2005. *Who Shall Lead Them? The Future of Ministry in America.* New York: Oxford University Press.

Witt, H. 2001. Forschungsstrategien bei quantitativer und qualitativer Sozialforschung. *FQS* 2/1:1-36 http://www.qualitative-research.net/fqs-texte/1-01/1-01witt-d.htm [5. Mai 2004].

Witte, J. 2006. Personalentwicklung als Personalbildung. Weiterbildung in privatwirtschaftlichen Unternehmen aus religionspädagogischer Perspektive. *LLG* 20. Gütersloh: Gütersloher Verlagshaus Mohn.

Wittrahm, A. 2001. Seelsorge, Pastoralpsychologie und Postmoderne. Eine pastoralpsychologische Grundlegung lebensfördernder Begegnungen angesichts radikaler postmoderner Pluralität. *PTHe* 53. Bonn, Univ., Diss., 1999. Stuttgart: Kohlhammer.

Wobser, G. 2003. *Produktentwicklung in Kooperation mit Anwendern. Einsatzmöglichkeiten des Internets.* Dissertation 2003. Technische Universtät Bergakademie Freiberg. Wiesbaden: Deutscher Universitäts-Verlag.

Wohlmuth, J. Begabung als Gabe. Nachdenkliches zum Thema ‚Elite' aus theologischer Perspektive. *irritatio - Informationen und Anregungen für Kirche & Hochschule* 2/2006:

Wolf, C. 2006. Egozentrische Netzwerke. Erhebungsverfahren und Datenqualität. In: Diekmann, A. Methoden der Sozialforschung. Soderheft. *KZfSS* 44. Wiesbaden: *VS*, 244-273.

Wolff, H. W. [1984] ²1987. Die Gotteserfahrung der Propheten. In: ders.: Studien zur Prophetie: Probleme und Erträge. Mit einer Werkbibliographie von J. Miltenberger. *TB AT* 76. München: Kaiser, 25-38.

Wolff, H. W. [1984] ⁴2010. *Anthropologie des Alten Testaments.* Gütersloh: Gütersloher Verlagshaus.

Wollstadt, H.-J. 1966. Geordnetes Dienen in der christlichen Gemeinde. Dargestellt an den Lebensformen der Herrnhuter Brüdergemeine in ihren Anfängen. *APTh* 4. Fischer, M. & Frick, R. (Hg.). Dissertation. Göttingen: Vandenhoeck & Ruprecht.

511

Wolrab-Sahr, M., Krech, V. & Knoblauch, H. 1998. Religiöse Bekehrung in soziologischer Perspektive. Themen, Schwerpunkte und Fragestellungen der gegenwärtigen religionssoziologischen Konversionsforschung. In: Religiöse Konversion. Systematische und fallorientierte Studien in soziologischer Perspektive. *Passagen & Transzendenzen. Studien zur materialen Religions- und Kultursoziologie* 1. Ebertz, M. N. (Hg.). Konstanz: Universitätsverlag, 7-43.

Wolter, M. 2011. Der heilige Geist bei Paulus. In: Frey, J. & Sattler, D. (Hg). Heiliger Geist. *JBTh* 24 (2009). Neukirchen-Vluyn: Neukichener, 93-119.

Wosnitza, M. & Jäger, R. S. (Hg.). ³2000. Daten erfassen, auswerten und präsentieren - aber wie? *FSM* 1. Landau: Verl. Empirische Pädagogik.

Wosnitza, M. & Jäger, R. S. ³2000. Computerunterstützte Auswertung von Daten mit SPSS oder Statistica. In: Wosnitza, M. & Jäger, R. S. Daten erfassen, auswerten und präsentieren - aber wie? *FSM* 1. Landau: Verl. Empirische Pädagogik, 153-265.

Wünsche, M. 1997. Der Ausgang der urchristlichen Prophetie in der frühkatholischen Kirche. Untersuchungen zu den Apostolischen Vätern, den Apologeten, Irenäus von Lyon und dem antimontanistischen Anonymus. *CTM. Reihe B* 14. Kiel. Univ., Diss., 1992. Stuttgart: Calwer.

Yong, A. 2005. *The Spirit Poured Out on All Flesh: Pentecostalism and the Possibility of Global Theology.* Ada: Baker Academic.

Young, A. 2000. Discerning the Spirit(s). A Pentecostal-Charismatic Contribution to Christian Theology of Religions. Boston, Univ., Diss. 1998. *JPTS* 20. Sheffield: Sheffield Academic.

Zeindler, M. 2001. Gotteserfahrung in der christlichen Gemeinde. Eine systematisch-theologische Untersuchung. *Forum Systematik* 13. Brossedor, J., Fischer, J. & Track, J. (Hg.). Stuttgart: Kohlhammer.

Zerfaß, R. 1974. Praktische Theologie als Handlungswissenschaft. In: Klostermann, F. & Zerfaß, R. (Hg.). *Praktische Theologie heute.* München: Kaiser, 164-177.

Ziebertz, H.-G. 2000. Methodische Multiperspektivität angesichts religiöser Umbrüche. Herausforderungen für die empirische Forschung in der Praktischen Theologie. In: Porzelt, B. & Güth, R. (Hg.). Empirische Religionspädagogik. Grundlagen – Zugänge – Aktuelle Projekte. *ET* 7. Van der Ven, J. A., Ziebertz, H.-G. & Bucher, A. A. (Hg.). Münster: Lit.

Ziebertz, H.-G. 2004. Empirische Forschung in der Praktischen Theologie als eigenständige Form des Theologie-Treibens. *PT* 39/1:47–55.

Ziebertz, H.-G., Heil, S. & Prokopf, A. (Hg.). 2003. Abduktive Korrelation. Religionspädagogische Konzeption, Methodologie und Professionalität im interdisziplinären Dialog. *ET* 12. Van der Ven, J. A. , Ziebertz, H.-G. & Bucher, A. A. (Hg.). Münster: Lit.

Ziegenaus, A. 2009. Die dreifaltige Struktur von Offenbarung und Erlösung. In: Beyerhaus, P. P. J. (Hg.). *Das Geheimnis der Dreieinigkeit im Zeugnis der Kirche. Trinitarisch anbeten - lehren - leben. Ein bekenntnis-ökumenisches Handbuch.* Nürnberg: VTR, 66-76.

Ziegler, A. & Stöger, H. 2003. *Journal für Begabtenförderung. Identifikation von Begabungen.* 1. Heft. Innsbruck: Studien-Verlag.

Zifonun, G., Hoffmann, L. & Strecker, B. 1997. *Grammatik der deutschen Sprache* Bd. 1-3. *Schriften des Instituts für Deutsche Sprache* 7. Berlin: Walter de Gruyter.

Zima, P. V. 2004. Was ist Theorie? Theoriebegriff und Dialogische Theorie in den Kultur- und Sozialwissenschaften. *UTB* 2589. Tübingen: Francke.

Zimmerling, P. [1991] ²2002a. *Gott in Gemeinschaft. Zinzendorfs Trinitätslehre.* Dissertation Universität Tübingen 1990. Hildesheim: Olms.

Zimmerling, P. [2001] ²2002b. Die charismatischen Bewegungen. Theologie - Spiritualität - Anstöße zum Gespräch. *KKR* 42. Barth, H.-M., Hanstein, J. & Obst, H. (Hg.). Göttingen: Vandenhoeck & Ruprecht.

512

Zimmerling, P. 1996. Christus - Heiliger Geist - Charisma. Eine systematisch-theologische Besinnung. *ThBeitr*, 27:84-98.

Zimmerling, P. 1999a. *Nikolaus Ludwig Graf von Zinzendorf und die Herrnhuter Brüdergemeine. Geschichte, Theologie und Spiritualität.* Holzgerlingen: Hänssler.

Zimmerling, P. 1999b. In: Prophetie und Charisma. In: Baldermann, I. & Dassmann, E. u.a. (Hg.). *JBTh* 14. Neukirchen-Vluyn: Neukirchener, 213-236.

Zimmerling, P. 2000. Seelsorgerliches Handeln in der charismatischen Bewegung als Herausforderung kirchlicher Poimenik. In: Josuttis, M., Schmidt, H. & Scholpp, S. *Auf dem Weg zu einer seelsorglichen Kirche. Theologische Bausteine.* Göttingen: Vandenhoeck & Ruprecht, 163-173.

Zimmerling, P. 2002. Charismen. In: Hartlieb, G. (Hg.). *Spirituell leben. 111 Inspirationen von Achtsamkeit bis Zufall.* Freiburg: Herder, 52-55.

Zimmerling, P. 2003. Charismatiker in Deutschland. *Evangelische Kommentare zu Kirche und Gesellschaft,* 1-4.

Zimmerling, P. 2003a. Spiritualität zwischen Orthodoxie, Pietismus und Aufklärung: *Nikolaus Ludwig Graf von Zinzendorf* 1700-1760. In: Zimmerling, P. *Evangelische Spiritualität. Wurzeln und Zugänge.* Göttingen: Vandenhoeck & Ruprecht.

Zimmerling, P. 2005. Faszination Heiliger Geist. Ursache und Hintergründe für die Charismatische Bewegung. In: Forster, M. & Jecker, H. (Hg.). *Faszination Heiliger Geist. Herausforderungen charismatischer Frömmigkeit.* Edition Bienenberg. Metzingen: Ernst Franz, 12-27.

Zimmerling, P. 2009. Charismatische Bewegungen. *UTB* 3199. Göttingen: Vandenhoeck & Ruprecht.

Zimmermann, A. 2005. Wissen und Glaube. In: Speer, A. (Hg.). *Thomas von Aquin. Summa theologiae. Werkinterpretationen.* Berlin: Walter de Gruyter.

Zimmermann, A. F. [2]1987. Die urchristlichen Lehrer. Studien zum Tradentenkreis der Didaskaloi im frühen Urchristentum. *WUNT* II/12. Tübingen: Mohr.

Zimmermann, J. 2005. Was wurde aus dem missionarischen Gemeindeaufbau? Zwischenbilanz nach überschaubarer Gemeinde. In: Herbst, M., Ohlemacher, J. & Zimmermann, J. (Hg.). *Missionarische Perspektiven für eine Kirche der Zukunft. BEG* 1. Neukirchen-Vluyn: Neukirchener, 85-104.

Zimmermann, J. 2006. Gemeinde zwischen Sozialität und Individualität. Herausforderungen für den Gemeindeaufbau im gesellschaftlichen Wandel. *BEG* 3. Neukirchen-Vluyn: Neukirchener.

Zimmermann, J. 2006a. In: Huber, W., Friedrich, J. & Steinacker, P. (Hg.). *Kirche in der Vielfalt der Lebensbezüge. Die vierte EKD-Erhebung über Kirchenmitgliedschaft.* Gütersloh: Gütersloher Verlagshaus Mohn, 135-140.

Zimmermann, J. 2008. VI. Being connected. Sozialität und Individualität in der chirstlichen Gemeinde. In: Reppenhagen, M. & Herbst, M. (Hg.). Kirche in der Postmoderne. *BEG* 6. Neukirchen-Vluyn: Neukirchener, 136-160.

Zimmermann, M. & Jordan, R. [2001] [2]2003. In: Online-Mitarbeiterbefragung. Axel, T., Dreyer, M. & Starsetzki, T. (Hg.). *Online-Marktforschung. Theoretische Grundlagen und praktische Erfahrungen.* Wiesbaden: Gabler, 91-114.

Zimmermann, U. 2006. Kinderbeschneidung und Kindertaufe. Exegetische, dogmengeschichtliche und biblisch-theologische Betrachtungen zu einem alten Begründungszusammenhang. Zugl. Diss. Univerität Heidelberg BVB 15. Münster: Lit.

Zindel, D. 2003. *Geistesgegenwärtig führen. Spiritualität und Management.* Chur: Scesaplana.

Zöfel, P. & Bühl, A. [1999]. [9]2005. *SPSS 12. Einführung in die moderne Datenanalyse unter Windows.* München: Pearson Studium.

Zöfel, P. & Bühl, A. [11]2005. Faktorenanalyse. In: Zöfel, P. & Bühl, A. *SPSS 12. Einführung in die moderne Datenanalyse unter Windows.* München: Pearson Studium, 465-484.

Zöfel, P. 2002. *Statistik verstehen. Ein Begleitbuch zur computergestützten Anwendung.* München: Addison-Wesley.

Zulehner, P. M. [1989]. [3]1995. *Pastoraltheologie. 1: Gemeinde-Pastoral: Orte christlicher Praxis.* Düsseldorf: Patmos.

Zulehner, P. M. [2004] [2]2005. *Kirche umbauen – nicht totsparen.* Ostfildern: Schwabenverlag.

Gabetests (Auswahl)

Beckendorff, K., Kast, M. & Göttler, K. 2004. *Explore! Entdecke deine Berufung. Teil 1: Gaben, Fähigkeiten, Persönlichkeit, Werte.* Kassel: Born.

Bigger, L. & Hack, K. 2001. *Nr. 1 Entdecke, wer du bist – finde Deinen Platz.* Zürich: icf-media store.

Blackaby, H. & Blackaby, M. 2004. *What's so Spiritual about Your Gifts? Workbook.* Oregon: Multnomah.

Bryant, J. W. & Brunson, M. 2007. The gifts of the Spirit. In: Bryant, J. W. & Brunson, M. *The New Guidebook for Pastors.* Nashville: Broadman, 19-29.

Bugbee, B. [1995]. [2]2005. *What You Do Best in the Body of Christ. Discover Your Spiritual Gifts, Personal Style, and God-Given Passion.* Grand Rapids: Zondervan.

Bugbee, B. 2005. *Discover your spiritual gifts the network way. Four assessments for determining your spiritual gifts.* Willow Grace Resources. Grand Rapids: Zondervan.

Clinton, J. R. & Clinton, R. W. [1993] 21998. *Unlocking your Giftedness. What Leaders Need to Know to develop themselves and others.* Altadena: Barnabas.

Deering, K. [2000] [2]2003. Gifted for Good: Every Woman's Guide to Her Spiritual Gifts. Brand: Servant Publications.

DellaVecchio, D. & Winston, B. E. 2004. *A Seven-Scale Instrument to Measure the Romans 12 Motivational Gifts and a Proposition that the Romans 12 gift Profiles Might Apply to Person-Job Fit Analysis. Online- Paper. Regent University School of Global Leadership & Entrepreneurship.* Virginia Beach. http://www.regent. Edu /acad/global/publications/ workingpapers.shtml [08 November 2008].

Donath, A. 2008a. *Abenteuer Berufung: Gaben.* Dortmund: Xpand.

Donath, A. 2008b. *Abenteuer Berufung: Gabenhandbuch.* Dortmund: Xpand.

Donders, P. C. & Kast, M. 2008. *Abenteuer: Fähigkeits-Workshop.* Dortmund: Xpand.

Donders, P. C. & Kast, M. [6]2005. *Fähigkeits-Workshop.* Dortmund: Xpand.

Fortune, D. & K. 1987. *Discover Your God Given Gifts.* Fleming H. Revell.

Fortune, D. & K. 1994. *Erkenne Gottes Gaben in Dir.* Solingen: Gottfried Bernhard.

Frost, M., Hirsch, A. & Scharnowski, R. 2008. Die Leiter von morgen. 10. APPLE – ein geniales Konzept. In: Frost, M., Hirsch, A. & Scharnowski, R. *Die Zukunft gestalten: Innovation und Evangelisation in der Kirche des 21. Jahrhunderts.* Asslar: Gerth Medien, 269-292.

Göttler, K., Riewesell, T. & Donath, A. 2004a. *Explore! Entdecke deine Berufung.Teil 2: Gaben erkennen und trainieren.* Kassel: Born.

Hillerkus, A. 2001. *Erfolgsgeheimnisse wachsender Gemeinden. Vollständige Anleitung für 8 biblische Faktoren mit Gabentest.* Norderstedt: Books on Demand.

Hybels, B., Bugbee, B. & Cousins, D. 2002. *D.I.E.N.S.T. - Berater-Trainingsvideo. Entdecke Dein Potenzial!* Asslar: Gerth Medien.

Hybels, B., Bugbee, B. & Cousins, D. [4]2003a. *D.I.E.N.S.T. - Leiter-Handbuch. Entdecke Dein Potenzial!* Asslar: Gerth Medien.

514

Hybels, B., Bugbee, B. & Cousins, D. [4]2003b. *D.I.E.N.S.T. – Teilnehmerbuch. Entdecke Dein Potenzial!* Asslar: Gerth Medien. (Originalfassung: Hybels, B., Bugbee, B. & Cousins, D. 1994. Network Consultant's Guide: Understanding God's Design for You in the Church. Grand Rapids: Zondervan / Neuauflage 2005).

Hybels, B., Bugbee, B. & Cousins, D. [4]2003c. *D.I.E.N.S.T. Berater-Arbeitsbuch. Entdecke Dein Potenzial!* Asslar: Gerth Medien.

Hybels, B., Bugbee, B. & Cousins, D. [4]2003d. *D.I.E.N.S.T. - Leitfaden zur Umsetzung. Entdecke Dein Potenzial!* Asslar: Gerth Medien.

Kaldewey, J. 2001. *Die starke Hand Gottes: Der fünffältige Dienst.* Emmelsbüll: C & P.

Kehe, J. V. 2001. An empirical assessment of the Wagner-Motified-Houts questionnaire. A spiritual gifts inventory. In: Greer, J. M. & Moberg, D. O. (Ed.). *RSSSR. A Research Annua:* 11. Greenwich, Connecticut: JAI Press Inc, 81-98.

Krebs, R., Schemm, B. v. 2006. *Aktivgruppen. Jugendliche entfalten Talente und entdecken den Glauben. Mit CD-ROM. Edition im plus.* Neukirchen-Vluyn: Aussat.

Lindsay, P. 2005. *Introduktion and God's gifts.* Dudley: Christian Vocations.

Logan, R. 1992. *Prinzip: Mobilisieren von Gläubigen gemäß ihrer geistlichen Gaben. In: Mehr als Gemeindewachstum, Prinzipien und Aktionspläne zur Gemeindeentwicklung.* Frankfurt: Aquila, 203-219.

Logan, R., Clegg, T.T., Buller, J. & Schalk, C [1998] [2]2001. Gabenorientierte Mitarbeiterschaft. In: Logan, R. & Clegg, T. T., Buller, J. & Schalk, C. *Mehr und bessere Gemeinden. So setzen Sie das Potenzial Ihrer Gemeinde frei.* Würzburg: Edition ACTS, 84-103.

McPherson, C. E. 2008. *A Consideration of the Relationship of the Romans 12 Motivational Gifts to Job Satisfaction and Person–Job Fit in Law Enforcement.* Dissertation Regent University School of Global Leadership & Entrepreneurship. http://www. regent.edu/acad /global/publications/dissertations.shtml [08 Nov. 2008].

Mitchell, M. 1996. *Mach was draus! Frauen entdecken und entfalten ihre geistlichen Gaben.* 1988. Giftedness. Bethany House. Übers. a. d. Amerikanischen von M. Wilczek. Asslar: Schulte & Gerth.

Obenauer, S. 2006. *Mitarbeiten am richtigen Platz. SMS. So macht Mitarbeiten Spaß. Arbeitshilfe für Gemeinde und Seminarleiter/innen.* Hg. Amt für missionarische Dienste der Evangelischen Landeskirche in Baden. Karlsruhe: Evangelischer Oberkirchenrat Karlsruhe.

Obenauer, S. 2006a. *Mitarbeiten am richtigen Platz. Gabenorientiertes Mitarbeiten in der Gemeinde. Heft für Teilnehmerinnen und Teilnehmer.* Unter Mitarbeit von Jörg Seiter. Hg. Amt für missionarische Dienste der Evangelischen Landeskirche in Baden. Karlsruhe: Evangelischer Oberkirchenrat Karlsruhe.

Ortberg, J., Pederson, L. & Poling, J. [2002] [2]2004. *Gaben. Gott begeistert dienen. Willow Creek Edition / Kirche für Distanzierte.* Asslar: Gerth Medien.

Ovitt, R. E. 2007. *Understanding My Spiritual Gifts. Layministry.* Palos Height: Gilgal Press.

Reimer, J. 2006. *Aufbruch in die Zukunft. Geistesgaben in der Praxis des Gemeindelebens.* Hammerbrücke: Concepcion Seidel.

Schalk, C. & Haley, J. 2002. *Das Prozess-Handbuch mit CD-ROM. Wie Sie "Die 3 Farben deiner Gaben" in der Gemeinde einführen.* Emmelsbüll: C & P Verlag.

Schalk, C. [2002]. 2004. *Das Gabenberater-Handbuch. Wie Sie "Die 3 Farben deiner Gaben" in einer Mentoring-Beziehung einsetzen.* Emmelsbüll: C & P Verlag.

Schalk, C. 2000. *Das Gaben-Netzwerk. Seminar-Leitfaden. Gabenorientiertes Leben.* Emmelsbüll: C & P Verlag.

Schalk, C. A. 1999. *Organizational Diagnosis of Churches: The Statistical Development of the "Natural Church Development" Survey and its Relation to Organizational Psychology.* Würzburg: Institute for Natural Church Development.

Schalk, C. u. a. 2000. *Das Gaben-Netzwerk m. Disketten.* Emmelsbüll: C & P.

Schalk, C. & Schalk, A. 1996. Crashkurs Gabenberatung. *Praxis / Kirche für Morgen* 3:10-11.

515

Schwarz, C. A. & Berief-Schwarz, B. 2002. *Das Gruppenleiter-Handbuch. Wie Sie "Die 3 Farben deiner Gaben" in Kleingruppen studieren.* Emmelsbüll.

Schwarz, C. A. [1988] [11]2001. *Die 3 Farben deiner Gaben. Wie jeder Christ seine geistlichen Gaben entdecken und entfalten kann.* Emmelsbüll: C & P.

Schwarz, C. A. [1988]. [8]1997. *Der Gaben-Test.* Emmelsbüll: C & P.

Schwarz, C. A. 1988. *Der Gaben-Test.* Emmelsbüll: C & P.

Wagner, C. P. 2005. *Your Spiritual Gifts Can Help Your Church Grow Small Group Study Guide: The Easy-To-Use Model for Identifying the Unique Spiritual Gifts for the People.* Ventura: Regal Books.

Wagner, C. P. [3]1995. *Finding Your Spiritual Gifts: Wagner-Modified Houts Questionaire.* Glendale: Regal Books.

Wagner, C. P. [1976]. [15]1994. *Your Spiritual Gifts Can Help Your Church Grow.* Glendale: Regal Books.

Glaubenskurse mit integrierter Gabenthematik (in Auswahl)

Clausen, M., Harder, U. & Herbst, M. EMMAUS. [3]2008. *Auf dem Weg des Glaubens.* Basiskurs 2.0. Neukirchen-Vluyn: Neukirchener.

Donders, P. C. [1997]. [7]2008. *Kreative Lebensplanung: Entdecke deine Berufung. Entwickle dein Potential – beruflich und privat.* Asslar: Schulte & Gerth.

Gumbel, N. [1999] [7]2005. *Fragen an das Leben. Eine praktische Einführung in den christlichen Glauben.* (1993 Erstpublikation in England). Sussex. Asslar: Gerth Medien.

Kopfermann, W. 2000. *Farbwechsel. Ein Grundkurs des Glaubens.* Asslar: C & P.

Krause, B. [1996] [3]1999. *Auszug aus dem Schneckenhaus. Praxis-Impulse für eine verheissungsorientierte Gemeinde-Entwicklung.* Neukirchen-Vluyn: Neukirchener.

Logan, R. & Clegg, T. T. [1998]. [2]2000. *Releasing Your Church's Potential-A natural church development resource kit for Pastors.* Saint Charles: Church Smart Resources.

Interviews / Mails (Privatarchiv)

Baumert, M. 2005. *Pfarrerreaktionen zur Onlinebefragung. Anonymisierte Mailreaktionen. Mail vom Nov. 2005.* Eppingen: Baumert, M., Privatarchiv.

Bugbee, B. 2005. *Wer ist der Entwickler des Networkprogramms von WCCC? Mail vom 18.10.2005.* Eppingen: Baumert, M., Privatarchiv.

Kay, W. 2005. *Questionnaire used by the Church of England. Mail from the Centre for Pentecostal and Charismatic Studies.* Department of Theology and Religious Studies, University of Wales Bangor. Mail vom Nov. 2004. Eppingen: Baumert, M., Privatarchiv.

Mayring, P. 2007. *Wissenschaftstheoretische Voraussetzungen. Mail vom 15.04.2007.* Eppingen: Baumert, M., Privatarchiv.

Scheunemann, D. 2005. *Biographischer Hintergrund seiner Literatur. Gebrauch von Gabentests. Telefoninterview am 10.11. 2005.* Eppingen: Baumert, M., Privatarchiv.

Wagner, C. P. 2005. *Einflüsse, die zur Entwicklung des Gabentests geführt haben.* Mail vom 25.10.2005. Eppingen: Baumert, M., Privatarchiv.

Peter Lang · Internationaler Verlag der Wissenschaften

Sven Trabandt

Typen des Glaubens

Empirische Untersuchung unter gemeindenahen Protestanten zur Glaubensentwicklung aus subjektiver Sicht

Frankfurt am Main, Berlin, Bern, Bruxelles, New York, Oxford, Wien, 2010.
443 S.
ISBN 978-3-631-60346-8 · geb. € 75,80*

Wie entwickelt sich Glaube in der Lebensgeschichte? Wie beschreiben Gläubige ihre Entwicklung selbst? Wie konstruieren sie ihre Glaubensbiographie? Welche unterschiedlichen Glaubenstypen gibt es? Diesen Fragen wird in der Untersuchung nachgegangen. Ziel ist es, Gläubige selbst zu Wort kommen zu lassen und ihre eigenen, subjektiven Interpretationen ernst zu nehmen. Die qualitative Erforschung der Glaubensbiographie lässt sich konstruktivistisch, anthropologisch, sozialwissenschaftlich und theologisch begründen. Ergebnis der Studie sind drei verschiedene Glaubenstypen, die ihre Glaubensgeschichte völlig unterschiedlich konstruieren und beschreiben.

Aus dem Inhalt: Glaubensbiographie · Glaubenstypen · Glaubensentwicklung · Konstruktivismus · Glaubensdimensionen · Subjektive Theorien · Empirie · Glaube · Sozialwissenschaft · Glaubensgeschichte · Freikirchen · Gemeindepädagogik · Pädagogik · Theologie · Glaubenstheorie · Qualitative Studie · Anthropologie

Frankfurt am Main · Berlin · Bern · Bruxelles · New York · Oxford · Wien
Auslieferung: Verlag Peter Lang AG
Moosstr. 1, CH-2542 Pieterlen
Telefax 0041(0)32/3761727

*inklusive der in Deutschland gültigen Mehrwertsteuer
Preisänderungen vorbehalten
Homepage http://www.peterlang.de